KB193310

니다. 우리는 어떤가요? 시편의 시인은 이렇게 노래합니다. "금 곧 많은 순금보다 더 사모할 것이며 꿀과 송이꿀보다 더 달도다."

참다운 양식인 하나님 말씀을 먹고 삽시다. 매일 꿀송이보다 더 단 하나님 말씀으로 아름답게 살아가시기를 주님의 이름으로 축원합니다. 함께 기도합시다.

주님, 우리를 당신의 자녀로 초대해 주셔서 감사합니다.
우리를 세례로 인치셨으니,
이제 우리가 하늘 양식으로 살게 하소서.
그 양식의 힘으로 빈 공간을 채우며,
용기로 두려움을 한 뼘 밀어내며,
누군가의 위로와 힘이 되는 삶을 살게 하소서.
이 밤, 주님의 자비와 사랑이 우리를 감싸게 하소서.
예수님 이름으로 기도합니다. 아멘.

#생명의양식 #말씀

5월 4일

사랑의 온도

오늘 하루 수고하셨습니다. 주님께서 주시는 위로와 평화가 여러분에게 가득하길 바랍니다. 오늘 저녁 함께 묵상할 말씀은 사도행전 20장 33-38절입니다.

> 내가 아무의 은이나 금이나 의복을 탐하지 아니하였고 여러분이 아는 바와 같이 이 손으로 나와 내 동행들이 쓰는 것을 충당하여 범사에 여러분에게 모본을 보여준 바와 같이 수고하여 약한 사람들을 돕고 또 주 예수께서 친히 말씀하신 바 주는 것이 받는 것보다 복이 있다 하심을 기억하여야 할지니라. 이 말을 한 후 무릎을 꿇고 그 모든 사람들과 함께 기도하니 다 크게 울며 바울의 목을 안고 입을 맞추고 다시 그 얼굴을 보지 못하리라 한 말로 말미암아 더욱 근심하고 배에까지 그를 전송하니라.

사도 바울이 에베소 교인들에게 고별 설교를 하고 떠나는 장면은 참 아름답습니다. 교인들을 향해 목회하는 동안 헛된 것을 탐하지 않고 일상에서 성도들의 본이 되었다고 자평하며 당당히 말할 수 있다는 게 참 부럽고 존경스럽습니다. 게다가 이 설교를 듣는 교인들이 떠나가는 바울을 향해 함께 울며 아쉬워하는 장면이 인상적입니다.

어떤 목회자든 목회지를 떠날 때가 올 텐데 누구라도 이런 영광스러운 이별, 성도들의 따스한 사랑이 가득한 이별을 꿈꿀 겁니다. 하지만 이런 아름다운 헤어짐은 그냥 오는 게 아니지요. 목회자 혼자 열심히 한다고 되는 것도 아니고, 성도들만 일방적으로 사랑하고 열심히 신앙생활 한다고 되는 것도 아닙니다. 목회자와 성도, 성도와 성도 간에 오가는 성령의 교제와 사랑이 없다면 불가능한 일입니다. 지금 우리의 교회는 어떤가요? 교회 교우와 목회자를 향한 사랑의 온도가 어디를 가리키고 있나요? 우리 모두의 온기가 그리스도 안에서 좀 더 따스해지길 기도해 봅니다. 함께 기도합시다.

주님, 당신의 사랑이 우리를 하나 되게 하십니다.
그리스도의 복음이 우리를 구원으로 인도합니다.
거룩한 성찬이 우리의 믿음을 강건하게 만듭니다.
주님의 사랑이 우리 교회 안에 더욱 가득하게 하소서.
그 사랑이 목회자와 성도의 평화와 기쁨이 되게 하시고,
우리의 감사 기도 되게 하소서.
그리하여 당신의 사랑이 교회를 넘어 이웃에게 흘러 들어가
거기서 하나님의 나라가 만들어지고 있음을 보게 하소서.
예수님 이름으로 기도합니다. 아멘.

#사랑 #교회 #목회자

5월 5일

어린이날

오늘 하루 수고하셨습니다. 주님께서 주시는 위로와 평화가 가득하길 바랍니다. 오늘 저녁 함께 묵상할 말씀은 누가복음 18장 15-17절입니다.

> 사람들이 예수께서 만져 주심을 바라고 자기 어린 아기를 데리고 오매 제자들이 보고 꾸짖거늘 예수께서 그 어린 아이들을 불러 가까이 하시고 이르시되 어린 아이들이 내게 오는 것을 용납하고 금하지 말라. 하나님의 나라가 이런 자의 것이니라. 내가 진실로 너희에게 이르노니 누구든지 하나님의 나라를 어린 아이와 같이 받아들이지 않는 자는 결단코 거기 들어가지 못하리라 하시니라.

5월 5일 어린이날입니다. 아동문학가였던 방정환 선생이 어린 아동들도 '하나의 온전한 인격체'로 대해야 한다는 취지로 '어린이'라는 말을 사용했고, 1927년부터 어린이날을 제정했다고 합니다. 어린이는 어른에 비해 작고 약합니다. 그래서 인류 역사를 보더라도 어린이가 온전한 인격으로 대접받은 지는 얼마 안 되었습니다. 19세기 유럽에서도 어린이가 굴뚝 청소부로 일하거나 집단 노역에 동원되었다는 기록을 어렵지 않게 찾을 수 있습니다. 사람들이 어린이를 귀하게 여기지 않은 이유는 아주 간단합니다. 작고 힘없고 자기 보호 능력이 없기 때문이지요. 이것이 수천 년간 이어져 온 어린이에 대한 사회 통념입니다.

그런데 이미 2천 년 전에 어린이를 온전한 인격체요 하나님 나라의 백성으로 귀하게 여겼다는 성경 말씀은 매우 놀랍습니다. 어린이가 주님 곁에 오는 것을 막지 말라는 말씀, 하나님 나라가 어린이 같은 사람에게 주어진다는 말씀은 우리를 놀라게 합니다.

이 말씀을 우리에게 비추어 봅니다. 우리의 교회는 어린이를 얼마만큼 사랑하고 용납하고 있는지요? 혹시 설교에 방해된다며 아이들을 예배실에서 분리해 버리지는 않는지요? 예수님이 보시면 뭐라고 하실까요?

이는 비단 어린이 문제에서 그치지 않습니다. 교회는 어린이처럼 보호와 관심이 필요한 사람들을 환영하는 곳이자 그들의 안식처요 회복의 장소가 되어야 합니다. 오늘 우리의 교회는 어떤지요? 저와 여러분은 어린이와 어린이 같은 이들을 어떤 태도로 맞이하는지요? 함께 기도합시다.

주님, 당신께서는 어린이를 사랑하십니다.
티 없이 맑고 순수한 아이뿐 아니라
여기저기 실수투성이에 말썽꾸러기 아이들도 사랑하십니다.
어린이 같은 우리도 당신의 사랑으로 품어 주소서.
어린이에게 하나님의 나라를 약속하셨으니
우리가 그리스도와 함께 선하고 아름다운 삶을 이루게 하소서.
혼란스럽고 문제 많은 세상,
슬픔과 눈물이 마르지 않는 우리의 세계를 불쌍히 여기소서.
하나님의 선하신 뜻과 계획이 우리의 희망입니다.
우리가 믿음으로 그 자리에 동참하게 하소서.
하늘 꿈을 이루는 이들 속에 우리가 서 있게 하소서.
예수님 이름으로 기도합니다. 아멘.

#어린이날

5월 6일

모퉁잇돌

오늘 하루 수고하셨습니다. 주님께서 주시는 위로와 평화가 여러분에게 가득하길 바랍니다. 오늘 저녁 함께 묵상할 말씀은 에베소서 2장 19-22절입니다.

> 그러므로 이제부터 너희는 외인도 아니요 나그네도 아니요 오직 성도들과 동일한 시민이요 하나님의 권속이라. 너희는 사도들과 선지자들의 터 위에 세우심을 입은 자라. 그리스도 예수께서 친히 모퉁잇돌이 되셨느니라. 그의 안에서 건물마다 서로 연결하여 주 안에서 성전이 되어 가고 너희도 성령 안에서 하나님이 거하실 처소가 되기 위하여 그리스도 예수 안에서 함께 지어져 가느니라.

"하나가 되자"라고 말하는 사람들의 태도를 가만 살펴보면, 그 기준이 자기 자신일 때가 많습니다. 당신이 내 생각과 습관, 믿음을 따라올 때 비로소 우리가 하나 될 수 있다는 식입니다. 특히, 정치권에서 이런 모습이 선명하게 드러납니다. 상생의 정치를 하자면서 상대방의 장점, 특성, 성품, 성격을 인정하고 존중하는 경우는 극히 드뭅니다.

그러면 "예수 안에서 하나가 되자"라는 말은 무슨 뜻일까요? 똑같은 옷을 입거나 똑같은 음식을 먹는다고 하나가 되는 것은 아닙니다. 똑같은 성경을 읽고, 똑같은 찬송을 부르고, 똑같은 공간에서 똑같은 시간에 같이 예배를 드린다고 해서 하나가 되는 것도 아닙니다.

사도 바울이 에베소 교회에 보내는 편지를 읽어 보면 아주 분명해요. "예수 안에서 함께 지어져 가느니라." 하나 되는 일은 단번에 되는 일이 아닙니다. 바울은 이에 대해 여러 설명을 덧붙이는데, 간단히 정리하면 그리스도 안에 있는 우리가 서로 의미 있는 존재가 되려고 노력해야 한다는 말입니다. 자기 유익만 위하는 게 아니라 서로서로 거룩한 성전의 벽돌처럼 연결되어 신뢰하고 의지할 때 서서히 거룩한 하나가 되어 가고, 거룩한 성전이 되어 갑니다.

중요한 점은 우리가 서로 다르다는 겁니다. 모양도 다르고 색깔도 다른 벽돌들처럼 우리는 모두 다릅니다. 하지만 그리스도 안에서 서로 신뢰하며 존중할 때 세상을 아름답게 수놓는 무지개처럼 빛날 수 있습니다. 우리는 그렇게 그리스도께서 만들어 가시는 무지개 조각이고 거룩한 성전의 일부입니다. 함께 기도합시다.

주님, 당신께서는 우리를 하나 되게 하십니다.
당신의 사랑과 신실함으로
복음의 말씀과 성찬의 식탁으로 우리를 연결하십니다.
당신의 친절함과 자비하심이
우리의 말과 행동으로 나타나게 하셔서
하나님의 성전이 이 땅에 세워지고 있다는 것을
모두가 알게 하소서.
예수 그리스도의 이름으로 기도합니다. 아멘.

#교회 #예수 #모퉁잇돌 #하나됨

5월 7일

정의의 하나님

오늘 하루 수고하셨습니다. 주님께서 주시는 위로와 평화가 여러분에게 가득하길 바랍니다. 오늘 저녁 함께 묵상할 말씀은 이사야 30장 18-19절입니다.

> 그러나 여호와께서 기다리시나니 이는 너희에게 은혜를 베풀려 하심이요. 일어나시리니 이는 너희를 긍휼히 여기려 하심이라. 대저 여호와는 정의의 하나님이심이라. 그를 기다리는 자마다 복이 있도다. 시온에 거주하며 예루살렘에 거주하는 백성아 너는 다시 통곡하지 아니할 것이라. 그가 네 부르짖는 소리로 말미암아 네게 은혜를 베푸시되 그가 들으실 때에 네게 응답하시리라.

우리는 매우 조급하게 살아갑니다. 뭐든지 빨리빨리 해야 직성이 풀리고, 음식을 주문하더라도 기다리는 일에 참 인색합니다. 오죽하면, 자장면 배달시키면 전화 끊는 동시에 문 앞에 도착해 있어야 한다고 할 정도입니다. 하지만 오늘 함께 묵상할 말씀은 그와 정반대로 잠잠히 하나님을 기다리는 사람에게 복이 있다고 전합니다.

이사야 선지자는 그 이유를 하나님이 '정의의 하나님'이시기 때문이라고 설명합니다. 정의란 선과 악에 확실한 보응이 있다는 뜻이지요. 하나님을 믿는 신앙인이라고 해서 억울한 일 없이 탄탄대로만 걷는 것은 아닙니다. 누구에게나 시련은 찾아옵니다. 하지만 우리가 믿는 하나님이 정의로운 하나님이시라면, 그분이 우리의 탄원을 해결하고 악을 물리쳐 주실 것입니다. 이 믿음이 바로 우리가 기다리는 신앙입니다. 그리고 그렇게 소망 중에 기다리며 기도하는 사람에게 하나님은 통곡을 기쁨으로 바꾸며 은혜를 베푸실 것입니다. 함께 기도합시다.

주님, 당신은 정의의 하나님입니다.
불안을 만드는 이를 견책하고,
마음이 상한 사람은 위로하십니다.
약한 자는 받아들이고, 대적자와는 논박하며
추격당하는 자는 피할 길을 열어 보호하십니다.
게으른 이는 흔들어 깨우고, 싸움 거는 이는 제지하고,
오만한 사람의 무릎은 꺾어 버리십니다.
싸움꾼은 진정시키며, 무지한 이는 가르치고,
가난한 이는 도와주며, 억울한 사람은 누명을 풀어 주십니다.
선한 것으로 모든 이를 독려하며 악을 참아 내며
선으로 갚아 주시는 분이 바로 당신입니다.
지금 우리가 주님을 신뢰하오니 우리로 당신 품에 안기게 하소서.
예수 그리스도의 이름으로 기도합니다. 아멘.

#정의 #하나님 #시련

5월 8일

어버이날

오늘 하루 수고하셨습니다. 주님께서 주시는 위로와 평화가 가득하길 바랍니다. 오늘 저녁 함께 묵상할 말씀은 에베소서 6장 1-9절입니다.

> 자녀들아 주 안에서 너희 부모에게 순종하라. 이것이 옳으니라. 네 아버지와 어머니를 공경하라, 이것은 약속이 있는 첫 계명이니 이로써 네가 잘되고 땅에서 장수하리라. 또 아비들아 너희 자녀를 노엽게 하지 말고 오직 주의 교훈과 훈계로 양육하라. 종들아 두려워하고 떨며 성실한 마음으로 육체의 상전에게 순종하기를 그리스도께 하듯 하라. 눈가림만 하여 사람을 기쁘게 하는 자처럼 하지 말고 그리스도의 종들처럼 마음으로 하나님의 뜻을 행하고 기쁜 마음으로 섬기기를 주께 하듯 하고 사람들에게 하듯 하지 말라. 이는 각 사람이 무슨 선을 행하든지 종이나 자유인이나 주께로부터 그대로 받을 줄을 앎이라. 상전들아 너희도 그들에게 이와 같이 하고 위협을 그치라. 이는 그들과 너희의 상전이 하늘에 계시고 그에게는 사람을 외모로 취하는 일이 없는 줄 너희가 앎이라.

오늘은 어버이날입니다. 어떻게 지내셨는지요? 종교개혁자 마르틴 루터는《대교리문답》에서 '부모 공경' 계명을 해설하면서 부모 공경이 이웃 사랑 계명 중 으뜸 되는 계명이라고 강조합니다. 아무리 경건 생활을 잘하고 교회에서 봉사 활동을 많이 하더라도 부모에 대한 마음 씀이 없다면 이웃 사랑을 실천하지 않은 것이라는 말입니다.

사도 바울도 에베소 교인들에게 똑같이 말합니다. 부모를 공경하고 순종하는 것이 으뜸가는 첫 계명이라고 가르치지요. 그런데 부모를 공경하라는 이 계명을 실천할 때 단순히 육체의 부모만 말하는 것이 아니라는 점을 잊지 말아야 합니다. 바울은 상전과 종의 관계로 설명하지만, 그 의미는 모든 생명의 관계에서 서로 존귀하게 여기고 섬기며 살라는 뜻입니다. 이것이 중요하지요. 서로서로 섬기고 존중하는 삶. 바울은 이를 '그리스도께 하듯' 하는 자세라고 설명합니다.

오늘 우리 삶의 자세는 어떠했나요? 서로가 서로의 그리스도가 되는 삶의 자세라면, 그곳에 하나님 나라가 좀 더 선명하게 드러날 겁니다. 함께 기도합시다.

주님, 당신께서는 우리를 살리는 약속의 계명을 우리에게 주셨습니다.
하나님을 경외하며 신뢰하는 삶이
우리 가운데서도 이뤄지도록 가르치십니다.
당신의 계명대로 우리가 부모를 공경하며,
자녀를 사랑하고, 친구를 귀히 여기며,
살아 있는 모든 생명을 아름답게 바라보게 하소서.
어떤 일을 하든, 누구를 만나든
그곳에 하나님의 뜻이 있음을 알게 하시어
우리의 말과 행동을 주께 하듯
기쁨과 신실함으로 하게 하소서.
예수님 이름으로 기도합니다. 아멘.

#어버이날 #부모공경 #십계명 #루터

5월 9일

구부러진 삶

오늘 하루 수고하셨습니다. 주님께서 주시는 위로와 평화가 여러분에게 가득하길 바랍니다. 오늘 저녁 함께 묵상할 말씀은 로마서 1장 21-25절입니다.

> 하나님을 알되 하나님을 영화롭게도 아니하며 감사하지도 아니하고 오히려 그 생각이 허망하여지며 미련한 마음이 어두워졌나니 스스로 지혜 있다 하나 어리석게 되어 썩어지지 아니하는 하나님의 영광을 썩어질 사람과 새와 짐승과 기어다니는 동물 모양의 우상으로 바꾸었느니라. 그러므로 하나님께서 그들을 마음의 정욕대로 더러움에 내버려 두사 그들의 몸을 서로 욕되게 하게 하셨으니 이는 그들이 하나님의 진리를 거짓 것으로 바꾸어 피조물을 조물주보다 더 경배하고 섬김이라. 주는 곧 영원히 찬송할 이시로다. 아멘.

"죄란 선의 결핍이 아닙니다. 죄는 현실입니다. 하나님과 이웃에게 등을 돌리고 오직 자기 자신에게만 구부러진 상태, 그것이 죄입니다. 죄에 사로잡힌 사람은 빈 그릇이 되어 하나님이 채워 주시길 바라지 않고, 하나님의 은총을 거부합니다. 자신에게만 집착하고 타인의 소리에 귀를 막아 버립니다. 그리고는 모든 일을 '자기에게로 구부러뜨립니다'. 이것이 바로 죄의 속성입니다."[11]

오늘 읽은 루터의 글입니다. 모든 것을 자기에게로 구부러뜨리는 힘을 죄라고 설명하는 대목이 깊이 와 닿습니다. 주위에서 일어나는 사건과 이야기를 언제나 내 쪽으로 구부러뜨리는 게 바로 나 자신이기 때문입니다. 그러니 이웃을 위해 돈 한 푼 사용하는 게 어렵고, 누군가를 욕하고 비난할 때는 신나 하면서 칭찬에는 인색합니다. 그게 우리의 본성입니다.

예수님을 생각해 보니, 그분은 다르더군요. 자기 자신을 자기 쪽이 아니라 반대 방향으로 구부러뜨리는 삶을 사셨습니다. 우리는 이제 죄가 아니라 예수님을 따라 사는 그리스도인입니다. 그렇다면 이제부터라도 나 자신을 향한 삶 대신, 하나님과 이웃을 향해 나를 구부러뜨리는 연습을 해야겠습니다. 함께 기도합시다.

주님, 당신께서는 우리를 위해 자신을 내주셨습니다.
이제 우리가 당신처럼 살게 하소서.
죄에 사로잡혀 끌려다니지 않고,
구부러진 삶 대신 당신의 뜻을 향한 삶,
이웃의 유익을 도모하는 삶을 살겠습니다.
주님께서는 세례로 저를 당신의 자녀로 삼으셨으니
힘에 부치고 마음이 약해질 때 당신의 의로운 손으로 지켜 주소서.
우리 삶이 오직 그리스도의 모습을 보여 주는
천국의 작은 틈이 되게 하소서.
예수님 이름으로 기도합니다. 아멘.

#죄 #루터 #이웃사랑

5월 10일

기쁨과 슬픔

오늘 하루 수고하셨습니다. 주님께서 주시는 위로와 평화가 여러분에게 가득하길 바랍니다. 오늘 저녁 함께 묵상할 말씀은 시편 23편입니다.

> 여호와는 나의 목자시니 내게 부족함이 없으리로다. 그가 나를 푸른 풀밭에 누이시며 쉴 만한 물 가로 인도하시는도다. 내 영혼을 소생시키시고 자기 이름을 위하여 의의 길로 인도하시는도다. 내가 사망의 음침한 골짜기로 다닐지라도 해를 두려워하지 않을 것은 주께서 나와 함께 하심이라. 주의 지팡이와 막대기가 나를 안위하시나이다. 주께서 내 원수의 목전에서 내게 상을 차려 주시고 기름을 내 머리에 부으셨으니 내 잔이 넘치나이다. 내 평생에 선하심과 인자하심이 반드시 나를 따르리니 내가 여호와의 집에 영원히 살리로다.

푸른 초장, 맑은 시냇물, 시원한 그늘과 편안히 쉴 곳. 시편 23편을 묵상할 때면 이런 풍경이 자연스럽게 머리에 그려집니다. 이 시는 늘 우리에게 위로와 평안을 선물합니다. 너무 많이 들어서 식상할 만도 한데 왜일까요? 답은 의외로 간단합니다. 우리가 지금 선한 목자가 그리운 시대를 살고 있기 때문입니다. 선한 목자 같은 대통령, 선한 목자 같은 국회의원, 선한 목자 같은 사장, 선한 목자 같은 목사, 선한 목자 같은 남편과 아내, 선한 목자 같은 친구와 이웃. 우리는 그렇게 가까운 곳에서 선한 목자를 만나고 싶은 시대를 살고 있습니다. 시편 23편이 감동적인 이유는 목가적이고 낭만적인 구절 뒤에 이렇게 암울한 현실과 소망이 절절히 묻어 있기 때문일 겁니다.

시인은 첫 소절을 이렇게 노래합니다.

"여호와는 나의 목자시니 내게 부족함이 없으리로다."

이 한 구절이 인위적인 보호 장비를 모두 해제시켜 버립니다. 상상해 보세요. 인적 없는 탁 트인 광야에서 목자와 양은 철저히 고립되어 있습니다. 강도, 들개, 야수들의 위협, 뜨거운 사막의 햇살, 모래바람, 협곡에 갑자기 불어 닥칠 홍수 같은 것들에 대비할 보호 장구가 아무것도 없습니다. 위험천만한 광야에서 양은 목자를 믿고 두려움 없이 따라갑니다. "부족함이 없으리로다"라는 구절을 조금 삐딱하게 읽으면, 기쁜 찬송이라기보다는 오히려 슬픔과 두려움의 노래가 더 어울립니다. 광야는 위험만 도사리는 곳이기 때문입니다.

그런데 또 가만히 생각해 보니, 기쁨과 슬픔은 동전의 양면처럼 붙어 있는 것 같아요. 슬픔이 찾아올 때 마음 깊은 곳을 응시하면, 그 슬픔은 이전에 기뻐하던 것 때문에 생긴 것들입니다. 남편과 결혼할 때 그렇게 기뻤는데, 살다 보니 원수가 되었습니다. 아이를 가졌다는 소식을 듣고 그리도 기뻐했는데, 때로는 아이 때문에 속이 시커멓게 타들어 갑니다. 정반대도 마찬가지이겠지요.

레바논의 시인 칼릴 지브란Kahlil Gibran은 기쁨과 슬픔이 한 쌍이라는 것을 이렇게 표현합니다. "기쁨과 슬픔은 항상 함께 온다. 어느 하나가 당신과 함께 식탁에 앉아 있을 때, 다른 하나는 당신의 침대에서 잠들어 있다."[12]

사람이 살아가는 같은 공간 같은 시간에 슬픔과 기쁨이 한 가족처럼 공존한다는 표현일 겁니다. 중요한 것은 슬픔이나 기쁨이라는 감정처럼 흔들리는 것이 아닌, 흔들리지 않는 무언가가 우리 곁에 늘 있다는 사실을 알아채는 일입니다. 광야 같은 삶에서도 우리가 기댈 든든한 대상이 있습니다. 시편 23편은 바로 그분이 '하나님'이라고 고백합니다. 이 찬송이 우리에게도 같은 고백이 되길 바랍니다. 함께 기도합시다.

선한 목자이신 주님,
당신께서는 광야 같은 인생길에서
우리를 푸른 초장으로 인도하십니다.
척박하고 신뢰할 수 없는 세상에서
당신의 음성을 듣게 하시니 감사합니다.
당신의 음성에 영혼을 맡기며
평안으로 스며들게 하소서.
우리의 슬픔과 기쁨이 당신 안에서
진리의 깨달음으로 변하게 하소서.
이 밤, 우리의 모든 것을 당신께 맡깁니다.
우리에게 영원한 안식과 생명을 약속하신
당신 품에 안기게 하소서.
우리를 온전한 생명으로 이끄시는
예수 그리스도 이름으로 기도합니다. 아멘.

#희노애락 #선한목자

5월 11일

푸른 풀밭

오늘 하루 수고하셨습니다. 주님께서 주시는 위로와 평화가 여러분에게 가득하길 바랍니다. 오늘 저녁 함께 묵상할 말씀은 시편 23편 2절입니다.

그가 나를 푸른 풀밭에 누이시며 쉴 만한 물 가로 인도하시는도다.

어제에 이어 시편 23편을 묵상해 보려고 합니다. 이 구절을 읽을 때마다 어릴 때 일이 떠오릅니다. 초등학교 때 아침에 일찍 일어나면 할머니 집에 있던 흑염소 목줄을 잡고 집 건너편 논둑에 가곤 했습니다. 거기에는 항상 길게 자란 풀이 무성했는데, 염소에게 이 풀을 먹이려고 목줄 끝에 달린 쇠꼬챙이를 땅에 박은 다음, 옆에서 기다리든지 한 시간쯤 놀러 갑니다. 시간이 돼서 염소를 집으로 데려오려고 하면 요 녀석이 배가 안 차 있으면 절대로 움직이지 않습니다. 어찌나 힘이 좋은지 작은 염소 한 마리 움직이는 것이 마치 황소 씨름처럼 힘에 부칩니다. 정 안 움직이면 제풀에 못 이겨 씩씩거리다가 펑펑 울던 생각이 납니다.

그런데 염소만 이렇게 고집이 있는 게 아닙니다. 양도 마찬가지입니다. 양은 순해서 주인이 명령하는 대로 움직일 것으로 생각하지만, 양을 키우는 사람들 말을 들어 보면 절대 그렇지 않습니다. 개는 훈련 시키면 눕기도 잘하지만, 양은 절대로 강제로 눕힐 수 없답니다. 배가 부르고 안전하다는 확신이 들 때만 스스로 눕는다고 합니다. 어디서 나타날지 모를 들개나 곰, 맹수의 위협이 도사리는 광야 한가운데서 '눕는다'는 것은 특별한 의미가 있습니다. 그러니 시편 23편에서 양을 푸른 풀밭에 눕혔다는 것은 매우 안전하고 심리적으로 평온한 상태란 뜻이 되겠지요.

한 가지 더 주목할 점이 있습니다. 하반절에 쉴만한 물가에서 물을 마시는 장면을 노래하고 있는데, 양은 원래 흐르는 물을 마시지 않는다고 합니다. 따라서 2절 말씀은 목자가 양 떼를 아주 잔잔한 오아시스로, 위협이 전혀 없는 안전하고 잔잔한 물가로 데려왔다는 뜻입니다.

'푸른 풀밭'이라는 말도 그래요. 이스라엘에서 푸른 초장이 있는 시기는 고작 일 년에 3개월밖에 되지 않습니다. 나머지 9개월은 온통 마른 풀 가득한 갈색 땅입니다. 그러니 2절에 묘사된 대로 푸른 풀밭에 누워 잔잔한 냇물을 마시는 양의 모습은 가히 천국이라고 해도 과언이 아니지요.

2절 마지막 부분에 나오는 '인도하시는도다'라는 표현에 주목해 주시기 바랍니다. 양을 억지로 '몰고 가는' 것이 아니라 '인도'합니다. 억지로 데려가는 이는 선한 목자가 아니라 강도이거나 삯꾼입니다. 그래서 "목자가 인도한다"라는 말은 "목자의 음성을 듣고 양이 스스로 따라간다"는 뜻이기도 합니다. 자기 보호 능력이 없는 양이 의심 없이 신뢰하고 따를 수 있는 목자. 그분을 우리는 '주님'이라고 부릅니다.

오늘 이 밤, 우리의 주님이신 그리스도 예수께서 저와 여러분을 푸른 초장에 눕게 하며 쉴 만한 물가로 인도하실 것입니다. 함께 기도합시다.

주님, 당신께서는 우리를 푸른 초장으로,
쉴만한 물가로 인도하십니다.
우리의 몸과 영혼이 당신 안에서 참 평안을 얻게 하소서.
예수 그리스도의 이름으로 기도합니다. 아멘.

#푸른초장 #시편23

5월 12일

인도, 동행, 따름

오늘 하루 수고하셨습니다. 주님께서 주시는 위로와 평화가 가득하길 바랍니다. 오늘 저녁에도 시편 23편을 한 번 더 묵상하려고 합니다.

> 여호와는 나의 목자시니 내게 부족함이 없으리로다. 그가 나를 푸른 풀밭에 누이시며 쉴 만한 물 가로 인도하시는도다. 내 영혼을 소생시키시고 자기 이름을 위하여 의의 길로 인도하시는도다. 내가 사망의 음침한 골짜기로 다닐지라도 해를 두려워하지 않을 것은 주께서 나와 함께 하심이라. 주의 지팡이와 막대기가 나를 안위하시나이다. 주께서 내 원수의 목전에서 내게 상을 차려 주시고 기름을 내 머리에 부으셨으니 내 잔이 넘치나이다. 내 평생에 선하심과 인자하심이 반드시 나를 따르리니 내가 여호와의 집에 영원히 살리로다.

시편 23편에는 목자와 양의 관계를 규정하는 세 가지 동사가 나옵니다. '인도하다'(2절), '나와 함께하신다'(4절), '나를 따른다'(6절).

'인도한다'는 것은 '앞에서 길을 열어 준다'는 뜻이고, '함께하신다'는 것은 '옆에서 친구처럼, 상담자처럼 동행한다'는 뜻입니다. 이 두 가지는 우리에게 아주 익숙한 표현입니다. 그런데 '나를 따른다'는 동사는 조금 낯섭니다. 하나님이 나를 따른다고? 여러분은 이 표현이 어떻게 들리시나요? 좀 이상할지 모르지만, 저에게는 이 표현이 매우 감동적으로 들립니다.

아이를 키워 본 사람은 잘 알 겁니다. 걸음마를 시작할 때 아이를 제대로 인도한답시고 앞에서 확 잡아당길 부모는 없습니다. 아이가 제힘으로 아장거리며 걷기 시작하면, 부모는 환한 미소로 뒤따라갑니다. 행여나 넘어질까 봐 뒤에서 조심스레 따라갑니다.

아이는 엄마 아빠가 어리숙한 자기를 그렇게 뒤에서 노심초사 지켜보고 있었다는 사실을 전혀 모를 겁니다. 자라서 아이를 키울 때쯤 되면 그제야 알게 되지요. 엄마 아빠가 그렇게 자기를 보호하며 걸음마를 가르쳤다는 사실을 말입니다.

시편 23편에서 '나를 따르시는 하나님'이라는 표현도 똑같은 마음이 아닐까 싶어요. 하나님은 우리의 길을 앞에서 인도하시기도 하고, 친구처럼 동행하시기도 하지만, 우리가 넘어지고 힘들어할 때도 다시 일어나 다리에 힘을 주고 다시 걸을 수 있도록 도우십니다. 심지어 우리 눈앞에서 하나님이 사라진 것 같은 시간에도 말입니다. 우리 주님은 그렇게 조마조마한 사랑의 마음으로 우리 뒤를 따라오며 우리를 도우시는 분입니다. 함께 기도합시다.

주님, 당신은 우리 앞에서 길을 열며
우리 곁에서 동행하시며
우리 뒤에서 조용히 우리를 보호하시는 분입니다.
우리 눈앞에서 당신의 모습이 사라질 때도 용기를 잃지 않게 하소서.
언제나 우리 곁에 계시며
우리가 스스로 일어서길 도우시는 주님이
우리의 선한 목자이심을 잊지 않게 하소서.
예수님 이름으로 기도합니다. 아멘.

#선한목자 #인도 #동행 #뒤따름 #시편23

5월 13일

베드로의 환상

오늘 하루 수고하셨습니다. 주님께서 주시는 위로와 평화가 여러분에게 가득하길 바랍니다. 오늘 저녁 함께 묵상할 말씀은 사도행전 11장 5-9절입니다.

> 이르되 내가 욥바 시에서 기도할 때에 황홀한 중에 환상을 보니 큰 보자기 같은 그릇이 네 귀에 매어 하늘로부터 내리어 내 앞에까지 드리워지거늘 이것을 주목하여 보니 땅에 네 발 가진 것과 들짐승과 기는 것과 공중에 나는 것들이 보이더라. 또 들으니 소리 있어 내게 이르되 베드로야 일어나 잡아 먹으라 하거늘 내가 이르되 주님 그럴 수 없나이다. 속되거나 깨끗하지 아니한 것은 결코 내 입에 들어간 일이 없나이다 하니 또 하늘로부터 두 번째 소리 있어 내게 이르되 하나님이 깨끗하게 하신 것을 네가 속되다고 하지 말라 하더라.

19세기 미국의 대부흥기를 이끈 선교사 드와이트 무디Dwight L. Moody가 영국 부흥 집회에 초대받은 일이 있습니다. 간 김에 존경하던 찰스 스펄전Charles Spurgeon 목사를 만나러 집을 찾아갔다고 합니다. 두근거리는 마음으로 현관을 똑똑 두드리자 문이 열리고 스펄전 목사가 밝은 얼굴로 나옵니다. 그런데 전혀 예상치 못한 광경이 벌어집니다. 스펄전 목사의 입에 큼지막한 파이프 담배가 물려 있었습니다. 깜짝 놀란 무디는 이렇게 말합니다. "아니, 어떻게 기독교인이 담배를 피울 수 있단 말인가요?" 그러자 스펄전 목사가 무디의 불룩한 배를 쿡 찌르며 장난스레 이렇게 말했다고 합니다. "그럼, 기독교인이 이렇게 배가 나와도 되나요?"

이 재미난 일화는 같은 하나님을 믿어도 지역과 문화에 따라 정죄의 기준이 다를 수 있다는 것을 보여 주는 좋은 예입니다. 실제로 미국 보수 교단에서는 술과 담배를 악한 죄로 보지만, 영국을 비롯한 유럽 교회에서는 술과 담배에 너그러운 편입니다. 유럽 기독교인들은 그보다 더한 문제가 따로 있다고 생각한 것이지요.

미국 기독교 역사와 비교할 바 없이 오래된 유럽 교회에서는 수도원 제도가 생긴 6세기부터 인간이 저지르는 모든 죄 중에서 가장 큰 일곱 가지 대죄cardinal sin를 가르쳐 왔습니다. 탐식과 게으름도 그중 하나입니다. 그래서 유럽 전통에 익숙한 교인 눈에는 술과 담배보다 튀어나온 배가 오히려 죄악의 삶을 살아온 표징일 수 있습니다. 어쩌면 이것이 오늘날 미국에 왜 그렇게 비만한 기독교인이 많고, 유럽에는 유명한 신학자와 목사 가운데 애연가와 애주가가 왜 그리 많은지를 설명해 주는 단서가 될지도 모르겠습니다.

기독교인으로 살면서 죄를 멀리하고 선을 추구해야 하는 것은 당연합니다. 하지만 죄가 무엇이고 우리가 추구해야 할 선이 무엇인지를 파고들면 매우 다양한 해석과 설명을 만나게 됩니다. 그러면 시대와 문화와 지역에 구애받지 않는 기독교의 공통분모, 어떤 것에도 흔들리지 않는 기독교의 본질은 무엇일까요?

오늘 함께 묵상한 사도행전 말씀이 바로 이 기준을 가르쳐 줍니다. 베드로가 이제껏 속되다고 믿어 왔던 것들이 무너지는 장면이지요. 속되고 거룩한 것, 선하고 악한 것의 기준은 우리가 아니라 '하나님'이 만드십니다. 그리고 하나님은 그리스도의 십자가를 통해 보여 주신 사랑으로 만물의 기준을 다시 세우십니다. 이것이 우리가 성경에서 발견하는 '복음'이지요.

교회 안에는 참 다양한 사람이 모입니다. 하나의 세례, 한 성령을 받은 기독교인이라고 하더라도 서로 다른 생각과 기준으로 세상을 바라봅니다. 그런데도 우리를 곡진하게 하나로 품어 내는 공통분모는 무엇일까요? 그것은 바로 '그리스도의 사랑'입니다.

이 사랑과 포용의 복음이 우리 안에 거칠게 부딪히는 크고 작은 모든 문제를 뛰어넘게 합니다. 배가 나와도 술·담배를 해도 하나님의 사랑이 있다면 넉넉히 안아 줄 수 있습니다. 다른 데라면 몰라도 적어도 그리스도의 사랑을 전한다는 교회라면 이런 종류의 사랑을 전하고 보여 주어야 하지 않을까요?

아, 그리고 이건 여담인데, 아무거나 막 먹고 아무거나 막 마시다 보면, 하나님을 아주 빨리 만날 수 있습니다. 그러니 무엇이든 적당히 하길 바랍니다. 밥도 과하면 독이 되고, 맹독도 제대로 쓰이면 약이 됩니다. 함께 기도합시다.

주님, 당신은 사랑으로 우리를 곡진하게 품어 주십니다.
사람이 모인 곳에 하나님의 사랑이 함께하십니다.
거기에 그리스도가 함께 계셔 진리가 평화와 기쁨으로 충만합니다.
이 사랑의 충만함이 서로 이해하며 포용하고, 용납하게 하소서.
그리하여 하나님의 사랑이 우리 가운데 완성되게 하소서.
예수님의 이름으로 기도합니다. 아멘.

#무디 #스펄전 #베드로 #환상 #성속

5월 14일

내 이름으로 기도하라

오늘 하루 수고하셨습니다. 주님께서 주시는 위로와 평화가 여러분에게 가득하길 바랍니다. 오늘 저녁 함께 묵상할 말씀은 요한복음 16장 22-24절입니다.

> 지금은 너희가 근심하나 내가 다시 너희를 보리니 너희 마음이 기쁠 것이요. 너희 기쁨을 빼앗을 자가 없으리라. 그 날에는 너희가 아무 것도 내게 묻지 아니하리라. 내가 진실로 진실로 너희에게 이르노니 너희가 무엇이든지 아버지께 구하는 것을 내 이름으로 주시리라. 지금까지는 너희가 내 이름으로 아무 것도 구하지 아니하였으나 구하라. 그리하면 받으리니 너희 기쁨이 충만하리라.

요한복음 16장을 읽고 나면, 명확하게 잔상이 남는 구절이 있습니다. "내 이름으로… 구하라. 그리하면 받으리니." 기도하면 응답받으리라는 주님의 약속이지요. 그런데 문제는 13세기 토마스 아퀴나스가 말한 대로, '기도가 욕망의 해석자'가 되기 쉽다는 데 있습니다. 실제로 우리의 기도를 흰 종이 위에 천천히 써 놓고 보면, 우리의 신앙이 어디쯤 서 있는지 확인할 수 있습니다. 대부분은 우리의 소원, 우리의 욕망이 거기 담기기 마련입니다.

어떤 면에서 '기도란 우리의 욕망을 하나님 뜻에 일치시키는 훈련'(아우구스티누스)라고도 할 수 있습니다. 우리는 종종 기도 맨 끝에 "예수님 이름으로 기도했습니다!"라는 말만 붙이면 기도가 완성되고, 동전 넣은 자판기에서 캔 커피 나오듯 기도의 응답이 올 것으로 생각합니다. '내 이름으로 구하는 것은 무엇이든 받게 될 것'이라는 요한복음 구절 때문에 이런 오해가 생기기도 합니다. 하지만 이 구절은 예수님의 이름을 자동판매기 동전처럼 사용하라는 뜻이 아닙니다.

그분의 이름으로 기도한다는 것은 그리스도를 하나님의 아들로 믿는다는 것이며, 우리에게 분부하고 명령하신 뜻대로 살아가겠다는 단호한 결단입니다. 그러니 예수의 이름으로 기도한다는 말에 붙은 '아멘'이라는 마지막 종결구는 단순한 종결 어미가 아니라 새로운 결단과 새로운 신앙의 시작을 알리는 출발선입니다. 아멘 이전과 이후의 삶이 같을 수 없는 이유가 바로 여기 있습니다.

기도만 번지르르하고 삶이 없는 이들도 자신을 돌아봐야 합니다. 기도하는 사람의 삶에는 씨알 굵은 열매를 준비하는 농부의 땀이 배어 있기 마련입니다. 우리의 기도는 어떤가요?

풍년을 소망하며 땅을 일구는 농부에게도 가뭄과 냉해의 시간은 찾아옵니다. 주의 이름으로 기도하는 사람에게도 시련의 시간이 옵니다. 그런 때가 오면 좌절하거나 두려워 맙시다. 우리가 신뢰하는 십자가의 예수 그리스도께서 저와 여러분을 부활의 기쁨으로 도우실 것입니다. 함께 기도합시다.

주님, 우리에게 명령하신 대로 당신의 이름으로 기도합니다.
이 기도 가운데 임재하시어 우리를 도우소서.
당신의 이름으로 기도한 아멘 이후의 삶이
조금 더 당신께 가까워지길 소망합니다.
치열한 경쟁의 세상, 억울해도 외마디 소리도 못 내는 세상,

비극의 쓴 눈물을 삼켜야 하는 세상이 우리를 압도할 때가 있습니다.
이 모든 비극의 자리에서 우리를 일으켜 세워 주소서.
기쁨과 슬픔, 혼돈과 평온의 모든 자리에서
주님을 의지하며 기도하게 하소서.
그리하여 우리가 당신의 뜻에 조금 더 가까이 걸어가게 하소서.
예수 그리스도의 이름으로 기도합니다. 아멘.

#기도 #아멘

5월 15일

스승의 날

오늘 하루 수고하셨습니다. 주님께서 주시는 위로와 평화가 여러분에게 가득하길 바랍니다. 오늘은 스승의 날인데, 어떻게 지내셨는지요? 오늘 저녁에는 디모데전서 1장 18-20절을 함께 묵상해 봅시다.

> 아들 디모데야 내가 네게 이 교훈으로써 명하노니 전에 너를 지도한 예언을 따라 그것으로 선한 싸움을 싸우며 믿음과 착한 양심을 가지라. 어떤 이들은 이 양심을 버렸고 그 믿음에 관하여는 파선하였느니라. 그 가운데 후메내오와 알렉산더가 있으니 내가 사탄에게 내준 것은 그들로 훈계를 받아 신성을 모독하지 못하게 하려 함이라.

개미 사회에도 스승과 제자의 관계가 있다는 걸 아시나요? 영국 브리스틀대학교에서 흥미로운 연구를 발표한 적이 있습니다. 일렬로 나란히 기어 다니는 개미의 행동을 관찰하다가 선생과 학생의 역할을 발견했다고 했습니다. 줄지어 갈 때 멈추었다가 다시 출발하는 모습이 여러 번 반복되는데, 자세히 보니 시간이 지나고 개미집에 가까워질수록 개미들의 간격이 매우 일정하게 유지되었다고 합니다. 연구진은 이것을 뒤따르는 개미가 길을 익힐 수 있도록 선두 개미가 배려하는 교육 과정으로 보았습니다. 개미 사회에도 스승과 제자가 있다니 참 놀랍습니다.

이렇게 작은 사회에도 사제 관계가 있는데, 사람 사는 사회는 더 말할 나위가 없겠지요. 저에게도 어버이 같은 스승이 있습니다. 그분이 아니었다면, 저는 지금 이 자리에 없었을 겁니다. 그래서 '나도 누군가에게 좋은 선생이 되어야겠다'라는 생각을 늘 마음 한 켠에 품고 삽니다. 좋은 스승은 좋은 학생을 낳고, 좋은 학생은 다시 좋은 선생이 됩니다.

성경에서 만나는 바울과 디모데의 관계도 그렇지요. 믿음과 선한 양심을 전수한 바울이 디모데를 격려하고 힘을 실어 주는 장면은 참 감동적입니다. 디모데의 인생을 바꾼 바울. 하지만 그전에 우리는 바울의 인생을 바꾼 분을 떠올릴 필요가 있습니다. 그분은 바로 우리의 참 선생이요 그리스도이신 예수님입니다. 함께 기도합시다.

주님, 당신은 우리의 참 스승입니다.
십자가의 사랑으로 우리를 인도하셨고,
선한 양심과 믿음을 우리에게 보여 주셨습니다.
주님은 언제나 하늘 아버지의 모습을 드러내십니다.
우리가 기댈 분, 우리가 서 있어야 할 자리,
바로 당신입니다.
주님께 배운 계명을 준행하며
세상을 아름답게 수놓는 학생의 삶을 살게 하소서.
예수님 이름으로 기도합니다. 아멘.

#스승의날 #디모데

5월 16일

일관성의 결여

오늘 하루 수고하셨습니다. 주님께서 주시는 위로와 평화가 여러분에게 가득하길 바랍니다. 오늘 저녁 함께 묵상할 말씀은 마태복음 6장 1-6절입니다.

> 사람에게 보이려고 그들 앞에서 너희 의를 행하지 않도록 주의하라. 그리하지 아니하면 하늘에 계신 너희 아버지께 상을 받지 못하느니라. 그러므로 구제할 때에 외식하는 자가 사람에게서 영광을 받으려고 회당과 거리에서 하는 것 같이 너희 앞에 나팔을 불지 말라. 진실로 너희에게 이르노니 그들은 자기 상을 이미 받았느니라. 너는 구제할 때에 오른손이 하는 것을 왼손이 모르게 하여 네 구제함을 은밀하게 하라. 은밀한 중에 보시는 너의 아버지께서 갚으시리라. 또 너희는 기도할 때에 외식하는 자와 같이 하지 말라. 그들은 사람에게 보이려고 회당과 큰 거리 어귀에 서서 기도하기를 좋아하느니라. 내가 진실로 너희에게 이르노니 그들은 자기 상을 이미 받았느니라. 너는 기도할 때에 네 골방에 들어가 문을 닫고 은밀한 중에 계신 네 아버지께 기도하라. 은밀한 중에 보시는 네 아버지께서 갚으시리라.

"매서운 눈바람이 한창이던 겨울, 한 귀부인이 연극을 관람하려고 극장에 갔다. 노예로 팔려온 하녀를 주인이 학대하는 내용의 연극이었다. 귀부인은 공연 내내 맘이 아파 흐느껴 울었다. 그런데 그 시간 극장 밖에서는 이 귀부인을 태우고 온 마부가 얼어 가는 손가락을 호호 불어 가며 오들오들 떨고 있었다."

이 이야기는 귀부인의 위선적인 행동을 고발합니다. 여기서 위선이란 다름 아닌 '일관성의 결여'라고 할 수 있습니다. 말과 행동의 불일치, 그것이 위선입니다. 이것을 교회에서 하는 말로 풀면 '바리새주의'입니다.

오늘 함께 묵상한 마태복음 6장에서 예수님이 이런 바리새인의 모습, 말과 행동과 마음이 일관성이 없는 모습을 꼬집습니다. 우리는 어떤가요? 오늘을 돌아봅시다. 우리의 말과 행동과 마음이 사람과 상황과 평판에 따라 바뀌는지 생각해 봅시다. 함께 기도합시다.

주님, 당신께서는 사람의 마음을 살피시며
우리의 모든 생각과 의도를 이해하시는 분입니다.
우리에게 나누어 주신 하나님의 영으로 우리를 위로하시어,
넘치는 기쁨으로 선한 마음과 선한 말, 선한 행동으로 이끄소서.
그리하여 우리의 대화와 삶을 통해
그리스도 예수가 우리 가운데 있음을 알리게 하소서.
예수 그리스도 이름으로 기도합니다. 아멘.

#위선 #일관성

5월 17일

누가 아들인가

오늘 하루 수고하셨습니다. 주님께서 주시는 위로와 평화가 여러분에게 가득하길 바랍니다. 오늘 저녁 함께 묵상할 말씀은 요한복음 3장 16절입니다.

> 하나님이 세상을 이처럼 사랑하사 독생자를 주셨으니 이는 그를 믿는 자마다 멸망하지 않고 영생을 얻게 하려 하심이라.

시골 한 우물에서 물을 길어 올리는 세 여인이 있습니다. 조금 떨어진 곳에는 한 노인이 앉아 있습니다. 물 긷던 여자들은 아들 자랑에 푹 빠져 있습니다. 첫 번째 여인이 이렇게 말합니다. "내 아들은 자전거를 굉장히 잘 타. 얘가 자전거를 탔다 하면 무조건 일등이야. 아무도 내 아들을 제칠 수 없어." 그러자 두 번째 여인이 이렇게 받아칩니다. "내 아들은 누구보다 아름다운 목소리를 갖고 있어. 얘가 노래하면 정말 꾀꼬리가 우는 것처럼 감동적이야. 그게 내 아들이야." 이 이야기를 듣던 세 번째 여인은 아무 말 없이 물만 길어 올립니다. 그러자 다른 사람들이 묻습니다. "당신 아들은 뭐 없어?" 그러자 이렇게 말합니다. "아무것도 없어요. 그냥 평범한 아들일 뿐이에요."

이야기가 끝날 즈음 물동이에 물이 다 찼습니다. 여자들은 각자 물동이를 들고 자리에서 일어섭니다. 멀찍이 앉았던 노인도 그 뒤를 천천히 따라옵니다. 조금 걷다 보니 양동이 무게 탓에 어깨와 허리가 아려 옵니다. 일행은 잠깐 쉬자며 털썩 주저앉습니다.

그때 멀리서 아들들이 나타납니다. 첫 번째 여인의 아들이 자전거를 타고 오더니 엄마 말대로 기막힌 속도로 휙 지나갑니다. 누군가 감탄하며 이렇게 말합니다. "와, 엄마 말대로 정말 빠르군요!" 두 번째 여인의 아들이 꾀꼬리 같은 목소리로 노래하며 지나갑니다. 누군가 또 말합니다. "와, 정말 감동적인 목소리예요." 세 번째 여인의 아들이 나타납니다. 그런데 이 아이는 곧장 엄마에게 달려가 물동이를 집어 들고 집으로 달립니다.

이 모습을 지켜보던 노인이 한마디 합니다.

"진짜 아들은 한 명밖에 없군."

여러분은 이 이야기를 어떻게 들으셨나요? 우리는 종종 우리가 해야 할 일, 가야 할 길에서 벗어나는 경우가 있습니다. 정작 우리에게 주어진 귀한 것은 외면하고, 가짜 보석으로 인생을 장식하기도 합니다. 나에게 가장 중요한 것, 가장 가치 있는 것은 무엇인가요? 함께 기도합시다.

주님, 당신께서는 모든 만물의 창조주이십니다.
이 땅의 모든 것, 보이는 것과 보이지 않는 모든 것을
당신의 사랑 가운데 두셨습니다.
우리의 생명과 우리에게 주어진 모든 것도 당신의 소유입니다.
우리는 태초부터 당신의 것입니다.
우리를 사랑과 신실함 가운데 보호하고 인도하시는 주님을 신뢰하오니,
당신의 사랑 안에 우리가 살게 하소서.
그리하여 우리가 당신의 사랑을
우리 곁에 있는 이들에게 나누게 하소서.
예수 그리스도의 이름으로 기도합니다. 아멘.

#세아들 #인생

5월 18일

청동 암소

오늘 하루 수고하셨습니다. 주님께서 주시는 위로와 평화가 여러분에게 가득하길 바랍니다. 오늘 저녁 함께 묵상할 말씀은 요한복음 15장 9-14절입니다.

> 아버지께서 나를 사랑하신 것 같이 나도 너희를 사랑하였으니 나의 사랑 안에 거하라. 내가 아버지의 계명을 지켜 그의 사랑 안에 거하는 것 같이 너희도 내 계명을 지키면 내 사랑 안에 거하리라. 내가 이것을 너희에게 이름은 내 기쁨이 너희 안에 있어 너희 기쁨을 충만하게 하려 함이라. 내 계명은 곧 내가 너희를 사랑한 것 같이 너희도 서로 사랑하라 하는 이것이니라. 사람이 친구를 위하여 자기 목숨을 버리면 이보다 더 큰 사랑이 없나니 너희는 내가 명하는 대로 행하면 곧 나의 친구라.

아테네의 조각가 페릴라우스Perilaus가 시칠리아의 악독한 참주 팔라리스에게 고문 기구를 만들어 바친 일이 있습니다. 콧속에 피리를 넣어 둔 청동으로 만든 암소였습니다. 소 안에 죄수를 집어넣고 닫은 다음 밑에서 장작불을 지피면, 죄수는 뜨거워 소리를 지르고 그 비명이 암소의 코에 붙은 피리를 통해 음악 소리로 바뀌어 나오는 고문 기구였다고 합니다. 그런데 그 암소의 첫 번째 희생자가 다름 아닌 페릴라우스였다고 하니, 참 알다가도 모를 일입니다.

어쨌든 이 전설에 따르면 고통의 비명이 청동 암소 밖에서는 아름다운 음악으로 바뀌어 나왔고, 사람들은 이 소리를 무척 사랑했다고 합니다. 끔찍한 이야기이지요. 사실이 아니고 전설이라 천만다행입니다.

그런데 실존주의 철학의 아버지로 불리는 키르케고르는 이 이야기를 단순한 전설로 흘려보내지 않고 시인을 청동 암소 안에 들어간 죄수에 비유합니다. 아름다운 시구 뒤에 마른 수건 짜듯 시인의 몸과 영혼을 짜낸 비명이 숨어 있다는 것이지요. 어디 시인의 비명뿐일까요?

목회하다 보니 교인과 상담하는 일이 많습니다. 겉보기에는 아무 문제 없어 보이지만, 조금만 살펴보고 대화해 보면 딱하고 불쌍해서 무슨 도움과 위로를 전해야 할지 몰라 속을 태우는 일이 종종 있습니다. 중세 독일의 신비주의 철학자 요하네스 에크하르트Johannes Eckhart는 이렇게 말했습니다. "가장 중요한 시간은 지금이고, 가장 중요한 사람은 당신 앞에 서 있는 사람이며, 가장 필요한 일은 언제나 사랑입니다."

적어도 우리가 그리스도의 사랑을 배우고 따라가는 그리스도인이라면, 우리 일상에 숨겨진 청동 암소 안에 누가 갇혀 있는지, 그 소리가 음악인지 비명인지 가장 가까운 곳부터 돌아봅시다. 특별히 오늘은 5·18 민주화 운동이 있던 날이지요. 우리 사회에 숨겨진 외침이 무엇인지도 깊이 돌아보면 좋겠습니다. 함께 기도합시다.

주님, 우리에게 주신 당신의 이름으로
우리에게 필요한 걸음을 내딛게 하소서.
우리에게 열린 귀와 열린 마음을 주시어,
무한한 용기와 충만한 신앙으로 소망 가운데 살게 하소서.
사랑의 힘을 주옵소서.
당신의 사랑이 가장 가까운 곳에서부터 넘쳐흐르게 하시고 그 사랑이 사회 구석구석 스며들게 하소서.

그리하여 이 땅에 서러운 비명 대신

서로를 위로하고 돌보는 환대의 웃음으로 가득하게 하소서.

예수 그리스도의 이름으로 기도합니다. 아멘.

#청동암소 #5·18민주화운동 #키르케고르

5월 19일

하나님이 내 귀를 파 주신다

오늘 하루 수고하셨습니다. 주님께서 주시는 위로와 평화가 가득하길 바랍니다. 오늘 저녁 함께 묵상할 말씀은 시편 40편 6-8절입니다.

> 주께서 내 귀를 통하여 내게 들려주시기를 제사와 예물을 기뻐하지 아니하시며 번제와 속죄제를 요구하지 아니하신다 하신지라. 그 때에 내가 말하기를 내가 왔나이다. 나를 가리켜 기록한 것이 두루마리 책에 있나이다. 나의 하나님이여 내가 주의 뜻 행하기를 즐기오니 주의 법이 나의 심중에 있나이다 하였나이다.

귀는 멀쩡한데 갑자기 청력에 문제가 생길 때가 있습니다. 귀 안에 뭐가 들어 있는 것처럼 귀찮게 덜그럭거리거나, 평소와 달리 먹먹하고 무언가가 귓구멍을 막고 있는 것처럼 느껴집니다. 그러다가 갑자기 귀가 뻥 뚫리면 다행인데, 그렇지 않으면 여간 답답하지 않습니다. 면봉이나 귀이개가 그리도 간절할 수가 없습니다. 저는 이런 일이 생기면 우선 아내부터 찾습니다. 제 아내가 기가 막히게 잘 뚫어 주거든요.

오늘 시편에 참 재미난 표현이 나옵니다. "주께서 내 귀를 통하여 내게 들려주시기를." "하나님이 내 귀를 뚫어 주신다" 또는 "하나님이 내 귀를 파 주신다"라고 번역하면 원문에 더 가까울 것 같습니다. 그러니까 이 구절을 다시 풀어 보면 이렇게 읽어도 될 것 같아요. "하나님이 내 귀를 파 주셨습니다. 그러고 나서 잘 들어 보니 주님은 제사와 예물이나 번제나 속죄제를 요구하지 않는다고 하십니다."

하나님이 우리의 막힌 귀를 파서 들려주시는 말씀은 무엇일까요? 하나님이 원하시는 것은 헌금 몇 푼이나 주일성수가 아니라 우리 마음의 중심, 있는 그대로의 우리 모습, 상한 심령의 간절한 기도라는 말입니다. 이것이 시편 40편에 담긴 깨달음입니다.

우리는 어떤가요? 혹시 귀가 꽉 막힌 채 엉뚱하게 듣고 엉뚱하게 행동하는 것은 아닌지요? 오늘 이 밤, 우리 마음의 귀가 열리고, 하나님의 음성이 우리 속 깊은 곳에 울리길 함께 기도합시다.

주님, 당신의 긍휼을 우리에게서 거두지 마시고
주의 인자와 진리로 우리를 보호하소서.
우리의 귀를 열어 당신의 은혜로운 말씀을 깨닫게 하시고
우리 입에 하나님께 올릴 찬송이 가득하게 하소서.
예수 그리스도 이름으로 기도합니다. 아멘.

#기도 #하나님의음성

5월 20일

마게도냐 환상

오늘 하루 수고하셨습니다. 주님께서 주시는 위로와 평화가 여러분에게 가득하길 바랍니다. 오늘 저녁 함께 묵상할 말씀은 사도행전 16장 9-10절입니다.

> 밤에 환상이 바울에게 보이니 마게도냐 사람 하나가 서서 그에게 청하여 이르되 마게도냐로 건너와서 우리를 도우라 하거늘 바울이 그 환상을 보았을 때 우리가 곧 마게도냐로 떠나기를 힘쓰니 이는 하나님이 저 사람들에게 복음을 전하라고 우리를 부르신 줄로 인정함이러라.

예수를 믿는다고 해서 시련이 피해 가는 것은 아닙니다. 신앙인에게도 똑같이 시련이 찾아옵니다. 누구나 아무것도 안 보이고 아무것도 안 들리고 아무것도 손에 잡히지 않는 절망의 밤에 던져질 때가 있습니다. 하지만 성경은 바로 그때, 우리 힘으로 아무것도 할 수 없는 그 시간이 하나님을 붙들고 주님의 도우심을 간구할 때라고 가르칩니다.

사도행전 16장 말씀이 좋은 예입니다. 소아시아로 가려고 애를 썼으나 모든 계획이 어그러지고, 사도 바울은 피곤함에 지쳐 쓰러집니다. 그리고 그날 밤 꿈을 꾸지요. 마게도냐 사람이 나타나 그곳으로 와 달라고 청하는 환상을 봅니다. 잠에서 깬 바울은 일어나 마게도냐로 향합니다.

훗날 역사학자 아널드 토인비Arnold J. Toynbee가 '오늘날 모든 문명의 기초를 바울이 배에 싣고 떠난 사건'이라고 평가할 정도로 이 사건은 역사의 전환점이 됩니다. 살다 보면 내 맘대로 내 계획대로 되지 않을 때가 많습니다. 그렇다고 다 끝났다며 포기하지 맙시다. 믿음의 사람에게 절망의 밤은 오히려 주님을 찬양하며 새벽을 바라보게 하는 희망의 틈새가 됩니다. 우리에게 필요한 것은 믿음입니다. 우리가 기대고 신뢰하는 주님께서는 염려와 시련 가운데 놓인 저와 여러분을 선하고 가치 있는 자리로 인도하실 것입니다. 함께 기도합시다.

> 우리의 길을 선하게 계획하고 인도하시는 주님,
> 당신께서는 당신의 자녀들을
> 깊은 웅덩이와 수렁에서 끌어올리십니다.
> 우리 발을 반석 위에 세우고, 우리 걸음을 견고하게 하소서.
> 오직 주님 안에 우리가 거하게 하시어
> 어둠 속에서도 눈을 들어 빛의 숨구멍을 보게 하소서.
> 주님은 우리를 참으로 도우십니다.
> 예수님 이름으로 기도합니다. 아멘.

#믿음 #절망 #마게도냐 #환상 #토인비

5월 21일

비정한 베데스다

오늘 하루 수고하셨습니다. 주님께서 주시는 위로와 평화가 가득하길 바랍니다. 오늘 저녁 함께 묵상할 말씀은 요한복음 5장 2-9절입니다.

> 예루살렘에 있는 양문 곁에 히브리 말로 베데스다라 하는 못이 있는데 거기 행각 다섯이 있고 그 안에 많은 병자, 맹인, 다리 저는 사람, 혈기 마른 사람들이 누워 [물의 움직임을 기다리니 이는 천사가 가끔 못에 내려와 물을 움직이게 하는데 움직인 후에 먼저 들어가는 자는 어떤 병에 걸렸든지 낫게 됨이러라.] 거기 서른여덟 해 된 병자가 있더라. 예수께서 그 누운 것을 보시고 병이 벌써 오래된 줄 아시고 이르시되 네가 낫고자 하느냐. 병자가 대답하되 주여 물이 움직일 때에 나를 못에 넣어 주는 사람이 없어 내가 가는 동안에 다른 사람이 먼저 내려가나이다. 예수께서 이르시되 일어나 네 자리를 들고 걸어가라 하시니 그 사람이 곧 나아서 자리를 들고 걸어가니라.

베데스다 연못 이야기입니다. 예루살렘 성에서 양을 매매하는 시장과 가까운 연못이라 '베데스다 연못'이라는 이름이 붙었습니다. 이곳에서 어떤 일이 벌어지는지 잘 아실 겁니다. 천사가 가끔 내려오는데 가장 먼저 물에 들어가는 사람이 치료받는 신비한 연못입니다. 이곳에서 38년 동안 앉아 있던 병자가 예수님을 만나 치료받습니다.

저는 이 말씀을 읽을 때마다 불편합니다. '베데스다'라는 말은 '자비의 집', '은혜의 집'이라는 뜻인데, 실상은 1등만 살아남는 비정한 경쟁의 현장이기 때문입니다. 다들 하나님의 자비와 은혜를 간절히 바라면서 이곳에 모였지만, 천사가 내려오는 순간마저 비정하기 이를 데 없습니다.

38년간 연못에 들어갈 수 있게 도와주는 사람이 한 명도 없었다는 병자의 말이 허투루 들리지 않습니다. 오늘 우리가 살아가는 세상은 어떤가요? 자비의 집, 은혜 가득한 거룩한 교회는 어떤가요? 혹시 교회마저 1등만 대접받는 비정한 베데스다 연못은 아닌지, 도우려는 이는 한 명도 없고 그저 자기만 은혜받으면 그것으로 만족하는 곳은 아닌지요?

"일어나 네 자리를 들고 걸어가라"라는 주님의 말씀이 가볍게 들리지 않습니다. "그런 곳이라면 지금이라도 자리를 털고 네 갈 길 가라"는 말씀으로 읽으면, 정말 잘못되고 불경한 성경 읽기일까요? 우리가 몸담은 가정과 사회, 국가와 교회가 서로 돌아보고 일으켜 세워 주는 진정한 자비의 집이 되길 바랍니다. 함께 기도합시다.

주님, 우리가 베데스다 연못, 자비의 집에 있습니다.
천사가 내려오길 기다리며
간절히 하늘을 바라보며 물가에 서 있습니다.
하늘이 열리는 순간, 혼자 뛰어가지 않게 하시고
내 옆에 누가 걷지 못하는지 돌아보게 하소서.
어깨동무하고 함께 그 물에 들어갈 때
자비의 주님께서 우리 모두를 온전케 하실 것입니다.
우리가 그 믿음으로 살게 하소서.
예수님 이름으로 기도합니다. 아멘.

#베데스다 #자비의집

5월 22일

뷔리당의 당나귀

오늘 하루 수고하셨습니다. 주님께서 주시는 위로와 평화가 여러분에게 가득하길 바랍니다. 오늘 저녁 함께 묵상할 말씀은 출애굽기 20장 1-5절입니다.

> 하나님이 이 모든 말씀으로 말씀하여 이르시되 나는 너를 애굽 땅, 종 되었던 집에서 인도하여 낸 네 하나님 여호와니라. 너는 나 외에는 다른 신들을 네게 두지 말라. 너를 위하여 새긴 우상을 만들지 말고 또 위로 하늘에 있는 것이나 아래로 땅에 있는 것이나 땅 아래 물 속에 있는 것의 어떤 형상도 만들지 말며 그것들에게 절하지 말며 그것들을 섬기지 말라.

여기 당나귀 한 마리가 있습니다. 이 당나귀는 지금 배도 고프고 목도 마릅니다. 문제는 배고픔과 목마름의 정도가 똑같다는 데 있습니다. 주인이 여물과 물을 당나귀가 있는 자리에서 똑같은 거리 좌우편에 가져다 놓습니다. 그러자 당나귀는 배고픔과 목마름 중 무엇부터 해소할지 고민하다가 결국은 결정을 내리지 못하고 죽고 맙니다.

물론, 실제로 일어난 일은 아니지요. 14세기 프랑스 철학자 장 뷔리당Jean Buridan의 이름을 따 '뷔리당의 당나귀'라고 이름 붙은 철학 가설입니다. 이러지도 저러지도 못해 안절부절 살아가는 인간의 모습을 풍자한 가설입니다. 선택하며 사는 일은 여간 어려운 게 아닙니다. 오죽하면, 헤겔

Georg Wilhelm Friedrich Hegel이 "인간의 비극은 옳음과 옳음 사이에서 무언가 선택해야 한다는 데 있다"라고 했을까 싶습니다.

사람은 살면서 늘 선택이란 걸 해야 합니다. 오늘 밥은 무얼 먹을지부터 어떤 사람을 만나고, 어떤 직장을 구하고, 어떤 교회를 다닐까에 이르기까지 우리의 삶은 수많은 선택의 연속입니다.

성경은 그 모든 선택 중 가장 우선되는 기준을 우리에게 가르칩니다. 이 가르침이 바로 십계명의 첫째 계명입니다. "너는 나 외에는 다른 신들을 네게 두지 말라." 어떤 선택의 순간에도 이것을 잊지 말아야 합니다. 모든 것 이상으로 하나님을 두려워하고, 모든 것 이상으로 하나님을 사랑하며, 모든 것 이상으로 하나님을 신뢰하는 삶을 모든 선택의 기준으로 삼으라는 가르침이 하나님이 우리에게 주신 첫 번째 계명입니다. 함께 기도합시다.

주님, 우리 마음은 당신의 말씀에 신실하고 든든하게 매여 있습니다.
그 말씀 따라 최선을 다하며 살게 하소서.
우리 가는 길을 당신의 빛으로 비춰 주시어
주어진 이 삶을 용감히 걷게 하소서.
신실하신 주님, 당신의 선한 인도를 믿습니다.
하루하루 살아가는 삶의 자리에서
당신의 밝은 얼굴을 좀 더 또렷하게 보게 하소서.
예수님 이름으로 기도합니다. 아멘.

#뷔리당 #십계명

5월 23일

응답받는 기도

오늘 하루 수고하셨습니다. 주님께서 주시는 위로와 평화가 여러분에게 가득하길 바랍니다. 오늘 저녁 함께 묵상할 말씀은 에베소서 6장 14-18절입니다.

> 그런즉 서서 진리로 너희 허리 띠를 띠고 의의 호심경을 붙이고 평안의 복음이 준비한 것으로 신을 신고 모든 것 위에 믿음의 방패를 가지고 이로써 능히 악한 자의 모든 불화살을 소멸하고 구원의 투구와 성령의 검 곧 하나님의 말씀을 가지라. 모든 기도와 간구를 하되 항상 성령 안에서 기도하고 이를 위하여 깨어 구하기를 항상 힘쓰며 여러 성도를 위하여 구하라.

그동안 하나님께 기도드릴 때 어떤 식으로 기도했는지 정직하게 돌아봅시다. 그러면 기도 같지 않은 기도까지 하나님이 들어주셨다는 사실이 너무 신기해서 놀랄 겁니다. 물론 우리 중에는 바리새인처럼 자기 기도는 하나님이 들어주실 만하다고 생각하는 사람도 있을 겁니다. 하지만 성령의 도우심으로 자신을 좀 더 깊이 돌아볼 줄 아는 성도라면, 그동안 우리가 드린 기도를 생각하며 슬피 울게 될 것입니다. 차갑고 냉랭하지는 않았나요? 필요할 때만 드문드문 기도하지는 않았나요? 그런데 주님은 차갑고 냉랭한 기도에도 응답해 주셨습니다. 평소에는 모른 척하다가 곤란한 일이 생길 때만 가끔 드리는 간청도 응답해 주셨습니다. 참 신기한 일이지요.

무언가 꼭 필요한 게 있을 때만 기도하고, 문제가 해결되면 하나님을 무시하는 우리. 슬프거나 곤란한 일이 없을 때는 하나님께 간구하는 일을 거의 잊고 사는 우리. 이런 우리의 기도를 들으시는 하나님은 대체 어떤 분일까요? 이런 기도도 들으시는 하나님의 인자하신 자비를 깊이 깨닫고, 이제부터는 성령 안에서 모든 기도와 간구로 항상 기도하기를 힘쓰는 그리스도인이 됩시다.

우리의 기도를 들어주시는 주님,
당신은 언제나 우리를 돌보시고 이끌어 주십니다.
이런 당신을 늘 곁에서 경험하길 간구합니다.
슬프고 괴롭고 병들었을 때만 아니라
기쁘고 행복할 때, 일상 속 순간순간마다
당신의 얼굴 앞에 서 있길 바랍니다.
성령 안에서 우리를 이끄시고, 우리의 간구를 들어주소서.
예수님 이름으로 기도합니다. 아멘.

#기도 #성령

5월 24일

땅에 임한 하늘

오늘 하루 수고하셨습니다. 주님께서 주시는 위로와 평화가 여러분에게 가득하길 바랍니다. 오늘 저녁 함께 묵상할 말씀은 사도행전 1장 8-11절입니다.

> 오직 성령이 너희에게 임하시면 너희가 권능을 받고 예루살렘과 온 유대와 사마리아와 땅끝까지 이르러 내 증인이 되리라 하시니라. 이 말씀을 마치시고 그들이 보는데 올려져 가시니 구름이 그를 가리어 보이지 않게 하더라. 올라가실 때에 제자들이 자세히 하늘을 쳐다보고 있는데 흰 옷 입은 두 사람이 그들 곁에 서서 이르되 갈릴리 사람들아 어찌하여 서서 하늘을 쳐다보느냐. 너희 가운데서 하늘로 올려지신 이 예수는 하늘로 가심을 본 그대로 오시리라 하였느니라.

예수님의 승천을 묘사하는 사도행전 말씀을 머리에 그려 봅니다. 제자들과 함께 서 있던 예수님이 하늘로 서서히 올라가실 때 하늘이 열리고 구름이 주님을 영광스럽게 들어 올립니다. 하늘을 바라보는 제자들 곁에는 흰옷 입은 천사가 장엄하게 서 있습니다.

이렇게만 읽으면 판타지 영화의 멋진 장면 같지만, 사도행전에 기록된 승천 장면은 이런 신비한 모습을 보여 주기 위함이 아닙니다. 주님이 땅에서 하늘로 올라가는 장면을 다시 생각해 봅시다. 제자들과 땅에 있던 주님이 땅의 경계를 넘어 하늘로 올라갑니다. 이제 우리 사는 땅은 하늘

이야기의 일부가 됩니다.

승천을 통해 그리스도께서는 모든 한계와 경계를 넘어섭니다. 그리고 주님의 제자들도 모든 한계와 경계를 넘어서는 새로운 삶으로 초대받습니다. 이것이 땅끝까지 이르러 당신의 증인이 되라는 예수님의 지상 명령입니다. 주님께서는 이 일을 위해 성령을 주시겠다고 약속하십니다.

주님의 이 약속은 가까운 곳(온 유대와 사마리아)에 사는 사람들부터 멀리 떨어진 곳(땅끝)에 사는 사람들, 부활의 증거를 받지 못한 사람들, 믿음과 의심 가운데 혼란스러운 사람들 모두를 위한 것입니다. 물론, 저와 여러분을 위한 복된 약속이며 초대입니다. 주님께서 우리와 함께하십니다. 함께 기도합시다.

부활과 승천의 주님,
당신은 언제나 옛것에 매여 있지 않고, 한계를 뛰어넘는 분입니다.
죽음에서 생명으로, 땅에서 하늘로 모든 만물을 선하게 인도하십니다.
유대와 사마리아와 땅끝까지 이 복음을 전하실 때,
우리의 손과 발이 그곳에 있게 하소서.
누구든지 그리스도 안에 있으면 새로운 피조물입니다.
이 믿음으로 순간을 영원 가운데 살게 하소서.
예수님 이름으로 기도합니다. 아멘.

#승천 #성령 #약속

5월 25일

자족의 삶

오늘 하루 수고하셨습니다. 주님께서 주시는 위로와 평화가 여러분에게 가득하길 바랍니다. 오늘 저녁 함께 묵상할 말씀은 빌립보서 4장 8-12절입니다.

> 끝으로 형제들아 무엇에든지 참되며 무엇에든지 경건하며 무엇에든지 옳으며 무엇에든지 정결하며 무엇에든지 사랑 받을 만하며 무엇에든지 칭찬 받을 만하며 무슨 덕이 있든지 무슨 기림이 있든지 이것들을 생각하라. 너희는 내게 배우고 받고 듣고 본 바를 행하라. 그리하면 평강의 하나님이 너희와 함께 계시리라. 내가 주 안에서 크게 기뻐함은 너희가 나를 생각하던 것이 이제 다시 싹이 남이니 너희가 또한 이를 위하여 생각은 하였으나 기회가 없었느니라. 내가 궁핍하므로 말하는 것이 아니니라. 어떠한 형편에든지 나는 자족하기를 배웠노니 나는 비천에 처할 줄도 알고 풍부에 처할 줄도 알아 모든 일 곧 배부름과 배고픔과 풍부와 궁핍에도 처할 줄 아는 일체의 비결을 배웠노라.

빌립보 교인들에게 보내는 바울의 편지를 읽으면 여러 생각이 들어서 울컥합니다. 바울은 지금 멀리 떨어져 있지만, 교인들을 향한 애틋한 사랑이 편지에 배어 있습니다. 바울은 감옥에 갇혀 있습니다. 하지만 그리스도의 도를 전하는 일에 조금도 주저함이 없습니다. 구절구절 감동적인 권면이 많지만, 제게는 "어떠한 형편에든지 나는 자족하기를 배웠노니"라는 구절이 깊은 여운으로 남습니다.

인간은 본성적으로 자기 삶에 자족하지 못합니다. 심거나 기르지 않아도 잡초나 엉겅퀴가 무럭무럭 자라듯 불평도 우리 안에서 저절로 자라납니다. 그러고 보면, "나는 자족하기를 배웠노니"라는 구절은 하나님의 은혜가 우리 마음을 각별히 보살피며 속에서 자라는 잡초를 제어하고 있다는 말로 들립니다. 물론, 은혜를 통해 자족하는 법을 배웠다고 해서 그것이 평생 가는 건 아닙니다. 자족하는 마음이 무너져 내리기를 수천 번 반복할 겁니다. 우리는 이것을 경험으로 압니다.

그렇다고 "나는 원래 안 되는 녀석이야"라며 자책할 필요는 없습니다. 바울도 이 깨달음과 고백을 인생 끝자락에 가서야 하지 않습니까. 다만, 우리 마음에 잡초가 자라며 원망과 불평이 커질 때는 "장성한 분량까지 인도하시는 평강의 주님이 우리와 함께하신다"는 사실을 기억하면 좋겠습니다. 이것은 우리를 향한 주님의 약속입니다. 함께 기도합시다.

주님, 우리와 함께 해 주셔서 감사합니다.
불평과 원망이 마음에서 자랄 때 우리를 도우소서.
그 자리를 하늘의 평안으로 채우셔서
무엇에든지 참되며, 무엇에든지 경건하며, 무엇에든지 옳으며,
무엇에든지 정결하며, 무엇에든지 사랑받을 만하며,
무엇에든지 칭찬받을 만하며 무슨 덕이 있든지 무슨 기림이 있든지,
주님이 가르친 바를 기억하고 따르게 하소서.
예수님 이름으로 기도합니다. 아멘.

#옥중서신 #자족 #바울 #빌립보서

5월 26일

재림을 기다리며

오늘 하루 수고하셨습니다. 주님께서 주시는 위로와 평화가 가득하길 바랍니다. 오늘 함께 묵상할 말씀은 누가복음 24장 48-53절입니다.

> 너희는 이 모든 일의 증인이라. 볼지어다. 내가 내 아버지께서 약속하신 것을 너희에게 보내리니 너희는 위로부터 능력으로 입혀질 때까지 이 성에 머물라 하시니라. 예수께서 그들을 데리고 베다니 앞까지 나가사 손을 들어 그들에게 축복하시더니 축복하실 때에 그들을 떠나 [하늘로 올려지시니] 그들이 [그에게 경배하고] 큰 기쁨으로 예루살렘에 돌아가 늘 성전에서 하나님을 찬송하니라.

교회에 부활절이나 성탄절 같은 절기만 있는 것은 아닙니다. 유럽에는 성탄절만큼 오랫동안 지켜 온 절기가 몇 개 더 있는데, 그중 하나가 주님의 승천을 기념하는 날입니다. 일부 국가에서는 부활 후 40일째 되는 날을 공휴일로 지정하고 관공서와 상점 등의 문을 다 닫기도 합니다. 이날은 주님이 하늘 보좌에 오른 장엄한 축제의 날이기도 하지만, 땅에 남은 사람들에게는 중요한 과제가 하나 더 생겼습니다. 그것은 바로 '증인으로서 기다리는 삶'입니다.

그리스도의 부활과 승천의 증인으로 살아간다는 뜻이지요. 주님의 부활과 승천을 본 사람이라면, 말과 행동, 표정이 분명 다를 겁니다. 삶의 태도에 감격이 묻어나겠지요. 죽음 같은 시간을 만나도 부활과 승천을 보았기에 넉넉히 인내하며 소망 가운데 그 시간을 통과합니다.

분명히 '기다림'은 증인에게 주어진 삶의 과제입니다. 갑자기 하늘로 올라가신 그분은 갑자기 다시 오실 것입니다. 기다릴 가치가 없다면, 우리는 쉬이 지치고 말 겁니다. 하지만 주님은 기다림에 지치지 않도록 성령을 보내신다 약속하셨습니다. 주님의 승천은 부활에서 성령 강림으로 가는 여정이고, 초림에서 재림으로 가는 중간 정거장입니다. 이곳에서 주님은 당신의 성령을 보내어 저와 여러분을 위로하며 지치지 않게 도우실 것입니다. 주님의 성령이 우리와 함께하십니다. 함께 기도합시다.

전능하신 하나님, 우리는 종종 우리 위의 하늘을 생각하고 묻습니다.
당신은 어디 있습니까? 천국은 무엇인가요?
우리가 당신의 나라를 상상하고 이해하고
깨달을 수 있도록 우리를 도와주소서.
당신의 위대함과 영광을 이해하기 어렵게 만드는
우리의 작은 믿음을 용서해 주소서.
주 하나님, 당신은 우리의 희망입니다.
우리는 당신을 열망하고 이 땅의 불완전한 모든 것이
당신 뜻대로 이뤄지길 기대합니다.
더는 슬픔과 증오, 시기와 죽음이 지배하지 않는 하나님 나라가
우리 가운데 모습을 드러내고 있음을 일깨워 주소서.
당신의 사랑이 세상을 하나로 묶는다는 진리가
이 땅에 드러나도록 교회가 힘을 내게 하소서.
예수 그리스도의 이름으로 기도합니다. 아멘.

#승천 #재림 #기다림

5월 27일

모든 이가 하나 되길

오늘 하루 수고하셨습니다. 주님께서 주시는 위로와 평화가 여러분에게 가득하길 바랍니다. 오늘 저녁 함께 묵상할 말씀은 요한복음 17장 20-23절입니다.

> 내가 비옵는 것은 이 사람들만 위함이 아니요. 또 그들의 말로 말미암아 나를 믿는 사람들도 위함이니 아버지여, 아버지께서 내 안에, 내가 아버지 안에 있는 것 같이 그들도 다 하나가 되어 우리 안에 있게 하사 세상으로 아버지께서 나를 보내신 것을 믿게 하옵소서. 내게 주신 영광을 내가 그들에게 주었사오니 이는 우리가 하나가 된 것 같이 그들도 하나가 되게 하려 함이니이다. 곧 내가 그들 안에 있고 아버지께서 내 안에 계시어 그들로 온전함을 이루어 하나가 되게 하려 함은 아버지께서 나를 보내신 것과 또 나를 사랑하심 같이 그들도 사랑하신 것을 세상으로 알게 하려 함이로소이다.

잡히시기 전날 밤 주님은 제자들을 한 식탁에 불러 모으십니다. 그리고는 죽음의 운명이 기다리는 동산으로 올라가기 전 하늘을 우러러 아주 담담한 목소리로 기도하십니다. 이 기도가 요한복음 17장 전체에 나오는 긴 본문입니다. 예수님의 이 기도를 잘 들어 보세요. 주님은 당신 자신에게서 시작하여 식탁 앞에 초대받은 제자들, 그리고 온 세상을 위해 기도하십니다.

잘 먹고 잘살고 성공하게 해 달라는 기도가 아닙니다. 하늘과 땅, 사람과 사람이 서로 믿고 신뢰하며 하나 되게 해 달라는 기도입니다. 제자들이 만찬에 초대받았을 때만 해도 그들은 '하나'라고 느끼지 않았을 겁니다. 여전히 서로에게 짜증 내고 있었고, 유다는 배신을 계획했고, 야고보와 요한은 여전히 누가 윗자리를 차지할지를 놓고 겨루고 있었습니다.

물론, 예수님이 부활하고 승천하신 다음에도 모든 제자가 서로 신뢰하며 하나 된 것은 아닙니다. 지금도 그렇지요. 오늘 우리나라에는 교회가 이리도 많은데 서로를 향한 의심과 시기, 배신과 음모가 여전합니다. 주님이 말씀하신 '서로 신뢰하며 하나 되는 것'과 거리가 멉니다.

우리가 살아가는 현장은 어떤가요? 주님은 마지막 만찬 자리에서 '모든 사람이 하나 되길' 기도하십니다. 그분의 말씀, 그분의 기도는 그때나 지금이나 모든 사람을 위한 것임이 틀림없습니다. 그리고 우리는 그 말씀을 따르기로 고백한 그리스도인입니다. 하나 되길 바라신 주님의 뜻대로 서로 신뢰하고 보듬어 안는 우리가 되길 바랍니다. 함께 기도합시다.

주님, 당신께서는 우리를 하나 되게 하십니다.
서로 다른 모든 것들이 조화롭게 연합하게 하십니다.
제자들이 승천과 오순절 사이에 있었듯이,
우리는 주님의 초림과 재림 사이에 있습니다.
그리스도께서 우리와 함께하신다는 확신 가운데 거하게 하셔서
서로 다른 우리가 서로 이해하고 신뢰하며 연합하는 삶을 살게 하소서.
우리를 하나 되게 하시는 예수님 이름으로 기도합니다. 아멘.

#임마누엘 #하나됨

5월 28일

사랑이라는 새 계명

오늘 하루 수고하셨습니다. 주님께서 주시는 위로와 평화가 여러분에게 가득하길 바랍니다. 오늘 저녁 함께 묵상할 말씀은 요한복음 13장 34-35절입니다.

> 새 계명을 너희에게 주노니 서로 사랑하라. 내가 너희를 사랑한 것 같이 너희도 서로 사랑하라. 너희가 서로 사랑하면 이로써 모든 사람이 너희가 내 제자인 줄 알리라.

예수님은 제자들에게 "너희가 서로 사랑하면 이로써 모든 사람이 너희가 내 제자인 줄 알리라"라고 말씀하셨습니다. 예수님을 따르는 그리스도인으로서 우리는 다른 사람들을 사랑해야 합니다.

많은 사람에게 사랑은 '단순한 감정'에 지나지 않습니다. 하지만 사랑은 그 이상입니다. 진정한 사랑은 행동으로 나타납니다. 사랑은 위대하지만, 그렇다고 사랑의 행동이 특별한 상황에서 불가능한 일을 해내는 엄청난 것일 필요는 없습니다. 예수님을 드러내는 사랑에는 어떤 것이 있을까요? 주님이 제자들에게 원한 사랑은 다른 사람을 대하는 작은 몸짓과 일상에서 드러나는 몸의 언어가 아닐까 싶습니다. 예를 들면, 누군가에게 작은 선물을 주거나 기분이 우울한 사람과 이야기를 나누고, 홀로 사는 동네 어른 집 앞에 식료품이 든 작은 봉투를 걸어 놓고, 만나는 사람들에게 친근한 표정으로 인사하고, 상대방의 말을 경청하고 고개를 끄덕여 주는 몸의 언어 말입니다.

예수님의 사랑을 다른 사람들에게 보여 줄 방법은 여러 가지가 있습니다. 그러면서 우리는 서로의 마음에 귀를 열 수 있습니다. 그러면 다른 사람도 차례로 마음을 여는 사랑의 전달자가 될 것입니다.

사랑은 모든 것을 부드럽게 하고, 모든 것을 사로잡는 신비한 힘이 있습니다. 그리고 그 사랑이 하나님에게서 나온 사랑이라면, 바로 그곳에서 사람들은 하나님의 나라를 엿볼 수 있을 겁니다. 우리의 말과 행동, 표정이 그리스도 사랑의 아름다운 씨앗이 되고, 하나님 나라를 보여 주는 투명한 창문이 되길 바랍니다. 함께 기도합시다.

주님, 주님의 사랑이 우리를 통해 나타나게 하소서.
당신의 사랑을 가로막는 이들도 사랑할 수 있게 우리를 도우소서.
그 사랑으로 하나님의 나라를 이 땅에 세우소서.
이 밤, 주님의 사랑 안에 잠들게 하소서.
예수님 이름으로 기도합니다. 아멘.

#새계명 #사랑

5월 29일

하나님만이 우리의 희망입니다

오늘 하루 수고하셨습니다. 주님께서 주시는 위로와 평화가 가득하길 바랍니다. 오늘 함께 묵상할 말씀은 예레미야 20장 9-12절입니다.

> 내가 다시는 여호와를 선포하지 아니하며 그의 이름으로 말하지 아니하리라 하면 나의 마음이 불붙는 것 같아서 골수에 사무치니 답답하여 견딜 수 없나이다. 나는 무리의 비방과 사방이 두려워함을 들었나이다. 그들이 이르기를 고소하라 우리도 고소하리라 하오며 내 친한 벗도 다 내가 실족하기를 기다리며 그가 혹시 유혹을 받게 되면 우리가 그를 이기어 우리 원수를 갚자 하나이다. 그러하오나 여호와는 두려운 용사 같으시며 나와 함께 하시므로 나를 박해하는 자들이 넘어지고 이기지 못할 것이오며 그들은 지혜롭게 행하지 못하므로 큰 치욕을 당하오리니 그 치욕은 길이 잊지 못할 것이니이다. 의인을 시험하사 그 폐부와 심장을 보시는 만군의 여호와여 나의 사정을 주께 아뢰었사온즉 주께서 그들에게 보복하심을 나에게 보게 하옵소서.

모든 인생에는 성공과 실패가 있습니다. 예언자도 예외는 아닙니다. 예레미야도 그렇지요. 선지자로서 5년 동안 하나님의 말씀을 전했지만, 아무도 그의 말을 듣지 않았습니다. 조롱당했고, 민족의 반역자로 낙인찍혀 진흙 구덩이에 투옥되기까지 했습니다.

예레미야가 하나님을 원망하면서 선지자의 소명을 그만두고 싶어 했던 건 그리 놀라운 일이 아닙니다. 예레미야는 자신의 사명이 실패했다고 좌절합니다. 그의 선포나 기대와 달리 정치는 난장판이었고 도덕은 곤두박질쳐서 사람들은 하나님을 알지 못하는 백성처럼 변했습니다. 그런데도 예레미야는 날마다 새롭게 일어나 말합니다. 오직 하나님만이 우리의 희망이라는 진리를 믿었기 때문이지요. 후에 예레미야의 예언은 결실을 보게 되는데, 이는 하나님의 말씀은 반드시 이뤄진다는 증거입니다.

예수님도 마찬가지였지요. 어떤 이들에게는 예수님이 인생의 패배자로 비칠 수 있습니다. 그러나 십자가의 죽음은 부활의 생명을 창조하는 하나님의 능력입니다. 성경은 이렇듯 우리 눈에 보이는 감각과 판단을 하나님이 거뜬하게 뛰어넘는 이야기로 가득 차 있습니다. 그리스도를 믿는 사람에게도 이런 일이 가득합니다. 주님께서는 바로 저와 여러분의 삶을 그 거룩한 증거로 사용하며 우리를 도우실 것입니다. 함께 기도합시다.

주님, 저는 지금 하루를 마감하며
새로운 하루를 준비하는 매듭 위에 있습니다.
오늘 지나간 모든 짐을 주님께 맡깁니다.
내일 다시 일어날 때 용감히 일어서도록 도와주소서.
앉아 있어야 한다면 조용히 침묵 가운데 앉아 있게 하소서.
엎드려 누워야 한다면 참을성 있게 그 자리를 지키게 하소서.
할 일이 없다면 넉넉히 그 시간을 비울 용기도 주소서.
내 생각과 감정이 다른 사람의 생각과 감정에서 자유롭게 하소서.
그러나 그 자유가 모두에게 정직하고 사랑 가득한 자유 되게 하소서.
주님의 영과 함께 당신의 길을 걷도록 당신의 자녀를 도우소서.
예수님 이름으로 기도합니다. 아멘.

#희망 #신앙 #예레미야

5월 30일

통제와 신뢰

오늘 하루 수고하셨습니다. 주님께서 주시는 위로와 평화가 가득하길 바랍니다. 오늘 함께 묵상할 말씀은 창세기 28장 13-15절입니다.

> 또 본즉 여호와께서 그 위에 서서 이르시되 나는 여호와니 너의 조부 아브라함의 하나님이요 이삭의 하나님이라. 네가 누워 있는 땅을 내가 너와 네 자손에게 주리니 네 자손이 땅의 티끌 같이 되어 네가 서쪽과 동쪽과 북쪽과 남쪽으로 퍼져나갈지며 땅의 모든 족속이 너와 네 자손으로 말미암아 복을 받으리라. 내가 너와 함께 있어 네가 어디로 가든지 너를 지키며 너를 이끌어 이 땅으로 돌아오게 할지라. 내가 네게 허락한 것을 다 이루기까지 너를 떠나지 아니하리라 하신지라.

"사람이 살면서, 믿어 주면 좋지만, 통제하면 더 좋습니다." 아는 이와 대화하다가 불쑥 이런 소리를 들었습니다. 설명을 듣고 보니 수긍이 가더군요. 현명하게 살려면 여러모로 통제가 필요하다는 이야기입니다. 매일 아침 몸무게를 확인하고, 치아 청결 상태를 점검하고, 자동차 타이어 압력과 연료 잔량을 점검하고, 하루 일정을 확인하면서 살아 보랍니다. 그러면 인생을 허투루 쓰지 않고 잘 관리한다고 사람들이 칭찬할 거랍니다. 삶을 잘 관리하고 통제할수록 삶의 안전은 더욱 보장된다고 합니다.

정말 그럴까요? 그가 자리를 뜬 다음 이런 생각이 들었습니다. 부부가 서로 통제하기 시작하면 어떤 일이 벌어질까? 자녀의 모든 것을 통제하고 사사건건 관리하려 들면 어떤 일이 생길까? 직장 상사가 내가 하는 세세한 작업을 모두 관리하고 지시하고 통제하면 어떤 일이 생길까? 사실 인간관계에서 이런 통제는 위험합니다.

사람과 사람의 관계는 통제보다 신뢰가 우선입니다. 신뢰는 우정과 가족애와 동료애를 키우고, 이웃을 하나로 만들고, 행복을 불러오는 통로가 됩니다. 서로를 믿어 주는 신뢰는 삶의 기본 요건입니다. 아이와 부모의 관계도 그렇지요. 종종 기본적인 신뢰를 형성하지 못한 아이들이 곤경에 빠지곤 합니다.

신뢰를 믿음이라고 말해도 좋습니다. 우리는 늘 하나님을 믿는다고 말합니다. 그러나 이 관계를 거꾸로 바꿔도 좋습니다. 우리가 하나님을 믿기 전에, 하나님이 우리를 믿어 주고 신뢰합니다. 성경은 늘 우리에게 이 말을 들려줍니다. "내가 너를 떠나지 않겠다. 너와 항상 함께하겠다." 우리가 의심의 늪에 빠졌을 때도 주님은 우리를 믿어 주고 신뢰합니다. 우리에게 필요한 것은 하나님이 우리를 구해 주신다는 믿음뿐입니다. 매일 저녁 우리가 함께 나누는 묵상과 기도는 주님과 우리 사이의 믿음과 신뢰의 첫걸음이 될 것입니다. 함께 기도합시다.

야곱과 이삭과 아브라함의 하나님,
당신께서는 당신의 백성을 언제 어디서나
복을 주며 지키겠다고 약속하셨습니다.
우리를 하나님의 자녀로 부르셨으니,
우리를 통해 계획하신 당신의 선한 일을 이루소서.
주님이 우리 안에, 우리가 주님 안에 거하게 하소서.
예수님 이름으로 기도합니다. 아멘.

#신뢰 #믿음

5월 31일

마음 챙기기

오늘 하루 수고하셨습니다. 주님께서 주시는 위로와 평화가 여러분에게 가득하길 바랍니다. 오늘 저녁 함께 묵상할 말씀은 고린도후서 1장 3-5절입니다.

> 찬송하리로다. 그는 우리 주 예수 그리스도의 하나님이시요 자비의 아버지시요. 모든 위로의 하나님이시며 우리의 모든 환난 중에서 우리를 위로하사 우리로 하여금 하나님께 받는 위로로써 모든 환난 중에 있는 자들을 능히 위로하게 하시는 이시로다. 그리스도의 고난이 우리에게 넘친 것 같이 우리가 받는 위로도 그리스도로 말미암아 넘치는도다.

교회에서는 종종 '영성 훈련'을 강조합니다. 그 뜻이 좀 모호하긴 한데, 보통 일상을 내려놓고 휴식이나 묵상과 성찰로 하나님을 만나는 일을 지칭합니다. 이때 외부에서 들어오는 영향을 최대한 줄이고, 마음 깊은 곳에서 들리는 소리에 집중합니다. 핸드폰을 꺼 놓거나, 천천히 오솔길을 걷거나, 조용한 기도실에서 힘을 빼고 기도 의자에 몸을 맡기면서 말입니다. 무능력과 무력감을 숨길 필요 없이 그렇게 있다 보면, "괜찮아"라는 다독임이 속에서 올라오곤 합니다. 우리는 이것을 하나님이 주시는 위로와 평화라고 부르곤 하지요.

그렇게 보면, 이것을 '마음 챙기기'라고 불러도 좋을 것 같습니다. 우리가 사는 세상은 늘 무언가에 쫓고 쫓기는 것 같아요. 나를 돌아볼 겨를이 없어요. 엊그제 요즘 지구 방위에 여념이 없다는 중학교 2학년생을 만나 대화를 나누었습니다. 요즘 청소년들 대부분이 그렇듯, 거의 모든 대화가 단문으로 끝났습니다. 길게 이어지지 않았고 질문도 없었습니다. 더 이상했던 점은 말에 감정이 실려 있지 않은 점이었습니다.

그렇게라도 말을 이어 가는데, 어느 순간 아이가 진심을 담아서 "감사합니다!"라고 나지막이 말하더군요. 흠칫 놀랐습니다. 저를 쳐다보며 말한 것도 아니었습니다. 쑥스러운지 딴 데를 쳐다보며 그렇게 말했습니다. 제 착각일지 모르지만, 확실히 다른 말과는 다르다는 느낌이 강하게 들었습니다. 별 이야기 아니었어요. "학교생활 힘들고 시험도 걱정되겠지만, 괜찮아. 내가 살아 보니까 남들 다 죽기 살기로 산다고 나까지 그럴 필요 없더라. 사는 방법에는 해답이 없어. 천천히 가도 괜찮아. 아무도 너에게 뭐라고 할 수 없어."

"괜찮아." 이 한마디가 뭐 그리 대단하다고, 아이는 그 허다한 대화 중 유일하게 감정을 담아 감사하다고 했을까요? 아이를 보내고 나서 밤새 생각이 나더군요. 어쩌면 그 아이뿐 아니라 우리 모두 정말로 기다리는 마음 깊은 곳의 소리는 "괜찮아"가 아닐까요.

우리가 '복음'이라고 부르는 주님의 말씀도 알고 보면 거창한 영성 훈련에서 얻어지는 비범한 무언가가 아니라, 아무도 내 마음을 몰라줄 때 "괜찮아" 하고 다독이는 소리가 분명합니다. 하나님은 그렇게 우리 마음을 챙겨 주십니다. 함께 기도합시다.

주님, 당신은 우리에게 모든 피조물에 대한
당신의 관심과 연민을 경험케 하셨습니다.
다독이시는 당신의 따스한 손길을 느끼고

당신의 따뜻한 음성을 듣고 싶습니다.

우리 마음을 열어 주소서.

오직 당신의 사랑만이 우리 속을 채우사,

그 사랑으로 시간에서 시간으로 춤추게 하소서.

예수님 이름으로 기도합니다. 아멘.

#영성훈련 #마음챙기기

6월 1일

황금과 땅

오늘 하루 수고하셨습니다. 주님께서 주시는 위로와 평화가 여러분에게 가득하길 바랍니다. 오늘 저녁 함께 묵상할 말씀은 요한복음 14장 5-6절입니다.

> 도마가 이르되 주여 주께서 어디로 가시는지 우리가 알지 못하거늘 그 길을 어찌 알겠사옵나이까. 예수께서 이르시되 내가 곧 길이요 진리요 생명이니 나로 말미암지 않고는 아버지께로 올 자가 없느니라.

신대륙을 침략한 유럽인들과 아메리카 원주민들에게 '황금'과 '땅'에 대한 평가와 의미는 전혀 달랐습니다. 유럽인에게 황금은 온 세상을 뒤지고 영혼을 팔아서라도 가져야 할 보물이었지만, 아메리카 원주민들에게 황금은 그저 반짝이는 돌덩어리였을 뿐입니다.

땅도 그래요. 유럽인들이 뉴욕 맨해튼 섬을 단돈 몇십 달러에 사들이면서 원주민들을 비웃었다는 유명한 일화가 있습니다. 유럽인은 땅을 개인의 소유물로 여겼습니다. 그래서 자기 땅에 들어온 자를 '침입자'라고 불렀고, 말뚝 박힌 경계선 안에 누가 들어오기라도 하면 즉시 총을 들어서라도 지킬 준비가 되어 있었습니다.

하지만 원주민들은 완전히 달랐습니다. 땅은 그저 사람과 가축이 지나다닐 수 있고 가축에게 풀을 먹일 수 있으면 그만이었어요. 땅이라는 건 누가 들고 다닐 수도 없으니 누구의 소유가 될 수도 없다고 생각했습니다. 원주민에게 땅은 살아 있는 모두의 것이었습니다.

'황금과 땅' 이야기에서 눈여겨볼 대목은 땅과 황금의 가치를 공동체 문화가 결정했다는 지점입니다. 소스타인 베블런Thorstein Bunde Veblen은 이렇게 말합니다. "살아가는 데 있어서 우리에게 무엇이 필요한지, 어떤 것이 가치 있는 것인지 결정하는 것은 공동체의 문화다." 무엇이 필요하고 무엇이 가치 있는지는 우리가 결정한다는 뜻이지요.

이 말을 우리나라와 우리 교회에 적용해 보니 정신이 번쩍 듭니다. 지금 우리나라 사람들에게 가장 필요한 것은 무엇일까요? 무엇을 가장 갖고 싶어 할까요? 교회에서 최고의 가치로 평가받는 것은 무엇일까요?

주님은 우리에게 "내가 길이요 진리요 생명이다"라고 가르치시는데, 우리도 정말 그렇게 믿고 사는 걸까요? 함께 기도합시다.

주님, 우리가 겸손히 당신 앞에 섭니다.
주님의 길에서 우리의 우둔함을 벗게 하시고,
오직 당신의 참된 진리를 깨닫게 하소서.
생명의 근원이신 당신을 향해 우리 생각과 마음이 열리게 하소서.
우리에게 지혜와 용기를 주시어
이웃을 향한 사랑 가운데 주님의 임재를 발견하게 하소서.
예수님 이름으로 기도합니다. 아멘.

#가치판단 #황금 #땅 #길진리생명 #문화

6월 2일

우리가 달려가는 중심

오늘 하루 수고하셨습니다. 주님께서 주시는 위로와 평화가 가득하길 바랍니다. 오늘 함께 묵상할 말씀은 히브리서 13장 10-15절입니다.

> 우리에게 제단이 있는데 장막에서 섬기는 자들은 그 제단에서 먹을 권한이 없나니 이는 죄를 위한 짐승의 피는 대제사장이 가지고 성소에 들어가고 그 육체는 영문 밖에서 불사름이라. 그러므로 예수도 자기 피로써 백성을 거룩하게 하려고 성문 밖에서 고난을 받으셨느니라. 그런즉 우리도 그의 치욕을 짊어지고 영문 밖으로 그에게 나아가자. 우리가 여기에는 영구한 도성이 없으므로 장차 올 것을 찾나니 그러므로 우리는 예수로 말미암아 항상 찬송의 제사를 하나님께 드리자. 이는 그 이름을 증언하는 입술의 열매니라.

'세상의 중심이 되는 것'은 언제나 매혹적인 주제입니다. 한 나라에는 중심 도시가 있고, 그 도시 가운데도 중심이 되는 지역이 있습니다. '중심'에 가까워질수록 혼란스러운 현실에 질서가 생기고, 복잡하던 것이 통합되고, 기회는 많아지고, 더 큰 의미가 발견됩니다. 그래서 모두 중심에 가까워지려고 합니다. 비싼 값을 치르더라도 중심에 가까워지려고 아등바등 살아갑니다. 그곳에 자기가 원하는 천국이 있다고 믿기 때문입니다. 아이고, 그러고 보니 우리 교회 이름도 중앙루터교회네요.

저마다 중심과 중앙을 말하지만, 거기에는 문제가 하나 있어요. 저마다 바라보는 중심점이 다르다는 겁니다. 때로는 중심에 다가서려고 기를 쓰다가 양심도 속이고 가산도 탕진하고 사람도 잃습니다. 선거 때마다 그런 모습 보잖아요. 제가 사는 동네에서는 실제로 당에서 공천 못 받았다고 극단적인 선택을 시도한 사람도 있었을 정도이니, 중앙을 향한 인간의 탐심이 참 대단한 것 같아요. 그런 소식을 들을 때마다 참 안타까워요. 그게 뭐 그리 대단하다고 온 마음을 다 빼앗기고 인간이길 포기할까요?

그리스도인들에게 중심은 어디일까요? 당연히 예수 그리스도입니다. 그런데 우리가 믿고 의지하는 주님은 참 희한한 중심입니다. 하늘의 주인에서 비천한 땅의 아들이 되시고, 왕궁 대신 가난한 가정에 오시고, 화려한 침상 대신 가축의 구유에 자리를 펴신 분입니다. 변방에서 태어나 성문 밖에서 고난받고 십자가에 달려 죽었다는 점은 그분의 삶이 언제나 주변을 향해 움직인다는 사실을 보여 줍니다.

가장 끝자락에 도달하고 나서야 주변에 선 사람들이 마침내 "그분이 우리의 중심이었다!"는 사실을 깨닫습니다. 지금 우리가 바라보며 달려가는 중심은 어디일까요? 함께 기도합시다.

하나님 아버지, 당신께서는 당신의 아들을 우리에게 보내셨습니다.
자기를 비워 종의 자리에 오기까지 당신은 만물을 섬기는 분입니다.
그러나 우리는 항상 섬김받기를 원합니다.
이제 주님의 모습을 닮아 섬기는 하나님의 자녀 되게 하소서.
입으로만 섬기지 않고, 몸과 마음을 다해
진실하게 가족과 동료와 교우와 이웃을 섬기게 하소서.
예수님 이름으로 기도합니다. 아멘.

#중심 #주변 #그리스도 #신앙

6월 3일

사람다움

오늘 하루 수고하셨습니다. 주님께서 주시는 위로와 평화가 여러분에게 가득하길 바랍니다. 오늘 저녁 함께 묵상할 말씀은 창세기 1장 27-28절입니다.

> 하나님이 자기 형상 곧 하나님의 형상대로 사람을 창조하시되 남자와 여자를 창조하시고 하나님이 그들에게 복을 주시며 하나님이 그들에게 이르시되 생육하고 번성하여 땅에 충만하라, 땅을 정복하라, 바다의 물고기와 하늘의 새와 땅에 움직이는 모든 생물을 다스리라 하시니라.

'구원'이란 말은 죽은 다음 저승에 준비된 황금 집에 산다는 뜻이 아닙니다. 원래 "모든 위험에서 건져지다"라는 뜻입니다. 하지만 이것만으로는 충분하지 않아요. 조금 덧붙이면, 구원이라는 말에는 "무언가를 풀어주어 본래 모습으로 돌아가다"라는 뜻이 담겨 있습니다.

그래서 구원은 사로잡히고 억눌린 모든 것에서 풀려나는 해방이고 자유라고 할 수 있습니다. 그렇게 무한한 자유를 얻었다고 망나니처럼 살아도 된다는 말은 아닙니다. 구원으로 얻은 자유에는 언제나 목표가 있습니다. 바로 '본래 모습'으로 돌아가는 것입니다.

성경에서 쓰는 말로 하자면 처음 창조된 대로 '하나님의 형상*Imago Dei*'으로 돌아가는 것이고, 요즘 말로 하자면 '사람다워지는 것'이라고 할 수 있습니다. 그러니 사람답지 못한 사람이 스스로 "나는 구원받은 성도다" 라고 말하는 것은 모순이자 자기기만입니다. 그런 사람은 신뢰할 수 없어요. 성도요 그리스도인이라면 사람답게, '하나님의 형상'답게 말하고 행동해야 합니다. 함께 기도합시다.

우리의 몸과 영혼, 그리고 만물을 창조하신 하나님 아버지,
당신께서는 우리에게 생명과 빛을 주셨습니다.
순간마다 좋은 것으로 채워 주시되
우리가 당신의 형상이라는 진리를 깨닫게 하소서.
당신의 영을 보내셔서 우리가 당신을 알게 하시고
어디서건 당신의 손길을 알아채게 하소서.
예수님 이름으로 기도합니다. 아멘.

#구원 #하나님의형상 #사람다움

6월 4일

방언 충만한 교회

오늘 하루 수고하셨습니다. 주님께서 주시는 위로와 평화가 가득하길 바랍니다. 오늘 묵상할 말씀은 사도행전 2장 8절과 11-13절입니다.

> 우리가 우리 각 사람이 난 곳 방언으로 듣게 되는 것이 어찌 됨이냐. … 그레데인과 아라비아인들이라. 우리가 다 우리의 각 언어로 하나님의 큰 일을 말함을 듣는도다 하고 다 놀라며 당황하여 서로 이르되 이 어찌 된 일이냐 하며 또 어떤 이들은 조롱하여 이르되 그들이 새 술에 취하였다 하더라.

성경에는 두 종류의 방언이 나옵니다. 사도행전 2장과 고린도전서에 나오는 방언입니다. 이 둘은 성격은 아주 다릅니다. 사도행전 2장을 보면, 예수님이 승천하고 열흘 뒤 제자들이 모인 곳에 성령이 강림했습니다. 그리고 제자들이 방언을 시작했습니다. 이 방언은 아무리 봐도 참 특별해요. 세계 곳곳에서 온 외국인들과 '예수를 알지 못하는' 교회 밖 사람들까지 모두 다 알아듣고 소통하는 신비한 사건이었습니다. 이와 달리 바울이 전하는 고린도 교회의 방언은 지금 우리가 아는 일반적인 방언입니다. '천사의 말'이라는데, 주위 사람을 모두 외국인으로 만들어 버리는, 심지어 방언하는 사람도 무슨 말인지 모르는 언어이지요.

두 방언 모두 신비한 성령의 언어 사건입니다. 그런데 하나는 외국인도 알아듣고, 다른 하나는 아무도 알아듣지 못하는 언어라는 점에서 극명한 차이가 있습니다. 그렇다고 사도 바울이 후자의 방언을 금지한 것은 아닙니다. 대신에 조건이 붙습니다. 교회 공동체의 덕을 세울 수 있게 해야 한다는 것이지요. 그래서 바울은 방언에 통역이 필요하다고 덧붙입니다.

구별하거나 가르지 않고 소통하고 하나 되는 것이 중요합니다. 그러고 보면, 알아듣지 못하는 방언만 문제가 아니에요. 알아듣지 못하는 설교, 알아듣지 못하는 예배, 알아듣지 못할 말과 행동을 하는 성도와 목사, 모두 교회의 덕을 세울 리 없습니다. 교회의 덕을 세우는 성령의 열매는 가르고 차별하는 것과 정반대입니다. 언제나 갈라진 틈과 사이를 예수의 마음과 하나님의 뜻으로 메우고 하나 되게 합니다.

오늘 우리의 말과 행동, 그리고 우리의 교회는 어떤가요? 서로 존중하며 덕을 세우는 그리스도인, 쾌활하게 소통하며 갈라진 세상을 보듬어 안는 성령 충만한 교회를 꿈꿔 봅니다. 함께 기도합시다.

주님, 선하신 약속대로 우리에게 성령을 보내 주시니 감사합니다.
우리를 도우사 하늘과 땅에 깃든 세미한 소리를 듣게 하소서.
기쁨과 환희뿐 아니라 슬픔과 탄식의 소리를 선명히 듣게 하시어
하나님이 창조하신 이 땅이 서로를 보듬어 안게 하소서.
그 일을 위해 우리를 부르셨습니다.
주님의 영이시여,
우리의 시선과 말, 생각과 표정, 손과 발에
당신의 평화를 가득 채워 주소서.
예수님의 이름으로 기도합니다. 아멘.

#방언 #교회 #소통

6월 5일

소통의 능력

오늘 하루 수고하셨습니다. 주님께서 주시는 위로와 평화가 여러분에게 가득하길 바랍니다. 오늘 저녁 함께 묵상할 말씀은 요한복음 14장 26-27절입니다.

> 보혜사 곧 아버지께서 내 이름으로 보내실 성령 그가 너희에게 모든 것을 가르치고 내가 너희에게 말한 모든 것을 생각나게 하리라. 평안을 너희에게 끼치노니 곧 나의 평안을 너희에게 주노라. 내가 너희에게 주는 것은 세상이 주는 것과 같지 아니하니라. 너희는 마음에 근심하지도 말고 두려워하지도 말라.

주님은 성령을 위로자, 상담자, 변호사라는 뜻을 가진 '보혜사'라고 표현하십니다. 그래서 이 보혜사 성령을 받은 사람들은 어디를 가든 티가 납니다. 성령의 사람은 위로하고 상담하고 변호하면서 무너진 관계를 복구하고 하나님이 창조하신 원래 모습으로 회복합니다.

그 사람만 오면 활기가 넘치고 희망이 솟아오르는 사람이 있는가 하면, 반대로 나타났다 하면 분위기를 깨는 사람이 있습니다. 어느 쪽이 성령 받은 사람의 모습인지는 굳이 말하지 않아도 아실 겁니다.

갈라디아서 5장 22-23절은 성령의 아홉 가지 열매가 "사랑과 희락과 화평과 오래 참음과 자비와 양선과 충성과 온유와 절제"라고 설명합니다. 이 아홉 가지 열매에는 공통점이 있습니다. 모두 관계 속에서 드러난다는 점입니다. 하나님과 사람, 사람과 사람의 관계에서 소통을 통해 드러나는 것이 성령의 열매예요. 이 열매는 자기를 자랑하면서 남을 차별하지도 않고, 자기 이름을 드러내는 교만도 없습니다. 주님이 우리에게 약속하신 성령의 능력은 바로 소통의 능력, 막힌 담을 허무는 능력이기 때문입니다. 성령 받았다는 그리스도인이라면 당연히 그런 소통 능력을 소유하고 사용하겠지요. 우리가 그런 성령의 사람이 되길 바랍니다. 함께 기도합시다.

주님, 우리를 성령 충만하게 하소서.
분노와 거친 말 대신 온화한 말과 순한 귀를 주시어
마귀가 우리를 제압하지 못하도록 당신 곁에 서게 하소서.
당신이 보여 주신대로 사랑과 희락과 화평과 오래 참음과
자비와 양선과 충성과 온유와 절제가
모든 관계 속에 열매 맺게 하소서.
그리하여 만물이 그리스도 안에 하나 되어
소통하며 존중하게 하소서.
예수님 이름으로 기도합니다. 아멘.

#성령의은사 #소통 #보혜사

6월 6일

환난 날에 나를 부르라

오늘 하루 수고하셨습니다. 주님께서 주시는 위로와 평화가 여러분에게 가득하길 바랍니다. 오늘 저녁 함께 묵상할 말씀은 시편 143편 10-11절입니다.

> 주는 나의 하나님이시니 나를 가르쳐 주의 뜻을 행하게 하소서. 주의 영은 선하시니 나를 공평한 땅에 인도하소서. 여호와여 주의 이름을 위하여 나를 살리시고 주의 의로 내 영혼을 환난에서 끌어내소서.

어떤 이들은 기도를 우습게 압니다. 하나님이 기도를 듣는지 안 듣는지도 알 수 없고, 어차피 하나님은 모든 사람을 사랑하신다는데 기도하든 안 하든 뭐 그리 큰 차이가 있겠냐고 말하기도 합니다.

그렇게 생각할 수도 있겠지요. 하지만 하나님이 우리에게 명령하신 계명이라는 사실을 기억한다면, 다른 이유를 다 제쳐두고라도 기도해야 합니다. 그런데 기도해야 할 더 큰 이유가 있습니다. 우리의 기도에 응답하겠다는 하나님의 약속 때문입니다.

하나님은 시편 50편 15절에서 이렇게 말씀하십니다. "환난 날에 나를 부르라. 내가 너를 건지리니 네가 나를 영화롭게 하리로다." 예수님은 마태복음 7장 7절에서 이렇게 말씀하십니다. "구하라. 그리하면 너희에게 주실 것이요. 찾으라. 그리하면 찾아낼 것이요. 문을 두드리라. 그리하면 너희에게 열릴 것이니." 그러면서 하늘 아버지께서 구하는 자에게 주실 터이기 때문이라고 친절하게 설명하십니다.

이 약속은 확실히 우리 마음에 기도의 열망을 불러일으킵니다. 분명히 응답하겠다고 말씀하셨으니까요. 그러니 가벼이 듣거나 흘려듣지 말고 확신 가운데 기도해 보세요. 아주 하찮은 일이라도 주님께 기도하면, 기쁘게 경청하시고 응답하실 것입니다. 기도는 우리를 살리고 환난 날에 도움이 됩니다. 함께 기도합시다.

주님, 우리는 참 무익한 죄인입니다.
그러나 당신의 자비로운 말씀과
그리스도의 약속에 의지하여 기도하오니,
우리에게 힘을 주옵소서.
당신의 은총으로 악한 영을 물리치사
우리를 사로잡은 의심과 불안을 거둬 주소서.
우리 영육을 자유케 하시고,
오직 당신의 이름만이 존귀케 되옵소서.
거룩하신 성령님,
환난 날에 당신의 이름을 찾으면 찾아내고,
문 두드리면 열릴 것이라고 약속하셨습니다.
당신께서 주신 말씀과 믿음만이 이 기도의 자리를 복되게 하소서.
우리 구주 예수 그리스도의 이름으로 기도합니다. 아멘.

#기도 #약속 #그리스도

6월 7일

오늘 할 수 있는 일

오늘 하루 수고하셨습니다. 주님께서 주시는 위로와 평화가 가득하길 바랍니다. 오늘 함께 묵상할 말씀은 누가복음 12장 16-21절입니다.

> 또 비유로 그들에게 말하여 이르시되 한 부자가 그 밭에 소출이 풍성하매 심중에 생각하여 이르되 내가 곡식 쌓아 둘 곳이 없으니 어찌할까 하고 또 이르되 내가 이렇게 하리라. 내 곳간을 헐고 더 크게 짓고 내 모든 곡식과 물건을 거기 쌓아 두리라. 또 내가 내 영혼에게 이르되 영혼아 여러 해 쓸 물건을 많이 쌓아 두었으니 평안히 쉬고 먹고 마시고 즐거워하자 하리라 하되 하나님은 이르시되 어리석은 자여 오늘 밤에 네 영혼을 도로 찾으리니 그러면 네 준비한 것이 누구의 것이 되겠느냐 하셨으니 자기를 위하여 재물을 쌓아 두고 하나님께 대하여 부요하지 못한 자가 이와 같으니라.

맹자가 양나라 혜왕 밑에서 일할 때였습니다. 국가의 기틀을 다지기 위해 백성들의 세금과 부역을 감면해 달라고 왕에게 간언합니다. 혜왕이 그 말을 듣고 잠시 고민하더니 이렇게 답합니다. "음… 당신 말이 옳소. 기회를 만들어 다음에 시행하겠소."

이 말을 듣고 맹자가 대답 대신 재미난 이야기를 시작합니다. "폐하, 어떤 마을에 매일 저녁 닭서리를 하는 사람이 있었습니다. 이를 알고 동네 사람이 매섭게 따졌습니다. 그런 짓은 사람이 할 도리가 아니라고 말입니다. 그러자 이 닭 도둑이 한참을 듣다가 도둑질하는 자기 행실이 사람답지 않다는 것을 깨닫고 이렇게 말했다고 합니다. '당신 말이 옳소, 내 죄가 무엇인지 깨달았소. 그러니 이제는 도둑질을 매일 하지 않고 일주일에 딱 두 번씩만 하겠소.'"

맹자는 왕에게 이 이야기를 들려주고 곧바로 양나라를 떠났다고 합니다. 이 이야기에 담긴 교훈은 분명합니다. 옳은 일은 미루는 게 아니라는 것이지요. 오늘 할 수 있는 일을 내일로 미루지 않는 것이 중요합니다.

맹자의 이야기도 훌륭한 교훈이지만, 예수님은 누가복음 12장에서 다른 차원의 이야기를 들려줍니다. 어떤 부자가 열심히 일해서 곡식을 추수해 창고 가득 쌓아 두었는데, 하나님이 목숨을 가져가시면 그 많은 재산이 다 무슨 소용이 있겠냐는 겁니다. 모든 것 이상으로 중요한 것이 생명이지요. 예수님은 이 말씀을 하시는 겁니다. 그리고 그 생명을 위해 우리가 구해야 할 일이 무엇인지 누가복음 12장에서 천국 비유를 통해 알려주십니다. 생명을 선하게 이끄시는 분이 지금 저와 여러분 곁에 계십니다. 바로 그분이 우리의 기도를 들어주십니다. 함께 기도합시다.

만물의 창조자이신 주님, 당신은 모든 생명의 보호자이십니다.
주님의 눈을 벗어난 곳에서 행하는 모든 시도는 헛됩니다.
주님, 우리가 하는 모든 일이 주님의 뜻 안에 있도록
우리에게 은총을 베풀어 주소서.
주어진 일들을 미루지 않도록 지혜와 용기를 주시고,
이 모든 것이 주님 손안에 있게 하소서.
예수님 이름으로 기도합니다. 아멘.

#맹자 #어리석은부자 #하나님의능력 #생명

6월 8일

어린 물고기의 바다

오늘 하루 수고하셨습니다. 주님께서 주시는 위로와 평화가 여러분에게 가득하길 바랍니다. 오늘 함께 묵상할 말씀은 시편 8편입니다.

> 여호와 우리 주여 주의 이름이 온 땅에 어찌 그리 아름다운지요. 주의 영광이 하늘을 덮었나이다. 주의 대적으로 말미암아 어린 아이들과 젖먹이들의 입으로 권능을 세우심이여. 이는 원수들과 보복자들을 잠잠하게 하려 하심이니이다. 주의 손가락으로 만드신 주의 하늘과 주께서 베풀어 두신 달과 별들을 내가 보오니 사람이 무엇이기에 주께서 그를 생각하시며 인자가 무엇이기에 주께서 그를 돌보시나이까. 그를 하나님보다 조금 못하게 하시고 영화와 존귀로 관을 씌우셨나이다. 주의 손으로 만드신 것을 다스리게 하시고 만물을 그의 발 아래 두셨으니 곧 모든 소와 양과 들짐승이며 공중의 새와 바다의 물고기와 바닷길에 다니는 것이니이다. 여호와 우리 주여 주의 이름이 온 땅에 어찌 그리 아름다운지요.

어린 물고기에게 질문이 하나 생겼습니다. 어른 물고기들이 말하는 '바다'가 무엇인지 알고 싶어졌습니다. 그래서 하루는 용기를 내서 어른 물고기에게 물었습니다. "바다는 무엇이고 어디에 있나요?" 그러자 잠시 뜨악한 표정으로 놀라던 어른 물고기가 이렇게 말해 줍니다. "네가 있는 곳, 그리고 우리가 지금 있는 곳, 여기가 바다란다."

우리도 어린 물고기 같습니다. 이미 하나님의 은혜 속에 살면서 하나님이 멀리 계신 것으로 생각합니다. 살다 보면, 즐겁고 쾌활한 순간뿐 아니라 벼랑 끝에 선 것같이 아찔한 순간이 찾아옵니다. 청천벽력 같은 의사의 진단을 듣기도 하고, 권태가 찾아오기도 하고, 미움이나 두려움이 생기기도 합니다. 하지만 그런 순간에도 잊지 말아야 할 것은 모든 것이 하나님 손에 달려 있고, 우리는 하나님의 사랑을 받는 존재라는 사실입니다.

시편 8편의 노래가 바로 이것이에요. 겉으로 보기에는 아름다운 자연을 노래하는 것 같지만, 사실은 우리 사는 온 세계가 주님의 은총 가운데 있다고 고백하는 시입니다. 기쁨과 슬픔, 배신과 오욕의 순간에도 주님은 우리 곁에 계십니다. 그분이 우리를 사랑하며 도우십니다. 함께 기도합시다.

주님의 은혜가 온 세계에 가득합니다.
당신께서는 우리의 기도를 물리치지 않고
한결같은 사랑으로 우리를 감싸 안으십니다.
주님의 사랑이 온 생명을 향합니다.
우리를 둘러싼 자연 속에서,
그리고 이웃을 향한 사랑의 섬김 속에서
하나님의 사랑을 체험하며 살게 하소서.
예수님 이름으로 기도합니다. 아멘.

#은혜 #임마누엘 #창조주

6월 9일

넘사벽과 오병이어

오늘 하루 수고하셨습니다. 주님께서 주시는 위로와 평화가 여러분에게 가득하길 바랍니다. 오늘 저녁 함께 묵상할 말씀은 요한복음 6장 11-13절입니다.

> 예수께서 떡을 가져 축사하신 후에 앉아 있는 자들에게 나눠 주시고 물고기도 그렇게 그들의 원대로 주시니라. 그들이 배부른 후에 예수께서 제자들에게 이르시되 남은 조각을 거두고 버리는 것이 없게 하라 하시므로 이에 거두니 보리떡 다섯 개로 먹고 남은 조각이 열두 바구니에 찼더라.

"재치 있고 지식도 풍성한 사람은 얼마든지 있지. 하지만 그중에는 허영 가득한 사람이 많다네. 사람들에게서 인기 얻으려고 하다가 수치심도 없어지고 겸손도 잊어버린 사람들이지. 더 큰 문제는 이런 사람들 속에는 신성한 것이라곤 전혀 존재하지 않는다는 점이라네."[13]

칠순 넘은 괴테가 자기를 열렬히 존경하는 젊은 에커만에게 들려준 이야기입니다. 괴테의 말대로 재능 있는 사람들은 참 많습니다. 시쳇말로 '넘사벽'인 사람도 드물지 않게 봅니다. 그렇다고 그런 사람이 마냥 부럽지는 않습니다. 타고난 재능을 어떻게 사용하는지가 더 중요하기 때문입니다. 어떤 사람은 사용하지도 못하고 묵혀 버리고, 어떤 사람은 자신의 성공만을 위해 사용하고, 어떤 사람은 다른 사람을 위해 나누며 삽니다.

괴테가 '사람 속에 깃든 신성한 것'이라고 말한 것을 '우리 안에 깃든 하나님의 영'이라고 바꿔도 될 것 같습니다. 하나님의 영이 깃든 사람은 자신의 재능이 자기만을 위한 것이 아니라는 걸 압니다. 그래서 이웃에게 유익이 되도록 재능을 나눕니다. 천재 같은 재능이 없다고요? 괜찮습니다. 특별한 재능이 없어도 주어진 일상을 선물로 여기고 감사하며 겸손하게 사는 삶을 하나님은 기뻐하십니다.

예수님이 오천 명을 먹일 때 하늘을 향해 감사했던 떡 다섯 덩이와 물고기 두 마리를 생각해 보세요. 특별한 게 아닙니다. 사람들이 길을 나설 때 지참하던 아주 평범한 도시락일 뿐이었어요. 그 평범한 도시락을 들고 감사 기도를 하자 오천 명이 먹고도 남는 놀라운 일이 벌어졌습니다. 중요한 것은 일상 속에 깃든 하나님을 가까이 모시고 동행하는 삶입니다. 함께 기도합시다.

임마누엘의 하나님,
어떤 상황에도 우리가 당신을 바라보게 하소서.
그리고 우리가 바라보는 하나님을 주위 사람들도 보게 하소서.
우리의 겸손한 말과 행동, 그리고 섬기고 나누는 몸짓에서
거룩한 하나님이 드러나게 하소서.
감사의 삶이 신앙의 신비 되게 하소서.
예수님 이름으로 기도합니다. 아멘.

#신비 #오병이어 #괴테

6월 10일

하나님의 성전

오늘 하루 수고하셨습니다. 주님께서 주시는 위로와 평화가 여러분에게 가득하길 바랍니다. 오늘 함께 묵상할 말씀은 고린도전서 3장 16-18절입니다.

> 너희는 너희가 하나님의 성전인 것과 하나님의 성령이 너희 안에 계시는 것을 알지 못하느냐. 누구든지 하나님의 성전을 더럽히면 하나님이 그 사람을 멸하시리라. 하나님의 성전은 거룩하니 너희도 그러하니라. 아무도 자신을 속이지 말라. 너희 중에 누구든지 이 세상에서 지혜 있는 줄로 생각하거든 어리석은 자가 되라. 그리하여야 지혜로운 자가 되리라.

사도 바울은 고린도 교회에 보내는 첫 번째 편지에서 그리스도인을 '하나님의 성전'이라고 표현합니다. 그 말을 내내 곱씹어 봅니다. 내가 하나님의 성전이라면 어떤 생각으로 내 마음을 채울까요? 내 몸이 하나님의 성전이라면 어떤 음식으로 채울까요? 내 입이 성전으로 들고 나가는 출입구라면 어떤 말로 채울까요? 내 귀는? 내 손은? 내 발은 어떻게 움직여야 할까요? 오늘 나는 무엇으로 내 몸과 마음을 채우며 살았을까요?

바울의 설명대로 우리는 분명히 하나님의 성전입니다. 오늘 이 밤, 우리의 마음과 말과 행동이 거룩한 하나님의 영으로 채워지길 바랍니다. 함께 기도합시다.

거룩하고 전능하신 주님,

당신 품 안에 우리의 집을 세웁니다.

당신이 우리 안에 계시니 우리가 안전하게 거합니다.

주님을 열망합니다.

우리 영혼을 위로하시고 회복하시어

당신과 함께 살게 하소서.

성령의 도우심으로

우리의 생각과 말과 행동이 거룩한 주님을 닮아 가게 하소서.

예수님 이름으로 기도합니다. 아멘.

#성전 #고린도전서

6월 11일

위로의 사람 바나바

오늘 하루 수고하셨습니다. 주님께서 주시는 위로와 평화가 가득하길 바랍니다. 오늘 함께 묵상할 말씀은 사도행전 11장 24-26절입니다.

> 바나바는 착한 사람이요 성령과 믿음이 충만한 사람이라. 이에 큰 무리가 주께 더하여지더라. 바나바가 사울을 찾으러 다소에 가서 만나매 안디옥에 데리고 와서 둘이 교회에 일 년간 모여 있어 큰 무리를 가르쳤고 제자들이 안디옥에서 비로소 그리스도인이라 일컬음을 받게 되었더라.

세상은 늘 일등을 기억하고 칭찬합니다. 그래서 회사나 교회도 '제일' 아니면 '중앙'이라는 이름이 많이 쓰입니다. '장자 교회', '장자 교단'이라는 말을 자랑스럽게 강조하는 사람도 많습니다. 생각해 보면, 교회 직분도 그래요. '수석'이라는 말을 참 좋아하는 것 같아요. 수석 장로, 수석 부목사 등등. 교회 안에서조차 일등만 있고 그다음은 별 의미 없거나 실패한 것으로 보일 지경입니다.

성경이 정말 일등 되라고 가르치는 건 아니겠지요. 성경을 읽다 보면, 베드로를 포함한 열두 제자와 바울처럼 복음 전파에 두드러진 공을 세운 이들이 눈에 잘 들어옵니다. 하지만 그 외에도 묵묵히 선교를 수행한 훌륭한 인물이 많습니다. 그중 한 명이 바나바입니다. 바나바 이야기를 잠깐 하려고 합니다. 본명은 '요셉'이지만, 위로하고 격려하는 일을 잘해서 '위로의 아들'이라는 뜻의 '바나바'로 부릅니다(행 4:36).

본받을 점이 많은 사람입니다. 무엇보다 다른 이를 묵묵히 섬기고 세워 주는 그리스도인의 본을 보여 줍니다. 누구도 회심한 바울을 믿어 주지 않을 때 그를 격려하고 믿어 주었고, 안디옥에서 사역할 기회도 주었고, 선교 여행을 함께하기도 했습니다. 선교 여행에서 유명한 에피소드도 있지요. 젊은 마가가 힘들다며 중간에 포기하자 바울은 무책임하고 복음 전하는 일에 방해된다며 비난하는데, 바나바는 젊은 마가를 감싸 안아 다시 회복할 기회를 만들어 줍니다. 그 외에도 바나바와 관련된 이야기가 몇 가지 더 있지만, 바나바는 분명히 일등이 아닌 조력자의 삶을 보여 준 인물입니다. 바울이나 베드로처럼 도드라지는 삶은 아니었습니다.

하지만 성경은 그를 '착한 사람이요 성령과 믿음이 충만한 사람'이라고 소개합니다. 하나님 나라에 필요한 사람은 바로 이런 사람이 아닐까요. 우리는 어떤 그리스도인인지 돌아보면 좋겠습니다. 함께 기도합시다.

주님, 당신께서는 언제나 우리를 찾고 계십니다.
맨 앞자리가 아니어도 주님은 우리를 발견하십니다.
목소리가 크지 않아도 주님은 우리 소리를 선명하게 구분하십니다.
당신의 눈은 겉이 아니라 우리의 중심을 보십니다.
우리 속이 당신의 선하고 거룩한 형상을 닮게 하소서.
그리하여 작고 낮은 곳에서
하나님의 얼굴이 우리 가운데 드러나게 하소서.
당신의 뜻과 사랑을 나누는 현장에서 우리가 발견되게 하소서.
예수님 이름으로 기도합니다. 아멘.

#바나바 #하나님나라 #위로

6월 12일

청지기 신앙

오늘 하루 수고하셨습니다. 주님께서 주시는 위로와 평화가 가득하길 바랍니다. 오늘 함께 묵상할 말씀은 시편 104편 24-30절입니다.

> 여호와여 주께서 하신 일이 어찌 그리 많은지요. 주께서 지혜로 그들을 다 지으셨으니 주께서 지으신 것들이 땅에 가득하니이다. 거기에는 크고 넓은 바다가 있고 그 속에는 생물 곧 크고 작은 동물들이 무수하니이다. 그 곳에는 배들이 다니며 주께서 지으신 리워야단이 그 속에서 노나이다. 이것들은 다 주께서 때를 따라 먹을 것을 주시기를 바라나이다. 주께서 주신즉 그들이 받으며 주께서 손을 펴신즉 그들이 좋은 것으로 만족하다가 주께서 낯을 숨기신즉 그들이 떨고 주께서 그들의 호흡을 거두신즉 그들은 죽어 먼지로 돌아가나이다. 주의 영을 보내어 그들을 창조하사 지면을 새롭게 하시나이다.

태초에 하나님이 세상을 아름답게 창조하셨습니다. "보기에 참 좋구나" 감탄하실 정도였습니다. 그곳에서 온 생명이 서로 연결되어 평화롭게 공존하며 하나님과 함께 살았다고 성경은 전합니다. 그리고 그 세계를 에덴동산이라고 설명합니다. 그런데 지금 우리 세상은 변해 버렸습니다. 기후 위기로 인한 생태 환경의 문제가 지구 곳곳에서 확인됩니다. 더 가슴 아픈 사실은 이 문제가 부메랑이라는 점입니다. 인간 편하자고 생명을 쓰러지게 했고 그 탐욕이 멈추지 않아서 생긴 일입니다.

교회를 하나님 나라의 전초 기지라고 합니다. 그렇다면 우리가 할 일이 참 많습니다. 착하게 사는 것 말고도, 오늘 우리와 우리 아이들이 마음껏 뛰고 마음껏 숨 쉴 세계를 만들기 위해 기도하고 움직여야 합니다. 물, 공기, 바람, 산과 들, 먹고 마시는 모든 것이 하나님이 우리에게 주신 선물이라면, 청지기처럼 창조 세계를 아름답게 보전하고 가꿔야 할 책임도 우리에게 있습니다. 마지막 날 하나님께서 우리에게 무엇을 했는지 물으시기 전에, 우리 가족과 우리 아이들이 먼저 물을 겁니다. "교회는 창조된 세계를 위해 무엇을 했나요?" 하고 말입니다. 그 물음에 당당히 답할 수 있는 우리가 되길 바랍니다. 함께 기도합시다.

만물을 창조하고 보전하며 살아 있게 만드시는 하나님 아버지,
탐욕에 가린 우리의 눈과 마음을 열어 주소서.
우리의 어리석음을 돌이켜 피조물의 아픔에 공명하며
선하고 성실한 청지기로 살게 하소서.
우리의 마음을 드높입니다.
사랑과 섬김의 마음이
창조 세계를 회복하는 하나님 나라의 씨앗 되게 하소서.
그리하여 아이들이 마음껏 숨 쉬고 뛰노는 에덴을
이 땅에서 만나게 하소서.
예수님 이름으로 기도합니다. 아멘.

#창조세계 #하나님나라 #교회

6월 13일

하나님과 춤을 출 때

오늘 하루 수고하셨습니다. 주님께서 주시는 위로와 평화가 가득하길 바랍니다. 오늘 함께 묵상할 말씀은 요한일서 4장 7-13절입니다.

> 사랑하는 자들아 우리가 서로 사랑하자. 사랑은 하나님께 속한 것이니 사랑하는 자마다 하나님으로부터 나서 하나님을 알고 사랑하지 아니하는 자는 하나님을 알지 못하나니 이는 하나님은 사랑이심이라. 하나님의 사랑이 우리에게 이렇게 나타난 바 되었으니 하나님이 자기의 독생자를 세상에 보내심은 그로 말미암아 우리를 살리려 하심이라. 사랑은 여기 있으니 우리가 하나님을 사랑한 것이 아니요 하나님이 우리를 사랑하사 우리 죄를 속하기 위하여 화목 제물로 그 아들을 보내셨음이라. 사랑하는 자들아 하나님이 이같이 우리를 사랑하셨은즉 우리도 서로 사랑하는 것이 마땅하도다. 어느 때나 하나님을 본 사람이 없으되 만일 우리가 서로 사랑하면 하나님이 우리 안에 거하시고 그의 사랑이 우리 안에 온전히 이루어지느니라. 그의 성령을 우리에게 주시므로 우리가 그 안에 거하고 그가 우리 안에 거하시는 줄을 아느니라.

신학에서 가장 골치 아픈 주제 중 하나가 '삼위일체'입니다. 이를 설명하는 여러 용어와 논리가 있는데, 그중 하나가 '페리코레시스*perichoresis*'라는 용어입니다. '상호내주' 또는 '경륜적 삼위일체'라고도 번역하지만, 원어를 풀어 말하는 게 오히려 쉽습니다. '페리*peri*'는 '원을 그리며 돈다'는 뜻입니다. 혹시 서해나 남해 다도해에서 배를 타 보신 분들은 아시겠지만, 그 배 이름을 보통 '페리호'라고 합니다. 이 섬 저 섬 한 바퀴 돌아온다는 뜻이지요. '코레시스*choresis*'는 영어 단어 '코러스chorus'의 어원으로 '함께 조화롭게 노래하고 춤추다'라는 뜻입니다.

이제 페리코레시스의 뜻이 어느 정도 보일 겁니다. 손을 잡고 노래 부르며 함께 원을 그리며 춤을 춘다는 뜻입니다. 강강술래를 연상하면 됩니다. 서로 기쁘게 손을 잡고 노래하고 춤추며 하나 되는 것. 성부, 성자, 성령 세 분이 다르지만, 같은 생명의 리듬, 정의의 리듬, 평화의 리듬 속에서 하나 되어 춤을 추는 것. 이것이 바로 삼위일체의 가르침입니다.

그런데 잊지 말아야 할 것이 있습니다. 삼위일체 하나님이 이 춤사위에 우리를 초대한다는 점입니다. 우리를 그리스도인으로, 교회로 부르신 이유가 뭘까요? 삼위일체 하나님과 함께 하나 되어 춤추게 하기 위함입니다. 이것이 복음이에요. 사랑 안에 하나 되어 영원한 생명과 정의와 평화를 누리는 것. 그것이 삼위일체 안에 담긴 복음의 정신이고, 하나님의 마음입니다. 저와 여러분이 이 복음에 초대되었습니다. 이제 하나님의 손을 잡고 춤출 차례입니다. 함께 기도합시다.

주님, 우리가 당신의 사랑을 연주하는 현악기 선율이 되게 하소서.
그 사랑의 노래로 닫힌 문을 열고, 언 손과 마음을 녹이게 하소서.
우리에게 기쁨과 용기를 주셔서 이웃을 포옹하며
다른 사람을 다독이는 자리에서
삼위일체 하나님을 발견하게 하소서.
예수님 이름으로 기도합니다. 아멘.

#삼위일체 #페리코레시스

6월 14일

기도를 경청하시는 하나님

오늘 하루 수고하셨습니다. 주님께서 주시는 위로와 평화가 여러분에게 가득하길 바랍니다. 오늘 함께 묵상할 말씀은 시편 3편 1-4절입니다.

> 여호와여 나의 대적이 어찌 그리 많은지요. 일어나 나를 치는 자가 많으니이다. 많은 사람이 나를 대적하여 말하기를 그는 하나님께 구원을 받지 못한다 하나이다. (셀라) 여호와여 주는 나의 방패시요 나의 영광이시요 나의 머리를 드시는 자이시니이다. 내가 나의 목소리로 여호와께 부르짖으니 그의 성산에서 응답하시는도다. (셀라).

시편을 거칠게 구분하면 찬양 시와 개인의 탄식 시로 나눌 수 있습니다. 찬양은 하나님의 임재를 느낄 때 나오는 울림이고, 탄식은 하나님의 부재를 느낄 때 나오는 울림이라고 할 수 있습니다. 신앙의 삶이란 어쩌면 찬양과 탄식 위에 올라선 줄타기인지도 모르겠습니다.

하지만 시편에 담긴 탄식들은 묘한 구석이 있어요. 하나님은 어디 계시냐며 원망하고 탄식하지만, 절망이라기보다는 하나님이 도와주시리라 믿고 와 주시길 소망하는 강력한 역설이 담겨 있기 때문입니다.

다윗의 탄식이 담긴 시편 3편을 찬찬히 묵상해 보세요. 하나님이 없는 것 같은 암담한 상황입니다. 다윗은 하나님을 부르며 기도를 시작합니다. "여호와여!"라고 부르짖는 한마디 외침을 읽고 또 읽어 봅니다. 그 어떤 수식어보다 하나님의 이름이 간절하게 가슴에 들어옵니다. 다윗은 이 외침 다음에 삶의 치열한 아픔을 가감 없이 토로합니다. 우리의 중심을 보시는 주님께서 이런 기도와 외침을 외면하실 리 없겠지요. 주님께서 우리의 간절한 기도를 가장 가까이서 들으십니다. 함께 기도합시다.

하나님, 어둠 속에 던져졌을 때 당신이 우리를 발견하지 않았다면
우리는 빛을 잃고 두려움의 노예가 되었을 겁니다.
당신은 우리를 발견하고 지키고 길동무가 되시는 분입니다.
주의 선한 길로 인도하시어 암울하고 소음 가득한 세상에서라도
청명한 하늘의 소리를 듣고 그곳을 향해 걷게 하소서.
우리의 연약함을 아시오니
우리의 탄식에 자비로 응답하여 주소서.
예수님 이름으로 기도합니다. 아멘.

#기도 #경청 #탄식 #시편

6월 15일

빛과 소금

오늘 하루 수고하셨습니다. 주님께서 주시는 위로와 평화가 가득하길 바랍니다. 오늘 함께 묵상할 말씀은 마태복음 5장 13-16절입니다.

> 너희는 세상의 소금이니 소금이 만일 그 맛을 잃으면 무엇으로 짜게 하리요. 후에는 아무 쓸 데 없어 다만 밖에 버려져 사람에게 밟힐 뿐이니라. 너희는 세상의 빛이라. 산 위에 있는 동네가 숨겨지지 못할 것이요. 사람이 등불을 켜서 말 아래에 두지 아니하고 등경 위에 두나니 이러므로 집 안 모든 사람에게 비치느니라. 이같이 너희 빛이 사람 앞에 비치게 하여 그들로 너희 착한 행실을 보고 하늘에 계신 너희 아버지께 영광을 돌리게 하라.

예수님의 산상 설교에는 힘이 있습니다. 때로는 위로하고, 때로는 도전하고, 때로는 삶의 태도와 방향을 깊이 돌아보게 합니다. 너희는 세상의 빛이고 소금이라는 말씀이 한없이 가슴을 후벼 팝니다. 한 신학자는 이렇게 설명합니다.

"멀쩡하던 생선이 썩어 가고 있다면, 생선을 탓할 일이 아닙니다. 그건 생선을 그대로 놓아둘 때 일어나는 자연스러운 현상입니다. 물어야 할 질문은 소금을 제대로 뿌렸는가입니다. 밤에 집이 어둡다면 집을 탓할 일이 아닙니다. 그건 해가 지면 일어나는 자연스러운 현상입니다. 물어야 할 질문은 빛은 어디에 있는가입니다. 사회가 부패하고 어두워진다면 사회를 탓해야 소용없습니다. 그것은 타락한 인간의 본성을 제어하지 않을 때 일어나는 자연스러운 일입니다. 물어야 할 질문은 그리스도인은 어디에 있는가입니다."[14]

"너희는 세상의 빛과 소금이다"라는 예수님의 말씀을 진지하게 받아들이고 살았다면, 지금 우리 세상은 어떻게 되었을까요? 삶의 터전에서 저와 여러분은 어떤 그리스도인으로 기억되는지 깊이 돌아봅시다. 함께 기도합시다.

전능하시고 자비로우신 주님,
당신께서는 우리를 빛과 소금이라 말씀하셨습니다.
주님의 말씀은 사라지지 않고 영원합니다.
시기와 분쟁으로 가득한 이 세계에 우리를 부르셨으니,
당신의 자비를 멈추지 마소서.
세상이 한계에 도달하여 혼란스럽고 지쳤을 때
온전한 길이 어디인지 우리를 통해 보여 주소서.
주님, 우리의 희망을 당신께 둡니다.
연약한 우리를 도우사 세상을 살맛 나고 밝게 만드소서.
예수님 이름으로 기도합니다. 아멘.

#산상설교 #빛과소금

6월 16일

거룩하다는 것

오늘 하루 수고하셨습니다. 주님께서 주시는 위로와 평화가 여러분에게 가득하길 바랍니다. 오늘 함께 묵상할 말씀은 레위기 19장 2절과 9-10절입니다.

> 너는 이스라엘 자손의 온 회중에게 말하여 이르라. 너희는 거룩하라. 이는 나 여호와 너희 하나님이 거룩함이니라. … 너희가 너희의 땅에서 곡식을 거둘 때에 너는 밭 모퉁이까지 다 거두지 말고 네 떨어진 이삭도 줍지 말며 네 포도원의 열매를 다 따지 말며 네 포도원에 떨어진 열매도 줍지 말고 가난한 사람과 거류민을 위하여 버려두라. 나는 너희의 하나님 여호와이니라.

'거룩'이라는 말은 구별되어 있다는 뜻입니다. 그러면 거룩한 사람은 어떤 사람일까요? 거룩한 사람이란 탁월한 도덕적 능력이나 강력한 종교적 카리스마를 지닌 사람이 아닙니다. 특별하고 신기한 모습을 보이거나 감동적인 이야기를 잘하는 사람도 아닙니다. 오히려 그 반대입니다.

거룩한 사람이란 자신의 부족함을 철저히 아는 사람입니다. 자기에게 가능성이 없고 자신이 얼마나 무능한지 잘 알아서 하나님께 기대어 그분의 형상을 닮아 가려는 사람입니다. 그래서 어떤 면에서 보면, 믿는 사람들에게 거룩함은 숨겨져 있다고 할 수 있습니다.

하지만 그 숨겨진 거룩이 드러나는 때가 있어요. 거룩함을 명령하는 레위기 19장에 따르면, 농부의 거룩함은 추수할 때 가난한 사람을 위해 자기 밭 한 모퉁이를 남겨 놓을 때 드러나고(레 19:9-10), 고용주의 거룩함은 자기가 채용한 사람의 일당을 제시간에 정확하게 지급하는 데서 드러나고(레 19:13), 재판관의 거룩함은 외모와 사적 관계를 따지지 않는 정의로운 판결에서 드러나고(레 19:15), 장사하는 사람의 거룩함은 공정한 저울과 추에서 드러납니다(레 19:35-36).

거룩함은 이렇게 구체적인 삶에서 드러납니다. 힘이 있든 없든, 종교적 은사가 있든 없든, 부유하든 가난하든, 하나님의 뜻에 따라 모든 이를 공정하게 대하고, 힘없고 가난한 사람을 배려하며, 주어진 삶에 속임 없이 성실한 사람이 참으로 거룩한 사람입니다. 그런 사람이 하나님을 닮은 사람입니다. 교회를 '거룩한 성도의 모임*communio sanctorum*'이라고 하는데, 거룩한 사람이 되길 함께 힘써 봅시다. 주님께서 우리를 도우실 것입니다. 함께 기도합시다.

거룩하신 하나님 아버지,
우리가 당신의 거룩을 닮게 하소서.
선한 생각과 행동을 가르쳐 주셔서
신앙의 고귀함이 거룩한 일상으로 드러나게 하소서.
경건한 이들의 책에서가 아니라
서로가 연결된 삶에서 거룩한 당신을 만나게 하소서.
예수님 이름으로 기도합니다. 아멘.

#거룩 #성도 #신앙 #레위기

6월 17일

기적은 믿음을 만들지 않는다

오늘 하루 수고하셨습니다. 주님께서 주시는 위로와 평화가 여러분에게 가득하길 바랍니다. 오늘 저녁 함께 묵상할 말씀은 누가복음 8장 35-37절입니다.

> 사람들이 그 이루어진 일을 보러 나와서 예수께 이르러 귀신 나간 사람이 옷을 입고 정신이 온전하여 예수의 발치에 앉아 있는 것을 보고 두려워하거늘 귀신 들렸던 자가 어떻게 구원 받았는지를 본 자들이 그들에게 이르매 거라사인의 땅 근방 모든 백성이 크게 두려워하여 예수께 떠나가시기를 구하더라.

예수님이 거라사라는 도시에 가셨을 때 일입니다. 한 광인이 마을에서 떨어진 공동묘지에 살고 있었지요. 군대 귀신이 들려서 옷도 안 입고 온 동네를 시끄럽게 했던 것 같습니다. 그를 결박했던 쇠사슬과 고랑은 주민들이 보다못해 채웠을 것인데, 그 행동이 어찌나 상상을 초월하는지 그것마저 다 끊고 산과 들로 뛰어다닙니다.

그렇게 살던 그가 예수를 만나 엎드려 이렇게 외칩니다. "지극히 높으신 하나님의 아들 예수여"(눅 8:28). 그의 간청을 듣고 예수님이 귀신을 쫓아내자 그는 제정신으로 돌아옵니다. 문제는 그다음부터예요.

이 광경을 본 마을 사람들의 반응을 확인해 보세요. 골칫거리를 해결하는 놀라운 기적을 봤으니 손뼉 치며 기뻐해야 정상일 텐데, 사람들 반응이 아주 이상합니다. 동네 사람들이 예수님에게 마을을 떠나 달라고 요구해요. 이 정도 되면 누가 귀신 들린 사람이고 누가 정상인지 헷갈립니다.

이 에피소드는 우리의 신앙에 대해 여러 가지를 돌아보게 합니다. 귀신을 내쫓는 주님의 놀라운 능력 외에도 눈여겨볼 점이 많습니다. 그중 하나는 스스로 정상이라고 생각하나 그렇지 않을 수도 있다는 점입니다. 그러므로 나만 옳다는 생각을 버리고 다른 의견도 겸허히 듣는 자세가 필요합니다. 무엇보다 중요한 것은 겸손한 자세로 말씀에 비추어 '내가 지금 하나님의 자녀로 바르게 살고 있는지' 늘 되물어야 합니다.

또 다른 하나는 기적과 신비로 하나님을 알아볼 수 없다는 사실입니다. 죽은 자가 살아나고 바다가 갈라지고 잠잠해지는 기적이 일어난다고 해서 자동으로 복음에 항복하고 믿음을 받아들이는 일은 생기지 않습니다. 기적이 믿음을 만들지 않습니다. 이것이 복음서의 가르침입니다.

사고방식과 존재의 변화는 하나님의 방식이 아니고는 불가능합니다. 성령을 상담자, 보혜사, 파라클레토스*parakletos*라고 하는 이유가 여기에 있습니다(요 14:16-17). 그리스도의 약속대로 성령은 우리에게 오셔서 연약한 우리를 도우십니다. 어렵고 힘든 일이 있나요? 그렇다면 지금 성령님께 의지하여 간구해 보십시오. 우리의 도움이신 주님께서 우리의 생각과 마음을 지키실 것입니다. 함께 기도합시다.

우리의 위로자이며 상담자 되시는 주님,
우리는 당신 없이 온전한 평안과 희망을 찾지 못합니다.
주님이 우리에게 없다면
우리는 밤새 휘몰아치는 폭풍에
산산이 조각나 버리는 엉성한 집이 되고 맙니다.
우리를 도우사 마땅히 볼 것을 보게 하고

마땅히 들을 것을 듣게 하여

공정하고 의로운 판단을 할 수 있게 하소서.

모든 선택의 길에 주님의 도움을 구합니다.

주의 뜻대로 우리가 살게 하소서.

예수님 이름으로 기도합니다. 아멘.

#기적 #믿음 #거라사

6월 18일

무서운 순대

오늘 하루 수고하셨습니다. 주님께서 주시는 위로와 평화가 가득하길 바랍니다. 오늘 함께 묵상할 말씀은 갈라디아서 3장 23-29절입니다.

> 믿음이 오기 전에 우리는 율법 아래에 매인 바 되고 계시될 믿음의 때까지 갇혔느니라. 이같이 율법이 우리를 그리스도께로 인도하는 초등교사가 되어 우리로 하여금 믿음으로 말미암아 의롭다 함을 얻게 하려 함이라. 믿음이 온 후로는 우리가 초등교사 아래에 있지 아니하도다. 너희가 다 믿음으로 말미암아 그리스도 예수 안에서 하나님의 아들이 되었으니 누구든지 그리스도와 합하기 위하여 세례를 받은 자는 그리스도로 옷 입었느니라. 너희는 유대인이나 헬라인이나 종이나 자유인이나 남자나 여자나 다 그리스도 예수 안에서 하나이니라. 너희가 그리스도의 것이면 곧 아브라함의 자손이요 약속대로 유업을 이을 자니라.

혹시 순대 좋아하시나요? 성경에 피를 먹는 것은 부정한 일이고 죄를 짓는 것이라 기록된 구절이 나옵니다(레 17장). 그러면 순댓국과 선짓국 좋아하는 사람은 모두 죄인이니 회개해야 할까요? 우리는 종종 성경을 모든 답이 실린 궁극의 교과서로 생각하곤 합니다. 분명히 성경에는 시대와 상황이 변해도 변하지 않는 '영원한 힘', 즉 진리가 담겨 있습니다. 하지만 또 한편으로는 시간의 제약을 받는 임시적인 내용이 함께 담긴 것도 사실입니다. 그래서 성경을 대하는 신앙인의 자세는 영원한 것과 임시적인 것 사이에서 끊임없이 질문을 던지며 생각하고 고민하며 답을 구해야 합니다. 예를 들어, 한 밭에 두 종류의 씨앗을 심지 말고 두 종류의 소재로 만든 옷을 입지 말아야 한다(레 19:19, 신 22:9-11)는 주장은 시대의 제약을 받는 임시적인 것입니다. 하나님께서 아들의 십자가와 부활을 통해 인간을 구원하신다는 '사랑'의 명제는 영원한 진리입니다.

성부, 성자, 성령 하나님을 믿는다는 것은 문자에 매여 산다는 뜻이 아닙니다. 하나님은 질문이나 상상력조차 허용하지 않는 방식으로 당신을 드러내지 않습니다. 오히려 그 반대입니다. 하나님이 그리스도를 통해 보여 주신 사랑을 믿고, 그 사랑의 힘으로 자유를 누리며 산다는 뜻입니다. 물론 이 자유는 방종이 아니라 하나님의 사랑을 거침없이 나누며 하나 되고 섬기는 자유입니다. 중요한 것은 예수 믿는다는 우리가 그분이 주신 사랑과 자유를 얼마나 바르게 사용하며 사는가입니다. 함께 기도합시다.

사랑의 주님, 당신께서는 죄인을 위해
십자가에서 죽음의 힘을 생명으로 바꾸신 분입니다.
그 사랑의 힘으로 우리가 서로 사랑하게 하소서.
그 무엇도 사랑의 힘을 속박하지 못합니다.
생명이 다하고 희망이 무너지는 순간에도 함께해 주옵소서.
자유의 힘을 우리에게 주셨으니 닫힌 눈과 마음을 열어
힘껏 사랑하며 섬기고 노래하며 일하게 하소서.
주님은 우리에게 평화를 주십니다. 주님을 찬양합니다.
예수님 이름으로 기도합니다. 아멘.

#순대 #영원한것 #임시적인 것 #믿음 #문화

6월 19일

회복

오늘 하루 수고하셨습니다. 주님께서 주시는 위로와 평화가 여러분에게 가득하길 바랍니다. 오늘 저녁 함께 묵상할 말씀은 이사야 65장 8-9절입니다.

> 여호와께서 이와 같이 말씀하시되 포도송이에는 즙이 있으므로 사람들이 말하기를 그것을 상하지 말라. 거기 복이 있느니라 하나니 나도 내 종들을 위하여 그와 같이 행하여 다 멸하지 아니하고 내가 야곱에게서 씨를 내며 유다에게서 나의 산들을 기업으로 얻을 자를 내리니 내가 택한 자가 이를 기업으로 얻을 것이요. 나의 종들이 거기에 살 것이라.

이사야가 전하는 메시지의 핵심은 심판과 회복입니다. 이 주제는 모든 예언서가 동일하게 다룬다고 보아도 무방합니다. 하나님이 심판하는 사람은 하나님처럼 힘을 휘두르는 사람, 그럴듯한 모습으로 하나님 앞에서 예배하고 뒤에서는 하나님을 모르는 사람처럼 사는 사람입니다. 다시 말해, 하나님 무서운 줄 모르고 겉과 속이 다르게 사는 사람이 하나님이 싫어하는 사람, 즉 심판받아 멸망할 사람입니다.

그런데 이런 무서운 심판보다 더 강조되는 주제가 회복입니다. 하나님은 흩어진 당신의 백성을 모으고 죄에서 돌려세워 다시 온전케 하시는 분입니다. 이사야를 비롯한 모든 선지자가 바로 이 메시지를 우리에게 들려

줍니다. 우리가 믿고 기대어 기도하는 주님은 심판하시는 분이 아니라 우리의 몸과 마음을 건강하게 회복시키는 분입니다. 그분이 우리를 구원하겠다고 약속하십니다. 주님이 우리를 도우십니다. 함께 기도합시다.

주님, 감사합니다.
당신께서는 한없는 사랑과 자비의 약속을 늘 새롭게 하십니다.
연약한 우리를 도우사 사랑의 힘으로 일어나게 하소서.
끔찍한 재난과 전쟁의 잿더미 속에도
당신의 사랑과 위로가 깃들길 기도합니다.
주님, 심각한 고난과 시련에 시달릴 때도
당신의 사랑이 끝나지 않았음을 우리가 깨닫게 하소서.
그리하여 모든 것이 온전해지고 회복되었을 때
그곳에 당신이 함께 계셨음을 우리가 알게 하소서.
예수님의 이름으로 기도합니다. 아멘.

#심판 #회복 #이사야

6월 20일

줄로 재어준 구역

오늘 하루 수고하셨습니다. 주님께서 주시는 위로와 평화가 여러분에게 가득하길 바랍니다. 오늘 함께 묵상할 말씀은 시편 16편 5-8절입니다.

> 여호와는 나의 산업과 나의 잔의 소득이시니 나의 분깃을 지키시나이다. 내게 줄로 재어 준 구역은 아름다운 곳에 있음이여. 나의 기업이 실로 아름답도다. 나를 훈계하신 여호와를 송축할지라. 밤마다 내 양심이 나를 교훈하도다. 내가 여호와를 항상 내 앞에 모심이여. 그가 나의 오른쪽에 계시므로 내가 흔들리지 아니하리로다.

교인 가정이나 개업한 분을 심방할 때 자주 꺼내는 말씀이 시편 16편입니다. 그중에서도 "내게 줄로 재어 준 구역은 아름다운 곳에 있음이여. 나의 기업이 실로 아름답도다"라는 구절을 자주 인용합니다. 이 구절을 읽으면 이스라엘 열두 지파가 가나안 땅에 들어갔을 때 제비뽑아 각 지파에 땅을 나누어 주던 일이 떠오릅니다. 하나님이 약속의 땅을 줄로 척척 재어 주셨듯 우리 가정과 우리 기업에도 또렷한 선을 그어 선물해 주셨다고 생각하면 마음이 기쁩니다.

하지만 이 시에서 더 중요한 것은 따로 있습니다. 사실, 이 시는 눈에 보이는 땅과 기업에 대한 감사 찬송이 아닙니다. 자신의 가장 귀한 분깃이 하나님이라는 사실을 기쁘게 찬송하는 시입니다. 하나님이 나의 유일한 보호자이며 나의 갈 길을 보여 주는 분이라는 믿음이 이 시에 담겨 있습니다. 그래서 밤마다 양심 속에서 하나님의 음성을 듣고 찬송한다고 고백하는 것입니다.

저와 여러분은 어떤가요? 우리에게 가장 기쁜 소식은 무엇인가요? 돈, 땅, 명예? 그 대신 하나님이 우리의 보호자이며 생명의 근원임을 깊이 새기는 오늘 이 시간이 되길 바랍니다. 함께 기도합시다.

주님, 우리를 지켜 주소서.
우리가 주님께 피합니다.
우리의 복은 오직 당신께 있으니,
오직 당신께 의지합니다.
우리의 양심에 내주하시는 성령님,
우리를 깨우쳐
선하고 아름다운 그리스도의 마음을 갖게 하소서.
어떤 상황에서도 믿음을 잃지 않으며
어떤 환경에서도 소망을 잃지 않으며
어떤 관계에서도 사랑을 잃지 않게 하소서.
예수님 이름으로 기도합니다. 아멘.

#복음 #심방 #시편 #이사

6월 21일

오늘 일용할 양식

오늘 하루 수고하셨습니다. 주님께서 주시는 위로와 평화가 여러분에게 가득하길 바랍니다. 오늘 저녁 함께 묵상할 말씀은 마태복음 6장 9-13절입니다.

> 그러므로 너희는 이렇게 기도하라. 하늘에 계신 우리 아버지여 이름이 거룩히 여김을 받으시오며 나라가 임하시오며 뜻이 하늘에서 이루어진 것 같이 땅에서도 이루어지이다. 오늘 우리에게 일용할 양식을 주시옵고 우리가 우리에게 죄 지은 자를 사하여 준 것 같이 우리 죄를 사하여 주시옵고 우리를 시험에 들게 하지 마시옵고 다만 악에서 구하시옵소서. 나라와 권세와 영광이 아버지께 영원히 있사옵나이다. 아멘.

우리는 주기도문으로 기도하면서 늘 '일용할 양식'을 달라고 간구합니다. 말 그대로 풀면 하루에 필요한 양식이라는 뜻이지만, 살아가는 데 필요한 모든 것을 말합니다. 먹고 마실 것, 옷, 신발, 집, 돈, 건실한 가정, 믿음직한 동료, 선한 통치자와 정부, 좋은 날씨와 평화, 건강, 좋은 친구와 선한 이웃 등등. 이 모든 것이 우리가 살아가는 데 필요한 일용할 양식입니다. 주님은 이 기도를 통해 주어진 일상에서 작고 하찮은 일에도 감사하며 살아가는 법을 배우게 하십니다.

특별한 것 가운데 하나는 '우리에게 일용할 양식' 앞에 '오늘'이라는 말이 붙은 점이에요. 주님은 '오늘'이라는 짧은 말로 장래 일을 염려하지 않고 자족하는 삶의 자세를 가르치십니다. 주님은 마태복음 6장 34절에서도 이렇게 말씀하셨지요. "그러므로 내일 일을 위하여 염려하지 말라. 내일 일은 내일이 염려할 것이요. 한 날의 괴로움은 그 날로 족하니라." 모든 염려를 주님께 맡깁시다. 함께 기도합시다.

우리의 모든 필요를 아시고 채우시는 주님,
당신께서는 때를 따라 우리에게 먹을 것을 주시며
당신의 손을 펴서 모든 만물의 소원을 만족하게 하시는 분입니다.
가축을 위한 풀과 사람을 위한 채소를 자라게 하시며
당신이 지으신 피조물을 윤택하게 하십니다.
당신의 자녀들이 헛된 것을 멀리하며
오직 당신의 은총을 발견하는 기쁨으로 살게 하소서.
당신이 주시는 일용할 양식으로 우리를 채우사
나를 가난하게도 마시고 부하게도 마옵시며
오직 필요한 양식으로 나를 배불리소서.
혹 내가 배불러서 주님을 모른다, 하나님이 누구냐 하지 않게 하소서.
예수님 이름으로 기도합니다. 아멘.

#주기도문 #일용할양식 #오늘

6월 22일

카르페 디엠

오늘 하루 수고하셨습니다. 주님께서 주시는 위로와 평화가 여러분에게 가득하길 바랍니다. 오늘 저녁 함께 묵상할 말씀은 마태복음 8장 18-22절입니다.

> 예수께서 무리가 자기를 에워싸는 것을 보시고 건너편으로 가기를 명하시니라. 한 서기관이 나아와 예수께 아뢰되 선생님이여 어디로 가시든지 저는 따르리이다. 예수께서 이르시되 여우도 굴이 있고 공중의 새도 거처가 있으되 인자는 머리 둘 곳이 없다 하시더라. 제자 중에 또 한 사람이 이르되 주여 내가 먼저 가서 내 아버지를 장사하게 허락하옵소서. 예수께서 이르시되 죽은 자들이 그들의 죽은 자들을 장사하게 하고 너는 나를 따르라 하시니라.

카르페 디엠*carpe diem*! 로마의 시인 호라티우스Horatius가 쓴 라틴어 시에서 유래한 명언으로 "오늘을 즐겨라", "기회를 놓치지 말라"라는 뜻입니다. 시간과 기회가 중요하다고 강조하는 격언과 담론은 무수히 많습니다. 기독교인들에게 친숙한 격언도 있지요. "하나님이 '오늘'이라고 말할 때 마귀는 '내일'이라고 말한다."

마귀는 오늘 당장 해야 할 일을 매번 "내일 하면 돼" 하는 식으로 미루게 합니다. '내일'이라는 달콤한 유혹은 사실 하나님의 방식이 아닙니다. 여호수아도 신명기 30장 19절에서 "오늘 너의 하나님을 선택하라"고 촉

구하고, 예수님도 하나님 나라의 동행자들에게 지금 당장 "나를 따르라"고 말씀하십니다.

그리스도를 따르는 길, 하나님의 뜻을 새기며 사는 길은 어쩌면 보통 사람들이 꺼리는 가시밭길일 수 있습니다. 하지만 그 길이 참으로 가치 있고 복된 길입니다. 우리가 그 길을 갈 때 길동무가 되어 주시고 위로하며 힘주시겠다고 하나님이 약속하셨습니다. 혹시, 오늘 할 일을 내일로 미루고 있지는 않나요? 함께 기도합시다.

주님, 당신은 시간의 창조주입니다.
우리의 몸과 마음이 시간 속에 스며들 때
그 안에 깃든 하나님의 흔적을 만나게 하소서.
순간 속에서 영원한 주님을 발견하며
영원을 희망하는 기도 속에 삶의 무게가 가벼워지게 하소서.
오늘이라는 시간을 충실히 살겠습니다.
그 시간 끝에 다함 없는 위로와 안식을 주소서.
예수님 이름으로 기도합니다. 아멘.

#카르페디엠 #시간 #오늘할일미루지않기

6월 23일

평안

오늘 하루 수고하셨습니다. 주님께서 주시는 위로와 평화가 여러분에게 가득하길 바랍니다. 오늘 저녁 함께 묵상할 말씀은 골로새서 3장 12-15절입니다.

> 그러므로 너희는 하나님이 택하사 거룩하고 사랑 받는 자처럼 긍휼과 자비와 겸손과 온유와 오래 참음을 옷 입고 누가 누구에게 불만이 있거든 서로 용납하여 피차 용서하되 주께서 너희를 용서하신 것 같이 너희도 그리하고 이 모든 것 위에 사랑을 더하라. 이는 온전하게 매는 띠니라. 그리스도의 평강이 너희 마음을 주장하게 하라. 너희는 평강을 위하여 한 몸으로 부르심을 받았나니 너희는 또한 감사하는 자가 되라.

사도 바울은 "그리스도의 평강이 너희 마음을 주장하게 하라"라고 권면하는데, 평강을 얻는 비결은 무엇일까요? 저는 이 구절을 묵상하면서 예수님 말씀으로 이렇게 바꿔도 될 것 같다고 생각했습니다. "자기를 부인하라." 사소한 일이든 큰일이든, 일시적이든 영원한 것이든, 자기 뜻을 고집하지 말고 하나님의 뜻이 무엇인지 비추어 봐야 합니다. 그래야 성공하든 실패하든 평정심을 잃지 않고 감사할 수 있습니다. 주님이 주시는 평정심, 샬롬이 우리 가운데 채워지길 바랍니다. 함께 기도합시다.

주님, 당신께서는 우리를 하나님의 복된 자녀로 택하셨습니다.

우리 마음과 삶이 당신을 닮게 하소서.

긍휼과 자비, 겸손과 온유,

인내와 용서가 사랑과 함께 자라게 하소서.

그러나 무엇보다 주님의 평안이 내 안에 차오르게 하소서.

사나 죽으나, 기쁘나 슬프나

주의 바른 뜻만 우리의 찬송 되게 하소서.

예수 그리스도 이름으로 기도합니다. 아멘.

#평강 #자기부인 #평정심 #예수닮기

6월 24일

매일 성경

오늘 하루 수고하셨습니다. 주님께서 주시는 위로와 평화가 여러분에게 가득하길 바랍니다. 오늘 함께 묵상할 말씀은 시편 123편 1-2절입니다.

> 하늘에 계시는 주여 내가 눈을 들어 주께 향하나이다. 상전의 손을 바라보는 종들의 눈 같이, 여주인의 손을 바라보는 여종의 눈 같이 우리의 눈이 여호와 우리 하나님을 바라보며 우리에게 은혜 베풀어 주시기를 기다리나이다.

성경을 읽는 목적은 탁월한 말솜씨를 배우려는 데 있지 않습니다. 매일 성경을 읽고 묵상하는 이유는 그 안에 담긴 진리를 조금 더 선명하게 만나기 위해서입니다. 그래서 우리는 성경을 읽을 때 그럴듯한 문장을 찾기보다 하나님의 뜻이 어디에 있는지 찾고자 하는 마음으로 성령께 기도하며 읽어야 합니다. 그때 비로소 하나님과 사귐이 한층 더 깊어지는 법입니다.

성경 읽기만 그런 건 아닙니다. 모든 순간마다 하나님의 은혜를 구하며 산다면, 그것이야말로 하나님과 함께 복된 삶을 누리는 가장 좋은 지름길이라 할 수 있습니다. 침상에서 일어날 때나 누울 때나, 땀 흘려 일할 때나 휴식을 취할 때나, 감사한 일이 생길 때나, 누군가로 인해 골치 아파 속 썩을 때나 하나님의 뜻과 은혜를 간절히 구하는 삶!

시편 123편의 고백이 바로 이것입니다. 우리 눈을 들어 하나님을 바라보는 삶, 그 삶의 습관이 켜켜이 쌓여 복되고 견고한 신앙을 이룹니다. 아이처럼 하나님을 바라보는 매일 묵상과 기도의 시간이 우리를 신앙의 신비 가운데로 인도하길 바랍니다. 함께 기도합시다.

거룩하신 하나님 아버지,
이 시간 우리의 눈과 마음을 주님께 들어 올립니다.
엄마의 손을 바라보는 아이처럼
당신께서 우리에게 은혜 베풀어 주시길 기도합니다.
이 밤, 우리를 토닥여 주시고
말씀 속에 약속된 주의 복음을 맛보게 하소서.
예수님의 이름으로 기도합니다. 아멘.

#묵상 #기도 #평안 #성경읽기

6월 25일

전쟁 넘어 평화의 땅으로

오늘 하루 수고하셨습니다. 주님께서 주시는 위로와 평화가 여러분에게 가득하길 바랍니다. 오늘 함께 묵상할 말씀은 에베소서 2장 13-18절입니다.

> 이제는 전에 멀리 있던 너희가 그리스도 예수 안에서 그리스도의 피로 가까워졌느니라. 그는 우리의 화평이신지라 둘로 하나를 만드사 원수 된 것 곧 중간에 막힌 담을 자기 육체로 허시고 법조문으로 된 계명의 율법을 폐하셨으니 이는 이 둘로 자기 안에서 한 새 사람을 지어 화평하게 하시고 또 십자가로 이 둘을 한 몸으로 하나님과 화목하게 하려 하심이라. 원수 된 것을 십자가로 소멸하시고 또 오셔서 먼 데 있는 너희에게 평안을 전하시고 가까운 데 있는 자들에게 평안을 전하셨으니 이는 그로 말미암아 우리 둘이 한 성령 안에서 아버지께 나아감을 얻게 하려 하심이라.

평안하셨는지요? 오늘은 우리에게 가슴 아픈 날입니다. 1950년 6월 25일 '한국전쟁'으로 불리는 냉전과 반목의 사건이 있었던 날이기 때문입니다. 벌써 70년 이상 흘렀지만, 참상의 상처는 여전히 아물지 않았습니다. 이산가족과 남북 관계, 그리고 평화로이 하나 되는 일은 여전히 역사의 숙제로 남아 있습니다.

오늘 우리는 화해와 평화가 이 땅에 이뤄지길 간절히 구해야 합니다. 우리의 주님이신 그리스도 예수는 모든 막힌 담을 허물고 그곳에 평화를 만드시는 분이기 때문입니다.

반목과 분단의 땅이 속히 평화로이 하나 되기를 소망합시다. 이 일을 위해 수고하는 공직자들에게 힘과 지혜를 달라고 기도합시다. 온 세계에 평화가 움트길 소망하는 모든 교회를 위해서도 함께 간구합시다. 무엇보다 일상에서 내가 먼저 화해와 일치의 통로가 되기 위해 노력합시다. 함께 기도합시다.

> 주님, 당신께서는 모든 막힌 담을 허무시는 분입니다.
> 분노와 미움을 자비와 사랑으로, 분쟁을 평화로 바꾸십니다.
> 이 땅을 불쌍히 여겨 주소서.
> 슬픔의 세월을 지나 희망의 땅으로 들어가게 하소서.
> 남과 북이 하나 되는 희망과 용기를 품게 하시어
> 서로를 향한 차가운 마음에 온기가 돌게 하소서.
> 이 일을 위해 수고하는 공직자들을 보살펴 주소서.
> 그들에게 지혜를 주시어 평화 통일을 향한
> 가장 바르고 현명한 길을 개간하도록 힘을 주소서.
> 교회를 위해 기도합니다.
> 주님의 몸 된 교회가 이 땅에
> 온전한 평화를 움트게 하는 단비 되게 하소서.
> 그리고 그 무엇보다 일상에서 세례받은 내가 먼저
> 화해와 일치를 위해 팔을 걷어붙이게 하소서.
> 예수님 이름으로 기도합니다. 아멘.

#한국전쟁 #6.25 #평화 #통일

6월 26일

숨어 계신 하나님

오늘 하루 수고하셨습니다. 주님께서 주시는 위로와 평화가 여러분에게 가득하길 바랍니다. 오늘 함께 묵상할 말씀은 창세기 32장 24-25절입니다.

> 야곱은 홀로 남았더니 어떤 사람이 날이 새도록 야곱과 씨름하다가 자기가 야곱을 이기지 못함을 보고 그가 야곱의 허벅지 관절을 치매 야곱의 허벅지 관절이 그 사람과 씨름할 때에 어긋났더라.

창세기 32장을 읽다가 그 상황을 머리에 그려 봅니다. 야곱이 얍복강에서 밤새 씨름합니다. 상대방이 누구인지도 모르고 온 힘을 다해 싸웁니다. 그런데 야곱은 '해가 떠오를 때'야 상대가 하나님이었다는 사실을 비로소 깨닫습니다. 그전까지 야곱은 그 상대가 하나님이 아니라 어둠의 세력, 어쩌면 거대한 힘을 가진 악마라고 굳게 믿었을 겁니다.

우리도 숨어 계신 하나님을 그렇게 경험할 수 있습니다. 숨어 계신 하나님을 만나는 사람은 소름 끼칠 정도로 '하나님의 부재'를 경험합니다. "도대체 하나님은 어디에 계신단 말인가? 하나님은 정녕 나를 버리신 건가?" 하나님의 침묵과 부재는 신앙인을 탄식하게 합니다. 그 탄식이 이상한 건 아닙니다. 시편의 시인들과 예언자들, 그리고 십자가의 예수님이 그렇게 탄식했기 때문입니다. 심지어 예수님은 "나의 하나님, 나의 하나님, 어찌하여 나를 버리셨나이까"(마 27:46)라고 통곡합니다. 의심과 혼돈의 자리, 하나님을 믿을 수 없는 자리, 신앙 때문에 탄식할 수밖에 없는 자리,

그곳이 바로 해골 언덕의 십자가입니다.

하지만 하나님의 일하심은 여기서 끝나지 않습니다. '3일'이라는 죽음과 침묵의 시간이 지나고, 우리의 모든 희망이 끝난 그 자리에 부활이 선물처럼 문을 열고 찾아옵니다. 생명과 죽음, 선과 악, 어둠과 빛의 경계가 모호한 자리, 의심과 혼돈이 가득한 모든 자리에도 하나님은 계시며, 그곳에서 당신의 선한 뜻을 이루신다는 사실을 알려 주는 사건이 예수님의 십자가와 부활 사건입니다. 그때 비로소 모호한 모든 것이 밝히 드러납니다. 바울은 이것을 깨달았기에 고린도 교인들을 향해 "그리스도는 하나님의 능력이요 하나님의 지혜니라"(고전 1:24)라고 당당하게 선언할 수 있었습니다. 바울의 이 선언이 우리 모두의 고백이 되길 빕니다. 함께 기도합시다.

십자가에서 모습을 드러내신 하나님,
주님께서 다스리는 나라가 우리 가운데 있습니다.
하나님 나라의 표징을 깨닫는 민감한 믿음의 눈을 우리에게 주소서.
하나님이 없어 보이는 탄식의 자리에서도
위로와 은총의 하나님을 발견케 하소서.
우리는 연약하여 당신을 지나칠 때가 수도 없이 많습니다.
당신의 약속대로 우리에게 성령을 보내사 우리를 도와주소서.
그러나 소유와 탐욕의 자리에서가 아니라,
내 것을 내어놓는 자리, 섬김과 봉사의 자리, 실패와 낙망의 자리,
탄식과 슬픔의 자리에서 하나님을 발견하고 찬송하게 하소서.
더불어 살아가는 사회 속에서 우리의 믿음이
사랑의 열매로 확인되길 기도합니다.
예수님 이름으로 기도합니다. 아멘.

#십자가 #숨어계신하나님

6월 27일

닮은꼴

오늘 하루 수고하셨습니다. 주님께서 주시는 위로와 평화가 여러분에게 가득하길 바랍니다. 오늘 함께 묵상할 말씀은 베드로전서 1장 14-16절입니다.

> 너희가 순종하는 자식처럼 전에 알지 못할 때에 따르던 너희 사욕을 본받지 말고 오직 너희를 부르신 거룩한 이처럼 너희도 모든 행실에 거룩한 자가 되라. 기록되었으되 내가 거룩하니 너희도 거룩할지어다 하셨느니라.

'믿는다'는 것은 닮아 가는 것이라고 할 수 있습니다. 가족도 그렇고 부부도 그렇잖아요. 사랑하며 살아가는 이들은 서로 닮아 갑니다. 같은 밥 먹고 같이 생활하기 때문만이 아니라, 그만큼 서로 믿고 의지하기 때문일 겁니다.

'하나님의 형상'이라는 우리는 얼마나 주님을 닮았을까요? 주님 닮음을 성경은 '거룩'이라는 말로 표현합니다. 그래서 우리가 주님을 얼마나 닮았는지 알아보는 건 얼마나 거룩한 삶을 살고 있는지, 내 말과 행실이 주님 뜻에 얼마나 일치하는지 생각해 보면 될 겁니다.

욕심이 속에서 차오를 때, 혹은 무언가를 선택해야 하는 순간에 멈춰서서 생각해 보세요. 지금 예수님이라면 어떻게 하실까? 아주 작은 생각 같지만, 주님의 마음을 닮아 가려는 작은 실천이 켜켜이 쌓이면, 우리 자신뿐 아니라 세상 곳곳에서 하나님 나라가 경험되는 일도 빈번해질 것입니다. 그런 거룩한 경험이 우리 가운데 날마다 많아지길 바랍니다. 함께 기도합시다.

거룩하신 하나님 아버지,
주님의 말씀은 마음을 움직입니다.
하나님의 형상으로 빚어진 우리가 당신의 마음을 닮게 하소서.
주님의 말씀은 우리 속을 기쁨으로 차오르게 합니다.
주님의 말씀은 이 땅에 위로와 평화를 심어 갑니다.
주님, 우리의 욕망 대신 당신을 의지하며 살게 하소서.
그리하여 당신의 이름을 찬양하며 기도하는 이들이
거룩한 주님의 닮은 꼴 되게 하소서.
예수님 이름으로 기도합니다. 아멘.

#거룩 #하나님형상 #닮은꼴

6월 28일

곤고한 사람

오늘 하루 수고하셨습니다. 주님께서 주시는 위로와 평화가 여러분에게 가득하길 바랍니다. 오늘 함께 묵상할 말씀은 로마서 7장 21-25절입니다.

> 그러므로 내가 한 법을 깨달았노니 곧 선을 행하기 원하는 나에게 악이 함께 있는 것이로다. 내 속사람으로는 하나님의 법을 즐거워하되 내 지체 속에서 한 다른 법이 내 마음의 법과 싸워 내 지체 속에 있는 죄의 법으로 나를 사로잡는 것을 보는도다. 오호라 나는 곤고한 사람이로다 이 사망의 몸에서 누가 나를 건져내랴. 우리 주 예수 그리스도로 말미암아 하나님께 감사하리로다. 그런즉 내 자신이 마음으로는 하나님의 법을 육신으로는 죄의 법을 섬기노라.

선한 사람/악한 사람, 착한 사람/몹쓸 사람. 우리는 종종 사람을 무 자르듯 쉽게 구분하고 판단합니다. 하지만 자신을 조금만 돌아보면 그런 판단이 쉽지 않다는 사실을 깨닫게 됩니다. 모든 사물과 사건은 관점에 따라 다르게 보입니다. 사람들 눈을 가리고 코끼리를 만지게 하면 나중에 각각의 체험과 설명이 다르게 나오듯이요. 더욱이 사람의 마음과 인생은 단색이 아니라 여러 색이 공존해서 구분하고 판단하기 모호합니다.

때로는 자기 자신이 무엇을 원하고, 무슨 일을 하는지조차 알지 못할 때도 있습니다. 신앙인이라고 해도 다르지 않습니다. 어떤 사람들은 "예수 믿으면 이전과 완전히 다른 사람이 된다"고 합니다. 예수 믿어 구원받았으니 죄와 악에서 완전히 멀어지고 순백색의 선함과 정의로움, 기쁨과 평안만 자신을 사로잡는다고 합니다.

제가 그런 종류의 사람이 아니라 그런 상태가 잘못되었거나 이상하다고 단언하기는 어렵습니다. 하지만 로마서에 나오는 바울 사도의 고백은 조금 다른 결의 이야기를 들려줍니다. 예수를 믿고 구원받은 바울은 자기 속에서 두 가지 법이 격렬하게 싸우고 있다고 말합니다. 그래서 그는 "오호라 나는 곤고한 사람이로다"라고 탄식합니다.

바울의 말대로, 신앙인이라 하더라도 영혼의 고투는 끊이지 않습니다. 오히려 신앙 덕에 양심은 예민해지고, 그로 인해 영적 시련은 더욱 심해집니다. 그렇게 신앙은 우리 마음을 모호한 상태로 만듭니다. 하지만 이런 영적 시련은 우리가 그리스도의 은혜를 갈망하며 그분을 더욱 선명하게 만나게 하는 통로가 됩니다.

믿음으로 살아갈 때 마음의 시련이 있다면, 그것은 우리를 위로하고 구원하시는 주님이 가까이 계신다는 증거입니다. 바울은 로마서에서 바로 이것을 우리에게 들려줍니다. 함께 기도합시다.

주님, 당신을 믿는다면서도 우리는 늘 갈등합니다.
주님의 선한 법과 욕망의 법이 우리 속에서 충돌합니다.
우리를 불쌍히 여기사 연약한 우리에게 힘과 용기를 주소서.
그리하여 탄식 너머 선한 하나님의 위로와 평강을 바라게 하소서.
주님은 십자가에서 하나님의 영광을 보여 주신 분입니다.
우리가 당신의 탄식 속에 숨겨진 신앙의 신비를 깨닫게 하소서.
예수님의 이름으로 기도합니다. 아멘.

#신앙의모호함 #영적시련 #십자가구원 #바울 #로마서

6월 29일

아이 같은 신앙

오늘 하루 수고하셨습니다. 주님께서 주시는 위로와 평화가 여러분에게 가득하길 바랍니다. 오늘 함께 묵상할 말씀은 마태복음 11장 25-30절입니다.

> 그 때에 예수께서 대답하여 이르시되 천지의 주재이신 아버지여 이것을 지혜롭고 슬기 있는 자들에게는 숨기시고 어린 아이들에게는 나타내심을 감사하나이다. 옳소이다. 이렇게 된 것이 아버지의 뜻이니이다. 내 아버지께서 모든 것을 내게 주셨으니 아버지 외에는 아들을 아는 자가 없고 아들과 또 아들의 소원대로 계시를 받는 자 외에는 아버지를 아는 자가 없느니라. 수고하고 무거운 짐 진 자들아 다 내게로 오라. 내가 너희를 쉬게 하리라. 나는 마음이 온유하고 겸손하니 나의 멍에를 메고 내게 배우라. 그리하면 너희 마음이 쉼을 얻으리니 이는 내 멍에는 쉽고 내 짐은 가벼움이라 하시니라.

아이처럼 순수하게 살면 어리숙한 바보라고 조롱하는 시대입니다. 이익에 밝고 좀 더 약삭빠르게 움직이면 어른스럽다고 칭찬하고, 그렇게 살아야 부와 명예를 얻을 수 있다고 가르칩니다. 그래서일까요? 양심을 강조하기보다 온갖 편법과 불법을 동원해서라도 목표를 이루기만 하면, 그러려니 하고 넘기는 사람들이 많습니다. 아이들은 이해하지 못하는 어른들의 세계인가 봅니다.

하지만 성경은 정반대의 것을 가르칩니다. 예수님은 이익에 밝아 재빨리 태세를 전환하는 어른 대신 어린아이 같은 사람에게 하나님의 지혜가 임한다고 말씀하십니다. 물론, 아이처럼 세상 물정 모르고 천진난만하게 살라는 말은 아닙니다. 주님의 이 말씀은 어린아이처럼 말씀을 경청하고, 아이가 엄마에게 의지하듯 하나님께 맡기는 삶을 살라는 뜻입니다. 그렇게 살기가 어렵다고요? 그래서 주님은 이어지는 말씀인 마태복음 11장 28절에서 "수고하고 무거운 짐 진 자들아 다 내게로 오라. 내가 너희를 쉬게 하리라"라고 말씀하십니다. 아이처럼 주님을 바라는 우리에게 주님이 주시는 쉼이 가득하길 바랍니다. 함께 기도합시다.

주님, 우리는 당신에게서 모든 것을 받습니다.
당신은 강한 손을 내밀어
세속의 지혜를 하나님의 거룩한 어리석음으로 돌려놓으십니다.
부드러운 손을 펼치시어 마음의 평화를 주십니다.
때로 당신의 팔이 짧다 싶으면,
우리 믿음과 신뢰를 늘리시어 당신한테 가서 닿게 해 주십니다.
간혹 우리가 당신 손길을 뿌리칠 때도
당신의 영원한 축복이 잠깐 숨겨져 있는 것뿐임을 깨닫고
더욱 목마르게 그 축복을 갈망하게 하소서.
어린아이 같은 우리가 당신의 사랑과 지혜 안에서
쉼을 얻고 자라게 하소서.
예수님 이름으로 기도합니다. 아멘.

#어린이 #안식 #쉼

6월 30일

찬송

오늘 하루 수고하셨습니다. 주님께서 주시는 위로와 평화가 여러분에게 가득하길 바랍니다. 오늘 함께 묵상할 말씀은 시편 59편 16-17절입니다.

> 나는 주의 힘을 노래하며 아침에 주의 인자하심을 높이 부르오리니 주는 나의 요새이시며 나의 환난 날에 피난처심이니이다. 나의 힘이시여 내가 주께 찬송하오리니 하나님은 나의 요새이시며 나를 긍휼히 여기시는 하나님이심이니이다.

혹시 자기도 모르게 흥얼거리며 노래해 본 적이 있나요? 입에서 노래가 나온다는 건 그만큼 속에 무언가 가득 차 있다는 증거입니다. 그 무언가가 슬픔이면 흐느끼는 가락이 나올 테고, 기쁨이면 밝은 가락이 나올 겁니다. 은혜로 가득할 때는 찬송이 나오겠지요. 하나님으로 가득 찬 사람은 기쁠 때도 노래할 수 있고, 위기에 놓여도 하나님을 부르며 노래할 수 있습니다. 시편이 그런 노래를 담아 놓은 것이잖아요.

오늘 함께 묵상할 시편 59편에 귀를 기울여 보세요. 낭만적인 상황이 아닙니다. 다윗은 지금 사울이 사람을 보내어 위협하고 죽이려는 상황에서 하나님을 부르며 찬송합니다. 지금 어떤 상황에 있든 우리의 피난처이며 힘이 되신 하나님을 부르며 간절히 노래하던 다윗을 떠올려 보세요. 그리고 이 시를 묵상해 보세요. 우리가 흥얼거리는 찬송 속에 임하시는 주님께서 우리를 위로하고 힘주실 것입니다. 함께 기도합시다.

우리의 힘이며 위로되시는 하나님 아버지,
당신을 찬송합니다.
주님을 아는 이들과 그리스도를 사랑하는 이들이
할렐루야를 외치게 하소서.
궁휼하신 주님은 당신의 자녀를 은혜로 돌보십니다.
우리를 도우셔서 거짓된 부유함에 빠지지 않게 하시며
바른길로 인도하소서.
그리하여 흔들리는 세상 가운데
당신의 신실함이 드러나게 하소서.
예수님 이름으로 기도합니다. 아멘.

#찬송 #다윗 #환난 #피난처 #위로

7월 1일

먼저 된 자

오늘 하루 수고하셨습니다. 주님께서 주시는 위로와 평화가 여러분에게 가득하길 바랍니다. 오늘 함께 묵상할 말씀은 누가복음 13장 28-30절입니다.

> 너희가 아브라함과 이삭과 야곱과 모든 선지자는 하나님 나라에 있고 오직 너희는 밖에 쫓겨난 것을 볼 때에 거기서 슬피 울며 이를 갈리라. 사람들이 동서남북으로부터 와서 하나님의 나라 잔치에 참여하리니 보라 나중 된 자로서 먼저 될 자도 있고 먼저 된 자로서 나중 될 자도 있느니라 하시더라.

경쟁 사회에서 살다 보니, 늘 뭔가 뒤처진 것 같고 답답할 때가 많습니다. 오죽하면, 사돈이 땅을 사면 배가 아프다는 속담이 있을까 싶습니다. 비교하며 사는 게 늘 나쁜 것은 아니지만, 비교의 기준을 어디에 두느냐에 따라 행복과 불행의 얼굴이 달라지는 것 같습니다. 성경은 우리에게 전혀 다른 행복의 기준을 제시하는데, 이 땅의 기준이 아니라 하나님 나라의 기준입니다. 하나님의 나라는 남자와 여자, 부한 자와 가난한 자, 배운 자와 못 배운 자, 이런 기준이 아무 힘도 못 쓰는 그런 나라이지요. 이곳은 모두에게 평화가 가득하고 사랑과 긍휼이 가득하다고 성경은 전합니다. 심지어 예수님은 "꼴찌가 선두에 서고 선두에 선 사람이 꼴찌가 된다"고도 말씀하십니다.

"나중 된 자로서 먼저 될 자도 있고 먼저 된 자로서 나중 될 자도 있느니라"라는 말씀을 자칫 오해하면, 공정과 상식을 거스르는 말로 들릴 수도 있습니다. 하지만 주님의 의도는 그런 것이 아닙니다. 오히려 참된 공정과 참된 상식이 무엇인지, 우리가 꿈꿔야 할 세상이 어떤 모습인지 머릿속에 그려 보게 합니다. 오늘 이 시간 하나님 나라를 꿈꾸며, 그 나라가 우리 가운데 임하길 소망합시다. 함께 기도합시다.

주님, 우리 눈과 마음을 열어 주시어 당신의 나라를 꿈꾸게 하소서.
버림받은 사람들, 좌절한 사람들, 환멸을 느끼는 사람들,
어디서도 환대받지 못하는 이들을 사랑하는 일에 겁내지 않게 하소서.
당신의 나라를 소망하는 그리스도인을 사랑의 도구로 삼아 주소서.
결과에 연연하지 않으면서도
옳다고 믿는 일에 굳게 서는 법도 가르쳐 주소서.
꼴찌와 일등이 서로를 존중하며 격려하는
주님 나라 잔치가 우리 가운데 임하게 하소서.
예수님 이름으로 기도합니다. 아멘.

#하나님나라 #꼴찌일등 #경쟁사회

7월 2일

소명

오늘 하루 수고하셨습니다. 주님께서 주시는 위로와 평화가 여러분에게 가득하길 바랍니다. 오늘 함께 묵상할 말씀은 잠언 4장 11-12절입니다.

> 내가 지혜로운 길을 네게 가르쳤으며 정직한 길로 너를 인도하였은즉 다닐 때에 네 걸음이 곤고하지 아니하겠고 달려갈 때에 실족하지 아니하리라.

"자기가 무엇을 해야 할지 분명히 아는 사람은 죽지 않는다." 어디선가 읽은 문구인데 기억에 선합니다. 내가 반드시 해야 할 일, 나만 할 수 있는 일, 이런 일을 신앙인은 하나님의 '소명'이라고 부릅니다. 거창하게 말할 것도 없습니다.

예를 들어, 내 아이의 '엄마 아빠'라는 자리는 다른 사람이 대신할 수 없는 거룩한 소명이지요. 그것부터 시작해서 우리가 이웃과 더불어 살아가는 모든 삶의 자리가 하나님이 부르신 소명의 자리입니다. 나에게 주어진 소명이 무엇인지 분명하게 알고 있다면, 어떤 어려움이 와도 이겨 낼 힘을 얻을 것입니다. 하나님은 우리를 소명으로 부르시고, 그 소명을 이루는 이들과 이 땅을 아름답게 수놓아 가십니다.

물론, 주님의 소명을 따라 산다고 꼭 평탄한 길만 약속된 것은 아닙니다. 때로는 그 소명 때문에 가기 싫은 길을 가야 할 때도 있고, 억울함을 참아야 할 때도 있고, 감당할 수 없는 상황에 내몰릴 때도 있습니다. 그러나 이런 사실보다 더 분명한 것은 소명을 주신 하나님이 소명의 길을 가는 사람 곁에서 동행하며 도우신다는 진리입니다. 소명을 따라 사는 모든 이에게 주님의 아름다운 동행이 약속됩니다. 함께 기도합시다.

오 주님, 당신의 팔로 저를 잡으시어 들어 올리시고
당신의 본향에 이르게 하소서.
주님의 목소리를 따라 길을 나섭니다.
우리의 손이 당신에게 하듯
정직과 성실로 일하게 하소서.
우리의 눈이 깨어나
당신의 섭리와 당신의 작품을 보게 하소서.
우리의 귀가 순하게 되어
당신 말씀의 진리를 듣게 하소서.
우리의 입이 아름답게 변하여
당신의 구원을 말하고 감사하게 하소서.
우리의 가슴이 사랑의 온기로 가득 차
온 힘을 다해 하나님과 이웃을 사랑하게 하소서.
주님, 당신은 우리를 부르며 의의 길로 동행하십니다.
주님을 찬양합니다.
예수님 이름으로 기도합니다. 아멘.

#소명 #동행 #임마누엘

7월 3일

일상의 조각 모음

오늘 하루 수고하셨습니다. 주님께서 주시는 위로와 평화가 여러분에게 가득하길 바랍니다. 오늘 함께 묵상할 말씀은 빌립보서 1장 6-11절입니다.

> 너희 안에서 착한 일을 시작하신 이가 그리스도 예수의 날까지 이루실 줄을 우리는 확신하노라. 내가 너희 무리를 위하여 이와 같이 생각하는 것이 마땅하니 이는 너희가 내 마음에 있음이며 나의 매임과 복음을 변명함과 확정함에 너희가 다 나와 함께 은혜에 참여한 자가 됨이라. 내가 예수 그리스도의 심장으로 너희 무리를 얼마나 사모하는지 하나님이 내 증인이시니라. 내가 기도하노라. 너희 사랑을 지식과 모든 총명으로 점점 더 풍성하게 하사 너희로 지극히 선한 것을 분별하며 또 진실하여 허물 없이 그리스도의 날까지 이르고 예수 그리스도로 말미암아 의의 열매가 가득하여 하나님의 영광과 찬송이 되기를 원하노라.

한 주간을 돌아보면, 어떨 때는 참 허탈해요. 특별한 일도 없는데 쏜살같이 지나기 일쑤입니다. 그런데 또 가만 생각해 보면, 세상은 뭔가 특별한 일이 있어야만 돌아가는 게 아닌 것도 사실입니다. 세상을 움직이는 것은 다람쥐 쳇바퀴같이 도는 일상이지요. 삶의 대부분은 권태롭고 자질구레한 일상의 반복이지만, 그런 일상이 없다면 세상은 엉망진창이 될 겁니다. 그러니 매일 되풀이 되는 일과는 실제로 세상을 움직이는 가장 귀한 일인 셈입니다. 우리는 그런 반복되는 일상을 통해 매일의 삶을 조금씩 수정해 나가면서 자신에게 맞는 인생을 만들어 갑니다. 그리고 그 일상의 조각이 모여 각자의 모습을 완성해 갈 겁니다.

반복되는 일상의 조각이 하나님 안에서 모인다면 나중에 얼마나 복될까요? 기독교 신앙이란 바로 이런 확신 가운데 시작된 일상이 모여 만들어지는 것 아닐까요? 사도 바울이 빌립보 교회에 보낸 편지에서 이렇게 설명합니다. "너희 안에서 착한 일을 시작하신 이가 그리스도 예수의 날까지 이루실 줄을 우리는 확신하노라."

짧지만 깊은 울림을 남기는 구절입니다. 우리 안에서 선한 일을 시작하시는 주님께서 우리 삶의 가장 깊숙한 곳과 관계하며 우리를 성장시킵니다. 주님은 그렇게 우리의 일상을 복되게 사용하십니다. 오늘 하루 좋았던 일, 감사했던 순간, 힘들었던 순간을 돌아봅시다. 주님의 선한 인도가 우리의 일상에서 풍성하게 발견되길 바랍니다. 함께 기도합시다.

우리 안에서 착한 일을 시작하시는 주님,
내 안의 더럽고 추한 죄악의 외투를 벗기시고
순결하고 산뜻한 성령의 겉옷을 입혀 주소서.
매일 기도와 말씀 속에서 주님을 만나게 하시어
내 속의 성난 늑대들을 쫓아 버리소서.
그리고 그 자리에 언제 어디서나 우리를 지켜 주시는
당신의 온유한 어린양을 보내 주소서.
그리하여 영원한 하늘의 지복을 함께 누릴 만한 존재로 빚어 가소서.
내게 주신 일상이 참으로 귀합니다.
예수님 이름으로 기도합니다. 아멘.

#일상 #신앙

7월 4일

마음 챙기기

오늘 하루 수고하셨습니다. 주님께서 주시는 위로와 평화가 여러분에게 가득하길 바랍니다. 오늘 함께 묵상할 말씀은 로마서 8장 35-39절입니다.

> 누가 우리를 그리스도의 사랑에서 끊으리요. 환난이나 곤고나 박해나 기근이나 적신이나 위험이나 칼이랴. 기록된 바 우리가 종일 주를 위하여 죽임을 당하게 되며 도살 당할 양 같이 여김을 받았나이다 함과 같으니라. 그러나 이 모든 일에 우리를 사랑하시는 이로 말미암아 우리가 넉넉히 이기느니라. 내가 확신하노니 사망이나 생명이나 천사들이나 권세자들이나 현재 일이나 장래 일이나 능력이나 높음이나 깊음이나 다른 어떤 피조물이라도 우리를 우리 주 그리스도 예수 안에 있는 하나님의 사랑에서 끊을 수 없으리라.

"모든 것을 잃더라도 마음을 잃지 않았다면, 그는 아무것도 잃지 않았다!" 오늘 묵상 글을 쓰다가 떠오른 글귀입니다. 실제로도 그렇지요. 무슨 일이 일어나도 마음을 잃지 않았다면, 여전히 희망이 있습니다. 눈이 맑게 빛나는 사람에게 관심 가는 이유도 그 때문인 것 같아요. 눈을 통해 그 사람의 마음이 읽히기 때문입니다.

특별히 힘겨운 상황에서 눈을 반짝이는 사람이라면 더 관심이 갈 것 같아요. 시련에도 빛나는 희망을 그 눈을 통해 엿볼 수 있기 때문입니다. 그런 희망의 눈빛은 뭔가 든든히 기댈 곳이 있을 때만 가능합니다. 그리스도를 믿는다는 것, 그것이야말로 가장 든든한 지지대를 얻는다는 뜻입니다. 그래서 사도 바울이 로마서 8장에서 그 어떤 상황에서도 "우리가 넉넉히 이기느니라"라고 고백했던 것 같습니다.

바울이 고백하듯 우리에게 가장 든든한 버팀목은 그리스도 예수 안에 있는 하나님의 사랑입니다. 이 사랑이 우리를 든든하게 지지하며 일으켜 세웁니다. 함께 기도합시다.

오 주님,
당신께서는 보이고 들리고 만져지는 모든 것을 창조하셨습니다.
우리로 하여금 당신의 넉넉하심을 항상 기억하게 하소서.
우리에게 보이고 들리고 만져지는 모든 것을 당신이 지탱하시니,
우리가 언제나 당신의 크신 힘을 기억하게 하소서.
그리하여 모든 것이 당신께 기대고 있음을 알아
겸손한 마음으로 인생의 오솔길을 걷게 하소서.
예수님 이름으로 기도합니다. 아멘.

#마음 #희망 #사랑 #로마서

7월 5일

옹달샘

오늘 하루 수고하셨습니다. 주님께서 주시는 위로와 평화가 여러분에게 가득하길 바랍니다. 오늘 함께 묵상할 말씀은 로마서 11장 36절입니다.

> 이는 만물이 주에게서 나오고 주로 말미암고 주에게로 돌아감이라. 그에게 영광이 세세에 있을지어다. 아멘.

"숲속에 소문이 퍼졌다. 누구든지 옹달샘에 가면 하나님을 만날 수 있다는 소문이었다. 그 소식을 듣고 어느 날 빨간 단풍잎 하나가 바람을 타고 내려오다가 그만 바로 위에 있던 거미줄에 걸리고 말았다. 숨도 쉬지 않고 가만히 있던 단풍잎에게 옹달샘이 귓속말로 속삭였다. '하나님이 보이니?' '응, 빨갛고 납작한 별 과자처럼 생겼어.' 잠시 뒤 사슴이 찾아왔다. '하나님이 보이니?' '응 예쁜 뿔이 돋아 있어.' 그 뒤로 옹달샘에서 늑대는 심술궂은 하나님을 보았고, 여우는 얌체 하나님을 보았다. 옹달샘은 이렇듯 하늘과 자연의 모든 모습을 있는 그대로 밝고 맑게 비춰 주었다. 그러던 어느 날, 숲속에 우박 섞인 소나기가 후두두둑 소리를 내며 쏟아지기 시작했다. '제기랄! 우박 때문에 곰보가 되었네.' 옹달샘 곁 도토리나무가 구멍 뚫린 잎을 흔들며 투덜거렸다. 그러나 옹달샘은 아무 일도 없었던 것처럼 해맑은 얼굴로 눈부신 햇살을 받고 있었다. 그러면서 도토리 나무에게 이렇게 말했다. '때로는 까닭 없이 퍼붓는 우박도 그냥 받아서 삼키는 거야. 아무것도 아니야.' 옹달샘이 도토리나무와 찾아오는 산속의 동물들에게 이렇게 속삭인다. '너희들이 없다면 이 옹달샘 혼자서 뭘 하겠어? 너희들이야말로 바로 내 생명이란다.' 그러자 우박 맞아 구멍 뚫린 도토리 나무가 맞장구를 친다. '맞았어, 우리 모두 나누어 가지고 있는 생명이 아름다운 거지. 살아 있다는 건 서로 나눈다는 거야.'"[15]

이현주 목사의 〈가지각색 하느님〉이라는 동화입니다. 이 동화에 나오는 '옹달샘'은 참 많은 걸 생각하게 합니다. 옹달샘은 숲의 모든 생명체가 찾아드는 샘물입니다. 찾아오는 이의 얼굴을 그대로 보여 주는 거울이 되어 주고, 우박으로 곰보가 되어도 잠깐 일렁이다가 말 것을 알기에 아무것도 아니라고 말해 줍니다. 옹달샘은 함께 나누며 사는 기쁨을 압니다. 그래서 누구도 차별하지 않습니다. 무엇보다 이 옹달샘은 아주 작지만 주변으로 흘러 들어가 모두를 살리는 큰 생명이 됩니다. 이 동화에 나오는 옹달샘을 '그리스도인' 또는 '교회'로 바꾸어 읽어 보시길 권합니다. 저와 여러분은 어떤가요? 우리는 옹달샘일까요? 함께 기도합시다.

만물의 근원이신 주님, 만물이 다 당신에게서 나왔습니다.
영원을 향한 우리의 갈망도 당신에게서 나왔습니다.
우리를 당신의 형상으로 지었고, 그 마음을 주셨기 때문입니다.
주님, 우리가 매일 당신을 닮아 가게 하소서.
모든 사람을 온유하게 대하며 넉넉한 안식의 자리가 되어 주며
마른자리에 흘러 들어가 생명을 움트게 하는 그리스도인 되게 하소서.
예수님 이름으로 기도합니다. 아멘.

#옹달샘 #하나님형상 #창조주

7월 6일

시선

오늘 하루 수고하셨습니다. 주님께서 주시는 위로와 평화가 여러분에게 가득하길 바랍니다. 오늘 함께 묵상할 말씀은 갈라디아서 2장 20절입니다.

> 내가 그리스도와 함께 십자가에 못 박혔나니 그런즉 이제는 내가 사는 것이 아니요 오직 내 안에 그리스도께서 사시는 것이라. 이제 내가 육체 가운데 사는 것은 나를 사랑하사 나를 위하여 자기 자신을 버리신 하나님의 아들을 믿는 믿음 안에서 사는 것이라.

"우리의 눈은 끊임없이 사건과 사물을 측량하고 평가합니다. 무릎을 조금 구부리는 것만으로도 시야를 바꿀 수 있고, 머리의 위치만 약간 바꾸어도 어긋난 선들을 일치시킬 수 있습니다."[16]

사진계의 거장 앙리 카르티에 브레송의 말대로 시선을 조금만 바꾸면 사람과 세상의 다른 면들을 볼 수 있습니다. 이 원리는 사진만 아니라 삶의 원리이기도 합니다. 시선을 조금만 바꾸면 일상 속에 숨겨진 악을 발견할 수도 있고, 반대로 선하고 착하다고 여겼던 것들 속에서 추악함을 발견할 수도 있습니다. 때로는 당연하다 여겼던 관습과 전통의 오류와 부당함도 발견할 수 있습니다.

문제는 우리 눈과 마음이 어디에 있는가입니다. 우리 눈과 마음의 기준이 어디에 있느냐에 따라 우리를 둘러싼 세계를 낯설게 만날 수도 있고, 나아가 내가 누구인지도 발견하게 됩니다. 돈에 눈과 마음의 눈금자를 맞춘 사람은 모든 세계를 돈으로 환산하고, 땅에 마음을 둔 사람은 모든 것을 땅값으로 환산하기 마련입니다.

우리의 마음과 시선은 어디에 맞춰져 있나요? 당신의 마음은 무엇을 통과하고 있나요? 세례받은 우리의 눈이 그리스도의 마음을 통과해 사람과 세상을 바라보길 바랍니다. 함께 기도합시다.

은총의 주님, 내 마음을 주님 안에 둡니다.
제 가슴에 순수한 의도를 심어 주시고,
제 모든 행실이 당신의 영광을 비추게 하소서.
제 마음을 언제 어디서나 당신 앞에 모아 주소서.
그리하여 당신의 사랑을 통과하여 세상을 따스하게 바라보게 하소서.
당신께서는 죄와 죽음을 정의와 생명으로 바꾸십니다.
제가 주님의 마음을 품고
세상을 위한 당신의 작은 손과 발이 되게 하소서.
예수님 이름으로 기도합니다. 아멘.

#시선 #마음 #세상

7월 7일

미쁘신 주님

오늘 하루 수고하셨습니다. 주님께서 주시는 위로와 평화가 여러분에게 가득하길 바랍니다. 오늘 함께 묵상할 말씀은 데살로니가전서 5장 21-24절입니다.

> 범사에 헤아려 좋은 것을 취하고 악은 어떤 모양이라도 버리라. 평강의 하나님이 친히 너희를 온전히 거룩하게 하시고 또 너희의 온 영과 혼과 몸이 우리 주 예수 그리스도께서 강림하실 때에 흠 없게 보전되기를 원하노라. 너희를 부르시는 이는 미쁘시니 그가 또한 이루시리라.

우리말에는 사람들이 잘 사용하지 않지만 참 아름다운 말이 많습니다. 그중 하나가 '미쁘다'라는 말입니다. '믿을 만하다'. '신뢰할 수 있다'는 뜻이지요. 성경은 하나님의 선한 약속을 잘 지키는 신실한 사람을 강조할 때 '미쁘다'는 말을 자주 사용합니다. 특별한 경우에는 우리 주님을 가리킬 때도 이 말을 쓰는데, 데살로니가전서 5장이 좋은 예입니다.

"너희를 부르시는 이는 미쁘시니 그가 또한 이루시리라."

이 말씀 그대로 우리가 믿는 주님은 의심할 바 없이 미쁘십니다. 우리가 부족해도 언제나 우리를 신실하게 믿어 주고, 우리를 선하고 거룩하게 빚어 가시는 분입니다. 오늘 이 시간 미쁘신 주님께 함께 기도합시다.

주님, 당신은 살아 있는 모든 것을 건강하게 만드십니다.

하지만 그뿐 아니라 지금 죽어 가는 자들에게도
영생을 약속하시는 분이 당신입니다.
오늘 여기까지 제 호흡을 지켜 주셨으니,
이제 제 숨이 당신을 섬기게 하소서.
언제나 자매와 형제를 사랑하는 가운데 사는 은혜를 베푸소서.
그러나 그 은혜를 핑계 삼아
저 자신의 죄는 잊고 남의 죄와 행실만 엿보는 일이 없게 하소서.
선과 악을 가려낼 분별력을 주소서.
그리하여 거룩하고 미쁘신 주님 모습을 닮아 가게 하소서.
예수님 이름으로 기도합니다. 아멘.

#미쁘다 #신뢰 #거룩

7월 8일

하나님의 믿음

오늘 하루 수고하셨습니다. 주님께서 주시는 위로와 평화가 여러분에게 가득하길 바랍니다. 오늘 함께 묵상할 말씀은 시편 34편 15-19절입니다.

> 여호와의 눈은 의인을 향하시고 그의 귀는 그들의 부르짖음에 기울이시는도다. 여호와의 얼굴은 악을 행하는 자를 향하사 그들의 자취를 땅에서 끊으려 하시는도다. 의인이 부르짖으매 여호와께서 들으시고 그들의 모든 환난에서 건지셨도다. 여호와는 마음이 상한 자를 가까이 하시고 충심으로 통회하는 자를 구원하시는도다. 의인은 고난이 많으나 여호와께서 그의 모든 고난에서 건지시는도다.

우리는 늘 '믿음'을 강조합니다. "하나님 믿으세요. 예수님 믿으세요. 믿어야 구원받습니다" 등등. 믿음은 그렇게 중요합니다. 그런데 성경을 읽어 보면, 우리의 믿음보다 하나님의 믿음이 더 큰 것 같습니다.

약한 사람이 힘이 세고 나를 도와주는 이를 믿고 신뢰하는 것은 별로 이상한 일이 아닙니다. 그렇게 보면, 약한 인간이 하나님을 믿고 신뢰하는 것은 그리 특별할 것이 없습니다.

그런데 거꾸로 생각해 보면, 특이한 게 보입니다. 부족하고 힘없고 입만 열면 늘 뭘 달라고 졸라 대는 우리 곁에 하나님이 계실 이유가 없기 때문이지요. 그런데도 하나님은 늘 우리 곁에서 우리를 도와주십니다. 왜 그러시나 생각해 보면, 그저 "우리와 함께하겠다"고 하신 임마누엘의 약속,

"너는 내 것이다"라는 선한 약속에 하나님 스스로 매여 계신 게 아닌가 싶기도 합니다. 이것은 성경에서 발견되는 하나님의 강점이자 약점입니다. 우리 사는 세상을 보세요. 불리하다 싶으면 언제 그랬냐는 듯 아무리 중요한 약속도 손바닥 뒤집듯 내치기 일쑤인데, 하나님은 당신이 말씀하신 약속을 끝까지 지키십니다. 그 말씀과 약속 때문에 하나님은 우리 상황이 어떠하든지 끝까지 우리를 믿어 주시는 것이지요.

우리는 삶 속에서 부족하고 연약한 나를 믿어 주시는 하나님을 경험합니다. 시편을 묵상하다 보면, 거의 모든 구절이 그렇게 연약한 우리를 믿어 주는 하나님을 찬송하는 내용임을 알게 됩니다. 오늘 묵상하는 시편 34편 말씀도 그중 하나입니다. "의인이 부르짖으매 여호와께서 들으시고 그들의 모든 환난에서 건지셨도다. 여호와는 마음이 상한 자를 가까이 하시고 충심으로 통회하는 자를 구원하시는도다."

오늘 이 시간, 신실하게 우리를 믿어 주시는 주님이 당신을 지키십니다. 함께 기도합시다.

주님, 당신께서는 쇠잔해진 우리를 찾아 주시고
병든 이를 고쳐 주시고, 죽어 가는 이를 일으켜 주십니다.
우리를 향해 "너는 내 것이다" 말씀하시니 감사합니다.
무한한 사랑의 품 안에서
온갖 지혜와 성스러움의 보물을 꺼내시는 주님,
당신을 향한 은밀한 기도를 통해
거룩한 사귐이 더욱 깊어지게 하소서.
예수님 이름으로 기도합니다. 아멘.

#신뢰 #믿음 #기도

7월 9일

선한 사마리아인

오늘 하루 수고하셨습니다. 주님께서 주시는 위로와 평화가 여러분에게 가득하길 바랍니다. 오늘 함께 묵상할 말씀은 누가복음 10장 36-37절입니다.

> 네 생각에는 이 세 사람 중에 누가 강도 만난 자의 이웃이 되겠느냐. 이르되 자비를 베푼 자니이다. 예수께서 이르시되 가서 너도 이와 같이 하라 하시니라.

누가복음에 나오는 선한 사마리아인의 비유는 누구에게나 익숙한 말씀입니다. 이 비유는 듣는 사람들을 끌어들여 이야기 일부가 되게 만듭니다. 강도 만난 이를 지나치는 제사장과 레위인은 도움이 필요한 사람들을 우리가 얼마나 자주 지나치며 사는지 돌아보게 합니다. 선한 사마리아인의 행동은 우리에게 선한 사마리아인이 되라고 요구하는 것 같습니다.

그런데 이 비유를 묵상할수록 생각이 깊어지는 이유는 단순히 선한 사마리아인이 되어야 한다는 도덕 명령 때문이 아닙니다. 오히려 이름도 국적도 모를 강도 만난 사람이 바로 우리 자신일 수 있다는 불안 때문입니다. 실제로 우리 중 누구도 이 불안에서 자유로울 수 없습니다. 강도의 정체만 다를 뿐 우리 사는 세상은 다양한 종류의 위협이 이름만 바꾼 채 우리를 위협합니다.

이런 현실에도 불구하고 예수님이 들려주신 선한 사마리아인의 비유는 위로가 됩니다. 강도 맞아 쓰러진 여행객에게 누군가 찾아와 주었기 때문입니다. 생각지도 못했던 낯선 사마리아인이 유대인에게 도움을 줍니다. 여행객의 상처를 싸매고 치료하고 나귀에 태워 주막에 가서 비용을 치릅니다. 게다가 이튿날 다시 와서 갚겠다는 약속까지 합니다.

이 낯선 사마리아인은 누구일까요? 바로 우리가 의지하는 그리스도 예수입니다. 주님은 그렇게 우리를 도우십니다. 예상치 못한 방법으로, 예상치 못한 사람을 통해, 예상치 못했던 길로 고단한 우리를 인도하고 도우십니다. 함께 기도합시다.

선하고 자비하신 주님, 우리에게 평안을 주소서.
속상한 일들을 곱씹지 않게 하소서.
비뚤어지고 아프고 쓰리고
거친 말과 행동을 떠올려 되새김하지 않게 하소서.
그 대신 낯선 모습으로 우리를 찾아와 도우시는
주님의 선한 자비를 기대하게 하소서.
오직 무한한 당신의 사랑으로 우리를 품으사
새날을 맞게 하소서.
당신께서는 우리에게 위로와 도움을 주십니다.
그 기쁨으로 우리가 이웃과 나누며 살겠습니다.
예수님 이름으로 기도합니다. 아멘.

#선한사마리아인 #자비 #이웃 #위로

7월 10일

애정

오늘 하루 수고하셨습니다. 주님께서 주시는 위로와 평화가 여러분에게 가득하길 바랍니다. 오늘 함께 묵상할 말씀은 시편 95편 1-7절입니다.

> 오라 우리가 여호와께 노래하며 우리의 구원의 반석을 향하여 즐거이 외치자. 우리가 감사함으로 그 앞에 나아가며 시를 지어 즐거이 그를 노래하자. 여호와는 크신 하나님이시요 모든 신들보다 크신 왕이시기 때문이로다. 땅의 깊은 곳이 그의 손 안에 있으며 산들의 높은 곳도 그의 것이로다. 바다도 그의 것이라. 그가 만드셨고 육지도 그의 손이 지으셨도다. 오라 우리가 굽혀 경배하며 우리를 지으신 여호와 앞에 무릎을 꿇자. 그는 우리의 하나님이시요 우리는 그가 기르시는 백성이며 그의 손이 돌보시는 양이기 때문이라.

어릴 적 제 낡은 보물상자 속에는 언제나 종이 딱지와 여기저기 깨진 유리구슬이 가득했습니다. 어른들 눈에는 시시해 보였겠지만, 저에게만큼은 그 어떤 보물보다 소중해서 몰래 열어 볼 때마다 그렇게 흐뭇할 수 없었습니다. 그러면서 '저 딱지랑 구슬이 나를 좀 알아보고 말이라도 걸어 주면 좋겠다'는 생각을 한 적도 있습니다.

성경을 읽다 보면, 하나님도 우리를 그렇게 좋아하시나 보다 싶습니다. 하나님은 늘 우리를 보물 구슬 보듯 기뻐하신다고 성경 이곳저곳에 기록되어 있고, 그걸 알아차린 사람들이 하나님을 소리 높여 찬송합니다. 그러고 보면, 찬송이란 하나님과 나누는 사랑의 속삭임 같아요. 시편 95편 말씀이 딱 그렇습니다.

“오라 우리가 굽혀 경배하며 우리를 지으신 여호와 앞에 무릎을 꿇자. 그는 우리의 하나님이시요 우리는 그가 기르시는 백성이며 그의 손이 돌보시는 양이기 때문이라.”

말씀을 묵상하고 찬송할 때, 시편 시인들처럼 우리를 돌보시는 하나님의 사랑을 느껴 보시길 바랍니다. 함께 기도하겠습니다.

우리를 사랑하시는 하나님 아버지,
끊임없이 우리에게 내려 주시는 은총에 감사드립니다.
먹을 것과 마실 것을 우리 안에 채워 넣을 때마다
당신이 우리를 얼마나 빈틈없이 돌봐 주시는지 깨닫게 됩니다.
또한, 십자가의 주님을 통해
우리 영혼을 얼마나 사랑하는지도 보게 됩니다.
우리의 몸과 마음이 오직 당신의 온기로 채워지게 하소서.
그리하여 우리가 당신의 자녀라는 사실을 늘 깨닫고 알아보게 하소서.
예수님 이름으로 기도합니다. 아멘.

#사랑 #하나님 #찬양 #시편

7월 11일

복과 저주

오늘 하루 수고하셨습니다. 주님께서 주시는 위로와 평화가 여러분에게 가득하길 바랍니다. 오늘 함께 묵상할 말씀은 신명기 30장 15-18절입니다.

> 보라. 내가 오늘 생명과 복과 사망과 화를 네 앞에 두었나니 곧 내가 오늘 네게 명령하여 네 하나님 여호와를 사랑하고 그 모든 길로 행하며 그의 명령과 규례와 법도를 지키라 하는 것이라. 그리하면 네가 생존하며 번성할 것이요. 또 네 하나님 여호와께서 네가 가서 차지할 땅에서 네게 복을 주실 것임이니라. 그러나 네가 만일 마음을 돌이켜 듣지 아니하고 유혹을 받아 다른 신들에게 절하고 그를 섬기면 내가 오늘 너희에게 선언하노니 너희가 반드시 망할 것이라.

신명기는 히브리인들이 광야 생활을 끝내고 약속된 땅으로 들어갈 때 하나님과 맺은 계명을 담고 있습니다. 이 계명은 때로 심판과 저주도 말하지만, 희망찬 약속도 함께 제공합니다. 하나님의 계명은 모호하지 않고 일상에서 실천할 수 있는 매우 구체적인 명령입니다. 그래서 신명기 7장에서는 하나님의 계명을 마음에 새기고 집에 있을 때나 없을 때나 누울 때나 일어날 때나 자녀들에게 읽어 주고 이야기하라고 가르칩니다.

중요한 건 이겁니다. 하나님의 계명은 우리를 저주하고 심판하기 위함이 아니라는 점입니다. 신명기뿐 아니라 성경 전체에 담긴 하나님의 말씀은 '하나님 사랑과 이웃 사랑'으로 요약할 수 있습니다. 예수님이 바로 이렇게 간추리셨지요. 하나님을 사랑하고 이웃을 사랑할 때 하나님은 우리의 생명을 풍성하게 하시고 번영을 약속하십니다. 그래서 모세가 백성을 향해 거듭해서 하나님의 말씀을 지키며 살라고 진심으로 당부했던 것입니다.

우리가 선택해야 할 길, 주님이 원하시는 길, 그 길은 어디일까요? 함께 기도합시다.

주님, 저로 하여금 할 일과 하지 말아야 할 일을 알게 하소서.
당신이 원하시는 일이 무엇인지 돌아보게 하시어
내가 당신의 길 위에 서 있게 하소서.
당신께서는 우리를 선하고 희망찬 자리로 인도하십니다.
우리 눈을 열어
씨앗에서 나무를, 알에서 새를,
고치에서 나비를 보게 하소서.
모든 사건과 피조물 너머 숨겨진 당신의 얼굴을 보게 하시되
그 길이 오직 당신의 온유한 말씀에서 시작하게 하소서.
예수님 이름으로 기도합니다. 아멘.

#복과저주 #신명기 #계명

7월 12일

양심

오늘 하루 수고하셨습니다. 주님께서 주시는 위로와 평화가 여러분에게 가득하길 바랍니다. 오늘 함께 묵상할 말씀은 디모데전서 1장 18-19절입니다.

> 아들 디모데야 내가 네게 이 교훈으로써 명하노니 전에 너를 지도한 예언을 따라 그것으로 선한 싸움을 싸우며 믿음과 착한 양심을 가지라. 어떤 이들은 이 양심을 버렸고 그 믿음에 관하여는 파선하였느니라.

'프로테스탄트'로 불리는 개신교회에는 특이한 별명 하나가 붙어 있습니다. '양심의 종교'라는 별명인데, 카를 홀Karl Holl이라는 학자가 1917년 베를린대학교 강의에서 '루터의 종교개혁'을 설명하면서 붙인 이름입니다. 이런 별명을 떠오르게 하는 사건으로는 1521년 4월 19일 보름스 제국의회를 빼놓을 수 없을 겁니다. 황제와 반대자들이 모인 그곳에서 루터는 절체절명의 순간을 맞이하는데, 그때 최후 진술을 이렇게 했다고 합니다.

"존경하는 황제 폐하께서 요구하시니, 돌려 말하거나 입에 발린 소리 없이 명료하게 답하겠습니다. 성경과 이성에 비추어 옳지 못한 것이라면, 교황이나 공의회도 제 신앙을 강요하거나 바꿀 수 없습니다. 지금 나의 양심은 하나님의 말씀에 사로잡혀 있습니다. 그러므로 이제까지 성경을 풀어 쓴 글과 말을 철회할 수도 없거니와 철회하지도 않을 것입니다. 왜냐하면, 양심을 거스르는 일은 안전하지도 않고, 옳지도 않기 때문입니다.

주여, 나를 도우소서. 아멘."[17]

한 번만 이런 일이 있었던 게 아닙니다. 1519년 라이프치히에서 교황권에 대한 지루한 논쟁을 마치고 나오는 그에게 교황청 대사 알레안더가 이렇게 회유합니다. "이보시오. 마르틴! 당신의 양심은 잠깐 제쳐두시오. 그렇게 하는 게 신변에 좋을 거요. 당신이 아무리 교황과 교회 공의회 잘못을 들추려 해도 증명할 길이 없을 거요. 양심 때문에 그리 고집 피우다가 결국 어려움을 만나게 될 테니 두고 보시오."[18]

어찌 보면, 알레안더는 꼬장꼬장한 루터에게 살길을 제시한 것이지요. 하지만 루터는 죽는 한이 있더라도 양심의 판단에 따라 "'예' 할 것은 예 하고, '아니요' 할 것에는 아니요 하는" 일념으로 자기 길을 갑니다. 그것이 종교개혁의 정신이고 교회의 정신입니다.

그러니 양심이 없으면, 교회도 아니고 그리스도인도 아닙니다. 양심의 행동은 비단 루터만이 아니라 기독교 역사의 모든 신앙인이 함께 걸어온 삶의 자세입니다. 사도 바울이 믿음의 아들 디모데에게 보낸 편지에도 잘 드러납니다. 믿음은 양심을 예민하게 만듭니다. 우리의 믿음과 양심은 어떤가요? 함께 기도합시다.

주님, 당신께서는 우리에게 믿음을 주셨습니다.
우리의 양심을 예민하게 빚어 주소서.
우리의 속 눈을 밝혀 주소서.
지나치게 구부러진 우리의 욕망을 올곧게 잡아 주소서.
그리하여 우리의 생명이 당신과 연결되게 하소서.
예수님 이름으로 기도합니다. 아멘.

#양심 #종교개혁 #믿음 #루터

7월 13일

하나님의 자녀

오늘 하루 수고하셨습니다. 주님께서 주시는 위로와 평화가 여러분에게 가득하길 바랍니다. 오늘 함께 묵상할 말씀은 요한일서 3장 1-3절입니다.

> 보라. 아버지께서 어떠한 사랑을 우리에게 베푸사 하나님의 자녀라 일컬음을 받게 하셨는가, 우리가 그러하도다. 그러므로 세상이 우리를 알지 못함은 그를 알지 못함이라. 사랑하는 자들아 우리가 지금은 하나님의 자녀라. 장래에 어떻게 될지는 아직 나타나지 아니하였으나 그가 나타나시면 우리가 그와 같을 줄을 아는 것은 그의 참모습 그대로 볼 것이기 때문이니 주를 향하여 이 소망을 가진 자마다 그의 깨끗하심과 같이 자기를 깨끗하게 하느니라.

가족은 닮아 갑니다. 확실히 그런 것 같아요. 사랑할수록 더 그래요. 하나님은 우리를 당신 자녀라고 부르십니다. 그렇다면 우리가 누구를 닮아야 하는지 분명해집니다. 가족이면 끼리끼리 닮는 법인데, 그러면 제일 먼저 티 나는 게 분위기가 비슷해집니다. 집안 분위기라는 게 있잖아요. 뭔가 막연하긴 하지만, 잘 생각해 보면 분위기란 말투와 표정, 행동 하나하나를 모두 포함합니다.

사도 요한은 우리가 '하나님의 자녀'라고 선언합니다. 하나님의 자녀인 우리는 어떤 분위기, 어떤 말, 어떤 표정, 어떤 행동을 보이면서 살고 있나요? 마지막 때 우리는 과연 어떤 모습으로 하나님 앞에 서게 될까요?

주님을 만나게 될 날 우리 모습이 어떻게 드러날지 모르겠습니다. 우리가 어떤 생각과 어떤 삶을 만들어 가는가에 따라 계속 달라질 겁니다. 다만, 변하지 않는 게 하나 있어요. 주님이 약속하신 대로 저와 여러분이 주님의 자녀라는 사실입니다. 이 선한 약속이 우리 몸과 영혼을 따스하게 감싸 주시길 바랍니다. 함께 기도합시다.

전능하신 주 우리 하나님,
가난한 우리를 돌보소서.
주는 우리를 자녀로 삼으시고 우리에게 성령을 주셨습니다.
주님의 풍성하신 은혜로 우리가 인생의 시험을 이겨 낼 힘을 얻습니다.
여전히 어둠이 지배하는 곳,
너무 어두워 길이 보이지 않는 그곳에 주님의 빛을 비추소서.
세상 모든 사람을 위해 기도합니다.
우리의 기도를 들으시고
오직 하나님의 정의와 진리만 승리하게 하소서.
주께서 온 세상 사람들에게 약속하신 것들을 이루소서.
어떤 일이 일어나도 그들이 주님의 자녀라는 사실은
변치 않음을 그들에게 깨우쳐 주소서.
예수님 이름으로 기도합니다. 아멘.

#하나님의자녀 #닮은꼴 #가족

7월 14일

응답

오늘 하루 수고하셨습니다. 주님께서 주시는 위로와 평화가 여러분에게 가득하길 바랍니다. 오늘 함께 묵상할 말씀은 호세아 2장 21-23절입니다.

> 여호와께서 이르시되 그 날에 내가 응답하리라. 나는 하늘에 응답하고 하늘은 땅에 응답하고 땅은 곡식과 포도주와 기름에 응답하고 또 이것들은 이스르엘에 응답하리라. 내가 나를 위하여 그를 이 땅에 심고 긍휼히 여김을 받지 못하였던 자를 긍휼히 여기며 내 백성 아니었던 자에게 향하여 이르기를 너는 내 백성이라 하리니 그들은 이르기를 주는 내 하나님이시라 하리라 하시니라.

선과 악을 구분하면서 살아야 마땅하지만, 그 경계가 모호해서 멈칫거리는 때가 한두 번이 아닙니다. 이곳저곳에서 진리와 정의를 외치지만, 시간이 지나면 옛날의 진리가 허위로, 정의가 불의로 판명되는 때도 종종 있습니다. 그렇다고 지금 벌어지는 분명한 악을 모른 체하며 살면 그것이야말로 비겁한 삶일 겁니다.

이런 때 그리스도인이 취해야 할 최선의 태도는 무엇일까요? 아마 하나의 답은 우리의 판단과 행동에 오류가 있을 가능성을 언제나 열어 놓되, 최종 판단을 주님께 맡기며 사는 겸손의 태도일 것입니다. 마지막 날이 오면 주님께서 우리의 모든 수수께끼와 물음에 속 시원하게 답해 주실 겁니다.

교단 원로 목사이신 김선회 교수님이 신학 수업 때 이런 말씀을 종종 해 주셨어요. 안 풀리는 질문이 있으면 꼭 메모해서 주머니에 넣어 두고 주님 만나면 물어 보라고요. 그때에는 모든 비밀이 환히 풀릴 거라면서 진지하게 말씀하시던 모습이 떠오릅니다. 호세아 선지자도 우리에게 똑같은 설명을 합니다. 우리 하나님께서 모든 만물의 물음에 응답하실 것이라고 말입니다.

우리의 기도와 간구에 응답해 주시는 긍휼의 하나님이 이 밤 저와 여러분을 감싸 주시길 바랍니다. 함께 기도합시다.

주님, 우리의 마음과 생각을 깨우쳐 주소서.
당신의 긍휼 안에서 우리가 누구인지 깨닫고
거짓되고 불의한 것들을 모두 버리게 하소서.
이 땅에 진리와 공의의 빛을 비추소서.
그리하여 더는 '자비'와 '진리'라는 말이
공허하게 들리지 않게 하소서.
주님의 때에 우리가 당신 앞에 서게 될 것입니다.
주님의 자비 가운데 우리가 당신의 말씀에 응답하게 하소서.
당신께서는 우리가 시련의 골짜기에 던져질 때도
어김없이 큰 날개를 펴서 우리를 보호하셨습니다.
이 선한 경험이 당신 앞에 또렷한 고백이 되게 하소서.
예수님의 이름으로 기도합니다. 아멘.

#질문 #호세아 #종말 #응답

7월 15일

거룩한 마음

오늘 하루 수고하셨습니다. 주님께서 주시는 위로와 평화가 여러분에게 가득하길 바랍니다. 오늘 함께 묵상할 말씀은 이사야 61장 10-11절입니다.

> 내가 여호와로 말미암아 크게 기뻐하며 내 영혼이 나의 하나님으로 말미암아 즐거워하리니 이는 그가 구원의 옷을 내게 입히시며 공의의 겉옷을 내게 더하심이 신랑이 사모를 쓰며 신부가 자기 보석으로 단장함 같게 하셨음이라. 땅이 싹을 내며 동산이 거기 뿌린 것을 움돋게 함 같이 주 여호와께서 공의와 찬송을 모든 나라 앞에 솟아나게 하시리라.

'성령'이란 단어를 말 그대로 풀면 '거룩한 영'이란 뜻입니다. 구약에서 '하나님의 호흡', '하나님의 숨'이라고 하는 성령은 어쩌면 하나님의 거룩한 마음이 아닐까 싶습니다. 그래서 성령의 사람이란 하나님의 거룩하고 따스한 마음을 가진 사람이라고 할 수도 있습니다.

그런 마음이 우리 안에 가득 차오르면 어떤 일이 벌어질까요? 저 같으면 우선 노래부터 할 것 같아요. 그러면 그 노래의 기쁨이 제 삶을 온통 아름답게 감쌀 겁니다. 그리고 그 기쁨이 점점 제 주위로 퍼져 나갈 겁니다. 이사야 선지자가 바로 이런 고백을 우리에게 들려줍니다.

이 시간 우리의 기도에도 하나님의 마음, 거룩한 기쁨이 차오르길 바랍니다. 함께 기도합시다.

하나님 아버지,

우리가 주님의 영을 힘입게 하소서.

성령의 도움으로 더는 욕망을 따라 살지 않고

주님의 마음으로 우리 몸과 영혼을 채우게 하소서.

당신께서는 우리를 주님의 자녀로 부르셨습니다.

그 기쁨으로 노래합니다.

기쁨으로 사람을 바라보고

그 기쁨으로 주어진 일을 담대히 수행하게 하소서.

우리의 갈 길을 지도하소서.

우리가 주께 영광 돌리며

참 도움이신 하나님을 세상에 밝히 알리겠습니다.

예수님 이름으로 기도합니다. 아멘.

#성령 #거룩 #마음 #찬송

7월 16일

중보기도

오늘 하루 수고하셨습니다. 주님께서 주시는 위로와 평화가 여러분에게 가득하길 바랍니다. 오늘 함께 묵상할 말씀은 미가 7장 7-8절입니다.

> 오직 나는 여호와를 우러러보며 나를 구원하시는 하나님을 바라보나니 나의 하나님이 나에게 귀를 기울이시리로다. 나의 대적이여 나로 말미암아 기뻐하지 말지어다. 나는 엎드러질지라도 일어날 것이요. 어두운 데에 앉을지라도 여호와께서 나의 빛이 되실 것임이로다.

코로나19가 한창이던 때가 떠오릅니다. 정부의 방역 조치가 최고 수준으로 올라갔을 때 가장 먼저 생각난 사람은 그 주간 가게를 개업한 교우의 얼굴이었습니다. 영혼까지 끌어모았다는 뜻의 '영끌'이라는 말이 있는데, 그 교우가 그렇게 모든 것을 끌어모아 어렵사리 개업했습니다. 그 과정을 속속들이 알고 있던 터라 얼마나 상심했을지 무척 안타까웠습니다.

어디 그분뿐일까요? 주위를 돌아보면, 커다란 시련의 시기를 지나는 이들을 어렵지 않게 볼 수 있습니다. 이 저녁은 그분들을 위해 중보하는 시간이 되면 좋겠습니다. 우리의 간절한 기도를 들어주시는 주님께서 선하게 응답하실 것입니다. 함께 기도합시다.

> 하늘에 계신 하나님 아버지,
> 우리의 눈을 들어 주를 바라봅니다.

가난하고 궁핍한 우리를,

때때로 비참하게 느끼며 괴로워하는 우리를 살펴 주소서.

우리가 예수 그리스도의 이름으로 기도할 때 응답하시어

한결같이 주를 섬기는 백성 되게 하소서.

삶이 우리를 매번 속일지라도 우리가 참 믿음을 지켜 내게 하소서.

우리의 하나님은 시련 가운데 있는 자녀들을 구원하십니다.

이 선한 구원의 약속을 기쁨으로 확신하게 하소서.

예수님 이름으로 기도합니다. 아멘.

#시련 #고난 #응답 #빛 #중보

7월 17일

복음

오늘 하루 수고하셨습니다. 주님께서 주시는 위로와 평화가 여러분에게 가득하길 바랍니다. 오늘 함께 묵상할 말씀은 이사야 61장 1-3절입니다.

> 주 여호와의 영이 내게 내리셨으니 이는 여호와께서 내게 기름을 부으사 가난한 자에게 아름다운 소식을 전하게 하려 하심이라. 나를 보내사 마음이 상한 자를 고치며 포로된 자에게 자유를, 갇힌 자에게 놓임을 선포하며 여호와의 은혜의 해와 우리 하나님의 보복의 날을 선포하여 모든 슬픈 자를 위로하되 무릇 시온에서 슬퍼하는 자에게 화관을 주어 그 재를 대신하며 기쁨의 기름으로 그 슬픔을 대신하며 찬송의 옷으로 그 근심을 대신하시고 그들이 의의 나무 곧 여호와께서 심으신 그 영광을 나타낼 자라 일컬음을 받게 하려 하심이라.

이렇게 아름다운 글이 있을까 싶은 글을 만날 때가 있습니다. 생각지도 못하게 어느 광고판에서, 페인트칠이 벗겨진 담벼락에서, 가끔은 화장실에서 만나기도 합니다. 장소와 상관없이 예상치 못한 문장을 만나면 그렇게 좋을 수가 없습니다.

성경을 읽다가도 종종 이런 일이 일어납니다. 매번 읽고 지나쳤는데, 어느 순간에 마음을 확 끌어당기는 구절들이 있어요. 그러면 읽고 또 읽기를 몇 번이고 반복하다가 잠자리에 듭니다. 오늘 묵상할 이사야 61장도 저에게는 그런 구절입니다. 나중에 예수님이 나사렛 회당에 들어가 이 구절을 읽으면서 앞으로 하실 일을 알렸던 구절이기도 합니다(눅 4:18). 선지자를 통해서, 예수님의 선언을 통해서 우리는 이 복음을 듣습니다.

우리의 주님은 가난한 자에게 복된 소식을 전하고, 마음이 상한 자를 고치며, 자유와 회복을 우리에게 약속하십니다. 이 약속이 그리스도를 믿고 의지하는 모든 이에게 이루어집니다. 함께 기도합시다.

참으로 복되신 주님,
당신의 선하고 자비로운 약속은 저에게 늘 위로와 회복이 됩니다.
제가 어떻게 하면 당신을 최고로 사랑하고
당신을 기쁘게 할 수 있을까요?
당신의 사랑이 저에게 달콤한 만큼 당신을 향한 저의 사랑도
어떻게 하면 달콤할 수 있는지 알고 싶습니다.
예수님 이름으로 기도합니다. 아멘.

#복음 #위로 #회복

7월 18일

하나님이 찾으신다

오늘 하루 수고하셨습니다. 주님께서 주시는 위로와 평화가 여러분에게 가득하길 바랍니다. 오늘 함께 묵상할 말씀은 요한복음 4장 21-24절입니다.

> 예수께서 이르시되 여자여 내 말을 믿으라. 이 산에서도 말고 예루살렘에서도 말고 너희가 아버지께 예배할 때가 이르리라. 너희는 알지 못하는 것을 예배하고 우리는 아는 것을 예배하노니 이는 구원이 유대인에게서 남이라. 아버지께 참되게 예배하는 자들은 영과 진리로 예배할 때가 오나니 곧 이 때라. 아버지께서는 자기에게 이렇게 예배하는 자들을 찾으시느니라. 하나님은 영이시니 예배하는 자가 영과 진리로 예배할지니라.

예수님이 우물 곁에서 사마리아 여인을 만나 하신 말씀이지요. 예배(기도)할 곳을 찾는 여인에게 주님은 중요한 진리를 말씀해 주시는데, 참으로 예배(기도)하는 자를 하나님이 찾으신다는 사실입니다. 하나님을 찾기 위해 특별한 장소를 찾아가는 것은 귀한 일입니다. 그러나 그보다 더 중요한 것, 어떤 일이 있어도 우리가 잊지 말아야 할 것은 하나님이 예배(기도)하는 자를 찾고 계신다는 사실입니다.

이 밤, 우리의 마음이 얼마나 주님을 향해 있는지 돌아보는 시간이 되길 바랍니다. 하나님이 애타게 찾는 사람이 바로 우리이길 바랍니다. 함께 기도합시다.

주님, 당신을 믿고 의지합니다.

궁핍할 때 늘 당신을 찾습니다.

그때마다 당신은 언제나 곁에 계셨습니다.

그런데 돌아보니 우리가 당신을 찾았던 게 아니라

당신이 우리를 애타게 찾고 있던 것을 깨닫습니다.

주님, 제가 여기 있습니다.

모든 것을 당신께 드리오니

당신의 가슴에 맞는 꼴로 우리를 빚으소서.

예수님 이름으로 기도합니다. 아멘.

#예배 #기도 #사마리아여인 #하나님

7월 19일

행복의 비결

오늘 하루 수고하셨습니다. 주님께서 주시는 위로와 평화가 여러분에게 가득하길 바랍니다. 오늘 함께 묵상할 말씀은 고린도후서 12장 9-11절입니다.

> 나에게 이르시기를 내 은혜가 네게 족하도다. 이는 내 능력이 약한 데서 온전하여짐이라 하신지라. 그러므로 도리어 크게 기뻐함으로 나의 여러 약한 것들에 대하여 자랑하리니 이는 그리스도의 능력이 내게 머물게 하려 함이라. 그러므로 내가 그리스도를 위하여 약한 것들과 능욕과 궁핍과 박해와 곤고를 기뻐하노니 이는 내가 약한 그 때에 강함이라. 내가 어리석은 자가 되었으나 너희가 억지로 시킨 것이니 나는 너희에게 칭찬을 받아야 마땅하도다. 내가 아무 것도 아니나 지극히 크다는 사도들보다 조금도 부족하지 아니하니라.

"비교하는 순간 삶은 불행해진다"라는 말이 있습니다. 이 말을 뒤집으면, "행복은 밖이 아니라 내 안에 있다"라는 말로도 들립니다. 자신의 처지를 순하게 받아들인다는 '자족'이 그런 뜻이지요. 성경에서 이런 자족의 삶을 대표하는 인물이 바로 사도 바울입니다. 고린도 교회에 보내는 두 번째 편지에서 사도 바울은 자기에게 임한 주님의 은혜가 족하다고 고백합니다.

그러고 보면, 그리스도인에게 행복이란 자기 욕망이 충족된 상태를 말하는 게 아니라, 거꾸로 그리스도 안에서 내 욕망의 기대가 줄어들 때를 말하는 것 같습니다. 그리고 그렇게 줄어든 내 욕망의 자리에 그리스도의 말씀과 능력이 차오르는 것, 바울은 그것을 그리스도인의 행복으로 설명합니다.

이 고요한 밤에 바울에게 그랬던 것처럼 그리스도의 능력이 우리 안에 차오르길 바랍니다. 함께 기도합시다.

오, 주님. 우리의 생각과 말을 지켜 주소서.
우리에게 부족한 것은 물질이 아닙니다.
당신은 우리 속에 가득한 욕망을 아십니다.
그래서 이제껏 그 집착들을 하나둘 가루로 만드셨고,
당신 뜻을 받들지 못하게 하는 장애물들을 차례로 무너뜨리셨습니다.
주님은 우리의 중심을 보듬어 기도의 맛을 알게 해 주셨고,
말씀의 귀함도 알게 하시어 당신을 본받는 삶을 살도록 하셨습니다.
지금 저는 당신의 사랑에 사로잡혀 있습니다.
주님, 제가 당신을 어떻게 섬겨야 할지,
어떻게 노래해야 할지 알게 하시어
제 생각과 말과 행실에서 당신의 영광이 드러나게 하소서.
예수님 이름으로 기도합니다. 아멘.

#자족 #바울 #욕망 #행복

7월 20일

거룩한 동행

오늘 하루 수고하셨습니다. 주님께서 주시는 위로와 평화가 여러분에게 가득하길 바랍니다. 오늘 함께 묵상할 말씀은 예레미야 32장 38-41절입니다.

> 그들은 내 백성이 되겠고 나는 그들의 하나님이 될 것이며 내가 그들에게 한 마음과 한 길을 주어 자기들과 자기 후손의 복을 위하여 항상 나를 경외하게 하고 내가 그들에게 복을 주기 위하여 그들을 떠나지 아니하리라 하는 영원한 언약을 그들에게 세우고 나를 경외함을 그들의 마음에 두어 나를 떠나지 않게 하고 내가 기쁨으로 그들에게 복을 주되 분명히 나의 마음과 정성을 다하여 그들을 이 땅에 심으리라.

외국 나가서 제일 부러운 일은 공항에서부터 시작합니다. 비행기에서 내려 여권 심사를 할 때 자국인들은 빠른 줄로 시원스레 통과하는데 외국인들은 긴 줄에 서야만 합니다. 그걸 통과하더라도 외국인이라는 시선과 불이익을 감수해야 합니다. 아무리 즐거운 여행이라고 해도 마찬가지입니다. 자국인에게는 보장된 혜택이 외국인에게는 적용되지 않는 게 한둘이 아닙니다.

타향살이라는 게 늘 그런 식입니다. 의지할 곳, 의지할 사람이 없다면 타향의 서러움은 더합니다. 성경은 '하나님의 자녀', '하나님의 백성'이라는 표현을 즐겨 사용하는데, 그 뜻은 분명합니다. 우리는 이 땅에 살지만,

어디서든 어떤 상황이든 하나님의 백성으로 누릴 수 있는 혜택이 있다는 것이지요. 주님이 약속하신 가장 큰 혜택은 "주님이 우리와 함께하신다"는 것입니다. 그리고 이렇게 우리를 자신의 백성으로 삼으신 하나님은 이런 동행을 매우 기뻐하신다고 성경은 가르칩니다. 예레미야 32장의 말씀이 바로 그것입니다. 이 복된 약속이 우리 삶의 힘이 되길 바랍니다. 함께 기도합시다.

주 우리 하나님,
당신은 우리를 당신의 백성으로 삼으시고
우리와 동행하는 삶을 기뻐하십니다.
우리 마음이 거짓 없이 순수하게 하시고
참되지 않은 것을 분별하고 물리칠 수 있게 하소서.
그때 우리가 서로에게 진실하게 대할 수 있을 것입니다.
어떤 거짓과 속임도 우리 가운데 틈타지 못하고
오직 사랑과 진실만이 흘러넘칠 것입니다.
주님의 진리가 드러나고 복음이 전파되어
모든 인류가 위대한 희망을 보게 될 것입니다.
우리의 마음을 지키소서.
그 마음에 심긴 선한 씨앗이 잘 자라 결실하게 하소서.
예수님 이름으로 기도합니다. 아멘.

#동행 #임마누엘 #이사야 #하나님자녀

7월 21일

매일 세례

오늘 하루 수고하셨습니다. 주님께서 주시는 위로와 평화가 여러분에게 가득하길 바랍니다. 오늘 함께 묵상할 말씀은 시편 84편 4-7절입니다.

> 주의 집에 사는 자들은 복이 있나니 그들이 항상 주를 찬송하리이다. (셀라) 주께 힘을 얻고 그 마음에 시온의 대로가 있는 자는 복이 있나이다. 그들이 눈물 골짜기로 지나갈 때에 그 곳에 많은 샘이 있을 것이며 이른 비가 복을 채워 주나이다. 그들은 힘을 얻고 더 얻어 나아가 시온에서 하나님 앞에 각기 나타나리이다.

장로교와 감리교 교인들은 '성화'라는 말이 익숙하겠지만, 루터파 교회에서는 '매일 세례'라는 말을 잘 사용합니다. "매일 그리스도와 함께 죽고 그리스도와 함께 산다"는 뜻입니다. 매 순간 하나님 앞에서 종말을 살아낸다는 말이지요. 그런 삶의 자세라면 삶이 아무리 팍팍하고 힘들어도 하나님 앞에서 새 힘을 얻을 것입니다.

시편 84편이 이런 찬송으로 들립니다. 시인은 쇠약한 육체, 빈약한 삶의 조건을 한탄하지 않고, 오히려 자신의 모든 삶이 주님과 함께하는 복된 삶이라고 노래합니다. 매일 세례의 삶. 이 고백이 우리의 고백이 되면 좋겠습니다. 함께 기도합시다.

주님, 우리가 매일 당신과 함께 살아갑니다.

당신께서 이 땅에 내려 주시는 은혜를 기다리며,
두려움 없이 날마다 새 삶을 살게 하시니 감사합니다.
우리가 가야 할 길을 보여 주소서.
우리 속사람을 강건케 하시어
눈물의 골짜기를 지날 때도 희망과 용기를 잃지 않게 하소서.
매일 당신과 함께 죽고,
매일 당신과 함께 사는 세례의 삶을 살게 하소서.
예수님 이름으로 기도합니다. 아멘.

#매일세례 #동행

7월 22일

동고동락

오늘 하루 수고하셨습니다. 주님께서 주시는 위로와 평화가 여러분에게 가득하길 바랍니다. 오늘 함께 묵상할 말씀은 누가복음 22장 28-30절입니다.

> 너희는 나의 모든 시험 중에 항상 나와 함께 한 자들인즉 내 아버지께서 나라를 내게 맡기신 것 같이 나도 너희에게 맡겨 너희로 내 나라에 있어 내 상에서 먹고 마시며 또는 보좌에 앉아 이스라엘 열두 지파를 다스리게 하려 하노라.

동고동락! 고통과 즐거움을 함께 나눈다는 뜻입니다. 이 말은 비단 군인들의 전우애나 같은 팀 운동선수들의 동료애에만 해당하는 말이 아닙니다. 예수님도 제자들과 동고동락했다는 걸 우리는 잘 압니다. 주님은 시련 속에서도 흔들림 없이 삶을 나눈 제자들에게 상급을 약속하시는데, 제자들이 먹고 마시는 일상에서 하나님 나라를 경험할 수 있게 하겠다고 말씀하십니다. 이 약속이 어려운 시기에 믿음을 굳게 지켜 나가는 우리 모두를 향한 주님의 복된 약속이 되길 바랍니다. 함께 기도하겠습니다.

주 우리 하나님,
우리를 당신의 자녀로 받아 주시니 감사합니다.
주님은 언제나 우리 곁을 동행하십니다.

우리에게 어린아이와 같은 믿음을 주셔서

주님의 동행을 한없는 보람으로 삼게 하소서.

우리 생명이 당신의 심장에 묶여 있습니다.

주님의 뜻이 우리 삶 가운데 드러나게 하소서.

삶이 우리를 속일 때도 주님의 약속은 변치 않습니다.

주님의 선한 약속을 우리 가운데 이루소서.

예수님 이름으로 기도합니다. 아멘.

#동고동락 #동행 #약속

7월 23일

구원

오늘 하루 수고하셨습니다. 주님께서 주시는 위로와 평화가 여러분에게 가득하길 바랍니다. 오늘 함께 묵상할 말씀은 사도행전 4장 9-12절입니다.

> 만일 병자에게 행한 착한 일에 대하여 이 사람이 어떻게 구원을 받았느냐고 오늘 우리에게 질문한다면 너희와 모든 이스라엘 백성들은 알라. 너희가 십자가에 못 박고 하나님이 죽은 자 가운데서 살리신 나사렛 예수 그리스도의 이름으로 이 사람이 건강하게 되어 너희 앞에 섰느니라. 이 예수는 너희 건축자들의 버린 돌로서 집 모퉁이의 머릿돌이 되었느니라. 다른 이로써는 구원을 받을 수 없나니 천하 사람 중에 구원을 받을 만한 다른 이름을 우리에게 주신 일이 없음이라 하였더라.

예수를 왜 믿냐고 물어보면, 참 다양한 대답이 나옵니다. 부자 되려고 믿는다는 사람도 있고, 병 고치려고 믿는다는 사람도 있습니다. 인간관계를 넓히려고 교회에 다닌다는 사람도 있고, 자녀 교육 때문에 시스템이 좋은 교회를 다닌다는 사람도 있습니다. 잘잘못을 떠나 이런 답변을 모으면, 예수 믿는 이유, 교회 다니는 이유는 지금보다 더 나은 삶을 바라기 때문이라고 할 수 있습니다.

그러면 '지금보다 더 나은 삶'의 맨 끝자락, 궁극적이고 최종적인 최고의 삶은 어떤 삶일까요? 성경은 이것을 '구원'이라는 말로 표현합니다. 이 말에서 지극히 종교적인 냄새가 풍기지만, 실은 성경이 쓰일 당시 그 뜻은 매우 단순했습니다. '건져 내다', '건강하게 하다' 등등 아주 쉬운 말입니다. 물에 빠진 사람을 건져 땅 위에 올라오게 하는 것, 병이 깨끗하게 낫는 것, 그것이 구원이에요. 구원이라는 이 말이 우리 인생의 문제와 결부될 때 궁극적이고 최종적인 삶의 목표가 됩니다. 성경은 이 구원이 오직 우리 주님이신 그리스도 예수에게 달려 있다고 선언합니다.

이 밤, 지친 몸을 이끌고 기도와 묵상의 시간을 갖는 당신에게 구원의 기쁨과 위로가 함께하시길 바랍니다. 함께 기도하겠습니다.

하나님 아버지,
당신께서는 우리를 죽음에서 건져 내기 위해
예수 그리스도의 이름을 밝히 드러내셨습니다.
그 이름을 통해 우리를 버리지 않겠다는 결심을 보여 주셨습니다.
그 이름 안에서 가장 복되고 가장 궁극적인 삶의 신비를 알게 하소서.
고통받고 죽어 가는 이 시대의 모든 사람과 함께하소서.
오래전 약속하셨던 구원의 약속을 이루셔서 이 땅에 새로운 시대,
오직 하나님의 사랑이 통치하는 나라를 열어 주소서.
이 밤, 우리를 지켜 주시고 복을 주소서.
우리가 괴로워할 때, 주님의 강한 팔로 붙드소서.
슬픔 가운데서도 우리는 주님을 경배하기 원합니다.
세상의 모든 악을 깨뜨리며 하나님 나라가 오게 하시고,
아버지의 뜻이 하늘에서와 같이 땅에서도 이루어지게 하소서.
예수님 이름으로 기도합니다. 아멘.

#구원 #위로 #회복

7월 24일

사점

오늘 하루 수고하셨습니다. 주님께서 주시는 위로와 평화가 여러분에게 가득하길 바랍니다. 오늘 함께 묵상할 말씀은 히브리서 10장 35-39절입니다.

> 그러므로 너희 담대함을 버리지 말라. 이것이 큰 상을 얻게 하느니라. 너희에게 인내가 필요함은 너희가 하나님의 뜻을 행한 후에 약속하신 것을 받기 위함이라. 잠시 잠깐 후면 오실 이가 오시리니 지체하지 아니하시리라. 나의 의인은 믿음으로 말미암아 살리라. 또한 뒤로 물러가면 내 마음이 그를 기뻐하지 아니하리라 하셨느니라. 우리는 뒤로 물러가 멸망할 자가 아니요 오직 영혼을 구원함에 이르는 믿음을 가진 자니라.

오래달리기를 하다 보면, 사점死點이라는 때를 반드시 지나게 됩니다. 힘들어 죽을 만큼 숨이 턱에 차오르는 때인데, 참 묘하게도 사점을 잘 넘기기만 하면 언제 그랬냐는 듯 달리기가 편해집니다. 사점이 왔을 때 필요한 것은 이때만 지나면 목표까지 편히 달릴 수 있다는 확신, 그리고 사점을 지날 때까지 견디는 인내와 용기입니다.

신앙생활도 오래달리기에 비유할 수 있을 것 같습니다. 살다 보면, 신앙을 놔 버리고 싶을 때가 불현듯 찾아옵니다. 시험이든 시련이든 무기력이든 여러 모습으로 그런 때가 찾아옵니다. 마치 오래달리기의 사점처럼 말이에요. 그때 필요한 것은 인내와 용기, 그리고 주님에 대한 확신입니다. 히브리서 기자가 바로 이 말을 우리에게 들려줍니다. 우리는 여러모로 힘든 시기를 지나고 있습니다. 이런 때 필요한 것이 신앙이고, 이런 때 힘을 발휘하는 것이 신앙입니다. 담대함을 버리지 말고 신앙의 인내로 삶을 일구어 나갑시다. 주님께서 저와 여러분에게 큰 상을 주실 것입니다. 함께 기도합시다.

주 우리 하나님,
우리를 성령의 권능으로 보내소서.
그리하여 당신을 찬미하는 삶을 살게 하소서.
우리에게 고난과 심판이 닥칠 때
우리가 주님 앞에 겸손히 기도합니다.
인내와 용기를 주시어 신앙의 복된 열매를 맛보게 하소서.
그러나 주님, 혹시라도 우리가 아무것도 할 수 없는 때가 온다면,
용기 내어 이를 받아들이게 하소서.
예수님 이름으로 기도합니다. 아멘.

#인내 #용기 #사점 #오래달리기

7월 25일

값싼 은혜

오늘 하루 수고하셨습니다. 주님께서 주시는 위로와 평화가 여러분에게 가득하길 바랍니다. 오늘 함께 묵상할 말씀은 시편 90편 17절입니다.

> 주 우리 하나님의 은총을 우리에게 내리게 하사 우리의 손이 행한 일을 우리에게 견고하게 하소서. 우리의 손이 행한 일을 견고하게 하소서.

교회 다니면서 가장 많이 듣는 말 중 하나가 '은혜'입니다. 값없이 주는 선물이라는 뜻인데, 은총이라고도 합니다. 하나님이 우리에게 값없이 주신 선물이라고 하니까 '공짜 선물'이라고 너무 쉽게 생각할 수도 있습니다.

독일의 양심 디트리히 본회퍼 목사는 이런 생각을 콕 꼬집어 '값싼 은혜'라고 지적합니다. 값싼 은혜란 상품처럼 돈 주고 사는 은혜, 헐값에 팔리는 용서, 헐값에 팔리는 위로이고, 하나님이 모든 것을 알아서 해 주는 까닭에 무엇이든 케케묵은 상태로 있어도 된다고 말하는 은혜, 참회하는 죄인 대신 죄를 의롭다고 덮어 버리는 은혜, 예수 그리스도를 따르지 않고 가만히 있어도 된다고 말하는 은혜로, 그것이야말로 교회와 성도를 망가뜨리는 값싼 은혜라고 설명합니다.

한마디로 그리스도를 따르는 삶은 없고 값싼 위로에 만족하고 있다면, 그것이야말로 값싼 은혜에 취한 것이라고 맹렬하게 비판합니다. 하나님의 은총은 우리에게 대가를 요구하지 않는 하나님의 선물이 분명합니다. 하지만 그 은혜가 참 은혜라면, 우리의 말과 행동, 손과 발은 분명히 하나님의 선한 뜻을 좇아 움직이겠지요. 이 저녁 시편 90편의 짧은 구절이 이 사실을 우리에게 속삭입니다.

그 은총이 우리 안에 차오르길 바랍니다. 그리고 넘치는 은혜가 우리를 넘어 다른 이에게 기쁨과 위로가 되고, 세상을 선하게 바꾸는 동력이 되길 바랍니다. 함께 기도합시다.

하늘에 계신 우리 아버지,
주님은 선하고 아름다운 것을 지으시고
거기에 충만한 기쁨을 불어넣으셨습니다.
사람이 하나님과 한마음 되어 동역할 수 있게 하신 주님.
주께서 베푸시는 모든 은혜에 감사드립니다
우리가 주의 자녀가 되어, 더불어 주를 섬기게 하소서.
아무리 어려운 시절일지라도 위대하고 강렬한 주의 사랑은
날마다 우리를 도우시고 굳세게 하시며
우리의 마음을 감동하게 하십니다.
그 사랑을 힘입어 우리가 다른 이들에게 기쁨을 안겨 주고
선행을 포기하지 않게 하소서.
온 세계에 주님의 이름이 높여지길 기도합니다.
주님의 나라가 오게 하시고,
아버지의 뜻이 하늘에서와 같이 땅에서도 이루어지게 하소서.
예수님 이름으로 기도합니다. 아멘.

#은혜 #값싼은혜 #본회퍼

7월 26일

위로

오늘 하루 수고하셨습니다. 주님께서 주시는 위로와 평화가 여러분에게 가득하길 바랍니다. 오늘 함께 묵상할 말씀은 데살로니가후서 2장 15-17절입니다.

> 그러므로 형제들아 굳건하게 서서 말로나 우리의 편지로 가르침을 받은 전통을 지키라. 우리 주 예수 그리스도와 우리를 사랑하시고 영원한 위로와 좋은 소망을 은혜로 주신 하나님 우리 아버지께서 너희 마음을 위로하시고 모든 선한 일과 말에 굳건하게 하시기를 원하노라.

건실한 친구나 가족은 언제나 큰 위안이 됩니다. 그런데 순교자 라우렌티우스는 이보다 큰 위안이 있다는 사실을 알려 줍니다. 가까운 친구 식스투스와 이별하게 되었을 때, 슬픔을 하나님의 사랑으로 이겨 냈노라고 고백하는 글을 읽은 적이 있습니다. 라우렌티우스는 친구의 죽음이 슬펐지만, 창조주 하나님을 사랑하는 마음으로 인간에 대한 사랑을 극복했고, 인간이 주는 위로 대신 하나님이 주시는 선한 약속이 모든 기쁨과 소망의 근거였다고 고백합니다.

우리의 가장 큰 위안거리는 무엇인가요? 이 밤에 각자 곰곰이 돌아볼 주제입니다. 사도 바울은 늘 멀리 떨어진 성도들을 마음에 품고 기도하고 편지를 쓰면서 우리 모두의 위로자이신 예수님을 기억하게 합니다. 바울이 이렇게 힘주어 말할 수 있는 까닭은 단 하나일 겁니다. 주님이 우리의 가장 큰 위안이 된다는 확신, 그리고 그분께서 신앙의 길을 걷는 모두의 삶을 지키고 위로하고 힘주신다는 신앙 때문이겠지요. 이 시간, 그리스도가 우리 모두의 가장 큰 위안이 되길 바랍니다. 함께 기도합시다.

태양이 우리를 하루도 어둠 속에 두지 않는 것처럼,
주님의 신실함은 언제나 우리 곁에 있습니다.
당신이 우리의 소망이며 위로가 됩니다.
우리가 두려움과 근심에 빠지지 않도록 우리를 지켜 주소서.
두 발과 허리에 힘을 주시고,
굳센 손과 빛나는 눈동자로 푸른 하늘을 바라보게 하소서.
예수님 이름으로 기도합니다. 아멘.

#위로 #라우렌티우스 #소망

7월 27일

운명

오늘 하루 수고하셨습니다. 주님께서 주시는 위로와 평화가 여러분에게 가득하길 바랍니다. 오늘 함께 묵상할 말씀은 로마서 8장 14-17절입니다.

> 무릇 하나님의 영으로 인도함을 받는 사람은 곧 하나님의 아들이라. 너희는 다시 무서워하는 종의 영을 받지 아니하고 양자의 영을 받았으므로 우리가 아빠 아버지라고 부르짖느니라. 성령이 친히 우리의 영과 더불어 우리가 하나님의 자녀인 것을 증언하시나니 자녀이면 또한 상속자 곧 하나님의 상속자요 그리스도와 함께 한 상속자니.

독일에서 공부할 때 선생님께 조금 엉뚱한 질문을 한 적이 있습니다. "선생님, 선생님은 왜 하필 기독교인이 되셨나요? 혹시 후회 같은 거 안 하세요?" 제자의 얄궂은 질문에 대충 이렇게 답하시더라고요.

"내가 그리스도인이 된 건 순전히 운명이었어요. 하나님이 그렇게 정한 것이니 가타부타 따질 수 없어요. 그리스도인이 된 걸 그렇게 운명으로 받아들이고 나니 내가 할 수 있는 일은 그저 하늘이 나에게 맡긴 일을 하나하나, 하루하루 해나가는 것뿐이었어요. 뭐 거창하고 특별한 일을 꿈꾸지도 않았어요. 그런데 그렇게 살다 보니 이렇게 당신도 만난 것 아닐까요? 이게 참 특별한 기적이지요."

이렇게 말하고 맑은 눈으로 미소 지으며 저를 바라보던 백발의 스승이 이 시간 더욱 생각납니다. '운명'이라는 말을 그렇게 멋지게 설명하는 선생님이 그렇게 커 보일 수 없었습니다.

성경을 읽다 보면, 바울에게서도 비슷한 인상을 받곤 합니다. 특히 로마서가 그래요. "무릇 하나님의 영으로 인도함을 받는 사람은 곧 하나님의 아들이라. 너희는 다시 무서워하는 종의 영을 받지 아니하고 양자의 영을 받았으므로 우리가 아빠 아버지라고 부르짖느니라."

무척 추상적이고 거창한 것 같지만, 바울의 마음은 매우 소박했을 겁니다. 그저 로마에 있는 교인들을 위로하고 힘을 북돋고 싶었을 텐데, 제 식으로 풀면 이렇게 될 것 같아요. "여러분이야말로 하나님의 자녀입니다. 그것이 하나님이 정하신 변하지 않는 운명입니다. 여러분과 하나님의 운명이 그러하니 어떤 시련이 오더라도 하늘 아버지가 여러분을 지키실 것입니다." 바울이 전하는 그 하나님이 저와 여러분도 지켜 주십니다. 함께 기도합시다.

주님, 당신은 우리의 운명입니다.
우리가 제 욕망만 생각하며 그것을 채우려고 안달하지만
그렇게 채워 봤자 이내 티끌로 돌아가고 만다는 걸 잘 압니다.
우리를 당신의 형상으로 창조하셨으니
당신의 뜻을 바라는 희망의 영을 우리에게 주시고,
오직 당신 안에서만 참되고 영원한 기쁨이 온다는 것을 알게 하소서.
그리하여 주님의 날이 오기까지 참고 기다리게 하소서.
예수님 이름으로 기도합니다. 아멘.

#운명 #로마서 #바울

7월 28일

기도

오늘 하루 수고하셨습니다. 주님께서 주시는 위로와 평화가 여러분에게 가득하길 바랍니다. 오늘 함께 묵상할 말씀은 에베소서 3장 13-19절입니다.

> 그러므로 너희에게 구하노니 너희를 위한 나의 여러 환난에 대하여 낙심하지 말라. 이는 너희의 영광이니라. 이러므로 내가 하늘과 땅에 있는 각 족속에게 이름을 주신 아버지 앞에 무릎을 꿇고 비노니 그의 영광의 풍성함을 따라 그의 성령으로 말미암아 너희 속사람을 능력으로 강건하게 하시오며 믿음으로 말미암아 그리스도께서 너희 마음에 계시게 하시옵고 너희가 사랑 가운데서 뿌리가 박히고 터가 굳어져서 능히 모든 성도와 함께 지식에 넘치는 그리스도의 사랑을 알고 그 너비와 길이와 높이와 깊이가 어떠함을 깨달아 하나님의 모든 충만하신 것으로 너희에게 충만하게 하시기를 구하노라.

기도란 무엇일까요? 우리는 보통 기도를 '하나님과 나누는 대화'라고 말합니다. 기도가 하나님과 대화하는 게 맞는다면 둘 중 하나일 겁니다. 기도하는 사람이 하나님을 흔들어서 자기 뜻을 고집하는 것이든지, 반대로 기도하면서 하나님의 뜻을 내 안에 채우고 새기는 것이든지. 대화라는 건 서로 다른 두 사람의 마음이 하나가 되어 가는 과정이니, 그렇게 사람의 뜻이든 하나님의 뜻이든 서로 채워 가는 과정이라고 할 수 있을 겁니다.

아이가 엄마에게 떼쓰는 게 잘못된 건 아니지만, 자라면서 엄마 마음을 헤아려 가는 걸 보면, 하나님 보좌라도 흔들어 내 소원만 챙기는 모습은 어딘지 2퍼센트 부족한 기도인 것 같습니다. 신앙이 자랄수록 우리 속에 하나님의 마음을 채우고, 그 뜻대로 살길 힘쓰는 것이 기도에 담긴 또 하나의 얼굴입니다.

이 시간 함께 묵상할 말씀이 좋은 예가 될 것 같습니다. 사도 바울이 에베소 교회에 보내는 편지에서 고백하는 대로 우리가 기도할 때 주님이신 그리스도께서 우리 마음에 함께하며 그 가운데 뿌리내리는 시간이 되길 바랍니다. 함께 기도합시다.

주 우리 하나님,
주님은 우리의 아버지가 되십니다.
모든 인간은 자신의 깊은 내면이 하나님께 속해 있음을 압니다.
주의 성령으로 우리를 붙드셔서
우리가 육체의 소욕을 따라 살지 않게 하시고
주께서 우리에게 주신 부르심, 영원한 소명을 따라 살게 하소서.
삶의 모든 경험이 우리 영혼에 유익하게 하소서.
우리가 그 경험들을 통해 주를 더욱 기뻐하고 신뢰하게 하소서.
주님은 성령으로 우리를 다스리시고
그의 선하심을 온 세계에 알리셔서
더 많은 사람이 선하고 바르고
온전한 것이 무엇인지 깨닫게 하십니다.
예수님 이름으로 기도합니다. 아멘.

#기도 #그리스도 #임재 #대화 #성령

7월 29일

십자가

오늘 하루 수고하셨습니다. 주님께서 주시는 위로와 평화가 여러분에게 가득하길 바랍니다. 오늘 저녁 함께 묵상할 말씀은 갈라디아서 2장 20절입니다.

> 내가 그리스도와 함께 십자가에 못 박혔나니 그런즉 이제는 내가 사는 것이 아니요 오직 내 안에 그리스도께서 사시는 것이라. 이제 내가 육체 가운데 사는 것은 나를 사랑하사 나를 위하여 자기 자신을 버리신 하나님의 아들을 믿는 믿음 안에서 사는 것이라.

버둥거리다가 정신 차려 주위를 돌아보면, 왜 나만 이렇게 살지 하는 생각에 허탈할 때가 있습니다. 그때마다 이 구절을 떠올리는 건 어떨까요? 내가 그리스도와 함께 십자가에 못 박혔고, 내가 사는 것은 오직 나를 사랑하시는 그리스도가 내 안에 살기 때문이라는 이 진리가 혼란스럽고 어두운 시간과 관계 속에서 우리를 선하고 바른 삶으로 이끌 것입니다. 함께 기도합시다.

> 전능하신 하나님,
> 우리를 돌보시는 그 손길을 거두지 마소서.
> 그리스도의 생애를 온전히 체험하도록 우리를 이끌어 주소서.
> 하나님의 아들 예수 그리스도께서 진정 우리 안에 사시길 기도합니다.

하늘나라의 백성이 된 것을 한없이 기뻐하며,
날마다 우리가 그분을 믿는 믿음으로 살 것입니다.
살며 경험하는 모든 순간들로 인해 감사드립니다.
주님은 여전히 믿음이 부족한 우리를 긍휼히 여기셔서
우리 삶을 선한 것으로 가득 채우셨습니다.
우리의 마음을 어둠으로부터 지켜 주소서.
가난한 우리의 인생에 주께서 더 많은 일을 이루셔서
그의 이름이 영광 받으시도록,
우리가 인내하며 헌신하게 하소서.
예수님 이름으로 기도합니다. 아멘.

#십자가 #믿음 #마음

7월 30일

가나의 혼인 잔치

오늘 하루 수고하셨습니다. 주님께서 주시는 위로와 평화가 여러분에게 가득하길 바랍니다. 오늘 함께 묵상할 말씀은 요한복음 2장 6-11절입니다.

> 거기에 유대인의 정결 예식을 따라 두세 통 드는 돌항아리 여섯이 놓였는지라. 예수께서 그들에게 이르시되 항아리에 물을 채우라 하신즉 아귀까지 채우니 이제는 떠서 연회장에게 갖다 주라 하시매 갖다 주었더니 연회장은 물로 된 포도주를 맛보고도 어디서 났는지 알지 못하되 물 떠온 하인들은 알더라. 연회장이 신랑을 불러 말하되 사람마다 먼저 좋은 포도주를 내고 취한 후에 낮은 것을 내거늘 그대는 지금까지 좋은 포도주를 두었도다 하니라. 예수께서 이 첫 표적을 갈릴리 가나에서 행하여 그의 영광을 나타내시매 제자들이 그를 믿으니라.

예수님이 가나 혼인 잔치에서 돌 항아리 여섯 개에 물을 담아 포도주를 만드셨다고 하는데 그 양이 얼마나 될까요? 이 돌 항아리는 원래 유대인들이 정결례에 쓰던 것이어서 대략 물 100리터가 들어갑니다. 이를 환산하면 600리터의 포도주가 생긴 겁니다. 요즘으로 치면, 최상급 포도주 700병 이상입니다. 엄청난 양이지요. 좀 엉뚱한 질문이지만, 이걸 그 자리에서 다 마셨을까요?

기독교를 반대하는 철학자들이 제롬에게 몰려와 시비를 겁니다. "여보시오. 성경에서 예수가 어마어마한 양의 포도주를 만들었다고 하는데, 잔치에 모인 사람들을 모두 술독에 빠뜨릴 작정으로 이렇게 많은 양의 포도주를 만들었단 말이오?" 그러자 제롬이 이렇게 답합니다. "성경은 잔치에서 이 많은 양을 어떻게 했는지 아무런 말도 하지 않소. 그러나 그 많은 양의 포도주를 우리는 지금도 먹고 있소."

사실 제롬은 성찬을 강조하기 위해 이렇게 말한 것입니다. 물론, 제롬이 지적했듯 잔치에서 사람들이 이 포도주를 다 마셨는지 성경은 아무런 정보도 제공하지 않습니다. 예수님의 첫 번째 이적 사건인 가나의 혼인 잔치는 다른 데 관심을 두기 때문입니다.

포도주는 신호이고 표적입니다. 우리는 이것을 바로 알아야 합니다. 포도주를 마시는 장면을 통해 요한복음은 저 멀리 최후의 만찬과 사흘 만에 다시 사신 부활의 주님께로 눈을 돌리게 만듭니다. 함께 기도합시다.

주님, 우리가 마음을 열어 기적을 보게 하소서.
주님은 모든 생명의 시작이요 능력의 근원입니다.
우리 마음을 억누르는 세상일에서 우리를 건져 주소서.
주님의 손으로 우리를 이끄셔서
그 무엇에도 속박되지 않는 자유의 백성이 되게 하소서.
가나의 혼인 잔치에서 보이신 기적 너머
죽음을 이기고 부활하신 하나님의 능력을 보게 하소서.
고단한 나날 속에서도 당신이 주신 믿음의 선물을
이웃과 나누게 하소서.
그곳에서 우리는 하나님 나라를 엿보는 행복을 잃지 않을 것입니다.
예수님 이름으로 기도합니다. 아멘.

#가나혼인잔치 #포도주 #성찬

7월 31일

사랑

오늘 하루 수고하셨습니다. 주님께서 주시는 위로와 평화가 여러분에게 가득하길 바랍니다. 오늘 함께 묵상할 말씀은 누가복음 10장 25-28절입니다.

> 어떤 율법교사가 일어나 예수를 시험하여 이르되 선생님 내가 무엇을 하여야 영생을 얻으리이까. 예수께서 이르시되 율법에 무엇이라 기록되었으며 네가 어떻게 읽느냐. 대답하여 이르되 네 마음을 다하며 목숨을 다하며 힘을 다하며 뜻을 다하여 주 너의 하나님을 사랑하고 또한 네 이웃을 네 자신 같이 사랑하라 하였나이다. 예수께서 이르시되 네 대답이 옳도다. 이를 행하라. 그러면 살리라 하시니.

누가복음 10장에 나오는 예수님과 한 율법 교사의 대화를 통해 우리는 성경 전체 내용을 간추려 볼 수 있습니다. 하나님을 사랑하고 이웃을 내 몸과 같이 사랑하는 것, 이것이 성경 전체가 우리에게 전하는 핵심 메시지입니다. 하나님과 이웃, 그리고 하나님의 형상으로 지음받은 나 자신을 귀하게 여기며 온 힘을 다해 사랑하는 것이 곧 영생의 방법이라고 주님이 가르칩니다.

이 말씀을 한 번 더 생각해 보면, '하나님, 이웃, 그리고 나', 이 셋은 온 세계, 온 우주를 뜻합니다. 다시 말해, 예수님과 하나님의 관심은 온 세계의 생명을 풍성하게 하는 데 있습니다. 그리고 이렇게 만물의 생명이 영원하고 풍성하게 되는 나라를 우리는 '하나님 나라'라고 말합니다. 이 나라가 도래한 것을 알리기 위해 예수님은 복음을 전하고, 병자를 고치고, 귀신을 몰아내고, 제자들을 파송합니다.

성경에는 이런 나라를 만드는 구체적인 실천 목록도 함께 나옵니다. 예를 들면, "네 포도원의 열매를 다 따지 말며 네 포도원에 떨어진 열매도 줍지 말고 가난한 사람과 거류민을 위하여 버려두라"(레 19:10)라는 말씀도 좋은 예입니다. 신앙인으로 산다는 것은 온 만물이 풍성한 생명을 함께 누리는 나라를 꿈꾸며 산다는 뜻입니다. 더불어 사는 것이지요. 이런 삶이 우리 가운데 가득하길 바랍니다. 함께 기도합시다.

주님, 당신께서는 우리를 영원한 생명으로 인도하십니다.
당신의 나라에 부름받았으니 우리가 당신의 일에 참여하게 하소서.
아무 조건 없이 우리를 찾아와 도우신 것처럼
우리의 교회가 누구에게나 문을 열고 보듬어 안는 교회 되게 하소서.
이 일을 위해 우리를 당신의 자녀로 부르셨으니
말씀과 성찬 가운데 임재하시는 주님의 사랑을 경험하며
그 사랑의 신비를 우리의 일상에서 기쁨으로 나누게 하소서.
예수님 이름으로 기도합니다. 아멘.

#사랑 #이웃사랑 #생명

8월 1일

하나님의 사랑

오늘 하루 수고하셨습니다. 주님께서 주시는 위로와 평화가 여러분에게 가득하길 바랍니다. 오늘 함께 묵상할 말씀은 요한일서 4장 7-9절입니다.

> 사랑하는 자들아 우리가 서로 사랑하자. 사랑은 하나님께 속한 것이니 사랑하는 자마다 하나님으로부터 나서 하나님을 알고 사랑하지 아니하는 자는 하나님을 알지 못하나니 이는 하나님은 사랑이심이라. 하나님의 사랑이 우리에게 이렇게 나타난 바 되었으니 하나님이 자기의 독생자를 세상에 보내심은 그로 말미암아 우리를 살리려 하심이라.

"내가 생각하는 하나님은 우주적 깡패, 자신에게 감히 저항하고 대드는 모든 사람은 모조리 꺾어 버리려는 강압적인 존재였다. 그런데 요한복음에 나오는 예수님은 아쉬워하고 쓸쓸해 보이기까지 하며 믿음을 강요하는 일에 아무런 관심도 보이지 않는다. … 성경에서 나는 꼴통들을 기꺼이 받아 주시는 하나님을 배운다. 성범죄자 다윗, 사기꾼 야곱, 불평꾼 예레미야, 배반자 베드로, 인권 유린자 다소 사람 사울 같은 이들에게 기회를 주고 힘을 주시는 하나님을 배운다. 그분은 탕자들을 주인공 삼아 이야기하길 즐기는 분의 하늘 아버지이다. 그 하나님이 나처럼 냉소적이고 음험한 놈의 자리도 마련하실 수 있을까?"[19]

필립 얀시의 이 설명이 우리에게 깊은 울림을 남기는 이유는 이것이 우리 자신의 이야기이기 때문입니다. 그의 말대로 우리 주님은 누구든지 있는 그대로 받아 주십니다. 이를 두고 우리는 '죄인을 구원하시는 하나님' 이라고 부릅니다. 적어도 그리스도인의 모임인 교회라면 이런 하나님의 성품을 따라 모두에게 열린 공동체여야 합니다.

저와 여러분은 어떤가요? 혹시 하나님의 이름으로 사람을 심판하고 미워하고 가르고 있지는 않나요? 사랑하며 삽시다. 함께 기도합시다.

사랑의 주님,
당신께서는 우리를 하나님의 형상으로 만드시고
당신의 모든 것을 우리와 함께 나누려고 하셨습니다.
처음 우리를 창조하도록 부추긴 것도 사랑이었고,
진리의 길을 걷도록 진노하셨던 것도 당신의 사랑 때문이었습니다.
그러나 우리가 당신께 등을 돌릴 때 주님의 가슴은 무너져 내리고,
허무한 것들을 쫓고 있을 때 주님은 울지 않을 수 없었고,
지혜를 무시하고 악을 행할 때 당신은 아파하지 않을 수 없었습니다.
이제 우리를 다함 없이 사랑하는 당신의 자비를 다시 바라봅니다.
주님, 우리 안에 당신의 선한 형상, 사랑의 형상을 회복하게 하소서.
그리하여 하나님을 사랑하며
이웃을 내 몸과 같이 사랑하며 살게 하소서.
예수님 이름으로 기도합니다. 아멘.

#사랑 #하나님 #필립얀시

8월 2일

행복한 교환

오늘 하루 수고하셨습니다. 주님께서 주시는 위로와 평화가 여러분에게 가득하길 바랍니다. 오늘 함께 묵상할 말씀은 갈라디아서 3장 11-14절입니다.

> 또 하나님 앞에서 아무도 율법으로 말미암아 의롭게 되지 못할 것이 분명하니 이는 의인은 믿음으로 살리라 하였음이라. 율법은 믿음에서 난 것이 아니니 율법을 행하는 자는 그 가운데서 살리라 하였느니라. 그리스도께서 우리를 위하여 저주를 받은 바 되사 율법의 저주에서 우리를 속량하셨으니 기록된 바 나무에 달린 자마다 저주 아래에 있는 자라 하였음이라. 이는 그리스도 예수 안에서 아브라함의 복이 이방인에게 미치게 하고 또 우리로 하여금 믿음으로 말미암아 성령의 약속을 받게 하려 함이라.

어떤 거래든지 교환물의 가치가 서로 비슷해야 거래가 성사됩니다. 물론 엉터리 거래도 있습니다. 지금은 그렇지 않지만, 군대 다녀온 사람들의 영웅담 가운데 빠지지 않는 것이 있지요. 고참이 천 원짜리 한 장 주면서 담배 두 갑, 초코파이 한 상자, 닭발, 새우깡, 맛동산을 사 오라면서 "거스름돈은 너 가져!"라며 친절하게 심부름시켰다는 이야기 말입니다. 군대에서는 일요일마다 종교 행사를 하는데 법당, 성당, 교회 셋 중에 초코파이 많이 주는 곳의 정보를 입수해 종교를 바꾸는 일도 빈번했습니다. 이런 것은 부당한 거래이자 엉터리 거래입니다.

그런데 잘 생각해 보면, 십자가 앞에서 벌어지는 거래는 이보다 더 이상합니다. 사람들이 무엇이든 있는 그대로 가져오면 무조건 천국의 복으로 교환해 준다고 하기 때문이죠. 우리의 고통, 절망, 미움, 원망, 분노, 상한 마음, 상관없이 다 받아 주십니다. 그리고 거대한 십자가의 용광로에 다 던져 넣고 평안, 희망, 행복, 사랑으로 바꾸어 주십니다. 종교개혁자 마르틴 루터는 이것을 십자가에서 벌어지는 '행복한 교환fröhlicher Wechsel'이라고 부릅니다. 지금도 이 행복한 교환이 우리를 위해 이어지고 있습니다. 여러분이 오늘 십자가 앞에 내려놓을 교환물은 어떤 것인가요? 거창하지 않아도 괜찮습니다. 속이지 않는 진실한 마음 하나면 충분합니다. 함께 기도합시다.

하나님을 향해 기쁘게 찬양합니다.
주님은 우리의 시련과 절망, 원망과 분노,
상한 마음과 억울함을 가져오라 하십니다.
그리고는 위로와 평강, 안식과 회복,
자유와 희망으로 바꿔 주십니다.
주님은 우리의 어둠을 광명으로 인도하십니다.
이 복된 교환이 믿음 가운데 더욱 풍성케 하소서.
예수님 이름으로 기도합니다. 아멘.

#행복한교환 #루터 #십자가

8월 3일

믿음

오늘 하루 수고하셨습니다. 주님께서 주시는 위로와 평화가 여러분에게 가득하길 바랍니다. 오늘 저녁 함께 묵상할 말씀은 요한복음 1장 9-13절입니다.

> 참 빛 곧 세상에 와서 각 사람에게 비추는 빛이 있었나니 그가 세상에 계셨으며 세상은 그로 말미암아 지은 바 되었으되 세상이 그를 알지 못하였고 자기 땅에 오매 자기 백성이 영접하지 아니하였으나 영접하는 자 곧 그 이름을 믿는 자들에게는 하나님의 자녀가 되는 권세를 주셨으니 이는 혈통으로나 육정으로나 사람의 뜻으로 나지 아니하고 오직 하나님께로부터 난 자들이니라.

주님이 빛으로 오셨을 때 정작 땅의 사람들은 그분을 알아보지 못했습니다. 하지만 영접하는 자 곧 그의 이름을 믿는 자에게만큼은 하나님의 자녀가 되는 권세를 주셨다고 요한복음은 전합니다. 이 본문을 묵상할 때마다 곱씹는 구절이 있습니다. 영접하는 자는 믿는 자이고, 믿는 자에게는 하나님의 자녀가 되는 권세가 약속되어 있다는 대목입니다. 그렇게 잠시 숨을 고르면서 '도대체 믿는다는 게 무엇일까?' 매번 되묻곤 합니다.

'믿음'이라는 말은 쓰임새가 다양하지요. 종교개혁자 마르틴 루터는 믿음을 세 가지로 설명합니다. 믿음이란 아는 것*notitia*, 동의하는 것*assensus*, 그리고 맡기는 것*fiducia*이라고요. 앎은 지성, 동의는 감성, 맡김은 의지의 작용입니다. 그래서 예수를 믿는다는 말은 그분에 대해 지성적으로 알고, 감성적으로 동의하며, 의지적으로 신뢰하며 산다는 뜻입니다. 더 쉽게 말하면, 그분께서 우리 몸과 마음에 온전히 개입하시는 것이라고 할 수 있습니다. 그렇게 예수님이 우리 삶 전체에 스며들 때 비로소 불안한 세상 속에서도 하나님의 자녀가 되는 확실한 권세를 누릴 수 있습니다.

우리는 얼마나 주님께 스며들어 있을까요? 이 밤, 우리의 지성과 감성과 의지가 주님께 스미는 복된 밤이 되길 바랍니다. 함께 기도합시다.

오 주님, 저를 당신의 자녀로 부르셨습니다.
제가 당신을 잊었을 때도 저를 잊지 않으신 주님께 기도합니다.
저로 하여금 저보다 저를 더 잘 아시는 당신을 알게 하소서.
당신은 제 몸과 마음을 살아 있게 하는 유일한 힘입니다.
제 안에 계신 주님께서 저의 모든 것을 당신의 것으로 빚어 주소서.
예수님 이름으로 기도합니다. 아멘.

#믿음 #루터 #신뢰

8월 4일

편지

오늘 하루 수고하셨습니다. 주님께서 주시는 위로와 평화가 여러분에게 가득하길 바랍니다. 오늘 함께 묵상할 말씀은 에베소서 4장 1-4절입니다.

> 그러므로 주 안에서 갇힌 내가 너희를 권하노니 너희가 부르심을 받은 일에 합당하게 행하여 모든 겸손과 온유로 하고 오래 참음으로 사랑 가운데서 서로 용납하고 평안의 매는 줄로 성령이 하나 되게 하신 것을 힘써 지키라. 몸이 하나요 성령도 한 분이시니 이와 같이 너희가 부르심의 한 소망 안에서 부르심을 받았느니라.

신약에서 에베소서를 읽을 때마다 감동하는 이유는 이것이 바울의 옥중서신이라는 사실 때문입니다. 옥에 갇히면 심리적으로 위축되고 불안한 게 당연할 텐데, 이 서신에서는 그런 긴장이나 불안 대신 평온한 마음이 느껴집니다. 심지어 누가 옥 안에 있고 누가 옥 밖에 있는지 구분되지 않을 정도입니다. 옥 안에 있는 사람이 옥 밖에 있는 교인들을 위로하고 격려하는 모습을 보면서 흔들림 없는 바울의 모습을 닮고 싶어집니다.

1-3절을 다시 읽어 볼까요? 이 말씀은 옥에 갇힌 바울이 에베소 교인에게만 전하는 권면이 아니겠지요. 이 밤, 기도로 하루를 마감하는 우리 모두를 위한 사도의 권면이고, '우리'라는 교회 공동체를 향한 복된 부르심입니다. 오늘 하루 힘써 살아 낸 우리 모두에게 주님의 선하신 보호와 복이 임하길 바랍니다. 함께 기도합시다.

고요한 저녁 묵상

일러두기 ———

본문에 사용한 성경 본문은 대한성서공회에서 펴낸 개역개정판을 따랐으며, 새번역판과 공동번역판을 사용할 때는 따로 표기했다. 외경인 〈집회서〉의 경우에는 공동번역판을 사용했다.

말씀으로 기도하며
하루를 마무리하는 시간

고요한 저녁 묵상

최주훈
지음

고요한 저녁, 보잘것없는 틈새를 열어

주님과 독대하오니

이 작은 시간이 보석 같이 빛나게 하소서.

들어가는 말

365일 매일 나누었던 묵상을 한 권의 책으로 내놓습니다. 코로나19가 창궐할 때 궁여지책으로 저녁 9시에 인터넷으로 3분 남짓 작은 묵상을 시작했습니다. 얼굴을 마주 볼 수는 없지만, 매일 저녁 교인들과 같은 본문을 읽고, 묵상하고, 짧은 기도를 나누며 소걸음 걷듯 코로나의 시간을 채웠습니다. 규칙적인 경건 훈련의 필요성과 유익은 설명이 필요 없을 겁니다. 어려운 환경일수록 묵상과 기도의 습관은 더욱 빛을 발합니다.

2천 년 교회 역사를 돌아보면, 정상적인 신앙생활이 거의 불가능했던 시기가 참 많았습니다. 전쟁과 자연재해, 전염병 같은 것들이 대표적일 겁니다. 그럼에도 불구하고 이렇듯 교회가 존재할 수 있는 이유를 신학자들은 '교회적 감수성*sensus ecclesia*'에서 찾습니다. 풀어 말하면, 시대와 환경에 흔들리지 않고 꾸준히 실행한 교회의 일이 교회적 감각, 또는 교회적 감수성인데, 이는 '기도, 말씀 묵상, 성찬'을 뜻합니다. 지난 몇 년, 우리의 교회는 매우 힘든 시기를 통과했습니다. 앞으로 이런 일이 또 없으리라는 보장도 없습니다. 하지만 우리 몸에 밴 기도와 말씀 묵상은 어려움 속에서도 강력한 보호 장치가 될 것입니다.

이 책이 나오도록 허락해 주시고 애써 주신 비아토르 김도완 대표께 감사드리고, 누구보다 묵상의 시간에 동참해 주신 중앙루터교회 교우들과 임진수 목사께 특별한 감사를 전합니다. 잠자리에 들기 전 아이들과 이것으로 묵상하고 기도하며 하루를 마무리했다는 사랑스러운 가족, 매일 묵상을 그만두려고 마음먹을 때마다 어떻게 알았는지 이 묵상으로 힘을 냈다는 가족에게도 감사드립니다. 이들의 따스한 격려와 응원의 열매가 바로 이 책입니다. 여기 담긴 글이 어떤 이에게는 기도와 묵상의 통로가 되고, 어떤 이에게는 작은 기도회가 되고, 또 어떤 이에게는 급한 심방을 준비하는 도구가 될지 모르겠습니다. 여기 담긴 짧은 글들이 그렇게 쓰일 수 있다면, 그리고 무엇보다 우리의 기도와 묵상이 좀 더 가깝고 깊어질 수 있다면, 그것으로 족합니다.

종교개혁자 마르틴 루터의 글로 이 책의 서문을 마무리합니다.

> 모든 기도는 다섯 가지 특징이 있습니다. 이게 없다면 그 기도는 쓸모없게 됩니다.
>
> 첫째, 기도는 '하나님의 약속*promissio Dei*'이라는 사실입니다. 참된 기도는 이 약속 위에 서 있습니다. 만일 하나님의 약속이 없으면, 우리 기도는 아무 가치도 없고, 응답을 구할 자격도 없게 됩니다.
>
> 둘째, 기도는 필요한 것 또는 간절한 요청이어야 합니다. 기도하면서 마음이 여기저기 흩어지면 안 됩니다. 모든 생각과 마음을 하나님의 약속에 집중시키십시오. 이것을 '마음의 모음*animi collectio*'이라고 부릅니다. 마음이 모이지 않으면 기도가 아닙니다. 그래서 기도문이 수록된 소책자를 읽거나 의미 없이 반복하는 묵주 기도와 사제들의 형식적인 기도문 낭독은 기도가 아닙니다. 거기에는 마음이 모이지도 않았고, 무언가 얻고자 열망하는 마음이 반영되지도 않기 때문입니다.

셋째, 기도할 때는 응답을 의심하지 말아야 합니다. 이는 곧 기도 응답을 약속하신 하나님을 신뢰하는 '믿음'이라 할 수 있습니다. 하나님은 우리 자신의 잘남이나 훌륭하고 멋진 기도 때문이 아니라, 오직 "응답해 주겠다" 하신 당신 자신의 약속 때문에 기도를 들어주시는 분입니다. 우리의 하나님은 당신이 하신 말씀과 약속에 신실하십니다.

넷째, 기도는 전심으로 해야 합니다. 두 마음으로, 또는 건성으로 하면 안 됩니다. 열매나 얻을 심산으로 멀찍이 서서 장난삼아 배나무에 돌을 던지듯 하면 안 됩니다. 이런 태도는 하나님의 약속을 우롱하는 것과 같습니다. 그런 사람은 간구한 것을 얻지도 못하고, 오히려 하나님의 화를 자초하게 될 것입니다.

다섯째, 기도는 예수님이 명령한 것이기에 그분의 이름으로 해야 합니다. "너희가 무엇이든지 아버지께 구하는 것을 내 이름으로 주시리라"(요 16:23). "구하라. 그리하면 너희에게 주실 것이요"(마 7:7). 그분의 권위를 인정하고, 모든 것 이상으로 하나님 아버지를 신뢰하며, 그분 앞에 나와야 합니다.

응답 없는 기도는 없습니다*non protest non fieri exauditio*. 하늘 아버지는 우리의 중보*instrumentum*이신 아들을 통해 이것을 약속하셨습니다. 그리스도는 우리의 죄를 아파하십니다. 그분이 멀리 하늘에 있더라도, 우리의 간구와 탄식을 마치 자기 일이라도 된 양 대신 기도해 주십니다. 주님은 우리에게 "나에게 무엇이든 말하라! 거절할 것이 무엇이 있느냐?"고 말씀하십니다.

나는 땅에서 하나님 아들의 이름으로 기도하고, 하나님의 아들은 하늘에서 내 이름으로 기도합니다. 이로써 그리스도의 의는 나의 것이 되고, 나의 죄는 그리스도의 소유가 됩니다. 이것은 분명히 '공평하지 않은 교환'입니다. [하지만, 우리 편에서는 '행복한 교환'입니다]. 이제 나의 죄는 그리스도 안에서 사라지고, 그의 거룩함이 나를 정결하게 만듭니다. 그 결과 나는 영원한 생명을 누릴 수게 됩니다.[1]

후암동 교회 사무실에서

최주훈

1월 1일

지금 오늘

오늘 하루 수고하셨습니다. 주님께서 주시는 위로와 평화가 함께하시길 바랍니다. 오늘 함께 묵상할 말씀은 로마서 8장 26-28절입니다.

> 이와 같이 성령도 우리의 연약함을 도우시나니 우리는 마땅히 기도할 바를 알지 못하나 오직 성령이 말할 수 없는 탄식으로 우리를 위하여 친히 간구하시느니라. 마음을 살피시는 이가 성령의 생각을 아시나니 이는 성령이 하나님의 뜻대로 성도를 위하여 간구하심이니라. 우리가 알거니와 하나님을 사랑하는 자 곧 그의 뜻대로 부르심을 입은 자들에게는 모든 것이 합력하여 선을 이루느니라.

1월 1일은 새로운 목표를 세우고 새로운 습관을 시작하기 딱 좋은 날입니다. 하지만 무언가를 시작할 가장 좋은 때는 1월 1일이 아니라 '지금 오늘'입니다. 사람이 날마다 '지금'이라는 '오늘'을 염두에 두고 한결같이 신선한 기분으로 살아간다면 어떨까요? 아마도 이전보다 좋은 일을 만들어 낼 수 있고, 때때로 뭔가 잘 안 된다고 하더라도 이제껏 살아온 시간과 정열의 가치를 잃지는 않을 것입니다.

물론 우리 삶이 막힘 없이 흐르는 시냇물처럼 청량하지는 않을 것입니다. 사람에게 가장 어려운 일 중 하나는 자기 자신을 바로 이해하는 일이기 때문입니다. 자신의 처지와 삶을 제대로 알지 못하면, 늘 같은 곳에서 넘어지고 실패합니다. 그러나 우리에게 주어진 시간과 공간, 그리고 모든 관계가 만물의 주인이신 창조주 하나님과 연결되어 있다는 진리를 기억하면, 지금 시작하는 작은 묵상과 기도의 시간이 보잘것없는 우리 삶에 생명을 불어넣을 것입니다. 오늘부터 고요한 저녁 묵상의 첫걸음을 뗍니다. 모든 발걸음이 목표가 되며, 발걸음 그 자체가 귀합니다. 모든 만물의 주인이신 하나님께서 우리를 당신의 복된 세계로 초대하십니다. 주님의 복된 동행과 거룩한 사귐이 매일매일 깊어지길 바랍니다. 함께 기도합시다.

만물의 창조주이신 하나님 아버지,
시간과 공간, 그리고 생명과 죽음도 당신 손에 놓여 있습니다.
지금 당신 앞에 저의 모든 것을 열어 놓습니다.
연약한 우리를 도우사 성령의 은혜로 거룩한 동행을 이루게 하소서.
주님께서는 우리의 마음을 살피십니다.
우리 마음이 오직 당신의 선하고 아름다운 뜻으로 넘치게 하시어
하나님의 자녀가 있는 곳마다 성령의 은사가 열매 맺게 하소서.
고요한 저녁, 보잘것없는 틈새를 열어 주님과 독대합니다.
이 작은 시간이 보석 같이 빛나게 하소서.
이 밤, 당신께 모든 것을 맡깁니다.
주님의 평화가 이곳에 가득합니다.
예수님 이름으로 기도합니다. 아멘.

#새해 #시작 #동행

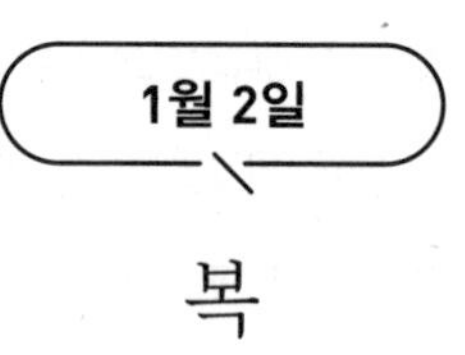

복

오늘 하루 수고하셨습니다. 주님께서 주시는 위로와 평화가 함께하시길 바랍니다. 오늘 함께 묵상할 말씀은 마태복음 6장 30-33절입니다.

> 오늘 있다가 내일 아궁이에 던져지는 들풀도 하나님이 이렇게 입히시거든 하물며 너희일까보냐 믿음이 작은 자들아. 그러므로 염려하여 이르기를 무엇을 먹을까 무엇을 마실까 무엇을 입을까 하지 말라. 이는 다 이방인들이 구하는 것이라. 너희 하늘 아버지께서 이 모든 것이 너희에게 있어야 할 줄을 아시느니라. 그런즉 너희는 먼저 그의 나라와 그의 의를 구하라. 그리하면 이 모든 것을 너희에게 더하시리라.

새해가 시작되면 가장 많이 듣는 인사가 "새해 복 많이 받으세요"입니다. 우리는 '복'이라는 이 짧은 단어에 몸과 정신의 건강, 부유함, 가정과 직장의 모든 것이 잘 되길 바라는 염원을 담아 인사합니다. 성경에도 복에 관한 약속이 나옵니다. 앞서 말씀드린 모든 복을 다 덤으로 주겠다는 약속입니다. 마태복음 6장 31절부터 시작되는 말씀입니다. 너희는 "염려하여 이르기를 무엇을 먹을까 무엇을 마실까 무엇을 입을까 하지 말라. … 너희 하늘 아버지께서 이 모든 것이 너희에게 있어야 할 줄을 아시느니라." 이어지는 말씀입니다. "그런즉 너희는 먼저 그의 나라와 그의 의를 구하라. 그리하면 이 모든 것을 너희에게 더하시리라."

원하는 것은 다 주겠다는 약속입니다. 그런데 여기 한 가지 단서가 붙어 있습니다. '하나님 나라'입니다. 하나님 나라란 무엇일까요? 하나님의 온전한 뜻이 이루어지고, 그 가치가 통용되는 곳이 하나님 나라입니다. 주님은 우리에게 모든 복을 주겠다 약속하시면서 하나님 나라를 구하는 삶을 살라고 명령합니다. 오늘 우리는 얼마나 하늘 뜻을 생각하고, 그 뜻을 마음에 담고 살았을까요? 함께 기도합시다.

주님, 하루의 수고를 그치고 이제 안전한 집에서 쉬려 합니다.
이 집을 당신 집으로 삼으시고
당신의 은총으로 우리를 지켜 주소서.
어둠이 해를 덮을 때도 주님은 우리를 지키십니다.
창조되지 않은 당신의 빛으로 고단하고 어두운 우리 영혼을 비추소서.
흐릿한 우리 마음에 당신의 선명한 빛을 부으시어
언제나 거룩한 생각과 선한 빛이 사랑의 실천으로 점화하게 하소서.
잠자는 동안 공포와 탐욕과 불안에서 지켜 주소서.
만일 잠들지 못하거든
우리 눈으로 당신의 거룩한 얼굴을 뵙게 하소서.
예수님 이름으로 기도합니다. 아멘.

#복 #하나님나라 #새해

1월 3일

시므온의 찬송

오늘 하루 수고하셨습니다. 주님께서 주시는 위로와 평화가 함께하시길 바랍니다. 오늘 묵상할 말씀은 누가복음 2장 25-33절입니다.

> 예루살렘에 시므온이라 하는 사람이 있으니 이 사람은 의롭고 경건하여 이스라엘의 위로를 기다리는 자라. 성령이 그 위에 계시더라. 그가 주의 그리스도를 보기 전에는 죽지 아니하리라 하는 성령의 지시를 받았더니 성령의 감동으로 성전에 들어가매 마침 부모가 율법의 관례대로 행하고자 하여 그 아기 예수를 데리고 오는지라. 시므온이 아기를 안고 하나님을 찬송하여 이르되 주재여 이제는 말씀하신 대로 종을 평안히 놓아 주시는도다. 내 눈이 주의 구원을 보았사오니 이는 만민 앞에 예비하신 것이요. 이방을 비추는 빛이요. 주의 백성 이스라엘의 영광이니이다 하니 그의 부모가 그에 대한 말들을 놀랍게 여기더라.

성전 뜰에 서서 노심초사 군중을 바라보던 시므온이 떠오릅니다. 그는 평생 하나님의 위로를 바라며 메시아를 기다렸습니다. 그날도 뭐 하나 특별할 것 없는 날이었을 겁니다. 매일 하던 대로 아침 일찍 일어나 성전 뜰에 들어가 기도하며 군중 틈에서 나오실 그분을 기다렸습니다. 어떻게든 모든 얼굴을 자세히 보려고 눈을 크게 뜨고 행여나 놓친 사람이 없을까 집중합니다. 그러다 평범한 부부가 갓난아이를 안고 오는 모습을 포착합니다. 바로 그 아이였습니다. 그토록 기다리던 아이를 보고는 의심 없이 기뻐하며 두 팔로 안고 하나님을 찬송하기 시작합니다. 오랜 기다림이 성취되는 순간입니다. 하나님은 나이 든 시므온의 기도를 들어주셨습니다.

사람마다 오랫동안 기도하는 제목이 있습니다. 자녀, 직장, 학업, 가정, 교회 등등. 때로는 응답 없이 긴 시간 기다림으로 채우는 기도가 있습니다. 기다림은 분명히 힘이 듭니다. 그러나 분명한 사실은 시므온에게 일어난 일과 똑같은 일이 우리에게도 일어난다는 점입니다. 우리 주님은 그 어떤 목소리도 흘려듣지 않습니다. 가장 좋은 때, 가장 좋은 것으로 우리에게 응답하실 것입니다. 왜냐하면, 그분이 우리의 구원자이기 때문입니다. 함께 기도합시다.

주님, 마음과 힘을 다하여 당신을 찾습니다.
부디 제 기도에 귀를 기울여 주소서.
당신의 응답이 지연될 때
기다림에 지쳐 낙망치 않도록 제 안에 힘을 주소서.
제 속에 권태가 발동하여 당신을 향한 갈망이 식지 않게 하소서.
저의 약함과 강함이 모두 당신 손안에 있습니다.
당신의 형상으로 지으셨으니, 당신을 찾아 기다릴 힘도 주옵소서.
당신이 열어 놓으신 문으로 제가 들어가게 하시고,
닫힌 문을 두드리거든 열어 주소서.
오직 당신 안에만 참된 평안이 있습니다.
예수님 이름으로 기도합니다. 아멘.

#시므온 #기다림

1월 4일

거룩한 사귐

오늘 하루 수고하셨습니다. 주님께서 주시는 위로와 평화가 함께하시길 바랍니다. 오늘 묵상할 말씀은 사도행전 9장 28-31절입니다.

> 사울이 제자들과 함께 있어 예루살렘에 출입하며 또 주 예수의 이름으로 담대히 말하고 헬라파 유대인들과 함께 말하며 변론하니 그 사람들이 죽이려고 힘쓰거늘 형제들이 알고 가이사랴로 데리고 내려가서 다소로 보내니라. 그리하여 온 유대와 갈릴리와 사마리아 교회가 평안하여 든든히 서 가고 주를 경외함과 성령의 위로로 진행하여 수가 더 많아지니라.

새해에는 교회가 교회다워지면 좋겠습니다. 교회를 '거룩한 성도의 교제/사귐'이라고 말합니다. 교제/사귐은 '콤무니오*communio*'라는 라틴어 단어를 번역한 말로 '대화', '소통'이라는 뜻입니다.

그러고 보면, 교회에서 오가는 대화는 특별합니다. 서로 통하는 사람끼리의 소통이 아니라 다양한 배경, 서로 다른 경험을 가진 사람들 사이에서 오가는 소통이기 때문입니다. 하나님께서 죄인을 구원하신다는 복음을 예수님을 통해서 보여 주셨지요. 그 예수님이 누구를 만나러 다니셨는지 생각해 보십시오. 가난한 사람, 병든 사람, 귀신 들린 사람, 어부, 농부, 세리, 제사장, 율법 교사 등등. 예수님은 당신과 생각이 같거나 세계관이 같은 사람만 만나신 게 아닙니다. 예수님이 보여 주신 대화는 일종의 모험이고 탐구였습니다. 교회에서 이루어지는 만남과 대화, 사귐도 그러해야 합니다.

교회든 사회든 가정이든 직장이든 대화는 필요합니다. 그리고 그 대화는 언제나 진지한 경청과 겸손한 마음 나눔에서 시작됩니다. 내 말만 열심히 하는 것은 대화가 아니지요. 나이 들면서 말이 점점 많아지는 것 같아 부끄럽습니다. 내 말은 적게 하고 남의 말은 경청하고 수용하는 소통이 우리 가운데 깊어지길 바랍니다. 이웃과의 대화에서도, 하나님과의 대화에서도요. 함께 기도합시다.

우리를 하나 되게 하시는 주님,
당신께서는 서로 다른 이들을 만나게 하십니다.
거룩한 만남이 되어 서로를 이해하고 받아들이며
서로를 위로하며 나누게 하소서.
그리하여 우리의 대화 가운데 세워지는
천국을 엿보게 하소서.
새해에는 모든 교회가 교회의 모습을 오롯이 빛내게 하소서.
교회의 삶을 통해 그리스도의 얼굴이 세상에 드러나게 하소서.
이 일을 위해 저를 부르셨습니다.
교회 구석, 벽돌 한 장으로 부르셨으니
제 삶이 거룩하고 행복한 교회의 한 모퉁이를 떠받치게 하소서.
예수님 이름으로 기도합니다. 아멘.

#교회 #대화 #사귐

1월 5일

힘 주시는 하나님

오늘 하루 수고하셨습니다. 주님께서 주시는 위로와 평화가 여러분 모두에게 함께하시길 바랍니다. 오늘 함께 묵상할 말씀은 시편 29편 1-4절과 10-11절입니다.

> 너희 권능 있는 자들아 영광과 능력을 여호와께 돌리고 돌릴지어다. 여호와께 그의 이름에 합당한 영광을 돌리며 거룩한 옷을 입고 여호와께 예배할지어다. 여호와의 소리가 물 위에 있도다. 영광의 하나님이 우렛소리를 내시니 여호와는 많은 물 위에 계시도다. 여호와의 소리가 힘 있음이여 여호와의 소리가 위엄차도다. 여호와께서 홍수 때에 좌정하셨음이여 여호와께서 영원하도록 왕으로 좌정하시도다. 여호와께서 자기 백성에게 힘을 주심이여 여호와께서 자기 백성에게 평강의 복을 주시리로다.

시편 29편은 우리가 하늘과 땅을 통틀어 기댈 분이 오직 한 분 하나님이라는 것, 그리고 그분밖에는 다른 신이 없다는 것을 알려 줍니다. 그리고 우리는 바로 그분 안에서 삶의 위로와 희망을 얻습니다. 살다 보면, 낙망하고 낙심할 때가 있지요. 꼭 이루고 싶었던 일이 어그러지기도 하고, 무시당한 듯한 굴욕감을 맛보고 좌절할 때도 있습니다. 하지만 그보다 더 큰 분이 우리 곁을 늘 지키고 있다는 사실을 기억하면 좋겠습니다. 주님이 주신 희망이 해처럼 떠올라 우리를 회복할 것입니다. 함께 기도합시다.

주님, 당신은 하늘과 땅 어디서나 찾을 수 있는 분입니다.
지치고 낙망하고 삶에 의심이 생길 때,
이 세상 이야기가 아니라
설명하거나 논쟁이 필요 없는 당신 이야기로
우리 마음을 채워 주소서.
당신의 생각과 당신의 말씀과 당신의 이야기에서
위로와 희망, 용기와 기쁨을 얻게 하소서.
당신은 우리에게 힘과 용기를 주십니다.
우리 주 예수 그리스도의 이름으로 기도합니다. 아멘.

#희망 #위로 #용기

1월 6일

동방박사

오늘 하루 수고하셨습니다. 주님께서 주시는 위로와 평화가 여러분 모두에게 함께하시길 바랍니다. 오늘 함께 묵상할 말씀은 마태복음 2장 1-3절입니다.

> 헤롯 왕 때에 예수께서 유대 베들레헴에서 나시매 동방으로부터 박사들이 예루살렘에 이르러 말하되 유대인의 왕으로 나신 이가 어디 계시냐. 우리가 동방에서 그의 별을 보고 그에게 경배하러 왔노라 하니 헤롯 왕과 온 예루살렘이 듣고 소동한지라.

전통적으로 교회는 1월 6일을 주현절로 지킵니다. 주현主顯, 주님이 세상에 나타나셨다는 뜻입니다. 고대교회에서는 주현절을 성탄절보다 더 큰 축일로 지켰고, 동방교회에서는 아직도 이날을 주님의 탄생일로 기념합니다.

지금은 거의 사라졌지만, 성탄절이 되면 새벽 송을 돌던 시절이 있었습니다. 이와 비슷하게 독일에서는 주현일이 되면 교회 아이들이 흰 천사옷을 입고, 동방박사가 된 것처럼 동네를 돌아다닙니다. 집마다 문 앞에서 캐럴이나 찬송을 부른 다음 집 대문 위에 흰색 분필로 'C-M-B'라는 글자를 적습니다. 처음에는 이게 무슨 뜻인지 몰랐는데, 얼마 지나지 않아 알게 되었습니다. "*Christus mansionem benedicat*"라는 라틴어 문구의 약자입니다. 번역하면 "그리스도가 이 집을 축복하노라"라는 뜻입니다.

예수님이 이 땅에 오신 자리가 베들레헴의 초라한 여관이었지요. 하지만 그런 초라한 집이라도 그리스도가 함께하시면 복된 가정이 된다는 주현절의 축복이 바로 'C-M-B'입니다. 주현절의 주님이 우리 영혼과 가정 그리고 일터를 찾아가십니다. 그리고는 이렇게 말씀하십니다. "그리스도가 너를 축복하노라. 그리스도가 이 집을 축복하노라. 그리스도가 이 일터를 축복하노라. 그리스도가 이 교회를 축복하노라."

우리의 교회, 가정, 직장이 베들레헴처럼 작고 보잘것없어도 괜찮습니다. 그곳 베들레헴에 생명의 떡이신 예수님만 계시면, 우리 삶의 자리는 풍성히 회복되고 빛난 열매로 가득 찰 것입니다. 이 축복이 여러분에게 임하길 바랍니다. 함께 기도합시다.

주님, 우리에게 베들레헴의 기쁜 소식을 주시니 감사드립니다.
작고 보잘것없는 모든 영혼이 이 기쁜 소식으로
다시 살아나는 회복의 기쁨을 맛보게 하소서.
생명의 떡이신 우리 구주 예수 그리스도의 이름으로 기도합니다.
아멘.

#주현절 #동방박사 #베들레헴

1월 7일

성탄 나무

오늘 하루 수고하셨습니다. 주님께서 주시는 위로와 평화가 여러분 모두에게 함께하시길 바랍니다. 오늘 함께 묵상할 말씀은 이사야 60장 1-3절입니다.

> 일어나라. 빛을 발하라. 이는 네 빛이 이르렀고 여호와의 영광이 네 위에 임하였음이니라. 보라 어둠이 땅을 덮을 것이며 캄캄함이 만민을 가리려니와 오직 여호와께서 네 위에 임하실 것이며 그의 영광이 네 위에 나타나리니 나라들은 네 빛으로, 왕들은 비치는 네 광명으로 나아오리라.

이맘때가 되면 성탄 트리를 언제 치울지 고민하기 시작합니다. 교회 사정마다 다르겠지만, 기준이 없는 건 아닙니다. 교회 성탄 장식은 성탄 4주일 전(11월 마지막 주일 또는 12월 첫째 주일)인 대림절에 시작해서 성탄 시기 동안 하는 것이 보통입니다. 여기서 '성탄 시기'는 성탄절인 12월 25일부터 시작하여 주현절(1월 6일) 다음 첫 번째 주일까지입니다. 이날을 주님의 세례일이라고 부르는데, 교회에서는 보통 그때까지 성탄 트리와 함께 성탄 장식을 유지합니다.

성탄 트리의 유래에 관해서는 전해 오는 이야기가 여럿 있습니다. 그중에서 종교개혁자 마르틴 루터Martin Luther가 동네 아이들에게 성탄의 신비를 가르치고 기리고자 시작했다는 주장이 가장 유력합니다. 여하튼 예나 지금이나 성탄 시기에 교회는 하나님의 아들이 베들레헴이라는 아주 작은 마을에 오신 성육의 신비를 함께 찬송하며 기억합니다. 하늘의 왕이 땅의 아들로 나십니다. 왕궁이 아니라 이름 없는 초라한 장소인 구유에 오십니다. 그렇게 오신 주님이 작고 작은 우리에게도 찾아오셔서 모든 어두움을 빛으로 밝히십니다. 함께 기도합시다.

성탄의 신비로 오신 주님,
주님이 우리에게 오신 날을 상상해 봅니다.
하늘 보좌에서 초라한 땅으로 오신 당신은
어둠 속에 빛을 들고 나셨습니다.
우리가 성탄의 자리에 서 있사오니
연약한 우리를 도우사 강하게 하소서.
쉼 없는 우리에게 안식을 주소서.
고통 중에 있는 우리에게 평안을 주소서.
주의 날을 다시 기다립니다.
당신의 길과 당신의 방법을 모두 알 수는 없지만
우리가 가야 할 길과 살아갈 방법을 당신이 아시오니
우리를 당신 뜻대로 인도하소서.
예수님 이름으로 기도합니다. 아멘.

#성탄 #주현 #성탄목

1월 8일

세례

오늘 하루 수고하셨습니다. 주님께서 주시는 위로와 평화가 여러분 모두에게 함께하시길 바랍니다. 오늘 함께 묵상할 말씀은 누가복음 3장 15-22절입니다.

> 백성들이 바라고 기다리므로 모든 사람들이 요한을 혹 그리스도신가 심중에 생각하니 요한이 모든 사람에게 대답하여 이르되 나는 물로 너희에게 세례를 베풀거니와 나보다 능력이 많으신 이가 오시나니 나는 그의 신발끈을 풀기도 감당하지 못하겠노라. 그는 성령과 불로 너희에게 세례를 베푸실 것이요. 손에 키를 들고 자기의 타작 마당을 정하게 하사 알곡은 모아 곳간에 들이고 쭉정이는 꺼지지 않는 불에 태우시리라. 또 그밖에 여러 가지로 권하여 백성에게 좋은 소식을 전하였으나 분봉 왕 헤롯은 그의 동생의 아내 헤로디아의 일과 또 자기가 행한 모든 악한 일로 말미암아 요한에게 책망을 받고 그 위에 한 가지 악을 더하여 요한을 옥에 가두니라. 백성이 다 세례를 받을새 예수도 세례를 받으시고 기도하실 때에 하늘이 열리며 성령이 비둘기 같은 형체로 그의 위에 강림하시더니 하늘로부터 소리가 나기를 너는 내 사랑하는 아들이라. 내가 너를 기뻐하노라 하시니라.

전통적으로 주현절 다음 첫 번째 주일은 세계 교회가 주님의 세례일로 기념하면서 주님이 요한에게 세례받는 장면을 묵상합니다. 우리도 함께

이 장면을 상상해 봅시다.

성령이 강림하면서 들리는 하늘의 음성은 세례의 증인이 하늘에 계신 하나님이라는 사실을 알립니다. 이 복음을 듣는 우리에게도 같은 메시지가 주어집니다. 예수님의 세례를 하늘에서 보증하고 증언하듯 세례받은 우리 삶의 증인, 우리 삶의 변호자도 높은 곳에 계십니다. 그것이 우리의 신앙입니다. 믿음이란 희망하는 것에 대한 견고한 확신이고 보이지 않는 진리를 의심하지 않는 마음이라고 설명하는 사도들의 권고를 기억합시다. 우리가 부끄러움을 당할 때라도 주님은 우리 곁에서 우리 손을 잡고 우리를 지켜 주실 것입니다. 함께 기도합시다.

하늘에 계신 우리 아버지,
삶의 곳곳에서 우리를 격려하시고
주님 안에 생명이 있음을 가르쳐 주시니 감사합니다.
언제나 우리를 보호하시는 주님,
세례를 통해 우리의 믿음과 소망도 지켜 주시니 참 감사합니다.
우리가 성령을 더욱 깊이 체험하여,
악하고 불행한 세상에서 주님 뜻을 오롯이 살아 내게 하소서.
주님, 우리가 부끄러움을 당하지 않게 하소서.
낙심과 절망의 순간에도 우리를 버리지 마시고
하늘에서 손을 뻗어 주옵소서.
당신은 우리의 산 소망 되십니다.
예수 그리스도의 이름으로 기도합니다. 아멘.

#주님의세례일 #세례 #증인

1월 9일

그리스도를 본받아

오늘 하루 수고하셨습니다. 주님께서 주시는 위로와 평화가 여러분 모두에게 함께하시길 바랍니다. 함께 나눌 말씀은 요한일서 1장 3절입니다.

> 우리가 보고 들은 바를 너희에게도 전함은 너희로 우리와 사귐이 있게 하려 함이니 우리의 사귐은 아버지와 그의 아들 예수 그리스도와 더불어 누림이라.

토마스 아 켐피스의 《그리스도를 본받아*De Imitatione Christi*》라는 유명한 고전이 있지요. 거기 이런 글귀가 있습니다. "우리는 모든 사람을 사랑해야 하지만 그렇다고 모든 사람과 친하게 지내는 것이 바람직한 것은 아니다. 직접 보지 못한 누군가에 관해 소문만 듣고 존경하는 마음을 품었다가 직접 만나 실망할 때가 왕왕 있다."

정말 그런 일이 종종 있습니다. 그래서 누군가를 새롭게 사귀는 일은 매번 신중할 수밖에 없습니다. 아무나 만나서 고민을 털어놓을 수도 없고, 철없는 사람이나 낯선 사람에게 속을 내보일 수도 없습니다. 하지만 그런 고민이 필요 없는 때가 있지요. 바로 우리의 그리스도이신 예수님과 사귐입니다. 그분은 늘 팔 벌려 우리를 환영하고, 귀를 열어 우리의 기도를 들어주고, 기꺼이 우리 삶의 현장에 동행하십니다. 그게 어떤 상황이든 상관없습니다.

요한일서 1장에서 사도 요한은 이렇게 설명합니다. "우리가 보고 들은 바를 너희에게도 전함은 너희로 우리와 사귐이 있게 하려 함이니 우리의 사귐은 아버지와 그의 아들 예수 그리스도와 더불어 누림이라."

그리스도와 참된 사귐을 갖는 사람은 누구를 만나든 자신의 유익과 관심 대신 그리스도의 뜻에 관심을 기울입니다. 그리고 그 뜻은 언제나 삶의 모든 영역에 사랑과 평화가 가득한 길로 우리를 인도합니다. 이와 같은 거룩한 사귐이 우리에게 가득하길 바랍니다. 함께 기도합시다.

주님, 당신께서 주시는 영원하고 선하고 의롭고 참된 것들을
소중히 간직하게 하소서.
이와 같은 것들이 우리의 삶을 빚어내며
어려움을 극복하고 죽음을 이겨 내는 데 도움이 되게 하소서.
인생의 많은 질문에 답을 찾지 못할 때도
고요히 주님을 기다리게 하소서.
결국은 주께서 주님의 명예를 위해,
생명의 길, 선한 길로 우리를 인도하시라 믿습니다.
주님의 손에 우리를 맡깁니다.
주께서 우리에게 주시는 소명을 발견하도록,
우리와 함께하소서.
살아 숨 쉬는 모든 순간,
주님의 거룩한 영이 우리 마음속에서 일하시며
우리를 인도하신다는 복된 사귐을 잊지 않게 하소서.
예수님 이름으로 기도합니다. 아멘.

#사귐 #그리스도 #관심

1월 10일

위로

오늘 하루 수고하셨습니다. 주님께서 주시는 위로와 평화가 여러분 모두에게 함께하시길 바랍니다. 오늘 함께 묵상할 말씀은 이사야 40장 1-5절입니다.

> 너희의 하나님이 이르시되 너희는 위로하라. 내 백성을 위로하라. 너희는 예루살렘의 마음에 닿도록 말하며 그것에게 외치라. 그 노역의 때가 끝났고 그 죄악이 사함을 받았느니라. 그의 모든 죄로 말미암아 여호와의 손에서 벌을 배나 받았느니라 할지니라 하시니라. 외치는 자의 소리여 이르되 너희는 광야에서 여호와의 길을 예비하라. 사막에서 우리 하나님의 대로를 평탄하게 하라. 골짜기마다 돋우어지며 산마다, 언덕마다 낮아지며 고르지 아니한 곳이 평탄하게 되며 험한 곳이 평지가 될 것이요. 여호와의 영광이 나타나고 모든 육체가 그것을 함께 보리라. 이는 여호와의 입이 말씀하셨느니라.

이사야 선지자를 통해 주신 위로의 말씀입니다. 바벨론 포로 기간이 끝나고 해방과 자유가 올 것이라는 선언입니다. 이 말씀은 당신의 백성이 어떤 상황에 있든 주님이 반드시 돕겠다는 말씀이기도 합니다. 지금 우리를 향한 말씀이기도 하지요. 우리가 할 일은 어둠 가운데 숨겨 놓았던 것을 빛으로 가져오는 것입니다. 자기를 용서하고 품어 주시리라는 기대를 품고 주님 앞에 솔직히 나온 사람을 주님은 칭찬하실 것입니다. 왜냐하면,

그분이 바로 우리가 믿고 의지하는 사랑의 주님이기 때문입니다. 이 시간, 우리의 숨겨진 모든 짐을 주님 앞에 내어놓고 함께 기도합시다.

주 우리 하나님,
우리를 향한 주님의 사랑과 도우심이 어찌 그리 크신지요!
주님은 우리 죄를 용서하시고
우리 마음에 착하고 선한 씨앗을 심으십니다.
주님, 이 시간 고백합니다.
오늘 제가 경솔하게 말했던 것,
분노에 휘말렸던 것, 모두 용서해 주소서.
다른 이를 자극한 것을 용서해 주소서.
이웃을 사랑할 기회를 놓쳐 버린 것을 용서해 주소서.
주님, 모든 이의 마음을 열어 주소서.
주님 앞에 숨길 것이 하나도 없습니다.
당신께서는 모든 것을 선하게 마무리하시는 분입니다.
당신 앞에서 마음의 위로를 얻게 하소서.
예수 그리스도의 이름으로 기도합니다. 아멘.

#위로 #이사야

1월 11일

순례의 노래

오늘 하루 수고하셨습니다. 주님께서 주시는 위로와 평화가 함께하시길 바랍니다. 오늘 묵상할 말씀은 시편 128편입니다.

> 여호와를 경외하며 그의 길을 걷는 자마다 복이 있도다. 네가 네 손이 수고한 대로 먹을 것이라. 네가 복되고 형통하리로다. 네 집 안방에 있는 네 아내는 결실한 포도나무 같으며 네 식탁에 둘러 앉은 자식들은 어린 감람나무 같으리로다. 여호와를 경외하는 자는 이같이 복을 얻으리로다. 여호와께서 시온에서 네게 복을 주실지어다. 너는 평생에 예루살렘의 번영을 보며 네 자식의 자식을 볼지어다. 이스라엘에게 평강이 있을지로다.

우리가 걷는 인생길은 어떤 면에서 보면 순례의 길이라고 할 수 있습니다. 순례의 여정에 늘 기쁨과 희망만 있는 것은 아닙니다. 가다 보면 내가 왜 이 길을 걸어야 하나 싶을 정도로 후회스럽기도 하고, 무릎이 시려 아프기도 하고, 발에 물집이 잡혀 더는 걷기 힘들 수도 있습니다. 하지만 그 여행이 정말 '순례의 길'이라면 온몸으로 마지막 순간을 희망하며 인내하고 걸을 수 있습니다. 오늘 함께 나눈 시편 128편을 성경에서 펼쳐 보면, 맨 위에 '성전에 올라 부르는 노래'라는 소제목이 붙어 있습니다. 유대인들이 명절 때 성전을 찾아가며 부르던 찬송이라는 표시입니다. 그러니 시편 128편은 순례의 찬송이라고 할 수 있습니다.

이 찬송을 부르며 성전을 향해 걷던 이들의 마음은 어땠을까요? 오늘 시편에 이들의 소망이 구구절절 담겨 있습니다. 주를 경외하며 걷는 이들에게 복이 있다. 너의 수고한 손이 복되고 형통하다. 네 가족에 화평이 깃들 것이다. 네가 사는 땅, 너의 자손 모두에게 평강이 가득할 것이다.

어떠세요? 이 찬송 시를 묵상할 때는 이 모든 말씀이 우리를 위해 약속된 복이라는 사실을 잊지 말아야 합니다. 그러니 늘 주님께 묻고 그분의 힘을 요청합시다. 그분의 얼굴을 구합시다. 구하는 사람이 받을 것이고, 찾는 사람이 찾을 것이고, 문 두드리는 사람에게 열릴 것입니다. 우리의 소리를 들어주시는 주님께 기도합시다.

주님, 당신께서는 우리의 간구와 탄원,
한숨과 감사의 모든 소리에 귀를 기울이시는 분입니다.
우리에게 오셔서 당신의 선하심과 자비로,
빛과 생명으로 우리를 감싸 주소서.
우리는 부족하고 연약합니다.
굳건히 서서 믿음을 지켜야 할 때 오히려 길을 잃곤 합니다.
그러나 주님은 신실하셔서 우리 곁을 떠나지 않고
날마다 우리를 돌보시고 영혼의 양식으로 먹이신다 약속하셨습니다.
주님, 우리 인생이 헛되지 않게 우리를 선하고 복된 길로 인도하소서.
우리가 새롭게 시작할 수 있도록
삶의 순간순간마다 영원한 주님을 경험하도록 도와주소서.
예수님의 이름으로 기도합니다. 아멘.

#순례 #찬송 #시편

1월 12일

기쁨의 관계

오늘 하루 수고하셨습니다. 주님께서 주시는 위로와 평화가 함께하시길 바랍니다. 오늘 묵상할 말씀은 이사야 62장 1-5절입니다.

> 나는 시온의 의가 빛 같이, 예루살렘의 구원이 횃불 같이 나타나도록 시온을 위하여 잠잠하지 아니하며 예루살렘을 위하여 쉬지 아니할 것인즉 이방 나라들이 네 공의를, 뭇 왕이 다 네 영광을 볼 것이요. 너는 여호와의 입으로 정하실 새 이름으로 일컬음이 될 것이며 너는 또 여호와의 손의 아름다운 관, 네 하나님의 손의 왕관이 될 것이라. 다시는 너를 버림 받은 자라 부르지 아니하며 다시는 네 땅을 황무지라 부르지 아니하고 오직 너를 헵시바라 하며 네 땅을 쁄라라 하리니 이는 여호와께서 너를 기뻐하실 것이며 네 땅이 결혼한 것처럼 될 것임이라. 마치 청년이 처녀와 결혼함 같이 네 아들들이 너를 취하겠고 신랑이 신부를 기뻐함 같이 네 하나님이 너를 기뻐하시리라.

이사야 선지자는 시온의 공의가 빛같이 나타나고 예루살렘의 구원이 횃불같이 나타나는 때를 메시아의 시대라고 선언합니다. 그리고 그 시대의 예표가 이스라엘이 포로 생활을 끝내고 돌아오는 귀환이라고 알립니다. 하나님의 백성에게 어둠의 시간이 걷히고 빛의 시대가 온다는 예언이지요. 이 구절을 읽다 보면 4절에 낯선 단어가 두 개나 나옵니다. '헵시바'와 '쁄라'라는 단어입니다. 헵시바는 '기쁨이 너에게 있다'라는 뜻이고, 쁄라는 '결혼했다'는 뜻입니다. 그래서 4절의 뜻을 풀어 보면, 하나님께서 이스라엘을 기뻐하며 그와 결혼한 것처럼 여길 것이라는 말입니다.

우리 식으로 하면 첫눈에 반하듯 맘에 쏙 들어 결혼했다는 말이지요. 하나님이 우리와 관계하는 방식이 바로 이렇습니다. 하나님은 저와 여러분을 그렇게 사랑하고 아끼십니다. 그러니 어떤 일이 있어도 그분은 우리를 향한 관심을 놓지 않습니다. 오늘 밤, 그렇게 우리 곁에 찾아오시고 우리 일상을 기뻐하시며 가족이 되어 주신 주님을 생각하며 조용히 묵상하고 기도하면 어떨까요? 함께 기도합시다.

주님, 당신은 자기 백성을 흔들리지 않게 붙드시는 분입니다.
이 시간 모든 짐을 당신께 맡깁니다.
포로들을 불러 자유와 해방을 주신 주님,
당신의 인자하심이 얼마나 넓은지
우리가 몸과 마음으로 느끼게 하소서.
신실한 믿음으로 당신 편에 서게 하시어
언제나 자유와 기쁨의 씨앗을 이 땅에 심게 하소서.
주님, 우리의 기도를 들어주소서.
우리가 바라고 구하는 모든 것,
우리의 가장 사소한 걱정까지도 당신 손에 맡기며 기도합니다.
아버지의 이름이 하늘에서와 같이 땅에서도 높임을 받으소서.
우리를 어둠에서 빛으로 인도하시는
예수 그리스도의 이름으로 기도합니다. 아멘.

#새해 #시작 #동행

1월 13일

가장 큰 은사

오늘 하루 수고하셨습니다. 주님께서 주시는 위로와 평화가 함께하시길 바랍니다. 오늘 묵상할 말씀은 고린도전서 12장 4-11절입니다.

> 은사는 여러 가지나 성령은 같고 직분은 여러 가지나 주는 같으며 또 사역은 여러 가지나 모든 것을 모든 사람 가운데서 이루시는 하나님은 같으니 각 사람에게 성령을 나타내심은 유익하게 하려 하심이라. 어떤 사람에게는 성령으로 말미암아 지혜의 말씀을, 어떤 사람에게는 같은 성령을 따라 지식의 말씀을, 다른 사람에게는 같은 성령으로 믿음을, 어떤 사람에게는 한 성령으로 병 고치는 은사를, 어떤 사람에게는 능력 행함을, 어떤 사람에게는 예언함을, 어떤 사람에게는 영들 분별함을, 다른 사람에게는 각종 방언 말함을, 어떤 사람에게는 방언들 통역함을 주시나니 이 모든 일은 같은 한 성령이 행하사 그의 뜻대로 각 사람에게 나누어 주시는 것이니라.

사도 바울이 고린도 교회에 전하는 첫 번째 편지에 나오는 내용입니다. 고린도전서를 읽어 보면, 이 교회에는 신령한 은사를 받은 교인이 무척 많았던 것 같습니다. 문제는 그중 일부가 은사를 너무 강조한 나머지 교회 안에 분열이 생겼던 것 같아요. 더 큰 문제도 있습니다. 신비한 능력이 없는 교인들이 자기들은 교회라는 몸의 일부가 아닌 것으로 느꼈다는 점입니다.

바울의 말대로 교회에는 다양한 은사가 있습니다. 하지만 모든 은사는 누가 잘나서 주어지는 것이 아니라 서로의 덕을 세우기 위해 주어진다는 점을 꼭 기억해야 합니다. 그래서 바울은 성령의 은사를 이렇게 길게 설명한 다음에 가장 큰 성령의 은사를 사모하라고 권고합니다. 그것이 바로 그 유명한 고린도전서 13장의 사랑입니다. 주님이 우리에게 베푸신 가장 큰 일은 사랑입니다. 그리고 그 사랑의 마음을 나누는 것이야말로 가장 신령한 은사이고, 주님의 은혜에 감사를 표하는 최고의 방법이라고 할 수 있습니다. 이 시간 바울의 권고대로 가장 큰 은사인 사랑을 사모하며 함께 기도합시다.

주님, 당신은 우리에게 큰일을 행하셨습니다.
그리스도를 통해 하늘의 신령한 은총을 내려 주셨습니다.
이제 우리에게 어린아이와 같은 마음을 허락하셔서
모든 살아 있는 것들을 사랑의 눈으로 바라보게 하소서.
우리는 비록 약하고 어리석지만,
살아가는 모든 자리에서 사랑으로 이해하며 선한 결실을 보게 하소서.
주님, 당신께서는 우리가 일상에서 겪는
어려움과 복잡한 사정들을 잘 아십니다.
언제나 우리를 지키며 도우시는 당신을 신뢰하오니
어디서 어떤 일을 만나든지 용기를 잃지 않게 하소서.
우리에게 사랑의 선물을 베푸시는
예수 그리스도의 이름으로 기도합니다. 아멘.

#사랑 #은사 #고린도전서

1월 14일

가나 혼인 잔치

오늘 하루 수고하셨습니다. 주님께서 주시는 위로와 평화가 함께하시길 바랍니다. 오늘 묵상할 말씀은 요한복음 2장 1-11절입니다.

> 사흘째 되던 날 갈릴리 가나에 혼례가 있어 예수의 어머니도 거기 계시고 예수와 그 제자들도 혼례에 청함을 받았더니 포도주가 떨어진지라. 예수의 어머니가 예수에게 이르되 저들에게 포도주가 없다 하니 예수께서 이르시되 여자여 나와 무슨 상관이 있나이까. 내 때가 아직 이르지 아니하였나이다. 그의 어머니가 하인들에게 이르되 너희에게 무슨 말씀을 하시든지 그대로 하라 하니라. 거기에 유대인의 정결 예식을 따라 두세 통 드는 돌항아리 여섯이 놓였는지라. 예수께서 그들에게 이르시되 항아리에 물을 채우라 하신즉 아귀까지 채우니 이제는 떠서 연회장에게 갖다 주라 하시매 갖다 주었더니 연회장은 물로 된 포도주를 맛보고도 어디서 났는지 알지 못하되 물 떠온 하인들은 알더라. 연회장이 신랑을 불러 말하되 사람마다 먼저 좋은 포도주를 내고 취한 후에 낮은 것을 내거늘 그대는 지금까지 좋은 포도주를 두었도다 하니라. 예수께서 이 첫 표적을 갈릴리 가나에서 행하여 그의 영광을 나타내시매 제자들이 그를 믿으니라.

물로 포도주를 만든 사건, 예수님의 첫 번째 이적이지요. 이 사건에는 여러 묵상 거리가 있지만, 무엇보다 중요한 것은 포도주에 담겨 있는 상징일 겁니다. 포도주를 기쁨과 하나님의 복의 표시로 간주하던 구약의 배경에서 보자면, 혼인 잔치에 포도주가 떨어진 이 상황은 단순하게 들리지 않습니다. 여기에는 기쁨이 사라진 사람들, 기쁨을 빼앗긴 사람들의 현실이 숨겨져 있습니다. 그러니 예수님이 포도주를 아주 평범한 일상의 물로 만들어 냈다는 것은 그렇게 기쁨을 상실한 우리 일상 한가운데 주님이 기쁨과 복을 만들어 내신다는 뜻으로 읽을 수 있습니다. 혹시 오늘 하루 힘들고 지쳐서 기쁨이 사라졌나요? 그렇다면 물이라는 일상에서 기쁨의 잔치를 여시는 우리 주님께 모든 짐을 맡겨 보는 건 어떨까요? 함께 기도합시다.

주님, 이 시간 당신께 무릎 꿇습니다.
주님은 우리의 모든 짐을 담당하시며,
기쁨과 복을 창조하시는 분입니다.
우리 삶을 당신께 맡기오니
당신의 선한 나라로 인도하시고 다스리소서.
주의 말씀을 새겨듣습니다.
우리 마음에 생명을 불어넣으시는 주님,
우리를 새롭게 하소서.
선하고 아름다운 마음을 우리 안에 만드시어,
그 영롱한 마음 빛으로 세상을 살아 내게 하소서.
이 밤도 주의 따스한 품에 맡깁니다.
예수 그리스도의 이름으로 기도합니다. 아멘.

#가나혼인잔치 #첫이적 #물과포도주

1월 15일

성령의 위로

오늘 하루 수고하셨습니다. 주님께서 주시는 위로와 평화가 여러분 모두에게 함께하시길 바랍니다. 오늘 저녁 함께 묵상할 말씀은 로마서 8장 24-28절입니다.

> 우리가 소망으로 구원을 얻었으매 보이는 소망이 소망이 아니니 보는 것을 누가 바라리요. 만일 우리가 보지 못하는 것을 바라면 참음으로 기다릴지니라. 이와 같이 성령도 우리의 연약함을 도우시나니 우리는 마땅히 기도할 바를 알지 못하나 오직 성령이 말할 수 없는 탄식으로 우리를 위하여 친히 간구하시느니라. 마음을 살피시는 이가 성령의 생각을 아시나니 이는 성령이 하나님의 뜻대로 성도를 위하여 간구하심이니라. 우리가 알거니와 하나님을 사랑하는 자 곧 그의 뜻대로 부르심을 입은 자들에게는 모든 것이 합력하여 선을 이루느니라.

살면서 조금도 괴롭지 않거나 몸과 마음이 아프지 않을 수는 없습니다. 그런 생활은 영원한 안식의 상태에서나 가능하지요. 그렇다고 영원한 안식이 우리가 죽은 다음에 올 먼 미래의 일이라고 제쳐 둘 일은 아닙니다. 우리가 믿고 기대는 그리스도께서 "나의 평안을 너희에게 주노라"(요 14:27)라고 하셨으니까요. 사도 바울도 이렇게 말했지요. "성령도 우리의 연약함을 도우시나니"(롬 8:26).

우리의 연약함을 도우시며 우리에게 평안을 주시는 성령의 위로가 우리 가운데 가득하길 바랍니다. 함께 기도하겠습니다.

주님, 당신께서는 거룩한 영을 보내셔서
기도하는 이들을 도우시는 분입니다.
이 시간 당신께 기도하오니 연약한 우리를 도우소서.
빛이 안 보이는 세계에 빛을 비춰 주시고,
소망 없는 세계에 희망을 보여 주소서.
그리스도의 은혜를 받아들이는 사람들,
기꺼이 주님을 따르고자 순종하는 사람들,
가슴의 응어리를 맡기는 이들의 삶 속에
주님의 나라를 세우소서.
우리가 주님의 일을 기다립니다.
성령으로 우리를 도우소서.
예수님의 이름으로 기도합니다. 아멘.

#성령 #위로 #바울

1월 16일

오병이어보다 큰 기적

오늘 하루 수고하셨습니다. 주님께서 주시는 위로와 평화가 여러분 모두에게 함께하시길 바랍니다. 함께 묵상할 말씀은 누가복음 9장 16-17절입니다.

> 예수께서 떡 다섯 개와 물고기 두 마리를 가지사 하늘을 우러러 축사하시고 떼어 제자들에게 주어 무리에게 나누어 주게 하시니 먹고 다 배불렀더라. 그 남은 조각을 열두 바구니에 거두니라.

우리는 매일 보고 듣는 것을 '기적'으로 여기지 않습니다. 하지만 그것이 바로 기적입니다. 해마다 곡식이 땅에서 자라는 걸 보세요. 예수님이 보리 떡 다섯 개와 물고기 두 마리로 오천 명을 먹이신 것처럼, 창조주 하나님은 흙과 모래, 돌과 물로 곡식과 과일을 만들어 세상을 먹이십니다. 이것이야말로 태초부터 시작되어 매일 우리 앞에 일어나는 기적입니다. 하지만 우리는 이 일에 너무 익숙해서 이 놀라운 기적을 눈이 있어도 보지 못하고, 귀가 있어도 듣지 못합니다. 그렇게 우리는 창조주의 기적을 매일 지나칩니다.

하나님이 가끔 일상의 흐름에서 벗어난 일, '기적'이라는 것을 일으킬 때가 있습니다. 그걸 보고 우리는 특별하고 신비하다며 호들갑 떨지만, 어쩌면 그런 기적은 하나님의 신비에 눈 감아 버린 이들을 향한 하나님의 변칙 수단인지도 모르겠습니다. 오죽하면 일상의 신비를 깨뜨려 오병이어 같은 일회성 기적을 일으키실까요?

하나님은 그렇게 해서라도 우리를 매일 온 세계에서 일어나는 기적 속으로 안내하십니다. 일상이 기적이고 평범이 비범입니다. 해가 뜨고 지는 것, 잠자고 일어나는 것, 숨 쉬고 눈뜨는 것, 그리고 당신이 나를 아는 것, 모두 신비한 기적입니다. 이 밤, 일상에 깃든 창조주 하나님의 기적을 볼 수 있길 바랍니다. 마음을 열어 함께 기도합시다.

만물을 창조하시고 신비롭게 운행하시는 하나님,
주님의 손길은 놀랍습니다.
해와 달도 주님 손으로 움직이고,
들에 핀 백합화와 공중 나는 새도 하나님이 먹이십니다.
믿음의 눈으로 다시 보니 매일의 삶이 새롭고 신비합니다.
주님, 우리가 당신의 신비 가운데 있습니다.
온 세계가 주님의 기적을 알게 하소서.
그리하여 당신이 몰고 오시는 주님의 나라를 소망하게 하소서.
우리가 그 소식을 기쁨으로 전하게 하소서.
예수님 이름으로 기도합니다. 아멘.

#오병이어 #기적 #창조주 #일상

1월 17일

구하라 주실 것이다

오늘 하루 수고하셨습니다. 주님께서 주시는 위로와 평화가 여러분 모두에게 함께하시길 바랍니다. 오늘 함께 묵상할 말씀은 마태복음 7장 7-14절입니다.

> 구하라. 그리하면 너희에게 주실 것이요. 찾으라. 그리하면 찾아낼 것이요. 문을 두드리라. 그리하면 너희에게 열릴 것이니 구하는 이마다 받을 것이요. 찾는 이는 찾아낼 것이요. 두드리는 이에게는 열릴 것이니라. 너희 중에 누가 아들이 떡을 달라 하는데 돌을 주며 생선을 달라 하는데 뱀을 줄 사람이 있겠느냐. 너희가 악한 자라도 좋은 것으로 자식에게 줄 줄 알거든 하물며 하늘에 계신 너희 아버지께서 구하는 자에게 좋은 것으로 주시지 않겠느냐. 그러므로 무엇이든지 남에게 대접을 받고자 하는 대로 너희도 남을 대접하라. 이것이 율법이요 선지자니라. 좁은 문으로 들어가라. 멸망으로 인도하는 문은 크고 그 길이 넓어 그리로 들어가는 자가 많고 생명으로 인도하는 문은 좁고 길이 협착하여 찾는 자가 적음이라.

"구하라. 그리하면 너희에게 주실 것이요. 찾으라. 그리하면 찾아낼 것이요. 문을 두드리라. 그리하면 너희에게 열릴 것이니." 이 복음의 말씀은 주님의 약속입니다. 신실하고 속임 없는 우리 주님은 이 약속을 지키십니다. 믿음으로 주님께 묻고 그분의 힘을 요청합시다. 주님의 얼굴을 구하며 기도하는 사람은 받게 될 것이고, 찾게 될 것입니다. 내가 드리는 간구와 탄원, 하늘을 향한 우리의 한숨과 감사를 주님이 듣지 않는 것처럼 느껴질 때도 계속 기도합시다. 왜냐하면, 우리가 믿고 의지하는 주님은 우리의 기도를 들어주시는 분이기 때문입니다. 함께 기도합시다.

주님, 이 시간 간절히 기도합니다.
우리의 기도를 들어주소서.
기쁨과 감사도, 지루하고 힘든 삶의 고통도 당신께 의뢰합니다.
주님은 세례받은 우리를 당신의 자녀로 받아 주시며
가장 선한 것으로 응답하고 먹이겠다고 약속하셨습니다.
이 말씀을 믿고 기도하오니 우리를 주님의 나라로 이끌어 주소서.
감사와 찬송을 당신께 드리니 우리 생각과 마음을 지켜 주소서.
우리가 낙심할 때도 성령께서 우리를 도우셔서 희망을 보게 하소서.
예수 그리스도의 이름으로 기도합니다. 아멘.

#기도 #약속 #복음

1월 18일

위대한 노래

오늘 하루 수고하셨습니다. 주님께서 주시는 위로와 평화가 여러분 모두에게 함께하시길 바랍니다. 오늘 함께 묵상할 말씀은 시편 19편 7-14절입니다.

> 여호와의 율법은 완전하여 영혼을 소성시키며 여호와의 증거는 확실하여 우둔한 자를 지혜롭게 하며 여호와의 교훈은 정직하여 마음을 기쁘게 하고 여호와의 계명은 순결하여 눈을 밝게 하시도다. 여호와를 경외하는 도는 정결하여 영원까지 이르고 여호와의 법도 진실하여 다 의로우니 금 곧 많은 순금보다 더 사모할 것이며 꿀과 송이꿀보다 더 달도다. 또 주의 종이 이것으로 경고를 받고 이것을 지킴으로 상이 크니이다. 자기 허물을 능히 깨달을 자 누구리요. 나를 숨은 허물에서 벗어나게 하소서. 또 주의 종에게 고의로 죄를 짓지 말게 하사 그 죄가 나를 주장하지 못하게 하소서. 그리하면 내가 정직하여 큰 죄과에서 벗어나겠나이다. 나의 반석이시요 나의 구속자이신 여호와여 내 입의 말과 마음의 묵상이 주님 앞에 열납되기를 원하나이다.

C. S. 루이스는 《시편사색*Reflections on the Psalms*》이라는 책에서 시편 19편을 "시편에서 가장 위대한 시이자 세상에서 가장 위대한 노랫말 중 하나"라고 칭했습니다.[2] 여기에는 아름다운 이미지, 장난스러운 시, 우아한 기도문이 사용되는데, 오늘 함께 묵상할 말씀은 하나님의 말씀과 그 교훈에

순종하는 종의 기도입니다. 우리는 종종 성경이 전하는 가장 기본적인 은혜의 수단을 잊곤 합니다.

오늘 읽은 시편은 우리에게 '성경'이라는 은총의 수단이 얼마나 귀한 것인지 각인시킵니다. 주님의 말씀은 우리 영혼을 소생시키고, 어리석은 사람을 지혜롭게 하고, 닫힌 세계에 눈을 뜨게 합니다. 그런데 지금 우리 삶에서 성경은 어디에 자리 잡고 있나요? 혹시 주일에만 펼쳐 읽는 종교인의 장식품은 아닌지 돌아보게 됩니다. 오늘 이 시간, 시편 19편의 노랫말을 깊이 되새기고 묵상하는 밤이 되길 바랍니다. 함께 기도합시다.

주님, 당신께서는 말씀으로 온 세계를 창조하셨습니다.
그 말씀으로 세계를 보존하시고 움직이십니다.
우리가 주님의 말씀에 귀를 기울이게 하소서.
주님의 교훈을 마음에 새겨
입과 마음의 묵상이 삶으로 열매 맺게 하소서.
그리하여 당신의 자녀들이 사는 이 세상이
주님에게서 멀어지지 않고
기쁨으로 주의 날을 기다리게 하소서.
우리를 다시 살리시는 예수님의 이름으로 기도합니다. 아멘.

#시편 #말씀 #성경

1월 19일

말씀

오늘 하루 수고하셨습니다. 주님께서 주시는 위로와 평화가 여러분 모두에게 함께하시길 바랍니다. 오늘 함께 묵상할 말씀은 느헤미야 8장 1-3절, 5-6절, 8-10절입니다.

> 이스라엘 자손이 자기들의 성읍에 거주하였더니 일곱째 달에 이르러 모든 백성이 일제히 수문 앞 광장에 모여 학사 에스라에게 여호와께서 이스라엘에게 명령하신 모세의 율법책을 가져오기를 청하매 일곱째 달 초하루에 제사장 에스라가 율법책을 가지고 회중 앞 곧 남자나 여자나 알아들을 만한 모든 사람 앞에 이르러 수문 앞 광장에서 새벽부터 정오까지 남자나 여자나 알아들을 만한 모든 사람 앞에서 읽으매 뭇 백성이 그 율법책에 귀를 기울였는데. … 에스라가 모든 백성 위에 서서 그들 목전에 책을 펴니 책을 펼 때에 모든 백성이 일어서니라. 에스라가 위대하신 하나님 여호와를 송축하매 모든 백성이 손을 들고 아멘 아멘 하고 응답하고 몸을 굽혀 얼굴을 땅에 대고 여호와께 경배하니라. … 하나님의 율법책을 낭독하고 그 뜻을 해석하여 백성에게 그 낭독하는 것을 다 깨닫게 하니 백성이 율법의 말씀을 듣고 다 우는지라. 총독 느헤미야와 제사장 겸 학사 에스라와 백성을 가르치는 레위 사람들이 모든 백성에게 이르기를 오늘은 너희 하나님 여호와의 성일이니 슬퍼하지 말며 울지 말라 하고 느헤미야가 또 그들에게 이르기를 너희는 가서 살진 것을 먹고 단 것을 마시되 준비하지 못한 자

에게는 나누어 주라. 이 날은 우리 주의 성일이니 근심하지 말라. 여호와로 인하여 기뻐하는 것이 너희의 힘이니라 하고.

바벨론에서 포로 생활하던 이스라엘 백성들이 고향으로 돌아와 제일 먼저 한 일은 하나님의 도성 예루살렘을 재건하는 일이었습니다. 모두가 힘을 합해 성벽을 하나씩 쌓아 올려 옛 모습을 회복합니다. 다 완성되자 사람들이 광장에 모입니다. 파괴되었던 도시가 제 모습을 찾으니, 그 감격과 기쁨을 어떻게라도 나누고 싶었던 것 같습니다. 그런데 놀라운 점은 광장에 모인 사람들이 가장 먼저 벌인 일이 왁자지껄한 축제가 아니었다는 점입니다. 사람들은 에스라를 불러 말씀을 읽어 달라고 했습니다. 그것도 한두 구절 읽고 마는 것이 아니라, 새벽부터 정오까지 장장 대여섯 시간을 모두 말씀에 집중합니다.

이 본문을 읽으면 우리 신앙의 태도를 돌아보게 됩니다. 그리고 참 쉼과 기쁨이 어디서 오는지 생각해 봅니다. 아우구스티누스는 《고백록 *Confessions*》에서 이렇게 기도합니다.

오, 주님, 당신은 참으로 위대하십니다. … 당신께서는 나를 창조하실 때 내 모든 것이 당신을 향하도록 빚으셨습니다. 그러나 지금 나의 마음은 여전히 불안합니다. 오직 당신 품에 안길 때만 비로소 참된 안식을 얻을 수 있습니다.[3]

우리가 하나님의 형상이라면, 우리가 참된 안식을 얻을 수 있는 곳은 궁극적으로 하나님 품입니다. 그리고 하나님의 따스한 품을 우리는 '말씀' 안에서 느낄 수 있습니다. 에스라와 느헤미야 앞에서 말씀을 듣고 위로와 힘을 얻던 사람들 자리에 오늘 우리가 서 있길 바랍니다. 하나님의 말씀이 이 밤 저와 여러분을 염려와 근심에서 자유롭게 할 것입니다. 함께 기도합시다.

주님, 당신께서는 나의 모든 것이 당신을 향하도록
당신의 형상대로 창조하셨습니다.
이 시간 당신의 온유한 품에 안기오니,
세상이 줄 수 없는 평안의 쉼을 주소서.
우리 몸과 물질의 필요도 아시오니
당신의 손으로 우리를 채우소서.
이 밤, 당신의 고요하고 아름다운 세계 속에
나를 잠기게 하소서.
주께서 우리를 지켜 주소서.
예수님 이름으로 기도합니다. 아멘.

#안식 #에스라 #아우구스티누스 #고백록

1월 20일

한 몸 공동체

오늘 하루 수고하셨습니다. 주님께서 주시는 위로와 평화가 여러분 모두에게 함께하시길 바랍니다. 오늘 함께 묵상할 말씀은 고린도전서 12장 12-27절입니다.

> 몸은 하나인데 많은 지체가 있고 몸의 지체가 많으나 한 몸임과 같이 그리스도도 그러하니라. 우리가 유대인이나 헬라인이나 종이나 자유인이나 다 한 성령으로 세례를 받아 한 몸이 되었고 또 다 한 성령을 마시게 하셨느니라. 몸은 한 지체뿐만 아니요 여럿이니 만일 발이 이르되 나는 손이 아니니 몸에 붙지 아니하였다 할지라도 이로써 몸에 붙지 아니한 것이 아니요. 또 귀가 이르되 나는 눈이 아니니 몸에 붙지 아니하였다 할지라도 이로써 몸에 붙지 아니한 것이 아니니 만일 온 몸이 눈이면 듣는 곳은 어디며 온 몸이 듣는 곳이면 냄새 맡는 곳은 어디냐. 그러나 이제 하나님이 그 원하시는 대로 지체를 각각 몸에 두셨으니 만일 다 한 지체뿐이면 몸은 어디냐. 이제 지체는 많으나 몸은 하나라. 눈이 손더러 내가 너를 쓸 데가 없다 하거나 또한 머리가 발더러 내가 너를 쓸 데가 없다 하지 못하리라. 그뿐 아니라 더 약하게 보이는 몸의 지체가 도리어 요긴하고 우리가 몸의 덜 귀히 여기는 그것들을 더욱 귀한 것들로 입혀 주며 우리의 아름답지 못한 지체는 더욱 아름다운 것을 얻느니라. 그런즉 우리의 아름다운 지체는 그럴 필요가 없느니라. 오직 하나님이 몸을 고르게 하여 부족한 지체에게 귀중함을

더하사 몸 가운데서 분쟁이 없고 오직 여러 지체가 서로 같이 돌보게 하셨느니라. 만일 한 지체가 고통을 받으면 모든 지체가 함께 고통을 받고 한 지체가 영광을 얻으면 모든 지체가 함께 즐거워하느니라. 너희는 그리스도의 몸이요 지체의 각 부분이라.

얼마 전 발에 가시가 박혀 온통 신경이 쓰인 적이 있습니다. 신발과 양말을 벗고 꾸부정한 자세로 아픈 곳을 살폈습니다. 노안 때문에 잘 보이지도 않아 영 답답하더군요. 핸드폰 플래시를 켜고 한참 끙끙거린 끝에야 겨우 찾았습니다. 그런데 찾고 보니 새끼발가락에서도 눈에 잘 띄지 않는 구석에 작디작은 가시가 박혀 있었습니다. 말 그대로 '아주 작은' 가시였습니다. 그놈을 뽑고 나니 언제 그런 일이 있었냐는 듯 통증이 싹 가셨습니다. 그러고 나니 이런 생각이 들었습니다. '평소에는 한 번도 눈여겨보지 않던 새끼발가락인데 이것도 엄연히 내 몸이구나.'

몸에 이상이 생기면 가장 아픈 곳부터 신경 쓰이기 시작합니다. 그곳이 팔이든 다리든 심장이든 얼굴이든 상관없이 약한 곳이면 여지없이 신호가 바로 옵니다. 몸에서 가장 약한 곳이 신호를 보내면, 손과 발, 눈, 심지어 온 신경이 그곳에 집중됩니다. 그리고는 온전해지기 위해 모두 힘을 합합니다. 우리가 사는 세계, 우리의 교회가 그렇게 한 몸이 되면 좋겠습니다. 함께 기도합시다.

오, 사랑하는 주님.
당신께서는 우리가 살아가는 세계를 한 몸으로 연결해 놓으셨습니다.
주님은 가난하고 불쌍한 피조물들을 다 아십니다.
우리를 위해 생명을 내어 주셨으니,
이제 당신의 몸인 우리가 우리 곁에 있는 이들을

제 심장처럼 돌보게 하셔서

거룩한 사귐을 이루게 하소서.

우리에게 인내를 주소서.

욕하고 침 뱉는 이들을 참게 하시어

배반하고 고소하는 반역자가 아니라

일곱 번이라도 참는 그리스도인이 되게 하소서.

주님, 당신께서는 우리의 필요를 잘 아십니다.

가장 좋은 때, 가장 선한 것으로 응답하시고 도와주소서.

그리하여 당신 뜻이 하늘에서 이루어진 것 같이

우리에게도 은총 가운데 이뤄지게 하소서.

예수님의 이름으로 기도합니다. 아멘.

#교회 #한몸 #고린도전서

1월 21일

인색

오늘 하루 수고하셨습니다. 주님께서 주시는 위로와 평화가 여러분 모두에게 함께하시길 바랍니다. 오늘 함께 묵상할 말씀은 누가복음 4장 16-21절과 28-30절입니다.

> 예수께서 그 자라나신 곳 나사렛에 이르사 안식일에 늘 하시던 대로 회당에 들어가사 성경을 읽으려고 서시매 선지자 이사야의 글을 드리거늘 책을 펴서 이렇게 기록된 데를 찾으시니 곧 주의 성령이 내게 임하셨으니 이는 가난한 자에게 복음을 전하게 하시려고 내게 기름을 부으시고 나를 보내사 포로 된 자에게 자유를, 눈 먼 자에게 다시 보게 함을 전파하며 눌린 자를 자유롭게 하고 주의 은혜의 해를 전파하게 하려 하심이라 하였더라. 책을 덮어 그 맡은 자에게 주시고 앉으시니 회당에 있는 자들이 다 주목하여 보더라. 이에 예수께서 그들에게 말씀하시되 이 글이 오늘 너희 귀에 응하였느니라 하시니. … 회당에 있는 자들이 이것을 듣고 다 크게 화가 나서 일어나 동네 밖으로 쫓아내어 그 동네가 건설된 산 낭떠러지까지 끌고 가서 밀쳐 떨어뜨리고자 하되 예수께서 그들 가운데로 지나서 가시니라.

예수님이 고향에서 배척받으신 일은 아무리 생각해도 이상합니다. 고향 사람들이 산 끝 낭떠러지로 끌고 가 밀어 버리려고 했다는 대목에서는 아연실색하게 됩니다. 평생 알던 고향 사람들 아닌가요? 사이좋게 지내고 협력하는 건 고사하고, 배신하고 살해 위협까지 했다니, 정나미 뚝 떨어질 일입니다. 그런데도 성경은 회당에서 성경을 펼쳐 메시아의 사역을 낭독한 후에 일어난 일이라고 담담히 전해 줍니다.

동네 사람들은 왜 그렇게 모질고 못된 짓을 했을까요? 누구 잘되는 꼴이 보기 싫어서, 누가 바른 소리 하는 것이 듣기 싫어서 그랬을까요? 이 본문을 읽다가 고대 교회에서 대죄로 꼽던 일곱 가지 죄 중 하나가 생각났습니다.

'인색'이라는 죄입니다. 보통 재물에 대한 탐욕이 지나쳐서 이웃과 나누지 않는 죄를 인색이라고 부릅니다. 하지만 원래는 돈이나 재물과만 관련된 게 아니라, '있는 그대로 평가하지 않는 죄'라는 뜻도 담겨 있습니다. 그러고 보면, 예수님 고향 사람들의 죄도 인색이지만, 일상에서 범하는 우리의 인색도 무궁무진합니다. 훌륭한 동료를 두고 시기하며 깎아내리는 행동도 인색이고, 반대로 악하고 부정한 일을 두고 눈감는 행동도 인색입니다. "예" 할 일은 "예"하고 "아니요" 할 일은 "아니요" 하는 것이 기독교적입니다.

오늘 우리는 어떻게 살았나요? 칭찬해야 할 일을 지나친 적은 없는지, 혹여 인색하게 군 일은 없는지 돌아봅시다. 함께 기도합시다.

주님, 당신께서는 우리 모두를 하나님의 형상으로 만드셨습니다.
우리는 모두 고귀하며 존중받을 만합니다.
살아 있는 생명 그 자체로
귀하게 대접받는 사회와 교회가 되게 하소서.
있는 그대로의 모습을 있는 그대로 받아들이고,
선한 것과 악한 것을 있는 그대로 온전히 판단할
마음의 눈도 저에게 주소서.

그리하여 하나님 말씀대로 가난한 자에게 기쁜 소식을,

눌린 자에게 자유를 주며,

제 목소리를 잃은 이들의 목소리가 되는 삶을 살게 하소서.

오늘 이 밤, 겸손한 마음으로 주님을 찾습니다.

이곳에 찾아와 주소서.

예수 그리스도의 이름으로 기도합니다. 아멘.

#인색 #배척당한예수 #고향

1월 22일

내 속에 있는 은사

오늘 하루 수고하셨습니다. 주님께서 주시는 위로와 평화가 여러분 모두에게 함께하시길 바랍니다. 오늘 함께 묵상할 말씀은 디모데후서 1장 3-9절입니다.

> 내가 밤낮 간구하는 가운데 쉬지 않고 너를 생각하여 청결한 양심으로 조상적부터 섬겨 오는 하나님께 감사하고 네 눈물을 생각하여 너 보기를 원함은 내 기쁨이 가득하게 하려 함이니 이는 네 속에 거짓이 없는 믿음이 있음을 생각함이라. 이 믿음은 먼저 네 외조모 로이스와 네 어머니 유니게 속에 있더니 네 속에도 있는 줄을 확신하노라. 그러므로 내가 나의 안수함으로 네 속에 있는 하나님의 은사를 다시 불일듯 하게 하기 위하여 너로 생각하게 하노니 하나님이 우리에게 주신 것은 두려워하는 마음이 아니요. 오직 능력과 사랑과 절제하는 마음이니. 그러므로 너는 내가 우리 주를 증언함과 또는 주를 위하여 갇힌 자 된 나를 부끄러워하지 말고 오직 하나님의 능력을 따라 복음과 함께 고난을 받으라. 하나님이 우리를 구원하사 거룩하신 소명으로 부르심은 우리의 행위대로 하심이 아니요. 오직 자기의 뜻과 영원 전부터 그리스도 예수 안에서 우리에게 주신 은혜대로 하심이라.

사도 바울이 믿음의 아들 디모데에게 보내는 편지입니다. 젊은 디모데의 목회 여정이 꽤 힘들었던 것 같습니다. 오죽하면 감옥에 있던 바울이 네 눈물을 생각하고 있다면서 이런 위로의 편지를 썼을까 싶습니다. 누군가 디모데의 소식을 전해 주었겠지요. 바울은 그 소식을 듣고 밤낮 명했던 것 같습니다. 그리고 편지를 보내는데, 이런 말로 시작합니다.

"내가 이렇게 감옥에 있지만, 나는 하나님께 참 감사한단다. 내 핏줄 속에는 청결한 양심이 흐르고 있는데, 그게 하나님이 내 조상 때부터 주신 선물이란다. 그 청결한 양심이 이 험난한 목회 여정을 인내하고 버티게 했단다. 그런데 디모데야, 네게도 내가 받은 그런 하나님의 놀라운 선물이 있어. 그것은 바로 네 외조모 로이스와 어머니 유니게 속에 있던 거짓 없는 믿음이란다. 그 거짓 없는 믿음이 너로 오늘 이 자리에 서게 했단다. 지금 이 힘든 상황에서 일어서야 한다. 그것이 하나님이 우리를 부르신 소명이란다."

바울에게는 청결한 양심이, 디모데 속에는 거짓 없는 믿음이 있다고 말합니다. 이 하나님의 선물이 그들로 인내하고 다시 서게 합니다. 우리에게는 어떤 은사가 맡겨져 있을까요? 무엇이 주어졌는지 모르겠다고요? 그럼 그 은사가 무엇인지 이 밤 곰곰이 생각해 보는 건 어떨까요? 함께 기도합시다.

주님, 당신께서는 각 사람에게 하늘의 은사를 주시고
그 선물로 당신의 나라를 넓혀 나가십니다.
믿음과 사랑, 소망 안에서 당신이 주신 은사를 발견하게 하소서.
때로는 하나님을 원망하고 의심합니다.
그러나 그때도 주님은 나를 떠나지 않음을
더욱 새롭게 깨닫게 하소서.
성령의 일을 따라 선한 마음을 주시어
도움이 필요한 사람들 속에서 주님을 만나게 하시고,

땀방울과 기도 속에서 주의 일이 이루어짐을 확인하게 하소서.
이 밤, 나와 나의 가족, 나의 친구들,
그리고 당신이 창조하신 모든 세계를
선하고 아름답게 지켜 주소서.
예수 그리스도 이름으로 기도합니다. 아멘.

#은사 #디모데 #바울

1월 23일

흔들리는 신앙

오늘 하루 수고하셨습니다. 주님께서 주시는 위로와 평화가 여러분 모두에게 함께하시길 바랍니다. 오늘 함께 묵상할 말씀은 요한복음 16장 6-13절입니다.

> 도리어 내가 이 말을 하므로 너희 마음에 근심이 가득하였도다. 그러나 내가 너희에게 실상을 말하노니 내가 떠나가는 것이 너희에게 유익이라. 내가 떠나가지 아니하면 보혜사가 너희에게로 오시지 아니할 것이요. 가면 내가 그를 너희에게로 보내리니 그가 와서 죄에 대하여, 의에 대하여, 심판에 대하여 세상을 책망하시리라. 죄에 대하여라 함은 그들이 나를 믿지 아니함이요. 의에 대하여라 함은 내가 아버지께로 가니 너희가 다시 나를 보지 못함이요. 심판에 대하여라 함은 이 세상 임금이 심판을 받았음이라. 내가 아직도 너희에게 이를 것이 많으나 지금은 너희가 감당하지 못하리라. 그러나 진리의 성령이 오시면 그가 너희를 모든 진리 가운데로 인도하시리니 그가 스스로 말하지 않고 오직 들은 것을 말하며 장래 일을 너희에게 알리시리라.

"나는 평생 내 신앙을 한 번도 의심한 적 없고, 신앙이 흔들려 본 적도 없다"라고 화통하게 말하는 이들을 보면 무척 부럽습니다. 사실 저는 그렇지 않기 때문입니다. 목사가 흔들리는 신앙을 가졌다는 것이 어찌 생각하면 이상하게 들릴지 모르지만, 그렇다고 부끄럽지는 않습니다. 신앙이 잘못돼서 그런 것도 아닙니다.

신앙이란 순례자의 길과 같아서 걷다 보면 지치고 다리 아파 주저앉을 때도 있고, 다리 주무르고 어깨 두드리고 허리 펴 가며 긴 숨을 내쉴 때도 있게 마련입니다. 하지만 그런데도 내가 가는 길이 신앙의 길이라는 확신이 있기에 석양 끝자락을 보며 다시 일어나 걷고 또 걷습니다. 그러나 그렇게 일어나 걷다가도 또 '내가 왜 이런 험한 길을 걷고 있지?' 의심하고 후회하기도 합니다. 하지만 그렇게 걷다가 종점에 도착해서 주님이 맞아주실 때 비로소 우리가 걸어온 신앙의 길이 얼마나 자연스러웠고 위대했는지 알게 될 것입니다.

신앙이란 그렇게 매번 의심하며 질문하고 답을 찾아가며 단단해지는 것이 아닐까요? 일평생 의심도 안 생기고 흔들린 적도 없다는 사람들에게 저 같은 목사는 목사 같지도 않아 보이겠지만, 다행스러운 것은 아우구스티누스나 마르틴 루터, 그리고 열두 제자도 갈대처럼 흔들리던 사람이었다는 점입니다. 그런 사람들에게도 주님이 함께하셨다면, 흔들리는 저에게도 임마누엘의 은혜가 떠나지 않을 것입니다. 그것이 참 다행입니다. 함께 기도합시다.

주님, 저는 매번 갈대처럼 흔들립니다.
하지만 주님은 그런 저를 여전히 사랑하시는 분입니다.
당신은 마음의 참된 평화이고 유일한 안식처입니다.
당신 없이는 모든 일이 고되고 불안합니다.
우리의 마음이 항상 참되며 당신 안에 머무르게 하소서.
우리가 하는 모든 일이 당신의 기쁨이 되도록 우리를 인도하소서.
당신께서 뜻하신 바가 무엇이든 우리가 기꺼이 받아들이게 하시어,
시련을 거룩하고 기쁜 십자가로 여기고,

당신께서 펼치시는 선과 악의 손길을

차별 없이 한마음으로 받아들이게 하소서.

우리가 겪는 모든 일을 당신께 감사하게 하소서.

예수 그리스도의 이름으로 기도합니다. 아멘.

#신앙 #요한복음 #임마누엘

1월 24일

너 하나님의 사람아

오늘 하루 수고하셨습니다. 주님께서 주시는 위로와 평화가 여러분 모두에게 함께하시길 바랍니다. 오늘 함께 묵상할 말씀은 디모데전서 6장 11-16절입니다.

> 오직 너 하나님의 사람아 이것들을 피하고 의와 경건과 믿음과 사랑과 인내와 온유를 따르며 믿음의 선한 싸움을 싸우라. 영생을 취하라. 이를 위하여 네가 부르심을 받았고 많은 증인 앞에서 선한 증언을 하였도다. 만물을 살게 하신 하나님 앞과 본디오 빌라도를 향하여 선한 증언을 하신 그리스도 예수 앞에서 내가 너를 명하노니 우리 주 예수 그리스도께서 나타나실 때까지 흠도 없고 책망 받을 것도 없이 이 명령을 지키라. 기약이 이르면 하나님이 그의 나타나심을 보이시리니 하나님은 복되시고 유일하신 주권자이시며 만왕의 왕이시며 만주의 주시요. 오직 그에게만 죽지 아니함이 있고 가까이 가지 못할 빛에 거하시고 어떤 사람도 보지 못하였고 또 볼 수 없는 이시니 그에게 존귀와 영원한 권능을 돌릴지어다. 아멘.

1월 24일은 교회력으로 디모데를 기억하는 날입니다. 디모데는 바울이 아들처럼 아끼던 에베소 교회의 젊은 목회자였지요. 바울은 여러 목회적 권고를 하는데, 디모데에게 보낸 첫 번째 편지에 나온 사랑의 권고는 사실 디모데뿐만 아니라 오늘 우리를 위한 권면과 위로의 메시지입니다.

"너 하나님의 사람아, 믿음의 선한 싸움을 싸우라. 의와 경건과 믿음과 사랑과 인내와 온유를 따르라. 만물을 살게 하는 하나님과 우리 주 예수 그리스도의 명령이니 그가 우리 앞에 나타나실 때까지 흠도 없고 책망받을 것도 없이 그의 뜻을 따르라."

바울은 우리 모두를 향해 '너 하나님의 사람아!'라고 부릅니다. 우리가 그리스도의 부름을 받은 사람이라면, 교회에서만 그리스도인이 아니라 언제 어디서나 그리스도인이어야 합니다. 그때 비로소 주님은 우리를 통해 당신의 뜻을 이 땅에 이루실 것입니다. 함께 기도합시다.

길이며 진리이며 생명이신 주님,
우리가 하는 모든 일 가운데 우리와 함께하소서.
우리를 당신의 지혜로 가르치사 선한 곳으로 인도하여 주소서.
당신의 손으로 우리를 이끄소서.
당신의 팔로 우리를 붙드소서.
주님께서 우리를 "너 하나님의 사람아!"라고 부르십니다.
우리 영혼이 거룩한 하늘을 갈망케 하소서.
당신의 형상을 닮게 하소서.
그리스도께서 사신 것같이
우리도 하나님의 사람으로 이 땅을 살게 하소서.
예수님 이름으로 기도합니다. 아멘.

#하나님의사람 #바울 #디모데

1월 25일

회심

오늘 하루 수고하셨습니다. 주님께서 주시는 위로와 평화가 여러분 모두에게 함께하시길 바랍니다. 오늘 함께 묵상할 말씀은 사도행전 9장 1-7절입니다.

> 사울이 주의 제자들에 대하여 여전히 위협과 살기가 등등하여 대제사장에게 가서 다메섹 여러 회당에 가져갈 공문을 청하니 이는 만일 그 도를 따르는 사람을 만나면 남녀를 막론하고 결박하여 예루살렘으로 잡아오려 함이라. 사울이 길을 가다가 다메섹에 가까이 이르더니 홀연히 하늘로부터 빛이 그를 둘러 비추는지라. 땅에 엎드러져 들으매 소리가 있어 이르시되 사울아 사울아 네가 어찌하여 나를 박해하느냐 하시거늘 대답하되 주여 누구시니이까. 이르시되 나는 네가 박해하는 예수라. 너는 일어나 시내로 들어가라. 네가 행할 것을 네게 이를 자가 있느니라 하시니 같이 가던 사람들은 소리만 듣고 아무도 보지 못하여 말을 못하고 서 있더라.

사울이 예수쟁이들을 잡으러 다메섹으로 가던 도중에 회심하는 내용입니다. 회심回心이란 무엇일까요? 한자 그대로 풀면, 마음을 돌린다는 뜻입니다. 마음 돌리는 일이 뭐 대단한 일인가 싶기도 하지만, 역사는 늘 마음을 돌리는 일에서 시작됩니다. 마음이 바뀐다는 것은 곧 존재 방식이 바뀐다는 말이고, 존재 방식이 바뀌면 삶의 자리도 변하기 마련입니다.

로드니 스타크Rodney Stark라는 학자는 초대교회의 회심을 세 가지 변화로 설명합니다. 신념belief의 변화, 소속belonging의 변화, 행동behavior의 변화. 다메섹으로 가는 도중 부활한 그리스도를 만나 회심하는 바울의 사건은 과거에 가졌던 신앙의 확신과 열심이 산산이 부서지고 새로운 삶이 시작되었음을 의미합니다. 이제껏 바울을 지탱해 왔던 신념은 유대교에서 그리스도의 십자가와 부활 사건으로 옮겨졌고, 소속은 극단적인 유대인 공동체에서 이방인 공동체로 옮겨집니다. 바울의 행동도 변하게 되지요. 예수를 향한 핍박자에서 전도자로 급격히 변화됩니다. 그것이 예수 믿는 사람의 회심입니다.

신념과 소속과 행동의 변화가 회심입니다. 우리는 예수를 믿는다면서 얼마나 변했나요? 아무런 변화가 없다면, 그리스도인이 아니라 여전히 회심하지 않은 주변인일 뿐입니다. 깊게 돌아보며 함께 기도합시다.

주님, 당신은 우리를 그리스도인으로 부르셨습니다.
돈과 명예와 사람을 믿던 제가 하나님을 신뢰하게 하셨고,
땅의 것만 생각하며 살던 저를 불러 하늘을 바라보게 하셨고,
내 유익을 위해서만 살던 저를 이웃과 더불어 살게 하셨습니다.
이 밤, 당신께 기도하오니, 어제보다 오늘이, 오늘보다 내일이
더욱 주님을 닮아 가게 하소서.
예수님의 이름을 기도합니다. 아멘.

#회심 #그리스도인 #초대교회 #사도행전

1월 26일

경건한 일상

오늘 하루 수고하셨습니다. 주님께서 주시는 위로와 평화가 함께하시길 바랍니다. 오늘 묵상할 말씀은 디도서 1장 1-9절입니다.

> 하나님의 종이요 예수 그리스도의 사도인 나 바울이 사도 된 것은 하나님이 택하신 자들의 믿음과 경건함에 속한 진리의 지식과 영생의 소망을 위함이라. 이 영생은 거짓이 없으신 하나님이 영원 전부터 약속하신 것인데 자기 때에 자기의 말씀을 전도로 나타내셨으니 이 전도는 우리 구주 하나님이 명하신 대로 내게 맡기신 것이라. 같은 믿음을 따라 나의 참 아들 된 디도에게 편지하노니 하나님 아버지와 그리스도 예수 우리 구주로부터 은혜와 평강이 네게 있을지어다. 내가 너를 그레데에 남겨 둔 이유는 남은 일을 정리하고 내가 명한 대로 각 성에 장로들을 세우게 하려 함이니 책망할 것이 없고 한 아내의 남편이며 방탕하다는 비난을 받거나 불순종하는 일이 없는 믿는 자녀를 둔 자라야 할지라. 감독은 하나님의 청지기로서 책망할 것이 없고 제 고집대로 하지 아니하며 급히 분내지 아니하며 술을 즐기지 아니하며 구타하지 아니하며 더러운 이득을 탐하지 아니하며 오직 나그네를 대접하며 선행을 좋아하며 신중하며 의로우며 거룩하며 절제하며 미쁜 말씀의 가르침을 그대로 지켜야 하리니 이는 능히 바른 교훈으로 권면하고 거슬러 말하는 자들을 책망하게 하려 함이라.

교회력에서 1월 26일은 디도를 기억하는 날입니다. 바울의 전도를 받고 그레데에서 사역한 신실한 목회자이지요. 방금 읽은 구절이 바로 바울이 디도에게 보낸 편지인데, 읽으면서 이런 말이 떠오릅니다. 수신제가치국평천하修身齊家治國平天下. 사서삼경 중 《대학大學》에 나오는 구절입니다. 천하를 태평하게 다스리려면 자기 몸과 행실부터 바로잡아야 한다는 말인데, 바울이 디도에게 전한 편지의 첫 대목도 이런 뜻으로 들립니다.

목회자는 자기 자신부터 시작해서 가정과 교회에 이르는 삶이 흠이 없도록 정진해야 한다는 것이지요. 단순히 교회 지도자만의 문제는 아니지요. 신자라면 누구나 귀 기울여야 할 말씀입니다. 우리는 어떤가요? 성경의 교훈대로 살기를 힘쓰고 있나요? 디도서의 이 말씀을 구절구절 되새기며 오늘을 돌아보는 저녁이 되길 바랍니다. 함께 기도합시다.

주님, 우리와 함께하소서.
성령으로 우리 몸과 영혼을 만지셔서
당신의 사람으로 빚어지게 하소서.
살면서 칠흑 같은 어둠을 만나고 시련이 우리를 휘감을 때
말씀으로 우리를 지키소서.
우리가 주님을 따르며 주님이 명령하신 뜻대로 살도록
말씀으로 우리 마음을 밝히소서.
우리의 발이 닿고, 손이 닿고, 눈이 머무는 모든 곳에
주님의 선하고 거룩한 영이 함께하소서.
이 밤도 주님께 맡깁니다.
보석 같은 당신의 말씀을 품고 잠드는 복된 밤이 되게 하소서.
예수 그리스도의 이름으로 기도합니다. 아멘.

#경건 #디도

1월 27일

고백하는 신앙

오늘 하루 수고하셨습니다. 주님께서 주시는 위로와 평화가 여러분 모두에게 함께하시길 바랍니다. 오늘 함께 묵상할 말씀은 시편 71편 1-6절입니다.

> 여호와여 내가 주께 피하오니 내가 영원히 수치를 당하게 하지 마소서. 주의 의로 나를 건지시며 나를 풀어 주시며 주의 귀를 내게 기울이사 나를 구원하소서. 주는 내가 항상 피하여 숨을 바위가 되소서. 주께서 나를 구원하라 명령하셨으니 이는 주께서 나의 반석이시요 나의 요새이심이니이다. 나의 하나님이여 나를 악인의 손 곧 불의한 자와 흉악한 자의 장중에서 피하게 하소서. 주 여호와여 주는 나의 소망이시요 내가 어릴 때부터 신뢰한 이시라. 내가 모태에서부터 주를 의지하였으며 나의 어머니의 배에서부터 주께서 나를 택하셨사오니 나는 항상 주를 찬송하리이다.

시편 71편은 하나님 앞에서 자기 인생을 돌아보는 한 노인의 기도입니다. 누구인지는 모르겠어요. 하지만 여기 담긴 구절을 보면 인생의 굴곡이 많았던 것 같고, 그때마다 하나님이 보호하셔서 위기를 피하게 해 주신 걸 읽어 낼 수 있습니다. 자기 삶을 회고하며 하나님이 나를 지켜 주셨다고 고백하는 삶의 태도야말로 우리가 본받을 신앙입니다. 그리고 이런 체험과 고백은 결국 영원한 삶의 소망으로 이어집니다.

이 시를 묵상하면서 생각이 많아집니다. 나는 얼마나 하나님을 의지하고 있을까? 여러분은 어떠신가요? 우리 삶의 반석이고 요새이신 주님께서 저와 여러분을 지키시길 주님의 이름으로 축원합니다. 함께 기도합시다.

주님, 당신께서는 우리를 어머니의 태에서부터 택하고 지키셨습니다.
당신께서는 우리가 의심하고 믿지 않을 때도
우리 곁을 떠나지 않으셨습니다.
우리 몸의 필요와 영혼의 갈급을 주님은 잘 아십니다.
오 주님, 당신을 신뢰하오니 우리의 영원한 소망 되소서.
이 밤, 우리가 눈을 감고 기억이 멈추는 시간도
주님의 권능으로 우리를 지키고 보호하소서.
그리하여 끝내 당신이 우리의 창조주이심을 기쁨으로 고백하며
복된 소망 가운데 살게 하소서.
예수님 이름으로 기도합니다. 아멘.

#임마누엘 #신앙 #시편

1월 28일

예레미야의 소명

오늘 하루 수고하셨습니다. 주님께서 주시는 위로와 평화가 여러분 모두에게 함께하시길 바랍니다. 오늘 함께 묵상할 말씀은 예레미야 1장 4-10절과 17-19절입니다.

> 여호와의 말씀이 내게 임하니라. 이르시되 내가 너를 모태에 짓기 전에 너를 알았고 네가 배에서 나오기 전에 너를 성별하였고 너를 여러 나라의 선지자로 세웠노라 하시기로 내가 이르되 슬프도소이다. 주 여호와여 보소서. 나는 아이라. 말할 줄을 알지 못하나이다 하니 여호와께서 내게 이르시되 너는 아이라 말하지 말고 내가 너를 누구에게 보내든지 너는 가며 내가 네게 무엇을 명령하든지 너는 말할지니라. 너는 그들 때문에 두려워하지 말라. 내가 너와 함께하여 너를 구원하리라. 나 여호와의 말이니라 하시고 여호와께서 그의 손을 내밀어 내 입에 대시며 여호와께서 내게 이르시되 보라 내가 내 말을 네 입에 두었노라. 보라 내가 오늘 너를 여러 나라와 여러 왕국 위에 세워 네가 그것들을 뽑고 파괴하며 파멸하고 넘어뜨리며 건설하고 심게 하였느니라 하시니라. … 그러므로 너는 네 허리를 동이고 일어나 내가 네게 명령한 바를 다 그들에게 말하라. 그들 때문에 두려워하지 말라. 네가 그들 앞에서 두려움을 당하지 않게 하리라. 보라 내가 오늘 너를 그 온 땅과 유다 왕들과 그 지도자들과 그 제사장들과 그 땅 백성 앞에 견고한 성읍, 쇠기둥, 놋성벽이 되게 하였은즉 그들이 너를 치나 너를 이기

지 못하리니 이는 내가 너와 함께하여 너를 구원할 것임이니라. 여호와의 말이니라.

예레미야가 하나님의 선지자로 부름을 받는 장면입니다. 하나님이 나타나 뭐라도 말씀하시면 이사야처럼 무조건 "예!" 하는 사람도 있겠지만, 저는 오히려 예레미야 같은 사람이 더 현실적이라고 생각합니다. 그 부르심이 어렵고 두려워서 "하나님, 왜 하필 저예요? 저는 못 해요. 자격 미달이에요"라고 말입니다. 그런데 하나님은 언제나 그렇듯이 이렇게 망설이고 주저하는 사람에게 힘을 주고 보호하겠다고 약속하십니다.

성경을 읽다 보면 하나님은 힘 있고 강한 사람, 성공한 사람 대신 부족하고 연약한 사람을 찾으시고, 그를 통해 대업을 이루십니다. 세례받았다는 것은 바로 이런 부르심을 받았다는 증거입니다. 우리는 하나님의 부르심 앞에서 어떻게 반응하고 있나요? 혹시 예레미야처럼 나는 아니라고, 나는 못 한다고 주저하고 있지는 않나요? 괜찮습니다. 주님께서는 그렇게 망설이는 우리를 통해 하나님의 복된 뜻을 이루실 것입니다. 함께 기도합시다.

주님, 당신께서는 세례를 통해 우리를 부르셨습니다.
하지만 우리는 당신 앞에 설 때마다 주저하고 망설입니다.
주님, 우리를 지키소서.
예레미야를 불러 지켜 주시고 힘주신 것처럼
우리에게도 살아갈 힘과 용기를 주소서.
때로는 삶이 힘겨워 앞이 안 보이기도 합니다.
하지만 주님, 당신은 십자가 안에 부활의 빛을 숨겨 두신 분입니다.
그 빛을 우리가 깨닫고 일어서게 하소서.

우리의 부족함을 긍휼히 여겨 주소서.

우리의 걸음을 살피시며

길을 잃고 헤맬 때 우리의 팔을 잡아 주소서.

이 밤도 주께서 지켜 주소서.

예수님의 이름으로 기도합니다. 아멘.

#소명 #예레미야 #세례

1월 29일

사랑의 은사

오늘 하루 수고하셨습니다. 주님께서 주시는 위로와 평화가 여러분 모두에게 함께하시길 바랍니다. 오늘 함께 묵상할 말씀은 고린도전서 12장 31절-13장 13절입니다.

> 너희는 더욱 큰 은사를 사모하라. 내가 또한 가장 좋은 길을 너희에게 보이리라. 내가 사람의 방언과 천사의 말을 할지라도 사랑이 없으면 소리 나는 구리와 울리는 꽹과리가 되고 내가 예언하는 능력이 있어 모든 비밀과 모든 지식을 알고 또 산을 옮길 만한 모든 믿음이 있을지라도 사랑이 없으면 내가 아무 것도 아니요. 내가 내게 있는 모든 것으로 구제하고 또 내 몸을 불사르게 내줄지라도 사랑이 없으면 내게 아무 유익이 없느니라. 사랑은 오래 참고 사랑은 온유하며 시기하지 아니하며 사랑은 자랑하지 아니하며 교만하지 아니하며 무례히 행하지 아니하며 자기의 유익을 구하지 아니하며 성내지 아니하며 악한 것을 생각하지 아니하며 불의를 기뻐하지 아니하며 진리와 함께 기뻐하고 모든 것을 참으며 모든 것을 믿으며 모든 것을 바라며 모든 것을 견디느니라. 사랑은 언제까지나 떨어지지 아니하되 예언도 폐하고 방언도 그치고 지식도 폐하리라. 우리는 부분적으로 알고 부분적으로 예언하니 온전한 것이 올 때에는 부분적으로 하던 것이 폐하리라. 내가 어렸을 때에는 말하는 것이 어린 아이와 같고 깨닫는 것이 어린 아이와 같고 생각하는 것이 어린 아이와 같다가 장성한 사람이 되어서는 어린

아이의 일을 버렸노라. 우리가 지금은 거울로 보는 것 같이 희미하나 그 때에는 얼굴과 얼굴을 대하여 볼 것이요. 지금은 내가 부분적으로 아나 그 때에는 주께서 나를 아신 것 같이 내가 온전히 알리라. 그런즉 믿음, 소망, 사랑, 이 세 가지는 항상 있을 것인데 그 중의 제일은 사랑이라.

어떤 이가 이런 말을 하더군요. "인간의 성숙을 판단하는 기준은 이기심이다." 아이가 세상에 태어나면 부모나 주변 사정을 생각하지 않고 만족할 때까지 계속 울어 댑니다. 하지만 점차 성장하면서 주변을 돌아보게 되지요. 그런데 이기적인 사람은 나이가 몇이든 자기밖에 모릅니다. 아무리 배경이 훌륭하고 아무리 많이 배웠어도 자기 욕심만 차리는 사람이라면 더불어 살아가기 어렵습니다.

이기심의 반대말은 사랑입니다. '사랑 장'으로 알려진 고린도전서 13장은 12장에서 언급된 여러 은사의 유익에 대한 최종 결론이라고 할 수 있습니다. 바울은 가장 큰 은사를 '사랑'이라고 가르칩니다. 정말 그래요. 사랑은 모든 허물을 덮고 모든 문제를 해결합니다. 사랑이 있어야 우리가 함께 더불어 살 수 있습니다. 가정에 사랑이 있어야 하고, 일터에 사랑이 있어야 하고, 교회에 사랑이 있어야 합니다. 함께 기도합시다.

주님, 당신께서는 우리를 당신의 자녀로 삼으시고
우리를 사랑하시는 하늘 아버지입니다.
우리의 모든 말과 행동 그리고 걸음을 살피시는
주의 사랑을 우리가 깨닫도록,
이해의 성령을 보내 주소서.
우리의 부족함을 긍휼히 여기소서.

사랑의 주님, 당신께서는 오늘 하루 동안
저를 은혜 가운데 지켜 주셨습니다.
기도하옵기는, 오늘 범한 저의 모든 죄를 용서하여 주시고
은혜 가운데 이 밤을 지켜 주소서.
제 몸과 영혼 그리고 저의 모든 것을 당신 손에 맡깁니다.
거룩한 천사로 더불어 같이 하사
악한 원수가 힘쓰지 못하게 저를 도와주소서.
예수 그리스도의 이름으로 기도합니다. 아멘.

#은사 #사랑 #고린도전서

1월 30일

하나님을 발견하는 곳

오늘 하루 수고하셨습니다. 주님께서 주시는 위로와 평화가 함께하시길 바랍니다. 오늘 묵상할 말씀은 누가복음 4장 31-36절입니다.

> 갈릴리의 가버나움 동네에 내려오사 안식일에 가르치시매 그들이 그 가르치심에 놀라니 이는 그 말씀이 권위가 있음이러라. 회당에 더러운 귀신 들린 사람이 있어 크게 소리 질러 이르되 아 나사렛 예수여 우리가 당신과 무슨 상관이 있나이까. 우리를 멸하러 왔나이까. 나는 당신이 누구인 줄 아노니 하나님의 거룩한 자니이다. 예수께서 꾸짖어 이르시되 잠잠하고 그 사람에게서 나오라 하시니 귀신이 그 사람을 무리 중에 넘어뜨리고 나오되 그 사람은 상하지 아니한지라. 다 놀라 서로 말하여 이르되 이 어떠한 말씀인고 권위와 능력으로 더러운 귀신을 명하매 나가는도다 하더라.

참 이상한 일입니다. 가버나움 회당에는 많은 사람이 있었습니다. 그런데 거기 있던 멀쩡한 사람들 모두 예수가 누구인지 전혀 몰라봅니다. 하지만 한 사람은 알아보지요. 누구입니까? 귀신 들린 사람입니다. 그 사람만 알아채고 살려 달라고 예수님께 매달립니다. 자칫하면 이 본문을 귀신 쫓는 퇴마 이야기로 읽기 쉽지만, 성경은 퇴마에는 전혀 관심이 없고 다른 곳에 메시지를 숨겨 놓았습니다.

오늘 본문을 곰곰이 묵상해 봅시다. 회당은 하나님의 말씀을 듣는 곳입니다. 그런데 그 회당 안에서 멀쩡한 사람들이 아니라 비정상으로 보이는 사람이 예수님을 알아봅니다. 성경은 이렇게 묻는 것 같습니다. 그렇다면 과연 누가 정상인가? 우리는 종종 무엇이 옳은 일인지 분간하지 못하고 삽니다. 복음서가 우리에게 들려주는 메시지는 우리가 비정상이라고 주목하지 않았던 사람들, 거들떠보지도 않던 사건들을 돌아보게 합니다. 이 말씀을 통해 하나님이 어떤 분인지 살짝 보게 됩니다. 신앙이란 확실히 말이 풍성한 곳이 아니라 사랑의 힘이 있는 곳에서 발견됩니다. 그 사랑의 힘이 우리를 하나님의 자녀로 부릅니다. 함께 기도합시다.

주 우리 하나님 아버지,
당신께서는 우리를 당신의 자녀로 부르시고 사랑으로 품어 주십니다.
자녀 된 우리가 거룩한 영과 진리 안에 살게 하소서.
주님의 뜻을 새겨 우리의 삶이 격려받고 변화되게 하소서.
주님의 영은 세상이 주지 못하는 위로와 용기를 주십니다.
우리 눈이 땅의 것에 매이지 않고
더 귀하고 가치 있는 것을 바라보게 하소서.
주의 영은 속되고 하찮은 것, 작고 연약한 것 속에
거룩하고 귀한 것을 숨겨 놓으십니다.
우리 마음이 엉뚱한 곳을 바라볼 때
길을 잃지 않도록 우리를 잡아 주소서.
주님의 자녀에게 베푸신 모든 은혜를 감사드립니다.
날마다 기쁨과 감사함으로 주를 섬기게 하소서.
예수님의 이름으로 기도합니다. 아멘.

#숨어계신하나님 #사랑 #귀신

1월 31일

악인의 성공

오늘 하루 수고하셨습니다. 주님께서 주시는 위로와 평화가 함께하시길 바랍니다. 오늘 묵상할 말씀은 시편 37편 1-9절입니다.

> 악을 행하는 자들 때문에 불평하지 말며 불의를 행하는 자들을 시기하지 말지어다. 그들은 풀과 같이 속히 베임을 당할 것이며 푸른 채소 같이 쇠잔할 것임이로다. 여호와를 의뢰하고 선을 행하라. 땅에 머무는 동안 그의 성실을 먹을거리로 삼을지어다. 또 여호와를 기뻐하라. 그가 네 마음의 소원을 네게 이루어 주시리로다. 네 길을 여호와께 맡기라. 그를 의지하면 그가 이루시고 네 의를 빛 같이 나타내시며 네 공의를 정오의 빛 같이 하시리로다. 여호와 앞에 잠잠하고 참고 기다리라. 자기 길이 형통하며 악한 꾀를 이루는 자 때문에 불평하지 말지어다. 분을 그치고 노를 버리며 불평하지 말라. 오히려 악을 만들 뿐이라. 진실로 악을 행하는 자들은 끊어질 것이나 여호와를 소망하는 자들은 땅을 차지하리로다.

시편 37편은 부조리한 세상에서 어떻게 마음을 다잡고 살아야 하는지 보여 줍니다. 1절에서 시인은 악한 자들이 잘 된다고 속상해하지 말고, 불의한 자들이 잘 산다고 시샘하지 말라고 합니다. 속마음을 들킨 것 같아 뜨끔합니다. 세상에는 설명할 수 없는 일이 많습니다. 불평하고 원망하면서 세월을 보내기보다 삶을 충실히 살아 내는 것이 현명한 태도입니다.

인생의 의미는 발견하는 것이 아니라 만들어 가는 것이지요. 해답 없는 삶이라 하여 함부로 사는 것처럼 인생을 낭비하는 일도 없을 겁니다. 오늘 시편의 시인은 2절에서 악인들은 잡풀처럼 베임당하고 푸성귀처럼 금세 시들어 버릴 것이라 말합니다. 정말 그럴까 싶지만 사실입니다.

악한 사람들이 쉽게 사라지지 않는다고 해서 낙심할 것 없습니다. 시인은 믿음의 사람들이 꼭 붙들고 살아야 할 것들을 열거하는데, 이렇게 말합니다. "주님만 의지하고 선을 행하여라. 이 땅에서 사는 동안 성실히 살아라". "노여움을 버려라. 격분을 가라앉혀라. 불평하지 말아라. 이런 것들은 오히려 악으로 기울어질 뿐이다". 사람들이 알아주지 않는다고 낙심하거나 격분하지 맙시다. 그런 낙심과 격분이 우리에게서 선을 행할 힘을 빼앗아 갈 수 있다는 점을 잊지 맙시다. 함께 기도합시다.

주님, 세상에는 이해하지 못할 일이 너무 많습니다.
불의한 이가 성공하고, 사악한 이가 칭송받으며,
꼼수가 대접받고, 정의가 발길질당하고,
선한 이가 바보 취급당하고, 정직이 내동댕이쳐집니다.
우리가 걷는 이 길이 주님께서 기뻐하시는 길이라면
우리의 발걸음을 지켜 주소서.
어쩌다 비틀거려도 우리 손을 잡아 넘어지지 않게 하소서.
끝내는 선과 정의, 정직이 이긴다는 것을 선명히 보여 주시어
신앙의 소걸음이 귀하고 복된 것임을 세상에 드러내소서.
예수님 이름으로 기도합니다. 아멘.

#악의성공 #시편

2월 1일

기도

오늘 하루 수고하셨습니다. 주님께서 주시는 위로와 평화가 여러분에게 가득하길 바랍니다. 오늘 함께 묵상할 말씀은 요한일서 5장 13-15절입니다.

> 내가 하나님의 아들의 이름을 믿는 너희에게 이것을 쓰는 것은 너희로 하여금 너희에게 영생이 있음을 알게 하려 함이라. 그를 향하여 우리가 가진 바 담대함이 이것이니 그의 뜻대로 무엇을 구하면 들으심이라. 우리가 무엇이든지 구하는 바를 들으시는 줄을 안즉 우리가 그에게 구한 그것을 얻은 줄을 또한 아느니라.

여러분은 기도의 능력을 믿나요? 종교개혁자 마르틴 루터는 기도의 특징을 설명하면서 "기도는 하나님의 약속 위에 서 있다"라고 가르칩니다. 만일 하나님의 약속이 없다면 우리의 기도는 허공에서 사라지고 말 것입니다. 그래서 언제나 기도할 때는 응답하겠다는 주님의 약속을 신뢰하며 진심으로, 의심하지 말고 기도해야 합니다. 기도해야 할 중요한 이유는 또 있습니다. 기도는 우리의 주님이신 그리스도 예수께서 우리에게 명령하신 계명이기 때문입니다. 해도 되고 안 해도 되는 선택사항이 아닙니다.

응답 없는 기도는 없습니다. 신실하신 주님께서 명령하셨고, 반드시 응답하겠다고 약속하신 기도의 자리가 참으로 귀합니다. 오늘 이 밤, 진실한 마음으로 주님께 여러분의 모든 소원을 기도하며 응답받길 바랍니다. 함께 기도합시다.

주 하나님, 주님의 위엄이 하늘과 땅과 온 세상에 가득합니다.
우리가 주님의 약속을 신뢰하며 삶의 용기를 얻게 하소서.
주님은 우리의 기도를 들으시며 응답하십니다.
얼마나 많은 순간 주님은 이것을 우리에게 증명해 보이셨습니까.
환란 가운데 우리는 더욱 주를 의지하며
주께 소망을 두고 살아갑니다.
주님의 빛을 살아 있는 것과 죽은 모든 것 위에 비추소서.
나라와 권세와 영광이 영원히 주님의 것입니다.
예수님 이름으로 기도합니다. 아멘.

#기도 #약속

2월 2일

주님의 봉헌

오늘 하루 수고하셨습니다. 주님께서 주시는 위로와 평화가 함께하기를 바랍니다. 오늘 묵상할 말씀은 누가복음 2장 22-33절입니다.

> 모세의 법대로 정결예식의 날이 차매 아기를 데리고 예루살렘에 올라가니 이는 주의 율법에 쓴 바 첫 태에 처음 난 남자마다 주의 거룩한 자라 하리라 한 대로 아기를 주께 드리고 또 주의 율법에 말씀하신 대로 산비둘기 한 쌍이나 혹은 어린 집비둘기 둘로 제사하려 함이더라. 예루살렘에 시므온이라 하는 사람이 있으니 이 사람은 의롭고 경건하여 이스라엘의 위로를 기다리는 자라. 성령이 그 위에 계시더라. 그가 주의 그리스도를 보기 전에는 죽지 아니하리라 하는 성령의 지시를 받았더니 성령의 감동으로 성전에 들어가매 마침 부모가 율법의 관례대로 행하고자 하여 그 아기 예수를 데리고 오는지라. 시므온이 아기를 안고 하나님을 찬송하여 이르되 주재여 이제는 말씀하신 대로 종을 평안히 놓아 주시는도다. 내 눈이 주의 구원을 보았사오니 이는 만민 앞에 예비하신 것이요 이방을 비추는 빛이요 주의 백성 이스라엘의 영광이니이다 하니 그의 부모가 그에 대한 말들을 놀랍게 여기더라.

성탄절이 지나고 40일이 되면 교회는 '주님의 봉헌일'(맏아들을 주께 봉헌함, 눅 2:22-24)로 기념합니다. 8세기부터 이날이 되면 대규모 촛불 예배를 벌였기에 이날을 '빛의 예배Lichtmesse'라고도 부릅니다. 교인들은 이날 저녁에 양초를 하나씩 들고 교회에 오는데, 아직도 개신교에서 이날을 교회력에 포함하여 기념하는 이유는 복음서에서 아기 예수가 성전에 봉헌되는 구절이 나오기 때문입니다. 이로써 예수님은 하나님의 아들인 참 신이지만, 동시에 태어날 때부터 율법 아래 있는 참 인간이었다는 사실을 알려 줍니다.

예수님의 봉헌은 시므온의 찬송과 연결되어 있습니다. 시므온은 구주를 보기 전에는 죽지 아니하리라 하신 하나님의 약속을 굳게 믿고 살던 사람이고, 이 아기를 만날 때 약속이 이루어진 것을 확신하며 기쁘게 노래합니다. 이 찬송이 바로 '시므온의 노래'입니다. 이어지는 본문에서는 선지자 안나의 이야기도 계속됩니다. 우리가 기억할 점이 이것입니다. "하나님의 약속은 반드시 이루어진다." 우리의 선한 주님은 성경을 통해 약속하신 말씀을 우리 가운데 반드시 이루십니다. 함께 기도합시다.

신실하신 주님, 당신은 언제나 선한 약속을 지키시는 분입니다.
당신께서 우리 가운데 오셨고,
우리와 동행하며 지키시며 힘을 주신다 약속하셨습니다.
당신을 신뢰하오니,
말씀과 기도, 찬송과 섬김으로 살아가는 당신의 자녀들을
지키고 보호하며 용기를 더하여 주소서.
이 밤, 우리의 모든 것을 당신께 맡깁니다.
주님의 안전한 품에서 위로받아 새 힘을 얻는 시간 되게 하소서.
예수님 이름으로 기도합니다. 아멘.

#주님의봉헌 #시므온 #안나 #약속

2월 3일

성장

오늘 하루 수고하셨습니다. 주님께서 주시는 위로와 평화가 여러분 모두에게 함께하기를 바랍니다. 오늘 저녁 함께 묵상할 말씀은 사도행전 2장 44-47절입니다.

> 믿는 사람이 다 함께 있어 모든 물건을 서로 통용하고 또 재산과 소유를 팔아 각 사람의 필요를 따라 나눠 주며 날마다 마음을 같이하여 성전에 모이기를 힘쓰고 집에서 떡을 떼며 기쁨과 순전한 마음으로 음식을 먹고 하나님을 찬미하며 또 온 백성에게 칭송을 받으니 주께서 구원 받는 사람을 날마다 더하게 하시니라.

헬무트 틸리케Helmut Thielicke라는 루터교회 목사가 예수님의 겨자씨 비유를 설교하면서 참된 믿음을 튀빙겐 식물원의 야자나무에 비유한 적이 있습니다. 야자나무가 온실 밖으로 뻗어 자랄 정도로 성장 속도가 빨랐나 봅니다. 그래서 식물원 관계자들이 유리 지붕을 한 층 더 올렸지만, 얼마 지나지 않아 그것도 쓸모없어졌다고 합니다. 때가 되면 사람들은 둘 중 하나를 택해야 할 겁니다. 나무를 자르든지, 아니면 온실을 부수든지. 이 말을 하면서 "신앙도 이와 같다"라고 설명하는 대목을 인상 깊게 읽었습니다.

하나님 나라에 뿌리 내린 신앙의 운명도 다르지 않습니다. 신앙은 말씀과 함께 마음속에 뿌리를 내리고, 가정에서 가지를 뻗기 시작하며, 무한히

푸르른 가지를 뻗어 냅니다. 성령이 함께하는 신앙은 특정 장소, 특정 인물, 특정 규칙에 매이지 않습니다. 살아 있는 신앙은 언제나 울타리를 넘는 성질이 있어서, 성장하는 신앙을 택하든지 신앙의 껍데기를 택하든지 둘 중 하나를 선택해야 하는 영적 갈등을 초래합니다.

때로는 성장하는 신앙 때문에 염려부터 생길 수 있습니다. 그러나 성령의 능력은 덮개 너머에 있는 새로운 세계로 하나님 나라를 아름답게 확장해 나갑니다. 성령은 이렇게 우리가 만든 틀을 넘어서게 하는 힘이 있습니다. 그런 힘을 경험하는 공동체가 교회입니다. 사도행전 2장에 나오는 성령 강림 사건, 그리고 초대교회의 역사는 바로 이것을 우리에게 가르칩니다. 함께 기도합시다.

주님, 당신께서는 성령을 통해 교회를 세우십니다.
그 성령의 능력이 우리가 만든 유리 덮개 너머로 자라납니다.
우리에게 믿음을 주시어 더 넓은 세계,
이전에는 경험하지 못한 새로운 교회를 만나게 하소서.
주님께서는 우리를 선하게 인도하십니다.
새로운 시간, 새로운 기회를 통해
새로운 창조를 하시는 주님을 만나게 하소서.
변화무쌍한 시대를 넘어서는 굳건한 믿음을 우리에게 주소서.
예수님 이름으로 기도합니다. 아멘.

#교회 #헬무트틸리케 #믿음

2월 4일

목마름

오늘 하루 수고하셨습니다. 주님께서 주시는 위로와 평화가 여러분 모두에게 함께하기를 바랍니다. 오늘 저녁 함께 묵상할 말씀은 시편 138편입니다.

> 내가 전심으로 주께 감사하며 신들 앞에서 주께 찬송하리이다. 내가 주의 성전을 향하여 예배하며 주의 인자하심과 성실하심으로 말미암아 주의 이름에 감사하오리니 이는 주께서 주의 말씀을 주의 모든 이름보다 높게 하셨음이라. 내가 간구하는 날에 주께서 응답하시고 내 영혼에 힘을 주어 나를 강하게 하셨나이다. 여호와여 세상의 모든 왕들이 주께 감사할 것은 그들이 주의 입의 말씀을 들음이오며 그들이 여호와의 도를 노래할 것은 여호와의 영광이 크심이니이다. 여호와께서는 높이 계셔도 낮은 자를 굽어살피시며 멀리서도 교만한 자를 아심이니이다. 내가 환난 중에 다닐지라도 주께서 나를 살아나게 하시고 주의 손을 펴사 내 원수들의 분노를 막으시며 주의 오른손이 나를 구원하시리이다. 여호와께서 나를 위하여 보상해 주시리이다. 여호와여 주의 인자하심이 영원하오니 주의 손으로 지으신 것을 버리지 마옵소서.

목마름 없이 마시는 것Trinken ohne Durst,
즐거움 없이 공부하는 것Studieren ohne Lust,

마음 없이 기도하는 것Beten ohne Innigkeit,

모두 부질없는 것이다ist verlorene Arbeit.[4]

마르틴 루터의 말입니다. 시편을 묵상하다 보면, 개혁자가 말한 목마름과 간절함이 어떤 것인지 느껴집니다. 무엇보다 그런 삶의 목마름을 어디서 해결해야 할지 오늘의 시편은 우리에게 들려줍니다. 시편 138편 7절은 이렇게 노래합니다. "내가 환난 중에 다닐지라도 주께서 나를 살아나게 하시고 주의 손을 펴사 내 원수들의 분노를 막으시며 주의 오른손이 나를 구원하시리이다." 우리의 목마름과 갈망이 주님 안에서 채워지길, 그리고 이 밤 주님의 손이 우리 모두를 포근히 감싸길 바랍니다. 함께 기도합시다.

주님, 우리와 함께하소서.
주님의 거룩한 영으로 우리의 영혼을 어루만지사
주님의 뜻을 받아들이게 하소서.
시험과 유혹을 당할 때,
삶의 어려움과 죽음의 고통 속에서도
주님이 당신의 선한 뜻대로 우리를 인도하신다는 믿음을 갖게 하소서.
허망한 생각과 부질없는 삶의 태도를 버리게 하소서.
마음의 갈급함을 채우는 주님의 말씀으로 우리를 지키소서.
이 밤, 우리의 몸과 영혼을 당신께 맡깁니다.
새로운 힘과 희망으로 우리를 채우소서.
예수 그리스도의 이름으로 기도합니다. 아멘.

#루터 #갈망 #구원

2월 5일

이사야의 소명

오늘 하루 수고하셨습니다. 주님께서 주시는 위로와 평화가 여러분 모두에게 함께하기를 바랍니다. 오늘 저녁 함께 묵상할 말씀은 이사야 6장 1-8절입니다.

> 웃시야 왕이 죽던 해에 내가 본즉 주께서 높이 들린 보좌에 앉으셨는데 그의 옷자락은 성전에 가득하였고 스랍들이 모시고 섰는데 각기 여섯 날개가 있어 그 둘로는 자기의 얼굴을 가리었고 그 둘로는 자기의 발을 가리었고 그 둘로는 날며 서로 불러 이르되 거룩하다 거룩하다 거룩하다 만군의 여호와여 그의 영광이 온 땅에 충만하도다 하더라. 이같이 화답하는 자의 소리로 말미암아 문지방의 터가 요동하며 성전에 연기가 충만한지라. 그 때에 내가 말하되 화로다 나여 망하게 되었도다. 나는 입술이 부정한 사람이요. 나는 입술이 부정한 백성 중에 거주하면서 만군의 여호와이신 왕을 뵈었음이로다 하였더라. 그 때에 그 스랍 중의 하나가 부젓가락으로 제단에서 집은 바 핀 숯을 손에 가지고 내게로 날아와서 그것을 내 입술에 대며 이르되 보라 이것이 네 입에 닿았으니 네 악이 제하여졌고 네 죄가 사하여졌느니라 하더라. 내가 또 주의 목소리를 들으니 주께서 이르시되 내가 누구를 보내며 누가 우리를 위하여 갈꼬 하시니 그 때에 내가 이르되 내가 여기 있나이다. 나를 보내소서 하였더니.

"사람은 많은데 사람이 없다!" 모순 같지만, 사실입니다. 적재적소에서 일할 사람을 구하기 어렵다는 말이지요. 사람 사는 곳이면 다 같은 것 같아요. 국가와 회사, 교회 모두 마찬가지입니다. 어떤 일이든 일정한 자격이 필요한데, 거기 꼭 맞는 사람이 그리 많지 않다는 사실을 우리는 매일 실감합니다. 그래서 어떤 일에 꼭 맞는 사람이 나타나면 그리도 좋을 수 없습니다.

오늘 말씀은 하나님께서 이사야를 선지자로 소명하는 장면입니다. "내가 누구를 보낼까, 누가 우리를 위하여 갈까?"라는 하나님의 음성을 듣고 이사야가 곧바로 이렇게 답하지요. "내가 여기 있나이다. 나를 보내소서." 주님은 이사야만 그렇게 부른 것이 아닙니다. 지금 저와 여러분을 찾고 계십니다. 하나님의 선한 부르심에 여러분은 어떻게 응답하시나요? 함께 기도합시다.

주님, 당신께서는 세상 만물을 당신의 선한 뜻으로 가꾸어 가십니다.
이 일을 함께하자고 우리를 부르십니다.
이사야처럼 선지자가 되겠다고 일어서지는 못하지만
하루하루 저의 행동과 말이 다른 이를 해하지 않도록,
그리스도 예수를 욕보이지 않도록 도와주소서.
우리의 행동과 말이 주님의 친절한 언행과 사랑,
그리고 당신의 자비를 그대로 본받게 하소서.
예수 그리스도의 이름으로 기도합니다. 아멘.

#이사야 #소명

2월 6일

더 깊은 곳으로

오늘 하루 수고하셨습니다. 주님께서 주시는 위로와 평화가 함께하기를 바랍니다. 오늘 묵상할 말씀은 누가복음 5장 3-8절입니다.

> 예수께서 한 배에 오르시니 그 배는 시몬의 배라. 육지에서 조금 떼기를 청하시고 앉으사 배에서 무리를 가르치시더니 말씀을 마치시고 시몬에게 이르시되 깊은 데로 가서 그물을 내려 고기를 잡으라. 시몬이 대답하여 이르되 선생님 우리들이 밤이 새도록 수고하였으되 잡은 것이 없지마는 말씀에 의지하여 내가 그물을 내리리이다 하고 그렇게 하니 고기를 잡은 것이 심히 많아 그물이 찢어지는지라. 이에 다른 배에 있는 동무들에게 손짓하여 와서 도와 달라 하니 그들이 와서 두 배에 채우매 잠기게 되었더라. 시몬 베드로가 이를 보고 예수의 무릎 아래에 엎드려 이르되 주여 나를 떠나소서. 나는 죄인이로소이다 하니.

"깊은 데로 가서 그물을 내려라"라는 예수님의 음성을 듣고 베드로가 순종합니다. 그러자 그물이 찢어질 정도로 고기를 잡게 되지요. 하지만 오해하지 맙시다. 그물이 찢어지는 만선의 기쁨을 대박 나는 성공으로 바꿔 버리면 곤란합니다. 교회 다닌다고 시련과 고난이 비껴가거나 벼락부자가 되지는 않습니다. 제자들이 부자가 된 것도 아니고 순탄한 삶을 산 것도 아닙니다. 그러니 예수 믿는다고 해서, 예배 잘 참석했다고 해서 우리 인생에서 시련이 제거되고 행운 가득한 삶이 보장되지 않습니다.

예상치 못한 순간에 어부들을 찾아오고, 예상치 못한 곳으로 배를 인도하고, 예상치 못한 만선의 기쁨을 누리게 하는 것은 하나님이 우리 안에서 일하시는 방식을 보여 줍니다. 주님은 언제나 우리의 지혜와 예상을 뛰어넘는 방식으로 일하십니다.

분명히 우리를 지키시는 주님은 졸지도 않고 주무시지도 않습니다. 하지만 그분은 때때로 성공, 평화, 기쁨 대신, 아픔과 절망을 통해서 당신의 모습을 우리에게 드러내십니다. 우리 영혼이 견디지 못할 고통, 우리 몸이 상하는 연약함, 우리를 참담하게 만드는 슬픔. 이 모든 아픔 속에서도 신앙은 그보다 더 분명한 하나님의 모습을 찾아냅니다. 왜냐하면, 그분은 그리스도의 십자가 안에서 우리를 위해, 그리고 우리와 더불어 고통을 겪으시는 분이기 때문입니다. 이 신앙이 세상을 이길 용기를 만들어 냅니다. 함께 기도합시다.

주님, 만물이 당신 손안에 있습니다.
그 손에는 시련을 희망으로, 어둠을 빛으로,
우연을 필연으로 바꾸는 힘이 깃들어 있습니다.
주님, 우리에게 은총을 내려 주셔서
악하고 부정한 것에 대항할 용기를 주소서.
순간을 살더라도 값지게 살게 하시고,
하루를 살더라도 하늘의 소명을 기억하게 하소서.
우리의 입이 무력해지는 그때
탄식 속에라도 주님이 드러나게 하소서.
예수님 이름으로 기도합니다. 아멘.

#베드로 #그물 #시련

2월 7일

잠잠히 주님 바라기

오늘 하루 수고하셨습니다. 주님께서 주시는 위로와 평화가 여러분 모두에게 함께하기를 바랍니다. 오늘 저녁 함께 묵상할 말씀은 시편 62편 1-7절입니다.

> 나의 영혼이 잠잠히 하나님만 바람이여. 나의 구원이 그에게서 나오는도다. 오직 그만이 나의 반석이시요 나의 구원이시요 나의 요새이시니 내가 크게 흔들리지 아니하리로다. 넘어지는 담과 흔들리는 울타리 같이 사람을 죽이려고 너희가 일제히 공격하기를 언제까지 하려느냐. 그들이 그를 그의 높은 자리에서 떨어뜨리기만 꾀하고 거짓을 즐겨 하니 입으로는 축복이요 속으로는 저주로다. (셀라) 나의 영혼아 잠잠히 하나님만 바라라. 무릇 나의 소망이 그로부터 나오는도다. 오직 그만이 나의 반석이시요 나의 구원이시요 나의 요새이시니 내가 흔들리지 아니하리로다. 나의 구원과 영광이 하나님께 있음이여. 내 힘의 반석과 피난처도 하나님께 있도다.

대적들의 수많은 위협과 전투 속에 살아온 다윗이 직접 경험한 하나님을 고백하는 시입니다. 그 험한 세월을 지내면서 점점 더 확실해진 것은 하나님만이 구원의 근원이 되신다는 진리였지요. 이 시에서 끌리는 구절은 첫 구절이에요. "나의 영혼이 잠잠히 하나님만 바람이여." 잠잠히 바란다는 말은 고요한 중에 기다린다는 뜻입니다.

우리는 늘 내가 무언가를 해야 하는 것처럼 조급해합니다. 하지만 신앙의 신비는 다른 이야기를 들려줍니다. 내가 말하고 내가 행동하는 것이 아니라, 오히려 내 말과 내 행동이 멈추어 선 자리에서 하나님을 발견할 수 있다고 말합니다. 그리고 그렇게 만난 하나님으로 우리 속을 채우고 살아갈 때 우리의 소망, 우리의 힘, 우리의 피난처가 바로 그분임을 깨닫습니다. 이 밤, 우리의 생각과 우리의 말을 멈추고 거룩한 성령이 우리를 깨우치고 만져 주시길 바랍니다. 함께 기도합시다.

주님, 당신 앞에서 침묵할 때
당신의 소리를 들을 수 있고 당신 안에 머물 수 있습니다.
그때야 비로소 당신이 내 안에서 일하시는 모습을 밝히 보게 됩니다.
이 시간 당신을 향해 마음을 엽니다.
주님 오셔서, 이 빈 가슴을 당신 빛으로 가득 채우소서.
고요한 중에도 당신만이 나의 힘, 피난처라는 진리를 깨닫게 하소서.
예수님 이름으로 기도합니다. 아멘.

#영혼 #시편 #고요함

2월 8일

주님의 뜻

오늘 하루 수고하셨습니다. 주님께서 주시는 위로와 평화가 여러분 모두에게 함께하기를 바랍니다. 오늘 저녁 함께 묵상할 말씀은 마가복음 1장 29-34절입니다.

> 회당에서 나와 곧 야고보와 요한과 함께 시몬과 안드레의 집에 들어가시니 시몬의 장모가 열병으로 누워 있는지라. 사람들이 곧 그 여자에 대하여 예수께 여짜온대 나아가사 그 손을 잡아 일으키시니 열병이 떠나고 여자가 그들에게 수종드니라. 저물어 해 질 때에 모든 병자와 귀신 들린 자를 예수께 데려오니 온 동네가 그 문 앞에 모였더라. 예수께서 각종 병이 든 많은 사람을 고치시며 많은 귀신을 내쫓으시되 귀신이 자기를 알므로 그 말하는 것을 허락하지 아니하시니라.

배와 그물과 가족도 버리고 예수를 따라갔다던 제자들이 시몬의 장모가 아프다는 소식에 예수님을 모시고 옵니다. 가끔 예수쟁이가 되면 과거를 청산해야 하니, 집도 가정도 다 떠나야 한다고 말하는 이들이 있습니다. 하지만 이 본문을 보면, 제자가 된다는 건 그런 것이 아닌 게 분명합니다. 제자가 된다는 건 삶의 최우선 순위에 '주님과 동행하는 삶'을 놓는다는 뜻입니다. 자기 일상을 팽개치는 것이 아니라, 주어진 일상 속에서 주님의 도우심을 바라며 그분과 함께 사는 것이 제자의 삶이라고 할 수 있습니다.

이렇게 보면, 베드로의 장모가 열병이 났을 때 제자들이 주님을 모시고 간 것은 자연스러운 일입니다. 하나 더 관심을 가질 대목은 주님이 아픈 여인을 찾아갔다는 구절입니다. 시대를 고려해서 읽어 볼 만합니다. 누구도 관심 두지 않던 사람을 찾아간 것으로 해석할 수 있습니다. 예수 믿는다는 것은 무언가 특별한 일을 찾는 것이 아닙니다. 나에게 주어진 일상을 예수와 더불어 사는 것, 소외되고 약한 이들에게 관심을 기울이는 것입니다. 이런 것은 모두 삶의 열매로 드러납니다.

그렇지 않고 괜히 예수 믿는다고 호들갑 떠는 사람치고 제대로 된 신앙인을 보질 못했습니다. 여러분은 어떠신가요? 이 밤, 주님의 뜻이 우리 일상과 이웃 가운데 빛나게 드러나길 바랍니다. 함께 기도합시다.

주님, 당신은 우리의 눈에 보이지 않는 분이지만
가난한 이들, 힘없는 이들, 어린이들, 이방인과 나그네,
고아와 홀로 된 여인, 그리고 죽은 이들의 모습을 통해
우리와 이곳에 함께 계십니다.
당신의 사랑과 당신의 능력은
그렇게 모두가 외면하는 곳에서 나타납니다.
주님은 그런 사람들, 그리고 그런 장소에서
기쁨을 충만케 하겠다고 약속하셨습니다.
우리가 그 약속을 믿사오니,
기도하는 우리를 흔들어 깨워 주시고,
주님을 만나는 길 위에 서게 하소서.
우리의 굼뜬 눈을 뜨게 하시고 완고한 마음을 부수어
하나님의 나라를 보며 참되고 가치 있는 삶을 살게 하옵소서.
느껴야 할 것을 느끼게 하시고

생각해야 할 것을 생각하게 하소서.

분노할 일에 분노하며, 울어야 할 일에 울고,

웃어야 할 일에 웃을 수 있게 하옵소서.

우리를 통해 세상이 복음을 읽을 수 있도록

우리가 당신의 복음이 되게 하소서.

우리 주 예수 그리스도의 이름으로 기도합니다. 아멘.

#제자도 #베드로 #우선순위

2월 9일

복 있는 사람

오늘 하루 수고하셨습니다. 주님께서 주시는 위로와 평화가 함께하기를 바랍니다. 오늘 저녁 함께 묵상할 말씀은 시편 1편입니다.

> 복 있는 사람은 악인들의 꾀를 따르지 아니하며 죄인들의 길에 서지 아니하며 오만한 자들의 자리에 앉지 아니하고 오직 여호와의 율법을 즐거워하여 그의 율법을 주야로 묵상하는도다. 그는 시냇가에 심은 나무가 철을 따라 열매를 맺으며 그 잎사귀가 마르지 아니함 같으니 그가 하는 모든 일이 다 형통하리로다. 악인들은 그렇지 아니함이여 오직 바람에 나는 겨와 같도다. 그러므로 악인들은 심판을 견디지 못하며 죄인들이 의인들의 모임에 들지 못하리로다. 무릇 의인들의 길은 여호와께서 인정하시나 악인들의 길은 망하리로다.

시편 1편은 복에 관한 말씀이라 가장 사랑받는 성경 말씀 중 하나입니다. 이 시는 하나님과 함께하는 이에게 약속된 복을 노래합니다. 그런데 이 시를 묵상하면서 한 가지 통념을 바꿔야 할 것 같습니다. 사람들은 '하나님이 함께하는 것'이 세속적인 성공으로 드러난다고 오해합니다. 하나님이 함께하면 반드시 성공해야 하고 어려움이 해결되어야 한다고 여깁니다.

하지만 수많은 신앙 선조의 삶은 세속적 성공과 전혀 가깝지 않았습니다. 하나님은 오히려 우리를 희생과 고난의 길로 이끌어 갈 가능성이 큽니다. 그리고 그 속에서 '하나님과 함께하는 것'이란 희생과 고난을 기꺼이 선택하는 삶일 수 있습니다. 어려움이 없는 삶만을 복으로 여긴다면, 우리는 믿음의 난민이 될 것입니다. 시편 1편을 노래하는 시인의 삶과 그의 고백을 잠잠히 묵상합시다. 함께 기도합시다.

주님, 당신은 우리와 함께하신다고 약속하셨습니다.
힘겨운 처지에 내몰려도,
우리 마음이 당신을 향하고,
우리가 당신의 자녀라는 사실을 기억케 하소서.
어려운 곤경에 던져지더라도,
그곳에서 당신의 임재를 느끼지 못해도,
당신은 여전히 우리와 함께하십니다.
당신의 선하신 뜻대로 우리를 구원하소서.
세상이 줄 수 없는 주님의 평안으로 이 밤 우리를 감싸소서.
예수님 이름으로 기도합니다. 아멘.

#복 #시편

2월 10일

은혜

오늘 하루 수고하셨습니다. 주님께서 주시는 위로와 평화가 여러분 모두에게 함께하기를 바랍니다. 오늘 저녁 함께 묵상할 말씀은 예레미야 17장 5-8절입니다.

> 여호와께서 이와 같이 말씀하시니라. 무릇 사람을 믿으며 육신으로 그의 힘을 삼고 마음이 여호와에게서 떠난 그 사람은 저주를 받을 것이라. 그는 사막의 떨기나무 같아서 좋은 일이 오는 것을 보지 못하고 광야 간조한 곳, 건건한 땅, 사람이 살지 않는 땅에 살리라. 그러나 무릇 여호와를 의지하며 여호와를 의뢰하는 그 사람은 복을 받을 것이라. 그는 물 가에 심어진 나무가 그 뿌리를 강변에 뻗치고 더위가 올지라도 두려워하지 아니하며 그 잎이 청청하며 가무는 해에도 걱정이 없고 결실이 그치지 아니함 같으리라.

은혜, 은총이라는 말은 값없이 주어진 선물, 내 노력이 없는데도 얻게 된 하늘의 선물을 뜻합니다. 그런데 이 은혜를 오해하는 예가 왕왕 있습니다. 왜 노력해? 거저 주시는데, 왜 힘들어해? 하나님이 주시는 기적이 있는데, 왜 힘들여 수고해? 하나님이 다 알아서 해 주시는데…. 이런 말들은 언뜻 다 맞는 말 같지만, 모두 거짓입니다.

물가의 나무가 그 뿌리를 강변에 내리고 그 잎이 푸르며 가문 해에도 결실을 그치지 않는다는 말씀을 묵상해 봅시다. 이는 은혜에 힘입어 적극적으로 노력해야 한다는 뜻이지, 아무것도 하지 말라는 말이 아닙니다. "나는 포도나무요 너희는 가지라. 그가 내 안에, 내가 그 안에 거하면 사람이 열매를 많이 맺나니 나를 떠나서는 너희가 아무것도 할 수 없음이라"(요 15:5)라고 하신 예수님 말씀도 같은 뜻입니다. 은혜 안에 뿌리내린 사람은 그 은혜의 양분이 삶의 결실로 드러나도록 노력해야 합니다. 함께 기도합시다.

하늘에 계신 하나님 아버지,
당신께서는 한 번도 우리를 버리지 않고
언제나 그 자비의 손길로 선하게 인도하셨습니다.
은혜 가운데 우리 몸과 마음,
그리고 우리의 물질적인 필요를 보살펴 주시니 감사합니다.
오 하나님, 당신을 찬양합니다.
우리 가운데 쉼 없이 생명을 주시며,
하늘 뜻으로 우리를 채우소서.
시련 속에 있을 때도 모든 일이 합력하여 선을 이루시는 주님이
우리 곁에 계신다는 진리를 우리 가운데 채우소서.
예수님 이름으로 기도합니다. 아멘.

#시편 #복 #은혜

2월 11일

마음의 첫 음

오늘 하루 수고하셨습니다. 주님께서 주시는 위로와 평화가 여러분 모두에게 함께하기를 바랍니다. 오늘 저녁 함께 묵상할 말씀은 고린도전서 15장 9-11절입니다.

> 나는 사도 중에 가장 작은 자라. 나는 하나님의 교회를 박해하였으므로 사도라 칭함 받기를 감당하지 못할 자니라. 그러나 내가 나 된 것은 하나님의 은혜로 된 것이니 내게 주신 그의 은혜가 헛되지 아니하여 내가 모든 사도보다 더 많이 수고하였으나 내가 한 것이 아니요 오직 나와 함께 하신 하나님의 은혜로라. 그러므로 나나 그들이나 이같이 전파하매 너희도 이같이 믿었느니라.

악기에서 둔탁하고 막힌 소리가 나거나 경박하고 시끄러운 소리가 나면, 반드시 조율이 필요합니다. 우리 마음도 마찬가지입니다. 마음에서 막힌 소리, 불안하고 둔탁한 소리가 들린다면, 하나님의 은혜를 첫 음 삼아 조율해야 합니다. 하나님이 주시는 은혜를 의식하지 못하면 마음이 쉬이 지칩니다. 모든 것을 스스로 쟁취해야 한다고 믿는 사람은 얼굴에서 표시가 납니다.

하지만 은혜에 자신의 마음을 걸고 사는 사람은 시련 속에서도 아름답고 거룩한 삶의 선율을 들려줍니다. 우리 마음의 첫 음은 어디에 맞춰져 있나요? 이 밤, 주님의 은혜가 우리 마음을 붙들길 바랍니다. 함께 기도합시다.

주님, 당신은 우리를 자녀로 삼으시고
언제 어디서나 우리 곁을 지키십니다.
우리의 모든 걸음을 살피시는 주님,
당신의 손을 우리가 알아볼 수 있도록
이해의 성령을 보내 주소서.
우리의 부족함을 불쌍히 여겨 주소서.
연약한 우리가 길을 잃고 헤맬 때
우리의 팔을 잡아 주소서.
주님은 강하고 힘이 있으며
어둠을 빛으로 바꾸시는 분입니다.
우리가 당신의 빛을 따라 걸어갈 때
즐거운 노래로 인내하며 걷게 하소서.
예수님 이름으로 기도합니다. 아멘.

#바울 #은혜 #마음

2월 12일

가난한 이에게 주시는 복

오늘 하루 수고하셨습니다. 주님께서 주시는 위로와 평화가 여러분 모두에게 함께하기를 바랍니다. 오늘 저녁 함께 묵상할 말씀은 누가복음 6장 20-26절입니다.

> 예수께서 눈을 들어 제자들을 보시고 이르시되 너희 가난한 자는 복이 있나니 하나님의 나라가 너희 것임이요. 지금 주린 자는 복이 있나니 너희가 배부름을 얻을 것임이요. 지금 우는 자는 복이 있나니 너희가 웃을 것임이요. 인자로 말미암아 사람들이 너희를 미워하며 멀리하고 욕하고 너희 이름을 악하다 하여 버릴 때에는 너희에게 복이 있도다. 그 날에 기뻐하고 뛰놀라. 하늘에서 너희 상이 큼이라. 그들의 조상들이 선지자들에게 이와 같이 하였느니라. 그러나 화 있을진저 너희 부요한 자여 너희는 너희의 위로를 이미 받았도다. 화 있을진저 너희 지금 배부른 자여. 너희는 주리리로다. 화 있을진저 너희 지금 웃는 자여. 너희가 애통하며 울리로다. 모든 사람이 너희를 칭찬하면 화가 있도다. 그들의 조상들이 거짓 선지자들에게 이와 같이 하였느니라.

"가난한 사람은 복이 있고, 부자에게는 화가 있다"라는 말씀을 맥락 없이 들으면 무척 당혹스러울 수 있습니다. 이 본문을 잘못 읽으면, 자칫 부유하고 배부른 사람보다 가난하고 배고픈 사람이 더 낫다고 여길 수 있기 때문이죠. 그럼, 이런 질문을 하나 해 보지요. 하나님은 우리가 비참할 때만 우리를 사랑하실까요? 그렇지 않습니다. 주님은 그런 뜻으로 말씀하지 않았습니다. 복음서에서 하나님은 세상에서 고통받는 사람들을 보살피고, 사랑하시며, 잘 살아가길 원하신다고 약속하십니다.

예수님은 오늘 묵상하는 이 말씀을 통해 청중들에게 이런 음성을 들려주십니다. "하나님께서 세심하고 관대하듯, 너희도 이웃에게 관대하라." 이것은 우리 모두를 향한 경고인 동시에 권고이기도 합니다. 잘 생각해 보세요. 모든 생명은 다른 생명에 힘입어 삽니다. 내가 누리는 것 중 다른 사람의 봉사와 생명에 힘입지 않은 것이 있을까요?

사람은 누구나 다른 이의 생명 값으로 삽니다. 그런 헌신과 봉사가 우리 사는 세상의 격차를 줄여 가고, 모두 더불어 살 수 있는 복된 세상을 만들어 갑니다. 자기만 배불리 먹는 세상은 어떨까요? 빈부 격차, 식량 보유 격차, 교육 격차, 건강 격차 등 전 세계적으로 무수히 많은 격차와 실패가 행복과 불행의 양면을 더욱 심하게 드러냅니다.

주님은 세상 가득한 이 격차를 줄이려고 우리를 하나님의 자녀로 부르셨습니다. 주님이 우리에게 원하는 삶은 은총과 믿음 가운데 서로서로 버팀목이 되어 주는 삶일 겁니다. 이것이 바로 하나님 나라가 이 땅에 임하는 것이고, 우리가 함께 나눌 중보 기도의 제목입니다. 함께 기도합시다.

가난하고 연약한 사람들,
비천하여 고통받는 이들을 돌보시는 주님,
이 시간 주님의 이름을 부르며 기도합니다.
당신께서는 한 사람 한 사람을 당신의 형상으로 창조하셨습니다.
기도하오니,
우리가 날마다 새로운 용기와 기쁨으로 살아가도록 도우소서.
교만과 독선, 편견과 오만에 기대지 않고,

오직 주님의 은총 가운데 이웃과 더불어 살게 하소서.

우리의 생명이 다른 이의 생명 값이라는 사실을 잊지 않게 하시어,

서로를 향한 따뜻함과 섬김의 미덕이

우리 가운데 자리 잡게 하소서.

예수님의 이름으로 기도합니다. 아멘.

#가난한사람 #팔복

2월 13일

가장 큰 계명

오늘 하루 수고하셨습니다. 주님께서 주시는 위로와 평화가 함께하기를 바랍니다. 오늘 묵상할 말씀은 출애굽기 20장 1-6절입니다.

> 하나님이 이 모든 말씀으로 말씀하여 이르시되 나는 너를 애굽 땅, 종 되었던 집에서 인도하여 낸 네 하나님 여호와니라. 너는 나 외에는 다른 신들을 네게 두지 말라. 너를 위하여 새긴 우상을 만들지 말고 또 위로 하늘에 있는 것이나 아래로 땅에 있는 것이나 땅 아래 물 속에 있는 것의 어떤 형상도 만들지 말며 그것들에게 절하지 말며 그것들을 섬기지 말라. 나 네 하나님 여호와는 질투하는 하나님인즉 나를 미워하는 자의 죄를 갚되 아버지로부터 아들에게로 삼사 대까지 이르게 하거니와 나를 사랑하고 내 계명을 지키는 자에게는 천 대까지 은혜를 베푸느니라.

"기독교의 하나님이나 불교의 부처님이나 이슬람의 알라나 미아리 점집 무당이 믿는 신이 뭐가 다르냐? 그냥 자기 취향대로 믿고, 편할 대로 살면 되는 것 아니냐?" 하고 말하는 이들이 있습니다. 이름만 다르지 다 똑같은 신이고, 결국 종교는 다 똑같지 않냐는 겁니다.

루터는《대교리문답》첫 번째 계명 해설에서 신에 대해 이렇게 설명합니다. "네 심장을 걸어 놓고 기대는 대상, 그것이 바로 너의 신이다." 우리식으로 말하면, 내 삶의 최우선 순위가 곧 내가 믿는 신이라는 말입니다.

사실 인간은 누구나 무언가를 믿고 삽니다. 그런데 문제는 그렇게 내 모든 걸 걸어 놓고 사는 신이 헛것일 수 있다는 데 있습니다.

그래서 우리는 단순히 "하나님을 믿느냐 안 믿느냐?", "유신론이냐 무신론이냐?"를 묻기보다 "지금 내가 믿는 신, 지금 내가 믿는 하나님은 도대체 어떤 하나님인가?"를 진지하게 되물어야 합니다.

우리는 과연 어떤 하나님을 믿고 있을까요? 우리의 대답은 '내가 만든 하나님', '내가 상상하는 하나님'이 아니라, '예수님이 믿고 의지하던 하나님'이 되어야 합니다. 그리고 이와 함께 중요한 건, 우리가 믿는 대상은 언제나 삶의 열매로 드러난다는 사실입니다. 오늘 이 밤, 내 심장을 어디에 걸어 놓고 사는지 돌아보는 시간이 되길 바랍니다. 함께 기도합시다.

주님, 당신을 찾는 법을 가르쳐 주소서.
우리는 당신 품에 안기기까지 안식이 없습니다.
당신을 찾을 때 모습을 드러내소서.
내가 만든 하나님이 아닌,
나를 만든 당신을 만나게 하소서.
당신께서 우리를 가르치지 않으면
우리는 당신을 찾을 수도 없고 발견할 수도 없습니다.
당신의 모습을 보여 주소서.
그리하여 우리 삶이 하나님 뜻을 이루며
사랑의 열매를 맺게 하소서.
이 밤, 우리에게 오소서.
예수님 이름으로 기도합니다. 아멘.

#십계명 #루터

2월 14일

팔복

오늘 하루 수고하셨습니다. 주님께서 주시는 위로와 평화가 함께하기를 바랍니다. 오늘 묵상할 말씀은 마태복음 5장 1-12절입니다.

> 예수께서 무리를 보시고 산에 올라가 앉으시니 제자들이 나아온지라. 입을 열어 가르쳐 이르시되 심령이 가난한 자는 복이 있나니 천국이 그들의 것임이요. 애통하는 자는 복이 있나니 그들이 위로를 받을 것임이요. 온유한 자는 복이 있나니 그들이 땅을 기업으로 받을 것임이요. 의에 주리고 목마른 자는 복이 있나니 그들이 배부를 것임이요. 긍휼히 여기는 자는 복이 있나니 그들이 긍휼히 여김을 받을 것임이요. 마음이 청결한 자는 복이 있나니 그들이 하나님을 볼 것임이요. 화평하게 하는 자는 복이 있나니 그들이 하나님의 아들이라 일컬음을 받을 것임이요. 의를 위하여 박해를 받은 자는 복이 있나니 천국이 그들의 것임이라. 나로 말미암아 너희를 욕하고 박해하고 거짓으로 너희를 거슬러 모든 악한 말을 할 때에는 너희에게 복이 있나니 기뻐하고 즐거워하라. 하늘에서 너희의 상이 큼이라. 너희 전에 있던 선지자들도 이같이 박해하였느니라.

산상 설교의 한 대목입니다. 무엇보다 관심을 끄는 단어는 '복'이지요. 그런데 예수님이 풀어놓는 복 목록 앞에서 좀 당황할 수 있어요. 고개를 갸우뚱하게 만드는 내용이 가득하기 때문입니다.

우리가 생각하는 '복'은 거의 예외 없이 내가 성공하고 장수하고 자식이 잘되는 것입니다. 자아를 실현하고, 남들이 부러워할 만한 행복이나 번영을 누리는 것을 흔히들 생각합니다. 하지만 예수님이 들려주신 팔복은 우리 생각과 확실히 다릅니다. 예수님은 지혜를 좇고 현자의 명성을 쌓아가는 사람, 화목하고 멋진 가정을 꾸린 사람, 율법을 신실하게 지키는 사람, 훌륭한 친구가 많은 사람, 지도자로서 명성이 있는 사람. 이런 사람들에게 복이 있다고 말씀하지 않습니다. 그래서 참 당혹스러워요.

한 구절씩 묵상해 보세요. 억울하고 가난한 사람들, 하지만 그런 처지에 굴하지 않고 하나님 앞에서 희망을 잃지 않는 사람들에게 하늘의 복이 있다고 말씀하십니다. 가장 중요한 것은 우리 마음이 하나님을 향해 있느냐는 겁니다. 지금 우리 마음은 어디를 향하고 있나요? 우리 마음이 주님을 향하는 밤이 되길 바랍니다. 함께 기도합시다.

주님, 연약한 우리를 잡아 주소서.
당신의 손을 우리에게 얹으시고 복을 내리소서.
우리의 마음을 갈음하여
당신의 놀라운 은총으로 채우소서.
주님, 우리의 뜻을 밀어내시고
당신 뜻을 헤아리고 따르려는 마음만 남게 하소서.
그 아름답고 사랑스러운 선물을 주소서.
이것이야말로 우리에게 주시는 최고의 선물이고 복입니다.
이 밤, 온 세상을 당신의 자비로 감싸소서.
예수님 이름으로 기도합니다. 아멘.

#팔복 #산상설교

2월 15일

심령이 가난한 자

오늘 하루 수고하셨습니다. 주님께서 주시는 위로와 평화가 여러분 모두에게 함께하기를 바랍니다. 오늘 저녁 함께 묵상할 말씀은 마태복음 5장 3절입니다.

심령이 가난한 자는 복이 있나니 천국이 그들의 것임이요.

예수님이 가르치신 팔복 중 첫 번째 복이지요. "심령이 가난한 자는 복이 있다"라고 말씀하시는데, 여기서 '심령이 가난한 자'는 도대체 누구일까요? 유대인의 맥락에서 찾아보면 더 쉽게 이해할 수 있을 것 같습니다. 예수님 당시 유대인 중에는 '아나빔*anawim*'으로 불리는 부류가 있었다고 해요. '엎드려진 사람들'이란 뜻인데, 아마 모질게 가난해서 바닥에 패대기쳐진 사람들, 그래서 엎드린 것처럼 보이는 사람을 아나빔이라고 불렀나 봅니다.

그런데 아나빔이 단순히 경제적으로 가난한 사람이 아니라는 것이 더 중요합니다. 유대인들은 아주 특별한 경우에만 이 말을 사용하는데, 경제적으로 불리한 조건에 있으면서도 하나님을 절대적으로 신뢰하는 이들을 지칭할 때 '아나빔'이라는 말을 사용합니다(시 149:4; 사 49:13, 61:1-2, 66:2). 이 사람들이 바로 팔복 설교에서 가장 먼저 나오는 '심령이 가난한 사람들'입니다. 이 사람들에게는 몇 가지 특징이 있었습니다.

우선, 이들은 경제적으로 빈곤하지만 늘 하나님을 신뢰하는 삶을 살았기에 하나님을 만나는 장소인 성전에 나아가기를 힘썼습니다. 그러면서 하나님이 보내실 메시아를 간절히 기다렸던 사람들이 바로 '심령이 가난한 사람', 즉 아나빔입니다. 이런 사람이 첫 번째 복의 주인공이 됩니다.

가난하지만 주님을 언제나 기다리며 희망을 품은 자에게 복이 있습니다. 그 복이 저와 여러분에게 임하길 바랍니다. 함께 기도합시다.

주님, 기도에 서툰 우리의 기도를 온전케 하소서.
어린아이 같은 우리에게 지혜를 주소서.
억울한 중에 통곡하는 이들을 살피소서.
시련 중에 주의 길을 걷는 이들을 도우소서.
당신을 외면했던 이들에게 참회의 마음을 주소서.
텅 빈 마음을 당신을 향한 사랑과 열정, 희망으로 채우소서.
모든 일에 주님을 고백하는 복된 종말을 허락하소서.
예수님 이름으로 기도합니다. 아멘.

#팔복 #가난한자 #아나빔

2월 16일

악을 선용하시는 하나님

오늘 하루 수고하셨습니다. 주님께서 주시는 위로와 평화가 함께하기를 바랍니다. 오늘 묵상할 말씀은 창세기 45장 9-15절입니다.

> 당신들은 속히 아버지께로 올라가서 아뢰기를 아버지의 아들 요셉의 말에 하나님이 나를 애굽 전국의 주로 세우셨으니 지체 말고 내게로 내려오사 아버지의 아들들과 아버지의 손자들과 아버지의 양과 소와 모든 소유가 고센 땅에 머물며 나와 가깝게 하소서. 흉년이 아직 다섯 해가 있으니 내가 거기서 아버지를 봉양하리이다. 아버지와 아버지의 가족과 아버지께 속한 모든 사람에게 부족함이 없도록 하겠나이다 하더라고 전하소서. 당신들의 눈과 내 아우 베냐민의 눈이 보는 바 당신들에게 이 말을 하는 것은 내 입이라. 당신들은 내가 애굽에서 누리는 영화와 당신들이 본 모든 것을 다 내 아버지께 아뢰고 속히 모시고 내려오소서 하며 자기 아우 베냐민의 목을 안고 우니 베냐민도 요셉의 목을 안고 우니라. 요셉이 또 형들과 입맞추며 안고 우니 형들이 그제서야 요셉과 말하니라.

기구한 인생을 산 요셉이 자신이 누구인지 밝히는 장면입니다. 아마도 펑펑 울면서 말했겠다 싶습니다. 자기를 외국에 팔아넘긴 형들 앞에서 말하는 요셉은 지금 애굽의 총리입니다. 그러니 형들은 복수당할까 봐 오싹했을 겁니다. 실제로 요셉에게는 그럴 힘이 있었습니다.

하지만 그는 복수 대신 다른 이야기를 들려줍니다. 가만 들어보면, 요셉은 인과응보라는 사람의 시선이 아니라, 하나님의 시선으로 자신과 가족의 아픈 과거사를 이야기합니다. 그러면서 자신이 애굽에 오게 된 것도 하나님의 뜻이고, 총리가 된 것도 하나님의 뜻이며, 이 자리에서 형제들을 만나 가족을 살리는 것도 하나님의 뜻이라고 말합니다.

이 장면은 하나님을 믿는 사람이 어떤 자세로 살아야 하는지 잘 보여줍니다. 하나님을 믿는다면, 어떤 삶의 자리에 있더라도 하나님의 자비로운 계획 가운데 있다는 걸 잊지 말아야 합니다. 원수 사랑을 명령하신 예수님 말씀이 가능한 이유도 여기에 있습니다. 원수를 사랑할 수 있는 까닭은 우리가 믿는 하나님이 시련을 기회로 바꾸고 악을 선으로 바꾸는 참 능력의 주님이기 때문입니다. 우리가 이 하나님을 믿고 사는 것이지요. 함께 기도합시다.

악을 선용하시는 주님, 당신께 기도합니다.
우리는 늘 부딪히고 깨지고 상처받습니다.
그러나 주님, 우리의 마음을 다스리셔서
정직과 성실로 겸손히 견딜 힘을 주소서.
지치거나 마음 내키지 않을 때,
당신을 향한 기력이 끊겼을 때,
더는 당신을 찾지 못할 때,
무한한 자비로 불쌍한 우리를 찾아 주소서.
그리하여 오직 당신의 선한 계획 가운데
우리가 서 있음을 알게 하소서.
예수 그리스도의 이름으로 기도합니다. 아멘.

#요셉 #하나님 #창세기

2월 17일

하나님의 분노

오늘 하루 수고하셨습니다. 주님께서 주시는 위로와 평화가 여러분 모두에게 함께하기를 바랍니다. 오늘 저녁 함께 묵상할 말씀은 시편 103편 8-11절입니다.

> 여호와는 긍휼이 많으시고 은혜로우시며 노하기를 더디 하시고 인자하심이 풍부하시도다. 자주 경책하지 아니하시며 노를 영원히 품지 아니하시리로다. 우리의 죄를 따라 우리를 처벌하지는 아니하시며 우리의 죄악을 따라 우리에게 그대로 갚지는 아니하셨으니 이는 하늘이 땅에서 높음 같이 그를 경외하는 자에게 그의 인자하심이 크심이로다.

사람들은 누구나 일종의 '성깔'을 가지고 있습니다. 다만, 그 표현이 정도에 따라 다를 뿐입니다. 속에서 끓어오르는 화를 어떤 사람은 말로, 어떤 이는 몸으로 표현합니다. 분노를 해소하는 방법은 다양합니다.

좀 이상하게 들릴지 모르지만, 하나님도 분노하는 분입니다. 예수님도 그런 일이 있었지요. 성전에서 환전 상을 뒤엎고, 노끈으로 채찍을 만들고, 화를 내면서 상인들을 몰아낸 적이 있습니다. 물론 그분의 분노는 이유 없는 분노가 아니라, 악을 참지 못하는 분노입니다. 우리가 믿는 주님은 분명히 노하기를 더디 하시고 인자하심이 풍부하신 분입니다.

하지만 오해하지 맙시다. 주님은 마냥 참기만 하는 분이 아니라는 사실도 함께 기억해야 합니다. 그분은 불의와 악에 대해 단호하십니다. 그런 성품 덕에 주님은 당신을 따르는 하나님의 자녀도 그렇게 악에서 떠나길 기다리는 분입니다.

이 밤에 우리의 분노는 어떤 것인지 돌아봅시다. 선과 의를 위한 분노인가요? 아니면, 감정의 분출일뿐인가요? 함께 기도합시다.

선하신 주님,
우리에게 당신을 섬기는 바른길을 알게 하소서.
셈과 저울질 없이 모든 것을 당신께 드리는 길을 가르쳐 주소서.
상처에 연연하지 않고 선한 싸움을 싸우도록
우리를 인도하소서.
휴식을 구하기보다 기쁨으로 땀을 흘리고,
상급을 바라기보다 당신을 위해 일하게 하소서.
우리의 유일한 상급은
바로 당신의 뜻을 행하는 것임을
잊지 않게 하소서.
예수님 이름으로 기도합니다. 아멘.

#분노 #하나님 #정의

2월 18일

가문비나무의 노래

오늘 하루 수고하셨습니다. 주님께서 주시는 위로와 평화가 여러분 모두에게 함께하기를 바랍니다. 오늘 저녁 함께 묵상할 말씀은 고린도전서 15장 30-34절입니다.

> 또 어찌하여 우리가 언제나 위험을 무릅쓰리요. 형제들아 내가 그리스도 예수 우리 주 안에서 가진 바 너희에 대한 나의 자랑을 두고 단언하노니 나는 날마다 죽노라. 내가 사람의 방법으로 에베소에서 맹수와 더불어 싸웠다면 내게 무슨 유익이 있으리요. 죽은 자가 다시 살아나지 못한다면 내일 죽을 터이니 먹고 마시자 하리라. 속지 말라. 악한 동무들은 선한 행실을 더럽히나니 깨어 의를 행하고 죄를 짓지 말라. 하나님을 알지 못하는 자가 있기로 내가 너희를 부끄럽게 하기 위하여 말하노라.

얼마 전 《가문비나무의 노래》라는 아름다운 책을 읽었습니다.[5] 바이올린을 만드는 분이 쓴 글인데, 앞부분부터 매우 인상적인 이야기로 시작됩니다.

바이올린의 재료가 되는 가문비나무는 밑동부터 40-50미터까지 잔가지 하나 없이 줄기만 하늘 향해 자란다고 합니다. 게다가 고지대에서 2-3백 년 동안 아주 서서히 자라는데, 고지대에서 자란 가문비나무는 서서히 자라면서 빛이 닿지 않는 아래쪽 가지들을 스스로 떨구어 낸다고 해요.

마치 죽은 몸을 잘라 내듯 그렇게 수백 년을 하늘 향해 자랍니다. 이렇게 고지대에서 자란 나무로 악기를 만들면, 저지대에서 빨리 자란 나무와 비교할 바 없는 아주 훌륭한 울림을 낸다고 합니다.

게다가 그 나무가 자라는 고지대는 메마른 땅이라서 생명체가 살아가기 척박한 죽음의 땅과 같다고 해요. 그런데 그런 위기를 통해 나무가 더 단단해지고, 이런 목재가 좋은 울림의 소명을 갖게 된다고 합니다. 척박한 땅에서 아주 서서히 자라지만, 죽은 가지를 스스로 떨구어 내며 하늘 향해 자라는 가문비나무가 비로소 좋은 바이올린의 울림을 갖게 된다는 게 놀랍지요.

고린도전서를 읽다가 바울이 "나는 날마다 죽노라"라고 말하는 구절에서 가문비나무 이야기가 떠올랐습니다. 날마다 죽는다는 바울의 음성에서 가문비나무의 가르침도 들리는 것 같아요. 우리에게 "죽은 것을 버리라"는 그런 가르침 말이에요.

옳지 못한 것, 거짓된 것, 게으른 것, 악한 것과 결별하고, 솔직한 것, 착한 것, 사랑스러운 것, 지혜로운 것으로 매일 거듭나라는 음성. 그렇게 살면 비로소 울림 좋은 악기로 영생할 것이라는 깨달음이 여기서 들리는 것 같습니다.

우리는 어떤 죽은 가지를 달고 사나요? 지혜로운 사람은 자기의 힘과 가치를 앗아 가는 죽은 가지를 알아봅니다. 함께 기도합시다.

주님, 우리에게 은총을 허락하셔서
마땅히 알아야 할 것을 알게 하시고,
진실로 사랑해야 할 것을 사랑하게 하시고,
당신께서 기뻐하시는 찬양을 노래하게 하시고,
당신께서 귀하게 여기는 것을 구하게 하소서.

당신께서 싫어하는 것을 멀리하게 하시고

우리의 헛된 기준으로 판단하지 않도록 우리를 도우소서.

당신께서 주시는 은총으로

올바르게 분별하고 판단하며

언제나 당신의 뜻과 기쁨을 찾게 하소서.

예수님 이름으로 기도합니다. 아멘.

#가문비나무 #신앙 #바울

2월 19일

변화산과 십자가

오늘 하루 수고하셨습니다. 주님께서 주시는 위로와 평화가 여러분 모두에게 함께하기를 바랍니다. 오늘 저녁 함께 묵상할 말씀은 누가복음 9장 28-36절입니다.

> 이 말씀을 하신 후 팔 일쯤 되어 예수께서 베드로와 요한과 야고보를 데리고 기도하시러 산에 올라가사 기도하실 때에 용모가 변화되고 그 옷이 희어져 광채가 나더라. 문득 두 사람이 예수와 함께 말하니 이는 모세와 엘리야라. 영광중에 나타나서 장차 예수께서 예루살렘에서 별세하실 것을 말할새 베드로와 및 함께 있는 자들이 깊이 졸다가 온전히 깨어나 예수의 영광과 및 함께 선 두 사람을 보더니 두 사람이 떠날 때에 베드로가 예수께 여짜오되 주여 우리가 여기 있는 것이 좋사오니 우리가 초막 셋을 짓되 하나는 주를 위하여, 하나는 모세를 위하여, 하나는 엘리야를 위하여 하사이다 하되 자기가 하는 말을 자기도 알지 못하더라. 이 말 할 즈음에 구름이 와서 그들을 덮는지라. 구름 속으로 들어갈 때에 그들이 무서워하더니 구름 속에서 소리가 나서 이르되 이는 나의 아들 곧 택함을 받은 자니 너희는 그의 말을 들으라 하고 소리가 그치매 오직 예수만 보이더라. 제자들이 잠잠하여 그 본 것을 무엇이든지 그 때에는 아무에게도 이르지 아니하니라.

산 위에서 예수님의 용모가 변화되고 옷이 희어져 광채가 나는 장면,

그리고 하늘에서 음성이 들리는 신비한 일이 묘사됩니다. 변화산 사건이라고도 하지요. 그런데 특이한 건 31절에서 예수님이 모세와 엘리야를 데리고 '별세'에 대한 이야기를 하신다는 점입니다. 나중에 하늘에서 들리는 음성을 들어 보면, 예수님이 바로 그 일을 위하여 택함받은 자라고 선언합니다. 그렇다면 변화산 사건은 십자가 죽음과 관계가 있다고 볼 수 있겠지요.

톰 라이트는 이렇게 설명합니다.

> 변화산 사건이나 십자가 사건 중 하나를 묵상할 땐, 반드시 다른 한 사건을 염두에 두어야 합니다. 이 산에서 영광 받으신 예수님이 저 예루살렘 밖 언덕에선 수치를 당하십니다. 여기 산에서 예수의 옷은 하얗게 빛나지만, 거기서 그 옷은 벗겨지고 찢겨 제비 뽑아 병사들이 나눠 가집니다. 여기서 예수의 양옆에는 율법과 예언을 대표하는 이스라엘의 가장 위대한 영웅인 모세와 엘리야가 있지만, 거기서 예수의 양옆에는 이스라엘이 얼마나 하나님께 반항했는지 보여 주는 두 명의 강도가 있습니다. 여기선 밝고 신비로운 구름이 현장을 드리우지만, 거기선 땅에 어둠이 가득합니다. 여기서 베드로는 이 모든 것이 참으로 아름답고 놀랍다고 엉겁결에 고백하지만, 거기선 예수님을 모른다고 부인하곤 수치심에 숨어 버립니다. 여기선 하나님이 직접 '이는 내 사랑하는 아들'이라고 말씀하지만, 거기선 이방인 병사가 놀라며 '이 사람은 정말로 하나님의 아들'이었다고 말합니다.[6]

산 위에서 신비롭게 변모하는 예수와 십자가에 달리신 예수. 우리는 과연 어떤 예수를 믿고 있나요? 혹시 한쪽 예수만 바라는 건 아닌지 깊이 생각하는 밤이 되길 바랍니다. 함께 기도합시다.

전능하신 주님,

당신을 따르는 모든 이들을 당신 품에 안아 주소서.

주님의 손이 우리를 덮고

그리스도의 사랑이 우리를 영롱한 빛으로 거듭나게 하소서.

우리가 당신을 향한 열정을 품게 하소서.

성령이 함께하셔서 당신의 말씀을 깨닫게 하시고

순종하며 당신 뜻을 따르게 하소서.

십자가에서 죽고 부활하신 그리스도시여

우리를 불쌍히 여기소서.

성부와 성령과 함께 영원히 살아 계셔서 다스리시는

우리 주 예수 그리스도의 이름으로 기도합니다. 아멘.

#십자가 #톰라이트 #산상변모

2월 20일

사람을 위한 물고기

오늘 하루 수고하셨습니다. 주님께서 주시는 위로와 평화가 함께하기를 바랍니다. 오늘 묵상할 말씀은 마태복음 4장 18-20절입니다.

> 갈릴리 해변에 다니시다가 두 형제 곧 베드로라 하는 시몬과 그의 형제 안드레가 바다에 그물 던지는 것을 보시니 그들은 어부라. 말씀하시되 나를 따라오라. 내가 너희를 사람을 낚는 어부가 되게 하리라 하시니 그들이 곧 그물을 버려 두고 예수를 따르니라.

예수님이 어부였던 제자를 부르시는 장면입니다. 그런데 저는 이 구절을 볼 때마다 웃음부터 나옵니다. 마태복음 4장 19절에서 예수님이 이렇게 말씀하세요. "나를 따라오라. 내가 너희를 사람을 낚는 어부가 되게 하리라." '낚는다'는 표현이 무언가 어설픕니다. 어부는 바다에 나가서 고기를 '잡는다'고 하지 고기를 '낚는다'고 하지 않거니와, 더욱이 요즘 시대에는 '사람을 낚는다'는 말이 그리 좋게 들리지 않습니다. 그렇다고 '사람 잡는 어부'라는 표현을 쓸 수도 없어요. 그러니 "사람 낚는 어부로 만들겠다"는 예수님 말씀은 요즘 말로 '대략 난감'이에요.

그런데 이 묘한 구절을 원어로 보면, 다른 번역도 가능할 것 같습니다. 원어로는 '할리에이스 안드로폰*ἁλιεῖς ἀνθρώπων*'이라고 쓰여 있습니다. 영어로 옮기면 'Fishers of /for People'이 됩니다. '어부'에 해당하는 단어가 때로는 '물고기들'로 번역되기도 한다고 합니다.[7]

그렇게 보면, 이 구절은 '사람을 낚는 어부'뿐만 아니라 '사람을 위한 물고기'라고 번역해도 좋을 것 같습니다. 실제로 영어 성경 가운데는 그렇게 번역한 예NRSV도 있습니다. 그럼 예수님의 부름을 이렇게 읽을 수도 있겠지요. "나를 따르라. 내가 너희를 '사람을 위한 물고기'가 되게 하리라."

이렇게 읽으면 이 구절의 의미가 매우 풍성해집니다. 예수님의 제자가 된다는 것, 예수를 따른다는 것은 '사람을 살리는, 사람을 위한 물고기'가 되는 것이기 때문입니다. '물고기'는 신약성서에서 꽤 무게감 있는 장면에서 등장합니다. 배고픈 오천 명을 먹이는 오병이어 사건을 다들 아실 겁니다. 사람 낚는 어부? 사람을 위한 물고기! 여러분은 "나를 따르라"는 예수님의 음성이 어떻게 들리나요? 함께 기도합시다.

주님, 간구하오니 당신의 백성을 돌보소서.
부름받은 당신의 자녀들에게
당신의 거룩한 사랑의 신비로 채우소서.
우리에게 일용할 양식을 주시는 주님,
당신의 자비가 우리 가운데 넘치게 하사
세상을 위한 양식이 되게 하소서.
주님을 따르는 길이 사람을 먹이고,
사람을 살리는 가치 있는 여정이 되게 하소서.
이 밤을 당신께 맡깁니다.
지친 우리의 몸과 영혼이
당신의 자비 가운데 다시 힘을 얻게 하소서.
예수님 이름으로 기도합니다. 아멘.

#제자 #사람낚는어부

2월 21일

애통하는 자

오늘 하루 수고하셨습니다. 주님께서 주시는 위로와 평화가 여러분 모두에게 함께하기를 바랍니다. 오늘 저녁 함께 묵상할 말씀은 마태복음 5장 4절입니다.

> 애통하는 자는 복이 있나니 그들이 위로를 받을 것임이요.

예수님이 가르치신 팔복 중 두 번째 복이지요. 예수님은 애통하는 자에게 복이 있다고 말씀하시는데, 사람들이 슬퍼하는 이유를 돌아보면 참 다양합니다. 하지만 예수님이 여기서 언급하시는 슬픔은 개인이 겪는 비극이나 부당함, 억울한 죽음을 의미하는 것이 아닙니다. 지금 예수님과 함께 산 위에 모인 사람들 귀에 들리는 슬픔은 이사야 61장처럼 나라를 잃은 민족의 아픔입니다.

나라를 잃고, 고향을 잃고, 삶의 터전을 빼앗긴 슬픈 사람들이 지금 예수님을 따라 산 위에 올라와 있습니다. 혼자 온 것이 아니라 가족과 친지, 억울함을 함께 당한 동료와 동네 사람들이 모여 있습니다. 이 사람들을 향해 주님이 말씀하십니다. "애통하는 자는 복이 있나니 그들이 위로를 받을 것임이요."

가만히 묵상해 보면, 예수님이 말씀하시는 '애통하는 자'는 혼자 슬픈 사람이 아니라, 다른 사람의 비극에 함께 공감하고 함께 울어 주는 사람을 뜻하는 것 같습니다. 이렇게 다른 사람의 슬픔에 다가서는 사람, 우는 자와 함께 우는 사람, 슬픔의 짐을 나눠서 지는 사람에게 하늘의 위로가 임합니다. 이것은 주님의 약속입니다. 함께 기도합시다.

영원하시고 전능하신 주님,
애통하며 기도하는 이들을 위로하소서.
이웃의 아픔에 공감하며 가슴 긁힌 이들을 위로하소서.
오직 주님만이 유일한 힘과 위로이시니
어두운 밤 우리에게 희망의 빛을 밝혀 주소서.
이 시간 우리를 영원한 구원의 사랑 안에 둡니다.
당신께서 갈망하는 일들이 우리 안에서 이뤄지게 하소서.
예수님 이름으로 기도합니다. 아멘.

#팔복 #애통 #아나빔

2월 22일

재의 수요일

오늘 하루 수고하셨습니다. 주님께서 주시는 위로와 평화가 여러분 모두에게 함께하기를 바랍니다. 오늘 저녁 함께 묵상할 말씀은 요엘 2장 13-14절입니다.

> 너희는 옷을 찢지 말고 마음을 찢고 너희 하나님 여호와께로 돌아올지어다. 그는 은혜로우시며 자비로우시며 노하기를 더디하시며 인애가 크시사 뜻을 돌이켜 재앙을 내리지 아니하시나니 주께서 혹시 마음과 뜻을 돌이키시고 그 뒤에 복을 내리사 너희 하나님 여호와께 소제와 전제를 드리게 하지 아니하실는지 누가 알겠느냐.

공생애 직전 예수님이 광야에서 40일간 금식하며 유혹을 받았다는 사실을 우리는 잘 알고 있습니다. 예수님께서 광야에서 금식하며 기도하신 것처럼, 사순절이 되면 성도들도 자신과 교회를 돌아보며 절제와 겸손을 실천하고, 부활의 날을 소망하며 살아갑니다. 그 첫날이 '재의 수요일Ash Day'이라 불리는 오늘입니다.

재는 우리의 가장 오래된 과거를 떠올리게 합니다. 구약성경 따르면, 우리는 흙으로 만들어졌지요. 그리고 흙으로 다시 돌아갈 것입니다. 신약성경은 우리의 옛것은 지나고 새로운 피조물로 재창조된다고 가르칩니다. 재의 수요일에 전통적인 예배로 모이는 교회에서는 신자들 이마에 재로 십자가를 그려 줍니다. 이마에 그리는 재의 십자가는 하나님의 자녀인 우리가 참으로 회개하고 삶을 돌이키겠다는 공적 신앙 고백의 상징입니다. 이 십자가를 죽음을 상징하는 비참한 의미로 생각할 필요는 없습니다. 재의 십자가를 이마가 아닌 마음에 새기는 것이 중요합니다. 하나님과 동행하는 새로운 삶의 시작을 뜻하기 때문입니다.

오늘 우리는 부활을 소망하며 우리 자신을 돌아보는 재의 수요일 밤을 맞습니다. 마음 깊은 곳에 재의 십자가를 그리며 그리스도의 수난과 죽음을 묵상하는 뜻깊은 사순절이 되길 바랍니다. 함께 기도합시다.

거룩하고 자비로우신 하나님 아버지,
우리는 죄에서 벗어날 수 없음을 고백합니다.
생각과 말과 행위로 죄를 지었으며
원하는 선은 행치 아니하고 원하지 않는 악을 행하였습니다.
마음을 다하여 주를 사랑하지도 않았으며
내 이웃을 내 몸과 같이 사랑하지도 않았습니다.
하나님의 아들 주 예수를 보시고 우리를 불쌍히 여기소서.
우리를 불쌍히 여기시고 새롭게 하옵소서.
주님 뜻 안에서 기뻐하며 주의 길을 걸으며
하나님의 거룩하신 이름을 영화롭게 하옵소서.
예수님 이름으로 기도합니다. 아멘.

#재의수요일 #회개 #사순절

2월 23일

경건과 이웃 사랑

오늘 하루 수고하셨습니다. 주님께서 주시는 위로와 평화가 여러분 모두에게 함께하기를 바랍니다. 오늘 저녁 함께 묵상할 말씀은 마태복음 6장 1-4절입니다.

> 사람에게 보이려고 그들 앞에서 너희 의를 행하지 않도록 주의하라. 그리하지 아니하면 하늘에 계신 너희 아버지께 상을 받지 못하느니라. 그러므로 구제할 때에 외식하는 자가 사람에게서 영광을 받으려고 회당과 거리에서 하는 것 같이 너희 앞에 나팔을 불지 말라. 진실로 너희에게 이르노니 그들은 자기 상을 이미 받았느니라. 너는 구제할 때에 오른손이 하는 것을 왼손이 모르게 하여 네 구제함을 은밀하게 하라. 은밀한 중에 보시는 너의 아버지께서 갚으시리라.

마태복음 6장에서 예수님은 유대인들이 경건의 척도로 여기던 구제, 기도, 금식을 가르칩니다. 이 세 가지는 유대인에게만 중요한 것이 아니라, 모든 그리스도인에게도 매우 중요한 경건의 목록입니다. 예수님이 문제 삼는 부분은 기도, 금식, 구제를 누구 앞에서, 무엇을 위해서 하느냐는 것입니다.

예수님은 외식하는 이들을 문제 삼습니다. 구제할 때 자기가 구제한 내용을 나팔 불듯 동네방네 떠들고, 기도할 때 큰 거리 어귀에서 사람들 보이게 기도하고, 금식할 때 초췌한 얼굴을 만들어 자신의 경건을 자랑하는 것. 예수님은 이것을 헛된 일이라고 가르칩니다. 그리고는 구제할 때, 기도할 때, 금식할 때 은밀한 중에 하라고 가르칩니다. 그리고 중요한 것은 이 모든 경건의 목록이 하나님과 이웃 안에서 사랑으로 드러나길 바라신다는 점입니다. 그때에야 비로소 하늘 아버지께서 갚아 주실 것입니다.

우리의 경건 생활은 어떤가요? 사람에게 보이려는 마음이 숨어 있지는 않나요? 우리의 기도, 금식, 구제가 오직 하나님과 이웃 안에 사랑으로 드러나는 경건이 되길 바랍니다. 함께 기도합시다.

주님, 우리의 회개를 받아 주소서.
우리는 이웃에 대해 무정했으며,
다른 사람을 편견과 모욕으로 대했습니다.
우리는 우리의 소유를 낭비하였고,
환경을 오염시키는 데 무심했습니다.
저 멀리 들리는 전쟁과 비탄의 소식에 눈과 귀를 닫았습니다.
우리는 평화를 이루는 데 소홀했으며
다음 세대를 배려하지 않았습니다.
우리의 회개를 받아 주소서.
주님을 향한 경건의 목록이
이웃을 향한 관심과 사랑으로 드러나게 하소서.
선하신 주님, 우리를 회복시켜 주시고 온전케 하소서.
예수님 이름으로 기도합니다. 아멘.

#경건 #사순절 #회개 #이웃사랑

2월 24일

골방으로 들어가라

오늘 하루 수고하셨습니다. 주님께서 주시는 위로와 평화가 여러분 모두에게 함께하기를 바랍니다. 오늘 저녁 함께 묵상할 말씀은 마태복음 6장 5-6절입니다.

> 또 너희는 기도할 때에 외식하는 자와 같이 하지 말라. 그들은 사람에게 보이려고 회당과 큰 거리 어귀에 서서 기도하기를 좋아하느니라. 내가 진실로 너희에게 이르노니 그들은 자기 상을 이미 받았느니라. 너는 기도할 때에 네 골방에 들어가 문을 닫고 은밀한 중에 계신 네 아버지께 기도하라. 은밀한 중에 보시는 네 아버지께서 갚으시리라.

기도할 때 골방에 들어가라고 주님이 말씀하십니다. 여기에 쓰인 골방은 '타마이온*ταμαιον*'이라는 헬라어인데, 부잣집에는 없는 정말 초라한 공간입니다. 가난한 집에만 있는 아주 작고 구석진 방입니다. 한 사람 들어가면 꽉 차서 더는 들어 올 수 없는 그런 곳입니다.

상식적으로 가난한 사람의 집은 도둑이 들어도 가져갈 게 없어서 자물쇠가 필요 없습니다. 하지만 딱 한 군데 자물쇠가 필요한 방이 '타마이온'이라는 골방입니다. 최소한의 기름과 밀을 저장한 어둡고 축축한 식품 창고가 바로 타미이온이기 때문이지요.

주님은 바로 이 어둡고 축축한 골방에 들어가서 안에서 문을 걸어 잠그라고 말씀하십니다. 다른 이들의 방해 없이 은밀한 중에 하나님을 일대일로 만나라는 뜻입니다. 가난한 이들의 골방은 하나님을 만날 최소한의 공간이 있다는 뜻이기도 합니다.

우리는 어떤가요? 주님의 가르침을 따르면서도 여러 가지로 핑계를 대고 염려의 끈을 놓지 못합니다. 무엇 때문일까요? 그 이유는 골방에 들어가서도 문을 걸어 잠그지 않고, 밖에 누가 오지 않을까 하여 문밖에서 새어 들어오는 불빛을 쳐다보기 때문입니다. 외부에서 오는 염려의 끈을 버리지 못하면 하나님과의 만남이 계속해서 방해를 받습니다.

하나님은 우리를 은밀한 중에 만나 주십니다. 함께 기도합시다.

은밀한 중에 기도를 들으시는 주님,
지난날의 불충함을 고백합니다.
자만과 위선, 인내 없었음을,
나의 실패에는 분노로, 이웃의 성공에는 질투로 대한 것을,
재물과 쾌락에 몸을 기울이고, 부정직한 삶에 눈감았던 것을,
기도와 예배에 게을러 신실한 신앙이 내 안에 거할 수 없었음을,
이웃의 필요와 고통에 눈감고,
불의와 사악함에 무관심했음을 고백합니다.
그러나 주님, 그 무엇보다 당신과 독대하길 꺼리는
제 모습을 회개합니다.
주님은 언제나 우리의 진심을 듣고 싶어 하십니다.
주님, 저희를 불쌍히 여기시고 용서하소서.
주님 뜻 안에서 기뻐하며 주의 길을 걷게 하소서.
예수님 이름으로 기도합니다. 아멘.

#사순절 #회개 #골방

2월 25일

초대

오늘 하루 수고하셨습니다. 주님께서 주시는 위로와 평화가 여러분 모두에게 함께하기를 바랍니다. 오늘 저녁 함께 묵상할 말씀은 요한복음 13장 13-14절입니다.

> 너희가 나를 선생이라 또는 주라 하니 너희 말이 옳도다. 내가 그러하다. 내가 주와 또는 선생이 되어 너희 발을 씻었으니 너희도 서로 발을 씻어 주는 것이 옳으니라.

주님은 잡히시기 전날 밤 제자들을 한 식탁에 불러 모으십니다. 이미 배신한 가룟 유다와 곧 스승을 모른다고 배신할 베드로도 그 자리에 초대됩니다. 주님은 사실을 다 알고도 한자리에 모으십니다. 그리고는 빵과 포도주를 나누시고, 허리춤에 겸손의 수건을 두른 다음 제자들의 발을 씻어 주십니다.

우리는 본성상 이런 모습을 이해할 수 없습니다. 내 주머니 속에 있는 동전 한 닢도 낯선 이를 위해 사용하기를 주저하고, 생각이 다른 이들을 경계하고, 내 것을 나누지 않습니다. 우리는 모든 것을 자기 자신에게 구부러뜨리는 탐욕의 본성을 가지고 삽니다.

그러나 그리스도 예수는 그렇게 굽은 우리를 위해 배신자들을 한 식탁에 초대하시고, 죽이라고 소리치는 자들을 위해 십자가의 길로 나섭니다. 그리고는 "내가 너희에게 새 언약을 주었고, 내 피를 너희를 위해 부어 주겠다"고 말씀하십니다. 이것이 바로 주님이 성목요일에 우리에게 주신 "서로 사랑하라"는 성찬의 신비입니다.

그분은 상전이면서 종의 모습으로 제자의 발을 씻어 주시는 분이고, 약하고 가난한 자의 편에 서는 분이며, 자신을 비워 종의 형체로 낮아지시는 분입니다. 그분이 바로 오늘 성목요일 저녁에 새로운 계약을 우리 앞에 세워 두십니다. 그 계약은 "너희가 서로 사랑하라"는 말씀입니다. 그리고 그분은 당신이 하신 이 말씀을 지키기 위해 십자가에 달려 우리를 위해 생명을 내어 주십니다.

주님이 잡히시기 전날 밤 일어난 일들을 마음에 새기는 밤이 되길 바랍니다. 함께 기도합시다.

모든 사랑의 근원이 되시는 하나님 아버지,
당신께서는 배신당하시는 그날까지도
당신의 제자들을 끝까지 사랑하셨습니다.
당신이 그렇게 끝까지 사랑하신 것처럼
서로 사랑하라는 새 계명을 우리에게 주셨습니다.
성령의 권능으로 이 계명을 우리의 마음 깊은 곳에 새겨 주옵소서.
예수 그리스도의 이름으로 기도합니다. 아멘.

#성목요일 #세족 #최후의만찬 #사순절

2월 26일

믿음의 삶

오늘 하루 수고하셨습니다. 주님께서 주시는 위로와 평화가 여러분 모두에게 함께하기를 바랍니다. 오늘 저녁 함께 묵상할 말씀은 누가복음 6장 27-31절입니다.

> 그러나 너희 듣는 자에게 내가 이르노니 너희 원수를 사랑하며 너희를 미워하는 자를 선대하며 너희를 저주하는 자를 위하여 축복하며 너희를 모욕하는 자를 위하여 기도하라. 너의 이 뺨을 치는 자에게 저 뺨도 돌려대며 네 겉옷을 빼앗는 자에게 속옷도 거절하지 말라. 네게 구하는 자에게 주며 네 것을 가져가는 자에게 다시 달라 하지 말며 남에게 대접을 받고자 하는 대로 너희도 남을 대접하라.

예수님은 도저히 받아들일 수 없는 삶의 방식을 말씀하십니다. 눈에는 눈, 이에는 이로 갚으며 사는 것이 우리에게는 훨씬 쉽습니다. 그런데 예수님은 우리에게 원수를 사랑하고, 우리를 저주하고 욕하는 자를 축복하고 기도해 주라고 말씀하십니다. 한쪽 뺨을 맞으면 반대편 뺨도 대고, 겉옷을 빼앗는 사람이 있으면 속옷까지 주라고 하십니다.

분명히 우리 본성을 거스르는 가르침이지요. 그런데 생각해 보아야 할 것은 이 말씀이 누구에게 주어졌는가 하는 것입니다. 예수님은 '너희 듣는 자'에게 말씀하십니다. '말씀을 듣는 사람'은 말씀을 실천하라는 도전을 받습니다. 그리고 우리는 기도를 통해 우리가 할 수 없는 일을 도우시는 성령의 도우심을 체험합니다.

이것이 우리의 믿음이지요. 그 믿음으로 말씀을 따라 살고, 그 말씀 때문에 사랑하며 기꺼이 손해를 감수하고 내 것을 내어 줍니다. 하나님은 이런 삶을 절대 지나치지 않으시고 반드시 상 주신다고 약속합니다. 그렇게 살면서 우리는 하나님과 연합하고 그분을 닮아 가는 것이지요. 그리고 그렇게 살려고 애쓰는 이를 주님은 반드시 도우십니다. 함께 기도합시다.

하나님 아버지,
아들이 아버지를 닮은 것처럼,
우리가 당신의 성품을 닮게 하소서.
세상의 거짓과 유혹에 휩쓸리지 않게 하소서.
오직 내주하시는 성령의 도움으로
하나님의 형상을 회복하게 하소서.
하루를 기도로 마무리합니다.
주님 앞에서 고단한 하루를 내려놓으니
주께서 포근한 잠으로 우리를 인도하소서.
모든 것이 희망찬 새날을 기다립니다.
주님이 우리를 그 시간, 그 공간으로 인도하소서.
예수님 이름으로 기도합니다. 아멘.

#닮기 #신앙

2월 27일

신비보다 중요한 것

오늘 하루 수고하셨습니다. 주님께서 주시는 위로와 평화가 여러분 모두에게 함께하기를 바랍니다. 오늘 저녁 함께 묵상할 말씀은 마가복음 9장 2-8절입니다.

> 엿새 후에 예수께서 베드로와 야고보와 요한을 데리시고 따로 높은 산에 올라가셨더니 그들 앞에서 변형되사 그 옷이 광채가 나며 세상에서 빨래하는 자가 그렇게 희게 할 수 없을 만큼 매우 희어졌더라. 이에 엘리야가 모세와 함께 그들에게 나타나 예수와 더불어 말하거늘 베드로가 예수께 고하되 랍비여 우리가 여기 있는 것이 좋사오니 우리가 초막 셋을 짓되 하나는 주를 위하여, 하나는 모세를 위하여, 하나는 엘리야를 위하여 하사이다 하니 이는 그들이 몹시 무서워하므로 그가 무슨 말을 할지 알지 못함이더라. 마침 구름이 와서 그들을 덮으며 구름 속에서 소리가 나되 이는 내 사랑하는 아들이니 너희는 그의 말을 들으라 하는지라. 문득 둘러보니 아무도 보이지 아니하고 오직 예수와 자기들뿐이었더라.

베드로도 우리와 생각이 같은 것 같습니다. 편안하고 안락한 장소, 위대한 인물과 함께하는 곳, 염려 없는 땅이라면 초막이라도 짓고 소소하고 행복하게 살고 싶다는 베드로의 마음이 이해가 됩니다.

이것은 베드로만의 바람이 아니라 우리 모두의 꿈이기도 합니다. 우리가 살아가는 현실은 시끄럽고 혼란스럽습니다. 그래서 늘 주님이 계신 산 위로 올라가고 싶고, 좀 더 높은 수준, 뭔가 다른 삶을 희구하고, 현실을 초월한 신비한 체험을 하고 싶어 합니다.

문제는 신앙생활을 하다 보면 그런 체험을 할 수도 있지만, 거기 머무르면 안 된다는 것입니다. 산 위에서 제자들이 경험한 신비한 체험은 분명히 예수님의 다른 면모를 보게 합니다. 예수님을 감싸고 있는 천을 한 장 한 장 벗겨 내듯, 산 위의 체험은 이제껏 보지 못했던 그분의 신비한 면모를 보게 합니다. 거기서 주님은 놀랍고 두렵고 힘 있고 예측 불가능하며 풍성한 분으로 제자들 앞에 다시 나타납니다. 우리도 이런 신비한 체험을 바랍니다.

그러나 우리의 체험이 거기 머물면 안 된다는 사실을 오늘 복음서는 가르칩니다. 7-8절을 다시 읽어 봅시다. "마침 구름이 와서 그들을 덮으며 구름 속에서 소리가 나되 이는 내 사랑하는 아들이니 너희는 그의 말을 들으라 하는지라. 문득 둘러보니 아무도 보이지 아니하고 오직 예수와 자기들뿐이었더라."

신비가 사라진 그 자리에 예수님과 제자들만 남습니다. 신비보다 더 중요한 것은 예수님의 말씀이지요. 함께 기도하겠습니다.

주님, 당신께서 우리를 통해 하실 일을 생각합니다.
당신의 뜻에 얼마나 잘 순종하며 따를 수 있을지 자신이 없어집니다.
하지만 이제 그런 생각을 모두 내려놓고
오직 당신께서 계시하신 약속의 말씀만 굳게 믿으려고 합니다.
그러나 그것마저도 저의 힘이 아니라
온전히 당신의 힘에 맡깁니다.
주님, 당신은 계시의 말씀 외에는

언제나 당신 뜻을 숨기는 분이십니다.

어리석은 이들은 그리스도를 통해 계시된 말씀과

당신의 뜻을 경멸하고

신비한 일과 보이지 않는 미래만 탐구하고 추앙합니다.

하지만 우리는 육체로 오신 그리스도만 바라봅니다.

우리가 온전히 당신을 만나게 하소서.

예수님의 이름으로 기도합니다. 아멘.

#산상변모 #신비

2월 28일

의에 주리고 목마른 자

오늘 하루 수고하셨습니다. 주님께서 주시는 위로와 평화가 여러분 모두에게 함께하기를 바랍니다. 오늘 저녁 함께 묵상할 말씀은 마태복음 5장 6절입니다.

의에 주리고 목마른 자는 복이 있나니 그들이 배부를 것임이요.

예수님이 가르치신 팔복 중 네 번째 복은 의에 주린 자를 위한 말씀입니다. 이들이 배부를 것이라고 예수님은 말씀하십니다. '배부르다'는 말은 '실컷 먹어서 허기가 해소되었다, 배가 빵빵하다'는 뜻입니다. 그런데 이 구절에서 주리고 목마르다는 것은 육체의 갈증과 허기짐이 아니지요.

주님은 여기에 '의에 주린 사람'이라는 단서를 붙입니다. 그 '의'는 '하나님의 의'인 게 확실합니다. 하나님의 의는 불의와 부정을 용납하지 않는 정의이고, 억울한 사람이 위로받고 회복되는 것이기에, 하나님이 반드시 갚아 주신다는 약속입니다. 그러니 '의에 주린 사람'이란 정의와 회복이 이 땅에서 이루어지길 소망하며 사는 사람이라고 할 수 있습니다.

하나님의 의를 소망하는 것은 성경의 위인들이나 특별한 사람만 가능한 일이 아닙니다. 신앙인이라면 누구나 의에 주린 사람이어야 합니다. 하나님의 뜻이 우리 가운데 이루어지길 간절히 소망하며, 그 뜻대로 살아가는 사람이라면 누구에게나 하나님의 뜻이 채워지는 배부름이 약속됩니다. 그러니 이 복은 바로 우리를 위한 선언입니다.

이 복된 말씀이 이 밤 함께 기도하는 우리 가운데 이뤄지길 주님의 이름으로 축원합니다. 함께 기도합시다.

주님, 이 시간 각자의 처소에서
당신 뜻이 우리 가운데 이뤄지길 소망하며
기도하는 모든 이에게 복을 내려 주소서.
그들이 어려움을 당할 때 당신의 능력으로 함께하소서.
우리가 어둠 속에 있을 때 빛으로 함께하시고
평화와 기쁨이 넘치는 당신의 영을 우리에게 채워 주소서.
이 밤도 당신께 우리의 모든 것을 맡깁니다.
예수 그리스도의 이름으로 기도합니다. 아멘.

#팔복 #의에주린자 #산상설교

3월 1일

긍휼히 여기는 자

오늘 하루 수고하셨습니다. 주님께서 주시는 위로와 평화가 여러분 모두에게 함께하기를 바랍니다. 오늘 저녁 함께 묵상할 말씀은 마태복음 5장 7절입니다.

> 긍휼히 여기는 자는 복이 있나니 그들이 긍휼히 여김을 받을 것임이요.

예수님이 가르치신 팔복 중 다섯 번째 복입니다. '긍휼矜恤'은 '자비'와 같은 말로 '불쌍하고 가엾게 여겨 도와준다'는 뜻입니다. 그래서 긍휼히 여기는 사람이란 남의 처지를 돌아보며 사는 사람을 뜻합니다. 쉽게 생각하면, 내가 하기 싫은 일을 남에게 시키지 않는 사람이라고도 할 수 있지만, 예수님은 좀 더 적극적인 의미로 이 말씀을 하십니다.

긍휼한 사람은 선한 사마리아 사람과 같아서 가던 길을 멈춰 서고, 손 내미는 사람 손을 잡느라 자기 일을 멈추는 일이 끊임없이 생깁니다(마 9:13, 12:7, 15:21-28). 그뿐만이 아니지요. 긍휼한 사람은 곤경에 처한 이를 돕다 그 문제에 말려들기도 하고(요 7:53-8:11), 자기 일이 아닌데도 약한 사람을 대신해 발언하다가 곤욕을 치르기도 합니다.

잊지 말아야 할 점은 여기서 '긍휼'이란 단어는 겉으로 드러나는 친절과 아량을 말하는 것이 아니라는 점입니다. 긍휼이란 아픔에 공감하고 발 벗고 나서는 사랑의 실천이고, 자유를 박탈당한 사람들의 곁을 지키고 동무가 되는 구체적인 행동을 뜻합니다. 그렇게 긍휼을 베푼 사람이 하나님 앞에서 긍휼을 얻게 될 것이라고 주님은 약속하십니다.

우리 삶을 돌아봅시다. 우리는 어떤가요? 오늘 우리는 긍휼한 생활, 남을 배려하고 처지를 바꾸어 보는 삶을 살았는지요? 함께 기도합시다.

주님, 당신의 선한 계획에 우리의 삶을 내어 드립니다.
우리 몸과 정신, 재능은 모두 당신 것입니다.
기꺼이 당신의 뜻대로 사용하소서.
우리의 수고에 복을 내리시어
우리의 수고가 이웃에게 유익이 되며
그것으로 당신을 알리는 기쁜 소식이 되게 하소서.
우리의 말과 행동, 그리고 우리가 흘린 땀이
당신의 거룩한 이름을 드높이는 거룩한 씨앗 되게 하소서.
이 밤, 당신께 우리의 모든 것을 맡깁니다.
평안히 잠들게 하소서.
새롭게 눈 뜨게 하소서.
예수님 이름으로 기도합니다. 아멘.

#팔복 #긍휼

3월 2일

우리의 피난처

오늘 하루 수고하셨습니다. 주님께서 주시는 위로와 평화가 여러분 모두에게 함께하기를 바랍니다. 오늘 저녁 함께 묵상할 말씀은 시편 91편 1-11절입니다.

> 지존자의 은밀한 곳에 거주하며 전능자의 그늘 아래에 사는 자여, 나는 여호와를 향하여 말하기를 그는 나의 피난처요 나의 요새요 내가 의뢰하는 하나님이라 하리니 이는 그가 너를 새 사냥꾼의 올무에서와 심한 전염병에서 건지실 것임이로다. 그가 너를 그의 깃으로 덮으시리니 네가 그의 날개 아래에 피하리로다. 그의 진실함은 방패와 손 방패가 되시나니 너는 밤에 찾아오는 공포와 낮에 날아드는 화살과 어두울 때 퍼지는 전염병과 밝을 때 닥쳐오는 재앙을 두려워하지 아니하리로다. 천 명이 네 왼쪽에서, 만 명이 네 오른쪽에서 엎드러지나 이 재앙이 네게 가까이 하지 못하리로다. 오직 너는 똑똑히 보리니 악인들의 보응을 네가 보리로다. 네가 말하기를 여호와는 나의 피난처시라 하고 지존자를 너의 거처로 삼았으므로 화가 네게 미치지 못하며 재앙이 네 장막에 가까이 오지 못하리니 그가 너를 위하여 그의 천사들을 명령하사 네 모든 길에서 너를 지키게 하심이라.

이 시를 머리에 그려 가며 한 구절씩 묵상하면 그리도 멋질 수 없습니다. 시편의 노래처럼 신앙인은 전능자의 그늘에서 사는 사람일 것입니다.

그런데 이 시편을 묵상하다 보면, 시인이 인생 가운데 얼마나 많은 어려움을 겪었는지 어렴풋하게 보이는 듯합니다. 아마도 이 노래를 부른 시인은 젊은 청년은 아닐 겁니다. 인생의 황혼기에 접어든 노년의 신앙인이 이 노래를 부르며 젊은이들에게 하나님이 어떤 분인지 가르치는 게 아닌가 싶습니다. 하나님이 우리의 피난처요 요새라는 시편의 이 고백이 우리 모두의 찬송이 되길 바랍니다. 함께 기도합시다.

주님, 내 영혼이 당신을 찬송합니다.
당신께서 뜻하신 바가 무엇이든
우리가 당신을 위해 기꺼이 기쁨으로
당신의 길을 걸을 수 있는 은총을 내려 주소서.
마음의 빛을 잃기 쉬운 이 작고 연약한 종을
지키고 보호해 주소서.
당신의 헤아릴 수 없는 선과 연민으로 우리를 보소서.
우리를 세상에 임한 은총의 길라잡이로 삼으셔서
이 세계를 평화의 길로 인도하시고
우리가 빛나고 투명한 하나님의 나라로 들어가게 하소서.
예수님 이름으로 기도합니다. 아멘.

#피난처 #하나님 #시편

3월 3일

나눔의 삶

오늘 하루 수고하셨습니다. 주님께서 주시는 위로와 평화가 여러분 모두에게 함께하기를 바랍니다. 오늘 저녁 함께 묵상할 말씀은 신명기 26장 8-11절입니다.

> 여호와께서 강한 손과 편 팔과 큰 위엄과 이적과 기사로 우리를 애굽에서 인도하여 내시고 이곳으로 인도하사 이 땅 곧 젖과 꿀이 흐르는 땅을 주셨나이다. 여호와여 이제 내가 주께서 내게 주신 토지 소산의 만물을 가져왔나이다 하고 너는 그것을 네 하나님 여호와 앞에 두고 네 하나님 여호와 앞에 경배할 것이며 네 하나님 여호와께서 너와 네 집에 주신 모든 복으로 말미암아 너는 레위인과 너희 가운데에 거류하는 객과 함께 즐거워할지니라.

신명기에는 죽음을 앞둔 모세의 고별 설교가 나옵니다. 기구한 인생을 산 모세이지요. 왕궁에서 살다가 마흔에 살인하고 미디안 광야로 도망 나와 살았고, 그렇게 광야에서 다시 40년을 살다가 하나님의 부름을 받아 하나님의 백성을 애굽에서 탈출시키는데 거기에 걸린 시간이 또 40년입니다. 그렇게 120살이 된 모세가 하나님의 부름을 앞두고 강 건너 가나안을 앞에 두고 진심 어린 설교를 합니다.

이 설교 중 특별한 대목은 하나님께서 이스라엘 백성을 인도해 오신 역사를 감격하며 설명하다가 마지막에 하는 말입니다. "네 하나님 여호와께서 너와 네 집에 주신 모든 복으로 말미암아 너는 레위인과 너희 가운데에 거류하는 객과 함께 즐거워할지니라." 11절 말씀이지요. 하나님이 주신 복으로 혼자 잘 먹고 잘살라고 하지 않습니다. 그 복으로 우리 가운데 있는 나그네와 이방인을 돌아보고 그들과 함께 그 복을 나누며 즐겁게 살라고 합니다.

우리는 어떤가요? 하나님이 주신 복에 감사하고 기뻐하기는 하는데, 혹시 욕심쟁이처럼 양손에 빵을 움켜쥐고 내 것만 챙기며 살지는 않나요? 교회는 사순절에 세 가지를 늘 강조합니다. 기도, 절제, 나눔. 이 경건의 덕목을 실천하는 우리가 되길 바랍니다. 함께 기도합시다.

사랑의 주님, 당신께서는 당신의 선한 계획대로 우리를 인도하십니다.
시련과 고난 속에서도 우리의 외침을 듣고 건져 내시는 분입니다.
우리는 그 사실을 잘 압니다.
그러나 주님, 우리는 매번 당신에게 소망을 두고 있다고 기도하면서
막연한 낙관과 절망에 쉽게 빠져듭니다.
그리고는 너무 쉽게 하늘 향해 냉소합니다.
이스라엘 백성에게 가르치셨듯 우리에게도 인내를 가르쳐 주소서.
그 인내 속에 구원의 소망을 우리가 익히게 하소서.
그리스도는 죽으셨고, 부활했으며, 다시 오십니다.
당신의 이 약속이 우리의 소망입니다.
이 믿음 가운데 이웃과 더불어 기도하며 절제하고 나누며 살게 하소서.
예수 그리스도의 이름으로 기도합니다. 아멘.

#사순절 #모세 #고별설교 #나눔

3월 4일

그리스도인

오늘 하루 수고하셨습니다. 주님께서 주시는 위로와 평화가 여러분 모두에게 함께하기를 바랍니다. 오늘 저녁 함께 묵상할 말씀은 로마서 10장 9-13절입니다.

> 네가 만일 네 입으로 예수를 주로 시인하며 또 하나님께서 그를 죽은 자 가운데서 살리신 것을 네 마음에 믿으면 구원을 받으리라. 사람이 마음으로 믿어 의에 이르고 입으로 시인하여 구원에 이르느니라. 성경에 이르되 누구든지 그를 믿는 자는 부끄러움을 당하지 아니하리라 하니 유대인이나 헬라인이나 차별이 없음이라 한 분이신 주께서 모든 사람의 주가 되사 그를 부르는 모든 사람에게 부요하시도다. 누구든지 주의 이름을 부르는 자는 구원을 받으리라.

참으로 아름답고 놀라운 고백입니다. 다만, "입으로 예수를 주라고 시인한다"라는 구절을 오해하지 않았으면 좋겠어요. 입으로 주님을 고백한다는 말은 앵무새처럼, 또는 무속인이 주문 외우듯 하라는 뜻이 아닙니다. 사도 바울은 마음에서 우러난 고백을 말합니다. 그리고 그렇게 속에서 우러난 신앙 고백은 자연스럽게 우리의 관점도 바꿉니다.

이전에는 나와 친한 사람, 내 가족, 내가 아는 사람만 사랑했다면, 이제는 모든 이를 위해 생명을 주신 예수님 덕분에 모든 이를 넉넉하게 대하게 됩니다. 이것이 유대인이나 헬라인이나 차별 없이 대하시는 그리스도의 은총입니다. 그때야 비로소 우리는 모두 주 안에서 풍성해지고 기쁨이 넘치게 됩니다. 그리고 여기에서 차별이 없다는 말은 남녀노소는 말할 것도 없고, 얼마나 많이 배웠느냐 어디 출신이냐도 상관이 없다는 뜻입니다.

우리가 사는 세계는 어떤가요? 여전히 남녀차별이 만연하고, 학력과 출신 성분, 돈이 있고 없고를 따져 위치가 정해집니다. 예수님이 이 땅에 오신 이유를 오늘 이 밤 함께 돌아봅시다. 내가 살아가는 삶의 자리에서 차별당하고 소외당하는 사람이 누구인지 깊이 돌아봅시다. 우리가 예수의 사람이고 세례받은 사람이고 구원받은 백성이라면, 차별당하고 소외당하는 이들이 온전한 대접을 받길 바랍시다. 그것이 예수님의 뜻이고, 그렇게 소망하며 사는 사람이 그리스도인이기 때문입니다. 함께 기도합시다.

주님, 빛이 사라진 이 밤 우리를 보호하소서.
밤에 드리운 어둠의 장막이
우리의 꿈과 희망을 빼앗지 못하게 하소서.
주님은 언제나 우리와 함께하십니다.
지금 여기서 당신이 우리와 함께하듯
마귀의 함정 속에 놓인 당신의 백성과 함께하소서.
가난하고 연약한 이들, 차별과 소외 속에 던져진 이들을 기억하소서.
그들에게 다가가 손을 잡고 마음을 나눌 때
우리의 감사와 기쁨이 더욱 커지게 하소서.
거룩한 천사가 이 밤 우리 모두에게 함께하여 평안히 쉬게 하소서.
예수님 이름으로 기도합니다. 아멘.

#그리스도인 #포용 #구원

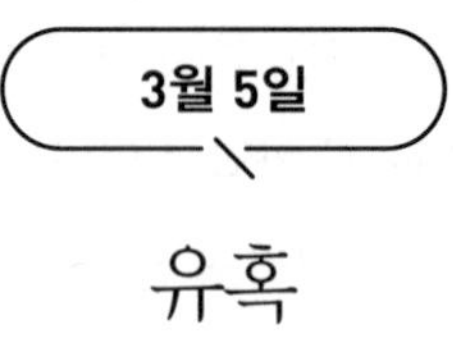

유혹

오늘 하루 수고하셨습니다. 주님께서 주시는 위로와 평화가 여러분 모두에게 함께하기를 바랍니다. 오늘 저녁 함께 묵상할 말씀은 누가복음 4장 1-4절입니다.

> 예수께서 성령의 충만함을 입어 요단 강에서 돌아오사 광야에서 사십 일 동안 성령에게 이끌리시며 마귀에게 시험을 받으시더라. 이 모든 날에 아무 것도 잡수시지 아니하시니 날 수가 다하매 주리신지라. 마귀가 이르되 네가 만일 하나님의 아들이어든 이 돌들에게 명하여 떡이 되게 하라. 예수께서 대답하시되 기록된 바 사람이 떡으로만 살 것이 아니라 하였느니라.

성령에 이끌리신 예수님은 광야에서 마귀를 만나 세 가지 유혹을 받습니다. 돌을 떡으로 만들어 보라. 온 천하를 다 주겠다. 하나님의 아들이면 성전 꼭대기에서 뛰어내려 보라. 이 세 가지 유혹은 사람이 살면서 맞닥뜨리는 가장 중요한 문제를 상징합니다. 먹고사는 일, 소유의 문제, 명예에 관한 문제가 바로 그것입니다. 이 세 가지는 사람이 살아가는 데 필요한 도구이지만, 때로는 우리의 육체와 영혼을 상처 내는 날카로운 무기가 되기도 합니다.

예수님이 당한 광야의 유혹은 먹고사는 문제, 돈과 명예의 문제가 우리의 영혼을 위협할 때 어떻게 대처해야 하는지를 보여 줍니다. 하나님의 아들인 예수님은 어떻게 이겨 내시나요? 주님은 이 모든 것을 '하나님'이라는 이름으로 물리칩니다. 그러면서 우리가 유혹받을 때의 해법도 여기에 있다고 가르치십니다.

모든 유혹과 시험을 이겨 낼 힘은 먹는 것이나 돈과 명예에 기대는 데 있지 않고, 오직 하나님에게 있습니다. 하나님에 대한 굳건한 믿음이 유혹에 용감히 맞서게 합니다. 이 믿음이 우리 모두에게 충만하길 바랍니다. 함께 기도합시다.

자비로우시고 전능하신 하나님 아버지,
우리가 비오니, 당신의 사랑이 바람이 되어
우리를 당신께 날려 보내게 하소서.
하나님의 이름이 우리 힘이 되어 당신을 섬기게 하소서.
당신에게서 넘쳐나는 생명의 기쁨이
삶의 헛된 유혹을 이기는 양식이 되게 하소서.
우리의 심장이 돈과 명예에 걸리지 않고,
오직 예수 그리스도에게만 매달리게 하소서.
이 밤, 고운 밤 되게 하소서.
예수 그리스도의 이름으로 기도합니다. 아멘.

#시험 #광야 #말씀

3월 6일

광야의 예수

오늘 하루 수고하셨습니다. 주님께서 주시는 위로와 평화가 여러분 모두에게 함께하기를 바랍니다. 오늘 저녁 함께 묵상할 말씀은 마가복음 1장 12-13절입니다.

> 성령이 곧 예수를 광야로 몰아내신지라. 광야에서 사십 일을 계시면서 사탄에게 시험을 받으시며 들짐승과 함께 계시니 천사들이 수종들더라.

세례를 받으신 예수님은 성령의 이끌림을 받고 광야로 향합니다. 거기서 40일을 머물며 사탄에게 시험을 받습니다. 다른 복음서는 광야에서 세 가지 유혹을 받았다고 하는데, 마가복음은 참 독특하게 그냥 사탄에게 시험을 받았다면서 들짐승과 함께 계셨고 천사들이 수종을 들었다고 기록합니다.

다른 복음서에 비하면 마가복음은 "광야 40일? 사탄에게 시험받은 것? 그게 뭐 대단한 일이라고!"라고 말하는 것 같습니다. 정말 그렇게 들립니다. 척박한 광야이지만, 그곳에서 예수님이 들짐승과 함께 있는 장면을 떠올려 보세요. 들짐승과 사람이 어울려 사는 장면이 성경에 또 나오는데, 바로 에덴동산입니다. 그러나 광야와 에덴은 분위기도 삶의 조건도 완전히 다릅니다.

광야에서 사탄에게 시험을 받으며 들짐승과 함께 계시며 천사의 수종을 받았다는 이 짧은 구절을 통해 마가가 전하려는 메시지가 무엇인지 선명하게 보입니다. 광야처럼 메마른 땅이어도, 광야처럼 시련 가득한 삶이어도, 광야처럼 목마른 인생이어도, 예수님과 함께하는 삶이라면 그곳이 천국이라는 것입니다. 예수님이 계신 곳이 천국이라는 것이 마가복음이 오늘 우리에게 전하는 메시지입니다. 박해의 시대에도 이 믿음이 시련을 이기는 힘이었고, 오늘 우리에게도 같은 은혜로 함께하실 것입니다. 함께 기도합시다.

우리를 넉넉히 받아 주시는 구원의 하나님,
당신께서는 당신의 아들 예수 그리스도를 우리에게 내어 주셨습니다.
그리스도를 통해 당신의 빛을 우리에게 비추어
당신의 따스한 자비와 사랑을 깨닫게 하소서.
우리는 주님의 도움 없이 한 발짝도 나아가지 못합니다.
연약한 우리에게 능력의 팔을 펼치사
가늘어진 우리 손을 잡아 주소서.
오직 당신만을 신뢰합니다.
우리 안에 드리운 헛된 욕망과 두려움을 흩으셔서
영원한 안식처인 당신의 얼굴을 보게 하소서.
당신의 얼굴 너머에는 그 어떤 갈망도, 선함도 없습니다.
오직 당신만이 모든 갈망과 선을 뛰어넘기 때문입니다.
예수 그리스도의 이름으로 기도합니다. 아멘.

#광야 #시험 #예수 #마가복음

3월 7일

마음이 청결한 자

오늘 하루 수고하셨습니다. 주님께서 주시는 위로와 평화가 여러분 모두에게 함께하기를 바랍니다. 오늘 저녁 함께 묵상할 말씀은 마태복음 5장 8절입니다.

마음이 청결한 자는 복이 있나니 그들이 하나님을 볼 것임이요.

예수님이 가르치신 팔복 중 여섯 번째 복입니다. 마음이 청결하다는 말은 하나님 앞에서 투명하고 정결하다는 뜻입니다. 이런 사람은 자신의 존재를 돈이나 명예, 사람들의 평가에서 확인하며 사는 사람이 아니지요. 철학자 쇠렌 키르케고르Sören Kierkegaard의 말을 빌리면, 마음이 청결한 사람의 삶은 '단독자가 단독자 앞에서 단독자로서 서는 삶'이라고 할 수 있습니다. 나를 창조하신 분 앞에 정직하고 투명하게 서는 사람, 그 사람이 마음이 청결한 사람입니다.

예수님은 그런 사람이 하나님을 볼 수 있다고 가르치십니다. 그런데 가만히 생각해 보면 좀 이상합니다. 구약에서는 하나님을 보면 죽는다고 하는데(출 33:20, 19:21 비교), 예수님은 마음이 청결한 자가 하나님을 볼 수 있다고 하기 때문이에요.

이것을 어떻게 이해하면 좋을까요? "하나님을 보면 죽는다"라고 했던 구약의 말씀은 하나님 앞에서 인간이 그만큼 약한 존재임을 표현하는 방식으로 이해하면 좋을 것 같습니다. 예수님도 이 사실을 부인하지 않습니다. 다만, 하나님을 믿는 사람이라면 자신의 일상에 하나님이 동행하고 있다는 사실을 잊지 말고 정직하고 투명하게 살아야 한다고 말씀하시는 것이지요.

하나님 앞에서 투명하게 사는 사람, 이런 사람은 두 얼굴로 살지 않습니다. 교회와 가정, 직장에서 언제나 한결같은 마음과 태도로 살아갑니다. 누구에게는 한없이 순종적인데 누구에게는 갑질 대마왕처럼 사는 사람이라면, 마음이 청결한 사람과 거리가 멉니다. 교회에서는 신실한 교인인데 사회에서는 신뢰할 수 없는 인간으로 산다면, 그런 사람은 하나님을 만나보지 못한 사람이 틀림없습니다. 우리는 그런 사람을 신앙인이라고 부르지 않습니다.

여러분은 어떻게 살고 있습니까? 교회와 일상 두 얼굴로 살아갑니까, 아니면 어디서든 하나님 앞에서 살아갑니까? 함께 기도합시다.

> 주님, 이 시간 우리가 정직하고 투명한 마음으로 당신 앞에 섭니다.
> 우리의 생명이신 당신께 기도하오니
> 우리의 나른함과 짜증, 분노와 무력감,
> 혼돈의 늪에 있던 우리의 영혼을 건져 주소서.
> 우리 모든 곳을 당신의 생명으로 다시 채워 주소서.
> 당신의 숨으로 우리를 채우사 우리 속 마른 뼈가 살아나게 하소서.
> 우리 마음을 다스리셔서 언제나 한결같은 마음으로 당신 앞에서,
> 그리고 세상 앞에서 맑은 눈으로 살게 하소서.
> 예수 그리스도의 이름으로 기도합니다. 아멘.

#팔복 #마음이청결한자

3월 8일

화평하게 하는 자

오늘 하루 수고하셨습니다. 주님께서 주시는 위로와 평화가 함께하기를 바랍니다. 오늘 묵상할 말씀은 마태복음 5장 9절입니다.

> 화평하게 하는 자는 복이 있나니 그들이 하나님의 아들이라 일컬음을 받을 것임이요.

예수님이 가르치신 팔복 중 일곱 번째 복입니다. 화평하게 한다는 말은 아량이 넓거나 화를 잘 참는다는 뜻이 아닙니다. 유대인의 말로 바꾸면, 정확히 '샬롬'이라는 말입니다. 교회에서 인사말로도 종종 쓰지요. '샬롬'은 전쟁과 분쟁이 없는 상태, 모든 것이 온전한 상태, 문제없음, 진리 안에서 조화로운 상태 등을 뜻합니다. 그리고 샬롬은 서로 다른 것이 하나 되길 추구하되, 서로의 차이를 무시하거나 힘으로 강제하지 않습니다. 그런 방식으로 다양성과 차이를 무시하는 것은 샬롬이 아니라 폭력의 또 다른 얼굴이기 때문이지요.

그렇다고 불의와 악을 보고도 눈을 감는 건 아닙니다. 그런 것은 하나님의 샬롬이 아닙니다. 오히려 문제 한가운데로 뛰어들고, 하나님의 정의를 이 땅에서 이루기 위해 몸을 던지는 것이 샬롬입니다. 그러니 화평하게 하는 사람은 불의와 부정부패가 만연한 세상에서 침묵하지 않고 움직이는 역동적인 사람입니다. 하나님의 뜻 때문에 모든 것을 던지는 사람이지요. 그러니 샬롬은 단순한 인사말이 아니에요. 불의와 악에 저항하자는 적극적인 의사 표명이 샬롬입니다.

예수님은 샬롬을 추구하는 사람이 '하나님의 자녀'라는 호칭을 받게 될 것이라고 선언합니다. '하나님의 자녀'라는 표현은 유대인에게 '하나님 편에 서 있는 사람'을 뜻합니다. 하나님의 샬롬을 바라는 사람은 거침없이 문제 속에 뛰어드는 사람이고, 그가 바로 하나님 편에 선 사람입니다. 그러니 '화평하게 하는 사람'은 앞서 말한 '의에 주린 자'를 가리키고, 따라서 하나님의 의(정의)와 연결되어 있다고 할 수 있습니다(시 85:10; 사 9:7, 32:17). 함께 기도합시다.

주님, 우리는 사랑보다 미움을 소중히 여깁니다.
그러나 당신은 성령을 통해
평화와 화해의 문으로 우리를 인도하십니다.
당신의 기적과 같은 은총으로
우리가 세운 허위의 벽을 허무시고
우리로 샬롬의 사람이 되게 하소서.
그러나 주님,
우리의 샬롬이 참으로 "예" 할 것과 "아니요" 할 것을 구별하며,
사랑할 것을 사랑하며,
두려워할 것을 두려워하는 샬롬이 되게 하소서.
그리하여 세상이 우리를 보고
'저들은 사랑이 가득하여 참으로 분노할 것에 분노가
넘치는 사람'이라고 말하게 하소서.
예수님 이름으로 기도합니다. 아멘.

#팔복 #화평하게하는자

3월 9일

셀라

오늘 하루 수고하셨습니다. 주님께서 주시는 위로와 평화가 여러분 모두에게 함께하기를 바랍니다. 오늘 저녁 함께 묵상할 말씀은 시편 4편입니다.

> 내 의의 하나님이여 내가 부를 때에 응답하소서. 곤란 중에 나를 너그럽게 하셨사오니 내게 은혜를 베푸사 나의 기도를 들으소서. 인생들아 어느 때까지 나의 영광을 바꾸어 욕되게 하며 헛된 일을 좋아하고 거짓을 구하려는가. (셀라) 여호와께서 자기를 위하여 경건한 자를 택하신 줄 너희가 알지어다. 내가 그를 부를 때에 여호와께서 들으시리로다. 너희는 떨며 범죄하지 말지어다. 자리에 누워 심중에 말하고 잠잠할지어다. (셀라) 의의 제사를 드리고 여호와를 의지할지어다. 여러 사람의 말이 우리에게 선을 보일 자 누구뇨 하오니 여호와여 주의 얼굴을 들어 우리에게 비추소서. 주께서 내 마음에 두신 기쁨은 그들의 곡식과 새 포도주가 풍성할 때보다 더하니이다. 내가 평안히 눕고 자기도 하리니 나를 안전히 살게 하시는 이는 오직 여호와이시니이다.

시편을 읽다 보면 '셀라'라는 말이 참 많이 나옵니다. 정확한 의미는 알려지지 않아서 성경을 번역하는 사람들이 기록된 그대로 놔둔 단어입니다. 유대인들은 셀라라는 단어에 몇 가지 뜻이 있다고 말하기도 합니다. 우선 셀라는 "멈춰서 들으라"라는 말이라서 기도나 시편을 낭독하거나 묵상할 때 이 단어가 나오면 잠시 멈춰 앞의 구절을 묵상하라는 의미라고 설명하는 이도 있고, 더러는 예배 찬송으로 사용되던 시편에서 하나님께 영광을 돌리는 '영원히'라는 추임새에 해당한다고 말하는 이도 있습니다. 여하튼 시편을 묵상하다가 '셀라'가 나오는 곳에서는 한 번 더 정신을 바짝 차리고 그 의미를 되새겨야 합니다.

오늘 함께 읽은 시편 4편도 그렇게 읽어 보면 좋겠어요. "인생들아 어느 때까지 나의 영광을 바꾸어 욕되게 하며 헛된 일을 좋아하고 거짓을 구하려는가". "너희는 떨며 범죄하지 말지어다. 자리에 누워 심중에 말하고 잠잠할지어다". '셀라'라는 말 앞에 자신의 말과 생각을 멈추고 하나님의 일을 묵상했던 신앙의 선조들을 생각해 봅시다.

오늘 우리가 '셀라' 앞에 멈춰서 우리 자신을 돌아보고 하나님의 구원을 기억하고 바란다면, 오늘 이 밤 우리도 신앙의 선조들이 서 있던 그 은혜에 자리에 서게 될 것입니다. 함께 기도합시다.

사랑하는 주님,
우리의 모든 것을 멈추고 잠잠히 당신 앞에 섭니다.
우리의 굳게 닫힌 마음 문을 여시고 우리의 우둔함을 깨우쳐 주소서.
우리의 생각과 마음이 당신의 위대한 비밀을 향하게 하소서.
우리의 몸과 영혼을 주신 창조자이시며 생명과 빛이 되신 주님,
우리의 찬양을 받으소서.
우리에게 정직한 영과 용기를 주셔서
시련 중에라도 하늘을 올려다보는 믿음과
이웃 안에서 당신의 얼굴을 발견하는 사랑 가운데 살게 하소서.
예수님의 이름으로 기도합니다. 아멘.

#셀라 #시편 #침묵

3월 10일

올곧은 말씀

오늘 하루 수고하셨습니다. 주님께서 주시는 위로와 평화가 여러분 모두에게 함께하기를 바랍니다. 오늘 저녁 함께 묵상할 말씀은 예레미야 26장 8-15절입니다.

예레미야가 여호와께서 명령하신 말씀을 모든 백성에게 전하기를 마치매 제사장들과 선지자들과 모든 백성이 그를 붙잡고 이르되 네가 반드시 죽어야 하리라. 어찌하여 네가 여호와의 이름을 의지하고 예언하여 이르기를 이 성전이 실로 같이 되겠고 이 성이 황폐하여 주민이 없으리라 하느냐 하며 그 모든 백성이 여호와의 성전에서 예레미야를 향하여 모여드니라. 유다의 고관들이 이 말을 듣고 왕궁에서 여호와의 성전으로 올라가 여호와의 성전 새 대문의 입구에 앉으매 제사장들과 선지자들이 고관들과 모든 백성에게 말하여 이르되 이 사람은 죽는 것이 합당하니 너희 귀로 들음 같이 이 성에 관하여 예언하였음이라. 예레미야가 모든 고관과 백성에게 말하여 이르되 여호와께서 나를 보내사 너희가 들은 바 모든 말로 이 성전과 이 성을 향하여 예언하게 하셨느니라. 그런즉 너희는 너희 길과 행위를 고치고 너희 하나님 여호와의 목소리를 청종하라. 그리하면 여호와께서 너희에게 선언하신 재앙에 대하여 뜻을 돌이키시리라. 보라 나는 너희 손에 있으니 너희 의견에 좋은 대로, 옳은 대로 하려니와 너희는 분명히 알아라. 너희가 나를 죽이면 반드시 무죄한 피를 너희 몸과 이 성과 이 성 주민에게 돌리는 것이니라. 이는 여호와께서 진실로 나를 보내사 이 모든 말을 너희 귀에 말하게 하셨음이라.

하나님 편에서 진리를 외치는 일은 외롭고 험난합니다. 예레미야가 성전 뜰에서 설교를 마치자 종교 지도자들과 백성이 거세게 반발합니다. 급기야 예레미야의 목숨을 위협합니다. 성전에 재앙이 임할 것이라는 예언이 그들에게는 신성 모독 발언으로 들렸던 것이지요. 하지만 예레미야가 이런 당황스러운 예언을 할 때 이스라엘은 그야말로 총체적 난국에 빠져 있었습니다. 언약궤가 있던 실로는 블레셋에 의해 파괴된 지 오래였고, 예레미야 당시에도 폐허 상태가 그대로 이어지고 있었습니다.

예레미야는 이스라엘이 회개하지 않으면 하나님의 백성이라 해도, 성전이라 해도 파괴되고 말리라고 예언합니다. 그러자 종교 지도자들과 백성들은 예레미야가 성전에 적대적이고, 반민족적인 말을 한다고 여깁니다. 하지만 예레미야는 생명의 위협에도 불구하고 담대하게 회개와 순종을 촉구합니다. 우리는 예레미야의 이 모습을 통해 하나님의 사람이 어떤 자세로 살아야 하는지 보게 됩니다.

하나님의 사람은 환난과 핍박 중에도 신앙을 지키고 하나님의 뜻을 지켜 나갑니다. 하지만 우리는 참 약해요. 그래서 옳은 말과 행동을 하더라도 누가 옆에서 조금만 흔들면 금세 말과 행동을 바꾸기 일쑤입니다. 게다가 경고와 책망의 말씀에는 귀를 닫고 오직 위로와 평안의 말씀만 골라 듣는 습성이 있지요.

이 밤 하나님의 말씀을 순하게 듣고, 그 뜻대로 살도록 성령님께 도움을 구합시다. 주님의 뜻을 이루기 위해 기도합시다. 참으로 회개하며 하나님의 뜻을 바라는 저와 여러분의 기도를 주님께서 들어주시고 힘이 되어 주실 것입니다. 함께 기도합시다.

사랑의 하나님,

신앙의 선조들처럼

우리의 입술에 순전한 하나님의 말씀을 담게 하소서.

자비의 주님, 우리의 손과 발이

당신의 말씀을 전하는 통로가 되게 하소서.

성령님 함께하시어

우리가 거룩한 모습으로 하나님 안에 살게 하소서.

온 마음으로 하나님을 찾는 사람에게 복이 있습니다.

우리가 그 사람이 되게 하소서.

예수님 이름으로 기도합니다. 아멘.

#예레미야 #예언 #진리

3월 11일

존재의 용기

오늘 하루 수고하셨습니다. 주님께서 주시는 위로와 평화가 여러분 모두에게 함께하기를 바랍니다. 오늘 저녁 함께 묵상할 말씀은 고린도전서 10장 12-13절입니다.

> 그런즉 선 줄로 생각하는 자는 넘어질까 조심하라. 사람이 감당할 시험 밖에는 너희가 당한 것이 없나니 오직 하나님은 미쁘사 너희가 감당하지 못할 시험 당함을 허락하지 아니하시고 시험 당할 즈음에 또한 피할 길을 내사 너희로 능히 감당하게 하시느니라.

신학자 폴 틸리히Paul Tillich는 모든 한계에도 불구하고 삶의 부름에 "네" 하고 대답하는 것을 가리켜 '존재의 용기'라고 부릅니다. 남과 비교하면서 자기 속에 불행을 쌓으며 사는 것이 아니라, 삶의 조건을 있는 그대로 받아들이면서 그 속에서 가장 아름다운 삶을 살아 내는 것이야말로 참으로 멋지고 용감한 삶입니다.

성경은 그런 힘이 하나님에게서 나온다고 말합니다. 하나님이 모진 삶을 굽어살피시고 품어 주시고 북돋워 주시지 않는다면, 우리는 좌절할 수밖에 없을 겁니다. 틸리히의 말을 빌리자면, 존재의 용기를 가질 수 없게 되는 것이지요.

오늘 함께 읽은 고린도전서 구절은 이런 존재의 용기가 힘차게 느껴지는 말씀입니다. 사도 바울은 우리에게 이렇게 말합니다. "어떤 시련이든 주님이 우리와 함께하시면 능히 이길 수 있다. 주님은 우리에게 살 용기와 힘을 주신다." 함께 기도합시다.

주님, 당신은 모든 만물의 창조자이시며
아름답게 보전하시는 분입니다.
우리가 당신에게 뿌리를 단단히 내리게 하소서.
당신은 당신 자녀의 모든 것을 지켜보십니다.
주님의 자녀인 우리가 항상 친절하고 기쁨으로 가득하게 하소서.
시련 중에라도 당신이 우리의 반석이심을 잊지 않게 하시어
그 안에서 주님의 승리를 보게 하소서.
주님, 당신의 나라가 하늘에서 이루어진 것과 같이
땅에서도 이루어질 것입니다.
예수 그리스도를 통해 모든 만물이 새롭게 될 것입니다.
시련을 이기게 하시는 예수 그리스도 이름으로 기도합니다. 아멘.

#틸리히 #존재의용기 #고린도전서

3월 12일

하나님의 얼굴

오늘 하루 수고하셨습니다. 주님께서 주시는 위로와 평화가 함께하기를 바랍니다. 오늘 묵상할 말씀은 누가복음 13장 31-35절입니다.

> 곧 그 때에 어떤 바리새인들이 나아와서 이르되 나가서 여기를 떠나소서 헤롯이 당신을 죽이고자 하나이다. 이르시되 너희는 가서 저 여우에게 이르되 오늘과 내일은 내가 귀신을 쫓아내며 병을 고치다가 제삼일에는 완전하여지리라 하라. 그러나 오늘과 내일과 모레는 내가 갈 길을 가야 하리니 선지자가 예루살렘 밖에서는 죽는 법이 없느니라. 예루살렘아 예루살렘아 선지자들을 죽이고 네게 파송된 자들을 돌로 치는 자여 암탉이 제 새끼를 날개 아래에 모음 같이 내가 너희의 자녀를 모으려 한 일이 몇 번이냐. 그러나 너희가 원하지 아니하였도다. 보라 너희 집이 황폐하여 버린 바 되리라. 내가 너희에게 이르노니 너희가 주의 이름으로 오시는 이를 찬송하리로다 할 때까지는 나를 보지 못하리라 하시니라.

표도르 도스토옙스키Fyodor Dostoevskii의 명작 소설 《카라마조프가의 형제들》을 인상 깊게 읽었습니다. 탐욕스럽고 방탕한 노인 표도르와 네 아들의 이야기인데, 둘째 아들 이반이 이런 말을 합니다. "신이 존재하지 않는다면 모든 것이 허용된다." 무시무시한 말입니다. 하나님이 없다면, 어떤 일이 생길까요? 아마도 세상은 온통 혼돈에 빠질 테고, 힘센 사람이 모든 것을 쟁취하는 정글이 되고 말 겁니다. 살인, 도둑질, 간음, 사기 등등 힘 있는 사람에게는 아무것도 문제가 되지 않을 것입니다.

지구 저편에서 전쟁이 일어나 사람이 죽든 말든, 자연재해의 피해를 고스란히 당하든 말든, 나만 풍요롭게 살겠다는 생각의 뿌리는 하나님에 대한 노골적인 무시라고 할 수 있습니다. 하나님을 믿는 사람이라면 하나님이 살아 계심을 삶으로 증언해야 합니다. 누구보다 풍요롭게 살려고 애쓰는 대신 작은 것으로도 행복하게 살 수 있음을 보여 주어야 합니다. 어려운 일을 만나도 명료한 정신과 예민한 양심이 살아 있음을 보여 주어야 합니다. 어떤 경우라도 사랑을 선택할 수 있는 능력을 보여 주어야 합니다. 그것이 우리 가운데 하나님이 살아 계신다는 증거입니다.

예수님이 바로 그런 본을 보여 주셨습니다. 그분은 배신의 자리에서도, 죽음을 앞둔 수난의 순간에도 가야 할 길을 꿋꿋이 걸어가십니다. 주님이 보여 주신 하나님의 모습이 우리 가운데서도 드러나길 바랍니다. 함께 기도합시다.

> 하나님, 당신은 우리 가운데 살아 계셔서 온 땅을 다스립니다.
> 불의가 기승을 부리는 곳에 정의가 살아나게 하시고,
> 자유를 강탈당한 이들이 자유를 얻게 하소서.
> 주님과 함께 교회가 깨어나 하나님이 우리 가운데 계심을 알게 하소서.
> 우리의 삶이 활기 가운데 하나님의 증인이 되게 하소서.
> 이 밤, 당신에게 우리의 몸과 영혼을 맡깁니다.
> 평안 가운데 안식하게 하소서.
> 예수님 이름으로 기도합니다. 아멘.

#하나님의얼굴 #카라마조프가의형제들

3월 13일

마음의 과녁

오늘 하루 수고하셨습니다. 주님께서 주시는 위로와 평화가 여러분 모두에게 함께하기를 바랍니다. 오늘 저녁 함께 묵상할 말씀은 마가복음 8장 27-35절입니다.

> 예수와 제자들이 빌립보 가이사랴 여러 마을로 나가실새 길에서 제자들에게 물어 이르시되 사람들이 나를 누구라고 하느냐. 제자들이 여짜와 이르되 세례 요한이라 하고 더러는 엘리야, 더러는 선지자 중의 하나라 하나이다. 또 물으시되 너희는 나를 누구라 하느냐. 베드로가 대답하여 이르되 주는 그리스도시니이다 하매 이에 자기의 일을 아무에게도 말하지 말라 경고하시고 인자가 많은 고난을 받고 장로들과 대제사장들과 서기관들에게 버린 바 되어 죽임을 당하고 사흘 만에 살아나야 할 것을 비로소 그들에게 가르치시되 드러내 놓고 이 말씀을 하시니 베드로가 예수를 붙들고 항변하매 예수께서 돌이키사 제자들을 보시며 베드로를 꾸짖어 이르시되 사탄아 내 뒤로 물러가라. 네가 하나님의 일을 생각하지 아니하고 도리어 사람의 일을 생각하는도다 하시고 무리와 제자들을 불러 이르시되 누구든지 나를 따라오려거든 자기를 부인하고 자기 십자가를 지고 나를 따를 것이니라. 누구든지 자기 목숨을 구원하고자 하면 잃을 것이요. 누구든지 나와 복음을 위하여 자기 목숨을 잃으면 구원하리라.

귀여운 강아지 스누피와 찰리 브라운을 아시나요? 미국의 만화 작가 찰스 슐츠Charles Schulz가 펴낸 〈피너츠〉 시리즈에 나오는 주인공입니다. 한 번은 소년 찰리 브라운이 담벼락에 활을 쏩니다. 그리고는 화살이 담에 꽂히면 잽싸게 달려가 꽂힌 자리를 중심으로 과녁을 그립니다. 이렇게 하니 꼬마의 화살은 언제나 백발백중이에요.

자신을 세상의 중심에 놓고 생각하는 우리의 버릇을 그렇게 표현한 것인지도 모르겠습니다. 그런데 믿음이 깊은 사람은 그렇게 자기 자신을 세상의 중심에 놓지 않습니다. 신앙은 우리 곁에 있는 사람들 소리에 귀를 기울이고, 몸을 낮춰 다른 이를 세워 줍니다. 그런 실천을 통해 우리는 낮은 곳에 임하신 예수님과 하나가 됩니다.

예수님이 제자들에게 이렇게 묻습니다. "너희는 나를 누구라고 하느냐?" 이 질문은 우리 모두에게 던지는 질문입니다. 우리에게 예수님은 누구인가요? 우리는 어디서 주님을 만날 수 있을까요? 주님은 우리에게 "누구든지 나를 따라오려거든 자기를 부인하고 자기 십자가를 지고 나를 따를 것이니라. 누구든지 자기 목숨을 구원하고자 하면 잃을 것이요. 누구든지 나와 복음을 위하여 자기 목숨을 잃으면 구원하리라"라고 가르치십니다. 우리 마음의 과녁이 주님께 있어야 한다는 말씀이지요. 우리의 마음은 지금 어느 과녁을 조준하고 있나요? 함께 기도합시다.

주님, 우리는 너무나 자주 당신의 방법이 아닌
우리가 원하는 방법으로 당신의 제자가 되려고 합니다.
너무나 자주 우리 자신의 계획을 인정해 달라고,
우리의 욕망이 성공하게 해 달라고 기도합니다.
그러면서 당신을 따르는 일보다
우리 자신이 추구하는 일에 과녁을 세워 놓습니다.

우리를 용서하시고 우리의 환상을 깨뜨려 주소서.
우리가 당신을 바라볼 때
실패하고 모욕당하고 고난받고 죽임당한 분으로 보지 않게 하소서.
우리가 할 수 있는 것과 할 수 없는 것,
실패와 성공, 희망과 열망,
그 모든 걸 내려놓고 온전히 하나님께 맡기며 당신만 따르게 하소서.
십자가 안에 숨긴 하나님의 은혜를 깨닫게 하시어
우리의 실패 속에서도 하나님의 계획과 선한 인도를 깨닫게 하소서.
우리를 구원하시는 예수 그리스도의 이름으로 기도합니다. 아멘.

#제자도 #구원

3월 14일

의를 위해 박해받는 자

오늘 하루 수고하셨습니다. 주님께서 주시는 위로와 평화가 여러분 모두에게 함께하기를 바랍니다. 오늘 저녁 함께 묵상할 말씀은 마태복음 5장 10-12절입니다.

> 의를 위하여 박해를 받은 자는 복이 있나니 천국이 그들의 것임이라. 나로 말미암아 너희를 욕하고 박해하고 거짓으로 너희를 거슬러 모든 악한 말을 할 때에는 너희에게 복이 있나니 기뻐하고 즐거워하라. 하늘에서 너희의 상이 큼이라. 너희 전에 있던 선지자들도 이같이 박해하였느니라.

예수님이 가르치신 팔복 가운데 마지막 여덟 번째 복은 의를 위해 박해받는 사람에게 임하는 복입니다. 이유 없이 당하는 시련을 두고 '박해'라고 말하지 않지요. 하나님의 정의와 평화를 추구하는 사람들이 받는 핍박, 그렇게 옳은 일을 하다 당하는 모욕과 수치가 박해입니다. 그렇게 살다가 박해받는 사람에게는 이 땅의 어떤 것과도 비교할 수 없는 하늘의 상이 임한다고 예수님은 약속하십니다.

마태복음 5장에 나오는 여덟 가지 복을 가슴에 담아 봅니다. 예수님이 복을 약속한 사람들은 누구인가요? 겸손하고 가난한 사람, 의와 정의를 추구하는 사람, 샬롬을 추구하는 사람. 이런 사람이 복된 사람입니다.

이 가르침과 우리가 생각하는 경건한 사람, 신앙 좋은 사람을 비교해 보면 어떨까요? 주일성수 잘하는 사람, 매일 성경 읽고 기도하는 사람, 십일조 잘하는 사람, 술과 담배를 하지 않는 사람, 인상적인 회심을 경험한 사람, 신비한 은사(카리스마)가 있는 사람, 전도 잘하는 사람 등등. 우리가 부러워하는 신앙과 경건의 목록은 이렇습니다.

하지만 예수님의 기준은 확실히 다릅니다. 이 땅에서 하나님을 앞에 두고 투명하고 진실하게 살며 가난해도 희망을 잃지 않는 사람, 말과 행동이 정의로운 사람, 자기와 생각이 다른 사람의 말도 경청하고 소통하고자 노력하는 사람, 평화를 위해 시련과 모욕을 감수하고 그 일 속으로 뛰어드는 사람. 이것이 예수님이 제시하신 경건의 기준입니다. 이것이 우리가 항상 깊이 새기고 실천해야 할 팔복입니다. 함께 기도합시다.

주님, 당신의 나라가 우리 가운데 임하게 하소서.
우리가 그 일을 위해 부름을 받았사오니
더 넓고 더 멀리 볼 수 있는 눈과 마음을 주시어
희망과 용기로 주의 뜻을 따라 살게 하소서.
상처받고 시련 가운데 놓인 당신의 자녀들을 기억하소서.
주님의 계명에 매인 이들이 성령의 충만함으로 행동하고
생각하게 하소서.
가난하지만 희망을 잃지 않고
나와 생각이 다른 사람의 말도 경청하며
평화를 위해 모욕을 감수하는 주님의 자녀 되게 하소서.
예수님의 이름으로 기도합니다. 아멘.

#팔복 #박해받는자

3월 15일

소금의 삶

오늘 하루 수고하셨습니다. 주님께서 주시는 위로와 평화가 함께하기를 바랍니다. 오늘 묵상할 말씀은 마태복음 5장 13절입니다.

> 너희는 세상의 소금이니 소금이 만일 그 맛을 잃으면 무엇으로 짜게 하리요. 후에는 아무 쓸 데 없어 다만 밖에 버려져 사람에게 밟힐 뿐이니라.

부패를 막고 맛을 내는 것이 소금의 역할이지요. 그래서 소금의 기능만 떠올려도 매우 훌륭한 격언이라 생각됩니다. "너희는 소금처럼 세상을 살맛 나게 하고, 부패한 세상을 막아서는 사람이 돼라! 성도는 소금처럼 살아야 한다." 이 정도로 이해할 수 있을 것 같습니다.

그런데 여기서 한 가지 더 생각할 것이 보입니다. 소금은 음식에 들어가 맛을 내는 순간 자기 형체가 없어지고 영향력이 감소합니다. 그러고 보면, 예수님의 소금 비유는 이런 뜻이 아닐까 싶어요. "소금처럼 어디서든 맛을 내되, 특정한 개인의 능력과 영향력이 사라지고 모든 구성원의 힘과 다양한 특성이 함께 살아나는 공동체, 그런 교회가 되어야 한다."

녹지 않는 소금은 소금이 아니지요. 소금이면 제맛 다 내고 사라지는 것이 정상입니다. 이렇게만 들으면 소금의 운명은 참 억울해요. 하지만 소금 비유를 팔복의 마지막 구절과 연결해 보면, 그 소금이 바로 소금 같이 살던 선지자들을 말한다는 사실을 알게 됩니다.

예수님은 마태복음 5장 12절에서 이렇게 말씀하십니다. "기뻐하고 즐거워하라. 하늘에서 너희의 상이 큼이라. 너희 전에 있던 [소금 같던] 선지자들도 이같이 박해하였느니라."

독일의 양심으로 불리는 디트리히 본회퍼Dietrich Bonhoeffer 목사는 《나를 따르라*Nachfolge*》라는 책에서 소금처럼 사는 사람들이 어디서 복을 얻게 되는지 설명합니다. "교회에 속한 믿음의 지체들은 십자가에 달리신 그분과 더불어 모든 것을 잃고, 그분과 더불어 모든 것을 얻는다."

우리 역시 교회라는 이름으로 살아갑니다. 그렇다면, 우리는 십자가에 달리신 예수와 더불어 무엇을 잃고, 무엇을 얻었을까요? 십자가와 부활을 묵상하는 사순절 동안 깊이 묵상해 봅시다. 함께 기도합시다.

주님, 감사합니다.
당신은 우리가 한계에 도달했을 때 새로운 시작을 여십니다.
우리가 지쳐 고개를 떨굴 때 눈을 들어 새로운 방향을 보게 하십니다.
짐이 우리 어깨를 짓누를 때 거뜬히 그 짐을 덜어 주십니다.
주님은 모든 이에게 양식을 주시며,
우리의 소유로 가난한 이를 돌보게 하십니다.
우리를 그리스도인으로 부르셨으니
우리 손과 발이 세상을 위한 소금 되어
당신의 자비를 전하는 도구 되게 하소서.
주님은 우리의 모든 일을 절대 잊지 않고 은총을 내리시는 분입니다.
주님은 고난받고 죽으셨으며 다시 사셨습니다.
당신을 찬양합니다.
십자가와 부활의 예수 그리스도의 이름으로 기도합니다. 아멘.

#사순절 #본회퍼 #소금

3월 16일

성도

오늘 하루 수고하셨습니다. 주님께서 주시는 위로와 안식이 여러분에게 가득하길 바랍니다. 오늘 저녁 함께 묵상할 말씀은 시편 85편 8-13절입니다.

> 내가 하나님 여호와께서 하실 말씀을 들으리니 무릇 그의 백성, 그의 성도들에게 화평을 말씀하실 것이라. 그들은 다시 어리석은 데로 돌아가지 말지로다. 진실로 그의 구원이 그를 경외하는 자에게 가까우니 영광이 우리 땅에 머무르리이다. 인애와 진리가 같이 만나고 의와 화평이 서로 입 맞추었으며 진리는 땅에서 솟아나고 의는 하늘에서 굽어보도다. 여호와께서 좋은 것을 주시리니 우리 땅이 그 산물을 내리로다. 의가 주의 앞에 앞서가며 주의 길을 닦으리로다.

시편 85편은 하나님이 우리에게 오시면 일어날 일을 노래하는 아름다운 찬송입니다. 8절에 '거룩한 사람들'이라는 뜻의 '성도'라는 말이 나오는데, 그들에게 하나님이 평화를 선언하신다고 노래합니다. 여기서 '성도'라는 말을 원어로 살펴보면 '마음으로 그에게 향한 사람', 또는 '하나님께 마음을 돌려세운 사람'이라는 뜻이 담겨 있습니다. 그러니 그런 사람은 당연히 어리석은 데로 자기 마음을 돌려세우지 않겠지요.

마음을 하나님께 돌려세운 사람에게는 분명한 희망 하나가 생긴다는 것이 이 찬송 시의 메시지입니다. 그 희망이란 하나님이 먼 미래가 아니라 아주 가까운 시간에 오신다는 것이지요. 주님의 부활을 묵상하는 사순절 기간입니다. 무엇보다 우리 마음을 주님께 돌려세우고, 그분의 오심을 소망합시다. 오늘 이 밤, 우리의 삶이 어리석은 길이 아닌 하나님의 길 위에 서길 함께 기도합시다.

주님, 당신을 기다립니다.
주님이 우리에게 오셔서 주시는
평화의 말씀을 빼앗기지 않게 하소서.
우리 마음과 생각을 새롭게 만드시어
당신의 온전한 말씀이
우리 안에 빛이 되어 꺼지지 않게 하소서.
우리가 당신을 신뢰합니다.
당신께 구하고 바라는 우리 기도가
가장 선하고 가장 좋은 것으로 응답받게 하소서.
오직 주님의 길을 따르게 하소서.
예수님의 이름으로 기도합니다. 아멘.

#성도 #거룩 #사순절

3월 17일

하나님 앞에서

오늘 하루 수고하셨습니다. 주님께서 주시는 위로와 안식이 여러분에게 가득하길 바랍니다. 오늘 저녁 함께 묵상할 말씀은 에스겔 33장 18-20절입니다.

> 만일 의인이 돌이켜 그 공의에서 떠나 죄악을 범하면 그가 그 가운데에서 죽을 것이고 만일 악인이 돌이켜 그 악에서 떠나 정의와 공의대로 행하면 그가 그로 말미암아 살리라. 그러나 너희가 이르기를 주의 길이 바르지 아니하다 하는도다. 이스라엘 족속아 나는 너희가 각기 행한 대로 심판하리라 하시니라.

사순절이 되면 교회 이곳저곳의 색깔이 변합니다. 초와 드림천과 성가대, 그리고 목회자 목에 길게 드리운 영대가 보라색으로 변합니다. 보라색은 참된 회개를 상징하는 색깔이지요. 여기에는 사순절 기간에 주님의 십자가를 묵상하며 우리 삶을 하나님 앞에서 엄숙하게 돌아보자는 의미가 담겨 있습니다.

"옛날에 내가 이런 사람이었어"라며 자신의 초라함을 만회하려는 이들이 간혹 있습니다. 요즘 말로 "라떼는 말이야…" 하는 식이지요. 에스겔은 이런 사람들에게 이렇게 말합니다. "옛 영광 같은 건 소용없다. 하나님 앞에 서면 누구든지 오늘 자기 모습이 속까지 투명하게 드러난다!"

이전에 의인이었어도, 또는 오늘 의인처럼 거룩하고 높은 자리에 앉아 있어도 악을 행하면 심판받을 것이고, 반대로 이전에 죄를 지은 사람이라도 돌이켜 주님의 뜻을 신실하게 따르면 주님이 살리신다고 선지자는 가르칩니다. 중요한 것은 지금 우리가 하나님 앞에 서 있다는 사실입니다. 우리는 하나님 앞에서 어떤 사람으로 판명 날까요? 함께 기도합시다.

온 세상을 다스리는 하나님 아버지,
당신은 모든 어둠을 물리치는 분이십니다.
당신은 이 땅에 당신의 온전한 형상이 드러나길 원하십니다.
지금 우리에게 임하시어 우리가 주의 말씀에 따라 살게 하소서.
오늘 우리의 보호자요 위로자가 되어 주시는 주님,
당신이 아니고서는 누구도 우리를 지켜 줄 수 없습니다.
이 밤, 그리고 내일 당신께서 우리의 선한 인도자가 되어 주소서.
평생 그리고 영원히 우리가 당신을 신뢰하며
당신 손을 잡고 살게 하소서.
예수 그리스도의 이름으로 기도합니다. 아멘.

#회개 #사순절 #하나님앞에서

3월 18일

나를 본받으라

오늘 하루 수고하셨습니다. 주님께서 주시는 위로와 안식이 여러분에게 가득하길 바랍니다. 오늘 저녁 함께 묵상할 말씀은 빌립보서 3장 17-21절입니다.

> 형제들아 너희는 함께 나를 본받으라. 그리고 너희가 우리를 본받은 것처럼 그와 같이 행하는 자들을 눈여겨 보라. 내가 여러 번 너희에게 말하였거니와 이제도 눈물을 흘리며 말하노니 여러 사람들이 그리스도의 십자가의 원수로 행하느니라. 그들의 마침은 멸망이요 그들의 신은 배요 그 영광은 그들의 부끄러움에 있고 땅의 일을 생각하는 자라. 그러나 우리의 시민권은 하늘에 있는지라. 거기로부터 구원하는 자 곧 주 예수 그리스도를 기다리노니 그는 만물을 자기에게 복종하게 하실 수 있는 자의 역사로 우리의 낮은 몸을 자기 영광의 몸의 형체와 같이 변하게 하시리라.

이 구절을 묵상할 때마다 어쩌면 저렇게 당당할 수 있을까 싶어 바울이 부럽기도 하고 제 모습이 부끄럽기도 합니다. 바울은 빌립보에 있는 교인들에게 이렇게 말합니다. "나를 본받아라." 그러면서 "우리의 시민권은 하늘에 있다"고 설명합니다.

함께 동역하는 목사님이 대화 중에 이런 말을 하더군요. "우리는 하늘나라 스파이입니다." 재미있는 말이지만, 그 의미가 상당합니다. 우리는 이 땅에서 살아가지만, 궁극적으로 하나님의 뜻을 수행하는 그리스도인입니다. 그러니 세상 풍조가 이러저러해도 흔들리지 말고 정신 바짝 차려야 합니다. 하나님이 당신의 뜻을 이 땅에 이루기 위해 우리를 보내셨기 때문입니다. 우리는 하늘나라 스파이입니다. 함께 기도합시다.

주님,
이 세상 것이 아니라
설명하거나 논쟁이 필요 없는 당신의 이야기로 우리를 채우소서.
당신의 말씀이 우리 안에 가득하여
서로를 위로하며 용기와 기쁨을 더하게 하소서.
우리에게 믿음을 주소서.
다함 없는 당신의 사랑이
모진 세상을 이긴다는 그 믿음을 우리에게 주소서.
예수님 이름으로 기도합니다. 아멘.

#성도 #바울

3월 19일

열매 없는 나무

오늘 하루 수고하셨습니다. 주님께서 주시는 위로와 안식이 가득하길 바랍니다. 오늘 묵상할 말씀은 누가복음 13장 1-9절입니다.

> 그 때 마침 두어 사람이 와서 빌라도가 어떤 갈릴리 사람들의 피를 그들의 제물에 섞은 일로 예수께 아뢰니 대답하여 이르시되 너희는 이 갈릴리 사람들이 이같이 해 받으므로 다른 모든 갈릴리 사람보다 죄가 더 있는 줄 아느냐. 너희에게 이르노니 아니라. 너희도 만일 회개하지 아니하면 다 이와 같이 망하리라. 또 실로암에서 망대가 무너져 치어 죽은 열여덟 사람이 예루살렘에 거한 다른 모든 사람보다 죄가 더 있는 줄 아느냐. 너희에게 이르노니 아니라. 너희도 만일 회개하지 아니하면 다 이와 같이 망하리라. 이에 비유로 말씀하시되 한 사람이 포도원에 무화과나무를 심은 것이 있더니 와서 그 열매를 구하였으나 얻지 못한지라. 포도원지기에게 이르되 내가 삼 년을 와서 이 무화과나무에서 열매를 구하되 얻지 못하니 찍어버리라. 어찌 땅만 버리게 하겠느냐. 대답하여 이르되 주인이여 금년에도 그대로 두소서. 내가 두루 파고 거름을 주리니 이 후에 만일 열매가 열면 좋거니와 그렇지 않으면 찍어버리소서 하였다 하시니라.

예수님의 메시지는 분명합니다. 회개하라는 것이지요. 회개라는 말은 마음을 돌려세운다는 뜻인데, 마음으로 회개한다고 해서 그것으로 끝나는 건 아닙니다. 진실한 마음의 회개는 행동의 변화를 낳습니다. 예수님은 바로 이 말을 하려고 무화과나무 이야기를 들려주십니다. 간단히 말하면 이런 내용이에요. "열매 없는 나무처럼 되지 마십시오. 다른 사람의 허물을 들추는 데 인생을 허비하지 말고 선을 행하는 삶을 사십시오. 다른 사람에게 찾아온 불행의 원인을 따져 말 만들지 말고, 자신이 잃어버린 열매가 무엇인지 돌아보십시오."

예수님은 우리가 서로의 삶을 돌보며 적극적으로 선을 행하는 것이 예상치 못한 재난을 예방하거나 견디는 최선의 전략이라고 가르치십니다. 그런 일 하기를 거부한다면 이미 망한 것이라는 말씀이기도 합니다. 우리가 살아가는 세계가 하나님이 창조하신 선한 세계라면, 우리는 어떤 식으로든 한 가족으로 연결되어 있습니다. 그렇다면, 깨물어서 아프지 않은 손가락이 없을 겁니다. 멀리서 들리는 전쟁과 재난의 소식이 동구 밖 남의 일로 들리지 않는 이유입니다. 그리스도인이 먼저 이웃의 아픔을 끌어안고 기도하며 돕는 삶을 이 땅에 보여 줍시다. 함께 기도합시다.

사랑의 주님,
당신께서는 우리를 통해 이 땅에 하나님의 나라를 만드시는 분입니다.
그러나 우리는 늘 경솔히 말하고, 가볍게 행동하며,
분노로 이웃을 자극합니다.
우리의 말과 행동, 우리의 마음을 용서하소서.
그리하여 이제껏 잃어버린 이웃을 사랑하는 기회를 다시 찾게 하소서.
당신께서 베푸신 사랑으로 다른 이의 닫힌 문을 열게 하소서.
당신 앞에선 아무것도 숨길 게 없습니다.
예수님 이름으로 기도합니다. 아멘.

#회개 #사순절

3월 20일

비가 내리지 않는 이유

오늘 하루 수고하셨습니다. 주님께서 주시는 위로와 안식이 여러분에게 가득하길 바랍니다. 오늘 저녁 함께 묵상할 말씀은 요한일서 4장 7-9절입니다.

> 사랑하는 자들아 우리가 서로 사랑하자. 사랑은 하나님께 속한 것이니 사랑하는 자마다 하나님으로부터 나서 하나님을 알고 사랑하지 아니하는 자는 하나님을 알지 못하나니 이는 하나님은 사랑이심이라. 하나님의 사랑이 우리에게 이렇게 나타난 바 되었으니 하나님이 자기의 독생자를 세상에 보내심은 그로 말미암아 우리를 살리려 하심이라.

탈무드에 나오는 이야기입니다. 이스라엘 동쪽에 하늘이 막힌 것처럼 한해 내내 비가 내리지 않는 마을이 있었습니다. 땅은 갈라지고 채소와 곡식은 타들어 가고 마을 한가운데 있는 우물도 바닥을 드러냈습니다. 그러자 사람들이 해답을 찾으려고 랍비를 찾아갑니다.

랍비는 하늘을 향해 비를 내려 달라고 기도하자며 온 동네에 금식을 선포합니다. 동네 사람들이 모두 비 내리길 기도하며 금식에 들어갔습니다. 하지만 여전히 비는 내리지 않았습니다.

랍비가 다시 말합니다. "우리가 힘을 합해 모세 오경에 나오는 율법을 빠짐없이 철저히 준행합시다. 그러면 하늘이 감동해서 비를 내릴 것입니다." 이 말을 듣고 동네 사람들은 성경을 구절구절 샅샅이 정독하고, 거기적힌 명령을 죽기 살기로 실천하기 시작했습니다. 얼마간 시간이 지났습니다. 하지만 여전히 비가 내릴 기미가 보이지 않습니다.

얼마 후 이상한 소문이 돌기 시작합니다. 동네에 부정한 사람이 있어서 하늘이 비를 내리지 않는다는 겁니다. 사람들은 부정한 사람을 색출하려고 이 사람 저 사람을 의심하기 시작합니다. 그러다가 동네에 이혼한 사람이 있는데, 갈라선 후에도 서로 만나 돈거래를 했다는 걸 알게 됩니다. 그래서 그 두 사람을 랍비에게 고발하고 광장으로 끌고 왔습니다.

정확한 고발 내용은 남자가 전처에게 돈을 주었다는 것입니다. 유대 사회에서는 율법을 어긴 범법에 해당합니다. 이혼하면 남남이니 더는 만나서도 안 되고, 우연히 지나치더라도 눈빛도 마주치면 안 되기 때문입니다. 그것이 율법이었습니다.

율법에 따라 전처에게 돈을 준 남자가 끌려 나왔습니다. 남자도 시인했습니다. 그러자 사람들이 소리치기 시작합니다. 남남인 남자가 여자에게 돈을 주며 만나는 목적은 오직 하나, 매춘을 위해서라고 말입니다. 이런 망측한 범죄에 하늘이 노해 비가 오지 않았다며 처벌하라고 목소리를 높입니다. 광장 한쪽에서는 그동안 그것도 모르고 엉뚱하게 금식하며 속을 태웠다며 가슴을 치며 우는 사람도 있습니다.

광분한 동네 사람들이 이 두 사람을 붙들고 침을 뱉으며 랍비의 마지막 판결을 기다립니다. "랍비여 이 음탕한 자들을 벌하소서!" 목소리가 점점 커집니다.

랍비가 공정한 재판을 위해 조금 기다리라고 한 다음, 돈을 준 남자에게 이렇게 묻습니다. "당신은 왜 이혼한 전처에게 돈을 주었소?" 그러자 남자가 눈물을 흘리며 말합니다. "당신들이 생각하는 것과 전혀 다릅니다. 저는 돈으로 여자를 사지 않았습니다. 저 여인은 제 아내였고, 이전에 진심으로 사랑했던 여인입니다. 지금은 완전히 갈라섰습니다. 그런데 그 후로 이 여자는 일할 곳을 찾지 못해 가난해졌습니다. 직업이 없어 돈을 벌 수도 없고, 새로운 남자를 만나지 못해서 생계를 책임질 수 없다는 소리를 들었습니다. 그래서 저는 그저 불쌍한 생각이 들었습니다. 그래서 돈을 주었습니다. 제가 그렇게 했던 이유는 오직 한 가지 이유입니다. 그저 불쌍해서… 그저 불쌍해서…."

이 말이 끝나자 먹구름이 하늘을 덮고 세찬 비가 내리기 시작합니다.

탈무드의 이 이야기는 우리에게 분명한 메시지를 들려줍니다. '법보다 중요한 것이 불쌍히 여기는 마음'이라는 것이죠. 이것은 성경 전체가 우리에게 계속 깨우치는 말씀입니다. 그래서 사도 요한은 이렇게 말합니다. "하나님은 사랑이시라"(요일 4:16). 함께 기도합시다.

주님, 당신은 실로 사랑이십니다.
당신의 그 놀라운 사랑이
이 땅을 보전하고 앞으로 나아가게 합니다.
당신의 사랑을 닮길 기도합니다.
그리하여 이 땅을 살아가는 우리 모두 사랑으로 서로 용납하며
주님의 자비로움을 나누게 하소서.
그 안에서 참된 행복을 찾게 하소서.
예수님 이름으로 기도합니다. 아멘.

#탈무드 #사랑

3월 21일

십계명

오늘 하루 수고하셨습니다. 주님께서 주시는 위로와 안식이 가득하길 바랍니다. 오늘 함께 묵상할 말씀은 출애굽기 20장 1-17절입니다.

> 하나님이 이 모든 말씀으로 말씀하여 이르시되 나는 너를 애굽 땅, 종 되었던 집에서 인도하여 낸 네 하나님 여호와니라. 너는 나 외에는 다른 신들을 네게 두지 말라. 너를 위하여 새긴 우상을 만들지 말고 또 위로 하늘에 있는 것이나 아래로 땅에 있는 것이나 땅 아래 물 속에 있는 것의 어떤 형상도 만들지 말며 그것들에게 절하지 말며 그것들을 섬기지 말라. 나 네 하나님 여호와는 질투하는 하나님인즉 나를 미워하는 자의 죄를 갚되 아버지로부터 아들에게로 삼사 대까지 이르게 하거니와 나를 사랑하고 내 계명을 지키는 자에게는 천 대까지 은혜를 베푸느니라. 너는 네 하나님 여호와의 이름을 망령되게 부르지 말라. 여호와는 그의 이름을 망령되게 부르는 자를 죄 없다 하지 아니하리라. 안식일을 기억하여 거룩하게 지키라. 엿새 동안은 힘써 네 모든 일을 행할 것이나 일곱째 날은 네 하나님 여호와의 안식일인즉 너나 네 아들이나 네 딸이나 네 남종이나 네 여종이나 네 가축이나 네 문안에 머무는 객이라도 아무 일도 하지 말라. 이는 엿새 동안에 나 여호와가 하늘과 땅과 바다와 그 가운데 모든 것을 만들고 일곱째 날에 쉬었음이라. 그러므로 나 여호와가 안식일을 복되게 하여 그 날을 거룩하게 하였느니라. 네 부모를 공경하라. 그리하면 네 하나님 여호와가 네

게 준 땅에서 네 생명이 길리라. 살인하지 말라. 간음하지 말라. 도둑질하지 말라. 네 이웃에 대하여 거짓 증거하지 말라. 네 이웃의 집을 탐내지 말라. 네 이웃의 아내나 그의 남종이나 그의 여종이나 그의 소나 그의 나귀나 무릇 네 이웃의 소유를 탐내지 말라.

우리가 '십계명'이라고 부르는 열 가지 율법은 모세가 산에서 들고 내려온 두 개의 돌판에 새겨진 하나님의 말씀입니다. 하나님은 이 돌판을 주시면서, "나는 너를 애굽 땅, 종 되었던 집에서 인도하여 낸 네 하나님 여호와니라"라고 말씀하십니다. 세상에 많은 신이 있는 듯하지만, 나는 종 되었던 땅에서 자유의 땅으로 인도해 낸 너의 하나님이라고 분명히 밝히시면서 그 하나님이 이 돌판을 주었다는 사실도 정확히 기억하라고 하십니다. 따라서 돌판에 담긴 뜻이 무엇인지 탐구하는 일은 중요합니다.

돌판에는 하나님 사랑과 이웃 사랑이라는 큰 계명이 열 개의 계명으로 세분되어 있습니다. 오늘 이 밤, 십계명을 하나하나 깊이 묵상해 보는 건 어떨까요? 함께 기도합시다.

주님, 당신께서는 온 세상의 창조자이시며 주관자이십니다.
당신께서 우리 죄를 찾으시면
우리는 당신에게서 도망칠 수밖에 없습니다.
주님은 내게서 멀리 계시기도 하고 가까이도 계십니다.
주님은 우리의 출발점이며 마지막 목표가 됩니다.
진노와 심판, 안식과 은총이 모두 당신 손에 있습니다.
주여, 우리에게 사랑을 베푸시어 우리 가운데 거하소서.
예수님의 이름으로 기도합니다. 아멘.

#십계명 #율법

3월 22일

하나님

오늘 하루 수고하셨습니다. 주님께서 주시는 위로와 안식이 여러분에게 가득하길 바랍니다. 오늘 저녁 함께 묵상할 말씀은 출애굽기 20장 3절입니다.

> 너는 나 외에는 다른 신들을 네게 두지 말라.

십계명에서 첫 번째 계명인데 이 한 절만 묵상해 보지요. 짧은 구절이지만, 종교개혁자 마르틴 루터는 이 구절에 우리의 모든 것이 달려 있다고 설명합니다. 루터는 《소교리문답》에서 이렇게 설명합니다. "너는 나 외에는 다른 신들을 네게 두지 말라, 이것은 무슨 뜻입니까? 이것은 모든 것 이상으로 하나님을 두려워하며, 모든 것 이상으로 하나님을 사랑하며, 모든 것 이상으로 하나님을 신뢰하라는 뜻입니다."[8]

보통 사람들은 '신'을 자기가 소망하는 모든 좋은 것, 모든 시련의 피난처를 총칭하는 말로 사용합니다. 맞아요. 그런데 여기서 하나님은 우리에게 바로 그가 당신이라는 것을 알려 주십니다. 그러니 십계명의 첫 번째 계명은 이렇게 바꿀 수 있습니다. "보라, 오직 나만 너의 하나님으로 섬겨라. 네가 필요한 것, 소망하는 것, 무엇이든 나에게 구해라. 네가 불행과 궁핍 가운데 있을 때 내게 와서 매달려라. 그러면 내가 반드시 풍족히 줄 것이고 모든 환란에서 너를 도울 것이다. 다만, 네 마음을 다른 어떤 것에도 두지 말아라."

우리는 어떤가요? 우리 마음을 하나님께 두고 사는지요? 우리는 종종 하나님 대신 돈과 명예 같은 것들을 하나님 자리에 두고 삽니다. 그러면서 그것만 있으면 낙원 한가운데 앉아 있는 것처럼 안전하고 행복할 것으로 생각합니다.

그런데 십계명 중 첫째 계명은 그런 생각을 여지없이 흩어 버립니다. 그런 생각과 그런 삶이 바로 우리를 망하게 하는 맘몬의 우상이라고 말합니다. 돈, 재물, 권력, 자리, 우정 등등은 모두 시간이 지나면 사라질 임시적인 것들입니다. 영원히 흔들리지 않는 신앙의 주춧돌을 찾아 그 위에 우리 삶을 세워야 합니다. 이 주춧돌이 무엇인지 첫째 계명은 이렇게 답합니다. "너는 나 외에는 다른 신들을 네게 두지 말라." 함께 기도합시다.

주님,
많은 허상과 환영, 공허한 소리가 우리를 흔들고 현혹합니다.
오직 당신에게만 숨게 하소서.
당신만이 우리의 삶을 지켜 주시고
당신만이 우리의 자랑 되게 하소서.
당신은 모든 만물의 주인이며 가장 높이 계신 분입니다.
예수님 이름으로 기도합니다. 아멘.

#십계명 #루터 #소교리문답

3월 23일

마음의 회개

오늘 하루 수고하셨습니다. 주님께서 주시는 위로와 안식이 여러분 모두에게 가득하길 바랍니다. 오늘 저녁 함께 묵상할 말씀은 시편 32편 1-6절입니다.

> 허물의 사함을 받고 자신의 죄가 가려진 자는 복이 있도다. 마음에 간사함이 없고 여호와께 정죄를 당하지 아니하는 자는 복이 있도다. 내가 입을 열지 아니할 때에 종일 신음하므로 내 뼈가 쇠하였도다. 주의 손이 주야로 나를 누르시오니 내 진액이 빠져서 여름 가뭄에 마름 같이 되었나이다. (셀라) 내가 이르기를 내 허물을 여호와께 자복하리라 하고 주께 내 죄를 아뢰고 내 죄악을 숨기지 아니하였더니 곧 주께서 내 죄악을 사하셨나이다. (셀라) 이로 말미암아 모든 경건한 자는 주를 만날 기회를 얻어서 주께 기도할지라 진실로 홍수가 범람할지라도 그에게 미치지 못하리이다.

다윗이 자기 부하의 아내였던 밧세바를 취한 일을 아실 겁니다. 다윗은 그 후로 약 일 년 동안 양심을 잠잠하게 하려고 애를 썼습니다. 하지만 그런 노력이 모두 허사임을 깨닫기까지 그리 오래 걸리지 않았습니다. 하나님 앞에서 죄를 지었다는 양심의 소리가 계속해서 잔소리해 댑니다. 그렇게 다윗은 밤낮으로 하나님의 무거운 손길을 느끼게 되지요. 양심에서 시작한 심리적 압박은 결국 몸으로 드러나기 마련이지요. 불면증, 먹기를 꺼리는 것, 육체적 질병이 다윗의 일상을 박살 내 버렸을 겁니다.

하나님의 자녀에게 값싼 죄란 존재하지 않습니다. 사람들은 시간이 상처를 치유해 줄 거라고 말하지만, 하나님을 만나 양심이 예민해질수록 그런 말은 통하지 않습니다.

오늘 함께 묵상하는 시편 32편은 결국 우리가 양심의 싸움에서 지게 된다는 사실을 여실히 보여 줍니다. 하나님 앞에 선 예민한 양심은 우리를 구부러뜨리고 부서뜨립니다. 하나님의 눈을 피할 수 없기 때문이기도 하지만, 양심이 살아 있으면 범죄에 더욱 예민해지기 때문입니다. 하나님은 죄를 자백하라며 양심을 통해 우리를 진실한 회개의 자리로 부르십니다.

하나님의 자녀라면 고집 센 망아지나 노새처럼 반응하지 말고 하나님이 우리에게 요구하시는 일을 합시다. 하나님은 우리의 모든 죄를 용서하시고 모든 불의에서 깨끗하게 하시길 원하십니다. 그러므로 항상 죄의 짐을 매달고 다니지 마십시오. 바로 지금, 하나님은 말씀을 묵상하고 기도하는 시간을 통해 우리가 하나님을 발견하게 하셨습니다. 하나님과의 교제가 회복되면 우리를 난파시킨 거센 죄책의 파도도 우리에게 미치지 못할 것입니다. 우리 주님께서 저와 여러분이 갈 길을 가르쳐 보이시고, 주목하시고, 선하고 거룩한 길로 인도하실 터이기 때문입니다(시 32:8). 함께 기도합시다.

주님, 당신은 우리의 양심을 예민하고 투명하게 만드십니다.
우리의 죄는 당신 앞에 한없이 또렷하게 드러납니다.
주님, 우리의 범죄를 아시오니
우리를 불쌍히 여겨 주소서.
당신께서는 죄를 또렷이 보듯,

우리의 연약함도 또렷하게 보십니다.

주님, 우리는 당신의 자녀이오니 우리를 붙드사

시험과 환란에서 우리를 건지소서.

주님만이 우리의 요새, 우리의 피난처입니다.

이 밤, 우리의 몸과 영혼을 당신 품에 맡깁니다.

우리에게 안식을 주셔서 새로운 힘으로 내일을 맞게 하소서.

예수 그리스도의 이름으로 기도합니다. 아멘.

#회개 #양심 #다윗

3월 24일

음악의 힘

오늘 하루 수고하셨습니다. 주님께서 주시는 위로와 안식이 여러분에게 가득하길 바랍니다. 오늘 저녁 함께 묵상할 말씀은 이사야 12장입니다.

> 그 날에 네가 말하기를 여호와여 주께서 전에는 내게 노하셨사오나 이제는 주의 진노가 돌아섰고 또 주께서 나를 안위하시오니 내가 주께 감사하겠나이다 할 것이니라. 보라 하나님은 나의 구원이시라. 내가 신뢰하고 두려움이 없으리니 주 여호와는 나의 힘이시며 나의 노래시며 나의 구원이심이라. 그러므로 너희가 기쁨으로 구원의 우물들에서 물을 길으리로다. 그 날에 너희가 또 말하기를 여호와께 감사하라. 그의 이름을 부르며 그의 행하심을 만국 중에 선포하며 그의 이름이 높다 하라. 여호와를 찬송할 것은 극히 아름다운 일을 하셨음이니 이를 온 땅에 알게 할지어다. 시온의 주민아 소리 높여 부르라. 이스라엘의 거룩하신 이가 너희 중에서 크심이니라 할 것이니라.

노래 좋아하시나요? 여러분은 언제 노래하시나요? 저는 기분 좋은 일이 생기면 저절로 콧노래를 흥얼거립니다. 너무 슬퍼 어찌할 바 모를 때도 노래하고, 너무 무서울 때도 노래하곤 합니다. 저만 그렇지는 않을 거예요. 우리는 희로애락의 순간에, 그리고 두려움과 불확실성의 순간에 노래합니다. 사람은 삶의 모든 굴곡에서 노래합니다. 상황에 맞게 감사와 안도의 노래를 부르기도 하고, 정반대로 상황을 이기려고 노래하기도 합니다.

오늘 함께 묵상하는 이사야의 노래는 후자에 해당하는 그런 찬송이에요. 지금 이사야 선지자 주변 상황은 매우 안 좋습니다. 유다 백성이 외부의 적에게 위협당하는 위험 상황입니다. 이런 때 어떤 사람은 함께 이겨내자고 군중을 향해 유창하게 연설할지도 모르지만, 이사야는 백성들에게 소리 높여 노래하라고 외칩니다.

선지자는 왜 그런 방법을 택했을까요?

하나님을 찬양하는 것은 우리의 가장 깊은 감정을 표현하는 행위입니다. 표현이 어눌하고 말솜씨가 부족할 때 할 수 있는 최고의 방법이 노래라고 할 수 있어요. 사랑에 빠진 사람들은 노래가 자기 마음을 얼마나 잘 담아내는지 잘 알 겁니다. 찬송도 그래요. 찬송은 우리가 표현하고 싶은 것, 우리가 말로 표현할 수 없는 마음을 곡조에 담아 하나님께 감사하고 탄원하는 최고의 도구입니다.

이것이 바로 우리 마음을 표현하는 교회의 방식입니다. 마르틴 루터는 이렇게 말했습니다. "음악은 하나님이 우리에게 주신 최고의 선물이다. 음악은 악마를 몰아내고 사냥하는 무기다." 심지어 이렇게까지 말합니다. "노래 못하는 목사는 내가 목사로 인정하지 않겠다. 그런 녀석이 목사가 되겠다고 하면 학교로 돌려보내서 음악 공부를 다시 시켜야 한다." 그만큼 우리의 깊은 마음을 담아내는 음악이 교회에서 중요하다는 뜻이겠지요. 애창하는 찬송이 있다면 가만가만 흥얼거리면서 오늘 이 밤을 매듭짓는 건 어떨까요? 함께 기도합시다.

주님, 이 밤 당신을 향해 나지막이 노래합니다.
우리의 마음을 말로 표현하지 못합니다.
그러나 주님, 당신께서는 우리에게 찬양할 수 있는 길을
열어 놓으셨습니다.

기쁠 때 당신을 향해 찬송합니다.

슬플 때 당신을 향해 찬송합니다.

화날 때 당신을 향해 찬송합니다.

감사로 당신을 찬송합니다.

이 밤, 우리에게 생명과 안식을 주시는 주님,

우리의 마음을 강하게 붙드시어

당신의 자비와 사랑, 평안 가운데 우리가 거하게 하소서.

주님은 우리의 노래입니다.

예수님 이름으로 기도합니다. 아멘.

#찬송 #음악 #루터

3월 25일

새로운 피조물

오늘 하루 수고하셨습니다. 주님께서 주시는 안식과 위로가 여러분에게 가득하길 바랍니다. 오늘 저녁 함께 묵상할 말씀은 고린도후서 5장 17-21절입니다.

> 그런즉 누구든지 그리스도 안에 있으면 새로운 피조물이라. 이전 것은 지나갔으니 보라 새것이 되었도다. 모든 것이 하나님께로서 났으며 그가 그리스도로 말미암아 우리를 자기와 화목하게 하시고 또 우리에게 화목하게 하는 직분을 주셨으니 곧 하나님께서 그리스도 안에 계시사 세상을 자기와 화목하게 하시며 그들의 죄를 그들에게 돌리지 아니하시고 화목하게 하는 말씀을 우리에게 부탁하셨느니라. 그러므로 우리가 그리스도를 대신하여 사신이 되어 하나님이 우리를 통하여 너희를 권면하시는 것 같이 그리스도를 대신하여 간청하노니 너희는 하나님과 화목하라. 하나님이 죄를 알지도 못하신 이를 우리를 대신하여 죄로 삼으신 것은 우리로 하여금 그 안에서 하나님의 의가 되게 하려 하심이라.

어린 시절 여름 성경 학교를 하면서 동네 친구들과 큰소리로 성구를 암송하던 기억이 있습니다. 그때 외운 성구가 많았는데 그중 하나가 이 구절입니다. "그런즉 누구든지 그리스도 안에 있으면 새로운 피조물이라. 이전 것은 지나갔으니 보라 새것이 되었도다." 어렸을 때는 교회 선생님

이 주는 선물에 혹해서 그저 큰소리로 암송만 잘하면 다 된 것으로 알았는데, 어른이 되면서 그때 암송한 성구의 단어 하나하나 구절 하나하나를 다시 되새김질하게 됩니다.

도대체 '새로운 피조물'이 무엇일까요? 맛집을 찾아 새로운 먹거리를 먹는다고 새로운 피조물이 되는 것도 아니고, 낡은 옷을 벗고 새 옷으로 갈아입는다고 새로운 피조물이 되는 것도 아닐 겁니다.

사도 바울은 새로운 피조물이 된 우리에게 이렇게 권면합니다. 하나님이 그리스도를 통해 세상과 화목하게 하신 것처럼 우리도 화목하라고 말입니다. 다른 말로 하면, 문제 많은 세상 속에서 세상을 화해시키는 사람이 곧 '새로운 피조물'인 것이지요. 분쟁이 끊이지 않던 고린도 교회에서 가장 필요한 사람은 그리스도께서 세상을 위한 화목 제물이 되신 것처럼 성도와 성도 사이에서 서로를 용납하게 하고 서로를 이어 주는 사랑과 화해의 중재자 같은 이였습니다.

새로운 피조물이 된다는 말은 사람과 사람을 이어 주고 갈라진 마음을 메우고 보듬어 주는 존재가 된다는 뜻입니다. 그리스도가 우리에게 그 일을 하셨고, 이제 우리가 그분의 뜻을 받아 화해와 화목의 일을 해야 합니다. 분쟁과 아픔이 있는 곳, 슬픔과 오해가 있는 사람과 장소를 위해 함께 기도합시다.

주님, 우리가 당신 안에 거합니다.
우리를 새롭게 하소서.
우리를 평화의 도구로 사용하셔서
분쟁과 다툼이 있는 곳에 화해의 길을 열게 하소서.
서로 손을 잡고
서로 보듬어 안고

서로 화해하며

서로 사랑하게 하소서.

우리 힘으로는 불가능하지만,

화목제 되신 주님이 우리를 도우신다면 분명히 가능합니다.

하나님 아버지의 뜻이 하늘에서 이루어진 것 같이

우리 가운데서 이루어지게 하소서.

예수님 이름으로 기도합니다. 아멘.

#화목제 #사랑 #바울

3월 26일

탕자의 비유

오늘 하루 수고하셨습니다. 주님께서 주시는 위로와 평화가 여러분에게 가득하길 바랍니다. 오늘 저녁 함께 묵상할 말씀은 누가복음 15장 25-32절입니다.

> 맏아들은 밭에 있다가 돌아와 집에 가까이 왔을 때에 풍악과 춤추는 소리를 듣고 한 종을 불러 이 무슨 일인가 물은대 대답하되 당신의 동생이 돌아왔으매 당신의 아버지가 건강한 그를 다시 맞아들이게 됨으로 인하여 살진 송아지를 잡았나이다 하니 그가 노하여 들어가고자 하지 아니하거늘 아버지가 나와서 권한대 아버지께 대답하여 이르되 내가 여러 해 아버지를 섬겨 명을 어김이 없거늘 내게는 염소 새끼라도 주어 나와 내 벗으로 즐기게 하신 일이 없더니 아버지의 살림을 창녀들과 함께 삼켜 버린 이 아들이 돌아오매 이를 위하여 살진 송아지를 잡으셨나이다. 아버지가 이르되 얘 너는 항상 나와 함께 있으니 내 것이 다 네 것이로되 이 네 동생은 죽었다가 살아났으며 내가 잃었다가 얻었기로 우리가 즐거워하고 기뻐하는 것이 마땅하다 하니라.

어떤 아버지에게 아들이 둘 있는데, 둘째가 자기 몫의 유산을 달라고 하더니 나가서 쫄딱 망해 돌아옵니다. 고놈 참 쌤통이다 싶지만, 아버지는 동구 밖까지 나서 망해서 돌아오는 아들을 기쁘게 맞아 줍니다. 게다가 있는 것 없는 것 다 꺼내서 동네잔치까지 엽니다. 예수님이 들려주신 '탕자의 비유'이지요. 이 비유를 통해 우리는 회개하고 돌아온 이를 기꺼이 용서하고 용납해 주시는 하나님의 사랑을 기억합니다.

그런데 사실 탕자의 비유는 이보다 더 중요한 메시지 하나를 끝부분에 남겨 놓습니다. 집에 있던 큰아들의 반응이 그것이에요. 큰아들은 아버지 곁에서 사고 한 번 안 치고 살았지요. 그의 눈에는 사고 치고 돌아온 동생을 위해 잔치를 여는 아버지가 이상해 보입니다. 자기는 동생보다 훨씬 나은 사람이니 최소한 동네잔치 이상은 해 줘야 마땅하다고 생각하지요. 큰아들의 시각에서 보면 그게 당연하다 싶기도 합니다. 그래서 아버지의 행동이 못내 서운하고 화가 납니다.

그런데 이 비유를 잘 읽어 보면, 그게 그렇게 서운하고 화낼 일이 아니라는 음성이 들립니다. 아버지가 이렇게 말합니다. "얘야 너는 나랑 늘 같이 있었잖니? 그리고 내 것이 다 네 것이란 사실을 잊었니?" 누구에게 하는 말일까요? 비유에서는 분명히 뾰로통한 큰아들에게 들려주는 아버지의 음성이지만, 실제로는 예수님 앞에서 이 이야기를 듣고 있던 유대인들을 향한 말입니다. 우리가 믿는 하나님은 당신의 자녀를 사랑으로 차별 없이 대하시는 분인데, 지금 유대인들이 큰아들처럼 삐딱하게 군다는 것을 비유로 돌려 꼬집으신 겁니다.

우리는 어떤가요? 혹시 나보다 늦게 온 사람, 나보다 경력이 짧은 사람, 나보다 못 배운 사람이 인정받고 사랑받아 시기하고 질투한 적은 없나요? 그렇다면, 우리도 동생과 비교하며 하나님께 따지는 큰아들과 다름없습니다. 이 밤 우리에게 사랑과 포용의 마음을 달라고 함께 기도합시다.

주님, 당신은 우리를 당신의 사랑하는 자녀로 부르셨습니다.
주님의 자녀가 된 이들은 복이 있습니다.
하나님의 영을 우리에게 보내 주셔서

아무리 힘겨운 처지에 내몰려도

우리가 하나님의 자녀라는 사실을 기억하게 하소서.

하나님이 우리와 함께하셔서

곁에 있는 이들을 이해하고, 용서하며, 차별 없이 대할

넉넉한 그리스도의 마음을 우리에게 주소서.

주님, 당신께서 우리와 함께하소서.

이 밤, 평안 가운데 우리를 인도하소서.

예수 그리스도의 이름으로 기도합니다. 아멘.

#탕자 #비교 #비유

3월 27일

돈 사러 간다

오늘 하루 수고하셨습니다. 주님께서 주시는 위로와 평화가 가득하길 바랍니다. 오늘 묵상할 말씀은 요한복음 14장 1-6절입니다.

> 너희는 마음에 근심하지 말라. 하나님을 믿으니 또 나를 믿으라. 내 아버지 집에 거할 곳이 많도다. 그렇지 않으면 너희에게 일렀으리라. 내가 너희를 위하여 거처를 예비하러 가노니 가서 너희를 위하여 거처를 예비하면 내가 다시 와서 너희를 내게로 영접하여 나 있는 곳에 너희도 있게 하리라. 내가 어디로 가는지 그 길을 너희가 아느니라. 도마가 이르되 주여 주께서 어디로 가시는지 우리가 알지 못하거늘 그 길을 어찌 알겠사옵나이까. 예수께서 이르시되 내가 곧 길이요 진리요 생명이니 나로 말미암지 않고는 아버지께로 올 자가 없느니라.

혹시 "돈 사러 간다"라는 말을 아시는지 모르겠습니다. 지금이야 돈 없으면 아무것도 못 하는 시대가 되었지만, 어렸을 적 시골 할머니 할아버지들을 떠올려 보면 돈 없이도 잘 사셨던 것 같습니다. 농사해서 쌀, 보리, 배추, 깨, 고추나물 등은 땅에서 거두고, 옷도 만들어 입었지요.

물론 돈이 필요할 때도 있습니다. 쌀이 떨어지거나 명절이라고 멀리서 손주 온다는 소식이 들리면 일단 찬장이나 장판 밑에 쟁여 둔 지폐를 모으고, 그것도 모자라면 광에 가서 이것저것 바리바리 싸기 시작합니다. 장에 팔러 나가는 것이지요. 그렇게 주섬주섬 들고 장에 가는 할머니에게

"할머니 어디 가세요?"라고 물으면, 이때 하시는 말씀이 "응, 돈 사러 가"였습니다. 그렇게 우리 선친들은 돈을 그저 생필품의 하나 정도로 알고 살았습니다.

그런데 지금 우리는 돈이 없으면 하루도 버티기 힘든 세상에서 살고 있습니다. 모든 것이 상품화되어 버린 맘몬의 세계에서 살아가는 것이지요. 돈이면 다 될 것 같은 착각이 우리를 지배합니다. 하지만 이것이야말로 헛것이고 몽상입니다. 돈과 명예만 좇아 사는 인생은 불안하고 모호할 수밖에 없습니다.

깨어 있다는 말은 다름 아니라 참되고 바른길, 옳은 것, 영원한 가치가 무엇인지 찾아 나선다는 뜻입니다. 예수님은 어찌 살아야 할지 몰라 흔들리며 불안해하는 제자들에게 요한복음 14장 말씀을 들려주십니다. "내가 곧 길이요 진리요 생명이니." 불안과 염려 가득한 이들에게 들려주신 가르침은 바로 예수님 자신이었습니다. 오늘 이 시간 깊이 새겨 보길 바랍니다. 저와 여러분에게 그리스도 예수는 어떤 분인가요? 길이요 진리요 생명이 확실한가요? 함께 기도합시다.

주님, 당신은 우리의 길이요 진리요 생명입니다.
우리의 눈을 열어 진리를 보게 하소서.
우리의 마음을 열어 거룩한 영을 사모하게 하소서.
우리의 입을 열어 기쁜 소식을 말하게 하소서.
우리의 손과 발을 움직여 선한 일을 행하게 하소서.
불안과 염려가 우리 영혼을 침노합니다.
주님, 우리를 도우셔서 오직 당신의 자비와 은총 가운데 머물게 하소서.
예수님 이름으로 기도합니다. 아멘.

#믿음 #신앙 #염려

3월 28일

하나님의 이름

오늘 하루 수고하셨습니다. 주님께서 주시는 위로와 평화가 여러분에게 가득하길 바랍니다. 오늘 저녁 함께 묵상할 말씀은 출애굽기 20장 7절입니다.

> 너는 네 하나님 여호와의 이름을 망령되게 부르지 말라. 여호와는 그의 이름을 망령되게 부르는 자를 죄 없다 하지 아니하리라.

십계명 중 첫째 계명은 하나님만을 섬기고, 우상을 섬기지 않는 것인데, 이것은 모든 것 이상으로 하나님을 두려워하고 사랑하며 신뢰하라는 뜻입니다. 요약하면, 바른 마음과 바른 믿음이 무엇인지 명심하라는 계명이지요. 이어지는 말씀이 하나님의 이름을 오용하지 말라는 계명입니다.

하나님의 이름을 오용한다는 것은 하나님을 믿는다면서도 거짓과 악한 습관을 일삼는 것을 가리킵니다. 그래서 이 계명은 아무 데나 하나님 이름을 사용하며 들먹이지 말라는 뜻입니다. 예를 들면, 자신의 주장을 관철하려고 하나님 이름을 끌어다 쓰면서 거짓말하거나, 저주하고 악한 일을 꾸미는 일에 하나님 이름을 사용하는 행위입니다.

그런데 "하나님 여호와의 이름을 망령되게 부르지 말라"는 이 계명은 바르게 사용하라는 명령이기도 합니다. 하나님이 우리에게 이름을 알려주신 진짜 목적은 그 이름을 잘 사용하라는 데 있습니다. 하나님의 이름을 부르며 바르게 서약하고, 환난 가운데 하나님을 찬송하고, 좋은 일이 생겨서 하나님의 이름을 부르며 감사하는 예가 대표적입니다.

이 모든 것을 시편 50편 15절은 이렇게 요약합니다. "환난 날에 나를 부르라. 내가 너를 건지리니 네가 나를 영화롭게 하리로다." 우리는 오늘 하나님의 이름을 어떻게 사용했나요? 함께 기도합시다.

하나님 아버지,
우리가 당신의 이름을 부르게 하시니 감사합니다.
환난 중에 주님께 기도합니다.
우리를 건지겠다는 당신의 약속이 우리 가운데 이뤄지게 하소서.
누군가 곤경에 처했을 때 당신의 이름을 부르겠습니다.
주님 도와주소서.
분쟁과 슬픔이 가득한 곳, 전쟁의 공포가 도사리는 곳,
자연재해로 삶이 막막한 이들을 위해 당신의 이름을 부릅니다.
주님 그들을 돌봐 주소서.
예수님 이름으로 기도합니다. 아멘.

#십계명 #하나님의이름 #기도

3월 29일

안식일을 거룩히 지키라

오늘 하루 수고하셨습니다. 주님께서 주시는 위로와 평화가 여러분에게 가득하길 바랍니다. 오늘 저녁 함께 묵상할 말씀은 출애굽기 20장 8절입니다.

안식일을 기억하여 거룩하게 지키라.

안식일을 거룩하게 지킨다는 말은 무슨 뜻일까요? 종교개혁자 마르틴 루터는 이 계명을 설명하면서 "말과 행위, 그리고 삶을 스스로 거룩하게 유지하려고 힘쓰는 것, 그 이상도 이하도 아니다"라고 말합니다. 사실 따지고 보면, 어떤 특정한 하루만 거룩하게 여길 필요가 없습니다. 모든 날(일상의 시간)이 본래 거룩하게 창조되었기 때문입니다.

다만, 우리가 특정한 날, '주일'이라고 부르는 일요일을 구분하여 지키는 이유는 그날은 주님께서 우리를 말씀과 성찬으로 먹인 다음 그 힘으로 일상을 살아가도록 보내는 기차역 같은 날이기 때문입니다. 그러니 안식일을 기억하여 거룩히 지키라는 이 계명은 거룩한 하나님의 말씀을 우리의 입과 마음에 가까이 두고 우리의 전 삶을 돌아보라는 뜻과 같습니다. 아우구스티누스의 말대로 인간은 하나님 품 안에서 쉼을 얻고 회복되어 일상을 살아갈 힘을 얻기 때문입니다.

우리가 일주일 중 하루를 정해서 함께 모여 말씀과 성찬을 나누는 이유는 규칙적으로 말씀을 가까이하는 몸의 습관도 중요하기 때문입니다. 간혹 "나는 혼자서도 신앙생활을 잘할 수 있다"고 말하는 이들이 있습니다. 하지만 실상은 그렇지 않다는 것을 우리는 잘 압니다. 처음에는 그럴듯하지만 무너지기 쉽습니다. 신앙은 '홀로 있는 것'도 중요하지만 '더불어, 함께 있는 것'도 중요합니다.

안식일을 거룩히 지키라는 계명을 요약해 봅시다. 이 계명은 작게는 하나님의 말씀과 성찬을 나눌 수 있은 은총의 시간, 즉 주일을 거룩하게 지키라는 뜻입니다. 그러나 좀 더 넓게 보면, 우리의 모든 일상이 하나님의 말씀을 가까이하며 이웃 안에서 사는 삶이 되어야 한다는 뜻입니다. 그렇게 말씀을 가까이 두고 사는 신앙인은 말과 행동이 경박하거나 가볍지 않고, 하나님의 뜻이 이 땅에서 이루어지길 소망하며 살아갑니다.

그렇게 살아가는 사람에게 쉼과 위로, 회복을 선물해 주신다는 약속이 바로 안식일 계명입니다. 저와 여러분의 안식일은 어떤가요? 하나님과 함께하는 안식인가요, 아니면 게으름과 나태함 가득한 혼자만의 휴식인가요? 함께 기도합시다.

주님, 당신은 모든 시간의 창조주이십니다.
산과 바다, 공간과 시간,
이 모든 것에 당신의 손길이 새겨져 있습니다.
우리에게 주신 모든 날이 다 귀하고 거룩합니다.
주님, 우리의 시간을 귀하게 만드셨으니
우리에게 주신 시간을 거룩하게 쓰게 하소서.
당신의 말씀을 새기고
당신의 뜻을 실천하려고 순간순간 애쓰게 하소서.
하나님 앞에 기도하며 홀로 서는 시간이 귀합니다.
주님, 이 시간 당신을 은밀히 만나게 하소서.

성도들과 함께 더불어 있는 시간이 귀합니다.

주님, 그들과 함께 주의 은총을 나누게 하소서.

그리고 그 은총의 힘으로 이웃 안에 들어가

하나님의 얼굴을 보게 하소서.

예수님 이름으로 기도합니다. 아멘.

#안식일 #십계명

3월 30일

자기 십자가

오늘 하루 수고하셨습니다. 주님께서 주시는 위로와 평화가 여러분 모두에게 함께하기를 바랍니다. 오늘 저녁 함께 묵상할 말씀은 마태복음 10장 38-39절입니다.

> 또 자기 십자가를 지고 나를 따르지 않는 자도 내게 합당하지 아니하니라. 자기 목숨을 얻는 자는 잃을 것이요. 나를 위하여 자기 목숨을 잃는 자는 얻으리라.

혹시 십자가를 지라는 말만 나오면 움찔하시나요? 예수님께서 십자가를 지라고 말씀하실 때, 그 말은 예수님의 십자가를 대신 지라는 말이 아닙니다. 남의 십자가를 지고 가라는 것도 아닙니다. 자기 십자가를 지고 가라는 말입니다.

누구에게나 자기 십자가가 있습니다. 순교자나 신앙의 거인에게는 그들 몫의 십자가가 있었고, 오늘 우리에게는 저마다 자기 몫의 십자가가 있습니다. 예수님은 십자가의 크기와 무게를 거론하지 않습니다. 그저 '자기 십자가'라고 말씀하십니다. 그리고 이 십자가는 단순한 고난의 표상이 아니라 우리 각자에게 주어진 삶, 각각의 달란트를 뜻합니다. 주님은 이렇게 각자에게 주어진 삶을 성실하게 짊어지라고 명령하십니다.

세상은 내가 일군 업적과 성과에 따라 평가하지만, 하나님의 평가는 다릅니다. 세상 끝에서 하나님은 우리가 일군 업적을 보고 상급을 매기시지 않습니다. 주님은 우리가 얼마나 큰 십자가, 얼마나 무거운 십자가를 졌는지 무게를 달지도 않습니다. 다만, 주님이 나에게 주신 십자가가 무엇인지 돌아보고, 그 십자가를 지는 사람이 그리스도의 제자이고 성도입니다.

주님, 당신께서는 자기 십자가를 지라고 말씀하십니다.
당신의 명령에 순종하여 내 몫의 십자가를 어깨에 올립니다.
주어진 삶의 자리를 귀히 여기며
이웃의 유익을 위해 사는 그리스도인으로 빚으소서.
어떤 고난과 시련이 우리를 덮을지라도
그보다 크신 그리스도께서 함께 계심을 믿습니다.
연약한 우리 손을 잡아 주소서.
당신만이 생명의 구원자이십니다.
예수님 이름으로 기도합니다. 아멘.

#자기십자가 #제자도

3월 31일

들풀을 보라

오늘 하루 수고하셨습니다. 주님께서 주시는 위로와 평화가 함께하기를 바랍니다. 오늘 묵상할 말씀은 마태복음 6장 28-31절입니다.

> 또 너희가 어찌 의복을 위하여 염려하느냐. 들의 백합화가 어떻게 자라는가 생각하여 보라. 수고도 아니하고 길쌈도 아니하느니라. 그러나 내가 너희에게 말하노니 솔로몬의 모든 영광으로도 입은 것이 이 꽃 하나만 같지 못하였느니라. 오늘 있다가 내일 아궁이에 던져지는 들풀도 하나님이 이렇게 입히시거든 하물며 너희일까보냐. 믿음이 작은 자들아. 그러므로 염려하여 이르기를 무엇을 먹을까 무엇을 마실까 무엇을 입을까 하지 말라.

예수님이 들의 백합화를 보라고 하실 때, '백합화'는 우리가 아는 백합이 아니라 들에 핀 백 가지 야생화와 들풀을 가리킵니다. 왜 하필 예수님은 야생화와 들풀을 보라고 했을까요? 우리는 들풀을 '잡풀'이라고 우습게 여기고 모두 베어 버리지만, 무엇 하나 의미 없는 것이 없습니다. 풀들도 제 이름이 있고, 서로 다른 모습, 서로 다른 풀 내음, 저 나름의 기능이 있습니다. 호랑나비만 앉아 쉬는 풀잎도 있고, 모기를 쫓는 풀도 있고, 가시에 찔리거나 상처 난 피부에 바르면 좋은 풀도 들풀 속에 있습니다.

사람도 마찬가지입니다. 사람도 저마다 얼굴이 다르고, 성격이 다르고, 고유의 품성을 가지고 있습니다. 그리스 신화에 나오는 프로크루스테스의 침대 이야기처럼 우리는 종종 내가 만든 기준에 맞춰 사람들을 평가하고 판단하곤 합니다. 하지만 예수님은 들에 핀 백합화를 보여 주시며 저 들풀 하나하나, 사람 하나하나가 있는 그대로 참으로 아름답고 귀하다고 말씀해 주십니다.

예수님은 편견과 아집 대신 모든 만물을 있는 그대로 인정하고 품어 주십니다. 우리도 그렇게 살아야겠지요. 다만, 잊지 맙시다. 서로 있는 그대로 인정하고 품어 주되, 자신이 누구인지는 확실하게 알아야 합니다. 성경의 가르침을 따르면, 우리는 서로 다르나 모두 하나님의 형상으로 지음을 받은 하나님의 자녀요, 하나님의 사랑과 관심을 받는 하나님 나라의 거룩한 성도입니다. 하나님 앞에서 모두가 귀하고 모두가 사랑받는 존재입니다. 함께 기도합시다.

주님, 당신은 세상의 모든 만물을 사랑으로 창조하셨습니다.
산과 들, 물과 바람과 공기, 공중의 새와 까마귀,
들에 핀 이름 모를 풀까지
무엇 하나 당신 손을 거치지 않은 것이 없습니다.
우리도 그렇게 당신의 귀한 솜씨로 빚어졌습니다.
우리는 거룩하고 사랑 가득한 당신의 작품이오니
그 자부심으로 이 땅을 당당히 살게 하소서.
염려 대신 희망과 용기를 품게 하시고,
하나님의 자녀라는 자존감이 그리스도의 성품을 닮아
겸손한 섬김으로 드러나게 하소서.
예수님 이름으로 기도합니다. 아멘.

#들풀 #염려 #산상설교

4월 1일

죽음에 이르는 병

오늘 하루 수고하셨습니다. 주님께서 주시는 위로와 평화가 여러분과 함께하시길 바랍니다. 오늘 함께 묵상할 말씀은 요한복음 11장 4절입니다.

> 예수께서 들으시고 이르시되 이 병은 죽을 병이 아니라 하나님의 영광을 위함이요. 하나님의 아들이 이로 말미암아 영광을 받게 하려 함이라 하시더라.

덴마크 철학자 키르케고르는 《죽음에 이르는 병*Sygdommen til Døden*》이라는 책의 첫머리를 요한복음 11장으로 시작합니다. 그러면서 하는 말이 "절망은 죽음에 이르는 병이지만 죽지 않는다. 그러나 절망은 분명히 죽음에 이르는 병이다"라고 설명합니다. 키르케고르는 나사로의 죽음에서 절망을 읽어 냅니다. 나사로의 죽음은 곧 그 주변 사람 모두에게 절망이었다는 점을 관찰한 것이지요. 누이들의 죽을 것 같은 절망, 그리고 나사로의 실제 죽음까지 요한복음 11장에 모두 그려져 있습니다. 여기서 키르케고르는 절망에서 꺼내 줄 구원자가 없다면, 우리의 절망은 실제로 죽음으로 이어질 수밖에 없다고 강조합니다. 이것이 '죽음에 이르는 병'입니다.

절망하지 않는 사람은 없습니다. 그러니 죽음에 이르는 병은 우리 모두의 이야기입니다. 문제는 이 병에 걸린 사람에게 내려지는 진단이 심상치 않다는 데 있습니다. 키르케고르와 성경의 진단대로 하자면, 이 병을 고칠

비법이 우리 자신에게는 없습니다. 더욱 심각한 점은 죽을병에 걸렸는데도 병에 걸린 사실조차 모른다는 점입니다.

우리는 마치 알코올 의존자 같아서 술에 취해야만 말짱한 것으로 착각하고 술이 깬 상태를 고통스러워합니다. 그렇게 매 순간 허망한 것으로 배를 채우면서 죽음으로 달려갑니다. 이런 절망이 우리의 현실입니다.

그럼 해결책은 없을까? 있습니다. 절망의 종류는 다양하나 자신이 맺고 있는 관계가 어긋날 때 일어나는 증상이 곧 절망입니다. 역으로, 관계가 바르면 죽음에 이르는 병은 치유됩니다. 이것을 성경은 구원자 예수 그리스도에 대한 '믿음'이라고 선언합니다. 우리 밖에 있는 그리스도만이 우리를 죽음에서 구원하십니다. 지금 나는 누구와 관계를 맺고 있나요? 함께 기도합시다.

오 전능하신 하나님 아버지,
하늘의 능력을 이 땅에 내려 주소서.
모든 사람에게 선을 베푸시는 주님의 은혜로 이 세상에 복을 주소서.
이 세대를 긍휼히 여기셔서 모든 파괴와 절망, 죽음에서 건져 주소서.
오 주 하나님, 우리에게 은혜를 베푸소서!
우리에게 복을 주시는 그 손으로 온 세상에 복을 내려 주소서.
예수님 이름으로 기도합니다. 아멘.

#죽음에이르는병 #절망 #키르케고르 #나사로

4월 2일

종려주일

오늘 하루 수고하셨습니다. 주님께서 주시는 위로와 평화가 여러분과 함께하시길 바랍니다. 함께 묵상할 말씀은 마태복음 21장 6-9절입니다.

> 제자들이 가서 예수께서 명하신 대로 하여 나귀와 나귀 새끼를 끌고 와서 자기들의 겉옷을 그 위에 얹으매 예수께서 그 위에 타시니 무리의 대다수는 그들의 겉옷을 길에 펴고 다른 이들은 나뭇가지를 베어 길에 펴고 앞에서 가고 뒤에서 따르는 무리가 소리 높여 이르되 호산나 다윗의 자손이여 찬송하리로다. 주의 이름으로 오시는 이여 가장 높은 곳에서 호산나 하더라.

오늘은 사순절 마지막 주일인 종려 주일입니다. 군중이 호산나 환호와 함께 예수님의 예루살렘 입성을 축하합니다. 하지만 이 환호는 곧 배신과 십자가의 저주로 변하고 맙니다. 주님은 그렇게 수난과 죽음의 길을 걷습니다. 그렇다고 이게 끝은 아닙니다. 그 고통의 길 끝에 거룩한 부활이 기다리고 있다는 사실을 우리는 말씀을 통해 배웁니다.

우리는 이 사건이 있던 예루살렘의 일주일을 '고난주간', 또는 '성聖주간'이라고 부릅니다.

성주간이 되면 많은 교회가 특별 새벽 기도회나 특별한 행사를 기획하곤 합니다. 오래된 교회 전통에서 보면, 성주간 전반부인 첫 사흘(월, 화, 수) 동안은 공적 예배나 모임을 지양합니다. 대신에 신자 스스로 말씀을 깊게 묵상하고, 하나님 앞에 홀로 선 모습으로 기도하고, 자신이 살아온 삶을 돌아보는 절제의 시간으로 삼습니다. 일 년 중 개인 경건의 시간으로 가장 중요한 시기 중 하나가 바로 성주간 첫 사흘입니다.

그다음 사흘(목, 금, 토)은 사순절의 정점이 되는 '성삼일*Triduum Sacrum*'입니다. 그리스도께서 수난받고, 죽고, 부활하신 사건의 의미가 성주간 후반부인 성삼일에 담깁니다. 세족과 성찬, 새 신자의 세례와 입교, 견신을 준비하며 교인 전체가 하나 되어 부활의 아침을 준비합니다.

우리는 그렇게 성주간에 예루살렘에 입성한 주님의 뒤를 따라 천천히, 의미 있게 걸어갑니다. 주님이 보여 주신 겸손, 시련을 통과해 나가는 경건한 용기, 하나님의 구원을 신뢰하는 꺾이지 않는 소망을 우리도 그대로 닮길 바라며 그분 뒤를 따라갑니다. 그리고 그 마지막 순간에는 십자가 너머 찬란한 부활의 영광을 우리 모두 보게 될 것입니다. 함께 기도합시다.

전능하시고 영원하신 하나님 아버지,
당신께서는 세상을 구원하기 위해
당신의 사랑하는 아들을 보내셨습니다.
그분은 당신의 뜻에 순종하여 육신을 취하시고
자신을 낮추시고 십자가 저주에 몸을 굽혔습니다.
이제 우리가 그분을 따르되,
행복의 순간만 아니라 고난과 시련의 길에서도 용감히 따르고
소망 가운데 우리 모두의 부활에 참여하게 하소서.
우리의 구원자이신 예수 그리스도의 이름으로 기도합니다. 아멘.

#종려주일 #고난주간

4월 3일

성주간 월요일

오늘 하루 수고하셨습니다. 주님께서 주시는 위로와 평화가 여러분과 함께하시길 바랍니다. 오늘은 십자가의 수난과 죽음, 그리고 부활의 길을 걸어가는 성주간 월요일입니다. 어떻게 지내셨는지요? 고난주간, 또는 성주간으로 불리는 이번 주간의 월요일, 화요일, 수요일 사흘은 교회의 공적 모임 대신 개인의 삶과 신앙을 돌아보는 경건의 시간입니다. 이 사흘 동안 우리는 이사야서를 묵상하려고 합니다. 첫날인 오늘, 함께 묵상할 말씀은 이사야 50장 5-10절입니다.

> 주 여호와께서 나의 귀를 여셨으므로 내가 거역하지도 아니하며 뒤로 물러가지도 아니하며 나를 때리는 자들에게 내 등을 맡기며 나의 수염을 뽑는 자들에게 나의 뺨을 맡기며 모욕과 침 뱉음을 당하여도 내 얼굴을 가리지 아니하였느니라. 주 여호와께서 나를 도우시므로 내가 부끄러워하지 아니하고 내 얼굴을 부싯돌 같이 굳게 하였으므로 내가 수치를 당하지 아니할 줄 아노라. 나를 의롭다 하시는 이가 가까이 계시니 나와 다툴 자가 누구냐. 나와 함께 설지어다. 나의 대적이 누구냐. 내게 가까이 나아올지어다. 보라 주 여호와께서 나를 도우시리니 나를 정죄할 자 누구냐. 보라 그들은 다 옷과 같이 해어지며 좀이 그들을 먹으리라. 너희 중에 여호와를 경외하며 그의 종의 목소리를 청종하는 자가 누구냐. 흑암 중에 행하여 빛이 없는 자라도 여호와의 이름을 의뢰하며 자기 하나님께 의지할지어다.

우리는 늘 성경을 묵상하면서 듣기 좋은 말씀, 내 맘에 드는 구절만 취하려는 경향이 있습니다. 하지만 성경 전체를 놓고 보면, 구원이란 듣기 좋은 이야기만 나열한 것이 아님을 알게 됩니다. 예수님이 보여 주신 그 길이 그렇지요. 갖은 모욕과 수치의 길 끝에 주님은 십자가 구원의 길을 열어 주십니다. 그리스도인의 삶도 이와 다르지 않습니다. 주님이 가르치신 대로 순전하고 착하게, 정직하고 신실하게 살다 보면 곤란한 일을 당할 때도 있고, 부당한 취급을 당할 때도 있고, 자존심 상하고 감정이 상해 억울할 때도 있습니다. 그럴 때면, "예수님 잠깐 눈 감아 주세요" 하고서 감정이 이끄는 대로 화내고 몸이 가는 대로 맡기고 싶기도 합니다. 바로 그럴 때 이사야서 말씀과 주님의 십자가 길을 한번 떠올려 보세요. 모욕과 침 뱉음을 당해도 주님은 우리를 기꺼이 도우시며 우리를 정죄하지 않을 것입니다. 함께 기도합시다.

주님, 당신께서는 곤고한 가운데 던져진 당신의 자녀를 돌보십니다.
우리에게 시련이 닥쳤을 때
당신의 십자가 고난을 깊이 돌아보게 하소서.
주님은 영혼의 가장 깊은 곤경과 끔찍한 위기 속에서도
당신 자신을 우리에게 주셨습니다.
십자가의 수난을 묵상하는 우리가
당신의 사랑에 깊이 들어가게 하소서.
모든 악의 굴레에서 벗어나도록 우리를 강하게 잡아 주소서.
십자가의 사랑으로 우리를 구원하신
예수 그리스도의 이름으로 기도합니다. 아멘.

#고난주간 #성주간

4월 4일

성주간 화요일

오늘 하루 수고하셨습니다. 주님께서 주시는 위로와 평화가 여러분과 함께하시길 바랍니다. 오늘은 십자가의 수난과 죽음, 그리고 부활을 묵상하는 성주간 화요일입니다. 함께 묵상할 말씀은 이사야 49장 7절입니다.

> 이스라엘의 구속자 이스라엘의 거룩한 이이신 여호와께서 사람에게 멸시를 당하는 자, 백성에게 미움을 받는 자, 관원들에게 종이 된 자에게 이같이 이르시되 왕들이 보고 일어서며 고관들이 경배하리니 이는 이스라엘의 거룩하신 이 신실하신 여호와 그가 너를 택하였음이니라.

예수님은 군중의 환호 속에 예루살렘에 입성합니다. 하지만 환호는 곧 멸시와 모욕으로 변하고 맙니다. 예수님은 그렇게 수치를 당하십니다. 저는 '수치심'이라는 단어를 떠올리면 두 종류의 수치심이 생각납니다. 하나는 사람의 영혼을 짓밟고 창피 주는 나쁜 행동이고, 또 하나는 자기 행동을 부끄러워할 줄 아는 마음입니다. 이 수치심은 우리의 잘못된 습관과 행동을 교화하고 바로잡는 역할을 합니다.

예수님이 당한 수치는 나쁜 종류의 수치심, 즉 힘 있는 자들이 힘없는 사람에게 강요하는 그런 수치심이라고 할 수 있습니다. 그런데 예수님은 사람들이 침 뱉고 모욕해도 피하려고 얼굴을 가리지 않으셨습니다. 그분은 평생 부끄러운 일을 한 적이 없는 유일한 인간이시지만, 수치를 당하고 버려지기 위해 스스로 무력해지셨습니다.

사도 바울이 말한 대로, "그는 하나님의 모습을 지니셨으나 … 오히려 자기를 비워서 종의 모습을 취하시고, … 자기를 낮추시고, 죽기까지 순종하셨으니, 곧 십자가에 죽기까지 하셨습니다"(빌 2:6-8, 새번역).

우리는 십자가 사건에서 우리와 자리를 바꾸신 예수님을 봅니다. 부끄러운 짓은 우리가 하고 수치는 주님이 당하십니다. 그 십자가의 예수님이 우리에게 이렇게 말씀하시는 듯합니다. "가장 참되고 복된 의미의 수치심은 너희가 하나님 앞에 서는 것이다. 하나님 앞에서 부끄러움을 느낀다는 건 너희가 은혜 가운데 성장하고 있는 증거다." 왜냐하면, 우리의 수치를 대신해 주님이 우리를 하나님 앞에 당당히 서게 만드시기 때문입니다. 함께 기도합시다.

주님, 당신께서는 십자가에서 우리의 수치와 모욕을 담당하셨고,
죽음을 죽게 하며 시련과 죽음을 생명으로 바꾸십니다.
당신께서는 가장 깊은 곤경과 끔찍한 위기 속에서도
당신 자신을 우리에게 내어 주셨습니다.
주님, 당신이 우리의 수치를 가져가셨으니
우리가 이제 용감히 살게 하소서.
하나님 앞에서, 그리고 사람 앞에서
그리스도의 십자가를 앞에 두고 살게 하소서.
우리의 구원자 예수 그리스도의 이름으로 기도합니다. 아멘.

#성주간 #고난주간

4월 5일

성주간 수요일

오늘 하루 수고하셨습니다. 주님께서 주시는 위로와 평화가 여러분과 함께하시길 바랍니다. 오늘은 십자가의 수난과 죽음, 그리고 부활의 길을 걸어가는 성주간 수요일입니다. 오늘 함께 묵상할 말씀은 이사야 62장 10-12절입니다.

> 성문으로 나아가라 나아가라. 백성이 올 길을 닦으라. 큰 길을 수축하고 수축하라. 돌을 제하라. 만민을 위하여 기치를 들라. 여호와께서 땅 끝까지 선포하시되 너희는 딸 시온에게 이르라. 보라 네 구원이 이르렀느니라. 보라 상급이 그에게 있고 보응이 그 앞에 있느니라 하셨느니라. 사람들이 너를 일컬어 거룩한 백성이라 여호와께서 구속하신 자라 하겠고 또 너를 일컬어 찾은 바 된 자요 버림 받지 아니한 성읍이라 하리라.

아일랜드에서는 성주간 수요일을 '스파이 수요일'이라고도 부릅니다. 유다가 체포할 사람이 누구인지 표시해 주기로 공모한 스파이였고, 그런 음모를 계획한 날이 바로 수요일이었기 때문입니다. 하지만 예수님은 그 사실을 알고도 유다의 변한 마음을 아파하며 스스로 돌아보게 하실 뿐, 다른 방법을 더는 취하지 않으십니다. 게다가 이런 배신과 음모를 알고도 유다를 다음날 최후의 만찬에 초대하십니다.

어찌 보면, 예수님은 참 바보 같아요. 배신자를 멀리하거거나 처단할 생각

대신 그렇게 묵묵히 아파하고, 게다가 마지막까지 유다가 돌이키길 기다리고 있었으니 말입니다. 문제는 유다의 배신이 남의 일이 아니라는 점입니다. 성주간 수요일, 우리가 깊이 돌아봐야 할 것은 우리가 바로 유다의 자리에서 주님을 배신하는 삶을 살고 있다는 사실입니다. 이와 동시에 우리가 더 깊이 새겨야 할 것이 있습니다. 주님은 가룟 유다를 버리지 않고 그가 돌아오길 기다리신 것처럼 우리도 버리지 않고 기다린다는 사실입니다. 저와 여러분은 세례로 택함받은 주님의 거룩한 백성이기 때문입니다. 함께 기도합시다.

주님, 당신은 사랑입니다.
당신께서는 우리를 구원의 자리로 부르십니다.
부유하거나 가난하거나 흠이 있거나 없거나
그런 것 가림 없이 우리를 부르십니다.
우리가 어디서 온 사람인지도 묻지 않으십니다.
당신은 그저 우리를 부르셨고,
끝까지 사랑으로 기다리며 인내하십니다.
오늘 이 밤, 당신의 사랑에 기대어 기도합니다.
우리의 악한 생각과 말과 행위를 당신께 고백하오니
우리를 불쌍히 여기소서.
죄를 용서하시는 당신의 사랑을 굳게 신뢰하며,
하늘의 사랑이 기다리는 당신 품에서 안식케 하소서.
예수 그리스도 이름으로 기도합니다. 아멘.

#성주간 #고난주간

4월 6일

성주간 목요일

오늘 하루 수고하셨습니다. 주님께서 주시는 위로와 평화가 여러분과 함께하시길 바랍니다. 성목요일 함께 묵상할 말씀은 누가복음 22장 14-20절입니다.

> 때가 이르매 예수께서 사도들과 함께 앉으사 이르시되 내가 고난을 받기 전에 너희와 함께 이 유월절 먹기를 원하고 원하였노라. 내가 너희에게 이르노니 이 유월절이 하나님의 나라에서 이루기까지 다시 먹지 아니하리라 하시고 이에 잔을 받으사 감사 기도 하시고 이르시되 이것을 갖다가 너희끼리 나누라. 내가 너희에게 이르노니 내가 이제부터 하나님의 나라가 임할 때까지 포도나무에서 난 것을 다시 마시지 아니하리라 하시고 또 떡을 가져 감사 기도 하시고 떼어 그들에게 주시며 이르시되 이것은 너희를 위하여 주는 내 몸이라. 너희가 이를 행하여 나를 기념하라 하시고 저녁 먹은 후에 잔도 그와 같이 하여 이르시되 이 잔은 내 피로 세우는 새 언약이니 곧 너희를 위하여 붓는 것이라.

성주간의 첫 사흘이 개인의 경건을 돌아보는 시간이라면, 목요일 저녁부터 시작하는 나머지 사흘은 교회가 공동체의 신앙을 함께 돌아보는 귀한 시간이라고 할 수 있습니다. 수난, 죽음, 부활로 넘어가는 이 사흘은 기독교 신앙의 신비를 보여 주는 가장 좋은 시간이기도 합니다. 오늘은 그 첫날인 성목요일 저녁입니다. 복음서에 따르면, 예수님은 이날 제자들을 불러 최후의 만찬을 나누었고, 이 식사가 성찬의 원형이 되었습니다.

여러분은 성찬을 어떤 마음으로 받나요? 누군가에게는 성찬이 무감각하고 습관적일 수 있습니다. 그러면 예수님께 이 식사는 어떤 의미였을까요? 주님은 십자가가 기다리고 있다는 사실도 아셨고, 제자 중 하나가 자신을 팔아넘길 것도 아셨습니다. 수제자가 자신을 모른다고 부인할 것도 아셨고, 십자가에 달릴 때 제자들이 모두 도망갈 것도 아셨습니다. 그런데도 제자들을 한곳에 모아 자신의 '피와 살'을 떼어 나누어 주십니다. 도망칠 시간이 충분한데도 주님은 그 시간을 오히려 제자들과 나누십니다.

예수님이 잡히시기 전날 밤 나눈 이 식사는 주님이 걸어온 지난 3년의 사역과 십자가 구원을 잇는 중요한 이음새 역할을 합니다. 주님은 성찬을 나누던 그 순간에도 제자를 향한 사랑으로 충만하셨지요. 우리도 성찬을 함께 나눌 때마다 예수님의 사랑을 닮아 가면 좋겠습니다. 우리의 주님이 보여 주신 사랑과 평화, 인내와 자비, 섬김과 나눔의 정신이 성목요일 밤 우리 안에 더욱 또렷하게 새겨지길 소망해 봅니다. 함께 기도합시다.

주님, 당신께서는 우리를 주님의 식탁으로 초대합니다.
당신의 살과 피를 주시며
하늘의 자비 가운데 우리를 하나 되게 하십니다.
섬김과 나눔의 모습을 당신께서 우리에게 보여 주셨으니
이제 우리가 이웃을 섬기고 나누며 살게 하소서.
혼돈 가운데 있는 세상을 불쌍히 여기소서.
오직 주님의 사랑과 평화만이 우리의 찬송 되게 하소서.
예수 그리스도의 이름으로 기도합니다. 아멘.

#고난주간 #성삼일 #성만찬

4월 7일

성금요일

오늘 하루 수고하셨습니다. 주님께서 주시는 위로와 평화가 함께하시길 바랍니다. 오늘 함께 묵상할 말씀은 누가복음 23장 26-34절입니다.

> 그들이 예수를 끌고 갈 때에 시몬이라는 구레네 사람이 시골에서 오는 것을 붙들어 그에게 십자가를 지워 예수를 따르게 하더라. 또 백성과 및 그를 위하여 가슴을 치며 슬피 우는 여자의 큰 무리가 따라오는지라. 예수께서 돌이켜 그들을 향하여 이르시되 예루살렘의 딸들아 나를 위하여 울지 말고 너희와 너희 자녀를 위하여 울라. 보라 날이 이르면 사람이 말하기를 잉태하지 못하는 이와 해산하지 못한 배와 먹이지 못한 젖이 복이 있다 하리라. 그 때에 사람이 산들을 대하여 우리 위에 무너지라 하며 작은 산들을 대하여 우리를 덮으라 하리라. 푸른 나무에도 이같이 하거든 마른 나무에는 어떻게 되리요 하시니라. 또 다른 두 행악자도 사형을 받게 되어 예수와 함께 끌려 가니라. 해골이라 하는 곳에 이르러 거기서 예수를 십자가에 못 박고 두 행악자도 그렇게 하니 하나는 우편에, 하나는 좌편에 있더라. 이에 예수께서 이르시되 아버지 저들을 사하여 주옵소서. 자기들이 하는 것을 알지 못함이니이다 하시더라.

사순절 마지막 주간 성금요일은 예수님이 십자가에서 운명하신 날이라 침통하고 무거운 날입니다. 그래서 사람들은 이날을 엄격하게 금식하는 고난의 날이자 모든 세상일에서 떠나야 하는 날로 생각합니다.

하지만 조금만 달리 보면, 성금요일은 마냥 침통하기만 한 날이 아닙니다. 하나님 편에서는 당신의 아들이 십자가에 달린 날이니 무겁고 힘든 날이 분명하지만, 인간 편에서 보면 죄인이 구원받는 날입니다. 그래서 종교개혁자 마르틴 루터는 십자가 사건을 하나님의 은혜와 인간의 죄를 맞바꾸는 '행복한 교환'이라고 표현했습니다. 오늘은 성금요일입니다. 마냥 금식하고 인상 쓰며 슬픔의 감정에 마음을 내던지는 날로 만들지, 아니면 십자가 죽음 너머에 숨겨진 생명의 소망을 발견하는 기쁜 날로 삼을지는 하나님의 사랑을 신뢰하는 우리의 믿음에 달려 있습니다.

사랑의 하나님 아버지,
우리를 대신해 십자가에 달리신 주님을 되새깁니다.
그리스도의 수난과 십자가의 죽음을 기억하되
이 땅에 여러 이유로 고통당하는 이웃들을 함께 기억합니다.
저희는 늘 자신의 아픔과
피를 나눈 가족의 고통만 무겁게 받아들였습니다.
하지만 이제 우리가 십자가의 죽음을 통해 구원받았으니
이웃의 아픔도 나의 것으로 받아들이는 신앙인이 되게 하소서.
자기 안에 매몰되고, 자기만의 의에 도취되어
사나운 눈빛과 냉담한 표정으로 이웃을 몰아붙이고
슬픔과 고통의 자리로 이웃을 내몰지 않게 하소서.
그리스도의 죽음이 우리의 죽음이 되게 하시고
우리의 완악함이 그곳에서 죽게 하소서.
예수 그리스도의 이름으로 기도합니다. 아멘.

#성금요일 #성삼일 #고난주간

4월 8일

성토요일

오늘 하루 수고하셨습니다. 주님께서 주시는 위로와 평화가 여러분과 함께하시길 바랍니다. 성토요일 함께 묵상할 말씀은 마태복음 27장 57-66절입니다.

> 저물었을 때에 아리마대의 부자 요셉이라 하는 사람이 왔으니 그도 예수의 제자라. 빌라도에게 가서 예수의 시체를 달라 하니 이에 빌라도가 내주라 명령하거늘 요셉이 시체를 가져다가 깨끗한 세마포로 싸서 바위 속에 판 자기 새 무덤에 넣어 두고 큰 돌을 굴려 무덤 문에 놓고 가니 거기 막달라 마리아와 다른 마리아가 무덤을 향하여 앉았더라. 그 이튿날은 준비일 다음 날이라. 대제사장들과 바리새인들이 함께 빌라도에게 모여 이르되 주여 저 속이던 자가 살아 있을 때에 말하되 내가 사흘 후에 다시 살아나리라 한 것을 우리가 기억하노니 그러므로 명령하여 그 무덤을 사흘까지 굳게 지키게 하소서. 그의 제자들이 와서 시체를 도둑질하여 가고 백성에게 말하되 그가 죽은 자 가운데서 살아났다 하면 후의 속임이 전보다 더 클까 하나이다 하니 빌라도가 이르되 너희에게 경비병이 있으니 가서 힘대로 굳게 지키라 하거늘 그들이 경비병과 함께 가서 돌을 인봉하고 무덤을 굳게 지키니라.

골고다 언덕에 그 많던 군중은 모두 사라졌습니다. 갈릴리에서 온 예수라는 신비한 청년에게 환호하던 사람들과 인생을 걸고 그 뒤를 따르던 제자들 모두 도망갔습니다. 설마설마하며 기적이 일어나길 기다리던 사람들도 다 자리를 떴습니다. 하늘이 열리고 천사들이 나타나 이 참담한 상황을 해결할지도 모른다고 굳게 믿던 이들도 예수님이 숨을 거두자 다 떠났습니다. 이제 십자가 아래 남은 사람들은 그 어떤 희망도 없이 비탄에 잠깁니다. 그렇게 해는 떨어지고 어둠이 내립니다. 돌무덤 안쪽으로 시신을 옮기고 단단한 바위로 막은 다음, 빌라도는 혹여나 시신을 도둑맞을까 봐 경비를 단단히 세워 놓습니다. 이제는 정말 아무 희망도 없습니다. 그렇게 십자가의 저주는 모든 희망을 철저히 꺾어 버립니다.

교회 전통에 따라 성주간 토요일이 되면 교인들이 함께 모여 새로운 신자의 세례를 준비합니다. 밤새 모여 그를 위해 기도하고 축복하며 물 밖에서 그를 기다립니다. 세례받는 예비 신자는 물로 들어가 그리스도와 함께 죽고, 물 밖으로 나와 그리스도와 함께 살아납니다. 그리고는 교인들과 함께 부활의 새벽을 기다립니다.

십자가 사건은 그리스도가 죽는 사건이 분명합니다. 그러나 그리스도인에게 십자가 사건은 우리의 죄를 십자가에 못 박고 그리스도의 부활과 함께 우리의 부활을 소망하는 복음의 사건입니다. 십자가에 우리의 죽음이 있을 때 그리스도께서 우리를 부활시키며 우리 가운데 새로운 생명이 시작됩니다. 오늘은 성주간 토요일입니다. 이 밤, 우리를 구원하시는 부활의 주님을 기대하며 함께 기도합시다.

우리를 구원하시는 하나님 아버지,
우리가 십자가의 도를 부끄러워하지 않게 하소서.
그러나 부끄러움을 아는 그리스도인이 되게 하소서.
저희로 십자가의 도에 스스로를 매어 놓게 하시되

너그럽고 자유로운 그리스도인이 되게 하소서.
다른 이의 고통과 고민의 원인이 되기보다
다른 이들을 자유케 하는 참 사람되게 하소서.
그리스도의 뜻을 위해 때로 즐거이 비천에 처할 줄도 알게 하시되
세상을 향해 당당하게 하소서.
십자가의 도가 어떤 이에게는 미련한 것이지만
저희에게는 하나님의 능력임을 진심으로 고백하게 하소서.
우리를 구원하신 예수 그리스도의 이름으로 기도합니다. 아멘.

#성삼일 #고난주간 #성토요일 #세례

4월 9일

주님의 부활

"주님께서 부활하셨습니다. 진실로 부활하셨습니다." 부활절이면 기쁘게 나누는 인사말이지요. 주님의 부활을 기념하는 주일을 어떻게 보내셨는지요? 오늘 저녁에 함께 묵상할 말씀은 누가복음 24장 1-10절입니다.

> 안식 후 첫날 새벽에 이 여자들이 그 준비한 향품을 가지고 무덤에 가서 돌이 무덤에서 굴려 옮겨진 것을 보고 들어가니 주 예수의 시체가 보이지 아니하더라. 이로 인하여 근심할 때에 문득 찬란한 옷을 입은 두 사람이 곁에 섰는지라. 여자들이 두려워 얼굴을 땅에 대니 두 사람이 이르되 어찌하여 살아 있는 자를 죽은 자 가운데서 찾느냐. 여기 계시지 않고 살아나셨느니라. 갈릴리에 계실 때에 너희에게 어떻게 말씀하셨는지를 기억하라. 이르시기를 인자가 죄인의 손에 넘겨져 십자가에 못 박히고 제삼일에 다시 살아나야 하리라 하셨느니라 한대 그들이 예수의 말씀을 기억하고 무덤에서 돌아가 이 모든 것을 열한 사도와 다른 모든 이에게 알리니 이 여자들은 막달라 마리아와 요안나와 야고보의 모친 마리아라. 또 그들과 함께 한 다른 여자들도 이것을 사도들에게 알리니라.

오늘은 십자가에 달려 죽은 그리스도께서 부활하신 부활주일입니다. 부활이 없다면 기독교도, 교회도, 그리스도인이라는 말도 없었을 겁니다. 부활이 있기에 우리는 그리스도의 이름으로 모이고 죽을 것 같은 세상에서도 희망을 잃지 않고 살아갑니다. 부활절이 되면, 모든 교회가 경쾌하고 장엄한 찬송, 기쁨과 감사의 감격으로 주일 예배를 드립니다.

그런데 부활주일에 잊지 말아야 할 것도 있어요. 우리는 매년 부활을 기념하고 찬송하고 선포합니다. 매번 예수님의 죽으심과 부활이라는 엄청난 사건을 반복적으로 선포합니다. 그런데 이 부활로 말미암아 우리에게 아무 일도 일어나지 않는다면 이를 섬뜩하게 생각해야 합니다. 어쩌면 우리는 아무런 감동도 없이 오랜 세월 그리스도의 십자가와 부활을 되뇌고 있는지도 모르겠습니다. 마치 낡은 신문을 읽는 것처럼 부활의 소식을 지루하게 앉아서 듣기만 할 뿐인지도 모르겠습니다.

조금이라도 부활의 능력을 삶에서 만끽하고 싶다면, 반드시 하나님 앞에 서서 그리스도의 죽음과 부활의 의미를 찾기 위해 기도로 요청해야 합니다. 그렇지 않다면, 니체가 말한 대로, 우리 안에서 하나님은 죽은 것이지 부활한 것이 아닙니다. 주님이 부활하셨고 하나님이 살아 계신다는 진리를 깨달은 사람이라면, 기도로 시작해서 자신의 삶에서 단 일 분이라도 값싼 행복을 바라지 않게 됩니다.

그리스도의 부활은 죽어 있던 우리를 깨우는 사건이고, 죽어 있던 우리 세계에 다시 생명을 불어넣는 하나님의 은총입니다. 비록 우리 상황이 힘들더라도 위로부터 오는 놀라운 부활의 능력이 우리 모두에게 넘치기를 간절히 기원합니다. 함께 기도합시다.

전능하신 하나님 아버지,
당신께서는 당신의 아들을 죽은 사람들 가운데서 살리셨습니다.
그분의 부활을 통해 죽음이 당신의 나라와
당신의 자녀를 지배하지 못한다는 것을 알리셨습니다.
그리스도의 부활을 통해 우리를 깨끗하게 하셨고

우리에게 영원한 생명을 주셨습니다.

간절히 기도하오니 우리에게 부활의 믿음을 주셔서

언제나 당신께 기도하며

감사와 찬송을 올리는 삶을 살게 하소서.

부활하신 우리 구주 예수 그리스도의 이름으로 기도합니다. 아멘.

#부활절

4월 10일

부활 후 첫 번째 월요일

오늘 하루 수고하셨습니다. 부활의 주님께서 주시는 위로와 평화가 여러분에게 가득하길 바랍니다. 오늘 함께 묵상할 말씀은 마태복음 28장 5-10절입니다.

> 천사가 여자들에게 말하여 이르되 너희는 무서워하지 말라. 십자가에 못 박히신 예수를 너희가 찾는 줄을 내가 아노라. 그가 여기 계시지 않고 그가 말씀 하시던 대로 살아나셨느니라. 와서 그가 누우셨던 곳을 보라. 또 빨리 가서 그의 제자들에게 이르되 그가 죽은 자 가운데서 살아나셨고 너희보다 먼저 갈릴리로 가시나니 거기서 너희가 뵈오리라 하라. 보라 내가 너희에게 일렀느니라 하거늘 그 여자들이 무서움과 큰 기쁨으로 빨리 무덤을 떠나 제자들에게 알리려고 달음질할새 예수께서 그들을 만나 이르시되 평안하냐 하시거늘 여자들이 나아가 그 발을 붙잡고 경배하니 이에 예수께서 이르시되 무서워하지 말라. 가서 내 형제들에게 갈릴리로 가라 하라. 거기서 나를 보리라 하시니라.

예수님의 무덤에 여인들이 찾아갔을 때 이미 주님은 부활하셨고 빈 무덤만 남아 있었습니다. 거기 있던 천사가 이 여인들에게 부활의 소식을 전합니다. 그러면서 "너희보다 먼저 갈릴리로 가시나니 거기서 너희가 뵈오리라"라고 말합니다. 그 말을 듣고 여인들이 달려갑니다. 그런데 갈릴리에 도착하기도 전에 길에서 부활하신 주님을 만나는 감격을 누립니다.

부활 직후 일어난 첫 번째 사건, 첫 번째 증인들에게 일어난 일입니다.

왜 하필 예수님은 '갈릴리'로 가셨을까요? 갈릴리는 예수님이 공생애 사역을 하던 주 무대이기도 하지만, 단지 고향 같은 곳이라서 그리로 가신 것은 아닙니다. '갈릴리'라는 명칭에는 원주민이 땅을 빼앗겨 버린 '이방인의 땅'이라는 뜻이 담겨 있습니다. 그러니 그곳은 늘 가난한 사람, 사회에서 내몰린 사람, 힘없는 사람들 천지입니다. 부활하신 주님이 가장 먼저 그곳을 찾은 까닭도 여기 있습니다.

우리 역시 갈릴리에서 부활의 주님을 만날 수 있습니다. 오늘 우리 사회의 갈릴리는 어디일까요? 사회에서 내몰린 사람, 권리를 주장하지 못하는 사람들은 누구일까요? 부활 후 첫 번째 월요일에 우리가 깊이 돌아봐야 할 주제입니다.

여기에 덧붙여서 여인들이 갈릴리로 달려가다가 길에서 예수님을 만났다는 것도 참 감동적인 구절이에요. 우리도 갈릴리로 달려가다가 주님을 만날 수 있다는 이야기이기 때문입니다. 주님이 꿈꾸는 세상은 가진 자와 못 가진 자, 많이 배운 자와 적게 배운 자의 구분도 없고, 모든 만물이 기쁘게 소통하며 가족이 되는 세계입니다. 오늘 이 밤, 우리 주위의 갈릴리 사람들을 떠올리고 함께 기도합시다.

주님, 부활하신 당신께서는 갈릴리로 가셨습니다.
가장 힘없고 서러운 사람들의 땅으로 가셨습니다.
그리고 우리에게 남겨 주신 말씀이
갈릴리에서 당신을 만날 수 있다고 하셨습니다.
주님, 우리도 갈릴리로 달려가게 하소서.
부활의 믿음과 용기와 소망을 품고
그곳에 달려가 당신을 만나게 하소서.

부활의 복음으로 우리를 치유하고 회복하시어

모든 만물이 그리스도 안에 하나 되어

존중하며 섬기고 사랑하며 나누게 하소서.

예수 그리스도의 이름으로 기도합니다. 아멘.

#갈릴리 #부활

4월 11일

부활 후 첫 번째 화요일

오늘 하루 수고하셨습니다. 부활의 주님께서 주시는 위로와 평화가 여러분에게 가득하길 바랍니다. 오늘 함께 묵상할 말씀은 누가복음 24장 13-15절입니다.

> 그 날에 그들 중 둘이 예루살렘에서 이십오 리 되는 엠마오라 하는 마을로 가면서 이 모든 된 일을 서로 이야기하더라. 그들이 서로 이야기하며 문의할 때에 예수께서 가까이 이르러 그들과 동행하시나.

그리스도의 십자가 죽음을 보고 실망한 두 제자가 엠마오로 낙향합니다. 그때 부활하신 주님이 길동무로 동행합니다. 제자였는데도 길동무가 누구인지 전혀 알지 못하다가 성경을 풀어 주시는 이야기에 깜짝 놀라며 자기들 집에 묵어 달라고 간청합니다. 주님은 그 집에 들어가 식탁 앞에서 빵을 들고 감사 기도를 하시고 떼어 제자들에게 주시는데, 바로 그때 가려졌던 제자들의 눈이 열려서 선생을 알아봅니다. 그리고 그 즉시 예수님은 그들 눈에서 사라져 버립니다. 마법 같은 일이 벌어졌지요. 우리가 '엠마오 두 제자'라고 부르는 복음서 이야기입니다.

저는 이 본문을 묵상하면서 이런 생각을 하곤 합니다. '어쩌면 나도 예수님이 늘 곁에 있는데 알아채지 못하는 건 아닐까?' 눈에 안 보이니 그런 의심이 드는 건 당연하다 싶기도 합니다. 그래도 오늘 본문 말씀에서 위로가 되는 부분이 있습니다. 주님이 우리 인생길에 동행하신다는 것, 내가 인식하든 못하든 그분이 함께하신다는 것, 그리고 우리가 말씀을 가까이하며 묵상하고 떡과 잔을 함께 나눌 때 주님이 모습을 드러내 주신다는 것입니다. 이 사실이 저에게, 그리고 우리에게 위로와 힘이 됩니다.

오늘 하루 지내면서 "하나님은 없는 것 아니냐?"고 혹시 짜증 내고 불평하지는 않았나요? 그래도 주님은 여전히 우리 곁에 계시며 저와 여러분과 동행하십니다. 힘냅시다. 기도합시다.

주님, 당신께서는 언제나 우리 곁에 계십니다.
우리가 평안을 찾지 못하고 불안해할 때도
주님은 우리 곁을 지키십니다.
우리가 어둠 속에서 헤맬 때도
당신은 우리의 발이 돌에 걸리지 않도록 지켜 주십니다.
말씀을 묵상하는 중에 당신의 따스한 온기에 감기게 하소서.
기도할 때 당신의 자애로운 품에 안기게 하소서.
이 밤, 우리의 몸과 영혼을 주님께 맡깁니다.
내일 우리에게 주어지는 삶 가운데 동행하시어
우리가 이웃과 선한 것을 공감하며 나눌 때
당신의 얼굴을 그 안에서 만나게 하소서.
예수 그리스도의 이름으로 기도합니다. 아멘.

#부활절기 #엠마오 #성찬

4월 12일

부활 후 첫 번째 수요일

오늘 하루 수고하셨습니다. 부활의 주님께서 주시는 위로와 평화가 여러분에게 가득하길 바랍니다. 오늘 함께 묵상할 말씀은 요한복음 20장 19-23절입니다.

> 이 날 곧 안식 후 첫날 저녁 때에 제자들이 유대인들을 두려워하여 모인 곳의 문들을 닫았더니 예수께서 오사 가운데 서서 이르시되 너희에게 평강이 있을지어다. 이 말씀을 하시고 손과 옆구리를 보이시니 제자들이 주를 보고 기뻐하더라. 예수께서 또 이르시되 너희에게 평강이 있을지어다. 아버지께서 나를 보내신 것 같이 나도 너희를 보내노라. 이 말씀을 하시고 그들을 향하사 숨을 내쉬며 이르시되 성령을 받으라. 너희가 누구의 죄든지 사하면 사하여질 것이요 누구의 죄든지 그대로 두면 그대로 있으리라 하시니라.

안식 후 첫날 저녁, 제자들이 모두 한자리에 모였습니다. 그런데 밖에서 아무도 못 들어오게 문을 모두 걸어 잠갔다는 것은 지금 무척 불안하다는 소리입니다. 오죽하면 그랬을까 싶습니다. 여인들에게 빈 무덤 소식과 천사가 전한 부활 소식을 들었지만, 믿을 수 없는 일이라서 난감하고 혼란스럽습니다. 앞으로 어찌 될지 한 치 앞도 분간하기 어렵습니다. 그렇게 이들은 혼란 속에서 마음의 문까지 꼭꼭 걸어 잠근 상태입니다.

그런데 이렇게 누구도 들어올 수 없게 만든 방에 예수님이 갑자기 나타납니다. 그리고 하시는 첫 말씀이 "너희에게 평강이 있을지어다"입니다. 샬롬이라는 말을 한글 성경은 평강이라고 번역했는데, 샬롬은 전쟁이 없는 상태, 혼란과 불안이 없는 상태, 사람이 만들어 낼 수 없는 하나님이 주신 평화의 상태입니다.

부활 후 예수님의 첫 마디가 평화, 샬롬이었다는 사실은 오늘 우리가 깊이 묵상해야 할 지점입니다. 부활하신 주님은 오늘 우리에게도 평화를 선언합니다. 두려움이 사라진 상태, 어그러진 관계가 회복된 상태, 전쟁이 그치고 서로 웃을 수 있는 상태, 그것이 부활의 주님이 우리를 향해 선언하고 요청하는 말씀입니다.

저와 친분이 있는 어떤 분이 독일에서 교회 음악감독으로 일하고 있는데, 여행을 갔다가 어느 교회 게시판에 붙은 글을 카메라로 찍어 보내 주셨어요. 이렇게 쓰여 있더군요.

"다시 웃을 수 있다면, 그건 이미 용서한 거야. 미련을 두지마! Vergeben hast Du, wenn Du wieder lachen kannst. Trag nichts nach!"

부활하신 주님이 우리에게 주시는 평화라는 게 이런 것 아닐까요? 다시 웃을 수 있는 것, 다시 희망을 찾을 수 있는 것, 다시 일어설 수 있는 것. 옛일, 옛 관계에 미련을 두지 않고 다시 시작하는 것. 그것이야말로 부활의 주님이 우리에게 주시는 샬롬입니다.

"너희에게 평강이 있을지어다"라는 주님의 위로가 오늘 우리에게 가득하길 바랍니다. 함께 기도합시다.

주님, 당신께서는 닫힌 모든 문을 열고
우리의 의심과 두려움을 물리치십니다.
그리고는 그 자리를 평화로 채우십니다.
우리가 볼 수 없다 해도

당신은 우리에게 찾아오셔서 우리 맘을 여십니다.

주님의 자애로운 눈은 우리를 지켜보고,

그 입에서 나오는 목소리는

우리에게 위로와 희망을 만들어 내십니다.

주님, 오늘 이 밤 당신께서 찾아오실 때

부활의 기쁨을 함께 누리게 하소서.

다시 사신 예수 그리스도의 이름으로 기도합니다. 아멘.

#평강 #부활절기

4월 13일

부활 후 첫 번째 목요일

오늘 하루 수고하셨습니다. 부활의 주님께서 주시는 위로와 평화가 여러분에게 가득하길 바랍니다. 오늘 함께 묵상할 말씀은 시편 148편 1-6절입니다.

> 할렐루야 하늘에서 여호와를 찬양하며 높은 데서 그를 찬양할지어다. 그의 모든 천사여 찬양하며 모든 군대여 그를 찬양할지어다. 해와 달아 그를 찬양하며 밝은 별들아 다 그를 찬양할지어다. 하늘의 하늘도 그를 찬양하며 하늘 위에 있는 물들도 그를 찬양할지어다. 그것들이 여호와의 이름을 찬양함은 그가 명령하시므로 지음을 받았음이로다. 그가 또 그것들을 영원히 세우시고 폐하지 못할 명령을 정하셨도다.

켈트족이 사용하는 독특한 표현 중에 '얇은 곳thin places'이란 말이 있습니다. 신적인 경험을 할 수 있는 곳을 '얇은 곳'이라고 부릅니다. 이곳은 장소이기도 하고, 사람이기도 하고, 사물이기도 합니다. 켈트족의 말을 빌리면, 우리가 살아가는 세계는 최소한 두 개 이상의 차원이 겹쳐 공존한다고 해요. 각각의 세계 사이에는 가림막이 있는데, 어떤 곳은 이 가림막이 무척 얇아서 서로의 세계를 볼 수 있고 들어갈 수 있는 특별한 지점이 있다고 합니다. 바로 거기가 '얇은 곳'입니다.

어려운 말 같지만, 간단하게 설명할 수 있을 것 같아요. 〈해리포터〉 아시지요? 우리 교회에도 해리포터 팬이 많은데, 영국 소설이 영화로 나와서 아주 유명합니다. 영화에 보면, '런던 킹스크로스역 9와 4분의 3'이라는 특별한 장소가 자주 등장합니다. 호그와트 마법 학교로 가는 기차를 탈 수 있는 정거장인데, 일반인의 눈에는 보이지 않는 아주 특별한 장소예요.

이걸 기독교식으로 바꾸어 보면, 얇은 곳이란 보이는 세계와 보이지 않는 세계, 하늘과 땅을 구분하던 가림막이 벗겨져서 우리가 하나님을 보게 되고, 우리를 감싸고 우리와 동행하고 계신 그분을 경험하는 장소 또는 시간이라고 할 수도 있습니다. 이런 곳에 서는 순간에는 경외심이 저절로 우러나올 겁니다.

성경에서는 예루살렘 성전이나 산, 광야가 얇은 곳이라고 할 수 있겠지만, 오늘 우리에게 하나님을 만나는 얇은 곳은 어디일까요? 어떤 이에게는 매일 아침 지나가는 길모퉁이일 수도 있고, 매일 앉아 글을 쓰는 책상일 수도 있습니다. 얇은 곳에 서는 경험은 어디서나 일어날 수 있어요. 아름다운 자연이나 길가에 곱게 핀 노란 꽃을 보다가, 그림 한 장을 감상하거나 음악을 듣다가 마음이 깨지고 열리는 경험을 할 수도 있습니다. 쌔근쌔근 잠든 아이를 보다가 얇은 곳을 경험하기도 하고, 때로는 심각한 질병과 고통, 사랑하는 사람의 죽음 앞에서 얇은 곳을 경험하기도 합니다.

중요한 점은 얇은 곳이 특별한 장소가 아니라는 것입니다. 따지고 보면, 하나님의 아들이 '성육신'했다는 어려운 신학 용어도 이런 뜻이 아닐까요? 하나님은 특별한 장소, 특별한 시간이 아니라 사소하고 하찮고 반복된 우리 일상 가운데 계신다! 그렇다면 이렇게 생각해 볼 수도 있을 겁니다. 우리가 서로에게 '얇은 곳'이 되면 우리가 사는 세상은 얼마나 멋질까! 함께 기도합시다.

주님, 우리 일상에서 주님을 만나게 하소서.

매일 반복되는 일과에서, 매일 반복되는 과제에서,
매일 반복되는 업무에서, 매일 만나는 사람 속에서
주님을 만나게 하소서.
그러나 무엇보다도 나 자신이 주님을 보게 하는
투명한 창이 되게 하소서.
그래서 내가 만나고 대화하는 이들이
나를 통해 부활하신 주님을 엿보게 하소서.
예수 그리스도 이름으로 기도합니다.

#부활절기 #얇은곳

4월 14일

부활 후 첫 번째 금요일

오늘 하루 수고하셨습니다. 부활의 주님께서 주시는 위로와 평화가 여러분에게 가득하길 바랍니다. 오늘 함께 묵상할 말씀은 사도행전 5장 12-16절입니다.

> 사도들의 손을 통하여 민간에 표적과 기사가 많이 일어나매 믿는 사람이 다 마음을 같이하여 솔로몬 행각에 모이고 그 나머지는 감히 그들과 상종하는 사람이 없으나 백성이 칭송하더라. 믿고 주께로 나아오는 자가 더 많으니 남녀의 큰 무리더라. 심지어 병든 사람을 메고 거리에 나가 침대와 요 위에 누이고 베드로가 지날 때에 혹 그의 그림자라도 누구에게 덮일까 바라고 예루살렘 부근의 수많은 사람들도 모여 병든 사람과 더러운 귀신에게 괴로움 받는 사람을 데리고 와서 다 나음을 얻으니라.

성령이 제자들에게 강림한 후에 일어난 사건의 한 대목입니다. 솔로몬의 행각에 많은 사람이 모였는데, 모두 다 한마음으로 모인 믿는 사람이었다고 합니다. 더 특이한 점은 여기 모인 사람들을 다른 사람들이 모두 칭찬했다는 점입니다. 왜 이렇게 평판이 좋았을까요? 오늘 우리 교회를 돌아보게 됩니다. 우리는 교회 밖 사람들에게 어떤 평가를 받고 있나요? 솔로몬 행각에 모인 군중들처럼 성령 받았다는 우리도 멋진 교회당 건물에 빼곡히 모이는데, 교회당 밖에 있는 사람들에게 이렇게 칭찬받고 있는지 돌아보면, 답하기 곤란해집니다.

게다가 사도행전을 보면, 이렇게 모이는 사람들은 참 순수했던 것 같아요. 병든 사람들을 둘러메고 사도들 앞에 나올 정도로 사도를 향한 신뢰가 두터웠는데, 심지어 사도들의 그림자라도 겹치면 은혜받을 수 있다는 믿음을 가지고 있었던 것 같습니다. 사도들의 그림자가 기적의 효력이 있냐 없냐는 사실 여기서 중요하지 않습니다. 중요한 점은 신자들이 그만큼 목회자를 신뢰했다는 점입니다. 우리는 어떤가요? 단순히 목회자와 신자의 관계만 문제가 아니지요. 그리스도의 몸이라고 부르는 교회 공동체 안에서 우리의 모든 관계를 돌아보게 됩니다. 주님이 바라는 교회의 모습은 무엇일까요? 교회 밖에서도 '잘했다' 칭찬받고, 교인들끼리 서로 믿고 신뢰하는 모습이 아닐까요? 우리 교회 모습이 이렇지 않다고 비관할 필요는 없습니다. 나부터 시작하면 되니까요. 함께 기도합시다.

주님, 당신은 우리에게 성령을 주시고,
우리를 교회로 만드셨습니다.
당신의 교회가 교회다운 삶을 살게 하소서.
우리끼리 칭찬하며 기뻐하는 우물 안 개구리가 되지 않게 하시고,
세상과 더불어, 함께 아파하며 함께 짐을 지며,
함께 성장하는 교회 되게 하소서.
어두운 세상을 밝히는 빛처럼 교회가 등대지기로 살게 하소서.
그리하여 이곳에 참된 안식과 위로가 있음을 알리게 하소서.
그 일을 기도하는 나부터 시작하게 하소서.
예수님 이름으로 기도합니다. 아멘.

#부활절기 #솔로몬의행각

4월 15일

부활 후 첫 번째 토요일

오늘 하루 수고하셨습니다. 부활의 주님께서 주시는 위로와 평화가 여러분에게 가득하길 바랍니다. 오늘 함께 묵상할 말씀은 요한계시록 1장 7-8절입니다.

> 볼지어다. 그가 구름을 타고 오시리라. 각 사람의 눈이 그를 보겠고 그를 찌른 자들도 볼 것이요. 땅에 있는 모든 족속이 그로 말미암아 애곡하리니 그러하리라 아멘. 주 하나님이 이르시되 나는 알파와 오메가라 이제도 있고 전에도 있었고 장차 올 자요 전능한 자라 하시더라.

우리가 활동할 수 있는 시간, 전성기를 누릴 수 있는 시간은 영원하지 않다는 걸 우리는 모두 잘 압니다. 그런데도 사람들은 영원히 살 것처럼 생각하고 살아갑니다. 돈과 명예와 권력이 영원히 갈 것처럼 착각하고 패악을 부리기도 합니다. 하지만 무슨 일이건 시작이 있으면 끝이 있는 법이지요. 우리의 모든 시간과 역사도 마찬가지입니다. 시작이 있으면 반드시 끝이 있습니다. 이것을 요한계시록에서는 그리스도 예수가 '알파와 오메가'라고 표현합니다. 우리 주님이 모든 시간과 역사의 처음과 끝이라는 뜻입니다. 사도 요한이 이 편지를 쓸 때 아시아에 있던 일곱 교회는 무척 힘든 시련의 시간을 지나고 있었습니다. 그런 그들에게 요한은 종말이 곧 올 것이고, 그때 주님이 나타나 모든 것을 마무리할 것이라고 선언합니다.

종말이 온다면 왠지 모르게 섬뜩한 기분이 듭니다. 아마도 저에게 죄가 많은 탓일 겁니다. 주님이 몰고 오는 종말은 악을 철저하게 심판하는 자리라서 모두에게 공포의 시간입니다. 하지만 성경은 종말이 그리스도를 믿는 자가 구원받는 복된 시간이라고 선언합니다. 이것이 우리의 희망이기도 합니다.

성경에서 종말은 역사의 끝에서 만나는 시간의 종점만을 가리키지 않습니다. 그리스도인에게 종말이란 그리스도와 시작과 끝을 함께하는 시간이기도 합니다. 우리에게 주어진 시간을 그리스도와 함께 매듭지으며 살 수 있다면 종말은 우리에게 복된 시간이 될 것입니다.

박노해 시인의 짧고 인상적인 시구를 소개합니다.

하루의 시작과 끝,
고요한 묵상의 시간을 갖는다면
하루가 달라질 것이다[9]

함께 기도합시다.

모든 만물의 시작과 끝이 되시는 주님,
당신께서는 우리를 당신의 선한 길동무로 삼아 주셨습니다.
매일 당신과 하루를 시작하며
매일 당신과 하루를 마감하게 하소서.
종말의 연습을 통해 당신의 말씀을 더욱 깊이 이해하며
더욱 깊은 사귐의 기도로 들어가게 하소서.
예수 그리스도의 이름으로 기도합니다. 아멘.

#부활절기 #시간 #종말

4월 16일

부활절 둘째 주일

오늘 하루 수고하셨습니다. 부활의 주님께서 주시는 위로와 평화가 여러분에게 가득하길 바랍니다. 오늘 함께 묵상할 말씀은 요한복음 20장 24-29절입니다.

> 열두 제자 중의 하나로서 디두모라 불리는 도마는 예수께서 오셨을 때에 함께 있지 아니한지라. 다른 제자들이 그에게 이르되 우리가 주를 보았노라 하니 도마가 이르되 내가 그의 손의 못 자국을 보며 내 손가락을 그 못 자국에 넣으며 내 손을 그 옆구리에 넣어 보지 않고는 믿지 아니하겠노라 하니라. 여드레를 지나서 제자들이 다시 집 안에 있을 때에 도마도 함께 있고 문들이 닫혔는데 예수께서 오사 가운데 서서 이르시되 너희에게 평강이 있을지어다 하시고 도마에게 이르시되 네 손가락을 이리 내밀어 내 손을 보고 네 손을 내밀어 내 옆구리에 넣어 보라. 그리하여 믿음 없는 자가 되지 말고 믿는 자가 되라. 도마가 대답하여 이르되 나의 주님이시요 나의 하나님이시니이다. 예수께서 이르시되 너는 나를 본 고로 믿느냐. 보지 못하고 믿는 자들은 복되도다 하시니라.

죽었다고 생각했던 선생님이 부활했다는 소식을 도마가 듣게 됩니다. 그러자 의심이 생깁니다. '진짜? 설마? 그럴 리가?' 이런 의심 끝에 도마는 못 박힌 손과 발, 창에 찔린 자국을 만져 보고 믿겠다고 합니다. 그래서 많은 신앙인이 '의심 많은 도마' 또는 '믿음 없는 도마', 심지어는 '불경한 도마'라는 말까지 합니다.

여러분은 도마를 어떻게 보시는지요? 저는 개인적으로 도마가 참 솔직한 신앙을 가졌다고 생각합니다. 도마는 지금 지극히 당연한 질문을 우리 대신 던지고 있기 때문입니다. "나는 만져 보아야, 느껴 보아야, 눈으로 보아야 믿겠다."

물론 성경은 보지 않고 믿는 자들이 더욱 복되다고 선언합니다. 하지만 이 말씀을 "묻지도 따지지도 말고 무턱대고 믿어라"라는 식으로 이해하면 곤란합니다. 오히려 우리는 성경 말씀에 스스로 질문하고, 고민하고, 주님께 그 답을 구해야 합니다.

도마와 관련된 역사 이야기 한 토막입니다. 베드로를 비롯해서 '사도'라고 불리는 예수님의 직계 제자들이 전 세계를 돌아다니며 예수님의 부활 소식을 전했다는 걸 우리는 잘 알고 있지요. 그런데 도마를 제외하고 나머지 제자들이 가장 멀리 간 곳이 어디인지 아십니까? 예루살렘에서 시작해서 고작 멀리 가 봐야 로마밖에 되지 않습니다. 이방인의 사도라고 불리던 바울이 그나마 좀 멀리 갔는데, 유럽과 아시아의 경계인 소아시아 지방까지 갑니다.

그런데 우리가 '의심 많은 제자', '믿음 없는 불경한 제자'라고 부르는 도마는 저 멀리 인도까지 갑니다. 선교 역사를 보면, 도마는 서기 52년에 남인도 케랄라주에 도달하는데, 거기서 20년 동안 예수님을 전하고 서기 72년에 남인도 마드라스라는 곳에서 순교합니다. 의심 많던 제자, 믿음 없는 제자. 우리가 그렇게 불경하다고 우습게 여겼던 도마가 가장 먼 인도까지 가서 복음을 전했습니다. 그 원동력은 무엇이었을까요? 질문하는 신앙에서 비롯된 것은 아닐까요?

우리의 신앙도 이런 신앙이 되면 좋겠어요. 무턱대고 믿는 신앙 대신,

질문하는 신앙, 주님께 답을 구하는 신앙. 그런 사람에게 주님은 가까이 찾아와 답을 주실 것입니다. 함께 기도합시다.

우리의 모든 질문을 경청하시는 하나님 아버지,
믿음 있다 하면서도 정직하지 못한 저희를 불쌍히 여겨 주소서.
우리의 정직한 의문 속에 찾아와 주시고,
그 의심의 벽을 허물어 부활 신앙의 견고한 성을 세워 주소서.
부활 신앙을 가지고 이 땅에 믿음을 심고 믿음을 나누어 주며
서로가 신뢰할 수 있는 사회를 건설하게 하소서.
그리하여 하나님 나라가 이 땅에 이루어지게 하소서.
예수님의 이름으로 기도합니다. 아멘.

#부활절기 #도마

4월 17일

온유한 자

오늘 하루 수고하셨습니다. 주님께서 주시는 위로와 평화가 여러분 모두에게 함께하기를 바랍니다. 오늘 저녁 함께 묵상할 말씀은 마태복음 5장 5절입니다.

온유한 자는 복이 있나니 그들이 땅을 기업으로 받을 것임이요.

예수님이 가르치신 팔복 중 세 번째 복이지요. 온유하다는 말은 성격이나 기질이 온순하다는 뜻이 아닙니다. '온유한 사람'을 유대인의 언어로 바꾸면 '가난하다*anav*'라는 뜻이 담겨 있습니다. 마음이 가난한 사람을 온유하다고 부르는 것이지요. 그렇게 보면, 팔복의 세 번째 복은 첫 번째 복을 반복하는 것이라고 볼 수 있어요. '마음의 가난'이란 무엇일까요? 자신의 권리를 내려놓은 상태를 뜻하지요. 분노, 화, 폭력, 욕심, 탐욕, 절도, 강도, 인정 없음의 반대말이라고 보아도 좋을 것 같아요.

더 확실한 의미는 예수님이 온유했다는 사실을 떠올리면 쉽게 이해할 수 있을 것 같아요. 마태복음 11장 29절에서 예수님은 이렇게 말씀하십니다. "나는 마음이 온유하고 겸손하니 나의 멍에를 메고 내게 배우라. 그리하면 너희 마음이 쉼을 얻으리니." 욕망을 비워 낸 자리에 주님의 뜻을 채워 그 뜻대로 사는 사람이 온유한 사람입니다. 그런 사람에게 땅이 약속됩니다.

여기서 '땅'은 삶의 영역, 관계의 영역을 뜻합니다. 그러니 땅을 얻게 된다는 주님의 약속은 사람의 마음을 얻어 관계가 넓어진다는 뜻으로 보는 게 좋을 것 같습니다. 사람의 마음을 얻는 것, 그것이 바로 땅을 얻는 것이지요. 온유한 자는 그렇게 사람을 얻게 됩니다. 오늘 이 밤, 온유한 사람이 되길 함께 기도합시다.

우리의 모든 것 되시는 주님,
주님의 온유함을 본받고 싶습니다.
분노와 욕심의 삶이 아니라 겸손과 온유의 삶을 살게 하소서.
그리하여 우리 안에 가득 채워진 성령의 따스함으로
냉랭한 이들의 마음을 녹이게 하소서.
주님, 이 밤 우리 밖에서 우리를 품으시고
우리 안에서 우리를 품으소서.
주님의 보금자리가 우리의 자랑이요 평화입니다.
예수님의 이름으로 기도합니다. 아멘.

#팔복 #온유한자

4월 18일

거룩하신 하나님

오늘 하루 수고하셨습니다. 주님께서 주시는 위로와 평화가 함께하기를 바랍니다. 오늘 저녁 함께 묵상할 말씀은 시편 99편 말씀입니다.

> 여호와께서 다스리시니 만민이 떨 것이요. 여호와께서 그룹 사이에 좌정하시니 땅이 흔들릴 것이로다. 시온에 계시는 여호와는 위대하시고 모든 민족보다 높으시도다. 주의 크고 두려운 이름을 찬송할지니 그는 거룩하심이로다. 능력 있는 왕은 정의를 사랑하느니라. 주께서 공의를 견고하게 세우시고 주께서 야곱에게 정의와 공의를 행하시나이다. 너희는 여호와 우리 하나님을 높여 그의 발등상 앞에서 경배할지어다. 그는 거룩하시도다. 그의 제사장들 중에는 모세와 아론이 있고 그의 이름을 부르는 자들 중에는 사무엘이 있도다. 그들이 여호와께 간구하매 응답하셨도다. 여호와께서 구름 기둥 가운데서 그들에게 말씀하시니 그들은 그가 그들에게 주신 증거와 율례를 지켰도다. 여호와 우리 하나님이여 주께서는 그들에게 응답하셨고 그들의 행한 대로 갚기는 하셨으나 그들을 용서하신 하나님이시니이다. 너희는 여호와 우리 하나님을 높이고 그 성산에서 예배할지어다. 여호와 우리 하나님은 거룩하심이로다.

첫 구절에 '그룹'이라는 말이 나오는데, 심판하는 대천사를 그렇게 부릅니다. 심판의 천사들 한가운데 앉으신 하나님의 위엄이 온 세상을 떨게 합니다. 모든 생명은 하나님 앞에서 자신의 모든 잘잘못을 설명해야 하기 때문이지요. 그런데 오늘 본문이 그런 무시무시한 하나님의 모습만 보여 주는 것은 아닙니다. 여기에는 모세와 아론, 사무엘 같은 제사장들이 백성을 위해 중보하는 모습도 나오지요. 그러면서 그 기도를 들어주시고 용서하시는 하나님을 다시 보여 줍니다. 이렇게 관대하고 자비로운 하나님을 찬송하는 노래가 시편 99편이라고 할 수 있습니다.

이 시를 묵상할 때는 다른 한 편도 유념해야 할 것 같아요. 하나님이 우리를 더 친절하게 대할수록 그분은 우리가 그분의 친절을 조롱하거나 오용하는 것을 덜 용납하신다는 사실을 기억합시다. '거룩'이라는 말의 뜻은 이처럼 선과 악을 정확히 구분한다는 말이기도 합니다. 하나님이 거룩하시다는 말은 곧 우리 하나님은 악과 불의에 단호하시되 진심으로 회개하는 자에게 무한한 용서를 베푸신다는 신앙의 고백입니다.

우리는 어떤 신앙을 가져야 할까요? 루터의 말대로 "모든 것 이상으로 하나님을 두려워하고, 모든 것 이상으로 하나님을 사랑하며, 모든 것 이상으로 하나님을 신뢰하는 삶"[10]이 되길 바랍니다. 함께 기도합시다.

> 하늘에 계신 아버지, 감사합니다.
> 당신께서는 오늘 하루 동안 저를 은혜 가운데 지켜 주셨습니다.
> 기도하옵기는, 오늘 범한 저의 모든 죄를 용서하여 주시고,
> 은혜 가운데 이 밤도 지켜 주소서.
> 제 몸과 영혼 그리고 저의 모든 것을 당신 손에 맡깁니다.
> 거룩한 천사를 보내셔서 악한 원수가 힘쓰지 못하게 저를 도와주소서.
> 당신의 아들 예수 그리스도의 이름으로 기도합니다. 아멘.

#거룩 #하나님 #시편

4월 19일

사명

오늘 하루 수고하셨습니다. 주님께서 주시는 위로와 평화가 여러분 모두에게 함께하기를 바랍니다. 오늘 저녁 함께 묵상할 말씀은 신명기 34장 7-12절입니다.

> 모세가 죽을 때 나이 백이십 세였으나 그의 눈이 흐리지 아니하였고 기력이 쇠하지 아니하였더라. 이스라엘 자손이 모압 평지에서 모세를 위하여 애곡하는 기간이 끝나도록 모세를 위하여 삼십 일을 애곡하니라. 모세가 눈의 아들 여호수아에게 안수하였으므로 그에게 지혜의 영이 충만하니 이스라엘 자손이 여호와께서 모세에게 명령하신 대로 여호수아의 말을 순종하였더라. 그 후에는 이스라엘에 모세와 같은 선지자가 일어나지 못하였나니 모세는 여호와께서 대면하여 아시던 자요. 여호와께서 그를 애굽 땅에 보내사 바로와 그의 모든 신하와 그의 온 땅에 모든 이적과 기사와 모든 큰 권능과 위엄을 행하게 하시매 온 이스라엘의 목전에서 그것을 행한 자이더라.

신명기의 마지막 장이자 모세오경 전체의 마지막 장입니다. 모세가 죽으면서 출애굽 시대가 마감되고 여호수아가 새로운 지도자가 되었습니다. 하나님이 모세를 가나안 땅에 들어가지 못하게 했다는 점, 하나님이 그를 데려가신 백이십 세까지 눈에 총기가 있고 기력이 쇠하지 않았다는 점, 오늘까지 그의 무덤을 아는 사람이 없다는 점을 곰곰이 생각하게 됩니다.

40년간 민족의 지도자였고 하나님을 대면한 사람이면 국가 차원에서 무덤이나 추모비를 세우는 것도 가능하지 않았을까 싶습니다. 하지만 그런 흔적을 전혀 남기지 않았습니다. 왜 그랬을까요? 이 모든 일이 모세가 아니라 하나님이 하신 일이라는 점을 가르치고, 새로 시작하게끔 하신 건 아닐까요.

신명기 34장을 통해 우리는 하나님의 역사가 한 지도자의 죽음이나 한 사람의 능력에 의해 좌우되거나 중단되지 않는다는 사실을 깨닫습니다. 교회도 마찬가지예요. 교회 지도자는 하나님의 뜻을 전하고 그 길을 함께 걷자고 권면하는 사람일 뿐입니다. 그래서 신자라면 하나님만 바라보고 주어진 사명을 잘 감당해야 합니다. 하나님은 그런 신앙의 삶을 복 주시고 선하게 인도하실 것입니다. 함께 기도합시다.

주님, 우리 안에 거하소서.
당신의 한없는 사랑을 우리에게 부으셔서
당신의 자비하심 가운데
언제나 새로운 마음으로 당신께 헌신할 수 있게 하소서.
이 밤, 우리의 모든 것을 당신께 맡깁니다.
성부와 성령과 함께 영원히 살아 계셔서 다스리시는
우리 주 예수 그리스도의 이름으로 기도합니다. 아멘.

#사명 #모세 #교회

4월 20일

믿는다는 것

오늘 하루 수고하셨습니다. 주님께서 주시는 위로와 평화가 여러분 모두에게 함께하기를 바랍니다. 오늘 저녁 함께 묵상할 말씀은 히브리서 3장 1-6절입니다.

> 그러므로 함께 하늘의 부르심을 받은 거룩한 형제들아 우리가 믿는 도리의 사도이시며 대제사장이신 예수를 깊이 생각하라. 그는 자기를 세우신 이에게 신실하시기를 모세가 하나님의 온 집에서 한 것과 같이 하셨으니 그는 모세보다 더욱 영광을 받을 만한 것이 마치 집 지은 자가 그 집보다 더욱 존귀함 같으니라. 집마다 지은 이가 있으니 만물을 지으신 이는 하나님이시라. 또한 모세는 장래에 말할 것을 증언하기 위하여 하나님의 온 집에서 종으로서 신실하였고 그리스도는 하나님의 집을 맡은 아들로서 그와 같이 하셨으니 우리가 소망의 확신과 자랑을 끝까지 굳게 잡고 있으면 우리는 그의 집이라.

오늘 말씀은 첫 구절부터 예수를 깊이 생각하라고 말합니다. 예수를 깊이 생각해야 하는 이유가 무엇일까요? 우리는 보통 눈에 보이는 것, 피부에 와 닿는 것, 귀에 듣기 좋은 것, 입에 잘 맞는 것에 민감하게 반응합니다. 여행을 가더라도 좋은 풍경이나 좋은 건물을 보면 감탄하며 사진을 찍지만, 그 집을 설계한 이가 누구인지에는 관심을 두지 않습니다. 그래도 요즘에는 마트에서 장을 볼 때 어느 회사에서 어떤 재료로 만들었는지 꼼

꼼히 따지는 똑똑한 소비자가 많아졌습니다. 맛만 좋은 불량식품이 우리 주변에 널려 있기 때문일 겁니다.

신앙도 마찬가지예요. 누구든지 자신이 믿고 의지하는 대상이 있습니다. 어떤 이는 돈, 어떤 이는 땅, 어떤 이는 명예, 어떤 이는 주식 등등. 그런데 그런 믿음의 대상을 정말 믿어도 되는지 깊이 따져 물어야 합니다.

예수를 믿는 것도 마찬가지입니다. 왜 예수를 믿어야 하는지, 예수가 어떤 분인지, 나와 무슨 상관이 있는지 물어야 합니다. 그런 물음 가운데 견고한 신앙이 형성됩니다. 히브리서 3장이 바로 이런 말을 하는 겁니다. 이 밤, 한번 깊이 생각해 보길 바랍니다. 우리가 예수를 믿는 이유는 무엇일까요? 함께 기도합시다.

전능하시고 영원하신 주님,
우리가 당신 이름을 배우며
당신의 계명을 깨달아 알게 하소서.
우리에게 성령을 보내셔서
모든 일을 올바르게 분별하고
당신의 참된 위로 가운데 거하게 하소서.
기도할 때, 그리고 약속을 믿고 살아갈 때
우리가 상상 못 할 은총을 부으시는 주님,
우리의 소망이 당신께 기대고 있으니 낙심치 않게 하시고,
언제나 우리와 함께하소서.
우리 주 예수 그리스도의 이름으로 기도합니다. 아멘.

#신앙 #히브리서

4월 21일

만인 제사장

오늘 하루 수고하셨습니다. 주님께서 주시는 위로와 평화가 여러분 모두에게 함께하기를 바랍니다. 오늘 저녁 함께 묵상할 말씀은 베드로전서 2장 4-5절입니다.

> 사람에게는 버린 바가 되었으나 하나님께는 택하심을 입은 보배로운 산 돌이신 예수께 나아가 너희도 산 돌 같이 신령한 집으로 세워지고 예수 그리스도로 말미암아 하나님이 기쁘게 받으실 신령한 제사를 드릴 거룩한 제사장이 될지니라.

초기 교회 자료로 알려진 히폴리투스의 《사도전승》을 보면 초대교회에서 새신자가 부활절 전야에 세례받는 이야기가 상세히 나옵니다. 세례받은 신자가 물에서 나오면 가장 먼저 교인 대표가 그에게 도유, 즉 기름을 부었다고 합니다. 이는 세례받은 사람이 복된 제사장으로 기름 부음을 받았다는 뜻입니다. 우리가 말하는 '만인 제사장직'이 바로 여기에서도 발견됩니다.

그런데 여기서 명심해야 할 중요한 점이 있습니다. 제사장에게 임한 그 복의 종착지가 우리 자신이 아니라는 점입니다. 제사장이 하는 일을 생각해 보세요. 제사장은 자기 자신을 위해 성전에서 제사를 드리는 사람이 아닙니다. 그는 백성들이 가져온 제물과 기도를 받아 하나님께 올려 드리는 직무를 수행합니다.

세례받은 모든 사람이 거룩한 제사장이라는 성경의 표현도 이런 배경에서 나왔습니다. 하나님의 은총을 취하고 감사했으면, 이제 우리가 받은 복을 떼어 세상 이웃에게 나누어 주어야 할 책임이 있습니다. 그것이 세례받은 사람이 해야 할 일입니다. 함께 기도합시다.

주님, 우리를 세례로 불러주시니 감사합니다.
주님의 복된 약속이 우리를 통해 이웃에 흘러들게 하소서.
모든 나약함과 어리석음을 참고 기다리는
부드러운 교사가 되게 하시어
만물이 진리의 말씀을 따라 살 수 있도록 우리를 통해 일하소서.
내 유익 대신 이웃의 필요와 요청이 무엇인지
눈과 귀를 돌리게 하소서.
당신의 강한 손을 교회 위에,
그리고 당신을 믿는 사람 위에 뻗어 주소서.
우리를 지키시고 보호하시며 이 땅에 하나님의 나라를 세우소서.
예수님 이름으로 기도합니다. 아멘.

#만인사제직 #세례

4월 22일

섬김과 사랑

오늘 하루 수고하셨습니다. 주님께서 주시는 위로와 평화가 여러분 모두에게 함께하기를 바랍니다. 오늘 저녁 함께 묵상할 말씀은 요한복음 13장 4-8절입니다.

> 저녁 잡수시던 자리에서 일어나 겉옷을 벗고 수건을 가져다가 허리에 두르시고 이에 대야에 물을 떠서 제자들의 발을 씻으시고 그 두르신 수건으로 닦기를 시작하여 시몬 베드로에게 이르시니 베드로가 이르되 주여 주께서 내 발을 씻으시나이까. 예수께서 대답하여 이르시되 내가 하는 것을 네가 지금은 알지 못하나 이 후에는 알리라. 베드로가 이르되 내 발을 절대로 씻지 못하시리이다. 예수께서 대답하시되 내가 너를 씻어 주지 아니하면 네가 나와 상관이 없느니라.

신학교나 교회에서 세족식을 하는 경우가 있습니다. 잡히시기 전날 밤 주님이 제자들의 발을 씻기신 섬김의 모습을 기억하자는 의미입니다. 대개 성주간 또는 고난주간이라고 부르는 주 목요일 저녁에 이런 세족식을 하는데, 남의 발을 씻기는 것만큼 힘든 일이 내 발을 남에게 맡기는 일입니다. 발은 우리 신체 중에서 가장 불결하고 냄새나는 지체라는 생각 때문일 겁니다. 이 때문에 어떤 교회에서는 발을 씻는 세족식 대신 손을 씻는 세수식을 하기도 합니다.

하지만 주님은 그런 식으로 발보다 덜 더럽고 덜 냄새나는 곳을 골라 씻지 않습니다. 게다가 미리 씻고 오면 발에 물을 묻혀 발 씻는 흉내를 내겠다고 하지도 않습니다. 냄새나는 그대로, 더러운 그대로, 우리의 추한 모습 그대로 우리의 발을 잡고 씻어 주십니다.

베드로도 예수님 앞에 발을 내미는 것을 거부했습니다. 그런 베드로에게 예수님이 하신 말씀을 기억하면 좋겠습니다. "내가 너를 씻어 주지 아니하면 네가 나와 상관이 없느니라." 주님은 그렇게 우리의 가장 추하고 냄새나는 곳을 마다하지 않고 씻어 주십니다. 함께 기도합시다.

하나님 아버지, 우리에게 끊임없이 은총에 내리시니 감사합니다.
살아가는 데 필요한 양식을 주시는 주님을 보면서
빈틈없이 돌보시는 은혜를 체험합니다.
주님은 가난하고 비천한 몸으로 오셨기에
가난하고 비천한 우리 사정을 잘 아십니다.
주님, 우리에게 섬김과 사랑의 도를 보이셨으니
이제 우리가 그 일을 하겠습니다.
변덕스럽지 않게, 속이지 않으며, 평화롭고 다정하게,
정의와 평화, 섬김과 겸손의 씨앗을 뿌리겠습니다.
주님, 당신이 우리를 씻기신 것처럼 우리도 서로를 섬기겠습니다.
죽음을 앞두고서도 끝까지 사랑하신 당신의 사랑을
우리가 함께 기억하고 나누겠습니다.
예수님 이름으로 기도합니다. 아멘.

#세족 #섬김 #사랑

4월 23일

하나님의 부재

오늘 하루 수고하셨습니다. 주님께서 주시는 위로와 평화가 여러분 모두에게 함께하기를 바랍니다. 오늘 저녁 함께 묵상할 말씀은 히브리서 4장 15-16절입니다.

> 우리에게 있는 대제사장은 우리의 연약함을 동정하지 못하실 이가 아니요. 모든 일에 우리와 똑같이 시험을 받으신 이로되 죄는 없으시니라. 그러므로 우리는 긍휼하심을 받고 때를 따라 돕는 은혜를 얻기 위하여 은혜의 보좌 앞에 담대히 나아갈 것이니라.

'신앙'이라는 말을 들으면 흔들리지 않는 바위가 늘 떠오릅니다. 하지만 현실은 그렇지 않습니다. 신앙은 매번 흔들리고 의심하고 절망합니다. 목사라도 별수 없습니다. 이 땅에서 살아가는 한 피할 수 있는 일이 아닙니다.

하나님의 임재보다 부재를 경험하며 몸살 걸린 저를 잡아 세우는 건 언제나 성찬을 함께 나누는 사람들입니다. 그렇게 천사처럼 곁을 지켜 주며 말을 걸어 오는 교우들을 통해 '교회 공동체', '성찬 공동체'가 무엇인지, 저에게 교회가 왜 필요한지 새삼 깨닫고 배웁니다.

교부 테르툴리아누스의 고백대로 "홀로 있는 그리스도인은 그리스도인이 아닙니다." 한 식탁에서 그리스도의 사랑과 믿음, 그리고 희망으로 다독여 주는 이가 곁에 있기에 교회입니다. 들풀들이 함께 바람에 흔들리며 움을 틔우듯 교회도 그렇게 자라고 꽃을 피웁니다. 그런 교회를 꿈꾸며 제가 먼저 그런 교인이 되길 애써 봅니다. 함께 기도합시다.

삼위일체 하나님, 당신은 참으로 넓고 깊습니다.
당신의 품은 그 안에서 제가 저를 잃어버릴 수 있을 만큼 광대하고
당신의 능력은 거기서 제가 굴복할 수 있는 전능이며
당신의 깊이는 그 안에 저를 묻을 수 있는 거룩한 바닥이며
당신의 얼굴은 눈부셔 바라볼 수 없는 영원하고 찬란한 빛입니다.
당신의 신비가 교회에 서려 있습니다.
당신의 말씀과 성찬을 나누는 이 교회를 통해 당신을 만나게 하소서.
그리하여 흔들리면서도 아름다운 꽃을 만드는 창조주의 신비가
우리를 통해 드러나게 하소서.
예수님 이름으로 기도합니다. 아멘.

#신앙 #하나님의부재 #교회

4월 24일

가장 귀한 것

오늘 하루 수고하셨습니다. 주님께서 주시는 위로와 평화가 여러분에게 가득하길 바랍니다. 오늘 함께 묵상할 말씀은 에베소서 4장 13-16절입니다.

> 우리가 다 하나님의 아들을 믿는 것과 아는 일에 하나가 되어 온전한 사람을 이루어 그리스도의 장성한 분량이 충만한 데까지 이르리니 이는 우리가 이제부터 어린 아이가 되지 아니하여 사람의 속임수와 간사한 유혹에 빠져 온갖 교훈의 풍조에 밀려 요동하지 않게 하려 함이라. 오직 사랑 안에서 참된 것을 하여 범사에 그에게까지 자랄지라. 그는 머리니 곧 그리스도라. 그에게서 온 몸이 각 마디를 통하여 도움을 받음으로 연결되고 결합되어 각 지체의 분량대로 역사하여 그 몸을 자라게 하며 사랑 안에서 스스로 세우느니라.

목사는 평생 글 쓰는 사람이라서 글 잘 쓰는 사람을 보면 부럽고 배우고픈 마음이 굴뚝같습니다. 종종 글쓰기를 가르치는 분들의 이야기를 들을 기회가 있는데, 그분들 이야기를 들어 보면, 글이란 자고로 조직적이고 체계적이어야 한다는데 제 글은 그냥 양동이로 물 쏟아붓는 식이라 늘 초라해 보입니다.

한동안 글 쓰는 법을 배워 볼까도 했어요. 하지만 성격에 맞지 않아 그냥 이대로 살기로 했습니다. 그러고 나니 속도 편하더군요. 쓰고 싶을 때 쓰고, 쓰기 싫으면 안 쓰고, 안 쓰고 싶을 때 써야 하면 그냥 머리 쥐어뜯으며 쓰면 되고, 그때그때 족한 대로 살면 된다고 생각하고 나니 편해졌습니다.

특별한 능력? 우리 눈앞에 특출나고 멋진 게 많아 보이지만, 사실 별것 아닙니다. 뚜렷한 특징 없는 반복적인 일상이라 해도 무언가 하고 있다는 것, 또는 살아 있다는 것 자체로 가치가 있습니다. 특출나고 멋진 것들은 그저 이름 짓고 구별하기 위한 개념에 불과하기 때문입니다.

살아 있다는 것, 무언가 하고 있다는 것, 그것이야말로 귀합니다. 그리고 그런 일상이 생명의 창조주이신 하나님과 연결되어 있다면, 그것이야말로 가장 고귀하고 신성한 삶이겠지요. 매일 기도하는 일상이 그래서 귀합니다. 주님은 저와 여러분의 모습 그대로 사랑하십니다. 그리고 그 사랑 안에서 매일 자라는 모습을 기뻐하십니다. 함께 기도합시다.

만물을 온전케 하시는 주님,
주님은 우리의 모습 그대로 받아 주십니다.
약하고 어리석은 생각, 추하고 비굴한 마음,
멋지고 특출나지 않아도
우리를 당신의 품으로 초대하셨습니다.
주님의 사랑 안에 거하게 하소서.
매일 반복되는 일상이 신비라는 것을 알게 하시어
당신 안에서 장성한 분량까지 우리가 자라게 하소서.
예수님 이름으로 기도합니다. 아멘.

#일상 #거룩함

4월 25일

엠마오로 가는 길

오늘 하루 수고하셨습니다. 주님께서 주시는 위로와 평화가 여러분에게 가득하길 바랍니다. 오늘 함께 묵상할 말씀은 누가복음 24장 13-17절과 30-34절입니다.

> 그 날에 그들 중 둘이 예루살렘에서 이십오 리 되는 엠마오라 하는 마을로 가면서 이 모든 된 일을 서로 이야기하더라. 그들이 서로 이야기하며 문의할 때에 예수께서 가까이 이르러 그들과 동행하시나 그들의 눈이 가리어져서 그인 줄 알아보지 못하거늘 예수께서 이르시되 너희가 길 가면서 서로 주고받고 하는 이야기가 무엇이냐 하시니 두 사람이 슬픈 빛을 띠고 머물러 서더라. … 그들과 함께 음식 잡수실 때에 떡을 가지사 축사하시고 떼어 그들에게 주시니 그들의 눈이 밝아져 그인 줄 알아 보더니 예수는 그들에게 보이지 아니하시는지라. 그들이 서로 말하되 길에서 우리에게 말씀하시고 우리에게 성경을 풀어 주실 때에 우리 속에서 마음이 뜨겁지 아니하더냐 하고 곧 그 때로 일어나 예루살렘에 돌아가 보니 열한 제자 및 그들과 함께 한 자들이 모여 있어 말하기를 주께서 과연 살아나시고 시몬에게 보이셨다 하는지라.

부활한 주님이 낙담한 제자들 곁에서 동행하셨다는 엠마오 두 제자 이야기는 오늘 우리에게도 여러 가지 생각할 거리를 던져 줍니다. 이들은 예수님의 제자였지만, 부활하신 예수님과 동행하면서도 알아채지 못합니다. 하지만 말씀과 식탁을 함께 나누다가 눈이 열리게 되지요. 이 말씀은 우리도 매일 먹고 마시는 밥과 식탁에서, 그리고 매일 만나는 낯선 사람들의 얼굴과 삶 속에서 부활의 주님을 만나고 체험하고 있다는 걸 뜻합니다.

그리고 그것이 진짜라면 오늘 이 시대 교회가 말하고 행동해야 할 것도 분명해집니다. 우리가 예수를 믿는 사람이라면, 예수 믿는 힘으로 낯선 이들을 환대하며 받아들이는 교회가 되도록 힘써야 할 것입니다. 주님은 하늘에서 오셨지만, 그분은 우리의 이웃 가운데서 발견되기 때문입니다. 우리 교회가 낯선 사람들, 소외된 사람들, 힘겹게 살아가는 모든 이들에게 희망이 되면 좋겠습니다. 함께 기도합시다.

주님, 당신은 우리와 가장 가까운 데 계십니다.
주님, 당신은 가장 작은 것 속에 계십니다.
주님, 당신은 가장 사소한 것 속에 계십니다.
주님, 당신은 가장 서러운 사람 속에 계십니다.
주님, 당신은 가장 억울한 사람 속에 계십니다.
우리가 그 안에서 주님을 발견하게 하소서.
그리하여 모든 사람과 모든 관계 안에서
우리를 복되게 하시는 주님을 만나게 하소서.
예수님 이름으로 기도합니다. 아멘.

#엠마오 #교회 #환대

4월 26일

중심을 보시는 하나님

오늘 하루 수고하셨습니다. 주님께서 주시는 위로와 평화가 여러분에게 가득하길 바랍니다. 오늘 함께 묵상할 말씀은 사무엘상 16장 7절입니다.

> 여호와께서 사무엘에게 이르시되 그의 용모와 키를 보지 말라. 내가 이미 그를 버렸노라. 내가 보는 것은 사람과 같지 아니하니 사람은 외모를 보거니와 나 여호와는 중심을 보느니라 하시더라

여러분은 사람을 처음 만나면 무엇부터 보시나요? 우리는 보통 사람의 외모와 말투, 배경 같은 것을 보고, 그 사람이 좋다 나쁘다 판단합니다. 우리는 그렇게 겉으로 보이는 것을 중요하게 여깁니다. 하나님은 어떠실까요? 오늘 함께 묵상한 말씀대로, 주님은 겉이 아니라 중심을 보십니다. 주님은 외모나 배경, 직함, 통장 잔액, 집 크기 등으로 우리를 평가하지 않습니다. 하나님은 우리를 그저 힘 있는 척, 성공한 척, 이런저런 일의 달인인 척하며 아등바등 살아가는 불쌍한 죄인으로 보십니다.

물론, 우리는 교회에서 늘 '나는 죄인'이라고 고백하지요. 그런데 속을 들여다보면, 자기가 정말 죄인이라고는 생각하지 않습니다. 약간 흠이 있는 사람과 정말 나쁜 사람을 구분한 다음, "내가 조금 더 낫다"며 좋아합니다. 그게 우리의 모습입니다. 종교개혁자 마르틴 루터는 이렇게 '모든 것을 자신에게 유리한 쪽으로 구부러뜨리는 인간의 본성*incurvatio in se ipsum*'을 죄의 특징이라고 설명합니다. 우리 중 누구도 여기서 자유롭지

못합니다.

하나님은 이런 우리 중심에 숨겨진 악한 본성을 잘 아십니다. 그런데 더 놀라운 사실은 당신의 아들을 내어주실 정도로 주님이 이런 우리를 사랑하신다는 점입니다. 이제 우리 차례입니다. 우리를 끝까지 사랑하시는 하나님의 중심을 바라봅시다. 그리고 매일 조금씩 변해 갑시다. 함께 기도합시다.

> 거룩하신 주님, 당신께서는 우리의 중심을 보십니다.
> 우리도 당신을 닮게 하소서.
> 당신의 신실한 사랑을 닮아 이웃을 향한 사랑과
> 섬김의 도를 잊지 않게 하소서.
> 세상 곳곳에 있는 주님의 자녀들을 지키셔서
> 온 세상이 혼돈 속에 빠져들 때도
> 입을 열어 바른말을 하게 하시고, 옳은 길을 걷게 하소서.
> 주님, 당신은 우리의 악함을 알고도 우리가 변화되길 기다리십니다.
> 그렇게 우리에게 인자하심을 보이셨으니
> 우리도 당신을 매일 닮아 가겠습니다.
> 주님의 뜻이 우리 삶 속에서 이뤄지게 하소서.
> 예수님 이름으로 기도합니다. 아멘.

#죄 #하나님 #변화

4월 27일

삶의 자세

오늘 하루 수고하셨습니다. 주님께서 주시는 위로와 평화가 여러분에게 가득하길 바랍니다. 오늘 저녁 함께 묵상할 말씀은 디모데후서 4장 3-8절입니다.

> 때가 이르리니 사람이 바른 교훈을 받지 아니하며 귀가 가려워서 자기의 사욕을 따를 스승을 많이 두고 또 그 귀를 진리에서 돌이켜 허탄한 이야기를 따르리라. 그러나 너는 모든 일에 신중하여 고난을 받으며 전도자의 일을 하며 네 직무를 다하라. 전제와 같이 내가 벌써 부어지고 나의 떠날 시각이 가까웠도다. 나는 선한 싸움을 싸우고 나의 달려갈 길을 마치고 믿음을 지켰으니 이제 후로는 나를 위하여 의의 면류관이 예비되었으므로 주 곧 의로우신 재판장이 그 날에 내게 주실 것이며 내게만 아니라 주의 나타나심을 사모하는 모든 자에게도니라.

"단 한 권의 책만 읽은 사람이 제일 무섭다!*hominem unius libri timeo*." 우스갯소리 같지만, 중세 최고의 신학자로 꼽히는 토마스 아퀴나스Thomas Aquinas가 한 말입니다. 정말 그래요. 어설프게 아는 사람이 가장 많이 아는 척합니다. 어렸을 때 어른들에게 들은 말 중에는 이런 말도 있었습니다. "남대문 한 번 갔다 온 사람이 종로에서 평생 산 사람보다 서울을 더 많이 안다." 사실 벼는 익을수록 고개를 숙입니다. 큰 나무, 큰 바위, 큰 산일수록 비바람과 세월의 풍파를 묵묵히 견뎌 냅니다.

그런데 우리는 내가 경험한 새로운 사건이나 지식, 또는 새로운 일이 온 세상에서 처음 있는 일과 지식인 양 흥분할 때가 많아요. 그러면서 나보다 더 많이 아는 사람이나 참 지식을 깔보거나 돌아보지 않기도 합니다. 사실 아주 바보 같은 모습이지요.

인생의 끝자락에서 사도 바울은 믿음의 아들 디모데에게 "가르침을 받되 바른 가르침을 따라 살아야 한다. 허탄한 이야기에 귀 기울이지 말고 매사에 신중해라"라고 권면합니다. 그리고 선하고 의로운 재판장이 오실 그날까지 맡겨진 일을 진중하게 수행하라고 당부합니다. 이 말을 한마디로 하면, 가벼운 신앙 대신 진중한 자세로 살라는 뜻이겠지요. 우리의 신앙은 어떤가요? 바람 불면 훅 날아가 버릴 삶, 책 한 권으로 호들갑 떠는 삶인가요? 아니면 진중한 삶인가요? 함께 기도합시다.

주님, 우리의 삶이 당신께 이어져 있습니다.
십자가 생명 값이 우리에게 주어졌으니
순간을 영원으로 살고,
영원을 순간에 담아 살게 하소서.
마지막 때에 주님 만나는 그곳에서
당신이 사랑하시는 자녀들의 선하고 기쁜 노래가
울려 퍼지게 하소서.
그리고 그곳에 저도 서 있게 하소서.
예수님 이름으로 기도합니다. 아멘.

#진지함 #디모데

4월 28일

스올

오늘 하루 수고하셨습니다. 주님께서 주시는 위로와 평화가 여러분에게 가득하길 바랍니다. 오늘 함께 묵상할 말씀은 시편 30편 1-5절입니다.

> 여호와여 내가 주를 높일 것은 주께서 나를 끌어내사 내 원수로 하여금 나로 말미암아 기뻐하지 못하게 하심이니이다. 여호와 내 하나님이여 내가 주께 부르짖으매 나를 고치셨나이다. 여호와여 주께서 내 영혼을 스올에서 끌어내어 나를 살리사 무덤으로 내려가지 아니하게 하셨나이다. 주의 성도들아 여호와를 찬송하며 그의 거룩함을 기억하며 감사하라. 그의 노염은 잠깐이요 그의 은총은 평생이로다. 저녁에는 울음이 깃들일지라도 아침에는 기쁨이 오리로다.

'스올'이란 말을 아시나요? 성경을 읽다 보면, 갑자기 튀어나오는 낯선 용어입니다. 성경을 번역하다가 그 뜻이 명확하지 않아서 히브리어를 음가 그대로 남겨 놓은 단어입니다. 그래도 사람이 죽으면 가는 곳, 또는 살아 있는 사람이 이해하지도 상상하지도 못하는 '저승'이 구약에 나오는 '스올'의 의미인 것은 분명합니다.

시편 30편에도 스올이 나오지요. 그런데 이 시편은 죽음의 세계, 살아 있는 사람이 도저히 이해하지도 상상하지도 못하는 그 스올도 하나님의 능력 안에 있다고 가르칩니다. 스올에 빠진 영혼을 하나님이 끌어 올리시고 살려 낸다고 말합니다. 성경이 우리에게 전하는 메시지가 바로 이것이지요. 죽음을 향한 죽음의 선언. 그래서 생명으로 이끄시는 하나님의 능력이 믿는 자의 삶 속에 나타납니다. 하나님은 환난과 역경, 죽음도 당신 손안에 두셨다는 것, 이것이 시편이 고백하는 하나님의 능력입니다.

우리는 지금 그 하나님 앞에서 기도하며 그분의 동행하심을 간구합니다. 시인의 고백처럼 하나님이 우리와 함께하는 한 저녁에 울음이 깃들어도 아침에는 기쁨이 올 것입니다. 함께 기도합시다.

주님, 당신을 찬송합니다.
당신께서는 죽음을 이기시고 부활하셨습니다.
십자가의 승리를 통해 우리도 다시 태어나게 하십니다.
우리가 당신을 신뢰하오니,
주님 곁에 살아가는 우리를 스올에서 건져 주소서.
불안한 시대, 혼란스러운 우리 삶에 찾아오셔서
친절하고 다정한 당신의 음성과 손길을 체험케 하소서.
예수님 이름으로 기도합니다. 아멘.

#스올 #하나님의능력

4월 29일

하나님과 동행

오늘 하루 수고하셨습니다. 주님께서 주시는 위로와 평화가 가득하길 바랍니다. 오늘 저녁 함께 묵상할 말씀은 요한복음 14장 23-27절입니다.

> 예수께서 대답하여 이르시되 사람이 나를 사랑하면 내 말을 지키리니 내 아버지께서 그를 사랑하실 것이요. 우리가 그에게 가서 거처를 그와 함께 하리라. 나를 사랑하지 아니하는 자는 내 말을 지키지 아니하나니 너희가 듣는 말은 내 말이 아니요 나를 보내신 아버지의 말씀이니라. 내가 아직 너희와 함께 있어서 이 말을 너희에게 하였거니와 보혜사 곧 아버지께서 내 이름으로 보내실 성령 그가 너희에게 모든 것을 가르치고 내가 너희에게 말한 모든 것을 생각나게 하리라. 평안을 너희에게 끼치노니 곧 나의 평안을 너희에게 주노라. 내가 너희에게 주는 것은 세상이 주는 것과 같지 아니하니라. 너희는 마음에 근심하지도 말고 두려워하지도 말라.

하루를 돌아보면, 바쁘고 산만한 것들이 시간을 가득 채울 때가 있습니다. 걱정, 두려움, 꼭 해야 할 일이 머리를 헤집고 다니는 바람에 잠도 제대로 못 자고 정신없이 지내다가 결국 정말 중요한 걸 놓치는 때도 적지 않습니다. 성경에도 이런 이야기가 있습니다.

누가복음 2장 마지막 부분에 나오는 이야기입니다. 예수님이 열두 살이 되었을 때 마리아와 요셉이 유월절 축제에 예수님을 예루살렘에 데려갑니다. 축제가 끝나자 두 사람은 아들 예수가 당연히 같이 있겠거니 생각하고 집으로 출발했습니다. 그런데 여기서부터 흥미롭습니다. 마리아와 요셉은 예수님이 그들과 함께 계시지 않는다는 사실을 깨닫는 데 꼬박 하루가 걸렸고, 예수님을 찾는 데 사흘이 걸렸습니다!

이 에피소드는 하나님을 잃어버리기는 쉽지만, 다시 찾는 일은 그보다 훨씬 더 어렵다고 말하는 것 같습니다. 우리는 일상에서 하나님이 우리와 함께하신다는 사실을 자주 잊어버립니다.

하루를 살면서 하나님과 함께 머물고 동행하고 있는지 돌아보는 시간이 점점 많아지면 좋겠습니다. 그리고 잊지 맙시다. 하나님의 임재는 그분의 말씀에 순종하는 것에서 시작된다는 사실을 말입니다. 성숙한 신앙의 첫 번째 표시는 하나님의 뜻이 우리에게 얼마나 드러나는지에 달려 있습니다. 남에게 관대하고, 용서하는 법을 배우고, 원한을 품지 않고, 평화롭게 살고, 감사의 제목을 찾고, 나보다 남을 더 높이는 말과 행동을 의식적으로 선택할 때, 우리는 하나님과 좀 더 친밀한 교제를 나누게 될 것입니다.

오늘 이 밤, 하나님의 뜻 안에서 잠들길, 내일 아침에 잠에서 깨 살아갈 때 우리 가운데 선한 열매가 맺길 함께 기도합시다.

하나님 아버지,
당신께서 우리 마음에 계시니 감사합니다.
저는 오늘 당신이 필요합니다.
생각과 말로 주님을 공경하고
제 주변 사람들에게 축복이 되도록 도와주소서.
예수님 이름으로 기도합니다. 아멘.

#동행 #열두살예수 #임마누엘

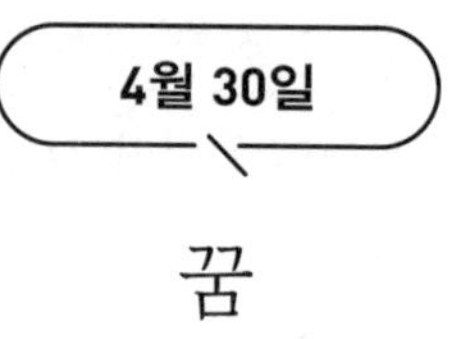

꿈

오늘 하루 수고하셨습니다. 주님께서 주시는 위로와 평화가 여러분에게 가득하길 바랍니다. 벌써 4월의 마지막 날이네요. 오늘 저녁에는 잠언 29장 18절 딱 한 절만 함께 묵상해 보려고 합니다.

> 묵시가 없으면 백성이 방자히 행하거니와 율법을 지키는 자는 복이 있느니라.

'잠언'이라는 말은 '가르쳐서 교훈이 되는 말'이라는 뜻입니다. 방금 읽은 잠언에 '묵시'라는 말이 나오는데, '꿈'이라고 바꿔도 좋을 것 같아요. 하나님은 우리에게 꿈을 심어 놓으시는데, 우리는 그 꿈을 가지고 온갖 다양한 일을 하며 살아갑니다.

그런데 어떤 사람들은 다른 사람들의 비판을 피하려고 하나님이 주신 꿈을 마음속 깊이 파묻고 살기도 합니다. 또 어떤 사람들은 더는 하나님이 주신 꿈을 생각할 필요가 없다면서, 그 선한 꿈을 자신의 손이 닿지 않는 곳에 가둬 놓기도 합니다. 그리고 또 어떤 사람들은 하나님이 주신 꿈은 현실에 맞지 않는다며 쉽사리 포기합니다.

그러나 하나님이 주신 꿈이라면 반드시 뿌리를 내리고 싹이 나고 줄기가 자라서 열매를 맺습니다. 다만, 그때가 오기까지 해야 할 일이 있습니다. 우리에게 주신 꿈이 하나님의 선한 계획 가운데 있다는 사실을 인식하고 겸손히 노력하는 게 중요합니다. 하나님이 주신 꿈이라면 가만있어도 이뤄질 순 있을 겁니다. 하지만 하나님이 우리에게 꿈을 주신 이유를 잠깐만이라도 생각해 보면, 가만 앉아 있는 모습을 하나님이 좋아하실 리 없겠지요.

노력이 중요합니다. 하지만 자족하는 법도 배워야 합니다. 바울은 빌립보서 4장 11-13절에서 모든 형편에 자족하기를 배웠다고 회고합니다. 즉, 그는 자신이 처한 상황에 화내지 않고 항상 자신이 할 수 있는 지점이 어디까지인지 인정하고 받아들입니다. 하나님이 주신 꿈이 있다면 바울처럼 지금 하는 일에 자족하는 것과 더 많은 것을 위해 노력하는 것 사이에서 균형을 찾아야 합니다. 하나님은 저와 여러분을 통해 당신의 꿈을 이루시기 위해 날마다 조금씩 조금씩 더 많은 것을 도우실 것입니다. 함께 기도합시다.

우리를 통해 일하시는 예수님,
당신께서는 하나님의 선한 뜻을 이루기 위해
놀라운 계획을 세우고 계십니다.
비록 그것이 우리 마음에 들지 않거나
때때로 상황이 우리를 포기하도록 강요하더라도 말입니다.
당신이 우리에게 주신 꿈을 이룰 수 있도록 도와주실 것을 믿습니다.
우리의 상황과 여건이 우선순위가 되지 않고,
하나님의 선한 뜻이 우리 가운데 드러나게 하소서.
예수님의 이름으로 기도합니다. 아멘.

#꿈 #잠언 #자족

5월 1일

주님이 사랑하신다

오늘 하루 수고하셨습니다. 주님께서 주시는 위로와 평화가 여러분에게 가득하길 바랍니다. 벌써 찬란한 오월이네요. 하루를 마감하면서 함께 묵상할 말씀은 요한복음 21장 15-17절입니다.

> 그들이 조반 먹은 후에 예수께서 시몬 베드로에게 이르시되 요한의 아들 시몬아 네가 이 사람들보다 나를 더 사랑하느냐 하시니 이르되 주님 그러하나이다. 내가 주님을 사랑하는 줄 주님께서 아시나이다. 이르시되 내 어린 양을 먹이라 하시고 또 두 번째 이르시되 요한의 아들 시몬아 네가 나를 사랑하느냐 하시니 이르되 주님 그러하나이다. 내가 주님을 사랑하는 줄 주님께서 아시나이다. 이르시되 내 양을 치라 하시고 세 번째 이르시되 요한의 아들 시몬아 네가 나를 사랑하느냐 하시니 주께서 세 번째 네가 나를 사랑하느냐 하시므로 베드로가 근심하여 이르되 주님 모든 것을 아시오매 내가 주님을 사랑하는 줄을 주님께서 아시나이다. 예수께서 이르시되 내 양을 먹이라.

종교개혁자 마르틴 루터는 1518년 독일 하이델베르크에서 유명한 십자가 신학을 발표하는데, 28개로 간추린 논제 중 마지막 문장은 이렇게 끝납니다. "사람은 자기에게 맞는 대상을 찾아 사랑하지만, 하나님은 사랑에 맞는 대상을 찾지 않고 사랑을 창조하신다."

우리는 가족과 친구, 나와 가까운 사람과 관계하며 정을 쌓아 갑니다.

그러다 거기서 사랑이 생겨나지요. 반대로 나를 배신한 사람, 나에게 거짓말한 사람, 내 믿음을 저버린 사람을 찾아서 마음을 주고 사랑하는 일은 별로 없습니다. 그런데 하나님은 그런 사랑을 하시는 것 같아요.

예수님의 십자가 죽음을 보고 고향으로 돌아온 베드로와 제자들은 예전 직업인 어부로 돌아갔습니다. 어찌 보면, 모든 게 원점으로 돌아갔습니다. 예수님을 모른다고 세 번이나 부인한 베드로는 자신을 원망했을지도 모르겠어요. 그런데 부활하신 예수님이 이런 베드로를 찾아오십니다. 그리고는 "네가 나를 사랑하느냐"고 세 번이나 물으십니다.

실패한 베드로를 찾아와 사랑을 확인하는 주님의 모습은 우리에게 이런 메시지를 들려줍니다. "주님은 우리가 바닥을 치고 있을 때도 찾아와 사랑으로 품어 주신다." 지금도 주님은 저와 여러분을 찾아 사랑을 확인하십니다. 형편이 어떤지는 중요하지 않습니다. 주님이 우리를 사랑의 대상으로 지목한 이상 우리는 그 사랑 안에서 살게 됩니다. 주님의 사랑이 우리의 삶 속에서 충만하게 체험되길 바랍니다. 함께 기도합시다.

주님, 당신은 우리를 향해 사랑을 창조하시는 분입니다.
하지만 우리는 늘 하나님께 등 돌리며 모른 척합니다.
우리의 말과 행동은 선과 거리가 멀고,
선하고 바른 뜻을 좇아 살기에 우리는 너무 약한 존재입니다.
저희를 사랑의 대상으로 삼아 주셔서 감사드립니다.
변치 않는 그 사랑을 더욱 분명히 경험할 수 있도록 도와주소서.
주님을 향한 우리의 사랑도 커지게 하소서.
그리고 그 사랑이 우리 이웃을 섬기는 힘이 되게 하소서.
사랑의 예수님 이름으로 기도합니다. 아멘.

#십자가신학 #루터 #사랑

5월 2일

기도법

오늘 하루 수고하셨습니다. 주님께서 주시는 위로와 평화가 여러분에게 가득하길 바랍니다. 오늘 저녁 함께 묵상할 말씀은 마태복음 6장 7-13절입니다.

> 또 기도할 때에 이방인과 같이 중언부언하지 말라. 그들은 말을 많이 하여야 들으실 줄 생각하느니라. 그러므로 그들을 본받지 말라. 구하기 전에 너희에게 있어야 할 것을 하나님 너희 아버지께서 아시느니라. 그러므로 너희는 이렇게 기도하라. 하늘에 계신 우리 아버지여 이름이 거룩히 여김을 받으시오며 나라가 임하시오며 뜻이 하늘에서 이루어진 것 같이 땅에서도 이루어지이다. 오늘 우리에게 일용할 양식을 주시옵고 우리가 우리에게 죄 지은 자를 사하여 준 것 같이 우리 죄를 사하여 주시옵고 우리를 시험에 들게 하지 마시옵고 다만 악에서 구하시옵소서. 나라와 권세와 영광이 아버지께 영원히 있사옵나이다. 아멘.

우리는 모두 '무엇을 위해' '어떻게' 기도해야 하는지 배워야 합니다. 그런데 오늘 묵상할 그리스도의 말씀에 기도의 내용과 방법이 나와 있습니다. 어떻게 기도해야 할까요?

우리의 기도는 말수는 적되 내용과 뜻은 숭고하고 깊이가 있어야 합니다. 주님이 가르쳐 주신 바에 따르면, 말이 적을수록 더 나은 기도가 되고 말이 많을수록 빈약한 기도가 됩니다. 말이 적고 의미가 풍부한 기도가 기독교적인 기도입니다. 말은 많으나 속이 빈 기도는 빵점입니다. "이방인과 같이 중언부언하지 말라"는 말씀은 바로 이런 뜻입니다.

요한복음 4장 24절에서 예수님이 사마리아 여인에게 "예배하는 자가 영과 진리로 예배할지니라"라고 하신 것을 기억하실 겁니다. 그 구절에서 '예배'는 사실 '기도'입니다. 예수님 말씀대로 하자면, 하늘 아버지는 그렇게 기도하는 삶을 원하신다는 말입니다. 여기서 '영으로 기도한다' 또는 '영적으로 기도한다'는 말은 바람직하지 못한 기도를 반대하는 말이고, '진리로 기도한다'는 말은 허풍스러운 기도를 반대하는 말입니다. 쉽게 말해, 허풍스러운 기도, 생각 없이 중얼거리며 수다 떠는 기도는 기도가 아니라는 뜻입니다.

그런데 그렇게 기도하는 사람들이 참 많습니다. 그런 기도는 남들 눈에 유창해 보일지 모르나 바른 기도라고 할 수 없습니다. 영적이고 신실한 기도는 마음의 가장 내밀한 소원과 아픔, 소원을 그대로 드러냅니다. 말 많은 기도는 허풍쟁이를 만들고, 진실한 기도는 성도를 만듭니다. 말 많은 기도는 그릇된 안정감을 주고, 진실한 기도는 존귀한 하나님의 자녀를 만듭니다. 함께 기도합시다.

주님, 우리가 진실한 기도를 하게 하소서.
포장 가득한 말 대신, 진심 어린 한 마디가 기도되게 하소서.
주님은 우리의 기도를 들어주십니다.
이 믿음으로 당신께 기도하게 하소서.
예수님 이름으로 기도합니다. 아멘.

#기도 #중언부언

5월 3일

생명의 양식

오늘 하루 수고하셨습니다. 주님께서 주시는 위로와 평화가 여러분에게 가득하길 바랍니다. 오늘 저녁 함께 묵상할 말씀은 시편 19편 7-10절입니다.

> 여호와의 율법은 완전하여 영혼을 소성시키며 여호와의 증거는 확실하여 우둔한 자를 지혜롭게 하며 여호와의 교훈은 정직하여 마음을 기쁘게 하고 여호와의 계명은 순결하여 눈을 밝게 하시도다. 여호와를 경외하는 도는 정결하여 영원까지 이르고 여호와의 법도 진실하여 다 의로우니 금 곧 많은 순금보다 더 사모할 것이며 꿀과 송이꿀보다 더 달도다.

공기 없이, 물 없이, 음식 없이 얼마나 버틸 수 있을까요? 기본적으로 인간은 공기 없이 3분, 물 없이 3일, 음식 없이 3주밖에 살지 못한다고 합니다. 그런데 고양이는 음식 없이 2주, 낙타는 3개월, 거북이는 1년을 살 수 있고 악어는 3년도 버틸 수 있다고 합니다. 정말 그게 가능할까 싶은데, 다른 동물들에 비해 인간의 생존력이 참 보잘것없는 건 분명합니다.

이와 관련하여 미국 교회에 재미난 표현이 하나 있다고 합니다. '거북이 교인turtle christian'이라는 말입니다. 혹시 들어보셨나요? 음식을 자주 먹어야 사람이 살 수 있듯 하나님의 백성은 하나님 말씀을 먹어야 삽니다. 그런데 말씀의 양식 없이 사는 신자를 '거북이 교인'이라고 부른다고 합

하늘에 계신 아버지,
이 땅에 거하는 우리에게 복을 내려 주시니 감사합니다.
하나님의 놀라운 은혜로
그리고 주님을 따르는 자녀들의 도움으로
우리가 믿고 구원받게 되었습니다.
한 지붕 아래 모인 우리를 지켜 주소서.
우리가 사랑하는 마음으로 서로를 헤아리고,
성령이 우리를 평화의 띠로 묶어
하나 되게 하신 것을 힘써 지키게 하소서.
주께서 우리를 위해 정하신 그 길을 가는 동안
우리에게 새 힘과 은혜를 주소서.
우리의 달려갈 길을 마칠 그날까지
주님을 기뻐하고 신뢰하게 하소서.
예수님 이름으로 기도합니다. 아멘.

#바울 #옥중서신 #권면

8월 5일

매미

오늘 하루 수고하셨습니다. 주님께서 주시는 위로와 평화가 여러분에게 가득하길 바랍니다. 오늘 함께 묵상할 말씀은 요한복음 10장 11-12절입니다.

> 나는 선한 목자라. 선한 목자는 양들을 위하여 목숨을 버리거니와 삯꾼은 목자가 아니요 양도 제 양이 아니라. 이리가 오는 것을 보면 양을 버리고 달아나나니 이리가 양을 물어 가고 또 헤치느니라.

푹푹 찌는 한여름 밤 어떻게 지내시는지요? 집 바로 앞에 커다란 벚나무가 있습니다. 벚꽃 피는 계절에는 남산보다 화려하게 꽃이 피어서 집 앞 골목을 지나는 사람들이 연신 사진 찍기 바쁠 정도입니다. 그런데 7월 말부터 장마가 끝나면 큰 골치를 앓곤 합니다. 벚나무에 너무 많은 매미가 붙어 우는 바람에 밤잠을 설치기 일쑤예요. 그래서 하루는 매미를 어떻게 처치할까 하고 여기저기 정보를 뒤져 보았습니다. 그러다 우연히 매미의 일생을 알고는 그냥 올여름, 아니 매해 여름 요란한 매미 울음소리를 기적의 소리로 들어야겠구나 하고 마음을 고쳐먹었습니다.

간혹 '매미 팔자'라면서 매미를 게으름의 상징처럼 이야기하지만, 매미의 삶을 알고 보면 그렇게 극적일 수 없습니다. 매미 유충은 태어나서 땅속에 들어가 짧게는 5-6년, 길게는 16년 동안 굼벵이로 지내다가 땅을 뚫고 나와 보름 정도 울다가 생을 마감한다고 합니다. 보름 동안 울려고 땅속에서 그리 오랜 세월을 기다렸다는 사실을 알고 나니, 소란스러운 매미

소리가 달리 들립니다. 이것이 매미의 운명이자 소명이겠지요. 오랜 세월을 참은 다음 자기에게 주어진 15일을 힘차게 울다 가는 매미를 보면서 저 자신, 그리고 우리의 삶을 돌아봅니다.

우리는 주어진 삶을 얼마나 녹여 내며 살고 있을까요? 지금 이 시대 우리의 삶은 어쩌면 굼벵이처럼 오랜 기간 땅속에 있는 것 같이 암울할 수도 있습니다. 하지만 주님이 약속하신 영원한 생명을 바라며 산다면, 주어진 하루하루, 순간순간이 절대 가치 없지 않을 겁니다. 우리 길을 인도하고 보호하시는 주님이 우리와 영원토록 함께하신다는 것이 성경의 약속이기 때문이지요. 그 약속을 굳게 믿는다면, 우리에게 주어진 순간도 영원으로 녹여 내며 살 수 있을 겁니다. 선한 목자이신 주님께서 우리를 지키며 푸른 초장으로 인도하실 것입니다. 함께 기도합시다.

하늘에 계신 아버지,
우리가 주님과의 사귐을 간절히 바랍니다.
모든 생명이 주님에게서 시작되고,
모든 인간사가 주님의 손에 달려 있음을 알기 때문입니다.
우리의 마음이 기운을 얻는 곳도 바로 당신입니다.
우리를 보호하시고 우리에게 언제나 새 힘을 주셔서,
주님의 뜻을 우리 가운데 이루소서.
고난이 켜켜이 쌓여 갈 때,
삶이 우리를 속일 때도 용기를 잃지 않게 하소서.
우리는 주님의 종이 되어 무슨 일이든지 기쁨으로 섬기길 원합니다.
주께서 약속하신 대로 우리의 전 생애에 복을 주소서.
예수님 이름으로 기도합니다. 아멘.

#매미 #약속 #선한목자

8월 6일

천천히 자라는 복음

오늘 하루 수고하셨습니다. 주님께서 주시는 위로와 평화가 여러분에게 가득하길 바랍니다. 오늘 함께 묵상할 말씀은 이사야 61장 1-3절입니다.

> 주 여호와의 영이 내게 내리셨으니 이는 여호와께서 내게 기름을 부으사 가난한 자에게 아름다운 소식을 전하게 하려 하심이라. 나를 보내사 마음이 상한 자를 고치며 포로된 자에게 자유를, 갇힌 자에게 놓임을 선포하며 여호와의 은혜의 해와 우리 하나님의 보복의 날을 선포하여 모든 슬픈 자를 위로하되 무릇 시온에서 슬퍼하는 자에게 화관을 주어 그 재를 대신하며 기쁨의 기름으로 그 슬픔을 대신하며 찬송의 옷으로 그 근심을 대신하시고 그들이 의의 나무 곧 여호와께서 심으신 그 영광을 나타낼 자라 일컬음을 받게 하려 하심이라.

어제 매미 이야기를 했는데, 오늘은 참나무 이야기입니다. 참나무 한 그루가 자라려면 도토리 하나가 필요합니다. 하지만 모든 도토리가 참나무가 되는 건 아닙니다. 보통 도토리 1천 개당 하나꼴로 참나무가 되는데, 도토리에서 뿌리가 나와 자리를 잘 잡아도 자라는 데는 아주 오랜 시간이 걸린다고 합니다. 그래서 언뜻 보기에 작은 참나무 같아 보이지만, 실제로는 백 년 넘은 나무가 수두룩합니다.

하나님은 참나무를 자라게 하려고 서두르지 않습니다. 마찬가지로 하나님은 우리에게 주신 구원의 약속을 이루고자 서두르지 않습니다. 주님이 우리에게 베푸신 복, 우리를 선하게 인도하시는 주님의 자비는 은근하고 지속적이며 성실합니다. 그러나 그 능력은 굳건하고 강합니다. 우리의 믿음이 성장하는 데도 은근한 인내와 기다림이 필요합니다. 조급해하지 맙시다. 하나님의 축복은 반드시 이뤄질 것이고, 신실한 그분의 동행이 우리 가운데 계속될 것입니다. 함께 기도합시다.

주 우리 하나님,
우리에게 베푸신 모든 은혜에 감사드립니다.
지금도 우리를 위해 일하시는 주님,
우리가 어려울 때 도움이 되시고,
우리를 죽음에서 건지시니 참 감사합니다.
의심 없이 주님을 바랄 때
주께서 우리의 기도를 들으신다는 것을 알게 해 주시니 감사합니다.
아버지께서 늘 곁에 계시니
우리는 시련과 죽음이 두렵지 않습니다.
우리는 흠이 많지만,
주님은 언제나 인자하십니다.
우리의 마음에 빛이 꺼지지 않게 하소서.
우리가 그 빛으로 하늘나라와 세상을 밝히 보며
주께서 우리를 위해 마련하신 큰 선물을 보게 될 것입니다.
기쁨이 우리 마음에 항상 머무르게 하소서.
예수님 이름으로 기도합니다. 아멘.

#인내 #약속 #은혜 #복음

8월 7일

수학여행

오늘 하루 수고하셨습니다. 주님께서 주시는 위로와 평화가 여러분에게 가득하길 바랍니다. 오늘 함께 묵상할 말씀은 요한복음 12장 35-36절입니다.

> 예수께서 이르시되 아직 잠시 동안 빛이 너희 중에 있으니 빛이 있을 동안에 다녀 어둠에 붙잡히지 않게 하라. 어둠에 다니는 자는 그 가는 곳을 알지 못하느니라. 너희에게 아직 빛이 있을 동안에 빛을 믿으라. 그리하면 빛의 아들이 되리라.

저는 군산에 있는 작은 초등학교를 나왔습니다. 그 학교는 6학년이 되면 수학여행을 가곤 했는데, 목적지는 늘 온양에 있는 현충원이었습니다. 거의 40년 전 일인데도, 수학여행 간다고 전날 잠 못 자고 설레던 그때가 아직도 눈에 선합니다. 지금이야 수학여행을 온양으로 가는 초등학교가 있을까 싶지만, 당시만 해도 고깃국은 명절에나 한 번 먹고, 짜장면은 학교 졸업이나 입학 같은 특별한 일이 있어야 먹을 정도였습니다. 여행도 거의 못 해 보던 시절이었지요. 그러니 군산 해망동 부둣가에서 배를 타고 장항까지 가서, 또 거기서 창문 열린 기차를 타고 온양까지 가던 그 길이 신비한 나라로 떠나는 엘리스의 모험이나 다름없었습니다. 초등학교 6학년 때 기차를 처음 타 봤는데 그리 신기할 수 없었습니다. 가장 신나는 순간은 터널을 지날 때였지요. 지금 기차와는 다르게 터널을 지날 때

말 그대로 앞이 깜깜해서 아무것도 보이지 않고 기차 소리만 가득했습니다. 그게 뭐가 그리 좋았던지 기차에 타고 있던 친구들 모두 한목소리로 "와!" 하고 탄성을 지르던 추억이 떠오릅니다. 어두운 터널을 지나면 언제 그랬냐는 듯 밝은 곳을 만나게 되는데, 그때는 또 너무 밝아서 눈도 제대로 못 뜨던 생각도 나네요.

잠시 옆길로 샜는데, 오늘 함께 나누고 싶은 주제는 빛과 어둠입니다. 요한복음에 따르면, 빛은 그리스도 예수를 뜻합니다. 그래서 우리가 그리스도를 만난 사람이라면 그 빛을 따라 살아야 한다고 복음서는 가르칩니다. 우리의 인생은 짧으니 그동안 충실히 그분 뒤를 따르라는 것이지요. 한낮에는 빛이 있다는 사실을 크게 깨닫지 못합니다. 하지만 해가 넘어가고 어둠이 깔리면 그제야 빛의 고마움을 알게 되지요. 늦기 전에 주님의 빛을 감사하며 따라가고 그 감사와 은혜를 이웃에게 전하는 삶이 되길 바랍니다. 함께 기도합시다.

> 하늘에 계신 아버지, 자녀 된 우리가 주 앞에 나아갑니다.
> 주님의 빛으로 우리를 이끌어 주소서.
> 우리의 영혼이 거듭나 주님의 자녀답게 살게 하소서.
> 좋은 것으로 우리 삶을 채우시고 강한 손으로 우리를 도우시는 주님,
> 주님의 그 은혜를 많은 사람에게 나눠 주시니 감사합니다.
> 우리의 감사를 받아 주소서.
> 우리가 주님의 은혜를 잊지 않게 하소서.
> 주님의 나라가 올 때까지 물러섬 없이 늘 전진하게 하소서.
> 주 예수 안에서 하나님을 사랑하며 사는
> 우리의 삶이 헛되지 않게 하소서.
> 그분은 모든 인류의 아버지가 되십니다.

주님의 나라가 속히 오기를 구하는 우리의 기도가
땅에 떨어지지 않게 하소서.
오소서 주 예수여!
이 땅에 곧 오셔서 모든 사람이 참 하나님을 인정하고
주를 사랑하게 하소서.
예수님 이름으로 기도합니다. 아멘.

#빛 #어둠 #요한복음

8월 8일

영성

오늘 하루 수고하셨습니다. 주님께서 주시는 위로와 평화가 여러분에게 가득하길 바랍니다. 오늘 함께 묵상할 말씀은 빌립보서 2장 2-5절입니다.

> 마음을 같이하여 같은 사랑을 가지고 뜻을 합하며 한마음을 품어 아무 일에든지 다툼이나 허영으로 하지 말고 오직 겸손한 마음으로 각각 자기보다 남을 낫게 여기고 각각 자기 일을 돌볼뿐더러 또한 각각 다른 사람들의 일을 돌보아 나의 기쁨을 충만하게 하라. 너희 안에 이 마음을 품으라. 곧 그리스도 예수의 마음이니.

다른 데서는 안 쓰는데 교회에서만 쓰는 독특한 말이 참 많아요. 그중 하나가 '영성'이라는 단어일 겁니다. 저는 이 말처럼 모호한 말이 없다고 생각했어요. 영성이란 말을 들으면 거룩하고 신비한 무언가를 말하는 것 같아서 정의하기 쉽지 않기 때문입니다. 그런데 언젠가 글을 읽다가 무릎을 '탁' 치게 되었어요. "기독교 영성이란 그리스도 때문에 자신을 넘어 이웃에게 이르는 관계다." 영성spirituality이란 자신을 넘어서는 것이되 신비하고 모호한 무언가가 아니라 이웃에게 이르는 관계라는 설명이 이제껏 안개 같았던 모호함을 한 방에 정리하는 것 같았습니다.

실제로 성경은 그리스도인의 삶을 이 방향으로 이끕니다. 이 시간 묵상하는 빌립보서의 말씀도 그렇지요. 빌립보서 2장 2-5절 말씀을 가만히 음미해 보세요. 그리스도인의 삶은 분명히 그리스도 때문에 나를 넘어 이웃에게 이르는 선한 관계입니다.

그러고 보니 "영적으로 자수성가한 사람처럼 위험한 사람은 없다"라는 말의 뜻도 이해가 됩니다. 왜냐고요? 신비하고 거룩하며 깨달음이 깊을 수는 있어도, 자신을 넘어 이웃에게 이르는 선한 관계를 모르기 때문입니다. 저와 여러분의 영성, 우리 교회의 영성은 어떤가요? 혼자만의 거룩함인가요, 아니면 그리스도 때문에 나를 넘어 이웃에게 이르고 있나요? 함께 기도합시다.

주 우리 하나님,
당신께서는 우리가 당신을 닮길 바라십니다.
우리가 영적인 사람으로 거듭나되,
주님을 닮은 영성의 삶을 살게 하소서.
우리의 속사람이 성령으로 변화되어
그리스도 예수와 한마음이 되게 하시어
다른 사람들과 지낼 때 다스리기보다는 참고 순종하며,
지배하기보다는 섬기고, 올라서기보다는 낮추는 것이
더 낫다는 것을 깨닫게 하소서.
우리는 예수의 마음을 품기 원합니다.
많은 사람이 같은 마음을 품고, 말과 행동으로 이웃을 사랑하고
매 순간 주님과 동행하는 진정한 그리스도인이 되게 하소서.
예수님 이름으로 기도합니다. 아멘.

#영성 #하나님형상 #이웃사랑

8월 9일

거리 두기

오늘 하루 수고하셨습니다. 주님께서 주시는 위로와 평화가 여러분에게 가득하길 바랍니다. 오늘 함께 묵상할 말씀은 마태복음 18장 18-20절입니다.

> 진실로 너희에게 이르노니 무엇이든지 너희가 땅에서 매면 하늘에서도 매일 것이요. 무엇이든지 땅에서 풀면 하늘에서도 풀리리라. 진실로 다시 너희에게 이르노니 너희 중의 두 사람이 땅에서 합심하여 무엇이든지 구하면 하늘에 계신 내 아버지께서 그들을 위하여 이루게 하시리라. 두세 사람이 내 이름으로 모인 곳에는 나도 그들 중에 있느니라.

코로나가 세상에 밀치고 들어온 이래로 많은 변화가 일어났습니다. 무엇보다 함께 모여 북적거리던 공동의 장이 위축되어 버렸습니다. 사람은 본디 관계의 존재라서 서로 만나 교제하면 정도 쌓이고 힘도 나고 할 텐데, 그러지 못해 힘이 빠집니다. 빈자리 없이 촘촘히 앉아 소리 높여 찬송하고 정겹게 서로 손을 잡고 축복을 기원하던 예배가 언제였는지 아련해집니다. 이런 시대에 마태복음 18장 말씀은 위로가 됩니다.

"두세 사람이 내 이름으로 모인 곳에는 나도 그들 중에 있느니라."

주님은 두세 사람이 모인 곳에 함께하겠다고 약속하셨지만, 이 말씀은 숫자나 거리에 제한되지 않습니다. '두세 사람'이란 가장 작은 단위이고,

'모이는 곳'이란 마음의 간격을 뜻하기도 합니다. 그래서 저는 이 말씀을 사람 수로 읽지 않고 마음의 거리로 읽습니다. 어쩔 수 없는 상황으로 거리 두기가 강화되더라도 마음까지 제한하지는 못합니다. 실제로도 그렇지요. 사랑하는 사람이 지구 반대편에 있더라도 늘 생각하고 연락하며 마음을 함께 나눌 수 있다면 여전히 함께 있는 것이나 다름없습니다.

분리된 홀로의 삶이 점점 익숙해지는 시대이지만, 그리스도인이라면 하나의 세례, 하나의 성령, 하나의 신앙고백 안에서 하나 된 교회의 지체들을 기억하고 삶을 나누는 마음의 공간이 필요합니다. 그런 마음의 공간이야말로 참된 예배의 자리가 됩니다. 이 밤, 예수의 이름으로 하나 된 우리 모두를 위해 기도합시다.

우리의 하나님, 우리의 아버지가 되신 주여,
예수의 이름 아래 모여 우리가 함께 삶을 나누게 하시니 감사합니다.
우리의 눈을 열어 하나님을 보게 하신 예수님은
우리가 그의 이름으로 모일 때 함께하시겠다고 약속하셨습니다.
인생이 점점 고달프고 미래가 암울하게 보일 때도,
우리의 마음이 그늘지지 않게 하소서.
유혹이 찾아오고, 피해 갈 수 없는 싸움을 맞이할 때,
우리를 지켜 주시고 구원하소서.
모든 속박에서 우리를 풀어 주소서.
우리가 주님의 백성이 되어 이 땅에서도
영원한 생명을 누릴 것입니다.
예수님 이름으로 기도합니다. 아멘.

#거리두기 #마음 #공유

8월 10일

정찰대

오늘 하루 수고하셨습니다. 주님께서 주시는 위로와 평화가 여러분에게 가득하길 바랍니다. 오늘 함께 묵상할 말씀은 이사야 52장 6-8절입니다.

> 그러므로 내 백성은 내 이름을 알리라. 그러므로 그 날에는 그들이 이 말을 하는 자가 나인 줄을 알리라 내가 여기 있느니라. 좋은 소식을 전하며 평화를 공포하며 복된 좋은 소식을 가져오며 구원을 공포하며 시온을 향하여 이르기를 네 하나님이 통치하신다 하는 자의 산을 넘는 발이 어찌 그리 아름다운가. 네 파수꾼들의 소리로다. 그들이 소리를 높여 일제히 노래하니 이는 여호와께서 시온으로 돌아오실 때에 그들의 눈이 마주 보리로다.

저는 철원에 있는 백골 부대라는 곳에서 군 생활을 했습니다. 38선을 지키는 최전방 부대인 데다가 이름도 무시무시해서 자부심이 대단합니다. 그런데 그 안에서도 최정예 부대는 '정찰대'였어요. 전쟁이 나면 가장 먼저 적진에 들어가 상황을 파악하고 후방 부대의 길라잡이가 되어야 하기 때문입니다. 정찰대가 까딱 잘못하면 뒤에 기다리는 모든 부대가 전멸할 수도 있으니, 정찰대원은 체력은 물론이고 모든 면에서 최고여야 합니다.

성경에도 이런 정찰대가 종종 등장합니다. 가나안 땅에 들어가기 직전에 여호수아와 갈렙과 함께 뽑혔던 열두 명의 정탐꾼도 이런 정찰대입니다. 성경에 나오는 '파수꾼'이라는 말도 정찰대와 비슷하다고 할 수 있습니다. 파수꾼은 늘 경계선 너머를 주시하면서 후방에 가장 먼저 정보를 전달하는 사람입니다. 하나님의 복음을 전하는 사람이고, 그 직무가 참으로 복되다고 이사야 52장은 설명합니다. 특이한 점은 파수꾼은 어떤 특정한 사람을 지칭하지 않는다는 사실입니다. 목사만 파수꾼이 아닙니다. 세례받은 사람이면 누구나 하나님의 복된 파수꾼이라는 사실을 잊지 않았으면 합니다. 하나 더 기억합시다. 복음을 전하는 모든 이를 주님께서 만나 주시겠다고 약속하셨다는 사실입니다. 저와 여러분은 하나님 나라에서 파견한 정찰대이고 파수꾼입니다. 함께 기도합시다.

주님, 당신께서는 우리를 복된 파수꾼으로 세워 주셨습니다.
우리에게 주신 선한 소명으로
이 시대를 향한 주님의 뜻을 헤아리게 하소서.
무엇보다 먼저 우리가 그릇된 길로 갈 때 우리를 바로잡아 주소서.
우리 눈을 열어 잘못된 점을 보게 하시고,
주님 뜻에 합당하지 않은 일들을 깨닫게 하소서.
우리와 함께하시고 우리에게 힘을 주소서.
더 많은 이가 하나님의 파수꾼이 되게 하소서.
사람들의 마음이 변화되는 일이 있는 곳이면
언제나 파수꾼의 외침이 들리게 하소서.
이 소명을 감당하는 모든 그리스도인이
주님 다시 오시는 그날,
감사와 기쁨으로 당신을 만나게 하소서.
예수님 이름으로 기도합니다. 아멘.

#파수꾼 #이사야 #마지막날

8월 11일

영원한 사랑

오늘 하루 수고하셨습니다. 주님께서 주시는 위로와 평화가 여러분에게 가득하길 바랍니다. 오늘 함께 묵상할 말씀은 로마서 8장 35-39절입니다.

> 누가 우리를 그리스도의 사랑에서 끊으리요. 환난이나 곤고나 박해나 기근이나 적신이나 위험이나 칼이랴. 기록된 바 우리가 종일 주를 위하여 죽임을 당하게 되며 도살 당할 양 같이 여김을 받았나이다 함과 같으니라. 그러나 이 모든 일에 우리를 사랑하시는 이로 말미암아 우리가 넉넉히 이기느니라. 내가 확신하노니 사망이나 생명이나 천사들이나 권세자들이나 현재 일이나 장래 일이나 능력이나 높음이나 깊음이나 다른 어떤 피조물이라도 우리를 우리 주 그리스도 예수 안에 있는 하나님의 사랑에서 끊을 수 없으리라.

인간이 삶에서 경험하는 수많은 감정이 있습니다. 기쁨, 슬픔, 분노, 즐거움 등등. 그런 감정 가운데 가장 따뜻하고 강렬한 감정은 사랑입니다. 사랑의 힘은 놀랍지요. 사랑은 신비롭습니다. 설명할 길이 전혀 없기 때문입니다. 사랑은 서로 다른 두 사람을 하나로 만들고, 분노를 가라앉히고, 심지어 적을 친구로 만듭니다. 반대로, 사랑은 악을 향해 불같은 진노를 일으키기도 합니다.

문제는 사랑이 바람 같아서 어디서 와서 어디로 가는지 알 수 없고, 제 아무리 노력해도 만들어 낼 수 없다는 데 있습니다. 하지만 단 하나 확실한 사실이 있습니다. 성경에 약속된 사랑, 저와 여러분을 향한 하나님의 사랑이 변함없다는 사실입니다.

사도 바울은 로마 교인들에게 보내는 편지에서 변함 없는 하나님의 사랑을 노래합니다. "누가 우리를 그리스도의 사랑에서 끊으리요. 환난이나 곤고나 박해나 기근이나 적신이나 위험이나 칼이랴. … 그러나 이 모든 일에 우리를 사랑하시는 이로 말미암아 우리가 넉넉히 이기느니라."

주님의 사랑은 그 무엇으로도 끊을 수 없습니다. 이 사랑이 우리를 감싸고 보호합니다. 함께 기도합시다.

주 우리 하나님!
무엇이 우리를 주님의 사랑에서 끊을 수 있겠습니까?
환란이나 두려움, 박해입니까? 배고픔과 헐벗음, 위협이나 칼입니까?
우리는 우리를 사랑하시는 주님의 도움으로
이 모든 시련을 이겨 내고도 남습니다.
하늘에 계신 아버지, 우리에게 용기를 주소서.
우리가 기도할 때 그 기도를 들으시고
어김없이 우리에게 성령의 능력을 주실 것을 믿습니다.
오직 성령의 능력만이 우리를 굳세게 하십니다.
우리를 위해 행하신 모든 일을 감사드립니다.
이 땅의 모든 것이 주의 뜻대로 회복되고
주님의 이름이 온 세상에서 영광 받을 그날까지
우리가 언제나 승리하게 하소서.
예수님 이름으로 기도합니다. 아멘.

#사랑 #로마서

8월 12일

찬송

오늘 하루 수고하셨습니다. 주님께서 주시는 위로와 평화가 여러분에게 가득하길 바랍니다. 오늘 함께 묵상할 말씀은 시편 28편 7-9절입니다.

> 여호와는 나의 힘과 나의 방패이시니 내 마음이 그를 의지하여 도움을 얻었도다. 그러므로 내 마음이 크게 기뻐하며 내 노래로 그를 찬송하리로다. 여호와는 그들의 힘이시요 그의 기름 부음 받은 자의 구원의 요새이시로다. 주의 백성을 구원하시며 주의 산업에 복을 주시고 또 그들의 목자가 되시어 영원토록 그들을 인도하소서.

열심히 사는 사람에게는 땀의 보답이 기대되기 마련입니다. 하지만 돌아오는 열매가 언제나 튼실하고 빛나는 것은 아닙니다. 때로는 우리의 노력이 얼토당토않은 결과로 돌아오기도 합니다. 때로는 아무도 알아주지 않기도 하고, 때로는 쓰디쓴 배신으로 돌아올 때도 있습니다. 그럴 때는 참 속이 쓰리고 기운이 빠집니다.

하나님은 어떠실까요? 하나님은 우리의 중심을 보시는 분입니다. 우리의 진심을 정확히 아시는 분입니다. 하나님께는 어떤 눈속임도 통하지 않습니다. 하나님은 모든 신앙인이 의지할 만한 분입니다. 우리를 신실하게 돕고 자비와 공의로 우리를 지키시는 분입니다.

이 저녁, 일터나 살아가는 세세한 관계 속에서 마음이 다친 사람이 있나요? 그렇다면 주님께 의지할 좋은 기회입니다. 이 시간 묵상하는 시편

28편 말씀이 우리의 기도와 찬송이 되길 바랍니다. 함께 기도합시다.

주 하나님,

주님은 나의 힘 나의 방패이십니다.

내가 전심으로 주님을 의지하고 도움을 얻습니다.

시험당할 때 주의 이름을 전파하며

고난받을 때 저를 담대하게 하소서.

주님은 강한 손으로 우리를 지키십니다.

우리의 마음을 하늘의 빛과 기쁨으로 채우소서.

크신 사랑과 자비로 우리를 구원하시는 주님을 찬양하며

주 예수 그리스도 안에 있는 구원을 평생토록 전하겠습니다.

예수님 이름으로 기도합니다. 아멘.

#찬송 #하나님

8월 13일

위로하시는 하나님

오늘 하루 수고하셨습니다. 주님께서 주시는 위로와 평화가 여러분에게 가득하길 바랍니다. 오늘 함께 묵상할 말씀은 이사야 51장 11-12절입니다.

> 여호와께 구속 받은 자들이 돌아와 노래하며 시온으로 돌아오니 영원한 기쁨이 그들의 머리 위에 있고 슬픔과 탄식이 달아나리이다. 이르시되 너희를 위로하는 자는 나 곧 나이니라. 너는 어떠한 자이기에 죽을 사람을 두려워하며 풀 같이 될 사람의 아들을 두려워하느냐.

돌아갈 곳이 있다는 사실은 사람에게 안정감을 줍니다. 군에서 전역을 기다리는 젊은이도 그렇고, 외국에서 타향살이하는 사람도 그렇습니다. 아무리 힘들어도 최후의 보루로 돌아갈 고향이 있으니 지금을 인내하며 살아갈 수 있습니다. 그러고 보면, 북에 고향을 두고 온 실향민, 탈북자, 그리고 난민들은 보통 사람은 상상 못 할 큰 흉터를 가슴에 안고 사는 것이겠지요. 이 저녁에는 그렇게 돌아갈 곳을 간절히 그리워하는 이들을 위해 중보하길 바랍니다. 그래서 모두가 함께 기뻐하며 서로를 다독이는 세상을 그려 보면 좋겠습니다.

이사야를 통해 들려주시는 주님의 말씀을 경청합시다. 이사야 선지자는 고향을 떠난 사람, 안식을 갈망하는 이들에게 하나님의 위로가 임할 것이라고 전합니다. 고향을 떠나 냉가슴으로 사는 사람뿐 아니라 우리 모두에게 슬픔과 탄식이 사라지는 곳, 우리의 모든 형편이 위로받는 곳이 기다리고 있습니다. 이 밤, 주님의 복된 위로가 우리 모두에게 가득하길 바랍니다. 함께 기도하겠습니다.

주 우리 하나님,
우리에게 믿음을 주시니 감사합니다.
우리가 절박하고 앞이 보이지 않을 때,
주님의 사랑으로 우리를 위로하시니 감사합니다.
주님은 우리의 슬픔을 달래시고 언제나 새로운 용기를 주십니다.
우리와 같이 참된 것을 갈구하는 모든 이가 희망을 품게 하소서.
예수님 이름으로 기도합니다. 아멘.

#위로 #이사야

8월 14일

하나님 말씀

오늘 하루 수고하셨습니다. 주님께서 주시는 위로와 평화가 여러분에게 가득하길 바랍니다. 오늘 함께 묵상할 말씀은 이사야 48장 17-19절입니다.

> 너희의 구속자시요 이스라엘의 거룩하신 이이신 여호와께서 이르시되 나는 네게 유익하도록 가르치고 너를 마땅히 행할 길로 인도하는 네 하나님 여호와라. 네가 나의 명령에 주의하였더라면 네 평강이 강과 같았겠고 네 공의가 바다 물결 같았을 것이며 네 자손이 모래 같았겠고 네 몸의 소생이 모래 알 같아서 그의 이름이 내 앞에서 끊어지지 아니하였겠고 없어지지 아니하였으리라 하셨느니라.

하나님은 이사야 선지자의 입을 통해 공의를 선포하고 이를 행하라 명령하십니다. 이 말씀이 사무칩니다. 우리는 하나님의 말씀에 따라 사는 그리스도인인데, 정말 주님의 말씀을 주의 깊게 새기고 매사 조심하며 살았는지 돌아봅니다. 이 말씀 앞에 당당한 사람이 누가 있겠습니까만, 이런 말씀을 만나면 한없이 쪼그라듭니다.

하지만 이 말씀을 유심히 살펴보면 우리를 타박하는 말씀이 아니라는 것을 다시 확인하게 됩니다. 오히려 반대이죠. 지금껏 주님 뜻대로 살지 못했다면, 이제라도 한번 해 보라고 용기를 주는 말씀입니다.

여러분은 어떤가요? 오늘 이 말씀을 깊이 묵상하고, 기도하며 하루를 마감하고, 새로운 하루를 준비해 봅시다. 함께 기도합시다.

주 우리 하나님,
우리가 주님의 명령을 마음에 두어 우리 안에 평화가 강같이 흐르고,
정의가 바다의 파도처럼 넘쳐나게 하소서.
성령으로 우리와 함께하소서.
우리에게 필요한 말씀을 들려주셔서
주님께 가까이 가는 길을 깨닫게 하소서.
주님의 강한 손으로 우리를, 그리고 세상 모든 사람을 구원하소서.
우리가 심판을 당해도 절망하지 않고,
괴로움과 고통 속에서도 용기를 잃지 않을 것입니다.
주님의 권능으로 우리에게 임하소서.
우리가 주 예수 그리스도의 이름으로 능히 세상을 이길 것입니다.
예수님 이름으로 기도합니다. 아멘.

#공의 #이사야

8월 15일

역사의 기억

오늘 하루 수고하셨습니다. 주님께서 주시는 위로와 평화가 여러분에게 가득하길 바랍니다. 오늘 함께 묵상할 말씀은 골로새서 1장 3-6절입니다.

> 우리가 너희를 위하여 기도할 때마다 하나님 곧 우리 주 예수 그리스도의 아버지께 감사하노라. 이는 그리스도 예수 안에 너희의 믿음과 모든 성도에 대한 사랑을 들었음이요. 너희를 위하여 하늘에 쌓아 둔 소망으로 말미암음이니 곧 너희가 전에 복음 진리의 말씀을 들은 것이라. 이 복음이 이미 너희에게 이르매 너희가 듣고 참으로 하나님의 은혜를 깨달은 날부터 너희 중에서와 같이 또한 온 천하에서도 열매를 맺어 자라는도다.

오늘은 1945년 8월 15일 전범국 일본의 패망으로 국권 회복이라는 광복을 맞은 역사적인 날입니다. 광복절이 되면, 그날의 역사를 후손들에게 되새기는 국가 행사가 열립니다. 역사를 기억하며 우리가 누구인지, 우리의 미래를 어떻게 일구어 나갈지 다지는 시간을 갖습니다. 신앙도 마찬가지입니다. 그리스도에 대한 신앙은 부활의 증인들을 통해 입에서 입으로, 삶에서 삶으로 전해집니다. 그렇게 전해진 믿음의 역사는 우리 자신뿐 아니라 온 세상에서 튼실한 열매를 맺습니다.

골로새 교인들에게 전하는 사도 바울의 편지가 광복을 기억하는 오늘 우리에게도 그대로 전해집니다. 나라의 역사뿐 아니라 그리스도의 역사를 새기고 복된 미래를 꿈꾸는 밤이 되길 바랍니다. 함께 기도합시다.

주 우리 하나님,
우리가 주님의 증인이 되어 우리의 경험을 세상에 전하고,
주께서 우리에게 베푸신 모든 은혜를
널리 알리게 하시니 참 감사합니다.
우리가 믿음을 잃지 않고
한마음으로 영광스러운 그날을 기다리게 하소서.
그날에 주님은 강한 손을 들어
이 세상의 악을 끝내시고 승리의 왕이 되실 것입니다.
모든 나라가 주님을 경배하고,
만물이 새롭게 되어 주님의 위대한 이름을 찬양할 것입니다.
예수님 이름으로 기도합니다. 아멘.

#역사 #광복

8월 16일

신뢰하는 삶

오늘 하루 수고하셨습니다. 주님께서 주시는 위로와 평화가 여러분에게 가득하길 바랍니다. 오늘 함께 묵상할 말씀은 집회서 2장 6-8절입니다.

> 네가 주님을 신뢰하면 주님께서 너를 보살펴주시리라. 주님께 희망을 두고 바른 길을 가거라. 주님을 두려워하는 사람들아, 그분의 자비를 기다려라. 빗나가지 말아라, 넘어질까 두렵다. 주님을 두려워하는 사람들아, 그분을 신뢰하여라. 그러면 반드시 상금을 받으리라.

지금 우리가 가진 성경은 구약 39권, 신약 27권, 총 66권으로 구성되어 있습니다. 하지만 가장 오래된 구약 성경으로 꼽히는 70인역에는 조금 더 많은 문서가 담겨 있습니다. 그중에서 우리가 구약 성경으로 꼽는 39권을 '정경', 그 외의 문서를 '외경'이라고 부릅니다. 우리는 이렇게 정경과 외경으로 구분하지만, 굉장히 오랜 세월 동안 이런 구분 없이 모든 문서를 하나님의 말씀으로 읽어 왔던 것이 사실입니다.

오늘은 외경 가운데 하나인 〈집회서〉에 나온 구절을 함께 묵상해 보려고 해요. 집회서는 욥기, 잠언, 전도서와 함께 참 지혜가 무엇인지 담아 놓은 지혜서로 초대교회와 중세 교회뿐 아니라 지금도 유럽 루터교회에서는 여전히 애독하는 성경 중 하나입니다. '시라크 아들의 지혜'라는 제목이 붙은 책인데, 오늘 저녁 우리가 함께 묵상할 구절은 〈집회서〉 2장에 나오는 구절입니다.

본문은 주님을 신뢰하는 삶이 인생 최고의 지혜라고 우리에게 가르칩니다. 이 밤, 주님께 우리의 모든 것을 맡기는 복된 시간이 되길 바랍니다. 기도합시다.

하늘에 계신 우리 아버지,
자녀 된 우리가 주 앞에 나아가오니 우리의 필요를 돌보소서.
성령만이 우리의 도움이 되시며 길잡이가 되십니다.
주의 말씀으로 우리를 깨우쳐 주소서.
생명의 말씀은 오직 주님께로부터 나옵니다.
주님께서 우리에게 말씀하셔서,
우리가 어떻게 주를 섬겨야 할지 분명히 알게 하실 것입니다.
예수 그리스도께서 이 땅에 드러내실 진리를
우리가 말씀을 통해 보게 될 것입니다.
주님의 손으로 우리를 감싸 주소서.
우리가 고통 중에 있을 때 우리를 더욱 굳세게 하시고,
두려움에 떨지 않게 하소서.
우리의 마음을 인내와 기쁨으로 가득 채워 주소서.
예수님 이름으로 기도합니다. 아멘.

#신뢰 #집회서

8월 17일

샬롬

오늘 하루 수고하셨습니다. 주님께서 주시는 위로와 평화가 여러분에게 가득하길 바랍니다. 오늘 함께 묵상할 말씀은 요한복음 14장 27절입니다.

> 평안을 너희에게 끼치노니 곧 나의 평안을 너희에게 주노라. 내가 너희에게 주는 것은 세상이 주는 것과 같지 아니하니라. 너희는 마음에 근심하지도 말고 두려워하지도 말라.

'샬롬'라는 히브리어 인사에는 '평화', '평강'이라는 뜻이 담겨 있습니다. 우리말의 '안녕'과 비슷해서 전쟁 없는 상태, 염려 없는 상태, 모든 것이 온전하게 채워진 상태를 뜻합니다. 하지만 성경에서 샬롬이라는 말이 쓰일 때는 그런 뜻에만 머물지 않습니다. 하나님과 인간의 관계가 충족된 상태라는 의미가 밑에 깔려 있습니다. 서로 사랑과 신뢰가 가득해서 어떤 상황이 오더라도 흔들리지 않는 평정의 상태가 샬롬입니다.

이 샬롬의 평화는 불안하기 짝이 없는 우리와 우리 세상이 만들어 낼 수 없는 천상의 것이기도 합니다. 그런데 그리스도께서는 행여 우리가 잊을까, 우리에게 샬롬을 주겠다고 계속 말씀하십니다. 불안하고 지친 우리 모두에게 주님은 온전한 샬롬을 약속하십니다.

오늘 하루 주어진 자리에서 열심히 일한 당신에게 샬롬 가득한 저녁이 되길 바랍니다. 함께 기도합시다.

하늘에 계신 우리 아버지,

우리의 마음에 예수 그리스도의 평화를 주시니 감사합니다.

우리가 주님을 향해 언제나 마음 문을 열어 두게 하소서.

폭풍이 지나간 자리같이 폐허가 된 이 세상에 평화를 주소서.

걱정과 근심이 가득하여 불안할 때, 주님의 평화를 허락하소서.

우리에게는 아무 힘이 없습니다.

오직 주님만이 우리의 힘이 되십니다.

언제나 우리 곁에 계신 그분은 우리를 버리지 않으시며,

살아 계셔서 우리에게 용기를 주십니다.

주님의 빛이 우리 가운데 늘 새롭게 빛날 것입니다.

많은 사람이 그 빛에 이끌려 주께서 약속하신 그날,

우리의 모든 소원이 이루어지는 그 날을 맞이할 것입니다.

예수님 이름으로 기도합니다. 아멘.

#샬롬 #평화

8월 18일

걸음마

오늘 하루 수고하셨습니다. 주님께서 주시는 위로와 평화가 여러분에게 가득하길 바랍니다. 오늘 함께 묵상할 말씀은 시편 73편 23-24절입니다.

> 내가 항상 주와 함께 하니 주께서 내 오른손을 붙드셨나이다. 주의 교훈으로 나를 인도하시고 후에는 영광으로 나를 영접하시리니.

아이를 키우다 보면 힘도 들지만, 시시각각 변하는 모습이 그리도 신기하고 대견할 수 없습니다. 눈에 초점도 없던 아이가 어느 날 엄마 아빠와 눈을 맞추고, 옹알이하고, 배밀이하고, 무릎에 힘이 좀 생겼다 싶으면 혼자 서기도 합니다. 그럴 때면 부모는 박수치며 세상 다 얻은 것처럼 행복해합니다. 그런데 요 녀석이 좀 컸다 싶으면 걸음마를 시작하는데, 잘 걷지도 못하면서 잡아 주려고 하면 손을 휙 뿌리치고 혼자 걷는다고 고집을 부립니다. 그런데 부모는 뻔히 알고 있지요. 몇 발 못가서 '쿵' 하고 쓰러질 것이란 걸 말이에요. 그래서 아이가 뒤뚱거리며 한 발 한 발 옮기는 모습을 대견하게 바라보며 넘어져 다칠까 조심조심 뒤따라갑니다.

하나님도 우리를 보며 그러실 겁니다. 우리는 하나님 도움 없이 자기 힘으로 무언가를 할 수 있는 양 으쓱대지만, 하나님은 아십니다. 우리가 얼마나 쓰러지기 쉽고, 얼마나 길을 잃기 쉬운 존재인지 말이에요. 그래서 하나님은 언제나 우리 곁을 지키며 선한 길로 인도하고, 잘 성장하도록 도우십니다.

오늘 함께 나누는 시편에서도 이런 고백을 해요. “내가 항상 주와 함께 하니 주께서 내 오른손을 붙드셨나이다. 주의 교훈으로 나를 인도하시고 후에는 영광으로 나를 영접하시리니.”

힘들 때마다 저와 여러분을 붙들고 선한 곳으로 인도하시는 주님의 보호와 인도가 이 밤 우리에게 가득하길 바랍니다. 함께 기도합시다.

크신 하나님, 우리의 아버지께 감사드립니다.
주님은 우리에게 믿음을 주셔서 희망을 잃지 않게 하셨습니다.
아직 믿음을 가지지 못한 사람들일지라도 우리는 포기하지 않습니다.
우리에게 용기를 주셔서
살면서 부딪히는 문제들에 의연히 대처하게 하시니 감사합니다.
주 앞에 나아갈 때마다 늘 우리를 받아 주시니 감사합니다.
우리의 앞길을 미리 아시고 해결해야 할 문제들을 아시는 주님,
우리를 절망케 하고 지치게 하는 것들을 아시는 주님께서
그 모든 것들을 거두어 가실 것입니다.
주님의 빛이 마침내 모든 어두움을 몰아낼 것입니다.
이 진리를 믿을 때 우리의 가슴은 기쁨과 감사로 차오릅니다.
이 믿음을 가지고 흔들림 없이 승리를 향해 전진하겠습니다.
예수님 이름으로 기도합니다. 아멘.

#선한인도 #시편 #믿음

8월 19일

신앙이 필요한 때

오늘 하루 수고하셨습니다. 주님께서 주시는 위로와 평화가 여러분에게 가득하길 바랍니다. 오늘 저녁 함께 묵상할 말씀은 시편 73편 25-26절입니다.

> 하늘에서는 주 외에 누가 내게 있으리요. 땅에서는 주 밖에 내가 사모할 이 없나이다. 내 육체와 마음은 쇠약하나 하나님은 내 마음의 반석이시요 영원한 분깃이시라.

더위가 한풀 꺾이는 것 같습니다. 아침저녁 선선한 바람이 느껴집니다. 하지만 몇 년간 이어진 낯선 상황에 피로가 가시지는 않습니다. 그렇다고 늘 코로나19나 정치·경제 같은 환경 탓만 할 수는 없습니다. 힘들고 지칠 때, 바로 그때가 신앙이 힘을 발휘하는 시간입니다.

오늘의 시편을 묵상해 봅시다. 시인은 지금 어떤 상황일까요? 몸과 마음이 지치고 쇠약한 모습이 눈에 들어옵니다. 시인은 바로 이런 때 기대고 신뢰할 분이 하나님이라고 고백합니다. 이 고백이 저와 여러분의 삶의 고백이 되길 바랍니다. 함께 기도합시다.

> 하나님 우리 아버지,
> 주님이 우리와 함께하신다면 우리가 무엇을 더 바랄까요?
> 우리 몸과 마음은 쇠약해져도

당신은 언제나 우리에게 힘과 위로를 주십니다.

주님의 빛을 우리에게 비추셔서 우리가 성령을 좇아 살게 하소서.

우리 마음을 일깨우셔서

당신의 부르심이 얼마나 놀랍고 큰 것인지 알게 하소서.

우리를 항상 살피셔서 극심한 고통 속에서도

두려움에 사로잡히지 않게 하소서.

주님의 손이 우리와 함께 있어

고통에서 우리를 건지실 것을 믿습니다.

그 손이 우리와 우리 주변의 모든 사람을 선한 길로 이끄실 것입니다.

우리의 이웃을 생각하며 그들을 위해 기도합니다.

주님, 이 세상 모든 이에게 구원을 베풀어 주소서.

예수님 이름으로 기도합니다. 아멘.

#신앙 #위로 #시편

8월 20일

성령의 도우심

오늘 하루 수고하셨습니다. 주님께서 주시는 위로와 평화가 여러분에게 가득하길 바랍니다. 오늘 저녁 함께 묵상할 말씀은 로마서 8장 1-2절입니다.

> 그러므로 이제 그리스도 예수 안에 있는 자에게는 결코 정죄함이 없나니 이는 그리스도 예수 안에 있는 생명의 성령의 법이 죄와 사망의 법에서 너를 해방하였음이라.

성경을 애독하는 이들이 오해하는 구절이 있는데, 그중 하나가 이 말씀일 겁니다. 예수 안에 있기만 하면 결코 정죄함이 없다는 구절만 떼어 놓고 보면, 속이 시원합니다. 여기서 끝나면 그나마 다행인데, 앞뒤 맥락을 다 빼고 그저 예수 믿으면 어떤 죄를 지어도 상관없다고 자기 편한 식으로 해석하고 마음대로 살라고 부추기는 이도 있습니다.

하지만 그런 뜻이 아닙니다. 성경 어디에서도 마음대로 살라고 가르치지 않습니다. 로마서 8장 말씀을 계속 읽으면, 무슨 뜻인지 선명하게 드러납니다. 예수 그리스도 안에서 정죄함이 없다는 말은 그리스도를 믿고 그 뜻을 이루기 위해 열심히 진지하게 살아가는 사람을 하나님의 성령이 돕는다는 뜻입니다. 우리가 매일 말씀과 기도로 하루를 마감하는 이유도 예수 안에서 열심히 진지하게 살려는 노력입니다.

이 밤, 그리스도의 뜻을 몸과 마음에 새기고 그 뜻을 이루기 위해 살려는 모든 사람에게 주님의 도움이 가득하길 바랍니다. 함께 기도합시다.

주 우리 하나님,
성령 받은 당신의 모든 자녀가 주님을 만나게 하소서.
주님은 우리의 육체를 돌보실 뿐 아니라 영혼도 살피십니다.
당신께서는 불확실한 이 땅의 삶을 우리가 감당할 수 있게 하시고,
변화가 필요한 사회 곳곳에서 우리를 과감히 일어서게 하십니다.
우리가 연약하다고 절망하지 않게 하시고,
주님의 권능으로 우리와 함께하소서.
우리에게 인내와 희망을 주소서.
주님께서 지금도 일하고 계시니
우리는 그 나라를 소망하며 기다립니다.
예수님 이름으로 기도합니다. 아멘.

#경건생활 #로마서 #성령

8월 21일

선한 교회의 삶

오늘 하루 수고하셨습니다. 주님께서 주시는 위로와 평화가 여러분에게 가득하길 바랍니다. 오늘 저녁 함께 묵상할 말씀은 빌립보서 4장 8-9절입니다.

> 끝으로 형제들아 무엇에든지 참되며 무엇에든지 경건하며 무엇에든지 옳으며 무엇에든지 정결하며 무엇에든지 사랑 받을 만하며 무엇에든지 칭찬 받을 만하며 무슨 덕이 있든지 무슨 기림이 있든지 이것들을 생각하라. 너희는 내게 배우고 받고 듣고 본 바를 행하라. 그리하면 평강의 하나님이 너희와 함께 계시리라.

오늘 하루 열심히 사셨을 교우들 얼굴을 하나하나 떠올려 봅니다. 가정에서 직장에서 일터에서, 또 더러는 병상에서, 더러는 멀리 타국에서 주어진 삶의 터전을 성실히 일구었을 교회 식구들을 생각하면, 언제나 기도가 저절로 나옵니다. 이 저녁 묵상할 말씀은 빌립보서 4장입니다. 사도 바울이 빌립보 교인들에게 보내는 편지의 한 구절입니다. 이 구절을 묵상할 때마다 얼마나 아름답고 사랑이 넘치는지 모르겠습니다.

목회자와 신자, 신자와 신자가 이렇게 서로 선한 가르침을 나누고 배우는 관계이길 바라는 게 목회자 마음일 겁니다. 이 저녁 빌립보 교인들에게 보내는 이 사랑의 편지가 여러분에게 그대로 전해지길 바랍니다. 무엇에든지 참되고 경건하며 옳은 일을 생각합시다. 주님께서 저와 여러분을 도우실 것입니다. 함께 기도하겠습니다.

하늘에 계신 아버지,

우리가 늘 경건하고 옳고 순결하고 사랑스럽고

참되고 칭찬할 만한 것들만 생각하게 하소서.

주의 자녀로서 마땅히 주님의 영을 기다리며 근심하지 않겠습니다.

최악의 상황에서도 무너지지 않고

조용히 주님을 신뢰하는 주님의 자녀가 되게 하소서.

우리 가운데 계신 성령님을 찬양합니다.

오늘도 우리를 지키시고 언제나 주 안에서 평안하게 하소서.

예수님 이름으로 기도합니다. 아멘.

#관계 #빌립보 #바울

8월 22일

영혼의 오아시스

오늘 하루 수고하셨습니다. 주님께서 주시는 위로와 평화가 여러분에게 가득하길 바랍니다. 오늘 저녁 함께 묵상할 말씀은 시편 42편 1-5절입니다.

> 하나님이여 사슴이 시냇물을 찾기에 갈급함 같이 내 영혼이 주를 찾기에 갈급하니이다. 내 영혼이 하나님 곧 살아 계시는 하나님을 갈망하나니 내가 어느 때에 나아가서 하나님의 얼굴을 뵈올까. 사람들이 종일 내게 하는 말이 네 하나님이 어디 있느뇨 하오니 내 눈물이 주야로 내 음식이 되었도다. 내가 전에 성일을 지키는 무리와 동행하여 기쁨과 감사의 소리를 내며 그들을 하나님의 집으로 인도하였더니 이제 이 일을 기억하고 내 마음이 상하는도다. 내 영혼아 네가 어찌하여 낙심하며 어찌하여 내 속에서 불안해 하는가. 너는 하나님께 소망을 두라. 그가 나타나 도우심으로 말미암아 내가 여전히 찬송하리로다.

"다 먹고 살자고 하는 일인데 뭐…." 이 말을 입에 달고 사는 친구가 있습니다. 워낙 오랜 밥 동무라서 막기 어렵지만, 이 말을 들을 때마다 우리 삶을 동물 수준으로 여기는 것 같아 마뜩잖았습니다. 그런데 요즘 저도 이 말을 좋아하게 되었습니다. "다 먹고 살자고 하는 일인데…."

생각해 보니, 따뜻한 밥 한 끼 느긋하게 먹을 여유도 없는 삶이란 참 야만적인 것 같아요. 우리가 사는 시대가 그렇지요. 가족들 또는 친구들이 두런두런 둘러앉아 기쁘게 식탁을 나눌 여유가 점점 사라지는 것 같습니다. 그렇게 우리 삶은 팍팍해지고 도타운 정이 메말라 갑니다. 그만큼 진실한 교제와 사랑이 갈급하다는 것이겠지요.

삶이 메말라 가는 이유와 해법에 관한 생각은 저마다 다를 겁니다. 보통 주변 환경 탓을 많이 하지만, 시편 42편의 시인은 우리 밖이 아닌 우리 안에서 원인과 해결책을 찾습니다. 그러면서 우리 영혼이 하나님을 온전히 만날 때, 그분의 도움을 받을 때 비로소 모든 일이 풀린다고 고백합니다. 이 밤, 우리도 주님께 우리의 모든 것을 맡깁시다. 함께 기도합시다.

주 우리 하나님,
사슴이 마실 물을 애타게 찾듯
우리 영혼이 주님을 갈급히 찾습니다.
내 영혼이 살아 계신 하나님을 그리며 갈망합니다.
주님 앞에 마음을 쏟아 놓습니다.
고통스럽고 힘든 것들, 가슴 아픈 모든 일을 털어놓습니다.
우리의 소망이 오직 주께 있습니다.
우리 삶을 황폐하게 두지 않으시고
더 나은 곳으로 인도하신다고 말씀하신 주님의 약속을 믿습니다.
성령의 빛이 오늘도 내일도 언제나 우리 위에 비치길 소망합니다.
예수님 이름으로 기도합니다. 아멘.

#영혼 #시편

8월 23일

믿음의 실천

오늘 하루 수고하셨습니다. 주님께서 주시는 위로와 평화가 여러분에게 가득하길 바랍니다. 오늘 함께 묵상할 말씀은 베드로후서 1장 10-11절입니다.

> 그러므로 형제들아 더욱 힘써 너희 부르심과 택하심을 굳게 하라. 너희가 이것을 행한즉 언제든지 실족하지 아니하리라. 이같이 하면 우리 주 곧 구주 예수 그리스도의 영원한 나라에 들어감을 넉넉히 너희에게 주시리라.

믿음은 단지 예수님 말씀을 듣고 머리를 끄덕이며 동의하는 것에서 멈추지 않습니다. 그리스도 예수를 믿는다는 것은 교회 출석 잘하고 기도 생활 빼 먹지 않는 데서 끝나지 않습니다. 베드로의 가르침대로, 우리가 그리스도인으로 부름받고 선택받았다는 사실을 행동으로 굳세게 실천해야 합니다. 거기서 믿음이 드러납니다.

주님의 뜻대로 살아가는 게 만만치 않은 것은 사실입니다. 그래서 베드로는 우리에게 "더욱 힘써 너희 부르심과 택하심을 굳게 하라"라고 당부합니다. 일상에서 주님의 뜻을 실천하며 살 방법을 생각하고 기도하는 시간이 되길 바랍니다. 우리의 믿음이 행동으로 드러나면, 하나님 나라가 좀 더 선명하게 발견될 것입니다. 함께 기도합시다.

주 우리 하나님,

우리를 당신의 나라로 초대해 주셔서 감사합니다.

주께서 주신 새로운 비전으로

이미 우리 삶의 많은 부분이 변화되었습니다.

아직 해결되지 않은 문제들도 있지만,

희망을 잃지 않고 기쁨과 확신으로

이 길을 계속 가게 하시니 감사합니다.

소망 가운데 감사하며 살게 하소서.

변화가 필요할 때 피하지 않고 용기 있게 돌파하게 하소서.

그때 비로소 우리는 주님의 일꾼이 될 수 있을 것입니다.

주께서 약속하신 거룩한 빛이 꺼지지 않고

우리 속에 찬란히 빛나게 하소서.

예수님 이름으로 기도합니다. 아멘.

#믿음 #실천 #소명

8월 24일

믿음의 방패

오늘 하루 수고하셨습니다. 주님께서 주시는 위로와 평화가 여러분에게 가득하길 바랍니다. 오늘 함께 묵상할 말씀은 에베소서 6장 14-18절입니다.

> 그런즉 서서 진리로 너희 허리 띠를 띠고 의의 호심경을 붙이고 평안의 복음이 준비한 것으로 신을 신고 모든 것 위에 믿음의 방패를 가지고 이로써 능히 악한 자의 모든 불화살을 소멸하고 구원의 투구와 성령의 검 곧 하나님의 말씀을 가지라. 모든 기도와 간구를 하되 항상 성령 안에서 기도하고 이를 위하여 깨어 구하기를 항상 힘쓰며 여러 성도를 위하여 구하라.

가정과 직장, 병상, 그리고 멀리 타국에서 말씀을 묵상하고 기도하는 여러분에게 주님의 평강을 전합니다. 그리스도인으로 살다 보면 속상하고 억울할 때가 찾아옵니다. 참되고 옳고 선한 일을 좇아 산다고 애썼는데, 몸과 마음에 상처를 입는 경우가 있습니다. 혹시 오늘 그런 일이 여러분에게 있었는지요. 그렇게 상처 입은 모든 그리스도인을 향해 사도 바울이 이렇게 편지를 씁니다.

"모든 것 위에 믿음의 방패를 가지고 이로써 능히 악한 자의 모든 불화살을 소멸하고."

우리가 믿음으로 말씀을 묵상하고 기도하는 이유는 시련에서 당신의 자녀를 지키고 돕겠다는 하나님의 약속이 있기 때문입니다. 이 믿음이 모든 것을 이깁니다. 주님이 도우실 것입니다. 함께 기도합시다.

주 우리 하나님,
우리가 주님 주시는 힘으로 빛 가운데 살게 하소서.
우리를 악에서 지켜 주시고,
악한 자가 쏘는 불화살에 상처 입지 않게 하소서.
갈 길을 몰라 헤맬 때 길을 열어 주소서.
주님께서 우리의 아버지가 되심을 믿습니다.
당신을 신뢰하며 끝까지 인내하며 용기를 잃지 않겠습니다.
우리 삶이 주님 기뻐하시는 열매가 되어
당신의 뜻이 이 땅에서 이뤄지길 소원합니다.
예수님 이름으로 기도합니다. 아멘.

#믿음 #시련 #에베소서

8월 25일

분별하는 삶

오늘 하루 수고하셨습니다. 주님께서 주시는 위로와 평화가 여러분에게 가득하길 바랍니다. 오늘 함께 묵상할 말씀은 로마서 12장 1-2절입니다.

> 그러므로 형제들아 내가 하나님의 모든 자비하심으로 너희를 권하노니 너희 몸을 하나님이 기뻐하시는 거룩한 산 제물로 드리라. 이는 너희가 드릴 영적 예배니라. 너희는 이 세대를 본받지 말고 오직 마음을 새롭게 함으로 변화를 받아 하나님의 선하시고 기뻐하시고 온전하신 뜻이 무엇인지 분별하도록 하라.

"이 세대를 본받지 말고 분별하며 살라"는 로마서 말씀이 지금 우리에게 필요합니다. 현대 사회를 정보의 홍수라고 부르는데, 한 사건을 두고도 극에서 극을 달리는 해석이 난무합니다. 유명인이 내뱉은 말에 대한 평가부터 경제나 정치에 대한 평가 등 한 가지 사안에도 언론들은 제각각 다르게 해석합니다. 그러니 어느 장단에 맞추어야 할지 아리송할 때가 많습니다. 무엇이 진실이고 거짓일까, 무엇이 정의이고 불의일까, 무엇이 바른 삶이고 그릇된 삶일까의 문제는 언제나 모호합니다.

사도 바울이 로마 교인들에게 보내는 편지를 보면 이런 상황이 어제오늘 일이 아닌 것 같습니다. 그리스도인은 깨어 있는 삶을 살아야 합니다. 하나님의 선하신 뜻이 무엇인지, 이 땅의 정의와 평화와 생명을 위한 뜻이 무엇인지 분별하며 사는 능력이 필요합니다. 이런 분별력은 언제나 하나님이 어떤 분인지 알고 그분께 의뢰하는 삶의 태도에서 시작됩니다. 이 시간 말씀을 묵상하고 기도하면서 나를 위한 하나님의 뜻, 그리고 이 시대를 위한 하나님의 선한 뜻이 무엇인지 알려 달라고 간구합시다. 함께 기도합시다.

만물을 온전케 하시는 하나님 아버지,
성령을 우리에게 주셔서
하나님의 선하고 온전한 뜻이 무엇인지 분별하게 하소서.
우리가 주의 편에 설 때 큰 기쁨을 주시고
이 세상에 하나님의 선하시고 기뻐하시고
완전하신 뜻이 이루어지게 하소서.
주님의 선한 인도로 우리가 언제 어디서나
당신의 뜻을 섬세히 섬기게 하소서.
그래서 주님의 계획이 성취되고 아버지의 나라가
이곳에 임하게 하소서.
당신의 나라를 소망하는 것만으로도 우리의 마음은 행복합니다.
예수님 이름으로 기도합니다. 아멘.

#분별 #하나님의뜻 #로마서

8월 26일

시련을 이기게 하시는 주님

오늘 하루 수고하셨습니다. 주님께서 주시는 위로와 평화가 여러분에게 가득하길 바랍니다. 오늘 함께 묵상할 말씀은 시편 25편 4-6절입니다.

> 여호와여 주의 도를 내게 보이시고 주의 길을 내게 가르치소서. 주의 진리로 나를 지도하시고 교훈하소서. 주는 내 구원의 하나님이시니 내가 종일 주를 기다리나이다. 여호와여 주의 긍휼하심과 인자하심이 영원부터 있었사오니 주여 이것들을 기억하옵소서.

인생에 때때로 찾아오지만 달갑지 않은 존재가 있습니다. 바로 '시련'이라는 불청객입니다. 시련은 고통스럽고 견디기 힘듭니다. 지옥 같던 아우슈비츠 수용소에서 경험한 일을 풀어쓴 빅터 프랭클Viktor Frankl은 《죽음의 수용소에서*Man's Search for Meaning*》에서 인상 깊은 말을 들려줍니다. "왜 살아야 하는지 아는 사람은 그 어떤 상황도 견뎌 낼 수 있다."

"살아야 하는 이유를 아는 사람만이 지금의 시련을 견뎌 낼 수 있다! 사람의 주된 관심은 쾌락을 얻거나 고통을 피하는 데 있는 게 아니라 삶에서 자기 고유의 의미를 찾는 데 있다"라는 저자의 설명을 읽으면서 성경이 우리에게 전하는 시련의 의미도 겹쳐 떠올랐습니다. 우리는 시련 당할 때 거기서 하나님을 찾습니다. 그분이 우리를 가르치고 지도하며 길을 열어 주신다는 믿음 때문이지요. 그렇게 믿음 가운데서 만난 하나님은 인생의 가장 단단한 반석이 됩니다. 시편 25편에서 들리는 노래가 바로 이

고백이고 오늘 우리의 기도입니다. 이 밤, 시련 가운데 있는 우리를 붙드시는 주님을 바라봅시다. 함께 기도합시다.

주 우리 하나님,
우리의 아버지가 되셔서 이 땅에 사는 주님의 자녀들을 돌보소서.
모든 것이 내 바람과 반대로 가는 것처럼 느껴질 때가 있습니다.
그러나 주님, 당신은 나의 창조주이십니다.
내 삶과 내 길이 당신 손에 있사오니
당신에게서 흘러나오는 생명의 능력으로 저를 새롭게 하소서.
시련 당할 때 우리를 찾아오시겠다고 말씀하신
당신의 선한 약속을 기억케 하소서.
어려움 당할 때 주의 천사를 보내어
길을 잃고 헤매는 우리를 굳게 붙잡아 주소서.
주의 이름을 영원토록 찬양하도록 우리의 길을 지도하여 주소서.
예수님 이름으로 기도합니다. 아멘.

#시련 #믿음 #시편

8월 27일

간절한 기도

오늘 하루 수고하셨습니다. 주님께서 주시는 위로와 평화가 여러분에게 가득하길 바랍니다. 오늘 함께 묵상할 말씀은 시편 27편 7-9절입니다.

> 여호와여 내가 소리 내어 부르짖을 때에 들으시고 또한 나를 긍휼히 여기사 응답하소서. 너희는 내 얼굴을 찾으라 하실 때에 내가 마음으로 주께 말하되 여호와여 내가 주의 얼굴을 찾으리이다 하였나이다. 주의 얼굴을 내게서 숨기지 마시고 주의 종을 노하여 버리지 마소서. 주는 나의 도움이 되셨나이다. 나의 구원의 하나님이시여 나를 버리지 마시고 떠나지 마소서.

우리가 하나님을 형용할 때 "주님은 신실하시다"라고 말합니다. '신실하다'는 '믿을 만하다', '기댈 만하다'라는 의미입니다. 그런데 그 뜻을 더 생각해 보면, 주님이 우리에게 주신 선한 약속과 연결되어 있다는 걸 알 수 있습니다. 그렇지요. 주님은 당신의 이름을 부르며 기도하는 이의 간절함을 지나치지 않습니다. 아무리 작은 기도라도 심지어 침묵과 외마디 신음이라도 그분은 흘려듣지 않습니다. 우리의 간절함이 온전히 하나님을 향해 있을 때 우리는 그것을 '기도'라고 부릅니다. 기도란 이처럼 그분의 신실함에 기대는 외침입니다.

시편 27편에 담긴 간절함이 사무칩니다. 이 밤, 우리가 구하는 기도의 제목들이 주님의 신실함에 기대는 간절한 소망이 되길 바랍니다. 선하신 주님께서 가장 좋은 때, 가장 좋은 것으로 응답하실 것입니다. 함께 기도하겠습니다.

하늘에 계신 하나님 아버지,
우리 마음에 주의 얼굴빛을 비추시니 참으로 감사합니다.
모든 것을 밝히 꿰뚫어 보시는 주님의 눈으로 이 세대를 살피시고,
눈에 보이지 않는 하나님께서
지켜보고 계신다는 것을 사람들이 깨닫게 하소서.
전능하신 하나님 아버지께서 우리를 돌보신다는 것을 알게 하소서.
우리의 가는 길을 지켜 주시고 주의 빛을
그 어느 때보다 더 환히 비추셔서,
우리가 하는 모든 일이 주께 영광되게 하소서.
예수님 이름으로 기도합니다. 아멘.

#기도 #간절함 #신실

8월 28일

신뢰

오늘 하루 수고하셨습니다. 주님께서 주시는 위로와 평화가 여러분 모두에게 가득하길 바랍니다. 오늘 저녁 함께 묵상할 말씀은 시편 93편 1-2절입니다.

> 여호와께서 다스리시니 스스로 권위를 입으셨도다. 여호와께서 능력의 옷을 입으시며 띠를 띠셨으므로 세계도 견고히 서서 흔들리지 아니하는도다. 주의 보좌는 예로부터 견고히 섰으며 주는 영원부터 계셨나이다.

아이를 키우다 보면, 별것 아닌 일에 쪼르르 달려와 찡찡거리며 도와달라는 때가 있습니다. 아이가 그렇게 행동하는 이유는 그만큼 부모를 믿고 의지하기 때문입니다. 하나님과 우리의 관계도 그런 것 같아요. 우리가 주님께 쪼르르 달려가 이것저것 구하는 이유는 그만큼 하나님을 신뢰한다는 증거입니다.

종교개혁자 마르틴 루터는 '믿음'을 '신뢰'라고 즐겨 설명합니다. 루터의《대교리문답》십계명 1조 해설을 보면, 신뢰는 단순히 고개를 끄덕이는 게 아니라 심장을 맡기는 것입니다. "믿음이란 심장을 맡기는 신뢰이다." 깊이 새겨 볼 만한 말입니다. 예수님을 믿는다고 말하고 기도하면서 우리의 실제 행동은 그렇지 못할 때가 많습니다. 심장을 그분께 맡겼다면 어떤 상황에서도 주님께 희망을 두고 용감히 살아야겠지요. 이 밤, 든든한 우리의 왕이신 주님께 모든 것을 맡기는 신뢰의 시간이 되길 바랍니다. 함께 기도하겠습니다.

주 우리 하나님, 주님은 왕이십니다.
주님의 나라는 영원히 흔들리지 않고 그 통치는 땅끝에 이릅니다.
우리가 주 안에서 쉼을 얻게 하시고,
어떤 질병과 아픔도
우리를 영원토록 괴롭히지 못하게 하시니 감사합니다.
끊임없이 우리를 일으켜 세우셔서
참된 인생을 살게 하시니 감사합니다.
우리에게 빛과 능력을 주셔서 이 세상을 이기게 하시고,
어떤 일을 당하든지 믿음과 신념을 버리지 않고
당신을 신뢰하게 하소서.
예수님의 이름으로 기도합니다. 아멘.

#신뢰 #믿음 #루터

8월 29일

영혼의 안식

오늘 하루 수고하셨습니다. 주님께서 주시는 위로와 평화가 여러분에게 가득하길 바랍니다. 오늘 저녁 함께 묵상할 말씀은 출애굽기 31장 12-13절입니다.

> 여호와께서 모세에게 말씀하여 이르시되 너는 이스라엘 자손에게 말하여 이르기를 너희는 나의 안식일을 지키라. 이는 나와 너희 사이에 너희 대대의 표징이니 나는 너희를 거룩하게 하는 여호와인 줄 너희가 알게 함이라.

아우구스티누스는 《고백록》이라는 책에서 이런 기도를 합니다. "주님, 내 영혼이 당신의 품에 들어가기까지 저는 안식을 얻지 못합니다." 아우구스티누스는 인간의 가장 깊은 본질이 하나님의 형상이라고 설명합니다. 그래서 우리 안에 있는 하나님의 형상을 회복할 때 비로소 참된 안식을 얻을 수 있다고 말합니다. 성경이 가르치는 바도 다르지 않지요. 주일을 어떤 의미에서는 안식일이라고도 설명하는데, 아우구스티누스의 말대로 우리의 고향인 하나님 품에서 하나님의 말씀으로 채우는 안식의 시간이 주일이라고 할 수 있습니다. 하나님의 말씀이 지친 영혼을 위로하고 힘을 주어 일으켜 세웁니다. 그렇지 않다면 우리가 주일을 지키거나 말씀을 묵상할 필요가 없겠지요. 히브리서 기자는 이렇게 권면하고 가르칩니다.

"하나님의 말씀을 너희에게 일러 주고 너희를 인도하던 자들을 생각하며 그들의 행실의 결말을 주의하여 보고 그들의 믿음을 본받으라. … 여러 가지 다른 교훈에 끌리지 말라. 마음은 은혜로써 굳게 함이 아름답고 음식으로써 할 것이 아니니 음식으로 말미암아 행한 자는 유익을 얻지 못하였느니라"(히 13:7, 9).

영의 양식인 주님의 말씀으로 우리 속을 채웁시다. 함께 기도합시다.

하늘에 계신 하나님 아버지,
주님이 행하시는 모든 은혜가 놀랍습니다.
이 땅에 구주 예수 그리스도를 보내셔서 우리를 도우시니 감사합니다.
우리의 삶 주님께 맡깁니다.
모든 것이 주님의 손에 달려 있습니다.
고난과 유혹 속에서도 주님의 말씀을 의지하는 이들을 살피소서.
주님은 우리의 마음을 보십니다.
하나님의 형상으로 지음받은 우리가
당신의 품에서 새 힘을 얻게 하소서.
예수님 이름으로 기도합니다. 아멘.

#아우구스티누스 #위로 #안식

8월 30일

선한 목자

오늘 하루 수고하셨습니다. 주님께서 주시는 위로와 평화가 여러분에게 가득하길 바랍니다. 오늘 저녁 함께 묵상할 말씀은 요한복음 10장 27-28절입니다.

> 내 양은 내 음성을 들으며 나는 그들을 알며 그들은 나를 따르느니라. 내가 그들에게 영생을 주노니 영원히 멸망하지 아니할 것이요. 또 그들을 내 손에서 빼앗을 자가 없느니라.

사도 요한은 주님과 우리의 관계를 목자와 양의 관계로 설명하지만, 부모와 자녀의 관계로 바꿔도 좋을 겁니다. 좋은 나무에서 좋은 열매가 맺히듯, 주님은 당신의 자녀에게 언제나 좋은 것을 공급하고 보호하십니다. 양이 목자의 음성을 모르고 자녀가 부모의 사랑을 모르면, 삶이 위태로워집니다. 그러나 반대의 경우에는 사도 요한이 단언하듯 영원히 멸망하지 않고 아무도 해하지 못할 것입니다.

우리의 목자이신 주님이 저와 여러분을 양과 자녀로 돌보십니다. 이 저녁, 지친 우리 모두에게 주님의 은혜가 임하길 바랍니다. 함께 기도합시다.

우리의 목자 되신 주님,
당신께서는 우리가 주님의 자녀임을 마음으로 깨닫게 하십니다.
어두움과 혼란, 두려움과 고통 속에서도

당신은 우리에게 복된 확신을 주십니다.

주님의 의로운 손으로 우리를 붙들고

마침내 모든 악에서 구하여 주실 것을 믿습니다.

주님의 성령이 세상 모든 곳에 임하셔서

기다림이 필요할 때 우리에게 인내와 용기를 주시고

어려운 순간에도 무너지지 않고 소망 가운데 기뻐하게 하소서.

주께서 세상 모든 불의를 바로잡으실 것을 믿습니다.

예수님 이름으로 기도합니다. 아멘.

#목자 #사랑

8월 31일

비밀을 맡긴 하나님

오늘 하루 수고하셨습니다. 주님께서 주시는 위로와 평화가 여러분에게 가득하길 바랍니다. 오늘 저녁 함께 묵상할 말씀은 고린도전서 4장 1-2절입니다.

> 사람이 마땅히 우리를 그리스도의 일꾼이요 하나님의 비밀을 맡은 자로 여길지어다. 그리고 맡은 자들에게 구할 것은 충성이니라.

어느덧 8월의 마지막 날이네요. 아침저녁으로 선선한 바람이 느껴집니다. 여름이 가을의 시간을 이기지 못하나 봅니다. 이럴 때일수록 몸을 따뜻하게 해서 건강을 지켜야겠지요. 몸뿐 아니라 마음도 건강하게 챙기면 좋겠습니다.

이 저녁에 고린도전서 4장 구절을 묵상해 봅니다. 사도 바울은 우리가 그리스도의 일꾼이며 하나님의 비밀을 맡은 자라고 설명합니다. 그렇게 특별한 사람이 바로 저와 여러분이니, 그만큼 매사에 조심하며 살아야 한다는 뜻이기도 합니다. 게다가 하늘의 비밀을 맡겨 놓았으니, 그걸 맡긴 하나님도 노심초사 우리를 주목할 겁니다. 어디에 있든 무엇을 하든 하나님은 우리의 말과 행동, 그리고 마음 깊은 곳까지 지키며 당신의 뜻을 맡긴 우리를 보호하고 인도하실 겁니다. 이 모든 일은 하나님 당신의 일이기 때문입니다.

이 저녁은 우리가 비밀의 주인을 독대하는 시간입니다. 하나님께서 우리의 작은 소리와 작은 몸짓에 시선을 떼지 않고 사랑으로 돌보실 것입니다. 함께 기도합시다.

하늘에 계신 하나님 아버지,
우리의 마음을 열어
주께서 우리 인생에 어떠한 복을 주셨는지 깨닫게 하소서.
주님의 복을 받을 수 있도록 우리 마음을 준비시키셔서
기쁨과 감사함으로 앞날을 바라보게 하소서.
주님께서 우리에게 주신 것을 충실히 지키고
잠시라도 한눈팔지 않게 하소서.
주님이 우리 마음에 새기신 영원한 말씀을 늘 지켜서
우리가 그리스도 안에서 새로워지고
아버지의 이름이 영광 받게 하소서.
우리에게 용기를 주소서.
인생의 어두운 순간을 극복하고
기쁨과 확신으로 그날을 기다리게 하소서.
그날에 하나님 나라의 권능이
전에 없이 분명히 드러날 것을 믿습니다.
예수님 이름으로 기도합니다. 아멘.

#충성 #고린도교회 #소명

9월 1일

주님의 승천

오늘 하루 수고하셨습니다. 주님께서 주시는 위로와 평화가 가득하길 바랍니다. 오늘 함께 묵상할 말씀은 누가복음 24장 50-53절입니다.

> 예수께서 그들을 데리고 베다니 앞까지 나가사 손을 들어 그들에게 축복하시더니 축복하실 때에 그들을 떠나 [하늘로 올려지시니] 그들이 [그에게 경배하고] 큰 기쁨으로 예루살렘에 돌아가 늘 성전에서 하나님을 찬송하니라.

예수님은 작별 인사를 하지 않고 제자들을 축복하며 하늘로 오르십니다. 이 장면은 능력과 축복을 아낌없이 주시는 예수님의 사랑으로 각인됩니다. 예수님은 시야에서 사라졌고, 절망과 슬픔에 던져질 제자들을 끝까지 잊지 않겠다는 사랑의 결기가 여기 담겨 있습니다. 사도 바울의 표현대로 하자면, '그리스도가 우리 안에, 우리가 그리스도 안에' 거하는 아름다운 장면이고, 하나님 안에서 시간이 멈춘 영원의 장면입니다.

하나님이 없는 것 같은 세상을 살더라도 희망을 잃지 않을 이유가 여기 있습니다. 이런 이유로 제자들은 기뻐하며 예루살렘으로 돌아가 성전에서 하나님을 찬양합니다. 이별이 아니라 새로운 시작인 것이지요. 주님이 공급하시는 힘과 능력이 없었다면, 제자들은 절망하고 포기했을 것입니다. 주님은 제자들이 기다리며 인내하도록 축복하고 힘을 주십니다. 그리고 열흘이 지나자 약속하신 성령이 제자들에게 임했고, 이 일을 통해 그들은 더욱 확실한 용기를 얻습니다.

우리는 승천 사건과 2천 년이나 떨어져 있습니다. 하지만 이 이야기는 주님이 보이지 않는 시대, 희망 없는 시대를 살아가는 모든 그리스도인을 축복하는 이야기입니다. 인내하며 증인의 삶을 살 수 있도록, 새롭게 시작할 수 있도록 힘을 주는 주님의 복음입니다. 함께 기도합시다.

전능하신 하나님,
우리는 종종 우리 위의 하늘을 생각하고 묻습니다.
당신은 어디 있습니까? 천국은 무엇인가요?
우리가 당신의 나라를 상상하고 이해할 수 있도록 도와주소서.
당신의 위대함과 영광을 이해하기 어렵게 만드는
우리의 작은 믿음을 용서하소서.
주 하나님, 당신은 우리의 희망입니다.
이 땅의 불완전한 모든 것이 당신 뜻대로 이뤄지길 기대합니다.
더는 슬픔과 증오, 시기와 죽음이 지배하지 않는
하나님 나라가 우리 가운데 모습을 드러내고 있음을 일깨워 주소서.
우리의 기도를 가까이서 들어주소서.
당신의 손을 들어 축복하소서.
육신과 영혼의 연약함, 치열한 삶의 무게를 주님은 아십니다.
우리를 불쌍히 여겨 주소서.
그러나 주님, 우리의 기도가 자신의 유익에만 머물지 않게 하시어,
당신의 자비와 사랑을 이웃 안에서 발견하게 하소서.
예수님 이름으로 기도합니다. 아멘.

#승천 #증인

9월 2일

시련을 이기는 힘

오늘 하루 수고하셨습니다. 주님께서 주시는 위로와 평화가 여러분에게 가득하길 바랍니다. 오늘 함께 묵상할 말씀은 고린도후서 6장 4-5절과 9-10절입니다.

> 오직 모든 일에 하나님의 일꾼으로 자천하여 많이 견디는 것과 환난과 궁핍과 고난과 매 맞음과 갇힘과 난동과 수고로움과 자지 못함과 먹지 못함 가운데서도. … 무명한 자 같으나 유명한 자요. 죽은 자 같으나 보라 우리가 살아 있고 징계를 받는 자 같으나 죽임을 당하지 아니하고 근심하는 자 같으나 항상 기뻐하고 가난한 자 같으나 많은 사람을 부요하게 하고 아무것도 없는 자 같으나 모든 것을 가진 자로다.

힘들고 어려운 가운데서도 다시 힘을 얻는 까닭은 주님께서 언제나 우리 곁에 계시기 때문입니다. 신앙은 기쁘고 즐거울 때만 아니라 힘들 때를 위해 우리에게 주어진 하나님의 선물입니다. 시련을 이기는 신앙. 이 견고한 신앙은 우리 신앙의 선조들이 언제나 강조하던 삶의 덕목입니다. 사도 바울은 고린도 교회에 보내는 두 번째 편지에서 시련을 이기는 힘의 뿌리가 주님을 향한 신앙이라고 고백합니다.

우리는 어떤가요? 누구에게나 말 못 할 십자가가 있습니다. 신앙은 그 십자가를 든든히 지고 가게 하는 원동력입니다. 이 밤, 우리와 함께하시는 주님께 기도합시다.

하늘에 계신 아버지,

주님은 언제나 우리 곁에 계십니다.

당신께서는 우리 삶에 사랑을 부어 주셔서

온갖 시험과 고난도 기뻐할 수 있게 하십니다.

주님께서 우리에게 허락하신 것들이 얼마나 풍성한지요!

얼마나 많은 순간 우리를 고통에서 건져 내셨는지요!

주님은 끊임없이 생명의 빛을 비춰 주십니다.

오늘과 내일, 세상 끝날까지 밝게 비치는 당신의 빛을 보며

우리가 힘을 얻습니다.

주님의 이름을 찬양합니다.

예수님 이름으로 기도합니다. 아멘.

#신앙 #시련

9월 3일

초월의 힘

오늘 하루 수고하셨습니다. 주님께서 주시는 위로와 평화가 여러분에게 가득하길 바랍니다. 오늘 함께 묵상할 말씀은 고린도후서 4장 16-18절입니다.

> 그러므로 우리가 낙심하지 아니하노니 우리의 겉사람은 낡아지나 우리의 속사람은 날로 새로워지도다. 우리가 잠시 받는 환난의 경한 것이 지극히 크고 영원한 영광의 중한 것을 우리에게 이루게 함이니 우리가 주목하는 것은 보이는 것이 아니요 보이지 않는 것이니 보이는 것은 잠깐이요 보이지 않는 것은 영원함이라.

우리는 보이는 것으로 판단하려는 경향이 있지만, 세상을 움직이는 힘은 보이지 않는 것으로 가득합니다. 사랑, 우정, 미움, 절망, 열정, 기쁨 등등. 이런 것은 눈에 보이지 않습니다. 하지만 개인의 인생과 세계 역사를 움직이는 동력이 이런 것들입니다. 한 인간의 감정, 사람과 사람의 관계, 모두 보이지 않는 것들이지요.

보이지 않는 것 가운데 가장 강력한 힘을 우리 자신을 넘어선 힘, 초월의 힘, 또는 신비의 힘이라고 합니다. 그리스도인에게 이 초월의 힘은 우리 안에 함께 계신 그리스도 예수로부터 흘러넘칩니다. 우리 안에 계신 예수님은 우리 눈에 보이지 않지만, 우리를 돌보고 감싸며 선한 곳으로 인도하십니다. 바울은 이것을 확신했기에 우리의 겉 사람은 낡아도 낙심하지 않는다고 고백했던 것입니다. 눈에 보이는 것이 전부가 아닙니다. 주님은 보이지 않는 가장 깊고 은밀한 곳에서부터 우리를 도우십니다.

혹시 지금 힘들어 일어날 기운도 없거나 마음의 상처가 깊은 이가 있다면, 우리 깊은 곳에서 우리를 도우시는 주님을 의지합시다. 주님께서 우리를 도우시고 회복시키실 것입니다. 함께 기도합시다.

주 우리 하나님,
당신의 능력과 권세로 우리를 돌보시니 감사합니다.
우리가 고난당할 때 함께하시고
이 땅에서 견뎌 내야 할 것들을 감당할 수 있도록 도와주소서.
주님은 우리 인생을 선한 것으로 채우셔서
우리와 세상 모든 사람에게 밝은 희망을 주십니다.
주님의 권능은 보이지 않는 세계에서 보이는 인간 세계로 임합니다.
온 세상이 어제도 오늘도 영원토록 변함이 없으신
예수 그리스도를 보게 될 그 날까지
우리 안에서 조용히 일하시는 주님의 권능을
우리가 늘 경험하게 하소서.
예수님 이름으로 기도합니다. 아멘.

#초월의힘 #마음

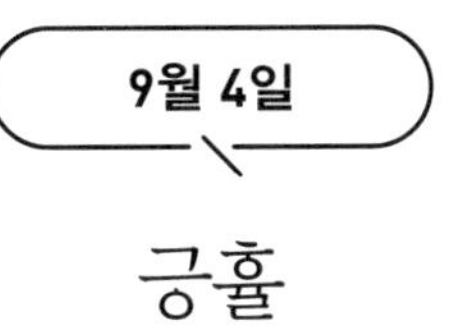

긍휼

오늘 하루 수고하셨습니다. 주님께서 주시는 위로와 평화가 여러분에게 가득하길 바랍니다. 오늘 함께 묵상할 말씀은 디도서 3장 5-7절입니다.

> 우리를 구원하시되 우리가 행한 바 의로운 행위로 말미암지 아니하고 오직 그의 긍휼하심을 따라 중생의 씻음과 성령의 새롭게 하심으로 하셨나니 우리 구주 예수 그리스도로 말미암아 우리에게 그 성령을 풍성히 부어 주사 우리로 그의 은혜를 힘입어 의롭다 하심을 얻어 영생의 소망을 따라 상속자가 되게 하려 하심이라.

바울 사도는 우리의 구원이 우리가 행한 대로 주어지는 게 아니라고 가르칩니다. 긍휼하심을 따라 우리를 구원하신다고 하시는데, 긍휼이란 말은 불쌍하고 가엽게 여긴다는 뜻이지요.

삶에 지친 우리 모습을 있는 그대로 받아 주시고 새롭게 하시는 분이 우리가 믿고 있는 그리스도 예수입니다. 이 저녁, 긍휼하신 주님께 조용히 기대어 기도합시다.

> 긍휼하신 하나님 아버지,
> 당신의 빛을 우리 마음에 비추소서.
> 주님의 빛은 영혼의 모든 갈망이 채워질 때까지
> 우리에게 선한 기쁨을 주시고 우리를 당신의 길로 이끄십니다.

성령을 따라 살기 원하는 소망이 우리 마음에 타올라
더는 육체의 욕망을 따르지 않게 하소서.
우리는 영원한 것을 상속받은 하나님의 자녀입니다.
육체의 욕망 대신 당신의 긍휼과 자비가 우리 안에 넘쳐나게 하소서.
예수님 이름으로 기도합니다. 아멘.

#새창조 #긍휼

9월 5일

디모데에게 남기는 말

오늘 하루 수고하셨습니다. 열심히 하루를 보내신 여러분 모두에게 주님의 평안과 위로가 함께 하시길 바랍니다. 오늘 함께 묵상할 말씀은 디모데후서 4장 7-8절입니다.

> 나는 선한 싸움을 싸우고 나의 달려갈 길을 마치고 믿음을 지켰으니 이제 후로는 나를 위하여 의의 면류관이 예비되었으므로 주 곧 의로우신 재판장이 그 날에 내게 주실 것이며 내게만 아니라 주의 나타나심을 사모하는 모든 자에게도니라.

사도 바울이 아들처럼 챙기던 젊은 목회자 디모데에게 보낸 편지를 읽을 때마다 이런 생각을 합니다. '나는 노년의 때에 사랑하는 후배들을 위해 어떤 고백, 어떤 말을 전할 수 있을까?' 바라기는, 바울처럼 진심으로 내가 걸어온 길을 영광스럽게 고백하고 권할 수 있는 사람이 되고 싶습니다. 여러분은 어떤가요? 시간이 지나면 얼굴에 주름도 깊어지고 피부도 늘어지겠지만, 그걸 슬퍼하기보다는 우리의 흰머리와 주름 속에 깊고 넉넉한 하나님의 능력이 짙게 담기면 좋겠습니다. 우리 인생이 그렇게 하나님과 동행한 감동적인 여행이었다고 자녀들과 후배들에게 남길 수 있다면 얼마나 좋을까요? 이런 푸근한 인생의 길을 저와 여러분 모두 걸어가길 소망합니다. 함께 기도합시다.

하늘에 계신 아버지,

우리를 향한 주님의 생각이 어찌 그리 감사한지요.

그 손으로 우리를 구원하시고 주님과 하나 되게 하셨습니다.

우리에게 희망의 길을 보여 주셔서 감사합니다.

우리가 그 길을 걸을수록, 그 길은 더욱 분명하고 단단해집니다.

이 길을 걸으며 우리는 이 땅의 온갖 악과 싸워 이길 것입니다.

세상 끝 날, 하나님의 일이 이겼다고 당당히 말할 수 있게 하소서.

자신을 부인하고 많은 고통을 겪더라도

끝내 우리는 영원하고 위대한 그곳에 도착했다고

우리의 자녀들에게 미소지으며 말할 수 있게 하소서.

하나님의 나라가 이 땅에 임하고

주님의 이름이 영광 받으실 것입니다.

예수님 이름으로 기도합니다. 아멘.

#인생 #감사 #디모데

9월 6일

어린아이처럼

오늘 하루 수고하셨습니다. 주님께서 주시는 위로와 평화가 여러분에게 가득하길 바랍니다. 오늘 함께 묵상할 말씀은 마가복음 10장 13-16절입니다.

> 사람들이 예수께서 만져 주심을 바라고 어린 아이들을 데리고 오매 제자들이 꾸짖거늘 예수께서 보시고 노하시어 이르시되 어린 아이들이 내게 오는 것을 용납하고 금하지 말라. 하나님의 나라가 이런 자의 것이니라. 내가 진실로 너희에게 이르노니 누구든지 하나님의 나라를 어린 아이와 같이 받들지 않는 자는 결단코 그 곳에 들어가지 못하리라 하시고 그 어린 아이들을 안고 그들 위에 안수하시고 축복하시니라.

어린아이들을 챙기는 단호한 주님의 음성이 들립니다. 주님의 말씀에 등장하는 '어린아이'는 문자 그대로 어린이를 뜻하기도 하지만, 작고 여린 사람, 순수하게 주님의 말씀을 듣고 따르는 모든 신자를 뜻하기도 합니다. 그런 사람이야말로 하나님 나라를 누릴 만하고, 그렇게 순전하게 주님에게 기대는 사람에게는 반드시 선한 응답을 해 주신다는 주님의 복된 약속입니다.

우리는 어떤가요? 정말 아이처럼 순수한 영혼으로 주님을 바라며 주님에게 기대는 신앙의 길을 걷고 있는지 돌아봅시다. 우리가 기도하는 이 시간, 어린아이처럼 순수하고 진실한 마음으로 하나님을 독대하길 바랍니다. 함께 기도합시다.

하늘에 계신 하나님 아버지,
자녀 된 우리에게 베풀어 주시는 모든 은혜에 감사드립니다.
어린아이와 같이 순수한 믿음을 가질 때
우리에게 주시는 지혜와 능력을
우리가 어찌 다 감사할 수 있을까요?
기쁨으로 주님 계신 곳에 있길 원합니다.
슬픔이 몰려와도 눈물을 흘리거나 불평하고 싶지 않습니다.
자녀 된 우리를 보호하소서.
모든 당신의 자녀를 지켜 주시고 온갖 고통에서 건져 주소서.
우리에게 임한 시련이
이 땅에 주님 나라를 세우는 선한 싸움이 되게 하소서.
모든 사람이 마침내 주님의 자녀가 되는 그날까지
당신의 한없는 자비와 용서를 체험하고 새로운 인생을 살게 하소서.
우리를 살피고 도와주소서.
우리에게 복을 내리소서.
예수님 이름으로 기도합니다. 아멘.

#임마누엘 #어린이

9월 7일

산 소망

오늘 하루 수고하셨습니다. 주님께서 주시는 위로와 평화가 여러분에게 가득하길 바랍니다. 오늘 저녁 함께 묵상할 말씀은 베드로전서 1장 3-4절입니다.

> 우리 주 예수 그리스도의 아버지 하나님을 찬송하리로다. 그의 많으신 긍휼대로 예수 그리스도를 죽은 자 가운데서 부활하게 하심으로 말미암아 우리를 거듭나게 하사 산 소망이 있게 하시며 썩지 않고 더럽지 않고 쇠하지 아니하는 유업을 잇게 하시나니 곧 너희를 위하여 하늘에 간직하신 것이라.

'신앙'이라는 말을 다른 말로 바꾸면 '확신'이라는 말도 좋지 않을까 싶습니다. 신앙이든 확신이든, 이 둘은 시련 가운데서 흔들리지 않게 합니다. 예수를 믿는다는 것도 같은 뜻이지요. 우리가 어떤 상황에 있든 죽음도 이기는 그분이 우리 곁을 지켜 주신다는 확신, 그 확신이 두려움을 이기고 용기를 만들어 냅니다. 그리고 그 확신이 오늘을 넘어 내일에 대한 소망을 생동하게 만듭니다. 그래서 베드로 사도는 주님을 향한 신앙의 확신을 살아 있는 '산 소망'이라고 찬송합니다.

이 밤, 이 신앙의 확신이 우리 삶에도 깊이 뿌리내리길 바랍니다. 함께 기도합시다.

주 우리 하나님,

우리에게 부활의 확신을 주시려고
우리 삶 속에 이루신 일들을 늘 기억하게 하소서.
이 확신 가운데 살도록 도와주시고
우리에게 주신 선하고 위대한 것들을 잘 간직하게 하소서.
어둠과 사망의 늪에서 우리를 건지소서.
주님은 죽음을 생명으로 바꾸십니다.
지금 여기에 우리가 소유하고 있는 것들로 만족하게 하시고,
힘겨운 일을 당할 때 인내하게 하소서.
불의가 세상을 휘저어도
만물의 주인이신 당신이 여전히 다스린다는 믿음으로
희망을 잃지 않게 하소서.
마침내 모든 것이 빛 가운데 드러나
온 세상 사람이 주님의 크신 이름을 찬양하게 될 것입니다.
예수님 이름으로 기도합니다. 아멘.

#산소망 #확신

9월 8일

영혼의 쉼표

오늘 하루 수고하셨습니다. 주님께서 주시는 위로와 평화가 여러분에게 가득하길 바랍니다. 오늘 함께 묵상할 말씀은 시편 77편 9-12절입니다.

> 하나님이 그가 베푸실 은혜를 잊으셨는가, 노하심으로 그가 베푸실 긍휼을 그치셨는가 하였나이다. (셀라) 또 내가 말하기를 이는 나의 잘못이라. 지존자의 오른손의 해 곧 여호와의 일들을 기억하며 주께서 옛적에 행하신 기이한 일을 기억하리이다. 또 주의 모든 일을 작은 소리로 읊조리며 주의 행사를 낮은 소리로 되뇌이리이다.

시편을 읽으며 감탄하는 이유는 아름다운 미사여구만 가득하지 않기 때문입니다. 때로는 격정적인 감정, 때로는 하나님을 향한 원망도 숨기지 않고 그대로 표현합니다. 그런 시편을 묵상하다 보면, '아, 나도 이럴 때가 있는데, 이렇게 감정을 숨기지 않고 기도해도 되는구나!' 하면서 위로받습니다. 이 밤에 함께 나눌 시편 77편의 구절도 그래요. 시인이 너무 힘들어 하나님을 의심하면서 솔직하게 기도하는 시입니다.

그런데 이런 격정적인 감정이 굽이칠 때마다 특이한 단어가 툭툭 튀어나옵니다. 시편에 드물지 않게 나오는 '셀라'라는 말입니다. 시편을 읽거나 노래하는 사람에게 '멈춰서 들으라'고 알려 주는 쉼표입니다. 그러니 시를 읽다가 셀라라는 표현이 나오면, "셀라" 하고 읽기보다는 그 대목에서 잠깐 멈추고 조용히 자신과 하나님의 은총을 돌아보며 침묵하는 게 맞습니다.

오늘 묵상하는 시를 다시 살펴보세요. 시인은 "하나님이 정말 나를 잊으신 건가?" 하며 깊이 탄식하고 의심하지만, '셀라'라는 고요한 침묵의 시간이 지난 다음부터 다시 하나님을 찬송합니다. 힘들고 지칠 때 우리도 이렇게 기도해 보면 좋겠습니다. 솔직한 감정을 주님 앞에 토로하되, 조용히 주님 앞에 멈추어 서는 시간, 영혼의 쉼표가 우리에게 필요합니다. 그렇게 우리를 돌아보고 주님을 깊이 묵상하는 시간에 주님은 우리에게 다시 새 힘을 주실 것입니다. 함께 기도합시다.

하늘에 계신 우리 아버지,
많은 유혹과 고민으로 힘겨운 이때에 주님 앞에 마음을 엽니다.
우리에게 빛을 비추셔서 오랜 기간 시험을 당해도 흔들리지 않고
인내하며 포기하지 않게 하소서.
모든 것을 바꾸시는 주님의 손이
우리가 기다리는 그 날을 앞당기실 것입니다.
그날에 주님의 빛이 죽음과 죄악의 어둠을 밝히고
온 세상에 참 생명을 드러낼 것입니다.
주님을 향한 신뢰와 믿음으로 내 삶을 돌아봅니다.
주께서 약속하신 대로 이 땅에 은혜와 정의와 자비를 베푸시고
주님의 뜻을 우리 가운데 이루소서.
예수님 이름으로 기도합니다. 아멘.

#셀라 #쉼

9월 9일

전신 갑주

오늘 하루 수고하셨습니다. 주님께서 주시는 위로와 평화가 여러분에게 가득하길 바랍니다. 함께 묵상할 말씀은 에베소서 6장 10-11절입니다.

> 끝으로 너희가 주 안에서와 그 힘의 능력으로 강건하여지고 마귀의 간계를 능히 대적하기 위하여 하나님의 전신 갑주를 입으라.

신약 성서의 열 번째 책인 에베소서는 모범적인 그리스도인의 삶에 대하여 가르칩니다. 바울은 악마에 대항하기 위해 하나님의 전신 갑주를 입으라고 권고합니다. 전신 갑주는 믿음의 방패와 구원의 투구, 성령의 칼을 말합니다. 전쟁에 나가는 사람이 무기 없이 맨손으로 나가면 제아무리 용기가 넘쳐도 이길 가망이 없습니다. 믿음, 성령, 말씀, 이 세 가지는 아무리 강조해도 지나치지 않습니다. 이 밤, 하나님의 전신 갑주인 믿음, 성령, 말씀이 우리 모두에게 가득하길 기원합니다. 함께 기도합시다.

> 주 우리 하나님,
> 당신의 아들 예수 그리스도를 통해
> 우리에게 용기를 주시니 참 감사합니다.
> 그리스도는 이 땅의 모든 만물을 죽음에서 생명으로 옮기십니다.
> 우리가 주님과 함께 하나님 나라에 다가갈 수 있도록
> 우리 마음과 영혼에 확신을 주소서.

지칠 때마다 성령으로 우리에게 복을 주소서.

주님의 성령은 우리를 격려하셔서

믿음 안에 소망을 품게 하십니다.

그러나 당신의 성령이 말씀과 함께 움직이게 하시어

우리의 믿음이 뿌리 깊은 나무처럼 굳세게 하소서.

우리가 주의 구원의 날을 바랍니다.

예수님 이름으로 기도합니다. 아멘.

#성령 #말씀 #믿음 #전신갑주 #에베소서

9월 10일

넘치는 찬송

오늘 하루 수고하셨습니다. 주님께서 주시는 위로와 평화가 여러분에게 가득하길 바랍니다. 오늘 함께 묵상할 말씀은 시편 135편 1-3절입니다.

> 할렐루야 여호와의 이름을 찬송하라. 여호와의 종들아 찬송하라. 여호와의 집 우리 여호와의 성전 곧 우리 하나님의 성전 뜰에 서 있는 너희여 여호와를 찬송하라. 여호와는 선하시며 그의 이름이 아름다우니 그의 이름을 찬양하라.

여러분은 얼마나 자주 찬송을 부르시나요? 왜인지 모르겠지만, 나이 지긋한 권사님들을 생각하면 찬송가를 흥얼거리는 모습이 자연스럽게 떠오릅니다. 그렇게 찬송가를 흥얼거리는 이유는 아마도 평생 그 노랫말과 가락처럼 하나님의 은혜를 체험하며 살아왔기 때문일 겁니다. 또한, 인생의 고비마다 찬송이 용기와 힘을 준다는 비밀을 잘 알기 때문이겠지요. 시편 135편에서 시인은 하나님의 성전 뜰에 서 있는 이들에게 찬송하라고 외칩니다. 아마도 벅차오르는 기쁨과 감격 때문에 그렇게 외쳤을 겁니다.

기쁨이 벅차오를 때도 찬송을 부르지만, 삶이 힘들고 지칠 때도 우리는 찬송을 부릅니다. 실제로 시편 찬송이든 신약에 나오는 사도들의 찬송이든, 곳곳에 위험이 도사리고 언제 죽을지 모르는 긴박한 순간에 찬송 소리가 더 커집니다. 우리 일상에도 찬송이 끊이지 않길 바랍니다. 오늘 밤 침상에 들기 전, 평소 애창하는 찬송가 한 곡을 불러 보는 건 어떨까요?

함께 기도하겠습니다.

주 우리 하나님, 우리가 주님의 거룩한 땅에 서 있습니다.
주님의 강한 손이 우리를 붙들어 주십니다.
우리는 연약하여 쉽게 길을 잃지만,
당신께서 우리를 도우시고 언제나 함께하실 것을 믿습니다.
어려운 순간에도 주님은 선한 뜻을 이루십니다.
주님의 뜻을 알기 위해 두 손 모은 우리에게 복을 내리소서.
주여 말씀하소서.
당신의 말씀은 우리의 힘이요 기쁨입니다.
당신의 선한 말씀에 기쁨으로 찬송하겠습니다.
예수님 이름으로 기도합니다. 아멘.

#찬송 #기도 #말씀

9월 11일

구원의 소식

오늘 하루 수고하셨습니다. 주님께서 주시는 위로와 평화가 여러분에게 가득하길 바랍니다. 오늘 함께 묵상할 말씀은 이사야 53장 11절입니다.

> 그가 자기 영혼의 수고한 것을 보고 만족하게 여길 것이라. 나의 의로운 종이 자기 지식으로 많은 사람을 의롭게 하며 또 그들의 죄악을 친히 담당하리로다.

백지장도 맞들면 낫다는 말이 있지만, 그것도 내가 어느 정도 무게를 감당할 수 있을 때 가능한 일입니다. 도저히 내 힘으로 해결할 수 없는 일이 누군가의 도움으로 갑자기 해결되는 때가 있습니다. 그때 우리는 "하늘이 도우셨다"라고 표현합니다. 그런데 성경은 이런 일이 우리 가운데 실제로 벌어졌다고 선언합니다. 그것이 바로 하나님의 구원입니다.

하나님은 옛 선지자를 통해서, 사도들을 통해서, 그리고 신앙의 선조들을 통해서 이 사실을 거듭 강조합니다. 하나님의 아들이 구원받을 수 없는 죄인을 값없이 구해 주십니다. 그분이 우리의 그리스도 예수입니다. 함께 기도합시다.

> 주 우리 하나님, 하늘에 계신 아버지,
> 우리가 넘어지고 죄지은 일들을
> 주님께 고백하게 하시니 감사합니다.

우리를 도와주시고, 있는 모습 그대로 받아 주시는

예수님을 보내 주셔서 감사합니다.

주님은 우리에게 필요한 도움이 무엇인지 잘 아십니다.

온 세상에 위로를 주시는 주님,

주님은 거룩한 눈으로 모든 것을 지켜보시며

이 시대의 악을 선으로 바꾸십니다.

재난 가운데 구원을, 죽음 가운데 생명을 베푸십니다.

영화롭고 전능한 주의 이름을 찬양합니다.

우리 믿음을 지켜 주시고

고통 중에도 힘과 용기를 잃지 않게 하소서.

예수님의 이름으로 기도합니다. 아멘.

#구원 #은혜

9월 12일

종말의 때를 기다립니다

오늘 하루 수고하셨습니다. 주님께서 주시는 위로와 평화가 여러분에게 가득하길 바랍니다. 오늘 함께 묵상할 말씀은 마가복음 13장 7-8, 10, 13절입니다.

> 난리와 난리의 소문을 들을 때에 두려워하지 말라. 이런 일이 있어야 하되 아직 끝은 아니니라. 민족이 민족을, 나라가 나라를 대적하여 일어나겠고 곳곳에 지진이 있으며 기근이 있으리니 이는 재난의 시작이니라. … 또 복음이 먼저 만국에 전파되어야 할 것이니라. … 또 너희가 내 이름으로 말미암아 모든 사람에게 미움을 받을 것이나 끝까지 견디는 자는 구원을 받으리라.

우리는 언제나 지금, 이 상황이 최악이라고 생각합니다. 먹고사는 문제부터 환경 문제, 정치 문제, 경제 문제, 건강 문제 등등. 하지만 마가복음 13장은 상상하지 못할 시련의 때가 온다고 예언합니다. 성경은 가슴 뛰는 창조 이야기도 들려주지만, 그것 못지않게 세상 종말의 이야기도 함께 들려줍니다. 종말의 시련은 혹독할 겁니다.

하지만 그리스도인에게 종말의 사건은 혹독한 저주와 파국으로 끝나지 않습니다. 그리스도의 말씀대로 잘 참아온 그리스도인에게는 인내의 열매를 달게 수확하는 구원의 시간이 될 것이라고 주님은 약속합니다. 오늘 하루 지치셨나요? 시련의 때를 끝내고 구원을 주신다는 복된 약속이 우리에게 주어졌습니다. 함께 기도합시다.

온 세상을 다스리시는 우리 주 하나님,
당신의 뜻이 온 세계에 이루어질 날이 올 것입니다.
우리가 주님 앞에 나아갑니다.
우리가 주의 말씀을 듣고 힘을 얻으며
소망 가운데 하나님 나라를 바라보게 하소서.
폭풍이 몰아치고 나라와 나라가 맞서 일어서고
절망이 온 세상을 덮을 때도 주님은 우리와 함께하십니다.
물이 바다 덮음같이 하나님 나라가 우리를 감싸 안을 것입니다.
우리가 그 땅에 있게 하소서.
주님이 오시는 그날을 우리가 고대합니다.
모든 것이 새로워지고 완전하게 되는 그날,
주님의 말씀과 성령이 온 세계를 다스릴 것입니다.
예수님 이름으로 기도합니다. 아멘.

#종말 #시련 #구원

9월 13일

믿음의 자랑거리

오늘 하루 수고하셨습니다. 주님께서 주시는 위로와 평화가 여러분에게 가득하길 바랍니다. 오늘 함께 묵상할 말씀은 에베소서 2장 8-9절입니다.

> 너희는 그 은혜에 의하여 믿음으로 말미암아 구원을 받았으니 이것은 너희에게서 난 것이 아니요 하나님의 선물이라. 행위에서 난 것이 아니니 이는 누구든지 자랑하지 못하게 함이라.

올곧은 사람은 자기 자랑을 즐기지 않습니다. 누구에게 잘 보이려고 사는 게 아니기 때문이지요. 그저 굳건한 심지로 자신이 해야 할 일과 하지 말아야 할 일을 잘 판별하며 우직하게 삽니다. 혹여 자기 신상에 좋은 일이라도 생기면 그 몫은 언제나 자기 주위로 돌립니다.

주변에서 이런 사람을 심심치 않게 만납니다. 그들은 선한 양심으로 살면서 모든 것이 주님의 은혜라고 고백합니다. 에베소 교회에 보내는 편지에서 사도도 모든 것이 하나님의 은혜라고 고백합니다. 우리 삶이 주님이 주신 은혜의 선물이란 점을 기억합시다. 그래서 겸양의 자세로 나보다 남을 세워 주는 삶, 하나님 앞에 깨끗한 양심의 삶이 되길 바랍니다. 함께 기도합시다.

> 주 우리 하나님,
> 우리에게 성령을 부어 주소서.

주님의 성령은 마음을 변화시키시고

우리를 괴롭히는 모든 악한 영을 몰아내십니다.

주님의 크신 은혜와 긍휼로 우리 영혼을 채우사

이 땅에 사는 동안 실수하고 넘어지며

죄를 짓더라도 소망을 잃지 않게 하소서.

우리는 약하나 주님의 은혜는 한없이 크십니다.

당신의 자녀들이 선하고 겸손한 양심을 갖게 하소서.

그리하여 오직 당신의 뜻만 드높여지게 하소서.

예수님 이름으로 기도합니다. 아멘.

#믿음 #겸손 #에베소서

9월 14일

마음에 새긴 언약

오늘 하루 수고하셨습니다. 주님께서 주시는 위로와 평화가 여러분에게 가득하길 바랍니다. 오늘 함께 묵상할 말씀은 예레미야 31장 33-34절입니다.

> 그러나 그 날 후에 내가 이스라엘 집과 맺을 언약은 이러하니 곧 내가 나의 법을 그들의 속에 두며 그들의 마음에 기록하여 나는 그들의 하나님이 되고 그들은 내 백성이 될 것이라. 여호와의 말씀이니라. 그들이 다시는 각기 이웃과 형제를 가리켜 이르기를 너는 여호와를 알라 하지 아니하리니 이는 작은 자로부터 큰 자까지 다 나를 알기 때문이라. 내가 그들의 악행을 사하고 다시는 그 죄를 기억하지 아니하리라. 여호와의 말씀이니라.

종이에 쓴 글씨는 사라지지만, 마음에 새긴 글은 사라지지 않는 법입니다. 예레미야 선지자는 하나님이 우리와 맺은 언약을 마음에 기록했다고 설명합니다. 마음에 새긴 하나님의 약속은 사라지지 않습니다. 주님은 저와 여러분을 하나님의 백성이라고 선언하셨고, 우리의 죄를 기억하지 않겠다고 약속하십니다. 이 약속이 우리를 신나게 합니다. 두려움과 망설임 대신 자유와 기쁨으로 살아갈 삶의 근거가 됩니다.

이 밤, 주님께서 주신 선한 약속을 깊이 묵상하는 거룩한 시간이 되길 바랍니다. 함께 기도합시다.

주 우리 하나님,

주께서 우리의 하나님이 되신다는 그 약속을

우리가 어찌 잊을 수 있겠습니까!

변함없는 주님의 약속을 신뢰하며

한 점 의심 없이 그 약속을 붙듭니다.

주의 말씀은 영원하고,

주의 열심은 영광의 그 날로 우리를 인도합니다.

그날에 우리 영혼이 주님을 만나 마침내 자유를 누리게 될 것입니다.

욕망의 사슬과 두려움과 망설임에서 자유롭게 되며

고통과 괴로움에서 해방될 것입니다.

오 하나님, 그날 우리는

주님이 우리의 아버지이심을 알게 될 것입니다.

예수님 이름으로 기도합니다. 아멘.

#언약 #예레미야 #마음

9월 15일

세상의 빛

오늘 하루 수고하셨습니다. 주님께서 주시는 위로와 평화가 여러분에게 가득하길 바랍니다. 오늘 함께 묵상할 말씀은 이사야 55장 7-9절입니다.

> 악인은 그의 길을, 불의한 자는 그의 생각을 버리고 여호와께로 돌아오라. 그리하면 그가 긍휼히 여기시리라. 우리 하나님께로 돌아오라. 그가 너그럽게 용서하시리라. 이는 내 생각이 너희의 생각과 다르며 내 길은 너희의 길과 다름이니라. 여호와의 말씀이니라. 이는 하늘이 땅보다 높음 같이 내 길은 너희의 길보다 높으며 내 생각은 너희의 생각보다 높음이니라.

사람마다 좋아하는 성구가 다르겠지만, 저는 이사야 55장 8-9절 말씀을 참 좋아합니다.

"이는 내 생각이 너희의 생각과 다르며 내 길은 너희의 길과 다름이니라. 여호와의 말씀이니라. 이는 하늘이 땅보다 높음 같이 내 길은 너희의 길보다 높으며 내 생각은 너희의 생각보다 높음이니라."

내 계획이나 내 길과 비교할 수 없는 하나님. 그분을 한번 그려 보세요. 시험에 들고 낙망할 때 우리는 길이 없다고 포기해 버립니다. 하지만 하나님은 우리가 포기한 그 길보다 훨씬 더 높은 곳에 대로를 열어 우리를 안전하게 인도하십니다.

주일 공동예배를 시작할 때 모두 일어나 입당송을 부르는 모습을 떠올려 보세요. 제단 앞으로 행진하는 촛불을 향해 우리는 몸과 시선을 돌려 세웁니다. 그렇게 찬송하며 우리의 시선이 빛을 따르는 이유가 있습니다. 우리 가는 길이 막막하고 어둡고 사망의 골짜기처럼 음침해도 빛 되신 그분의 뒤를 따라가기만 하면 목적지에 안전하게 도달할 수 있다는 신앙 고백 때문입니다. 주님은 그렇게 우리 인생의 빛이 되어 주시고 용기가 되어 주십니다. 이 밤, 우리의 빛 되신 주님을 바라봅시다. 함께 기도합시다.

주 우리 하나님,
우리가 주님의 얼굴을 바라며 두 손을 모읍니다.
주님이 하시는 모든 일을 신뢰하게 하시니 참 감사합니다.
우리에게 복을 주시고 용기를 주소서.
주님의 빛을 세상에 비추소서.
만물이 주님의 뜻을 깨닫고 당신의 이름을 찬양할 것입니다.
주님, 당신의 뜻이 채워지는 새로운 시간을 열어 주소서.
주께서 시작하신 그 일이 반드시 이루어질 것입니다.
우리 인간은 이 시대의 운명을 알지 못해도
주님은 우리의 필요를 아시고 주님의 뜻을 수행하십니다.
그리하여 주께서 세상의 모든 것을 선하게 바꾸실 것입니다.
예수님 이름으로 기도합니다. 아멘.

#빛 #주님의길

9월 16일

보혜사 성령

오늘 하루 수고하셨습니다. 주님께서 주시는 위로와 평화가 여러분에게 가득하길 바랍니다. 오늘 함께 묵상할 말씀은 요한복음 15장 26-27절입니다.

> 내가 아버지께로부터 너희에게 보낼 보혜사 곧 아버지께로부터 나오시는 진리의 성령이 오실 때에 그가 나를 증언하실 것이요. 너희도 처음부터 나와 함께 있었으므로 증언하느니라.

"성령이 무엇인가요?" 이런 질문을 받으면, 참 난감합니다. 너무 익숙한 말이지만, 설명할 길이 묘연합니다. 요한복음에 나오는 주님의 말씀을 한번 들어 보세요. 주님은 성령을 이렇게 풀어 주십니다.

"내가 아버지께로부터 너희에게 보낼 보혜사 곧 아버지께로부터 나오시는 진리의 성령이 오실 때에 그가 나를 증언하실 것이요. 너희도 처음부터 나와 함께 있었으므로 증언하느니라."

주님은 성령이 '보혜사'라고 설명합니다. 낯선 말입니다. 이 단어를 우리 식으로 풀면 상담자, 변호사, 위로자라는 뜻입니다. 하나님이 우리에게 보내신 성령은 우리가 어디서 무엇을 하든지 우리 곁에서, 가장 깊은 우리 속마음까지 상담하며 변호하고 위로하는 분, 그러면서 진리의 하나님께로 우리를 인도하는 분이라고 예수님은 말씀하십니다. 이 저녁, 우리의 상담자요 변호자요 위로자인 성령님을 만나는 시간이 되길 바랍니다. 그분이 우리 기도를 들어주시고 위로해 주실 것입니다. 함께 기도합시다.

우리를 구원하시는 하나님,
당신께서는 참되고 가치 있는 삶이 무엇인지
우리에게 가르쳐 주십니다.
이제까지 우리에게 베풀어 주신 모든 은혜를 감사드립니다.
우리를 인도하시는 그 손을 거두지 마시고,
성령으로 우리 삶의 모든 영역을 다스려 주소서.
새롭게 용기를 얻고 힘을 얻으며
진리를 깨달을 수 있도록 성령을 부어 주소서.
주님만이 우리의 새 힘입니다.
오직 주님만이 우리를 죽음의 고통에서 건져 내시고
우리의 모든 짐을 벗겨 주십니다.
고통과 시련 속에서도 우리가 주님을 바라볼 수 있는 이유입니다.
성령의 위로가 이 자리에 가득하게 하소서.
예수님 이름으로 기도합니다. 아멘.

#성령 #위로 #보혜사

9월 17일

귀와 입을 치유하시는 주님

오늘 하루 수고하셨습니다. 주님께서 주시는 위로와 평화가 여러분에게 가득하길 바랍니다. 오늘 함께 묵상할 말씀은 마가복음 7장 34-37절입니다.

> 하늘을 우러러 탄식하시며 그에게 이르시되 에바다 하시니 이는 열리라는 뜻이라. 그의 귀가 열리고 혀가 맺힌 것이 곧 풀려 말이 분명하여졌더라. 예수께서 그들에게 경고하사 아무에게도 이르지 말라 하시되 경고하실수록 그들이 더욱 널리 전파하니 사람들이 심히 놀라 이르되 그가 모든 것을 잘하였도다 못 듣는 사람도 듣게 하고 말 못 하는 사람도 말하게 한다 하니라.

성경에는 예수님의 이적과 기사가 많이 담겨 있습니다. 그런 예수님을 보고 사람들이 이렇게 말합니다. "그가 모든 것을 잘하였도다. 못 듣는 사람도 듣게 하고 말 못 하는 사람도 말하게 한다."

예수님은 못 듣는 사람이 듣게 만들고 말 못 하는 사람도 고치십니다. 이런 예수님의 이적은 단순히 개인의 장애를 고치는 데서 끝나지 않습니다. 못 듣고 말 못 하는 사람이란, 마땅히 들어야 할 소리에 귀를 막고 사는 사람들, 마땅히 할 말을 하지 못하는 사람이란 뜻으로도 들립니다.

그게 우리 아닌가요? 사랑, 평화, 정의, 생명의 문제는 우리가 마땅히 듣고 말해야 할 삶의 주제인데, 용기가 없거나 힘들어서, 좋은 게 좋은 거라며 그럭저럭 귀와 입을 닫고 사는 게 우리 아닌가 싶습니다. 예수님은 그런 우리를 치유하시면서 마땅히 듣고 마땅히 말해야 할 하나님의 뜻을 우리에게 가르치십니다. 치유하시는 주님은 우리의 귀와 입을 열어 주십니다. 함께 기도합시다.

주님, 당신께서는 하늘과 땅을 성령으로 채우시고
우리에게 은혜를 나눠 주십니다.
이제까지 베풀어 주신 은혜와
지금도, 또 앞으로도 계속 내려 주실 은총을 감사드립니다.
아무리 애타게 찾고 갈망하고 노력해도
결국 우리 모두 곤고하고 불쌍한 인생입니다.
오직 주님만이 거룩한 영으로 우리를 깨우치사
하늘 뜻을 따를 수 있게 하십니다.
주님은 마음의 필요를 가장 잘 아십니다.
당신은 언제나 우리가 생각하고 소망했던 것 이상으로
우리를 도우셨습니다.
우리의 삶이 절망적이고 슬퍼 보여도
주님은 여전히 능력으로 우리와 함께하셔서
우리를 돌보시고 새롭게 하십니다.
우리의 가난한 마음이
예수 그리스도께서 주시는 생명으로 가득하게 하소서.
우리의 눈과 귀, 그리고 입을 열어 주셔서
마땅히 보아야 할 것과 들어야 할 소리,
마땅히 해야 할 말과 해야 할 일을 용감히 하게 하소서.
예수님 이름으로 기도합니다. 아멘.

#치유 #용기

9월 18일

주님이 통치하신다

오늘 하루 수고하셨습니다. 주님께서 주시는 위로와 평화가 여러분에게 가득하길 바랍니다. 오늘 함께 묵상할 말씀은 요한계시록 21장 21-23절입니다.

> 그 열두 문은 열두 진주니 각 문마다 한 개의 진주로 되어 있고 성의 길은 맑은 유리 같은 정금이더라. 성 안에서 내가 성전을 보지 못하였으니 이는 주 하나님 곧 전능하신 이와 및 어린 양이 그 성전이심이라. 그 성은 해나 달의 비침이 쓸 데 없으니 이는 하나님의 영광이 비치고 어린 양이 그 등불이 되심이라.

무슨 일이든 시작이 있으면 끝이 있습니다. 성경에서도 그 끝을 알려주는데, 요한계시록은 마지막 날 우리 눈 앞에 펼쳐질 일을 다양한 비유와 상징으로 전합니다.

열두 문, 열두 진주, 유리 같은 정금. 이런 것은 모두 완전하고 영광스러운 하나님 나라를 상징하고, 어린양과 등불은 최후의 심판 주로 오실 그리스도 예수를 상징합니다.

요한계시록에는 이런 상징과 비유가 가득해요. 때로는 너무 많은 상징과 비유 때문에 자칫 시한부 종말론이나 이단들이 애용하는 단골 목록이 되기도 합니다. 하지만 요한계시록이 우리에게 분명하게 제시하는 메시지는 하나예요. 세상의 끝이 올 것이고, 그때 우리가 믿고 의지하는 그리스도 예수가 심판 주로 오셔서 선과 악을 가르고, 모든 문제가 그분 안에서 해결된다는 약속입니다.

신앙생활을 한다는 것은 그 약속을 붙잡고 산다는 뜻이지요. 이 저녁, 혹시 말 못 할 사정이나 누구에게도 털어놓지 못한 은밀한 문제로 힘드신가요? 우리의 모든 짐을 담당하시는 주님께 내맡깁시다. 그분이 들어주시고 해결해 주실 겁니다. 함께 기도합시다.

주 우리 하나님,
주님은 시간의 끝을 손에 쥐셨습니다.
그날 우리가 자비하신 당신을 만나게 될 것입니다.
그날을 소망하며 살아갈 때 우리는 오늘의 고통을 잊습니다.
주님의 능력으로 죄와 죽음과 모든 악에 맞서게 하소서.
우리 마음의 온갖 짐들을 거두어 주소서.
주께서 우리를 건지실 그 날을 기다릴 수 있도록
인내와 용기를 베푸소서.
이 시간 온 세계에서 벌어지는 일들을 주관하셔서
모든 문제가 당신의 뜻대로 움직이고 해결되게 하소서.
날마다 우리에게 은혜를 베푸시는 주님을 찬송합니다.
예수님 이름으로 기도합니다. 아멘.

#종말 #요한계시록

9월 19일

독수리 날개로

오늘 하루 수고하셨습니다. 주님께서 주시는 위로와 평화가 여러분에게 가득하길 바랍니다. 오늘 함께 묵상할 말씀은 출애굽기 19장 4-6절입니다.

> 내가 애굽 사람에게 어떻게 행하였음과 내가 어떻게 독수리 날개로 너희를 업어 내게로 인도하였음을 너희가 보았느니라. 세계가 다 내게 속하였나니 너희가 내 말을 잘 듣고 내 언약을 지키면 너희는 모든 민족 중에서 내 소유가 되겠고 너희가 내게 대하여 제사장 나라가 되며 거룩한 백성이 되리라. 너는 이 말을 이스라엘 자손에게 전할지니라.

긴말이 필요 없는 주옥같은 복음입니다. "내가 너를 독수리 날개로 업어 인도하겠다. 그리고 하나님의 소유, 제사장의 나라, 거룩한 백성으로 삼겠다"는 이 약속이 그 옛날 광야의 히브리 백성에게만 주어진 것은 아닙니다. 주님은 이 말씀을 통해 저와 여러분 모두를 지키고 인도하겠다고 약속합니다.

이 밤, 주님의 선한 보호가 우리 모두에게 함께 임하길 바랍니다. 함께 기도하겠습니다.

> 빛으로 세상을 밝히는 하나님 아버지,
> 주님의 빛이 우리에게 임할 때
> 우리는 당신의 은총을 기뻐하며 받아들입니다.

주님은 슬픔에 잠긴 수많은 영혼을 놀라운 은혜로 위로하시고

가난하고 병들고 연약한 사람들을 일으켜 세우십니다.

주님의 일을 찬양합니다.

주께서 우리에게 주시는 은혜를 깨달아 낙심하지 않게 하소서.

시련이 홍수처럼 우리를 덮쳐도

주님은 당신의 날개로 우리를 지키십니다.

신앙의 고백이 우리 인생의 후미진 곳을

아름답게 채우게 하소서.

예수님 이름으로 기도합니다. 아멘.

#간증 #시련

9월 20일

응답의 시간

오늘 하루 수고하셨습니다. 주님께서 주시는 위로와 평화가 여러분에게 가득하길 바랍니다. 오늘 함께 묵상할 말씀은 시편 148편 1-6절입니다.

> 할렐루야 하늘에서 여호와를 찬양하며 높은 데서 그를 찬양할지어다. 그의 모든 천사여 찬양하며 모든 군대여 그를 찬양할지어다. 해와 달아 그를 찬양하며 밝은 별들아 다 그를 찬양할지어다. 하늘의 하늘도 그를 찬양하며 하늘 위에 있는 물들도 그를 찬양할지어다. 그것들이 여호와의 이름을 찬양함은 그가 명령하시므로 지음을 받았음이로다. 그가 또 그것들을 영원히 세우시고 폐하지 못할 명령을 정하셨도다.

천성적으로 의심이 많은 건지 모르겠지만, 저는 뉴스에 나온 기사를 곧이곧대로 믿지 않습니다. 그뿐 아니라 교회에서 당연하게 통용되는 말도 곧잘 의심하는 편입니다. 우습게도 목사인데도 말입니다. 이런 의심증은 종종 교인들에게 짓궂은 질문으로 변신하는데, 생뚱맞게 "왜 교회 다니세요?"라고 질문하는 때가 딱 이런 경우입니다. 이런 질문을 다짜고짜 던지면 지레 토끼 눈으로 변해 버리는데, 타박하려는 것은 절대 아닙니다. 진지하게 고민해 보자는 뜻이에요.

갑작스러운 질문에 머뭇거리는 사람도 있고 장황하게 설명하는 사람도 있지만, 대부분은 "글쎄요" 또는 "천국 가려고요!"라는 답이 돌아옵니다. 그럼 또 슬쩍 물어봅니다. "천국 가 봤어요?" 이때부터 분위기가 묘해집니다. 천국은 성경에 나온 것이니 믿기만 하면 되는 것이고, 믿는 자는 누구든지 갈 수 있다고 당연하게 여겼는데, 그렇게 말하자니 뭔가 개운치 않아 곤란한가 봅니다.

이런 예가 어디 한두 가지일까요! 우리에게 주어진 것들 가운데 당연함과 익숙함 때문에 소중함을 잊고 지나치는 것이 많습니다. 그리스도인에게 교회 다니는 것, 천국 가는 것은 당연하고 익숙한 일입니다. 하지만 "왜?"라는 질문을 우리 스스로 던져야 합니다. 그 답을 찾은 사람도 있고, 찾아가는 사람도 있고, 얼떨결에 옆집 친구 따라 성경책만 폈다 덮었다 하는 사람도 있습니다. 여러분은 어떤가요? 기도와 말씀 묵상의 시간이 하나님과 나누는 깊은 사귐과 깨달음의 시간이 되길 바랍니다. 함께 기도합시다.

주님, 이 시간이 귀합니다.
제가 기도 안에 담아 내는 소망들이 비록 어린애처럼 유치하고
그 언어가 뒤죽박죽이고, 생각이 어리석어도
당신께서는 사랑으로 모든 이야기를 귀담아들으십니다.
그리고는 언제나 비참한 씁쓸함만 남기는 제 욕망 대신
달콤하고 푸근한 사랑으로 응답해 주십니다.
고맙습니다, 주님.
당신 자신을 갈대 같은 저에게 주셔서 감사합니다.
예수님 이름으로 기도합니다. 아멘.

#기도 #묵상

9월 21일

갈라진 마음

오늘 하루 수고하셨습니다. 주님께서 주시는 위로와 평화가 여러분에게 가득하길 바랍니다. 오늘 함께 묵상할 말씀은 고린도후서 1장 16-18절입니다.

> 너희를 지나 마게도냐로 갔다가 다시 마게도냐에서 너희에게 가서 너희의 도움으로 유대로 가기를 계획하였으니 이렇게 계획할 때에 어찌 경솔히 하였으리요. 혹 계획하기를 육체를 따라 계획하여 예 예 하면서 아니라 아니라 하는 일이 내게 있겠느냐. 하나님은 미쁘시니라. 우리가 너희에게 한 말은 예 하고 아니라 함이 없노라.

성경을 꼼꼼하게 읽지 않아서 오해하는 일이 간혹 있습니다. 오늘 본문도 그중 하나입니다. 이 말씀을 우리는 "'예' 할 것은 '예' 하고 '아니요' 할 것은 '아니요' 하라"는 말로 이해합니다. 다시 말해, 신앙생활할 때 해야 할 일과 하지 말아야 할 일을 칼 같이 구분해야 한다는 식으로 읽습니다. 이것도 일리가 있습니다.

하지만 잘 읽어 보면 정확한 뜻은 다른 데 있다는 걸 알 수 있습니다. 바울은 고린도 교회 방문 계획이 변경된 것을 해명하면서 "예 하면서 아니라 하는 일은 아니다"라고 말합니다. "'예' 하면서 동시에 '아니요' 하지 않는다", "이랬다저랬다 하지 않는다"는 뜻입니다. 그래서 공동번역판은 이 구절을 이렇게 옮겼습니다. "내가 하느님의 진실성을 걸고 맹세하거니와 여러분에게 한 내 약속은 이랬다저랬다 하지 않습니다."

차라리 "'예' 해 놓고 뒤로 딴짓하지 말라"고 번역했으면 어땠을까 싶습니다. 두 개로 갈라진 마음은 신앙이 아니라는 것이 바울이 말하려 한 요점이기 때문입니다. 예수를 믿는다면서 앞뒤가 다르다면, 그것은 가룟 유다의 날카로운 입맞춤에 지나지 않습니다. 우리 신앙은 어떤가요? 말과 행동, 마음과 삶이 하나인가요? 함께 기도합시다.

주님, 당신께서는 우리 모든 마음을 들여다보시고 생각을 읽으십니다.
제 생각과 느낌, 말과 행동을 다스리소서.
제 마음과 생각이 두 갈래로 갈라집니다.
종잡을 수 없는 제 마음과 생각을 당신의 심장에 붙들어 매소서.
저를 도와주소서.
해야 할 일과 하지 말아야 할 일을 가려낼 수 있게 하시고
중요한 일을 기억하고,
중요하지 않은 일을 중요하지 않게 여기도록 도와주소서.
예수님 이름으로 기도합니다. 아멘.

#마음 #언행일치 #고린도후서

9월 22일

제 갈 길 가기

오늘 하루 수고하셨습니다. 주님께서 주시는 위로와 평화가 여러분에게 가득하길 바랍니다. 오늘 함께 묵상할 말씀은 시편 37편 27-28절입니다.

> 악에서 떠나 선을 행하라. 그리하면 영원히 살리니 여호와께서 정의를 사랑하시고 그의 성도를 버리지 아니하심이로다. 그들은 영원히 보호를 받으나 악인의 자손은 끊어지리로다.

"당신이 친절하게 대하면 불순한 의도가 있다고 비난할 것입니다. 그래도 친절을 베푸십시오. 당신이 성공하면 몇몇 불순한 친구와 적들이 생길 겁니다. 그래도 꼭 성공하십시오. 당신이 정직하고 견실하면 사람들은 당신을 속일 것입니다. 그래도 반드시 정직하고 견실하십시오. 당신이 몇 년에 걸쳐 창조한 것을 누군가 나타나 하루아침에 부숴 버릴 수도 있습니다. 그래도 계속 창조하십시오. 당신이 평안과 행복을 누리면 누군가는 질투할 것입니다. 그래도 꼭 행복하십시오. 당신이 오늘 선한 일을 하더라도 내일이면 잊혀질 수 있습니다. 그래도 꼭 선을 행하십시오. 당신이 가진 최고의 것을 베풀어도 충분치 않다고 할 것입니다. 그래도 당신이 할 수 있는 최고의 것을 베푸십시오. 이 모든 것은 당신과 하나님 사이의 일입니다. 당신과 그들 사이의 일이 아닙니다."

테레사 수녀의 글입니다. 그분의 말대로 어떤 상황에서도 선을 행하는 일은 사람과 사람 사이의 일이 아니라 우리와 하나님 사이의 일입니다.

오늘 우리는 어떤 선을 행했는가요? 오늘 우리는 하나님과 얼마나 가까이 살았나요? 함께 기도합시다.

주님, 우리를 당신의 선한 형상으로 창조하셨습니다.
맑고 투명하게 사랑하고 사랑받는 법을 가르쳐 주소서.
자기 눈의 티끌을 남의 눈에 반사하여
그것으로 들보를 만들지 않도록
우리 사랑이 맑고 투명하게 해 주소서.
가짜 선과 가짜 사랑에 놀아나는 일이 없도록 우리를 지켜 주소서.
당신 아닌 다른 것에서 나오는 선,
당신 아닌 다른 것에서 나오는 사랑,
그것은 가짜입니다.
모든 사람, 모든 생명체를
땅 위에 있는 유일한 생명인 양 사랑하고 관계하는 법을
우리에게 가르쳐 주소서.
예수님 이름으로 기도합니다. 아멘.

#시편 #선 #사랑 #관계

9월 23일

성숙한 신앙

오늘 하루 수고하셨습니다. 주님께서 주시는 위로와 평화가 여러분에게 가득하길 바랍니다. 오늘 저녁 함께 묵상할 말씀은 히브리서 5장 12-14절입니다.

> 때가 오래 되었으므로 너희가 마땅히 선생이 되었을 터인데 너희가 다시 하나님의 말씀의 초보에 대하여 누구에게서 가르침을 받아야 할 처지이니 단단한 음식은 못 먹고 젖이나 먹어야 할 자가 되었도다. 이는 젖을 먹는 자마다 어린 아이니 의의 말씀을 경험하지 못한 자요. 단단한 음식은 장성한 자의 것이니 그들은 지각을 사용함으로 연단을 받아 선악을 분별하는 자들이니라.

핸드폰이 먹통입니다. 아무래도 바꿀 때가 되었나 봅니다. 여기저기 인터넷을 뒤지다가 결국은 친한 동료에게 부탁했습니다. 그랬더니 저에게 가장 적절한 모델을 추천해 줍니다. 그런데 그게 끝이 아닙니다. 요금제는 어떻게 할지, 어디서 구매해야 저렴한지 등등 고려해야 할 것이 한둘이 아닙니다. 결국, 며칠 고민하다 새 핸드폰을 손에 쥐었습니다.

문득 이런 생각이 듭니다. 핸드폰 하나 바꾸는 데도 며칠 걸리는데, 영원을 결정한다는 신앙을 놓고는 과연 몇 시간이나 고민했나? 신앙은 궁극적으로 절대자인 하나님과 내가 일대일로 만나는 것입니다. 엄밀히 말해 신앙은 누군가를 통해서 만나지 않습니다. 성경은 이 사실을 우리에게 분명히 가르칩니다. 홀로 선 신앙인으로 자라지 못하는 한, 우리는 결국 죽을 때까지 이리저리 떠돌 것입니다.

내 신앙이 하나님 앞에 홀로 선 신앙인지 돌아봅시다. 어린아이에서 성숙한 인간으로 일어섭시다. 함께 기도합시다.

오 주님,
뒤뚱거리며 걸음마를 시작하는 아이처럼
천방지축 자빠지고 넘어집니다.
주위를 둘러보지도 않으면서 고집 피우다가 또 넘어집니다.
그런데도 하늘 아버지께서는 우리를 끝까지 참고 기다려 주십니다.
당신의 다함 없는 선하심에 기대어 기도합니다.
오직 당신만이 우리의 기댈 곳이고 돌아갈 고향입니다.
우리의 신앙이 자비하신 당신께 고정되게 하소서.
그리하여 우리의 무지와 죄의 어둠까지 몰아내게 하소서.
지극한 당신의 사랑과 자비가 이 땅에 가득하게 하소서.
예수님 이름으로 기도합니다. 아멘.

#히브리서 #신앙 #성숙

9월 24일

매일 거룩하게

오늘 하루 수고하셨습니다. 주님께서 주시는 위로와 평화가 여러분에게 가득하길 바랍니다. 오늘 함께 묵상할 말씀은 베드로전서 1장 15-17절입니다.

> 오직 너희를 부르신 거룩한 이처럼 너희도 모든 행실에 거룩한 자가 되라. 기록되었으되 내가 거룩하니 너희도 거룩할지어다 하셨느니라. 외모로 보시지 않고 각 사람의 행위대로 심판하시는 이를 너희가 아버지라 부른즉 너희가 나그네로 있을 때를 두려움으로 지내라.

우리는 그리스도의 몸인 교회를 '거룩한 성도의 교제'라고 부릅니다. 이미 거룩한 사람들의 모임이라는 뜻이 아닙니다. 이미 깨끗한 사람은 그리스도께서 교회로 부르실 필요가 없습니다. 깨끗한 사람은 목욕탕에 갈 필요가 없는 것처럼 말입니다.

교회는 거룩해지려고 부단히 기도하고 애쓰는 사람들의 모임입니다. 아직은 죄인이나 죄에 머물지 않고 우리를 거룩하게 빚어 가시는 하나님의 선한 인도를 믿고 그 과정에 참여하는 자들이 교회입니다. 그래서 교회에 속한 교인은 매일 거룩해져 가는 일상을 살아 내야 합니다. 이것을 '성화'라고 합니다. 예수님이 우리의 본보기입니다.

"내가 거룩하니 너희도 거룩할지어다"(레 11:45)라고 하신 하나님의 말씀을 예수님은 "하늘에 계신 너희 아버지의 온전하심과 같이 너희도 온전하라"(마 5:48)라고 바꾸어 전하십니다. 거룩하게 살라는 것은 주님의 말씀이자 명령이고, 성경이 우리에게 요구하는 삶의 태도입니다. 다른 설명을 다 차치하고라도 우리가 거룩하게 살아야 할 이유가 바로 여기에 있습니다. 매일 거룩해지길 기도하고 실천해야 하는 이유는 그것이 우리를 향한 하나님의 뜻이기 때문입니다. 함께 기도합시다.

만물을 창조하시고 선하게 돌보시는 주님,
당신께서는 저를 지으셨기에 저보다 당신이 저를 더 잘 아십니다.
당신은 제 몸과 영혼을 살아 있게 하는 힘이시니,
제 모든 생각과 행동이
오직 당신 심장에서 차오르는 온기로 가득하게 하소서.
저에게 힘이 있다면 모두 당신이 주신 것입니다.
당신 없이는 아무것도 아닙니다.
매일의 삶이 당신의 성품을 닮아 거룩을 빚어내는 일상 되게 하소서.
예수님 이름으로 기도합니다. 아멘.

#성화 #거룩 #신앙

9월 25일

주님은 아십니다

오늘 하루 수고하셨습니다. 주님께서 주시는 위로와 평화가 여러분에게 가득하길 바랍니다. 오늘 함께 묵상할 말씀은 시편 103편 13-17절입니다.

> 아버지가 자식을 긍휼히 여김 같이 여호와께서는 자기를 경외하는 자를 긍휼히 여기시나니 이는 그가 우리의 체질을 아시며 우리가 단지 먼지뿐임을 기억하심이로다. 인생은 그 날이 풀과 같으며 그 영화가 들의 꽃과 같도다. 그것은 바람이 지나가면 없어지나니 그 있던 자리도 다시 알지 못하거니와 여호와의 인자하심은 자기를 경외하는 자에게 영원부터 영원까지 이르며 그의 의는 자손의 자손에게 이르리니.

시편 103편을 묵상하다가 "긍휼히 여긴다"라는 구절에서 멈춰 섭니다. 불쌍히 여긴다는 말이 단순하지 않기 때문입니다. 어느 정도로 불쌍히 여기냐면, 원어를 그대로 풀면, 창자가 끊어질 정도로 아파하며 불쌍히 여깁니다. 그 표현 뒤에 '체질'이라는 단어가 따라붙은 것도 특이합니다. 여기서 체질은 우리 몸과 영혼의 모든 구조, 삶의 패턴 등 '나'라는 존재와 관련된 모든 것을 의미합니다.

그런데 우리의 체질, 본질 자체가 원래 먼지와 같다고 시인은 고백합니다. 먼지가 할 수 있는 일이 무엇이 있을까요? 아무것도 없습니다. 바람만 살짝 불어도 날아가 버리고, 물만 조금 부어도 흔적을 찾을 수 없을 정도로 자기 형체와 위치를 지키지 못하는 게 먼지입니다.

주님은 이런 먼지 같은 우리의 형편과 삶의 패턴을 모두 아십니다. 그런데 이런 무능한 우리를 불쌍히 여겨 창자가 끊어질 정도로 아파하며 사랑하고 도우신다고 시편 시인은 고백합니다. 함께 기도합시다.

오, 자비의 하나님,
지금 저에게 고요함을 주시어 편히 쉬게 하소서.
잠이 저를 덮을 때까지 제 안에 머무르시어
하잘것없는 일로 염려치 않게 하소서.
나쁜 꿈에 시달리지 않게 하시고,
내일 아침 가벼운 몸으로 일어나 새로운 날을 준비케 하소서.
주님은 저를 잘 아시고,
먼지 같은 인생을 긍휼히 여기사 돌보시는 분입니다.
당신의 이름을 높여 드립니다.
예수님 이름으로 기도합니다. 아멘.

#긍휼 #시편 #먼지

9월 26일

오라 주님께 돌아가자

오늘 하루 수고하셨습니다. 주님께서 주시는 위로와 평화가 여러분에게 가득하길 바랍니다. 오늘 함께 묵상할 말씀은 호세아 6장 1-2절입니다.

> 오라 우리가 여호와께로 돌아가자. 여호와께서 우리를 찢으셨으나 도로 낫게 하실 것이요. 우리를 치셨으나 싸매어 주실 것임이라. 여호와께서 이틀 후에 우리를 살리시며 셋째 날에 우리를 일으키시리니 우리가 그의 앞에서 살리라.

호세아의 호소는 도서관이나 서재에서 만들어진 한 편의 유창한 설교나 강의 원고가 아닙니다. 그의 외침은 자기 가정에서 생긴 슬픔의 호소였지만, 그 안에는 자기 백성을 향한 하나님의 슬픔이 담겨 있습니다.

하나님의 뜻을 알고 있던 호세아는 패역한 이스라엘 민족에게 하나님의 변함없는 사랑을 선포합니다. 이 기쁜 소식이 성서 전체를 관통합니다. 주님께로 돌아가는 이에게 약속된 축복이 이것입니다. 그분은 우리의 상처를 다시 싸매 주시고 아픔을 치료하십니다. 비록 우리가 죽음의 골짜기에서 소망 없이 해골처럼 누워 있을지라도 주님은 우리를 일으키시고 살리십니다. 하나님께서는 지금도 우리를 향해 돌아오라고 호소하십니다.

사는 길은 하나님께 돌아가는 길밖에 없기 때문입니다. 우리에게 임한 모든 위기와 재난을 넘어설 길도 하나님에게서 시작합니다. 하나님께서 당신 앞에서 기도하는 이들을 일으켜 세우시고 돌보실 것입니다. 함께 기도합시다.

주님, 당신께서는 당신의 자녀를 애타게 찾습니다.
영원하고 유일한 안식과 피난처가 당신이라는 것을 알게 하소서.
온갖 어둠과 의혹을 헤쳐 나가도록 저를 이끌어 주소서.
영혼의 평안을 위협하는 모든 것에서 저를 지켜 주시며
당신의 평화로 제 마음을 채우소서.
제가 당신 앞에 서 있습니다.
우리를 찢으셨으나 도로 낫게 하시는 주님,
당신께 돌아오는 모든 이를 당신의 약속대로 일으키고 살리소서.
예수님 이름으로 기도합니다. 아멘.

#회복 #치유 #호세아

9월 27일

만나

오늘 하루 수고하셨습니다. 주님께서 주시는 위로와 평화가 여러분에게 가득하길 바랍니다. 오늘 함께 묵상할 말씀은 신명기 8장 2-3절입니다.

> 네 하나님 여호와께서 이 사십 년 동안에 네게 광야 길을 걷게 하신 것을 기억하라. 이는 너를 낮추시며 너를 시험하사 네 마음이 어떠한지 그 명령을 지키는지 지키지 않는지 알려 하심이라. 너를 낮추시며 너를 주리게 하시며 또 너도 알지 못하며 네 조상들도 알지 못하던 만나를 네게 먹이신 것은 사람이 떡으로만 사는 것이 아니요 여호와의 입에서 나오는 모든 말씀으로 사는 줄을 네가 알게 하려 하심이니라.

모세는 "만나를 주신 하나님을 기억하라"라고 선포합니다. 배고플 때 기도했더니 하나님이 허기를 없애 주셨다는 뜻으로 이 말을 하는 것이 아닙니다. '만나'에는 '맛있다'가 아니라 '이것이 무엇인고?'라는 뜻이 담겨 있습니다. 광야에서 매일 무언가를 먹으며 생명을 연장했는데, 이것의 정체가 무엇인지 전혀 모르겠다는 겁니다. 이스라엘 백성들은 듣도 보도 못했던 신비한 것을 광야에서 만납니다. 여기에 만나의 복음이 있습니다.

때로는 기도 응답을 받지 못해 하나님을 원망할 때도 있습니다. "하나님 도대체 왜 침묵하십니까? 나를 버리신 것입니까?" 하고 말입니다. 하지만 하나님은 결코 우리 기도를 허투루 듣지 않으십니다. 침묵의 시간, 기도 응답이 이루어지지 않는다고 생각한 광야의 시간조차도 하나님은 우리와 동행하십니다. 그리고는 우리가 상상하지도 예상하지도 못한 자리에서 가장 선한 것으로 응답해 주십니다. 그래서 사도 바울은 신앙을 '바랄 수 없는 중에 바라는 것'(롬 4:18)이라고 설명합니다. 우리가 의지하는 하나님은 광야에서 만나를 주시는 분, 바랄 수 없는 중에 응답하시는 분입니다. 함께 기도합시다.

하늘에 계신 우리 아버지,
당신께서는 성령을 보내 주셔서
우리가 예수 그리스도를 믿고 주님과 하나 되게 하십니다.
우리가 무슨 일을 당해도 진리의 빛을 보며 기뻐하게 하소서.
우리에게 닥치는 온갖 시련을
새로운 생명을 낳는 진통으로 받아들이게 하소서.
바랄 수 없는 중에도 주님을 신뢰하는 신앙의 선조들처럼
우리도 그렇게 살고 싶습니다.
어둠에 둘러싸여 눈이 멀지 않게 하소서.
우리가 맞이할 새 생명 위에 순결한 빛을 비추소서.
예수님 이름으로 기도합니다. 아멘.

#만나 #믿음 #모세

9월 28일

성실

오늘 하루 수고하셨습니다. 주님께서 주시는 위로와 평화가 여러분에게 가득하길 바랍니다. 오늘 함께 묵상할 말씀은 시편 107편 1-3절입니다.

> 여호와께 감사하라. 그는 선하시며 그 인자하심이 영원함이로다. 여호와의 속량을 받은 자들은 이같이 말할지어다. 여호와께서 대적의 손에서 그들을 속량하사 동서남북 각 지방에서부터 모으셨도다.

작은 일이라도 무언가 꾸준히 한다는 건 결코 쉬운 일이 아닙니다. 그런데 이런 수고로움을 아무렇지도 않게 받아들이는 일이 주위에는 참 많습니다. 가족에게 매일 밥을 차려 주는 일부터 일터에 나가려고 피곤한 몸을 일으키는 일, 학교 가는 아이의 손을 잡고 기도하는 일 등등. 이런 일은 삶에서 그리 특별하거나 도드라지지 않습니다. 하지만 이런 일이 우리 삶에 없으면, 모든 것이 망가지고 맙니다. 꾸준함은 성실함이고, 성실함은 삶을 구축하는 중요한 기반이 됩니다. 그런 성실함의 덕목 가운데 주님께 감사하고 찬양하는 꾸준함이 있다면 우리 삶은 얼마나 행복할까요?

시편 107편의 말씀을 찬찬히 묵상해 봅니다. 시인은 주님의 인자하심이 그를 보호하고 있다고 감사와 찬송을 올립니다. 아마도 이런 감사와 찬송은 한 번으로 끝나지 않았을 겁니다. 그리고 이런 감사와 찬송의 삶이 이 시인을 하나님께 더 가깝게 만들었을 겁니다. 이 밤, 저와 여러분에게도 감사와 찬송 가득한 성실함이 있으면 좋겠습니다. 함께 기도합시다.

선하신 하나님 아버지,

우리에게 주실 은총을 생각하며 감사드립니다.

우리가 세상 한가운데서도 신앙을 잃지 않도록

성령님이 도우시니 감사합니다.

주님과 동행할 때 우리가 세상 염려에 매몰되지 않고

더 높은 곳을 향하여 나아갈 수 있게 하소서.

주님의 날개로 우리를 보호하소서.

우리의 고민과 간구를 가까이서 들으시는 주님,

주님의 위로와 도움을 구합니다.

선하고 자비로운 응답을 기다립니다.

우리 삶이 당신을 향한 성실함으로,

찬양과 기쁨이 그치지 않게 하소서.

예수님 이름으로 기도합니다. 아멘.

#성실 #찬송

9월 29일

근심의 끝

오늘 하루 수고하셨습니다. 주님께서 주시는 위로와 평화가 여러분에게 가득하길 바랍니다. 오늘 함께 묵상할 말씀은 요한복음 16장 20-24절입니다.

> 내가 진실로 진실로 너희에게 이르노니 너희는 곡하고 애통하겠으나 세상은 기뻐하리라. 너희는 근심하겠으나 너희 근심이 도리어 기쁨이 되리라. 여자가 해산하게 되면 그 때가 이르렀으므로 근심하나 아기를 낳으면 세상에 사람 난 기쁨으로 말미암아 그 고통을 다시 기억하지 아니하느니라. 지금은 너희가 근심하나 내가 다시 너희를 보리니 너희 마음이 기쁠 것이요. 너희 기쁨을 빼앗을 자가 없으리라. 그 날에는 너희가 아무 것도 내게 묻지 아니하리라. 내가 진실로 진실로 너희에게 이르노니 너희가 무엇이든지 아버지께 구하는 것을 내 이름으로 주시리라. 지금까지는 너희가 내 이름으로 아무 것도 구하지 아니하였으나 구하라. 그리하면 받으리니 너희 기쁨이 충만하리라.

무슨 일이든 시작이 있으면 끝이 있기 마련입니다. 힘든 일이 있더라도 그것 역시 끝이 있기 마련입니다. 그것이 하나님이 정하신 시간의 운명이기 때문입니다. 그리스도 안에 있는 사람이라면, 언제나 이 사실을 인지하고 있되, 그 끝에 우리를 위한 크고 비밀한 것이 기다리고 있다는 진리를 잊지 말아야 합니다. 사도 요한은 요한복음 16장에서 해산을 앞둔 여인의 근심을 예로 듭니다. 우리는 자주 근심합니다. 하지만 아이를 출산하고 기뻐하는 여인처럼 그리스도인에게도 기쁨이 약속되어 있습니다.

오늘 본문에서 사도 요한은 이렇게 선언합니다. "지금은 너희가 근심하나 내가 다시 너희를 보리니 너희 마음이 기쁠 것이요. 너희 기쁨을 빼앗을 자가 없으리라."

이 복음의 말씀이 오늘 저와 여러분의 희망이 되고, 내일을 위한 인내의 거름이 되길 바랍니다. 함께 기도합시다.

이 땅에 오셔서 지금도 우리와 함께하시는 예수님,
그동안 주께서 행하셨던 모든 일을 우리 눈으로 보게 하소서.
구주 예수께서 앞으로 이루실 일들을 기대합니다.
우리의 모든 고통과 아픔이 마침내 사라지고,
소망 가운데 인내로 당신을 기다립니다.
주님의 날이 오기까지 우리 삶에 일어나는 수많은 기적을
우리가 알아보게 하소서.
예수님 이름으로 기도합니다. 아멘.

#근심 #운명 #해산

9월 30일

담대하라

오늘 하루 수고하셨습니다. 주님께서 주시는 위로와 평화가 여러분에게 가득하길 바랍니다. 오늘 함께 묵상할 말씀은 요한복음 16장 33절입니다.

> 이것을 너희에게 이르는 것은 너희로 내 안에서 평안을 누리게 하려 함이라. 세상에서는 너희가 환난을 당하나 담대하라. 내가 세상을 이기었노라.

주님이 잡히시기 전날 밤 제자들에게 주신 말씀 한 구절을 묵상합니다. 상황만 놓고 보면, 그날 밤 가장 두렵고 떨어야 할 사람은 죽음을 앞둔 예수님이었습니다. 하지만 주님은 당신 자신보다 당신을 따르는 제자들을 염려하고, 담대하라고 당부하십니다. "담대하라"는 이 당부의 말씀은 그분의 부활을 통해 더욱 빛납니다. 우리가 믿는 부활의 주님이 이 밤 저와 여러분을 지키며 이 말씀을 다시 들려주십니다. "세상에서는 너희가 환난을 당하나 담대하라. 내가 세상을 이기었노라." 함께 기도합시다.

하늘에 계신 우리 아버지,
세상은 우리를 두렵게 하지만 우리는 당신 안에서 평안을 누립니다.
성령이시여, 우리에게 하늘나라의 기쁨을 주시고
주님을 온당히 섬길 힘을 주소서.
고통 가운데 힘겨워하는 사람들,

두려움과 고난의 길을 앞둔 성도들을 기억하소서.

주님 이름의 영광을 위해 그들에게 도움의 손길을 내미소서.

선하시고 신실하신 주께서 우리에게 베푸실 은혜를 기대하며

같은 믿음, 같은 성령 안에 우리가 하나 되게 하소서.

예수님 이름으로 기도합니다. 아멘.

#담대 #부활신앙

10월 1일

주님을 만나기까지

오늘 하루 수고하셨습니다. 주님께서 주시는 위로와 평화가 여러분에게 가득하길 바랍니다. 오늘 함께 묵상할 말씀은 로마서 12장 9-15절입니다.

> 사랑에는 거짓이 없나니 악을 미워하고 선에 속하라. 형제를 사랑하여 서로 우애하고 존경하기를 서로 먼저 하며 부지런하여 게으르지 말고 열심을 품고 주를 섬기라. 소망 중에 즐거워하며 환난 중에 참으며 기도에 항상 힘쓰며 성도들의 쓸 것을 공급하며 손 대접하기를 힘쓰라. 너희를 박해하는 자를 축복하라 축복하고 저주하지 말라. 즐거워하는 자들과 함께 즐거워하고 우는 자들과 함께 울라.

어느덧 10월이네요. 한 해를 시작한 게 엊그제 같은데 시간이 참 빠릅니다. 그리스 신화에 여러 신이 나오는데, 그중에서 시간의 신인 카이로스가 특이합니다. 누구보다 달리기를 잘하지만, 생김새가 독특해요. 앞머리는 장발인데 뒷머리가 없어요. 게다가 달릴 때 머리카락이 뒤로 날리지 않고 앞으로 날린다고 합니다. 시간이란 녀석은 앞에서는 잡을 수 있으나 지나고 나면 결코 잡을 수 없다는 뜻을 이런 식으로 나타낸 게 아닌가 싶습니다. 10월의 첫날, 로마서 12장 말씀을 묵상하며 삶을 점검해 보면 좋겠습니다.

소망 가운데 즐거워하고, 환난 중에 인내하고, 언제나 기도에 힘쓰며, 즐거워하는 이들과 더불어 즐거워하고, 슬프고 애타는 사람 곁에서 함께 울어 주었는지 돌아봅시다. 주님 만나는 그날까지 이런 삶을 살길 바랍니다. 함께 기도합시다.

우리를 끝까지 사랑하시는 하나님 아버지,
여기저기 사람들이 괴로워하고 고통스러워하는 때에도
우리는 주님의 복음을 마음에 새기며 인내합니다.
주님의 복음은 우리의 마음을 사랑으로 채워
고통받는 수많은 사람을 도울 수 있게 합니다.
우리 마음의 빈자리를 하나님의 자비하심으로 채워
주님의 도움을 입게 하소서.
온갖 고통과 괴로움을 겪어야 하는 상황에서도
우리에게 축복을 약속하신 주님을 바라보며
기쁨으로 감당하게 하소서.
하늘나라의 기쁜 소식을 주신 주님을 찬양합니다.
예수 그리스도 안에서
모든 일이 협력해서 선을 이룰 것이라고 약속하신 주님,
우리가 당신의 이름을 드높입니다.
예수님 이름으로 기도합니다. 아멘.

#경건 #로마서

10월 2일

바위와 산성이신 주님

오늘 하루 수고하셨습니다. 주님께서 주시는 위로와 평화가 여러분에게 가득하길 바랍니다. 오늘 함께 묵상할 말씀은 시편 31편 1-2절입니다.

> 여호와여 내가 주께 피하오니 나를 영원히 부끄럽게 하지 마시고 주의 공의로 나를 건지소서. 내게 귀를 기울여 속히 건지시고 내게 견고한 바위와 구원하는 산성이 되소서.

종교개혁자 마르틴 루터의 찬송가로 잘 알려진 〈내 주는 강한 성이요〉가 시편 46편을 묵상하면서 만들어졌다고 하는데, 시편 31편 내용도 크게 다르지 않습니다. 시인은 하나님이 견고한 바위와 산성이라고 고백합니다. 그만큼 우리가 기댈 든든한 지지대라는 고백이지요. 이런 고백은 늘 시련 가운데 나온다는 것도 신앙의 신비입니다.

우리는 어떤가요? 시련과 시험 가운데 있을 때 "주님은 나의 반석이고 산성입니다"라는 고백이 저와 여러분에게 가득하길 바랍니다. 함께 기도합시다.

주 우리 하나님, 간절히 기도합니다.
우리에게 성령을 주셔서 이 땅에서 주의 길을 따르게 하소서.
악하고 옳지 못한 일로 가득한 세상을 보면서도
모든 것이 주의 손안에 있다는

믿음과 소망을 잃지 않게 하소서.

주의 날개 아래서 주님의 법도를 따르며

성령을 좇아 살게 하소서.

진리를 말씀하시는 성령님은 우리의 삶을 변화시키시고

우리를 일으키시길 간절히 원하십니다.

단 한 번이라도 주님의 손길을 느꼈던 모든 사람을 찾아가시고

그들이 주께 나아가 생명을 얻게 하소서.

예수님 이름으로 기도합니다. 아멘.

#반석 #산성 #시편

10월 3일

하늘이 열리다

오늘 하루 수고하셨습니다. 주님께서 주시는 위로와 평화가 여러분에게 가득하길 바랍니다. 오늘 함께 묵상할 말씀은 고린도후서 5장 18-19절입니다.

> 모든 것이 하나님께로서 났으며 그가 그리스도로 말미암아 우리를 자기와 화목하게 하시고 또 우리에게 화목하게 하는 직분을 주셨으니 곧 하나님께서 그리스도 안에 계시사 세상을 자기와 화목하게 하시며 그들의 죄를 그들에게 돌리지 아니하시고 화목하게 하는 말씀을 우리에게 부탁하셨느니라.

오늘은 '하늘이 열린 날'이라는 뜻의 개천절입니다. 단군의 고조선 건국을 기념하는 날인데, 우리나라가 나라를 빼앗겼던 일제 강점기, 상해 임시정부에서 민족의 기념일로 채택했다가 지금은 법률로 정한 국경일이 되었습니다. 하늘이 열리고 든든한 나라가 세워졌다는 개천절의 의미를 우리 그리스도인에게도 적용할 만합니다. 우리에게 하늘이 열리고 든든한 나라가 세워졌다는 것은 곧 하나님의 나라, 복음의 나라가 우리 가운데 세워졌다는 뜻일 겁니다. 그래서 사도 바울은 고린도후서 5장에서 만물이 하나님에게서 났고, 그리스도를 통해 우리가 그 나라와 화목하게 되었으며, 이제 그 화목의 역할을 주님이 우리에게 맡기셨다고 전합니다. 그리스도인이라고 불리는 저와 여러분이 그 일을 맡았습니다. 그런데 중요한 사실은 하나님의 일을 맡은 사람은 언제나 주님이 동행하며 지키고 힘을 주신다는 것입니다. 이 밤, 저와 여러분을 지키고 힘을 주시는 주님의 복된 약속이 우리 안에 다시금 새겨지길 바랍니다. 함께 기도합시다.

임마누엘의 주님,
당신께서는 우리를 하나님의 자녀로 부르셨습니다.
우리에게 복을 주소서.
두려움이 우리를 사로잡을 때 더욱 큰 은혜로 우리를 채우소서.
주께서 약속하신 대로 우리에게 도움을 베푸소서.
온 세상을 구원하시러 오실 예수 그리스도는 우리의 큰 도움이십니다.
말씀으로 우리에게 복을 주소서.
우리의 믿음이 흔들리지 않고 주님께 진실하도록,
언제나 우리를 새롭게 하소서.
우리의 도움 되시는 주님,
주님은 하늘을 열어 그리스도를 우리에게 주셨습니다.
당신께서 베푸시는 구원과 화해의 선물에 감사하며 살게 하소서.
예수님 이름으로 기도합니다. 아멘.

#화목 #개천절

10월 4일

에바다

오늘 하루 수고하셨습니다. 주님께서 주시는 위로와 평화가 여러분에게 가득하길 바랍니다. 오늘 함께 묵상할 말씀은 마가복음 7장 34-35절입니다.

> 하늘을 우러러 탄식하시며 그에게 이르시되 에바다 하시니 이는 열리라는 뜻이라. 그의 귀가 열리고 혀가 맺힌 것이 곧 풀려 말이 분명하여졌더라.

복음서를 읽다 보면 신비한 치유 사건을 심심찮게 볼 수 있습니다. 예를 들면, 귀먹고 말 더듬는 장애를 치료해 주시는 장면이지요. 성경에서 이런 사건을 접할 때는 최소한 두 가지를 함께 생각해 보아야 합니다. 첫 번째는 문자 그대로 주님이 우리 몸을 능히 치료하실 수 있다는 것이고, 두 번째는 이 치유가 한 개인의 병만 가리키는 게 아니라는 점입니다.

귀가 있어도 참되고 선한 소리를 판별하지 못하고, 입이 있어도 자신의 소리를 빼앗겨 버린 장애는 우리 사회의 고질병이기 때문입니다. 그래서 주님의 치유를 바라며 기도하는 사람은 늘 개인적인 소원과 더불어 우리가 살아가는 이 세계를 위해 기도해야 합니다.

이 밤, 우리의 기도를 조금 더 넓혀 세상을 위해 중보하는 건 어떨까요? 함께 기도합시다.

하늘에 계신 아버지, 이 땅에 사는 우리는 가난하고 궁핍합니다.

주님께서는 듣지 못하고 말하지 못하는 우리를 향해
날마다 "에바다" 외치시며 우리 영혼을 깨우셨습니다.
우리를 위해 베푸시는 하나님의 모든 은혜를 깨닫게 하소서.
예수 그리스도께서 오시는 그날을 기다리며
우리가 진리의 길을 걷게 하소서.
그날에 온 세상이 예수께서 하나님의 아들이심을
우리를 구원하러 오신 전능하신 분이심을 알게 될 것입니다.
빛이며 생명이신 예수 그리스도께서
세상 끝, 가장 어두운 곳에 있는 자들도 구원하실 것입니다.
주님의 이름을 찬양합니다.
예수님 이름으로 기도합니다. 아멘.

#에바다 #구원 #치유

10월 5일

구원의 빛

오늘 하루 수고하셨습니다. 주님께서 주시는 위로와 평화가 여러분에게 가득하길 바랍니다. 오늘 함께 묵상할 말씀은 이사야 49장 6절입니다.

> 그가 이르시되 네가 나의 종이 되어 야곱의 지파들을 일으키며 이스라엘 중에 보전된 자를 돌아오게 할 것은 매우 쉬운 일이라. 내가 또 너를 이방의 빛으로 삼아 나의 구원을 베풀어서 땅끝까지 이르게 하리라.

걱정이 많으면 아무리 피곤해도 잠이 잘 안 옵니다. 이래저래 내일 할 일, 내가 책임져야 할 일 등 걱정이 머리에서 떠나지 않기 때문이지요. 그럴 때마다 주님의 선한 약속을 새겨 보시길 바랍니다. 우리를 자녀로 삼으신 주님은 모든 만물을 손에 쥐신 분입니다. 그분 손에 맡기면 그 어떤 것도 선한 그분의 뜻대로 해결할 수 있습니다. 이사야 선지자의 말을 한번 들어보세요.

"그가 이르시되 네가 나의 종이 되어 야곱의 지파들을 일으키며 이스라엘 중에 보전된 자를 돌아오게 할 것은 매우 쉬운 일이라. 내가 또 너를 이방의 빛으로 삼아 나의 구원을 베풀어서 땅끝까지 이르게 하리라."

이사야 선지자의 말대로 주님이 당신의 자녀를 일으키고 땅끝까지 이르게 하는 일은 매우 간단합니다. 성경에는 이런 복음으로 가득해요. 주님이 우리를 당신 자녀로 삼으셨다, 주님이 선과 악 모든 것의 주인이시다,

주님이 모든 것을 넉넉히 채우신다 등등.

이 밤, 우리의 모든 것을 담당하고, 우리를 선한 곳으로 인도하시며, 우리 기도에 가장 좋은 것으로 응답해 주시는 주님께 의지하는 시간이 되길 바랍니다. 함께 기도합시다.

전능하신 하나님, 온 누리에 주님의 빛을 비추셔서
주께서 모든 사람의 아버지가 되심을 드러내시니 참 감사합니다.
주님은 선한 사람과 악한 사람
주님과 가까운 사람과 멀리 떨어져 있는 사람
모두를 주께로 인도하십니다.
이 모든 일로 주님의 이름이 높여지고 영광 받게 하소서.
주의 손으로 우리 삶의 필요를 채우시니 감사합니다.
온 세상 사람들이 이 땅에서 주님의 행사를 보고 찬양하게 하소서.
주께서 이 땅에 보내신 그리스도의 빛을 우리에게 비추소서.
기쁨으로 그 빛을 맞이하며, 우리를 구원하신 주님을 경배하겠습니다.
우리에게 은혜를 베푸시고 성령을 부어 주소서.
주님의 영이 없으면 우리는 아무것도 할 수 없습니다.
날마다 주의 도움을 얻게 하소서.
예수님 이름으로 기도합니다. 아멘.

#구원 #빛 #이사야

10월 6일

하나님의 얼굴

오늘 하루 수고하셨습니다. 주님께서 주시는 위로와 평화가 여러분에게 가득하길 바랍니다. 오늘 함께 묵상할 말씀은 요한복음 17장 25-26절입니다.

> 의로우신 아버지여 세상이 아버지를 알지 못하여도 나는 아버지를 알았사옵고 그들도 아버지께서 나를 보내신 줄 알았사옵나이다. 내가 아버지의 이름을 그들에게 알게 하였고 또 알게 하리니 이는 나를 사랑하신 사랑이 그들 안에 있고 나도 그들 안에 있게 하려 함이니이다.

가정 교육을 잘 받아야 한다는 말을 종종 합니다. 인격은 혼자 형성되지 않습니다. 그래서 누군가의 말과 행동을 잘 살펴보면, 그 사람의 인격이 형성되어 온 과정이 보입니다. 그중에서도 가정은 우리가 가장 오래 머무는 곳이라서, 한 사람의 말과 행동에는 아버지와 어머니, 형제자매의 인품과 행동도 드러나기 마련입니다.

예수님은 어떤 분이셨을까요? 요한복음 17장에 기록된 그분의 기도를 가만히 들어 봅시다. 예수님은 당신 자신을 통해 우리가 하늘 아버지를 볼 수 있고, 그분의 사랑을 볼 수 있다고 말씀하십니다. 어디 그뿐일까요? 우리 안에 예수님이 있다면, 세상은 자연스럽게 저와 여러분을 통해 예수님과 그분의 사랑을 만날 수 있을 겁니다. 우리가 예수 믿으라고 소리 높여 외치지 않더라도 말입니다. 문제는 우리 안에 정말 예수가 있는가 하는 겁니다. 여러분은 어떠신지요? 이 밤, 성령님께 간구합시다. 주님의 사랑이 우리 안에 가득하기를! 함께 기도합시다.

지금까지 우리를 다스리시고 사랑하신 주님,
우리를 인도하시는 당신의 사랑이 우리 몸과 영혼을 자라게 합니다.
주의 손을 펼쳐 보이소서.
주님께 진실한 사람, 주님을 섬기는 사람의 모든 필요를 채워 주소서.
주님의 크신 은혜와 변함없는 사랑으로 우리가 살겠습니다.
우리의 말과 행동, 살아가는 순간순간의 모습이
세상이 하나님의 얼굴을 엿보는 통로가 되게 하소서.
예수님 이름으로 기도합니다. 아멘.

#신앙의삶 #인품

10월 7일

목자와 양

오늘 하루 수고하셨습니다. 주님이 주시는 위로와 평강이 여러분과 함께 하길 바랍니다. 오늘 함께 묵상할 말씀은 요한복음 10장 14-15절입니다.

> 나는 선한 목자라. 나는 내 양을 알고 양도 나를 아는 것이 아버지께서 나를 아시고 내가 아버지를 아는 것 같으니 나는 양을 위하여 목숨을 버리노라.

주님은 당신과 하늘 아버지의 관계, 주님과 우리의 관계를 양과 목자에 비유하십니다. 양이 살고 죽는 건 목자가 어디로 데려가느냐에 달려 있지요. 푸른 초장과 오아시스로 양을 인도하지 않으면, 양은 그대로 죽을 수밖에 없습니다. 그래서 좋은 목자, 선한 목자란 자기가 맡은 양을 보호하고 먹이는 일에 생명을 쏟는 사람입니다. 주님은 우리에게 당신이 우리의 선한 목자라고 말씀하십니다. 우리를 좋은 곳으로 인도하고, 위험에서 언제나 보호한다고 약속하십니다. 이 밤, 우리를 돌보시는 주님께 우리의 필요를 맡깁시다. 함께 기도합시다.

> 선한 목자 되신 주님,
> 당신은 우리의 목소리를 잘 아십니다.
> 연약한 당신의 자녀가 살아갈 때
> 걱정과 근심으로 흔들리더라도

우리를 돌보시는 예수 그리스도로부터 힘을 얻게 하소서.

우리 가정을 지켜 주시고,

삶의 터전을 보호하소서.

우리가 걷는 모든 길을 살피소서.

예수님 이름으로 기도합니다. 아멘.

#선한목자 #보호

10월 8일

은혜의 삶

오늘 하루 수고하셨습니다. 주님이 주시는 위로와 평강이 여러분과 함께하길 바랍니다. 오늘 함께 묵상할 말씀은 베드로후서 3장 17-18절입니다.

> 그러므로 사랑하는 자들아 너희가 이것을 미리 알았은즉 무법한 자들의 미혹에 이끌려 너희가 굳센 데서 떨어질까 삼가라. 오직 우리 주 곧 구주 예수 그리스도의 은혜와 그를 아는 지식에서 자라 가라. 영광이 이제와 영원한 날까지 그에게 있을지어다.

베드로 사도는 "무법한 자들의 미혹에 이끌려 너희가 굳센 데서 떨어질까 삼가라"라고 경고합니다. 살다 보면 편한 것만 찾는 게 우리예요. 서 있으면 앉고 싶고, 앉으면 눕고 싶어집니다. 신앙생활, 경건 생활도 이런 미혹에 빠지기 쉽습니다. 매일 기도하다 하루 빼먹고, 매일 성경을 묵상하다 하루 빼먹으면 그때는 편합니다. 실제로 그럴 수밖에 없을 때도 종종 있습니다. 그런데 문제는 그런 하루가 모여 일주일이 되고, 그 일주일이 모여 한 달, 일 년이 된다는 데 있습니다. 베드로는 '무법한 자들의 미혹'이라고 했지만, 다르게 표현하면 '규모 없는 삶의 유혹', '규칙 없는 방종한 삶의 유혹'이라고 할 수 있습니다. 베드로는 이런 규모 없는 삶을 이기는 비책으로 우리 주 예수 그리스도의 은혜와 그를 아는 지식을 매일 쌓아 가라고 권면합니다. 저와 여러분은 어떤가요? 주님의 말씀과 은혜로 매일 우리 속을 채워 가는 복된 삶이 되길 바랍니다. 함께 기도합시다.

전능하신 하나님 아버지,

우리가 당신의 아들 예수 그리스도 안에

안전히 거하게 하시니 감사합니다.

주님께서 함께하시면 우리는 분노와 증오로 가득한 세상,

불의하고 잔인한 세상을 거슬러 오를 수 있습니다.

어떤 일이 닥쳐도 예수 그리스도의 뜻을 놓지 않겠습니다.

전능하신 주께서 모든 민족을 위해

이 땅에 주의 나라를 완성할 그때를 우리는 기다립니다.

우리의 하나님, 우리의 아버지 되신 주님, 우리를 지키소서.

우리 마음을 밝히셔서

하나님 나라의 소망을 영원히 간직하며 항상 기뻐하게 하소서.

예수님 이름으로 기도합니다. 아멘.

#은혜 #불법 #예수

10월 9일

찬송의 길

오늘 하루 수고하셨습니다. 주님께서 주시는 위로와 평화가 여러분에게 가득하길 바랍니다. 오늘 함께 묵상할 말씀은 요한계시록 15장 3-4절입니다.

> 하나님의 종 모세의 노래, 어린 양의 노래를 불러 이르되 주 하나님 곧 전능하신 이시여 하시는 일이 크고 놀라우시도다. 만국의 왕이시여 주의 길이 의롭고 참되시도다. 주여 누가 주의 이름을 두려워하지 아니하며 영화롭게 하지 아니하오리이까. 오직 주만 거룩하시니이다. 주의 의로우신 일이 나타났으매 만국이 와서 주께 경배하리이다 하더라.

어떤 일을 겪을 때 소망이 있고 없고의 차이는 상당합니다. 한여름에 땀 흘리며 일하는 상황을 예로 들어 볼까요. 끝나는 시간이 정해져 있거나 일할 분량이 정해져 있으면 일을 수월하게 할 수 있지만, 언제 끝날지 어디까지 해야 할지 알 수 없으면 지루하기 짝이 없는 일이 되고 맙니다. 역사도 마찬가지예요. 그리스도인이 힘든 시련을 인내할 수 있는 이유는 시련 끝에 주님이 나타나시고 우리를 위로해 주신다는 믿음 때문입니다. 그래서 매 순간 손해 보는 것 같은 삶을 살더라도 옳은 일, 바른 일을 하려고 꿋꿋이 애쓸 수 있습니다.

요한계시록 15장에 나오는 사도 요한의 목소리를 들어 보세요. 그의 굳건한 고백처럼 우리가 오늘을 인내하며 살 수 있는 이유는 바로 이것입니다. "주님이 모든 만물, 모든 시간의 주님이시다. 시간의 모든 끝, 종말의 때가 도래할 것이고, 그때 주님은 그를 믿은 모든 사람을 보호하시고 회복시킨다."

이 믿음과 소망이 우리를 인내의 길, 찬송의 길로 이끕니다. 이 밤, 바로 그 주님이 우리 곁에 계십니다. 함께 기도합시다.

만물의 주관자이신 하나님,
당신께서는 이 시대에도 살아 계셔서 역사하십니다.
세상의 고통과 슬픔에 모두가 눈물지을 때도
우리는 주님이 일하고 계심을 믿고 용기를 냅니다.
주님은 여전히 선한 일을 우리 가운데 행하십니다.
주님, 이 세대가 지나가기 전에 주의 일이 결실하게 하소서.
어려움에 부닥친 사람들이 주님을 찾고
주께 도움을 얻는 참 행복을 알게 하소서.
이 땅에서 하나님의 은혜를 발견하며 찬송하는 행복이
우리 모두에게 넘치게 하소서.
예수님 이름으로 기도합니다. 아멘.

#찬송 #섭리

10월 10일

값을 치르다

오늘 하루 수고하셨습니다. 주님께서 주시는 위로와 평화가 여러분에게 가득하길 바랍니다. 오늘 함께 묵상할 말씀은 로마서 3장 23-26절입니다.

> 모든 사람이 죄를 범하였으매 하나님의 영광에 이르지 못하더니 그리스도 예수 안에 있는 속량으로 말미암아 하나님의 은혜로 값 없이 의롭다 하심을 얻은 자 되었느니라. 이 예수를 하나님이 그의 피로써 믿음으로 말미암는 화목제물로 세우셨으니 이는 하나님께서 길이 참으시는 중에 전에 지은 죄를 간과하심으로 자기의 의로우심을 나타내려 하심이니 곧 이 때에 자기의 의로우심을 나타내사 자기도 의로우시며 또한 예수 믿는 자를 의롭다 하려 하심이라.

사도 바울의 설명이지요. 성경을 읽다 보면 종종 낯선 단어가 나오는데, 오늘 묵상할 구절에서도 눈에 들어옵니다. 죄, 속량, 화목 제물. 사실 이런 말들은 설명이 없다면 이해할 수 없는 말이라서 신앙생활을 오래 한 사람들도 의미를 정확히 모르는 경우가 많습니다. 긴 해설이 필요하겠지만, 성경에 나오는 '죄'는 단순히 도둑질이나 사기, 거짓말 같은 종류의 것만 말하는 게 아닙니다. 근본적으로 죄와 의는 하나님과 어떤 관계인가를 나타내는 말입니다. 그래서 죄란 하나님과 관계가 깨진 상태를, 죄인은 하나님과 관계없이 사는 사람을, 그 반대인 의는 하나님과 이어진 관계를, 의인은 하나님과 친밀한 관계 속에 사는 사람을 뜻합니다.

‘속량’이라는 말도 낯설지요. 이 말은 ‘값을 치른다’는 뜻이에요. 그러니 예수님이 우리의 속량이 되셨다는 말은 하나님과 우리의 깨진 관계를 주님이 생명을 값으로 치르고 다시 원상 복구했다는 뜻입니다. ‘화목 제물’이라는 말도 이런 뜻이지요. 로마서에서 사도 바울이 우리에게 전하는 메시지를 다시 한번 묵상해 보길 바랍니다. 우리의 깨진 관계가 예수님을 통해 다시 회복됩니다. 그리고 그 믿음을 가지고 사는 이들에게는 주님의 놀라운 은혜가 현실로 체험될 것입니다. 함께 기도합시다.

주님, 당신께서는 예수 그리스도의 피로
우리의 죄를 씻게 하셨습니다.
주님의 이름을 찬양합니다.
많은 사람이 주의 은혜를 경험하게 하소서.
모든 이에게 주님의 빛을 비추시고 주의 영광을 드러내소서.
고통 가운데 있는 이들에게 구원의 빛을 비추소서.
주님의 말씀으로 우리를 지키소서.
예수 그리스도께서 이 땅에 베푸신 모든 것을 우리가 간직하고
어린아이와 같이 순수한 마음으로 그 선물을 나누게 하소서.
더욱 많은 일을 이루셔서 주님의 이름이 높임을 받게 하시고,
우리가 소망하고 기다리는 그리스도의 날이 속히 오게 하소서.
예수님 이름으로 기도합니다. 아멘.

#구원 #속량 #죄

10월 11일

믿음 가운데 선을 행하라

오늘 하루 수고하셨습니다. 주님이 주시는 위로와 평강이 가득하길 바랍니다. 오늘 저녁 함께 묵상할 말씀은 시편 37편 3-4절입니다.

> 여호와를 의뢰하고 선을 행하라 땅에 머무는 동안 그의 성실을 먹을 거리로 삼을지어다. 또 여호와를 기뻐하라. 그가 네 마음의 소원을 네게 이루어 주시리로다.

이 짧은 말씀 하나로 충분할 것 같습니다. 하나님께 기대어 살며 선을 행하는 것, 어디서 무엇을 하든 성실한 자세로 살아가는 것, 하나님의 말씀과 그분의 길을 기뻐하는 것. 이것이야말로 신앙인이 갖춰야 할 삶의 자세입니다.

이 밤, 주님께 우리의 모든 것을 맡기고 그분께 의뢰하는 밤이 되길 바랍니다. 함께 기도합시다.

> 하늘에 계신 우리 아버지,
> 때로 주님의 길이 우리에게 괴로움과 고통을 의미할지라도
> 우리는 아버지의 뜻을 존중하며 신뢰합니다.
> 용기와 힘을 주소서.
> 우리가 당신께 기댑니다.
> 사망의 어둠에 둘러싸인 수많은 사람에게 믿음을 허락하소서.

자기를 완전히 부인할 때,

믿음은 모든 어려움을 극복합니다.

만백성이 생명을 얻도록 주의 빛을 역사 한가운데 비추소서.

그 빛이 우리를 이끌어

이전에 알지 못했던 깊은 평화로 안내할 것입니다.

우리의 모든 걱정과 근심을 보시고

우리의 이름을 하나하나 기억하여 주소서.

인생의 시련을 통해 평화의 땅에 이르게 하소서.

모질고 험한 길이 우리의 운명이라면

아무리 어려운 시절이라도 우리에게 맡겨진 짐을 불평하지 않고

성실히 그 길을 가게 하소서.

좁은 길을 지나 주님을 뵙게 될 것입니다.

예수님 이름으로 기도합니다. 아멘.

#믿음 #실천

10월 12일

용서

오늘 하루 수고하셨습니다. 주님께서 주시는 위로와 평화가 여러분에게 가득하길 바랍니다. 오늘 저녁 우리가 묵상할 말씀은 마태복음 6장 12절입니다.

> 우리가 우리에게 죄 지은 자를 사하여 준 것 같이 우리 죄를 사하여 주시옵고.

주님이 가르치신 기도의 한 구절입니다. 죄 용서에 관한 말씀이지요. 이 구절은 우리의 빈궁한 삶과 연결되어 있습니다. 우리가 비록 하나님의 말씀을 가졌고 또 믿으며, 그분 뜻을 붙잡고 행하며 하나님의 선물과 은총 아래 살고 있을지라도 죄를 피할 수는 없습니다. 우리는 매번 비틀거리고 흔들리며 삽니다. 세상 안에서 사람과 부대끼며 살기 때문입니다. 그래서 서로 상처를 주고받으며, 참지 못해 화를 내고, 앙갚음하며 삽니다. 게다가 사탄은 그렇게 살아가는 우리를 뒤에서 계속 미혹합니다. 우리의 모든 기도와 간구는 다 부질없는 짓이고 불가능하다고 말입니다. 이런 전쟁터에서 똑바로 서 있기란 여간 어려운 게 아닙니다. 그래서 이때 필요한 기도가 사랑의 하늘 아버지께 "우리의 죄를 용서해 달라"는 기도입니다.

이 기도를 하는 이유는 용서해 달라고 기도하기 전에는 하나님이 우리를 용서하시지 않기 때문이 아닙니다. 죄 용서의 복음은 이미 우리에게 주어진 하나님의 선물입니다. 그래서 용서를 구하는 기도는 우리를 용서하겠다는 이 복된 약속을 근거로 하는 것이고, 기도할 때마다 이 약속을 더 깊이 되새기는 것입니다. 중요한 것은 사죄의 약속을 인정하고 받아들이는 것입니다. 이 복된 약속을 신뢰합시다. 함께 기도합시다.

주 우리 하나님, 주님은 죄인을 용서하고
새로운 삶을 살게 하시는 분입니다.
당신이 용서 못 할 큰 죄는 아무것도 없습니다.
세상 모두 주님을 찾아 자비를 구하게 하소서.
진리의 영, 겸손의 영이신 성령을 보내셔서 우리의 죄를 용서하소서.
한숨짓는 영혼의 기도,
주의 이름을 부르는 모든 이의 기도를 들으소서.
우리의 기도가 주님의 보좌 앞에 이르기를 바랍니다.
마음속의 모든 것을 다 표현하지 못해도
우리의 기도를 들으시고 응답하소서.
주님, 당신의 몸 된 교회와 함께하소서.
분노로 가득한 매서운 세상에
보복 대신 용서의 힘을 우리를 통해 보여 주소서.
"우리가 우리에게 죄 지은 사람을 용서하여 준 것같이
우리의 죄를 용서하여 주소서."
주께서 가르치신 이 기도가 우리의 입술을 떠나지 않게 하소서.
예수님 이름으로 기도합니다. 아멘.

#주기도문 #용서

10월 13일

종에서 자녀로

오늘 하루 수고하셨습니다. 주님께서 주시는 위로와 평화가 여러분에게 가득하길 바랍니다. 오늘 저녁 함께 묵상할 말씀은 갈라디아서 4장 6-7절입니다.

> 너희가 아들이므로 하나님이 그 아들의 영을 우리 마음 가운데 보내사 아빠 아버지라 부르게 하셨느니라. 그러므로 네가 이 후로는 종이 아니요 아들이니 아들이면 하나님으로 말미암아 유업을 받을 자니라.

사도 바울은 갈라디아 교인들에게 보내는 편지에서 우리의 신분이 변했다고 설명합니다. 종에서 아들로! '종'과 '주인의 아들'이라는 신분은 단순한 위치 교환 정도가 아니지요. 종은 언제나 말과 행동에 제약이 있고, 할 수 있는 일도 제한되어 있습니다. 주인의 아들은 전혀 다르지요. 게다가 아들의 아버지가 하나님이라면 이야기가 또 달라집니다. 사도 바울이 지금 그걸 말하는 겁니다.

그리스도인은 하나님의 아들이고, 이제 하나님의 유업을 이어받은 상속자라는 것이지요. 이제 문제는 하나님 집안의 상속자가 어떻게 살 것인가에 달려 있습니다. 더는 종처럼 살 필요가 없습니다. 악한 세상 속에서 당당히 선을 행하고 하나님 집안을 빛내는 삶을 살 수 있습니다. 설령 불안과 곤란에 빠지더라도 우리의 하늘 아버지께서 당신의 자녀를 거뜬히 구해 주실 겁니다. 다만, 벼가 익으면 더욱 고개를 숙이듯 하나님의 자녀들도 섬김의 도를 실천하며 살아야겠지요. 함께 기도합시다.

하늘에 계신 우리 아버지,
성령을 우리에게 보내셔서
우리가 변함없는 주님의 자녀임을 깨닫게 하소서.
우리 삶이 주님의 보호와 인도 가운데
하나님의 이름을 높이는 삶이 되게 하소서.
주께서 약속하신 모든 구원의 언약이 성취될 그 날을 기다립니다.
어둡고 불안한 이 시대에 우리를 더욱 굳세게 하소서.
부정과 불의, 악이 횡행할 때 우리를 붙잡아 어둠에서 건지소서.
나라와 권세와 영광이 영원히 주님의 것입니다.
예수님 이름으로 기도합니다. 아멘.

#상속자 #유업

10월 14일

시편이 주는 감동

오늘 하루 수고하셨습니다. 주님께서 주시는 위로와 평화가 여러분에게 가득하길 바랍니다. 오늘 함께 묵상할 말씀은 시편 85편 8-9절입니다.

> 내가 하나님 여호와께서 하실 말씀을 들으리니 무릇 그의 백성, 그의 성도들에게 화평을 말씀하실 것이라. 그들은 다시 어리석은 데로 돌아가지 말지로다. 진실로 그의 구원이 그를 경외하는 자에게 가까우니 영광이 우리 땅에 머무르리이다.

시편을 묵상하다 보면 무릎을 '탁' 칠 때가 많아요. 인생이라는 깊은 체험 속에서 우러나온 진액이라서 시편에 나온 깨달음들은 우리 마음을 흔듭니다. 어쩌면 그냥 지나칠 단순하고 평범한 구절인데도 멈춰 설 때가 많습니다. 오늘 함께 나눌 시편 85편도 그런 구절 가운데 하나입니다.

저에게는 이렇게 읽힙니다. "하나님의 말씀을 묵상하는 자에게 주님은 평화와 위로를 주십니다. 그 말씀이 어리석은 삶으로 돌아가지 못하게 나를 붙듭니다. 지금 말씀을 깊이 묵상하는 이에게 주님은 가까이 오십니다. 그리고 그 자리를 찬송과 감사로 빛나게 만듭니다."

여러분은 시편 85편을 어떻게 읽으시는지요? 여러분의 언어와 깨달음으로 이 말씀을 다시 써 보는 것은 어떨까요? 함께 기도합시다.

> 우리의 감사와 찬송이 되시는 하나님,

주님은 우리의 도움, 우리의 위로와 생명이 되십니다.

가난하고 연약한 우리가 주님께 나갈 때,

당신은 우리를 부유하게 하십니다.

주님은 우리에게 참 생명을 주셨습니다.

그 생명의 힘으로 우리가 주의 뜻을 따라 살며

주님의 정의를 좇아 살게 하소서.

어떤 상황 속에서도 우리가 영으로 하나 되어

주의 이름을 높이게 하소서.

주는 우리의 구원, 모든 악에서 우리를 건지시는 분이십니다.

감사와 찬양을 받으소서.

예수님 이름으로 기도합니다. 아멘.

#찬송 #감사 #시편

10월 15일

모든 날이 거룩하다

오늘 하루 수고하셨습니다. 주님께서 주시는 위로와 평화가 여러분에게 가득하길 바랍니다. 오늘 함께 묵상할 말씀은 로마서 13장 12절입니다.

> 밤이 깊고 낮이 가까웠으니 그러므로 우리가 어둠의 일을 벗고 빛의 갑옷을 입자.

주일 저녁입니다. 오늘 하루 어떻게 지내셨는지요? 주일을 말씀과 성찬이 있는 예배의 날로 지키는 까닭은 오늘 하루만을 위해서가 아닙니다. 주일을 거룩하게 지킨다는 뜻의 '주일성수'는 우리의 모든 날, 그러니까 일요일뿐 아니라 월, 화, 수, 목, 금, 토 모든 날을 주님이 말씀을 통해 주시는 힘으로 살아가겠다는 뜻입니다. 루터의 말을 빌리자면, 우리가 매일 함께 모여 말씀과 성찬을 나눌 수 없기에 일주일 중 최소한 하루를 정해 주님의 말씀과 성찬을 나누는 것입니다.

성경은 주일만 중요하고 나머지 6일은 중요하지 않다는 식으로 가르치지 않습니다. 하나님이 창조하신 모든 날이 다 귀하고 거룩합니다. 그러니 일요일뿐 아니라 우리의 모든 일상도 거룩하고 귀합니다. 세상이 혼탁해질수록 우리에게 주어진 모든 날이 귀하다는 신앙을 확고하게 붙잡을 필요가 있습니다.

사도 바울은 로마서에서 "어둠의 일을 벗고 빛의 갑옷을 입자"고 권면합니다. 아주 짧은 말씀이지만, 빛과 어둠의 대비처럼 그 의미는 강렬합니다. 이 선언은 어느 특정한 하루만을 위한 말씀이 아닙니다. 우리의 모든 삶이 그렇게 빛의 삶이 되어야 한다는 뜻입니다. 저와 여러분은 바로 그런 빛의 사명으로 부름을 받았습니다. 함께 기도합시다.

하늘에 계신 우리 아버지, 우리에게 빛을 주시니 감사합니다.
어둠이 가고 낮이 올 것에 대한 큰 기대와 소망을 주시니 감사합니다.
날을 밝히는 빛은 사람에게서 오는 것이 아니라 주님에게서 옵니다.
다가올 그 날이 오늘 우리의 삶을 변화시킵니다.
모든 시간, 모든 공간이 다 주님의 것입니다.
우리가 통과하는 모든 시간과 공간을 거룩히 여기고
성실하고 진실하게 살게 하소서.
주님은 언제 어디서나 당신의 자녀를 돌보십니다.
예수님 이름으로 기도합니다. 아멘.

#주일성수 #예배

10월 16일

시련보다 가까운 곳에 기도가 있다

오늘 하루 수고하셨습니다. 주님께서 주시는 위로와 평화가 여러분에게 가득하길 바랍니다. 오늘 함께 묵상할 말씀은 마태복음 7장 7-8절입니다.

> 구하라. 그리하면 너희에게 주실 것이요. 찾으라. 그리하면 찾아낼 것이요. 문을 두드리라. 그리하면 너희에게 열릴 것이니 구하는 이마다 받을 것이요 찾는 이는 찾아낼 것이요 두드리는 이에게는 열릴 것이니라.

지갑이 없어져서 온종일 진땀 빼며 찾다가 카드부터 정지시켜야 할 것 같아 결국 카드 회사에 전화했습니다. 전화를 끊으며 털썩 자리에 앉았는데, 글쎄 책상 위에 떡 하니 지갑이 있는 게 아니겠어요. 기쁘기도 하고 황당하기도 하더군요. 잽싸게 카드 회사에 전화를 걸어 찾았으니 정지 신청을 취소해 달라고 요청했습니다. 그런데 이미 정지가 되어서 재발급을 받아야 한다는 답변이 돌아왔습니다. 결국, 덜렁거리는 건망증 덕분에 일주일 동안 불편을 감수하고 지내야 했습니다.

제 건망증의 이력은 이번만이 아닙니다. 바지 주머니에 열쇠를 두고 씩씩거리며 이리저리 찾는다든지, 괜스레 아이 탓, 아내 탓했던 일은 비일비재합니다. 항상 가장 가까운 곳에 열쇠를 두고 바보처럼 행동했던 것이지요.

종교개혁자 마르틴 루터는 《대교리문답》에서 기도를 설명하다가 이런 말을 합니다. "누구나 위기를 겪을 수 있습니다. 그러나 하나님은 거기서 가장 가까운 곳에 기도를 두셨습니다. 그래서 어떤 경우에라도 기도하지 않은 것에 대한 구실을 댈 수 없게 하셨습니다."[20]

하나님은 우리가 당하는 시련 바로 앞에 '기도'라는 열쇠를 살포시 놔두십니다. 그래서 기도는 어떤 시련이든 뚫고 나갈 하늘의 무기가 됩니다. 기도의 능력은 '거짓 없으신 하나님의 약속'이기 때문입니다. 시련은 크게 보이고 기도의 열쇠는 작게 보이나요? 하나님의 거짓 없는 약속을 믿고 시련보다 더 가까운 곳에 있는 기도의 열쇠를 사용합시다. 시련은 피하는 것이 아니라 열고 나아가는 것입니다. 가장 가까운 곳에 하나님이 열쇠를 두셨습니다.

주 우리 하나님,
당신께서는 우리와 가장 가까운 곳에 기도의 열쇠를 두셨습니다.
주님은 우리가 이 땅에서 겪는
온갖 어려움과 시험, 노력과 아픔을 다 아십니다.
우리의 기도를 들으시고 응답하겠다고 당신은 약속하셨습니다.
고요한 저녁, 당신께 마음을 열고 기도할 때
우리 삶을 거칠게 뒤흔드는 모든 장애와 불의를 돌파하게 하소서.
주의 빛으로 우리를 보호하소서.
당신의 기이한 빛은 우리를 언제나 지혜의 길로 인도하여
무익하고 부정한 일 속에서도 우리를 정결히 지킬 것입니다.
매일의 기도가 당신을 향한 찬양이 되게 하소서.
예수님 이름으로 기도합니다. 아멘.

#기도 #대교리문답 #루터

10월 17일

풀 가득한 정원

오늘 하루 수고하셨습니다. 주님께서 주시는 위로와 평화가 여러분에게 가득하길 바랍니다. 오늘 함께 묵상할 말씀은 마태복음 9장 12-13절입니다.

> 예수께서 들으시고 이르시되 건강한 자에게는 의사가 쓸 데 없고 병든 자에게라야 쓸 데 있느니라. 너희는 가서 내가 긍휼을 원하고 제사를 원하지 아니하노라 하신 뜻이 무엇인지 배우라. 나는 의인을 부르러 온 것이 아니요 죄인을 부르러 왔노라 하시니라.

며칠 전, 얼떨결에 정원전시회에 다녀왔습니다. 거기서 도슨트의 설명을 들었는데 그분이 제일 먼저 들려준 이야기가 오늘 말씀과 겹칩니다. '정원' 하면 무엇부터 떠오르시나요? 보통 우리가 생각하는 정원은 멋진 나무를 중심으로 꽃이 배치된 깔끔하고 푸른 잔디밭 정도일 겁니다. 그런데 도슨트의 말에 따르면, 현대의 유명한 정원들은 그런 틀에서 벗어난 지 오래라고 합니다. 현대 정원의 특징 중 하나는 '풀'이 등장했다는 점입니다. 이제는 값비싼 나무 중심의 정원이 아니라 가냘픈 풀, 곤충, 거미 등 자연의 모습이 그대로 담긴 정원이 좋은 정원의 모델이 되었다고 합니다.

인간도 지구라는 서식지(정원)의 한 부분이고, 자연은 있는 그대로 가장 아름답고, 낙엽이 지고 식물이 말라 죽어 가는 모습마저도 아름다운 우주 안에서 고귀한 일부라는 설명이 인상 깊었습니다.

혹시 계수나무 이파리 냄새를 맡아본 적이 있나요? 가을에 갈색으로 변한 계수나무 이파리는 설탕 구운 향내, 달고나 향이 진하게 납니다. 푸른 잎에서는 나지 않는 달콤한 향이 생명을 잃어 가는 곳에서 점점 더 진해집니다. 책갈피에 넣어 두렵니다. 그러면 책에서도 향내가 나겠지요.

집에 돌아와 보니 작은 마당에 난 잡초가 보입니다. 제초제를 써서라도 기필코 박멸하겠다고 벼르곤 했는데, 이제는 달리 보입니다. 잡초도 생명으로, 우리 집의 일부로 보입니다. 사람 사는 곳, 교회도 마찬가지겠지요.

오늘 함께 묵상한 예수님의 말씀도 이런 뜻으로 읽어도 좋을 것 같아요. 우리는 늘 중요한 사람 위주로, 의로운 사람 중심으로, 현명하고 도드라진 사람 중심으로 세상을 이해하지만, 예수님은 당신이 병든 자, 죄인을 위해 오셨다고 말씀하십니다. 그들도 하나님에게 소중한 일부라는 말씀일 겁니다. 우리 모두 그렇게 세상의 일부이자 고귀한 하나님의 일부라는 사실을 기억하면 좋겠습니다. 그리고 나만 그렇게 하나님의 일부가 아니라 저 사람도 주님 나라의 일부라는 사실을 이 밤 깊이 묵상해 봅시다. 함께 기도합시다.

하늘에 계신 우리 아버지,
허물 많은 우리가 주님 앞에 기도합니다.
어리석은 일을 수없이 저지르고,
악하고 타락한 곳에 깊이 발을 담근 우리가 주님께 기도합니다.
변함없는 당신의 사랑을 믿고 우리의 마음을 엽니다.
우리를 긍휼히 여기셔서
이 땅에서 겪어야 할 위험과 상처들로부터 지켜 주소서.
하나님 나라의 은혜가 이곳에 임하게 하소서.

주의 자비가 모든 죄를 깨끗하게 씻을 것입니다.

주님의 자녀들이 주께 도움을 입고

그 기쁨으로 이웃과 더불어 서로 섬기며 살게 하소서.

서로를 있는 그대로 받아들이며

마음의 조각을 나누며 살게 하소서.

예수님 이름으로 기도합니다. 아멘.

#정원 #죄인 #교회 #공동체

10월 18일

하나님 사랑 이웃 사랑

오늘 하루 수고하셨습니다. 주님의 위로와 평화가 여러분 모두에게 가득하길 기원합니다. 오늘 저녁 함께 묵상할 말씀은 성경 전체를 요약하는 예수님의 말씀입니다. 마태복음 22장 37-40절에서 예수님은 이렇게 가르치십니다.

> 예수께서 이르시되 네 마음을 다하고 목숨을 다하고 뜻을 다하여 주 너의 하나님을 사랑하라 하셨으니 이것이 크고 첫째 되는 계명이요. 둘째도 그와 같으니 네 이웃을 네 자신 같이 사랑하라 하셨으니 이 두 계명이 온 율법과 선지자의 강령이니라.

하나님을 사랑하고 이웃을 사랑하는 것. 이것이 온 율법을 관통하는 하나님의 마음이라고 예수님은 가르칩니다. 둘 중 어느 것 하나만 강조하는 게 아니지요. 하나님을 사랑한다면서 이웃의 아픔을 외면하는 것도 문제고, 하나님 사랑 없이 이웃 사랑만 하는 것도 문제입니다. 저와 여러분은 어떤가요? 하나님을 진심으로 사랑하고 이웃을 사랑의 마음으로 섬기는 저와 여러분이 되길 바랍니다. 함께 기도합시다.

> 하나님 아버지, 당신께서는 우리를 죽기까지 사랑하셨습니다.
> 당신의 사랑과 생명 값으로 우리가 살아갑니다.
> 이제 우리가 작은 예수 되어 세상을 위해 살게 하소서.

우선 혼란한 세상 속에서도

우리가 당신의 자녀라는 사실을 선명히 깨닫게 하소서.

그리하여 당신께서 우리를 감싸고 보호하신다는 것을 알게 하소서.

전능하신 아버지, 우리가 주님을 바라봅니다.

당신을 향한 믿음이 하늘에 머물지 않게 하시어

사랑으로 이웃 안에 흘러들게 하소서.

우리가 그곳에서 하나님의 얼굴을 더욱 또렷하게 보게 될 것입니다.

예수님 이름으로 기도합니다. 아멘.

#계명 #사랑 #이웃

10월 19일

모든 지혜를 뛰어넘는 하나님의 평강

오늘 하루 수고하셨습니다. 주님의 위로와 평화가 여러분 모두에게 가득하길 바랍니다. 오늘 저녁 함께 묵상할 말씀은 빌립보서 4장 7절입니다.

> 그리하면 모든 지각에 뛰어난 하나님의 평강이 그리스도 예수 안에서 너희 마음과 생각을 지키시리라.

본문에 나온 '모든 지각'이라는 말은 원래 인간의 모든 이성, 모든 지혜를 뜻합니다. 그러니 원래 이 구절은 "우리의 모든 이성과 지혜를 훨씬 뛰어넘는 하나님의 평강이 우리 마음과 생각을 지킬 것이다"라는 복된 선언인데, 그 놀라운 하나님의 평강이 나오는 원천이 바로 그리스도 예수님이라는 신앙 고백입니다.

이 짧은 말씀이 우리에게 위로가 되고 힘이 되는 이유는 우리가 안간힘을 쓰고 발버둥 쳐도 안 되는 일을 주님은 매우 간단하고 쉽게 해결하신다는 뜻이 담겨 있기 때문입니다. 우리가 주님을 향해 간절히 기도하는 이유도 여기에 있습니다. 그리스도 안에 충만한 은혜는 우리의 모든 헤아림과 지혜를 훌쩍 뛰어넘기 때문입니다.

이 밤, 우리의 모든 지각을 훌쩍 뛰어넘는 하나님의 평강이 우리 모두에게 가득하길 바랍니다. 함께 기도합시다.

전능하신 하나님 아버지,

당신의 능력은 인간의 모든 지혜와 비교할 수 없습니다.
당신의 능력은 언제나 사랑과 자비,
그리고 평화에서 더욱 선명히 드러납니다.
주님의 영을 보내 주셔서
죄와 죽음과 악의 세력에 사로잡힌 우리를 구하소서.
기도할 때 주께서 진정 원하시는 것이 무엇인지 분별하게 하소서.
전능하시고 거룩하신 주님,
주님은 이 땅 위에 당신의 평화가 가득하길 원하십니다.
주님의 평화는 사람의 헤아림을 뛰어넘습니다.
그 평화가 하늘과 땅, 땅 아래에 넘쳐 모든 죄와 죽음에 맞서고,
온갖 세상의 악을 거두어 갈 것입니다.
오 주님, 우리가 주님을 기다립니다.
우리의 기도를 들으소서.
당신의 평화가 이곳에 임하여
전쟁과 불신, 분열과 반목, 시기와 질투를 지우고
모든 만물이 그리스도 안에서 조화롭게 공존하게 하소서.
예수님 이름으로 기도합니다. 아멘.

#평화 #하나님의능력

10월 20일

하나님이 지키신다

오늘 하루 수고하셨습니다. 주님의 위로와 평화가 여러분 모두에게 가득하길 기원합니다. 오늘 저녁 함께 묵상할 말씀은 시편 33편 8-10절입니다.

> 온 땅은 여호와를 두려워하며 세상의 모든 거민들은 그를 경외할지어다. 그가 말씀하시매 이루어졌으며 명령하시매 견고히 섰도다. 여호와께서 나라들의 계획을 폐하시며 민족들의 사상을 무효하게 하시도다.

온 세상이 하나님의 권세 아래 있다는 말씀은 상투적인 구절로 들립니다. 하지만 인생의 캄캄한 골짜기에 들어가 본 사람이라면, 이 말씀이 얼마나 귀하고 힘이 되는지 잘 알 겁니다. 삶의 체험을 통해 말씀의 확실함을 깨달을 때 신앙이 더 단단해지는 법입니다. 시련과 고난 중에 우리의 힘이 되시는 하나님이 이 밤 저와 여러분을 지키실 것입니다. 함께 기도합시다.

> 주님, 삶의 온갖 고통과 역경 속에서도
> 주님을 신뢰하는 자들은
> 당신의 보호 아래 있습니다.
> 세상의 모든 나라가 일어나 전쟁을 일으켜도
> 주님은 우리와 함께하십니다.
> 하나님은 주님의 나라에 소망을 품은 자들과 함께하시며

악한 시대에도 거룩하고 위대하신 주님의 다스리심을 믿고

희망을 잃지 않는 자들과 언제나 함께하십니다.

기도하는 우리가 이 믿음과 희망으로 살게 하소서.

예수님 이름으로 기도합니다. 아멘.

#임마누엘 #시편

10월 21일

기도의 방향

오늘 하루 수고하셨습니다. 주님께서 주시는 위로와 평화가 여러분에게 가득하길 바랍니다. 오늘 함께 묵상할 말씀은 요한계시록 8장 3-4절입니다.

> 또 다른 천사가 와서 제단 곁에 서서 금 향로를 가지고 많은 향을 받았으니 이는 모든 성도의 기도와 합하여 보좌 앞 금 제단에 드리고자 함이라. 향연이 성도의 기도와 함께 천사의 손으로부터 하나님 앞으로 올라가는지라.

성경의 마지막 책인 요한계시록에는 상징과 비유가 가득합니다. 그러다 보니 이단들이 자기주장을 펴기 위해 교묘히 빌어다 쓰기 좋은 책이기도 합니다. 하지만 성경은 내가 하고 싶은 말을 하려고 가져다 쓰는 책이 아니라, 하나님의 마음이 담긴 책입니다. 그러니 우리 생각에 하나님을 끼워 맞추기보다는 하나님의 뜻에 우리를 맞추려는 노력이 더 필요합니다.

오늘 함께 묵상한 말씀 속에 이런 의미가 잘 담긴 것 같아요. 천사와 성도들 앞에 금 향로가 있고, 기도의 분향이 하나님께 올라가는 모습이 그려집니다. '봉헌'의 모습인데, 그 방향이 중요합니다. 교회에서 아무리 종교적 열심을 다해도, 그 방향이 하나님을 향하지 않는다면 아무 소용이 없습니다. 우리를 참으로 도우실 분은 하나님 한 분밖에 없기 때문입니다.

이와 더불어, 우리가 하나님 앞에 기도의 분향을 드린다는 뜻은 기도가 기도자 한 사람의 이익을 위한 일이 아니라는 뜻임을 기억해야 합니다. 우리의 기도는 모두를 위한 기도가 되어야 합니다. 이 밤, 기도할 때 누구를 위해 기도할지, 그 이름과 필요를 종이에 적어 보고 기도하는 건 어떨까요? 함께 기도합시다.

주님, 이 고요한 시간 당신 앞에 기도합니다.
우리의 마음과 생각이 오직 주님을 향하게 하소서.
주님은 온 세상을 주관하시며 만물을 다스리시는 분이십니다.
이 시대를 빛으로 밝히소서.
수백 년 동안 주 앞에 올려진 모든 기도,
하나님 나라와 하나님의 뜻이 이 땅에 이루어지길
소망하는 기도를 들으시고 응답하소서.
악의 먹이가 된 사람들은
이 땅에서 비참하고 힘겨운 삶을 살아갑니다.
오직 주님만이 우리를 도우실 수 있습니다.
하나님 아버지, 우리를 살피소서.
이 고통의 시간이 지나고,
온 세상 모든 민족이 주님의 시간을 맞이하게 하소서.
예수님 이름으로 기도합니다. 아멘.

#봉헌 #요한계시록 #분향

10월 22일

우선순위

오늘 하루 수고하셨습니다. 주님의 위로와 평화가 여러분 모두에게 가득하길 기원합니다. 오늘 저녁 함께 묵상할 말씀은 신명기 10장 12절입니다.

> 이스라엘아 네 하나님 여호와께서 네게 요구하시는 것이 무엇이냐. 곧 네 하나님 여호와를 경외하여 그의 모든 도를 행하고 그를 사랑하며 마음을 다하고 뜻을 다하여 네 하나님 여호와를 섬기고.

이스라엘 사람들은 어려서부터 하나님의 계명을 암송하면서 몸에 익힌다고 합니다. 암송하고 명심해야 할 성경 구절이 여럿 있는데, 백성 모두가 언제 어디서나 새겨야 할 말씀을 '쉐마'라고 부릅니다. 신명기를 읽다 보면 그런 말씀이 자주 나옵니다. 오늘 함께 읽은 신명기 10장도 그중 하나예요. 분명한 말씀이 여기 있지요. 이 구절을 루터는《소교리문답》에서 이렇게 풀어 말합니다. "모든 것 이상으로 하나님을 두려워하고, 모든 것 이상으로 하나님을 사랑하고, 모든 것 이상으로 하나님을 신뢰하는 것, 그것이 십계명 전체와 제1계명의 뜻이다." 더 간단히 말하면, "삶의 우선순위가 하나님이 되어야 한다"는 말이겠지요.

우리는 어떤가요? 오늘 내 삶의 우선순위가 어디에 있는지, 나는 지금 올바로 살고 있는지 진지하게 돌아보고, 하나님께 도움을 구하는 복된 밤이 되길 바랍니다. 함께 기도합시다.

하늘에 계신 우리 아버지,

당신께 기도하는 이 시간을 복되게 하소서.

성령을 보내셔서 주를 섬기며 사는 삶이 무엇인지,

어떻게 주의 뜻을 따라 살 수 있는지 우리를 깨우치소서.

우리가 결코 선한 길을 떠나지 않도록 도와주소서.

참 자유의 삶을 방해하는 모든 악에서 건져 주소서.

모든 것 이상으로 하나님을 두려워하고,

모든 것 이상으로 하나님을 사랑하며,

모든 것 이상으로 하나님을 신뢰하는 삶을 살겠습니다.

예수님 이름으로 기도합니다. 아멘.

#루터 #소교리문답 #우선순위

10월 23일

생명의 빛

오늘 하루 수고하셨습니다. 주님께서 주시는 위로와 평화가 여러분에게 가득하길 바랍니다. 오늘 함께 묵상할 말씀은 요한복음 8장 12절입니다.

> 예수께서 또 말씀하여 이르시되 나는 세상의 빛이니 나를 따르는 자는 어둠에 다니지 아니하고 생명의 빛을 얻으리라.

'월요병'이라는 말이 있듯 휴일을 마치고 다시 시동을 거는 월요일은 누구에게나 힘이 듭니다. 오늘이 여러분에게는 어떤 월요일이었나요? 예배 때 초를 켜는 이유는 교회당이 어두워서가 아닙니다. 주님이 우리의 빛이고, 우리가 세상의 빛이라는 뜻의 그림 언어입니다. 우리는 그 촛불을 보고 한 가지를 더 생각할 수 있습니다. 빛이신 주님의 뒤를 따라가는 사람은 어두운 세상을 통과하고 있어도, 그 끝은 생명의 빛이 가득하다는 것이지요. 오늘의 말씀이 이것을 말합니다.

어쩌면 월요일 저녁은 모두에게 지치고 힘든 밤일 수 있습니다. 하지만 주님의 빛을 의지하고 기도하는 사람은 주님께서 생명의 빛으로 만나 주실 것입니다. 이 믿음으로 함께 기도합시다.

> 주님, 당신은 어둠을 밝히는 생명의 빛입니다.
> 우리가 당신을 바라볼 때 덧없는 근심에서 풀려나
> 더욱더 높은 창공을 보게 하소서.

어떤 어려움과 장애를 만나도

주님의 손길이 우리와 언제나 함께하심을 기억하고 믿게 하소서.

주의 빛으로 세상을 밝히소서.

그 빛이 선과 악을 선명하게 드러낼 것입니다.

예수님 이름으로 기도합니다. 아멘.

#월요병 #빛 #어둠

10월 24일

사랑의 공동체

오늘 하루 수고하셨습니다. 주님께서 주시는 위로와 평화가 여러분에게 가득하길 바랍니다. 오늘 함께 묵상할 말씀은 요한복음 16장 27절입니다.

> 이는 너희가 나를 사랑하고 또 내가 하나님께로부터 온 줄 믿었으므로 아버지께서 친히 너희를 사랑하심이라.

사랑은 모든 것을 뛰어넘는 힘이 있습니다. 나이, 국경, 성별, 인종 등 사랑 앞에서는 모두 무용지물입니다. 게다가 그 사랑이 하나님의 사랑이라면 어떤 위험과 시련도 이길 힘이 됩니다. 우리가 교회라는 이름으로 서로를 애틋하게 기억하는 이유는 하나님의 사랑을 교회라는 이름으로 서로 나눌 수 있기 때문이겠지요. 이 밤, 교인들의 얼굴을 떠올리면 좋겠습니다. 우리 모두에게 하나님의 사랑이 가득한 밤이 되길 바랍니다. 함께 기도하겠습니다.

사랑의 주님,
주님께서는 쉼 없는 우리를
다함 없는 사랑스러운 당신의 품에 안아 주십니다.
우리의 영혼은 당신 품에 들기까지 안식을 얻지 못합니다.
자신에게 실망하고 불완전한 성품으로 인해 괴로워할지라도
우리는 여전히 주의 자녀입니다.

우리에게 주의 영을 허락하소서.

인간의 본성과 육체의 욕망을 꿰뚫어 보시는 성령을 보내셔서

온갖 유혹과 시험 중에 굳건히 믿음을 지키게 하소서.

주의 성령을 부어 주셔서

우리가 희망에 가득 찬 마음으로 미래를 바라보게 하시고,

전에도 계시고 이제도 계시며 장차 오실

주 예수 그리스도를 더욱 신뢰하게 하소서.

우리의 신뢰는 혼자만의 것이 아니라

같은 세례, 같은 성령, 같은 믿음으로

부름받은 모든 그리스도인의 것입니다.

하나님의 사랑과 자비가 오늘 우리 가운데 있음을 알게 하소서.

예수님 이름으로 기도합니다. 아멘.

#사랑 #교회 #공동체

10월 25일

교우들 얼굴을 떠올리며

오늘 하루 수고하셨습니다. 주님께서 주시는 위로와 평화가 여러분에게 가득하길 바랍니다. 오늘 함께 묵상할 말씀은 고린도후서 1장 3-5절입니다.

> 찬송하리로다. 그는 우리 주 예수 그리스도의 하나님이시요 자비의 아버지시요 모든 위로의 하나님이시며 우리의 모든 환난 중에서 우리를 위로하사 우리로 하여금 하나님께 받는 위로로써 모든 환난 중에 있는 자들을 능히 위로하게 하시는 이시로다. 그리스도의 고난이 우리에게 넘친 것 같이 우리가 받는 위로도 그리스도로 말미암아 넘치는도다.

여러분은 찬송을 얼마나 자주 하시나요? 그저 주일 하루? 아니면 시시때때로? 바울은 고린도 교회 교인들에게 편지를 쓰면서 찬송합니다. 아마 신나서 흥얼거리며 이 편지를 쓰고 있었을지도 모르겠습니다. 멀리 떨어진 교우들 얼굴을 하나하나 떠올리며 기쁘고 감사한 마음을 전하려고 했을 겁니다. 그러면서 환난과 시련 중에서 우리를 위로하고 돕는 하나님이 우리 곁에 계신다는 사실을 전하려고 했던 것이지요. 오늘 이 시간, 바울이 그리도 흥얼거리며 기뻐했던 위로의 하나님이 저와 여러분 곁에 계시며 우리의 기도에 응답해 주실 것입니다. 함께 기도합시다.

주님, 주님은 자비로운 아버지시며 모든 위로의 하나님이십니다.
우리를 격려하시고 환난 가운데서 일으켜 세우시는 분이십니다.
고난의 길을 생명의 길로 바꾸시니 감사합니다.
우리가 모든 일에 주님을 신뢰하며 감사할 수 있게 하셨습니다.
주님은 가장 고통스러운 시간을
우리 인생 최고의 순간으로 바꾸실 수 있습니다.
주님, 이 시간 교우들의 얼굴을 하나하나 떠올립니다.
주님은 우리를 하나의 세례로 묶으셨습니다.
우리 가운데 중보의 기도가 끊이지 않게 하소서.
서로를 기억하고 섬기며 물질과 마음을 나누게 하시어
이 거룩한 사귐이 죄와 죽음과 악을 이기며 걸어가는
복되고 가치 있는 여정 되게 하소서.
예수님 이름으로 기도합니다. 아멘.

#중보 #찬송 #교회공동체

10월 26일

하나 되게 하소서

오늘 하루 수고하셨습니다. 주님께서 주시는 위로와 평화가 여러분에게 가득하길 바랍니다. 오늘 함께 묵상할 말씀은 요한복음 17장 11절입니다.

> 나는 세상에 더 있지 아니하오나 그들은 세상에 있사옵고 나는 아버지께로 가옵나니 거룩하신 아버지여 내게 주신 아버지의 이름으로 그들을 보전하사 우리와 같이 그들도 하나가 되게 하옵소서.

사람이 이 땅의 수고를 내려놓을 때 남기는 마지막 말을 '유언'이라고 합니다. 장례 예배를 집례할 때마다 '내가 유언을 한다면 어떤 말을 남길까' 생각하곤 합니다. '하나님의 부름을 받기 전 마지막 기도는 무엇일까?' 등등 마음이 복잡해집니다. 유언은 단순히 한 개인의 소망이 아니라, 살아온 모든 궤적을 요약하는 역사라고도 할 수 있습니다. 요한복음 17장은 죽음이 임박한 예수님의 기도입니다.

그런데 여기에는 제자들을 향한 애틋한 마음이 담겨 있습니다. 하나님과 당신이 하나 된 것처럼 남은 모든 사람도 하나님과 하나 되는 사랑의 관계가 되길 바라신 것이지요. 그 사랑의 관계는 죽음의 순간에도 빛을 잃지 않습니다.

이 밤, 각자 삶의 자리에 계실 교우들 얼굴을 떠올려 봅니다. 다양한 모습, 다양한 환경에 있겠지만, 기도하는 시간이 주어진다면, 오늘만큼은 하나님과 하나 되길 기도합시다. 하나님과 나, 그리고 우리가 하나님 안에서 하나 되길 기도합시다. 그것이 저와 여러분을 향한 우리 구주 예수님의 간절한 부탁입니다. 함께 기도합시다.

우리의 구원자이신 주님,
당신께서는 죽음을 앞두고 산 위에서 간절히 기도하셨습니다.
그 기도가 우리를 위한 것임을 성경을 통해 배웁니다.
주님의 간절한 기도대로 우리가 하나 되게 하소서.
그렇게 하나 된 우리가 당신의 뜻을 헤아려 살게 하소서.
하늘과 땅이 모두 당신의 뜻으로 가득 찰 때까지
우리가 당신과 동행하게 하소서.
생의 모든 순간 우리를 떠나지 마시고
고통 중에 있을 때
죽음을 맞이하는 마지막 순간에도 우리 곁을 지켜 주소서.
예수님 이름으로 기도합니다. 아멘.

#마지막기도 #유언 #하나됨

10월 27일

몸에 새긴 그리스도의 흔적

오늘 하루 수고하셨습니다. 주님께서 주시는 위로와 평화가 여러분에게 가득하길 바랍니다. 오늘 함께 묵상할 말씀은 고린도후서 4장 8-10절입니다.

> 우리가 사방으로 우겨쌈을 당하여도 싸이지 아니하며 답답한 일을 당하여도 낙심하지 아니하며 박해를 받아도 버린 바 되지 아니하며 거꾸러뜨림을 당하여도 망하지 아니하고 우리가 항상 예수의 죽음을 몸에 짊어짐은 예수의 생명이 또한 우리 몸에 나타나게 하려 함이라.

오늘 저녁 함께 묵상할 말씀은 여러모로 힘이 됩니다. 몇 번을 읽어도 질리지 않고 외려 위로와 힘이 되는 말씀이지요. 그리스도의 뜻을 따라 사는 이들에게 닥치는 수많은 고난이 있는데, 그 고난이 절대 의미 없지 않다는 말씀입니다. 오히려 이 시련의 과정을 통해 예수의 생명이 우리 가운데 드러난다고 바울은 설명합니다. 나의 삶을 통해 그리스도의 생명이 드러난다니 얼마나 영광스러운 일인가요? 이런 영광스러운 생명의 흔적이 저와 여러분 삶에 가득하길 바랍니다. 함께 기도합시다.

> 피해갈 수 없는 고통과 고난 속에 들리는 엄한 목소리일지라도
> 주님의 뜻이라면 우리는 언제나 당신의 음성을 감사히 듣습니다.
> 주님의 말씀은 언제나 힘이 됩니다.

우리 삶 가운데 찾아오소서.

지나간 모든 일이 선을 이루기 위한 것이었음을 깨닫게 하소서.

주님이 모든 민족과 나라의 하나님이심을 드러내시고,

온 세상 사람들을 위한 피난처가 되어 주소서.

참혹한 이 시대의 죄악과 절망이 곧 지나가게 하소서.

그때 우리가 주의 통쾌한 음성을 들을 것입니다.

우리가 인내와 용기로 살게 하소서.

예수님 이름으로 기도합니다. 아멘.

#흔적 #그리스도 #고린도후서

10월 28일

그리스도인의 모험

오늘 하루 수고하셨습니다. 주님께서 주시는 위로와 평화가 여러분에게 가득하길 바랍니다. 오늘 함께 묵상할 말씀은 마가복음 2장 16-17절입니다.

> 바리새인의 서기관들이 예수께서 죄인 및 세리들과 함께 잡수시는 것을 보고 그의 제자들에게 이르되 어찌하여 세리 및 죄인들과 함께 먹는가. 예수께서 들으시고 그들에게 이르시되 건강한 자에게는 의사가 쓸 데 없고 병든 자에게라야 쓸 데 있느니라. 나는 의인을 부르러 온 것이 아니요 죄인을 부르러 왔노라 하시니라.

2018년에 독일에서 열린 국제 학술 세미나에 초대받았었습니다. 저의 발표가 끝나고 마지막 발제자였던 동료 리무엘이 열정적으로 발표했는데, 결론이 매우 인상적이었습니다. "낯선 자가 친구 되는 것은 조건을 따지지 않는 순전한 환대가 만들어 낸 선물이다."

발표가 끝나자 청중석에서 '조건 없는 환대'가 어떻게 가능하냐는 날 선 질문이 들어왔습니다. 그러자 발제자는 이렇게 답했습니다. "챌린지! 그것이 기독교인이라면 감행해야 할 진짜 챌린지입니다." 조건을 따지지 않고 가족으로 받아들이고 환대하는 것은 기독교인이라면 반드시 해야 할 도전이고 모험이라는 말에 아직도 가슴이 뜁니다. 무조건적 환대는 분명히 우리 모두에게 모험입니다.

하지만 그 말이 맞습니다. 주님은 의인을 찾으러 오신 것이 아니라 죄인을 구하러 오셨고, 그분이 마련한 최후의 만찬은 배신자와 배신자가 될 사람까지도 초대한 열린 식탁이었기 때문입니다. 최후의 심판은 그분의 몫이지 사람의 몫이 아닙니다. 예수님을 따르는 교회는 주님이 십자가에서 보여 주신 대로 모두를 열린 자세로 환대하며 하나님의 사랑을 섬김의 자세로 보여 주어야 합니다. 우리의 교회는 누구를 환대하고 있나요? 혹시 말쑥한 의인들만 대접받는 곳은 아닌지요? 함께 기도합시다.

모든 이를 차별 없이 환대하시는 사랑의 주님,
당신께서는 죄인을 위해 생명을 던지셨습니다.
당신을 따른다고 하면서도
우리는 여전히 구별과 차별에 익숙합니다.
심지어 교회마저도 세상이 원하는 방식대로 흘러갑니다.
주님은 모든 생명이 거룩하고 귀하다는 것을 알리셨습니다.
하나님의 자녀인 우리가 당신의 마음을 닮게 하소서.
세상이 우리를 보고 하나님의 얼굴을 볼 수 있도록
모든 이를 환대하며 위로하고 그리스도의 복음을 전하게 하소서.
당신의 복음으로 우리를 깨우치소서.
율법이 아니라 사랑의 복음, 위로의 복음, 용서의 복음이 승리합니다.
이 복되고 기쁜 소식이 우리 안에 가득하여
교회 담장 너머로 흘러가게 하소서.
예수님 이름으로 기도합니다. 아멘.

#복음 #환대 #모험

10월 29일

삶의 방향을 점검하라

오늘 하루 수고하셨습니다. 주님께서 주시는 위로와 평화가 여러분에게 가득하길 바랍니다. 오늘 함께 묵상할 말씀은 시편 89편 15-18절입니다.

> 즐겁게 소리칠 줄 아는 백성은 복이 있나니 여호와여 그들이 주의 얼굴 빛 안에서 다니리로다. 그들은 종일 주의 이름 때문에 기뻐하며 주의 공의로 말미암아 높아지오니 주는 그들의 힘의 영광이심이라. 우리의 뿔이 주의 은총으로 높아지오리니 우리의 방패는 여호와께 속하였고 우리의 왕은 이스라엘의 거룩한 이에게 속하였기 때문이니이다.

100미터 달리기 시합을 하는데, 어떤 선수가 속력은 가장 빠른데 정해진 트랙을 벗어나 뛰었다고 칩시다. 그러면 그는 상을 얻지 못합니다. 재능도 있고 최선도 다했지만, 방향이 틀렸기 때문입니다. 우리의 인생과 신앙도 마찬가지입니다. 열심히 사는 것도 중요합니다. 하지만 그보다 더 중요한 것은 방향입니다. 누구보다 열정적이더라도 방향이 잘못되었다면, 그 열심이 모두 허사가 되고 맙니다. 오늘 여러분의 하루는 어떠셨는지요? 여러분의 삶의 방향은 안녕하신지요?

시편 89편의 시인은 인생의 방향이 확실합니다. 시인은 하나님의 얼굴 빛 안에서 즐거이 찬송합니다. 그 찬송이 복될 때는 주의 얼굴, 주의 이름과 연결될 때라고 시인은 노래합니다. 우리의 손짓과 발걸음, 세세한 표정들은 무엇과 연결되어 있는지 돌아보면 좋겠습니다. 우리는 무엇 때문에 기뻐하고, 무엇으로 슬퍼하고, 무엇 때문에 화내고, 무엇으로 위로받는지 이 밤 그 방향을 돌아봅시다. 우리의 마음이 온전히 주님께 향해 있길 바랍니다. 주님께서 우리를 도우실 것입니다. 함께 기도합시다.

하늘에 계신 우리 아버지,
우리를 향한 주님의 생각이 어찌 그리 자비로우신지요!
우리 삶에 베푸시는 주의 선하심이 끝이 없습니다!
주님의 자녀가 된 우리는 행복합니다.
우리의 영혼이 흡족하여 평안히 잠자리에 들 것입니다.
기쁨과 감사로 온종일 주님을 섬기겠습니다.
이것이 바로 주께서 우리에게 바라시는 길입니다.
우리가 그 길을 흐트러짐 없이 걷겠습니다.
신앙의 즐거움과 기쁨을 잃지 않게 하소서.
우리와 항상 함께하시는 주님,
어려움 속에서도 우리는 주님의 도우심을 확신합니다.
그 희망으로 오늘과 내일을 맞이합니다.
주께서 우리에게 베푸시는 은혜를 생각하며
우리 영혼이 춤을 춥니다.
예수님 이름으로 기도합니다. 아멘.

#은총 #방향 #시편

10월 30일

하나님의 손길

오늘 하루 수고하셨습니다. 주님께서 주시는 위로와 평화가 여러분에게 가득하길 바랍니다. 오늘 함께 묵상할 말씀은 시편 117편입니다.

> 너희 모든 나라들아 여호와를 찬양하며 너희 모든 백성들아 그를 찬송할지어다. 우리에게 향하신 여호와의 인자하심이 크시고 여호와의 진실하심이 영원함이로다 할렐루야.

가을이 깊어 갑니다. 교회 마당 뒤편 감나무에 커다란 감이 맛깔스레 익어 가고, 남산은 파란 하늘빛 아래 고운 단풍으로 물들어 갑니다. 가을이다 싶습니다. 이런 걸 보면, 주님이 만드신 세계가 참 경이롭습니다. 시편 117편도 이런 세계를 감탄하며 만들어지지 않았을까 싶습니다.

세상 만물에 하나님의 손길이 깃든 것을 보면 찬송하게 됩니다. 그러면서 저렇게 모든 만물에 하나님의 손길이 깃들 정도라면, 하나님은 우리의 작은 소리도 잘 들으실 것 같다는 생각이 듭니다. 그 기도가 주님과 나누는 깊은 사귐이든, 인생의 두려움과 괴로움, 탄식과 기쁨이 담긴 기도이든 말입니다. 이 밤, 우리의 모든 맘을 열고 창조주 하나님께 말을 걸어 봅시다. 주님께서 응답해 주실 것입니다. 함께 기도합시다.

대자연을 곱게 운행하시는 주님,
우리가 여기 있습니다.

우리가 주님과 거룩한 사귐 속에서 살아갈 힘을 얻게 하소서.
주님의 진정한 자녀가 된다는 의미를 더욱 깊이 깨닫게 하소서.
순례와 같은 인생길에서
주님은 당신의 자녀들에게 피난처와 도움이 되십니다.
두려움과 고통이 수많은 사람의 마음을 지배하는
이 시대를 기억하셔서
모든 만물이 마음을 돌이켜 주를 바라보게 하소서.
고요한 우리 마음에 성령을 보내셔서
하나님 나라를 풍성히 경험하게 하소서.
온 세계에 흩어져 있는 주의 백성을 보호하소서.
모든 민족이 주님께 속하였으니
그들이 주님 손에서 축복과 생명을 얻을 것입니다.
아버지의 나라가 마침내 이 세상에 임할 것을 믿습니다.
주의 이름이 영원히 높임 받으소서.
예수님 이름으로 기도합니다. 아멘.

#창조주 #기도

10월 31일

프로테스탄트의 원천

오늘 하루 수고하셨습니다. 주님께서 주시는 위로와 평화가 여러분에게 가득하길 바랍니다. 오늘 함께 묵상할 말씀은 시편 118편 4-7절입니다.

> 이제 여호와를 경외하는 자는 말하기를 그의 인자하심이 영원하다 할지로다. 내가 고통 중에 여호와께 부르짖었더니 여호와께서 응답하시고 나를 넓은 곳에 세우셨도다. 여호와는 내 편이시라. 내가 두려워하지 아니하리니 사람이 내게 어찌할까. 여호와께서 내 편이 되사 나를 돕는 자들 중에 계시니 그러므로 나를 미워하는 자들에게 보응하시는 것을 내가 보리로다.

오늘은 종교개혁 기념일입니다. 개혁자 마르틴 루터가 비텐베르크 성채 교회에 〈면죄부에 관한 95개 논제〉를 게시한 날이지요. 이 사건을 계기로 교회는 개혁이라는 새로운 전기를 맞습니다. 그런데 이 일을 들여다보면, 도대체 그런 용기가 어디서 나왔을까 싶어요. 거대한 권력자인 교황에게 도전한다는 것은 목숨을 걸어야 하는 일임을 뻔히 알았을 텐데 말입니다.

개혁자들은 스스로 저항protestant과 용기의 원천을 하나님의 말씀에서 찾습니다. 하나님이 함께하시면 그 무엇도 두렵지 않다는 것이지요. 시편 118편도 그런 용기의 고백을 들려줍니다. 하나님을 경외하는 자, 하나님을 두려워하고 사랑하고 신뢰하는 자는 하나님이 우리를 어떻게 돕는지 잘 압니다. 그렇게 하나님을 아는 지식이 신앙인의 용기와 소망이 됩니다.

세상에는 여전히 개혁과 저항의 주제가 허다합니다.

그러나 잊지 맙시다. 우리의 저항과 개혁은 언제나 하나님의 말씀에 뿌리내린 신앙에서 시작한다는 것을 말입니다. 말씀에 대한 철저한 묵상과 순종이 없으면 세상은 늘 제자리걸음을 하게 될 것입니다. 주님은 당신의 뜻을 성경을 통해 계시하셨고, 그 말씀을 묵상하고 몸으로 살아 내는 사람과 교회를 통해 그의 나라를 이 땅에 이루십니다. 그 일을 위해 저와 여러분이 부름을 받았습니다. 주님께서 우리에게 힘과 용기를 주실 것입니다. 함께 기도합시다.

역사를 움직이며 만들어 가시는 주님,
얼마나 많은 순간 두려움과 고통의 수렁에서 우리를 건지셨는지요!
어김없이 우리의 기도를 들으시고 응답하시는 주님!
주님의 응답을 우리가 기쁨으로 기다리게 하소서.
이 세상에서 우리가 주님 외에 바랄 것이 무엇입니까?
주는 우리의 유일한 소망이십니다.
이 시대를 고치시고
모든 민족과 영혼을 도우실 수 있는 분은 주님뿐입니다.
우리에게는 주님 외에 그 무엇도 중요하지 않습니다.
당신의 뜻을 성경에서 발견하게 하시어
주님과 동행하며 살아가는 기쁨을 우리에게 주소서.
오직 주님만이 우리의 힘과 도움이 되시며 위로가 되십니다.
당신의 나라가 이 땅에서 이루어질 것입니다.
예수님 이름으로 기도합니다. 아멘.

#종교개혁 #말씀 #저항

11월 1일

모든 성자의 날

오늘 하루 수고하셨습니다. 주님께서 주시는 위로와 평화가 여러분에게 가득하길 바랍니다. 오늘 함께 묵상할 말씀은 골로새서 3장 16-17절입니다.

> 그리스도의 말씀이 너희 속에 풍성히 거하여 모든 지혜로 피차 가르치며 권면하고 시와 찬송과 신령한 노래를 부르며 감사하는 마음으로 하나님을 찬양하고 또 무엇을 하든지 말에나 일에나 다 주 예수의 이름으로 하고 그를 힘입어 하나님 아버지께 감사하라.

11월 1일, 오늘은 교회력으로 만성절, '모든 성자의 날'이라고 부르는 교회의 축일입니다. 신앙의 모범을 보이고 소천하신 신앙의 선배들을 기억하고 기리는 날이라서 서양 교회에서는 특별한 예배로 모이기도 합니다. 만성절이라는 말보다 요즘은 핼러윈이라는 말이 더 유명한데요. 만성절 전날 영혼들이 살아난다는 전설 때문에 10월 31일 밤 축제를 하던 것에서 핼러윈이 유래했다고 합니다. 물론, 지금 핼러윈은 순전히 상업적인 수단이 되어 버렸지요. 여하튼, 만성절인 오늘 우리가 기억할 것은 우리에게 신앙의 유산을 물려준 교회의 선배들이겠지만, 그보다 더 깊이 묵상할 내용은 모든 시간과 공간에 믿음의 뿌리를 내리게 해 주신 주님에 대한 감사입니다. 이런 감사가 서로를 위한 기도와 찬송으로 변하는 게 교회이겠지요. 골로새서 3장 16절은 이렇게 설명합니다.

"그리스도의 말씀이 너희 속에 풍성히 거하여 모든 지혜로 피차 가르치며 권면하고 시와 찬송과 신령한 노래를 부르며 감사하는 마음으로 하나님을 찬양하고."

그래요, 우리 가운데 그리스도의 말씀이 풍성하게 가득 차고 서로를 다독이며 찬송하고 감사하는 것. 그것이 하나님 앞에 거룩한 일, 즉 성도의 임무일 것입니다. 모든 성자의 날 밤입니다. 저 하늘 위에 있는 이들뿐 아니라, 세례받은 저와 여러분, 그리스도의 말씀을 품고 기도하는 저와 여러분도 거룩한 성자입니다. 이 밤, 주님과 함께하는 거룩한 밤이 되길 바랍니다. 함께 기도합시다.

하늘에 계신 우리 아버지,
당신의 나라가 우리에게 이뤄지길 기도합니다.
삶의 용기를 얻기 위해, 이웃 사랑할 힘을 얻기 위해
우리가 주님 앞에 무릎을 꿇습니다.
세상의 크고 작은 일들 가운데
주님의 뜻이 이루어지고 있음을 신뢰하게 하소서.
우리가 이 땅에 다시 오실 주님의 영광을 경험할 것입니다.
이 믿음 위에 굳건히 서 있을 때,
근심이 더는 우리를 괴롭히지 못할 것입니다.
주님께서는 신앙의 사람들을 통해 시간을 통치하십니다.
우리가 그들의 신앙을 본받아
그리스도의 뜻을 지금 여기서 이루게 하소서.
하늘의 신령한 것으로 우리의 삶을 채우고
당신이 원하시는 대로 거룩한 사람이 되겠습니다.
예수님 이름으로 기도합니다. 아멘.

#만성절 #성자 #거룩

11월 2일

방향이 중요하다

오늘 하루 수고하셨습니다. 주님께서 주시는 위로와 평화가 여러분에게 가득하길 바랍니다. 오늘 함께 묵상할 말씀은 골로새서 3장 1-2절입니다.

> 그러므로 너희가 그리스도와 함께 다시 살리심을 받았으면 위의 것을 찾으라. 거기는 그리스도께서 하나님 우편에 앉아 계시느니라. 위의 것을 생각하고 땅의 것을 생각하지 말라.

자동차 운전하는 것을 보면, 베테랑과 초보의 차이가 분명합니다. 무엇보다도 초보는 자동차 바로 앞만 쳐다보면서 무서워 속도를 내지 못하지만, 숙련된 운전자는 멀리 보고 달립니다. 그래야 자동차가 반듯하고 안전하고 빠르게 달립니다. 속도도 중요하지만, 운전자의 시선과 방향이 더 중요해요. 우리 인생도 마찬가지입니다. 무엇을 바라보고 사느냐에 따라 사람의 인생은 전혀 다른 결과를 가져옵니다. 이것을 세계관 또는 가치관이라고도 할 수 있습니다. 골로새서 3장은 땅의 것이 아니라 위의 것, 즉 하나님 우편에 앉아 계신 그리스도를 바라보고 살라고 권면합니다.

우리는 지금 어떻게 살고 있는지 한번 돌아봅시다. 우리의 눈과 마음의 방향은 어디를 향해 있나요? 우리 생명의 근원이신 예수 그리스도를 바라보며 살길 바랍니다. 함께 기도합시다.

모든 만물을 창조하신 하나님 아버지,

우리 생에 넘치는 은혜를 베푸셔서
우리가 하늘의 것들을 추구하며
늘 주를 바라보게 하시니 감사합니다.
우리에게 예수 그리스도의 영을 보내 주셔서
하늘나라를 맛보게 하소서.
모든 인생과 민족들이 천상의 세계를 경험하게 하소서.
세상에 선한 바람을 일으키셔서
사람들이 악한 영이 아닌 오직 성령께만 영광 돌리게 하소서.
목이 곧은 백성은 악을 행하나
주님은 그것조차 선으로 바꾸실 수 있습니다.
주님 손에 변화되지 않을 것은 없습니다.
이것이 우리의 믿음입니다.
우리가 주를 바라며 우리 삶을 당신의 손에 의탁합니다.
하늘나라의 능력과 풍성함으로 우리에게 복을 주소서.
예수님 이름으로 기도합니다. 아멘.

#세계관 #가치관 #골로새서

11월 3일

삶의 예배

오늘 하루 수고하셨습니다. 주님께서 주시는 위로와 평화가 여러분에게 가득하길 바랍니다. 오늘 함께 묵상할 말씀은 요한일서 1장 5절입니다.

> 우리가 그에게서 듣고 너희에게 전하는 소식은 이것이니 곧 하나님은 빛이시라. 그에게는 어둠이 조금도 없으시다는 것이니라.

우리 교회 주일예배는 촛불 점화와 함께 시작합니다. 점화봉에 불이 붙고 점화자가 성찬대 위에 놓인 두 개의 초로 향할 때 모든 성도가 일어나 함께 찬송합니다. 이때 온 성도가 초가 움직이는 방향을 따라 움직입니다. 다른 교회에서는 볼 수 없는 풍경입니다. 우리의 빛이신 그리스도께서 어둡고 암울한 세상을 앞서 나갈 때 우리는 그 뒤를 따르겠다는 신앙 고백의 상징이 예배의 첫 시간입니다.

예배란 내가 무언가를 준비해서 주님께 올려 드리는 제사가 아니라, 주님이 연약하고 지친 우리를 불러 어두운 세상을 힘차게 살아가도록 힘을 주시는 은총의 시간입니다. 그래서 예배를 주님이 죄인을 위해 베푸시는 은총의 사건이라고 부릅니다. 그 은총의 수단이 바로 말씀과 성찬입니다.

잊지 말아야 할 점은 주일예배의 목표가 주일 하루에 제한되는 게 아니라 우리가 살아가는 온 삶에 있다는 점입니다. 일상 속에서 언제나 주님과 동행하며 그분의 힘으로 사는 것이 온전한 예배입니다.

오늘 여러분은 어떻게 사셨나요? 이 밤, 주님의 뜻에 우리가 온전히 서 있는지 돌아보고, 혹시 탈진한 상태라면 빛 되신 주님이 우리를 돌보신다는 복음을 기억하길 바랍니다. 주님께서 위로와 새 힘을 주실 것입니다. 함께 기도합시다.

주님, 당신은 지치고 상한 영혼에 빛으로 임하십니다.
성령을 보내셔서 우리 영혼에 당신이 하시는 일을
우리가 알게 하소서.
삶의 긴장과 불안 속에서도 기쁨과 신뢰를 잃지 않을 것입니다.
어두운 이 세상을 밝히시고 사람들의 어둠을 몰아내소서.
하나님께서 우리 인간을 창조하신 목적이 무엇인지
더욱 분명히 알게 하소서.
다가올 날들을 위해 흔들리지 않는 믿음을 주소서.
지금은 비록 눈에 띄지 않아도
선한 것은 마침내 빛 가운데 드러난다는 것을
우리가 신뢰하게 하소서.
예수님 이름으로 기도합니다. 아멘.

#빛 #예배 #시작 #동행

11월 4일

홀로 있음과 함께 있음

오늘 하루 수고하셨습니다. 주님께서 주시는 위로와 평화가 여러분에게 가득하길 바랍니다. 오늘 함께 묵상할 말씀은 히브리서 12장 22-24절입니다.

> 그러나 너희가 이른 곳은 시온 산과 살아 계신 하나님의 도성인 하늘의 예루살렘과 천만 천사와 하늘에 기록된 장자들의 모임과 교회와 만민의 심판자이신 하나님과 및 온전하게 된 의인의 영들과 새 언약의 중보자이신 예수와 및 아벨의 피보다 더 나은 것을 말하는 뿌린 피니라.

제가 존경하는 어떤 목사님은 "영적으로 자수성가한 사람이 가장 위험하다"라는 말을 자주 하십니다. 교회가 '공동체'라는 사실을 기억하면, 혼자 영적으로 성공한 사람, 혼자 영적으로 높이 섰다고 자랑하는 사람의 말이 얼마나 허망하고 내용 없는 말인지 알 수 있습니다. 그리스도인은 혼자가 아니라 그리스도의 모든 신자와 더불어 섬기고 배우면서 성장합니다.

히브리서 기자는 우리가 서 있는 자리가 땅인 동시에 하늘이고, 의인과 천사, 그리고 누구보다 그리스도 예수가 함께 서 있는 곳이라고 설명합니다. 히틀러에게 저항했던 디트리히트 본회퍼 목사도《성도의 모임》이라는 책에서 이와 비슷한 말을 했습니다. "신자는 홀로 있음과 더불어 있음이 모두 가능한 사람이어야 한다!" 홀로 있음은 하나님의 뜻을 품에 안고 어디서도 흔들리지 않는 모습을 말하고, 더불어 있음은 세상 속에서 그 뜻으로 서로를 존중하며 더불어 사는 삶을 말합니다.

'우리'라는 의식이 중요합니다. 홀로 있음과 더불어 사는 우리, 이 둘이 균형감 있게 서 있어야 그리스도인입니다. 우리는 그런 삶의 태도로 시간과 공간을 초월한 모든 신자의 공동체입니다. 지금 우리의 신앙은 어떤가요? 하나님 앞에 단독자로 서 있지만, 시공을 초월한 '우리'와 함께 호흡하는 신앙인이 되길 바랍니다. 함께 기도합시다.

주 우리 하나님,
우리를 주의 성도들과 한 무리가 되게 하시니 감사합니다.
하늘과 땅에 있는 주의 성도들이 예수 그리스도 앞에 모였습니다.
우리를 주님의 성도로 삼으시니 감사합니다.
우리가 앞서간 성도들과 하나임을 잊지 않고
언제나 즐거워하게 하소서.
주님의 큰 은혜를 입은 우리의 삶에
감사와 찬양, 믿음과 기쁨이 가득하게 하소서.
우리의 기도를 들어주소서.
우리는 주의 권능으로 다시 태어난 주님의 백성,
주님께서 그의 나라를 위해 모으신 사람들입니다.
우리가 주께 받은 은혜와 능력을 잘 간직하게 하소서.
주님의 그 날까지 온 세상을 구원하시는 주의 손을 멈추지 마소서.
예수님의 이름으로 기도합니다. 아멘.

#단독자 #공동체 #본회퍼

11월 5일

더 깊은 곳으로

오늘 하루 수고하셨습니다. 주님께서 주시는 위로와 평화가 가득하길 바랍니다. 오늘 함께 묵상할 말씀은 창세기 32장 24-28절입니다.

> 야곱은 홀로 남았더니 어떤 사람이 날이 새도록 야곱과 씨름하다가 자기가 야곱을 이기지 못함을 보고 그가 야곱의 허벅지 관절을 치매 야곱의 허벅지 관절이 그 사람과 씨름할 때에 어긋났더라. 그가 이르되 날이 새려하니 나로 가게 하라. 야곱이 이르되 당신이 내게 축복하지 아니하면 가게 하지 아니하겠나이다. 그 사람이 그에게 이르되 네 이름이 무엇이냐. 그가 이르되 야곱이니이다. 그가 이르되 네 이름을 다시는 야곱이라 부를 것이 아니요 이스라엘이라 부를 것이니 이는 네가 하나님과 및 사람들과 겨루어 이겼음이니라.

요즘 시대를 두고 '믿기 어려운 시대', '권위 없는 시대'라고 말합니다. 이런 때일수록 믿음이 필요합니다. 우리 마음을 지켜 달라고 주님께 기도해야 합니다. 마르틴 루터는 이런 말을 했습니다. "새가 머리 위로 지나가는 것은 막을 수 없지만, 머리 위에 집을 짓는 것은 막을 수 있다. 마찬가지로 나쁜 생각이 머리에 스치는 것은 막지 못해도 머리 가운데 자리 잡는 것은 막을 수 있다."[21]

혼란한 세상이 될수록 항상 우리 자신을 돌아봐야 합니다. 야곱이 얍복 나루에서 모든 소유를 떠나 하나님과 씨름했듯이 우리도 더 깊은 곳으로 눈을 돌려야 합니다. 나는 지금 어디에 서 있는가? 내 말과 행동은 어떤가? 하나님 보시기에 옳은가? 예수님이라면 어떻게 하셨을까? 이렇게 매 순간 그리스도 안에서 자신을 비추어 보며 삶을 돌이키는 사람을 주님께서 도우실 것입니다. 함께 기도합시다.

오, 우리의 주 하나님, 당신의 은총으로 우리를 도우소서.
날마다 당신의 계명을 더 잘 배우고 이해하게 하셔서,
흔들리지 않는 신뢰 가운데 그 계명을 따라 살게 하소서.
오직 유일하신 당신께만 우리의 심장을 걸고 살게 하소서.
당신의 이름을 거스르는 모든 사악한 악덕과 죄로부터
우리를 보호하시고
감사의 마음으로 당신의 이름을 높이는 삶을 살게 하옵소서.
우리가 정결한 삶을 살되,
다른 사람들을 돕고 지지하는 삶을 살게 하옵소서.
주님, 당신의 거룩한 말씀으로 우리를 붙드소서.
죄와 감사할 줄 모르는 완악함, 그리고 게으름에 빠지지 않게 하시고,
분열을 조장하는 영과 거짓 가르침으로부터 우리를 지켜 주소서.
당신의 말씀을 겸허히 듣고 받아들이며
흔들리는 삶 속에서도 진심으로 감사하며 찬송케 하소서.
예수 그리스도의 이름으로 기도합니다. 아멘.

#압복 #야곱 #루터

11월 6일

하나님이 갚아 주신다

오늘 하루 수고하셨습니다. 주님께서 주시는 위로와 평화가 여러분에게 가득하길 바랍니다. 오늘 함께 묵상할 말씀은 이사야 25장 7-8절입니다.

> 또 이 산에서 모든 민족의 얼굴을 가린 가리개와 열방 위에 덮인 덮개를 제하시며 사망을 영원히 멸하실 것이라. 주 여호와께서 모든 얼굴에서 눈물을 씻기시며 자기 백성의 수치를 온 천하에서 제하시리라. 여호와께서 이같이 말씀하셨느니라.

살다 보면 억울할 때가 있어요. 본심이 왜곡되거나 없는 이야기가 나돌다가 돌아오는 일도 있습니다. 그럴 때면 모멸감이 듭니다. 이런 일이 생기면 여러분은 어떻게 하시나요? 성경에 나오는 선지자들이야말로 억울함과 수치 속에서 산 대표적인 사람들입니다. 하나님의 뜻을 그대로 전했을 뿐인데 언제나 오해와 냉대, 시련 속에서 살아야 했습니다. 하지만 이들에게는 그런 오해를 넘어설 해법이 있었어요. 이사야 25장 말씀을 들어보세요. 우리가 하나님 뜻대로 살다가 수치와 모욕을 당하면, 주님이 반드시 찾아와 우리 눈물을 닦아 주시고 원통함을 갚아 주신다고 이사야 선지자는 고백합니다. 이것이 우리가 믿는 구석이지요.

이 밤, 우리 기도를 듣고 위로하며 갚아 주시는 주님께 마음을 엽시다. 함께 기도합시다.

주 우리 하나님. 아버지의 나라가 가까이 왔습니다.

늘 가까이 계셔 우리를 도우시는 주님,

어떤 고통이 닥쳐와도

우리는 주께서 주신 약속을 의지하며 주님을 바라보겠습니다.

모든 일이 선을 이룰 것이라고 주님은 약속하셨습니다.

이 땅에서 우리가 주를 신뢰하며

인내와 기쁨으로 주님을 기다릴 수 있게

도와주시겠다고 약속하셨습니다.

오 주 우리 하나님,

우리 위에 주의 손을 얹으시고 구원의 능력을 베푸소서.

주님은 우리의 모든 필요를 아십니다.

각 사람의 마음을 살피시고 어떻게 도우실지 다 알고 계십니다.

우리에게 복을 주시고 도와주소서.

우리가 주님의 이름을 높이겠습니다.

아버지의 나라가 오게 하시며,

주의 뜻이 하늘에서와 같이 땅에서도 이루어지게 하소서.

예수님 이름으로 기도합니다. 아멘.

#이사야 #보복 #하나님의능력

11월 7일

우리를 지키시는 분

오늘 하루 수고하셨습니다. 주님께서 주시는 위로와 평화가 여러분에게 가득하길 바랍니다. 오늘 함께 묵상할 말씀은 집회서 34장 16절입니다.

> 주님의 눈길은 당신을 사랑하는 사람들에게서 떠나지 않으며 그분은 그들을 힘있게 보호하고 굳건하게 받쳐주신다. 사막의 바람을 막는 방패요, 뙤약볕을 가리는 그늘이시며, 걸려 넘어질 때 부축해 주시고 떨어질 때 안아주시는 분이다.

가족과 친구가 있지만, 가끔은 내 속 이야기를 밤새 들어줄 사람, 지친 어깨를 받아 줄 사람이 필요합니다. 오해하지 않고 고개를 끄덕이며 나를 한없이 이해해 주고 안아 줄 사람 말이에요. 〈집회서〉라는 책을 보면, 우리 하나님은 당신이 사랑하는 사람을 떠나지 않고 사막이든 뙤약볕이든 어디서나 돌보시는 분입니다.

확실히 맞아요. 우리가 성경에서 만나는 하나님, 신앙생활 중에 만나는 하나님은 때와 장소를 가리지 않고 우리 곁을 지켜 주시는 분입니다. 그 분께 진심으로 말을 걸고 기도할 때는 두말 할 필요도 없습니다. 주님은 당신의 자녀가 기도할 때, 그 기도를 즐거이 듣고 가장 선한 것으로 응답해 주십니다. 그분이 우리 주 예수님입니다. 함께 기도합시다.

전능하신 주 하나님, 주님은 온 세상을 지키시는 분이십니다.

여전히 세상의 죄악에 물든 우리가 주 앞에 나아갑니다.

주의 손으로 우리 인생을 다스리소서.

고통과 절망 속에서도 길을 잃지 않도록

연약한 우리의 무릎을 일으켜 세우소서.

오 주님, 우리는 당신의 자녀입니다.

주께서 강하게 하시고 온갖 악에서 해방하소서.

주께 간절히 구하오니 우리를 도우소서.

주께서 우리와 함께하신다는 주의 말씀을 새겨 복을 누리게 하소서.

예수님 이름으로 기도합니다. 아멘.

#돌봄 #보호 #하나님의능력 #집회서

11월 8일

기적의 경험

오늘 하루 수고하셨습니다. 주님께서 주시는 위로와 평화가 여러분에게 가득하길 바랍니다. 오늘 함께 묵상할 말씀은 요한복음 5장 24절입니다.

> 내가 진실로 진실로 너희에게 이르노니 내 말을 듣고 또 나 보내신 이를 믿는 자는 영생을 얻었고 심판에 이르지 아니하나니 사망에서 생명으로 옮겼느니라.

요한복음 5장 24절의 짧은 말씀은 우리가 예수를 믿는 이유를 명확하게 보여 줍니다. 믿음은 영생을 얻게 하고 우리를 사망에서 생명으로 옮깁니다. 우리가 신뢰하는 예수 그리스도께서는 예배를 통해 주시는 말씀과 성찬으로 우리를 위로하고 회복하고, 아주 작은 일상 속에서 우리를 만나 주십니다. 일상 속에서 주님의 손길을 경험하는 것은 기적입니다. 아무도 보지 못하는 순간, 아무도 깨닫지 못하는 순간에 주님의 음성을 듣고 그분을 엿볼 수 있다니, 얼마나 놀라운 일인가요? 그런데 신앙인에게는 이런 일이 한 번으로 끝나지 않고 계속 일어납니다.

그런 기적의 경험은 우리를 찬양으로, 기도의 자리로 나아가게 합니다. 이 밤이 바로 그런 시간 아닐까요? 말씀을 묵상하고 기도하는 순간, 그리고 잠드는 순간, 주님의 눈길은 한 번도 우리를 벗어나지 않습니다. 주님은 우리를 지키고 보호하십니다. 함께 기도합시다.

하늘과 땅을 다스리시는 전능하신 하나님,

말씀으로 우리를 격려하소서.

한결같은 사랑과 자비로

주께서 우리에게 베푸셨던 은혜를 기억하며

우리가 용기를 얻게 하소서.

어렵고 힘든 순간에도 기쁨과 열정을 잃지 않게 하소서.

변함없는 믿음을 우리에게 주소서.

믿음의 반석 위에 굳건히 서서

언제나 주님께 감사와 찬양을 드리겠습니다.

이 기도의 시간이 귀합니다.

주님이 우리 곁을 지키시기 때문입니다.

잠에서 깨어 일어나 힘찬 하루를 다시 시작하도록

주께서 평안 가운데 우리를 지켜 주소서.

예수님 이름으로 기도합니다. 아멘.

#기적 #말씀 #묵상

11월 9일

주님의 약속

오늘 하루 수고하셨습니다. 주님께서 주시는 위로와 평화가 여러분에게 가득하길 바랍니다. 오늘 함께 묵상할 말씀은 베드로후서 3장 13-14절입니다.

> 우리는 그의 약속대로 의가 있는 곳인 새 하늘과 새 땅을 바라보도다. 그러므로 사랑하는 자들아 너희가 이것을 바라보나니 주 앞에서 점도 없고 흠도 없이 평강 가운데서 나타나기를 힘쓰라.

약속을 안 지키는 사람처럼 피곤한 사람은 없습니다. 사람이 살아간다는 건 약속이라는 관계의 연속이라고 할 수 있습니다. 학교, 회사, 교회, 하다못해 가정에도 일종의 규칙이 있는데 그 모든 것이 약속입니다. 그러니 약속을 어기는 관계는 실망과 회의만 가득할 뿐입니다.

우리 신앙도 약속의 관계입니다. 주님은 우리에게 의로운 새 하늘과 새 땅을 약속하셨습니다. 어떤 일이 있어도 이 약속을 신실하게 지키겠다고 주님은 다짐하십니다. 시련 가운데 있더라도 우리가 하늘을 올려다보고 기도하는 이유가 이 약속 때문이지요. 저와 여러분에게는 하나님의 구원 약속이 있습니다. 함께 기도합시다.

> 주 우리 하나님, 사랑하는 아버지,
> 주님의 빛 가운데로 우리를 모으소서.

우리 마음에 성령을 보내셔서

주를 향한 신뢰가 흔들리지 않게 하소서.

주는 우리의 영원한 도움, 우리의 교훈과 위로가 되십니다.

온 세상의 구원자, 예수 그리스도를 보내 주소서.

그분을 믿고 새 삶을 얻는 사람들이 더욱 많아지기를 기도합니다.

오 주님, 연약한 우리가 주의 약속을 기억하며

주님 곁에 머무르기 원합니다.

마지막 주님의 때에 당신 곁에 신실히 동행하던 이들을

기억하여 주소서.

예수님 이름으로 기도합니다. 아멘.

#약속 #기도 #소망

11월 10일

또렷한 정신으로

오늘 하루 수고하셨습니다. 주님께서 주시는 위로와 평화가 여러분에게 가득하길 바랍니다. 오늘 함께 묵상할 말씀은 데살로니가전서 5장 2-6절입니다.

> 주의 날이 밤에 도둑 같이 이를 줄을 너희 자신이 자세히 알기 때문이라. 그들이 평안하다, 안전하다 할 그 때에 임신한 여자에게 해산의 고통이 이름과 같이 멸망이 갑자기 그들에게 이르리니 결코 피하지 못하리라. 형제들아 너희는 어둠에 있지 아니하매 그 날이 도둑 같이 너희에게 임하지 못하리니 너희는 다 빛의 아들이요 낮의 아들이라. 우리가 밤이나 어둠에 속하지 아니하나니 그러므로 우리는 다른 이들과 같이 자지 말고 오직 깨어 정신을 차릴지라.

금요일 저녁을 '불타는 금요일', 이름하여 '불금'이라고 부르더군요. 한 주간 수고하며 쌓인 스트레스를 밤새워 먹고 마시며 불태워 버린다는 뜻 같습니다. 하지만 그리스도인이라면 무언가 다른 금요일 밤이 되어야겠지요. 사도 바울은 데살로니가 교회에 보낸 첫 번째 편지에서 주의 날이 밤에 도둑같이 임한다고 설명합니다. 사도의 말대로, 그리고 신앙 선배들의 믿음대로, 주의 날은 도둑같이 임할 것입니다. 누군가에게는 그날이 파멸의 시간이 되겠지만, 우리에게는 영광스러운 빛의 날이 될 것입니다. 사도의 권고대로 또렷한 정신으로 깨어 삽시다. 빛의 자녀인 우리의 모든 삶이 어둠을 비추는 거룩한 빛이 되길 바랍니다. 함께 기도합시다.

주님, 당신이 영광 가운데 다시 오신다는 약속을 믿고 기도합니다.
지금 우리 눈에 많은 것이 가려 있지만,
당신의 힘찬 목소리가 곧 울려 퍼질 것입니다.
기다림의 시간이 아무리 길어지더라도
우리는 영원하신 주의 말씀이 반드시 이루어질 것을 믿습니다.
주님의 말씀이 선포되고 그 이름이 높여지게 하소서.
또렷한 정신으로 흔들림 없는 신앙의 삶을 살아 내게 하소서.
다독임이 필요하고 의심이 들 때 당신께 기도하겠습니다.
주님, 당신을 찾는 기도 소리에 응답하여 주소서.
하늘의 뜻이 기도하는 사람을 통해 이뤄지게 하소서.
예수님 이름으로 기도합니다. 아멘.

#종말 #신앙 #약속

11월 11일

축복의 갱신

오늘 하루 수고하셨습니다. 주님께서 주시는 위로와 평화가 여러분에게 가득하길 바랍니다. 오늘 함께 묵상할 말씀은 출애굽기 20장 2-6절입니다.

> 나는 너를 애굽 땅, 종 되었던 집에서 인도하여 낸 네 하나님 여호와니라. 너는 나 외에는 다른 신들을 네게 두지 말라. 너를 위하여 새긴 우상을 만들지 말고 또 위로 하늘에 있는 것이나 아래로 땅에 있는 것이나 땅 아래 물 속에 있는 것의 어떤 형상도 만들지 말며 그것들에게 절하지 말며 그것들을 섬기지 말라. 나 네 하나님 여호와는 질투하는 하나님인즉 나를 미워하는 자의 죄를 갚되 아버지로부터 아들에게로 삼사 대까지 이르게 하거니와 나를 사랑하고 내 계명을 지키는 자에게는 천 대까지 은혜를 베푸느니라.

오늘은 11월 11일입니다. 누군가는 '빼빼로데이'라고도 합니다. 빼빼로처럼 길쭉한 숫자가 연이어 나와서 그렇게 부르지요. 그래서 상점에 가면 온통 빼빼로투성이인 날이 오늘입니다. 루터교회 교인들에게 이날은 유별난 날이기도 합니다. 종교개혁자 마르틴 루터가 아이제나흐에서 1483년 11월 10일에 태어나 다음날인 11일에 동네 교회에서 세례를 받았기 때문입니다. 그래서 오늘은 루터파 교인들에게 '세례의 날'로 불리기도 합니다.

세례가 우리에게 특별한 이유는 세례를 통해 하나님이 우리를 당신의 자녀로 삼아 주신다는 믿음 때문입니다. 이것은 십계명을 통해 주신 축복의 갱신이라고도 할 수 있습니다. 출애굽기 20장에 나온 십계명의 축복을 읽어 보면, 하나님을 사랑하는 자에게 천대까지 복을 주신다고 약속합니다. 그만큼 하나님의 사랑이 크다는 것이지요. 구약에서 모세를 통해 축복을 약속하셨던 하나님이 당신의 아들을 보내신 다음부터는 세례를 통해 축복의 약속을 갱신해 주셨습니다. 세례받은 우리 모두에게 하나님의 사랑과 축복이 약속되어 있습니다. 주님께서 우리를 지키십니다. 함께 기도합시다.

주님, 당신께서는 모세를 통해 하늘의 계명을 주셨고,
당신의 아들을 통해 새 계명을 우리에게 주셨습니다.
당신께서는 언제나 변함없이 우리를 사랑하신다는 말씀을 하십니다.
주님께서 주신 말씀을 감사함으로 새겨듣겠습니다.
우리의 마음이 더욱 깊이 주님을 인정하게 하소서.
이 땅에 사는 동안 주님의 축복과 은혜로
우리 인생을 풍요롭게 하소서.
세례받은 우리가 당신이 약속한, 복된 은혜의 삶을 살게 하소서.
우리가 사는 모습을 통해 세상이 하나님이 살아 계심을 알게 하소서.
그리하여 이 땅의 모든 만물이 다툼을 그치고 평화를 이루고,
기쁘고 감격스러운 마음으로 주의 날을 기다리게 하소서.
예수님 이름으로 기도합니다. 아멘.

#십계명 #사랑 #루터 #세례

11월 12일

주님과 하나 된 삶

오늘 하루 수고하셨습니다. 주님께서 주시는 위로와 평화가 여러분에게 가득하길 바랍니다. 오늘 함께 묵상할 말씀은 예레미야 33장 14-15절입니다.

> 여호와의 말씀이니라. 보라 내가 이스라엘 집과 유다 집에 대하여 일러 준 선한 말을 성취할 날이 이르리라. 그 날 그 때에 내가 다윗에게서 한 공의로운 가지가 나게 하리니 그가 이 땅에 정의와 공의를 실행할 것이라.

평안하셨는지요. 주일 저녁인데, 오늘 하루 어떻게 지내셨는지요. 이 밤이 지나면 다시 아침 일찍 일터로 나갈 생각에 벌써 지쳐 버린 건 아닌지 모르겠습니다. 힘내시길 바랍니다. 주일 말씀과 성찬을 나눈다는 것은 그 안에 담긴 하나님의 능력을 우리 몸과 마음에 담는다는 뜻이기도 합니다. 그 힘으로 일상 속에서 선한 하나님의 뜻을 이루며 사는 것이지요. 예레미야 선지자는 이렇게 선언합니다.

"여호와의 말씀이니라. 보라 내가 이스라엘 집과 유다 집에 대하여 일러 준 선한 말을 성취할 날이 이르리라."

우리에게 들려준 주님의 말씀이 우리의 삶을 통해 성취된다는 말입니다. 곰곰이 묵상해 보면, 참 감사한 말씀입니다. 하나님의 뜻이 말씀을 청종한 저와 여러분을 통해 이루어진다는 것이고, 이 말은 곧 말씀하시는 하나님과 듣는 자가 혼연일체가 된다는 뜻이기 때문입니다. 먹든지 마시든지, 서든지 눕든지, 말할 때도 생각할 때도 하나님이 늘 우리와 동행하신다는 이 말씀이 이 밤 우리 모두에게 힘이 되길 바랍니다. 함께 기도합시다.

임마누엘의 주님, 우리의 마음을 다스리소서.
주의 약속을 아름답게 이루시어
우리를 통해 당신의 뜻을 세상에 보이소서.
주님과 하나 되어 살길 기도합니다.
우리에게 심긴 말씀의 씨앗이 자라게 하소서.
일상에서 주의 자녀 된 삶을 어떻게 살 수 있는지,
주의 말씀을 따르는 길이 무엇인지 계속 가르쳐 주소서.
큰 슬픔이 몰려올 때 흔들리지 않도록 담대함을 주소서.
의심이 우리를 온통 뒤덮어 흔들 때
당신의 강한 손으로 붙들어 주소서.
당신의 자녀가 살아가는 모습을 통해 세상이 당신을 알게 하소서.
주님이 다시 오실 날을 기다립니다.
선하고 공의로운 당신의 통치가 임하기까지
그 일을 우리가 준행하겠습니다.
예수님 이름으로 기도합니다. 아멘.

#공의 #예레미야

11월 13일

하나님이 세우시는 나라

오늘 하루 수고하셨습니다. 주님께서 주시는 위로와 평화가 여러분에게 가득하길 바랍니다. 오늘 함께 묵상할 말씀은 다니엘 2장 43-44절입니다.

> 왕께서 쇠와 진흙이 섞인 것을 보셨은즉 그들이 다른 민족과 서로 섞일 것이나 그들이 피차에 합하지 아니함이 쇠와 진흙이 합하지 않음과 같으리이다. 이 여러 왕들의 시대에 하늘의 하나님이 한 나라를 세우시리니 이것은 영원히 망하지도 아니할 것이요. 그 국권이 다른 백성에게로 돌아가지도 아니할 것이요. 도리어 이 모든 나라를 쳐서 멸망시키고 영원히 설 것이라.

어떤 단체든 선거를 앞두고 경쟁이 치열합니다. 대통령을 뽑을 때뿐 아니라 작은 단체와 교회에서 지도자나 직분을 선출할 때도 어떤 사람을 뽑아야 할까 늘 고민이 됩니다. 이 사람의 인격과 자질은 충분한가, 이 지도자와 함께할 공동체의 미래는 무엇인가 등등. 이상적인 상황을 꿈꾸고 희망합니다.

이렇게 우리는 우리 미래와 지도자에게 관심이 많습니다. 성경도 궁극적인 우리의 지도자, 우리의 미래에 관심이 많습니다. 다니엘은 여러 왕이 난립하는 시대가 끝나고 하늘의 하나님이 한 나라를 세우실 것이라고 예언합니다. 그 나라는 하나님이 왕을 세우시기에 영원하며 굳건하다는 설명도 덧붙입니다.

맞아요. 우리가 기다리는 하나님, 그분의 나라는 영원히 망하지도 빼앗기지도 않습니다. 그 나라는 영원히 굳건합니다. 이 나라에 부름을 받은 백성은 왕이신 주님이 주시는 기쁨과 용기로 하루하루를 살아갑니다. 우리가 이 나라에 부름을 받은 하나님의 백성입니다. 이 밤, 지친 몸과 마음을 끌어안고 계신 분이 있다면, 우리의 소망 되신 주님, 우리의 왕이신 예수 그리스도께 마음을 열고 그분의 이름을 부릅시다. 주님께서 우리 마음을 위로하고 회복시키실 것입니다. 함께 기도합시다.

모든 만물의 주인이며 왕이신 하나님,
우리의 삶 속에 들어와 은총을 베푸시는 주님께 감사드립니다.
우리가 짊어지고 가야 할 십자가가 무엇이든
주님의 긍휼은 한결같습니다.
주의 나라가 이 땅에 세워지고 주님의 뜻이 이루어지는 그 날까지,
우리는 기쁨을 잃지 않고 인내하며 기다리겠습니다.
우리 한 사람 한 사람을 지켜 주소서.
우리가 구주 예수를 생각할 때마다 한없는 은총을 더하여 주소서.
예수님 이름으로 기도합니다. 아멘.

#하나님의백성 # 왕이신그리스도 #다니엘

11월 14일

알파와 오메가

오늘 하루 수고하셨습니다. 주님께서 주시는 위로와 평화가 여러분에게 가득하길 바랍니다. 오늘 함께 묵상할 말씀은 요한계시록 1장 8절입니다.

> 주 하나님이 이르시되 나는 알파와 오메가라. 이제도 있고 전에도 있었고 장차 올 자요 전능한 자라 하시더라.

교회에서만 통용되는 관용구가 많습니다. 주님이 알파와 오메가라는 말도 그중 하나입니다. 방금 읽은 요한계시록 1장 8절에 나오는 말입니다. 한글에 '가나다라마바사~'가 있고, 영어에 'ABCD~'가 있듯이, 신약성경을 기록한 헬라어, 즉 고대 그리스어에도 알파벳이 있습니다. 그 알파벳의 첫 글자가 알파^{A}이고 끝 글자가 오메가$^{\Omega}$입니다. 그래서 알파와 오메가라는 말은 모든 것의 시작과 끝이라는 말입니다.

우리 주님이 바로 그런 분이라는 고백이 요한계시록의 말씀이에요. 시작이 있으면 끝이 있듯, 모든 시간에는 끝이 예정되어 있습니다. 그리고 그 시작과 끝의 주인은 언제나 우리 주님이라는 것이 신앙인의 고백입니다. 그러니 어떤 상황에 있든 낙심하지 말아야 할 이유는 우리의 구원자이신 주님이 마지막에 우리를 일으켜 세우실 터이기 때문입니다. 이 밤, 우리의 시작과 끝이 되시는 그분을 신뢰하며 두 손을 모읍시다. 함께 기도합시다.

모든 만물의 알파와 오메가, 처음과 나중 되신 분,

전에도 계셨고 지금도 계시며 앞으로 오실 전능하신 주님,

우리에게 이토록 놀라운 소식을 전해 주시니 감사합니다.

주님은 모든 생명을 하나하나 살뜰히 챙기십니다.

당신의 사랑으로 우리를 지키시고

우리가 속한 공동체를 보호하여 주소서.

주께서 우리를 주님의 백성으로 부르시고

끝까지 믿음을 지키라고 명하셨으니,

우리 영혼이 깨어나 새 삶을 살게 하소서.

주님, 어떤 고난과 슬픔이 닥쳐와도

우리는 믿음을 잃지 않을 것입니다.

이것이 주께 드리는 우리의 약속입니다.

예수님 이름으로 기도합니다. 아멘.

#종말 #신앙

11월 15일

밥 한 공기에 담긴 우주

오늘 하루 수고하셨습니다. 주님께서 주시는 위로와 평화가 여러분에게 가득하길 바랍니다. 오늘 함께 묵상할 말씀은 시편 67편 6-7절입니다.

> 땅이 그의 소산을 내어 주었으니 하나님 곧 우리 하나님이 우리에게 복을 주시리로다. 하나님이 우리에게 복을 주시리니 땅의 모든 끝이 하나님을 경외하리로다.

주기도문에 '일용할 양식'이라는 말이 나옵니다. 하루 먹을 음식만 말하는 게 아니라 우리 삶에 필요한 모든 것이라는 뜻이 거기 담겨 있습니다. 거창하게 말할 필요도 없을 것 같아요. 김이 모락모락 나는 밥 한 공기에는 온 우주가 담깁니다. 해, 바람, 비, 농부의 땀과 눈물, 나락을 추수하고 운반하는 이들의 수고, 안전하게 거래되도록 치안을 담당하는 경찰과 공무원, 국가의 수고, 무엇보다 엄마의 사랑스러운 손길 등등. 이 모든 것이 밥 한 공기에 담깁니다. 그러니 밥 한 공기만으로도 우리는 온 우주를 창조하신 하나님의 사랑의 손길을 묵상할 수 있습니다. 시편 시인은 이렇게 찬송합니다.

"땅이 그의 소산을 내어 주었으니 하나님 곧 우리 하나님이 우리에게 복을 주시리로다. 하나님이 우리에게 복을 주시리니 땅의 모든 끝이 하나님을 경외하리로다."

시편 시인의 찬송처럼 하나님은 우리 삶의 작은 구석구석에 그분의 복된 솜씨를 숨겨 놓았습니다. 이런 신비를 안다면, 우리의 하루는 숨은그림 찾기나 보물찾기처럼 흥미진진할 겁니다. 여러분은 오늘 하나님이 여러분을 위해 숨겨 두신 어떤 복을 찾으셨나요? 아직 못 찾으셨다고요? 그렇다면, 숨겨진 하나님의 복을 찾을 눈과 마음을 달라고 구하는 건 어떨까요? 함께 기도합시다.

만물을 창조하신 하나님,
당신의 손길이 온 세계에 서려 있습니다.
우리에게 복을 내려 주셔서 자연과 사람 속에 숨겨진
하나님의 신비를 보게 하소서.
모든 생명체의 온갖 소원과 근심을 살피시고 복을 주소서.
주를 향한 감사와 찬양이 우리 입술에서 떠나지 않게 하소서.
하나님에 대한 모독과 참혹한 일들로 가득한 이 세상에
주님의 뜻을 펼치소서.
시련을 겪는 자들이 주께 감사하며 찬양하고,
생의 마지막에 있는 자들도 주께 영광을 돌릴 것입니다.
그들이 주의 얼굴을 뵙고 그 빛을 보았기 때문입니다.
주 하나님, 당신께 모든 것을 맡깁니다.
주의 뜻이 이루어질 것을 알기에
우리가 주를 기다리며 감사의 노래를 부릅니다.
예수 그리스도의 이름으로 기도합니다. 아멘.

#일용할양식 #주기도 #감사 #일상

11월 16일

믿음이 지탱하는 삶

오늘 하루 수고하셨습니다. 주님께서 주시는 위로와 평화가 여러분 모두에게 가득하길 바랍니다. 오늘 저녁 함께 묵상할 말씀은 히브리서 11장 1절입니다.

믿음은 바라는 것들의 실상이요 보이지 않는 것들의 증거니.

우리 모두에게 매우 익숙한 말씀이라 몇 번이고 곱씹게 됩니다. 힘들고 어려울수록 이 말씀에 더욱 기대게 됩니다. 지금은 비록 앞이 안 보일 만큼 캄캄하지만, 우리가 믿는 주님이 반드시 선한 결말로 인도하실 것이라는, 실낱같아 보이나 고래 힘줄처럼 든든한 믿음이 우리를 지탱해 줍니다. 혹시 오늘 간절한 기도 제목이 있으신가요? 그렇다면 주님을 신뢰하는 믿음으로 함께 기도합시다.

우리에게 믿음을 주시는 하나님 아버지,
주께서 우리 가운데 이루실 일을 기대하며 기도합니다.
온갖 갈등과 고통이 파도처럼 몰아칩니다.
우리에게 믿음을 주셨으니
이 시련을 피하지 않고 담대하게 통과하게 하소서.
전능하신 하나님, 주의 뜻을 밝히소서.
주께서 택하신 우리의 지도자들을 보호하시고

그들을 통해 주님의 계획을 분명히 알리소서.

오 하나님, 지금 이 시대를 살아 내는 하나님의 백성을 돌보소서.

그들이 선한 일을 기다리며

섬김의 삶을 살아갈 수 있도록 용기를 주소서.

이와 같은 삶을 살기 위해 분투하는 모든 이들을 살피소서.

전능하신 당신의 팔이

우리를 붙들어 주신다는 진리를 만방에 알리소서.

예수님 이름으로 기도합니다. 아멘.

#믿음 #히브리서

11월 17일

시온이 필요한 사람

오늘 하루 수고하셨습니다. 주님께서 주시는 위로와 평화가 여러분에게 가득하길 바랍니다. 오늘 함께 묵상할 말씀은 이사야 14장 32절입니다.

> 그 나라 사신들에게 어떻게 대답하겠느냐. 여호와께서 시온을 세우셨으니 그의 백성의 곤고한 자들이 그 안에서 피난하리라 할 것이니라.

"내 주는 강한 성이요. 방패와 병기되시니 큰 환란에서 우리를 구하여 내시리로다!" 마르틴 루터의 찬송가라서 종교개혁주일이면 빠지지 않고 부르는 찬송이지요. 종교개혁자는 시편의 찬송 그대로, 하나님이야말로 우리가 기댈 강한 성이고 방패와 병기가 되신다고 고백합니다. 이 고백은 시편 시인이나 종교개혁자만의 고백이 아닙니다.

이사야 선지자도 '시온'이야말로 곤고한 자들, 억울한 자들, 지쳐서 일어날 힘이 없는 모든 이가 피할 곳이라고 설명합니다. 시온은 구약에서 하나님이 계신 곳이어서 예루살렘 성전을 상징하지만, 궁극적으로 하나님이 임재하는 모든 곳이 시온입니다. 그분께 피할 때 우리는 비로소 온전한 삶을 보장받습니다. 이 시간, 시온으로 피신해야 할 분이 있나요? 그렇다면 하나님께 간절히 기대어 새 힘을 얻읍시다. 함께 기도합시다.

> 주님, 당신은 우리의 피난처입니다.
> 주님의 뜻은 산성처럼 흔들림이 없고,

그 약속은 변함이 없습니다.

이 진리를 굳게 붙잡고 매 순간 믿음으로 살게 하소서.

삶이 괴롭더라도 슬픔에 젖어 있지 않겠습니다.

주의 날이 올 때까지 믿고 소망 가운데 견디겠습니다.

당신의 나라가 올 때까지 주님의 백성을 돌봐 주소서.

혼탁한 세상이지만, 주님께 소망을 둔 사람들은 여전히 많습니다.

교회를 통해 이들을 지켜 주시고 힘을 더하여 주소서.

예수님 이름으로 기도합니다. 아멘.

#교회 #시온 #루터

11월 18일

나귀 타신 주님

오늘 하루 수고하셨습니다. 주님께서 주시는 위로와 평화가 여러분에게 가득하길 바랍니다. 오늘 함께 묵상할 말씀은 스가랴 9장 9절입니다.

> 시온의 딸아 크게 기뻐할지어다. 예루살렘의 딸아 즐거이 부를지어다. 보라 네 왕이 네게 임하시나니 그는 공의로우시며 구원을 베푸시며 겸손하여서 나귀를 타시나니 나귀의 작은 것 곧 나귀 새끼니라.

스가랴 선지자는 이 땅에 오실 메시아를 예언합니다. 이 예언은 후에 예수님의 예루살렘 입성으로 성취됩니다. 예언 그대로 예수님이 예루살렘에 들어가실 때 사람들이 크게 환호합니다. "호산나 호산나 다윗의 자손이여!" 사람들은 예수님이 새 시대의 왕이 될 사람이라며 환호합니다. 그런 인기에 비해 그분의 모습은 한없이 초라합니다. 스가랴 선지자가 예언한 대로, 예수님은 어린 나귀를 빌려 타고 성안으로 들어가십니다. 왜 그러셨을까요? 멋진 백마를 타고 등장해도 이상하지 않을 텐데 말이지요.

어린 나귀를 타신 주님은 낮고 낮은 이를 위해 오신 왕을 상징합니다. 힘이 없어 압제당하고 탄식하며 슬퍼하는 사람들을 위한 왕으로 오셨음을 뜻합니다. 그렇게 오신 주님이야말로 도움을 구하는 모든 이의 탄식을 기꺼이 듣고 가장 선한 것으로 도와주실 수 있습니다. 그분은 인생의 가장 비참한 순간을 몸소 겪었기 때문입니다.

바로 그 예수님이 저와 여러분의 형편을 살피고 우리가 말을 걸어오길 기다리십니다. 함께 기도합시다.

주님, 당신은 가장 낮은 곳,
가장 비참한 순간 속으로 들어오셨습니다.
그리고는 그 모든 잿빛 사망을 찬란한 생명으로 바꾸셨습니다.
온 세상이 탄식하며 슬퍼하는 시대,
어둡고 악한 시절을 살아 내는 당신의 자녀들을 기억하소서.
주님의 도움을 구하며 기도할 때 들으소서.
그리고 가장 선하고, 가장 복된 것으로 응답하소서.
주님께서 오시기까지 우리의 기도는 쉼이 없습니다.
만물을 구원하시는 당신의 영광이
이 땅에 가득하길 찬양합니다.
예수님 이름으로 기도합니다. 아멘.

#나귀 #예루살렘 #입성

11월 19일

복음의 능력

오늘 하루 수고하셨습니다. 주님께서 주시는 위로와 평화가 여러분에게 가득하길 바랍니다. 오늘 함께 묵상할 말씀은 고린도전서 1장 27-29절입니다.

> 그러나 하나님께서 세상의 미련한 것들을 택하사 지혜 있는 자들을 부끄럽게 하려 하시고 세상의 약한 것들을 택하사 강한 것들을 부끄럽게 하려 하시며 하나님께서 세상의 천한 것들과 멸시 받는 것들과 없는 것들을 택하사 있는 것들을 폐하려 하시나니 이는 아무 육체도 하나님 앞에서 자랑하지 못하게 하려 하심이라.

성경에는 우리를 위로하고 힘을 주는 복된 소식이 가득합니다. 그중에서 바울이 전하는 복음이 참 특별합니다. 고린도 교회에 보내는 첫 번째 편지에 이런 구절이 나옵니다.

"하나님께서 세상의 미련한 것들을 택하사 지혜 있는 자들을 부끄럽게 하려 하시고 세상의 약한 것들을 택하사 강한 것들을 부끄럽게 하려 하시며."

위로가 되고 힘이 되는 말씀이지요. 약하고 미련해도, 권력에서 멀고 부유하지 못해도, 괜찮습니다. 바울의 설명대로 우리가 믿고 의지하는 하나님은 바로 그런 사람을 붙잡아 힘 있고 똑똑하고 부유하다는 사람들을 부끄럽게 만드는 분이시기 때문입니다. 바울은 이것을 '하나님의 능력', 즉

'복음'이라고 설명합니다.

이 밤, 우리가 이 하나님의 능력 가운데 부름을 받았습니다. 주님이 우리의 능력입니다. 함께 기도합시다.

주님, 우리에게 복음을 주시니 감사합니다.
주님께서는 하늘을 열어 새 하늘과 새 땅을 창조하십니다.
어려움을 겪는 수많은 이들을 기억하소서.
이 지구의 온 생명과 공익을 위해 노력하는 이들을 생각하소서.
그들에게 복을 주시고 도와주소서.
주님의 능력은 우리의 죽음을 생명으로,
슬픔과 고통을 기쁨과 평강으로 바꿀 것입니다.
주의 이름이 높임을 받으소서.
당신의 나라를 하늘에서와같이 땅에서도 이루어 주소서.
예수님 이름으로 기도합니다. 아멘.

#복음 #고린도전서 #하나님의능력

11월 20일

주님이 응답하십니다

오늘 하루 수고하셨습니다. 주님께서 주시는 위로와 평화가 여러분에게 가득하길 바랍니다. 오늘 함께 묵상할 말씀은 예레미야 16장 19절입니다.

> 여호와 나의 힘, 나의 요새, 환난날의 피난처시여. 민족들이 땅끝에서 주께 이르러 말하기를 우리 조상들의 계승한 바는 허망하고 거짓되고 무익한 것뿐이라.

루터의《대교리문답》에 실린 주기도 해설에 이런 말이 나옵니다. "기도는 거래가 아니라 절박한 가운데 구해 달라는 간구입니다." 맞아요. 간절함이 없는 기도는 기도라고 할 수 없습니다. 우리는 누구나 곤궁을 경험하는데, 그 절박함 가운데 기도할 때 주님은 반드시 응답하겠다고 약속하셨습니다. 그 약속이 주님이 가르치신 기도에 담긴 복음입니다. 우리 힘이 한계에 부딪힐 때 그때가 바로 하나님의 능력이 드러날 기회가 됩니다. 그래서 시편의 시인들과 선지자들은 하나님이 우리의 피난처라고 고백했던 겁니다.

예레미야 선지자는 옛 선조들의 지혜나 전통과 비교할 수 없는 능력과 지혜가 하나님께 있다고 고백합니다. 그래서 하나님이 "나의 힘, 나의 요새, 환난 날의 피난처 되신다"고 크게 외칩니다. 이 밤, 절박한 기도 제목이 있으신가요? 우리의 힘, 우리의 요새, 환난 날의 피난처 되신 주님이 우리의 기도를 기다리십니다. 함께 기도합시다.

진실한 마음의 소리를 기다리시는 주님,

우리를 짓누르는 염려를 당신께 맡깁니다.

주님이 사랑과 신실하심으로

언제나 우리를 도우실 것을 믿습니다.

우리의 도움이 당신께 있음을 알기에 주님을 애타게 찾습니다.

우리가 주의 말씀을 의지하여

흔들림 없이 주님의 도움을 기다리게 하소서.

말씀과 함께 주님의 응답을 기다리는 저에게

확신의 빛을 주소서.

주님은 선하시고 인자하시며 사랑이 깊으십니다.

예수님 이름으로 기도합니다. 아멘.

#염려 #기도 #루터 #주기도 #대교리문답

11월 21일

질문하는 신앙

오늘 하루 수고하셨습니다. 주님께서 주시는 위로와 평화가 여러분에게 가득하길 바랍니다. 오늘 함께 묵상할 말씀은 디모데후서 3장 13-15절입니다.

> 악한 사람들과 속이는 자들은 더욱 악하여져서 속이기도 하고 속기도 하나니 그러나 너는 배우고 확신한 일에 거하라. 너는 네가 누구에게서 배운 것을 알며 또 어려서부터 성경을 알았나니 성경은 능히 너로 하여금 그리스도 예수 안에 있는 믿음으로 말미암아 구원에 이르는 지혜가 있게 하느니라.

작은딸이 자랄 때 일기를 쓰곤 했는데, 문득 그때 쓴 글이 눈에 들어왔습니다.

> 나: 넉넉히 베푼다는 건 내가 가진 것, 먹을 것, 입을 것, 그리고 모아 놓은 용돈을 기쁜 마음으로 누군가와 나눈다는 거야. 그리고 그런 거 말고 하나 더 있는데 그건 마음이야. 내가 좋아하는 사람을 꼭 안아 주는 것도 마음으로 베푸는 거지만, 미운 사람이 있다면 용서하고 화해하는 것도 마음으로 넉넉히 베푸는 거야.
>
> 꼬맹이: (진지 모드 전환) 근데 나는 미운 사람이랑 화해하기 싫어요. 왜 내가 잘못도 없는데 내가 먼저 손 내밀고 용서해야 해요?

나: 예수님을 생각해 봐. 예수님도 아무 잘못 없었는데 우리가 십자가에 달았잖아? 그치?

꼬맹이: (갑자기 울상이 되더니) 아빠, 그때는 나 없었잖아. 내가 그런 거 아니란 말야!

나: 짜식 이제 좀 컸구나. 오늘은 기도하고 자자. (생각이 자라는 아이를 아빠가 과소평가했습니다.)

아이들의 언어로 신앙을 이해시키기란 언제나 어려운 일입니다. 하지만 그런 아이와 함께 어른의 질문도 깊어지고 성장의 신비를 깨닫게 됩니다. 문득, 우리는 예수님과 성경을 향한 질문이 멈춘 게 아닌가 싶어 정신이 바짝 듭니다. 함께 기도합시다.

사랑과 이해의 주님, 당신을 알고 나서 질문이 많아졌습니다.
때론 그것이 보잘것없어 질문 같지도 않고,
때론 질문이 의심으로 얼굴색을 바꾸기도 합니다.
그러나 주님, 당신은 성령을 통해 우리를 이해시키십니다.
당신과 사귐이 깊어질수록 더 깊고 많은 신앙의 질문이 일게 하소서.
다만, 우리의 질문 한가운데 사랑의 온기를 두시어
당신을 향한 따스함 가운데 우리가 성장케 하소서.
예수님 이름으로 기도합니다. 아멘.

#신앙 #질문 #성장

11월 22일

희망과 설렘의 기다림

오늘 하루 수고하셨습니다. 주님께서 주시는 위로와 평화가 여러분에게 가득하길 바랍니다. 오늘 함께 묵상할 말씀은 야고보서 5장 7-8절입니다.

> 그러므로 형제들아 주께서 강림하시기까지 길이 참으라. 보라 농부가 땅에서 나는 귀한 열매를 바라고 길이 참아 이른 비와 늦은 비를 기다리나니 너희도 길이 참고 마음을 굳건하게 하라. 주의 강림이 가까우니라.

누군가를 기다리면서 가슴 뛰고 설렌 경험이 있을 겁니다. 만날 사람이 누군가에 따라 설렘의 강도는 달라집니다. 젊은이들이 연인을 기다릴 때, 친구를 만날 때, 떨어져 있던 가족을 만날 때 등등. 이런 기다림은 행복합니다. 하지만 시험지가 돌고 성적표를 기다리는 시간은 악몽 같기도 합니다. 그러고 보면, 오늘 우리의 마음 상태는 기다림의 상대가 누구인가로 결정되는 것 같습니다. 이제 곧 성탄을 기다리는 대림 절기가 시작될 텐데, 여러분의 기다림은 어떤가요? 설레나요, 행복한가요, 아니면 무감각한가요? 오늘 함께 나눌 야고보서 5장은 주님 오심을 이렇게 기다리라고 권면합니다.

"그러므로 형제들아 주께서 강림하시기까지 길이 참으라. 보라 농부가 땅에서 나는 귀한 열매를 바라고 길이 참아 이른 비와 늦은 비를 기다리나니."

사도 야고보는 주님의 강림을 그냥 기다리라고 말하지 않습니다. 농부가 추수의 기쁨을 기다리듯 하라는 이 말씀을 보면, 주님의 강림을 기다리는 시간은 희망과 설렘의 시간이 분명합니다. 그렇게 기다리며 만나게 될 우리 주님은 당신이 약속하신 새 하늘과 새 땅을 우리에게 이루어 주실 분이기 때문이겠지요. 이 밤, 우리도 기도를 들어주시는 주님을 소망 가운데 기다립시다. 함께 기도합시다.

주님, 당신께서 우리에게 오실 날을 기다립니다.
우리의 기도를 들으시고 이 시대에 주의 능력을 보이소서.
주께서 오실 날을 앞당기는 일들이 이 땅에서 일어나게 하소서.
우리를 아버지께로 인도하시는 구원자 예수를 세상이 보게 하소서.
우리 마음에 심긴 생명의 말씀이 열매를 맺게 하소서.
우리에게 용기를 주셔서 늘 주와 동행하게 하소서.
우리는 주님의 약속을 의지하며 주님의 말씀을 따라 살기 원합니다.
우리의 소망은 오직 구원자 되신 주님께 있습니다.
주 예수여, 권능의 손으로 온 세상을 향한 하나님의 뜻을 성취하소서.
예수님 이름으로 기도합니다. 아멘.

#기다림 #대림 #강림 #야고보서

11월 23일

양을 돌보시는 주님

오늘 하루 수고하셨습니다. 주님께서 주시는 위로와 평화가 여러분에게 가득하길 바랍니다. 오늘 저녁 함께 묵상할 말씀은 요한복음 10장 11-15절입니다.

> 나는 선한 목자라. 선한 목자는 양들을 위하여 목숨을 버리거니와 삯꾼은 목자가 아니요 양도 제 양이 아니라. 이리가 오는 것을 보면 양을 버리고 달아나나니 이리가 양을 물어 가고 또 헤치느니라. 달아나는 것은 그가 삯꾼인 까닭에 양을 돌보지 아니함이나 나는 선한 목자라. 나는 내 양을 알고 양도 나를 아는 것이 아버지께서 나를 아시고 내가 아버지를 아는 것 같으니 나는 양을 위하여 목숨을 버리노라.

기독교 예술에서 가장 오래된 작품은 1세기 카타콤베catacombe라는 동굴 천장에 새겨진 벽화로 알려져 있습니다. 거기에 몇 가지 특징적인 그림이 분명하게 새겨져 있는데, 그중 하나가 목동이 양을 먹이는 모습입니다. 그런데 더 자세히 보면, 목동 주위에도 양이 있지만, 특이하게 목동이 양을 어깨에 들쳐 멘 모습이 보입니다. 아마도 다리가 부러져 움직이지 못하는 양일 겁니다. 목동이 그런 양의 상처를 싸매고 어깨에 올려놓은 모습이 참 인상적입니다. 이 벽화가 가장 오래된 기독교 예술품이라는 점은 초대교회에서 예수님을 선한 목자에 비유한 사실과 밀접한 연관이 있습니다. 방금 읽은 요한복음 10장에도 이런 설명이 나오지요.

우리가 믿고 의지하는 분은 선한 목자입니다. 그분은 다리가 부러져 움직이지 못하는 양을 사랑으로 싸매고 어깨에 들쳐 멘 다음 안전한 곳으로 옮겨 치료하고 회복시키는 분이지요. 게다가 요한복음의 말씀대로 그분은 자기 양을 위해서라면 목숨을 버리는 분입니다. 이 밤, 우리의 선한 목자이신 주님께 우리의 모든 간구를 드립시다. 주님이 선한 행동으로 응답하실 것입니다. 함께 기도합시다.

주님, 선한 목자 되시어 우리를 돌보시니 감사합니다.
주께서 목자가 되시니 우리가 늘 새롭게 기운을 얻습니다.
우리에게 베푸시는 선을 기억하며
슬픔 속에서도 믿음과 열정을 잃지 않게 하소서.
주를 향한 감사가 끊이지 않게 하소서.
전능하신 주님,
당신의 자녀를 곁에서 지켜 주시고
죽어 가는 자들에게 생명을,
이미 죽은 자들에게 부활의 은혜를 베푸사
주께서 온 세상을 통치하심을 알게 하소서.
오 주님, 우리 기도를 들으시고 복을 주소서.
당신의 구원과 사랑은 언제나 변함없습니다.
예수님 이름으로 기도합니다. 아멘.

#선한목자 #양 #보호 #요한복음

11월 24일

책임 있는 자유

오늘 하루 수고하셨습니다. 주님께서 주시는 위로와 평화가 여러분에게 가득하길 바랍니다. 오늘 함께 묵상할 말씀은 마태복음 5장 17절과 20절입니다.

> 내가 율법이나 선지자를 폐하러 온 줄로 생각하지 말라. 폐하러 온 것이 아니요 완전하게 하려 함이라. … 내가 너희에게 이르노니 너희 의가 서기관과 바리새인보다 더 낫지 못하면 결코 천국에 들어가지 못하리라.

교회 다니는 사람들은 '복음'이라는 말을 참 많이 합니다. 하나님의 아들 예수 그리스도가 가져온 기쁜 소식, 복된 소식이라는 말인데, 신앙의 선조들은 이 복음을 두고 여러 표현을 써 왔습니다. 16세기 종교개혁자들은 복음이 모든 것에서 '자유롭게 하는 하나님의 능력'이라면서 '복음의 기쁨', '복음의 자유'를 외쳤습니다. 그 복음의 자유와 기쁨이 결국 종교개혁이라는 역사를 만들어 냈습니다.

그런데 복음의 자유를 오용하면, 고삐 풀린 망아지처럼 방종으로 흐르기도 합니다. 예나 지금이나 마찬가지인 것 같아요. 예수님도 이런 위험을 정확하게 경고하십니다. 그분은 죄인을 의롭게 하는 천국을 선포하셨지만, 서기관과 바리새인보다 더 의로운 삶을 살지 못하면 결코 천국에 들어가지 못한다고 말씀하셨습니다.

복음을 믿는 사람은 그 누구보다 더 신실하게 살아야 할 책임이 있습니다. 하나님 앞에 홀로 서 있는 것처럼 진실하고 성실하게 살아야 합니다. 오늘 우리는 어떻게 살았나요? 함께 기도합시다.

주님, 당신께서는 모든 죄를 용서하시고
하나님 나라의 의를 우리에게 입히셨습니다.
용서받은 우리가 감사의 삶을 살게 하소서.
방종 대신 책임 있는 자유의 삶을 살게 하시어
주님이 죄인을 받아 주신 것처럼
우리도 모든 사람의 아픔을 내 것으로 받아들이게 하소서.
이 땅의 모든 사람이 주의 복음을 따라 살며 한마음 되게 하소서.
오직 주께서만 이 일을 하실 수 있습니다.
주님이 약속하신 성령을 보내셔서 이 땅이 천국 되게 하시고,
주께서 기뻐하시는 하나님 나라가 되게 하소서.
우리 마음에 주님의 말씀을 새기소서.
일상의 삶에서 주님의 계명을 좇아 순종하게 하소서.
주의 명령을 따를 때 모든 것이 바르고 선하게 변화될 것입니다.
주님 우리와 함께하소서.
예수님 이름으로 기도합니다. 아멘.

#복음 #자유 #책임

11월 25일

교회의 기도

오늘 하루 수고하셨습니다. 주님께서 주시는 위로와 평화가 여러분에게 가득하길 바랍니다. 오늘 함께 묵상할 말씀은 마가복음 11장 15-18절입니다.

> 그들이 예루살렘에 들어가니라. 예수께서 성전에 들어가사 성전 안에서 매매하는 자들을 내쫓으시며 돈 바꾸는 자들의 상과 비둘기 파는 자들의 의자를 둘러 엎으시며 아무나 물건을 가지고 성전 안으로 지나다님을 허락하지 아니하시고 이에 가르쳐 이르시되 기록된 바 내 집은 만민이 기도하는 집이라 칭함을 받으리라고 하지 아니하였느냐. 너희는 강도의 소굴을 만들었도다 하시매 대제사장들과 서기관들이 듣고 예수를 어떻게 죽일까 하고 꾀하니 이는 무리가 다 그의 교훈을 놀랍게 여기므로 그를 두려워함일러라.

마르틴 루터는 기도의 개혁을 누차 강조했습니다. 우리는 늘 자신의 소원이 이루어지길 소망하며 간절히 기도하지만, 교회가 함께 모였을 때는 개인의 이기적인 기도에 머물러서는 안 된다고 역설합니다. 교회가 기도하는 집이라는 사실은 우리의 기도가 교회 담장을 넘어야 한다는 뜻이고, 기도가 교회 담장을 넘어선다는 말은 우리가 살아가는 모든 세계를 위해 기도해야 한다는 뜻이라고 설명합니다. 교회 밖에 있는 가난하고 소외된 이웃, 정의가 왜곡된 세상, 사랑이 식어 버린 세상을 부둥켜안고 기도해야 한다는 말입니다. 이런 기도야말로 교회의 기도이고, 마귀가 가장 무서워하는 기도입니다.

이 밤, 우리가 드리는 기도도 우리 자신을 넘어 이웃과 우리 사회를 위한 기도가 되길 바랍니다. 함께 기도합시다.

우리의 도움이신 주님,
이 시간 간절한 마음으로 기도하오니 우리의 기도를 들으소서.
우리의 부르짖음을 들으시고
전능하신 주의 손을 들어 이 세대를 도우소서.
악에서 우리를 지켜 주시고, 죽음과 멸망에서 건져 주소서.
우리는 주의 자녀이오니 우리를 보호하소서.
모든 일이 협력해서 좋은 열매를 맺게 하시는
전능하신 하나님 아버지,
온 세계를 불쌍히 여기소서.
전쟁과 분쟁의 소식이 끊기고
총과 칼을 녹여 평화의 쟁기가 되게 하소서.
이 일을 위해 당신의 몸인 교회가 기도하게 하소서.
교회가 기도할 때 강철도 녹일 수 있습니다.
우리의 기도를 들으시는 주님, 이 땅에 평화를 이루소서.
예수님 이름으로 기도합니다. 아멘.

#교회의기도 #기도하는집

11월 26일

왕이신 그리스도

오늘 하루 수고하셨습니다. 주님께서 주시는 위로와 평화가 여러분에게 가득하길 바랍니다. 오늘 함께 묵상할 말씀은 에스겔 34장 11절과 15-16절입니다.

> 주 여호와께서 이같이 말씀하셨느니라. 나 곧 내가 내 양을 찾고 찾되. … 내가 친히 내 양의 목자가 되어 그것들을 누워 있게 할지라. 주 여호와의 말씀이니라. 그 잃어버린 자를 내가 찾으며 쫓기는 자를 내가 돌아오게 하며 상한 자를 내가 싸매 주며 병든 자를 내가 강하게 하려니와 살진 자와 강한 자는 내가 없애고 정의대로 그것들을 먹이리라.

오늘은 교회력 마지막 주일인 '왕이신 그리스도의 날'입니다. 독일 교회에서는 이날을 '영원의 날', '죽은 자의 날'이라고도 부릅니다. 왕이신 그리스도의 날, 영원의 날, 죽은 자의 날. 명칭은 서로 다르지만, 그 안에 담긴 뜻은 통합니다. 우리가 믿는 그리스도 예수께서 생명과 죽음, 산 자와 죽은 자 모두를 다스리신다는 의미입니다. 그리고 이날이 지나면 이제 성탄으로 오실 주님을 기다리는 대림절을 준비하게 됩니다. 어떤 교회에서는 이날 예배가 끝나면 교인들이 교회 곁 공동묘지로 함께 행진하며, 그곳에서 함께 찬송과 기도의 시간을 갖기도 합니다. 신앙생활을 함께하다 소천한 신앙의 가족과 동료, 선배들을 그렇게 찾아가는 이유는 주님의 날 왕이신 그리스도께서 영광 가운데 이들을 부활시킬 것을 믿기 때문입니다.

왕이신 그리스도의 날, 우리가 기억해야 할 것은 우리 주님께서 모든 세상, 모든 시간을 통치하신다는 사실입니다. 우리는 오늘 왕이신 주님을 믿음으로 의지하고 그분의 다스림을 받는 모든 성도를 위해 기도해야 합니다. 모든 시간과 공간, 생명과 죽음까지도 다스리시는 주님께서 우리의 모든 마음과 몸을 그분의 뜻대로 다스리십니다. 함께 기도합시다.

주 하나님, 주님의 위엄이 하늘과 땅과 온 세상에 가득합니다.
우리가 주님을 생각하며 삶의 용기를 얻게 하소서.
주님은 우리와 함께하시며 우리를 도우시는 분입니다.
얼마나 많은 순간 주님은 이것을 우리에게 증명해 보이셨습니까.
환란 가운데 더욱 주를 의지하며
주께 소망을 두고 승리를 기다립니다.
주님의 빛을 살아 있는 것과 죽은 모든 것 위에 비추소서.
나라와 권세와 영광이 영원히 주님의 것입니다.
예수님 이름으로 기도합니다. 아멘.

#왕이신그리스도의날 #교회력

11월 27일

마지막 때

오늘 하루 수고하셨습니다. 주님께서 주시는 위로와 평화가 여러분에게 가득하길 바랍니다. 오늘 함께 묵상할 말씀은 디모데후서 2장 11-13절입니다.

> 미쁘다 이 말이여. 우리가 주와 함께 죽었으면 또한 함께 살 것이요. 참으면 또한 함께 왕 노릇 할 것이요. 우리가 주를 부인하면 주도 우리를 부인하실 것이라. 우리는 미쁨이 없을지라도 주는 항상 미쁘시니 자기를 부인하실 수 없으시리라.

최후의 시간이 우리에게 도래할 겁니다. 그때 우리는 양과 염소로 나뉘어 천국과 지옥으로 길이 갈릴 것입니다. 그러나 그 기준은 혈통이나 신분이 아닙니다. 이것은 복음서뿐 아니라 바울의 서신에서 거듭 강조하는 주제입니다. 바울은 할례나 무할례가 아니라는 선언을 통해 보이는 모습으로 결정되는 것이 아님을 확실히 합니다. 유대인이라고, 백인이라고, 미국인이라고, 부자라고, 학자라고, 목사라고 천국에 먼저 들어가지 않습니다. 이스라엘 국기와 성조기와 태극기를 힘차게 들어 올린다고 천국에서 알아주는 것도 아닙니다.

보이는 세계, 피부색이나 국적, 신분, 우리의 노력이 천국을 결정하지 않습니다. 성경은 믿음만으로, 하나님의 은혜만으로, 말씀만으로 결정된다고 선언합니다. 우리가 만들고 그은 선이 아니라, 모든 구별과 차별을 지우는 은혜와 사랑의 법만이 우리를 구원하는 기준이 됩니다.

이것이 가장 선명하게 드러난 사건이 십자가 사건입니다. 예수님의 십자가는 가장 무력하고, 가장 바보 같고, 가장 절망적인 모습으로 우리에게 나타납니다. 십자가는 왕이 아니라 실패자의 표징입니다. 하지만 하나님은 신앙이 아니고서는 알아볼 수 없는 바로 그 죽음의 십자가에 당신의 위대한 뜻과 계획을 숨겨 놓으셨습니다. 오직 신앙만이 그것을 꿰뚫어 볼 수 있습니다. 따라서 우리는 신앙을 달라고 기도해야 합니다. 함께 기도합시다.

주님, 우리는 늘 십자가의 예수를 따른다고 하면서도
강도처럼 흔들리며 삽니다.
이렇게 사는 게 맞는지 의심하며 괴로워하기도 합니다.
당신은 이렇게 연약한 우리를 구원하기 위해
우리에게 오시어 생명을 내주셨습니다.
주님, 당신의 나라가 임할 때 나를 기억하소서.
"오늘 내가 낙원에 나와 함께 있으리라"며
강도에게 하신 말씀을 저에게도 들려주소서.
나를 구원하신다는 선한 약속을 믿습니다.
그 약속을 굳게 붙잡고 당신을 찬송합니다.
예수님 이름으로 기도합니다. 아멘.

#종말 #구원

11월 28일

최후의 심판

오늘 하루 수고하셨습니다. 주님께서 주시는 위로와 평화가 여러분에게 가득하길 바랍니다. 오늘 함께 묵상할 말씀은 요한계시록 19장 1-3절입니다.

> 이 일 후에 내가 들으니 하늘에 허다한 무리의 큰 음성 같은 것이 있어 이르되 할렐루야 구원과 영광과 능력이 우리 하나님께 있도다. 그의 심판은 참되고 의로운지라. 음행으로 땅을 더럽게 한 큰 음녀를 심판하사 자기 종들의 피를 그 음녀의 손에 갚으셨도다 하고 두 번째로 할렐루야 하니 그 연기가 세세토록 올라가더라.

이단적 종말론자들은 현실에서 도피하게 만들지만, 기독교 신앙은 언제나 오늘의 삶, 오늘의 일상에 충실하라고 가르칩니다. 그러니 속지 말아야 합니다. 누가 와서 종말을 빌미로 가정과 삶의 자리를 버리고 떠나야 한다고 흔들면, 그건 백 프로 기독교 신앙이 아닙니다. 속지 마십시오. 성경이 가르치는 신앙은 종말의 때에도 각자 주어진 삶의 자리가 소중하다고 가르칩니다.

유명한 말이 있지요. "내일 종말이 올지라도 나는 오늘 사과나무 한 그루를 심겠다." 스피노자의 말이라고 많이들 알고 있지만, 유럽에서는 루터의 어록으로 알려진 명언입니다. 이 짧은 구절이 종말 앞에서 기독교인이 어찌 살아야 할지를 잘 설명해 줍니다. 종말의 때 오실 심판자는 우리를 위해 십자가에 달려 돌아가신 구주 예수 그리스도입니다.

따라서 그리스도인에게 종말은 협박이 아니라 위로이자 희망입니다. 더구나 이 종말을 예비하여 오늘을 충실하게 살 수 있게 인도하시고 힘을 주시는 분도 우리의 주님이십니다. 함께 기도합시다.

주님, 당신께서는 만물의 생명과 죽음을 주관하십니다.
지금 우리는 죽지 않을 것처럼 살고
살아 있어도 죽을 것처럼 살아갑니다.
당신의 나라에 솟아나는 영원의 생명을 우리에게 심어 주셔서
살아 있어도 죽은 것 같은 삶에서 우리를 구원하여 주소서.
주어진 오늘의 시간을 충실히 살게 하시어
주님 오시는 그날, 우리를 건실히 살게 하신 은총의 감격으로
우렁차게 찬송하게 하소서.
예수님 이름으로 기도합니다. 아멘.

#종말 #이단 #일상

11월 29일

구속하신 은혜

오늘 하루 수고하셨습니다. 주님께서 주시는 위로와 평화가 가득하길 바랍니다. 오늘 함께 묵상할 말씀은 이사야 44장 21-22절입니다.

> 야곱아 이스라엘아 이 일을 기억하라. 너는 내 종이니라. 내가 너를 지었으니 너는 내 종이니라. 이스라엘아 너는 나에게 잊혀지지 아니하리라. 내가 네 허물을 빽빽한 구름 같이, 네 죄를 안개 같이 없이하였으니 너는 내게로 돌아오라. 내가 너를 구속하였음이니라.

성경을 읽다 보면 주님이 우리를 '구속'하셨다는 말을 종종 만납니다. 지금 생각하면 우습지만, 성경에 나오는 '구속'이란 말이 뭔지 잘 모르고, 범죄자가 경찰에게 체포되어 철창에 갇히는 것인 줄 알았던 적이 있습니다. 그렇게 오해하기 충분하다고 생각합니다. 실제로 하나님이 죄인을 사로잡았고, 우리 악한 욕망을 옴짝달싹 못 하게 하는 '구속拘束'이라면 이것도 말이 되거든요. 그래서 성경에 구속이란 단어가 나올 때마다 그렇게 이해하던 때가 있었어요. 아마 저만 그렇게 생각한 것은 아닐 겁니다. 나중에 좀 커서 성경을 조금 더 알고 보니 여기 구속이 그 구속이 아니더라고요. 한자로 '구속救贖'이란 말은 대가를 지불하고 구한다는 뜻이고, 히브리어로는 용서와 화해, 해방의 뜻이 담긴 말입니다.

그러니 하나님이 인간을 구속했다는 말은 철창에 갇힌 인간을 하나님이 값을 치르고 자유롭게 해 주셨다는 의미입니다. 의미를 알고 보면, 오늘 이사야의 말씀이 다르게 읽힙니다. "하나님이 값을 치르고 너를 자유롭게 하셨으니, 이제 너의 허물은 구름과 안개처럼 사라졌다. 이제 하나님께로 돌아오라"라는 뜻이지요.

우리가 믿는 주님은 이렇게 우리 허물과 죗값을 치르고 자유롭게 하시는 분입니다. 그러니 우리에게 주어진 삶의 모든 시간은 늘 새롭게 얻은 자유의 선물일 수밖에 없지요. 이 밤, 주님의 자비로운 구원 약속이 저와 여러분을 참된 자유로 인도하길 바랍니다. 함께 기도합시다.

우리를 구속하신 주님,
당신께서는 당신 아들의 생명을 내어 주고
우리에게 자유를 선물하셨습니다.
이 복된 소식이 성경 안에 가득합니다.
이제 우리의 소원과 갈망이 하나님 뜻 안에 머물게 하소서.
속되고 하찮은 삶에 머무르지 않고 더 높은 곳을 바라며,
주님의 복된 소식이 이 땅에 마침내 이루어질
그 날을 기도하게 하소서.
만물의 창조주 하나님,
오늘 우리가 내일을 향한 기대감에 가득 차
주께서 주실 새날을 준비합니다.
주와 함께 수고하기를 주저하지 않는 모든 사람에게
성령을 부어 주소서.
주님의 사랑이 우리를 통해 이웃 안에 흘러들게 하소서.
감사합니다, 주님. 나의 모든 삶이 주님의 은혜입니다.
예수님 이름으로 기도합니다. 아멘.

#새해 #시작 #동행

11월 30일

염려하지 말라

오늘 하루 수고하셨습니다. 주님께서 주시는 위로와 평화가 여러분에게 가득하길 바랍니다. 오늘 함께 묵상할 말씀은 마태복음 6장 31-33절입니다.

> 그러므로 염려하여 이르기를 무엇을 먹을까 무엇을 마실까 무엇을 입을까 하지 말라. 이는 다 이방인들이 구하는 것이라. 너희 하늘 아버지께서 이 모든 것이 너희에게 있어야 할 줄을 아시느니라. 그런즉 너희는 먼저 그의 나라와 그의 의를 구하라. 그리하면 이 모든 것을 너희에게 더하시리라.

주님은 우리가 기도할 때 내용과 문장 구성, 단어 선택을 두고 점수를 매기는 평가 위원이 아닙니다. 주님은 진정으로 기도하는 자를 찾으시는 우리의 상담자이고 위로자입니다. 그래서 주님을 '보혜사'라고도 부릅니다.

그저 확신 속에서 용기를 가지고 진실하게 기도하면 됩니다. 예수님은 사도들을 위험한 세상에 보내실 때 "아무것도 두려워 말라"면서, 참새 한 마리도 아버지의 허락 없이는 지붕에서 떨어지지 않고, 머리카락 하나도 그분의 뜻이 아니면 떨어지지 않는다고 말씀하십니다(마 10:28-29).

더러는 주님이 이미 우리의 쓸 것을 알고 계시니 기도하지 않아도 알아서 채워 주신다고 말하는 사람들도 있습니다. 과연, 기도하지 않아도 주님이 모든 것을 채워 주시고 우리의 염려와 궁핍을 해결해 주실까요? 물론 그럴 수도 있습니다. 하나님은 능히 그렇게 하실 수 있으니까요. 하지만 주님이 애타게 찾으시는 사람은 교만한 성경 해석자가 아니라, 엎드려 탄식하며 기도하는 작은 자입니다. 염려하지 말고 이 믿음으로 기도합시다. 작은 일도 귀히 여기시는 주님이 우리의 기도를 들어주십니다. 함께 기도합시다.

주님, 당신은 세상의 모든 만물을 사랑으로 창조하셨습니다.
산과 들, 물과 바람과 공기, 공중의 새,
들에 핀 이름 모를 꽃과 풀까지
무엇 하나 당신 손을 거치지 않은 것이 없습니다.
우리도 그렇게 당신의 귀한 솜씨로 빚어졌습니다.
우리는 거룩하고 사랑 가득한 당신의 작품이오니
그 자부심으로 이 땅을 당당히 살게 하소서.
염려 대신 희망과 용기를 품게 하시고,
하나님의 자녀라는 자존감이 겸손한 섬김으로 드러나게 하소서.
예수 그리스도의 이름으로 기도합니다. 아멘.

#기도 #염려 #산상설교

12월 1일

주님 다시 오실 날

오늘 하루 수고하셨습니다. 주님께서 주시는 위로와 평화가 여러분 모두에게 함께하기를 바랍니다. 오늘 저녁 함께 묵상할 말씀은 데살로니가전서 4장 16-18절입니다.

> 주께서 호령과 천사장의 소리와 하나님의 나팔 소리로 친히 하늘로부터 강림하시리니 그리스도 안에서 죽은 자들이 먼저 일어나고 그 후에 우리 살아 남은 자들도 그들과 함께 구름 속으로 끌어 올려 공중에서 주를 영접하게 하시리니 그리하여 우리가 항상 주와 함께 있으리라. 그러므로 이러한 말로 서로 위로하라.

신앙은 분명히 숨겨진 보석 같습니다. 종말의 때까지 우리가 따라야 할 그리스도는 '바보 예수'입니다. 성경은 이 사실을 분명히 합니다. 종말 이전까지 그분은 절대 군주가 아니라 절대 패배자의 모습으로 나타납니다. 갑옷 입은 천사를 부리며 천상에 군림하는 왕이 아니라, 빌라도 앞에서 모진 모욕을 당하고, 힘에 부친 십자가를 어깨에 짊어지고, 제 죽을 자리에 스스로 올라가는 바보 예수의 모습을 성경은 보도합니다. 그렇게 십자가에서 무력하게 죽어 가는 그 예수가 우리가 섬길 왕이라고 말합니다.

사람들은 이 모습을 보고 신앙생활이 부질없고 가치 없는 일이라며 비웃습니다. 그러나 종말의 때에 주님은 전혀 다른 모습으로 우리 앞에 나타나실 것입니다. 그리고는 신앙으로 인내하며 살아온 경건한 자들, 말씀과 기도로 주의 재림을 기다리던 이들, 주의 뜻을 행하며 서로 위로하며 살아온 교회의 지체들을 영화롭게 맞아 주실 것입니다. 인내하고 기도하며 희망 가운데 주의 뜻을 행하는 신앙의 삶이 되길 바랍니다. 함께 기도합시다.

주님, 우리의 생명이 당신 안에 있음을 알게 하셔서
죽음과 모든 두려움에서 우리를 자유롭게 하소서.
십자가에 달리신 그리스도를 통해 우리의 죽음도 죽었으니
그분이 부활하셨듯 우리도 생명으로 일어나게 하소서.
주님, 당신은 우리가 연약하여 수많은 위험 앞에 흔들린다는 것을
잘 아시는 하늘 아버지이십니다.
우리의 영과 육을 강건케 하사
우리를 궁지에 몰아넣는 모든 죄악을 이겨 내도록
우리를 도와주소서.
그리하여 주님 오실 그날에
영원한 생명 주심을 기쁨으로 함께 노래하게 하소서.
예수님 이름으로 기도합니다. 아멘.

#생명 #종말 #재림

12월 2일

심판과 구원

오늘 하루 수고하셨습니다. 주님께서 주시는 위로와 평화가 여러분 모두에게 함께하기를 바랍니다. 오늘 저녁 함께 묵상할 말씀은 히브리서 13장 20-21절입니다.

> 양들의 큰 목자이신 우리 주 예수를 영원한 언약의 피로 죽은 자 가운데서 이끌어 내신 평강의 하나님이 모든 선한 일에 너희를 온전하게 하사 자기 뜻을 행하게 하시고 그 앞에 즐거운 것을 예수 그리스도로 말미암아 우리 가운데서 이루시기를 원하노라. 영광이 그에게 세세무궁토록 있을지어다. 아멘.

세상의 마지막 날에는 어떤 일이 벌어질까요? 누군가는 유래 없는 자연재해와 파국이 이 땅에 도래할 것이라며 그날을 공포 가득한 날로 묘사합니다. 그런데 성경은 그런 종말도 말하지만, 그와는 다른 면을 묵상하게 합니다. 구약의 묵시서인 다니엘서나 예언자들의 묘사를 펼쳐 보면, 종말의 때에는 세상의 모든 것이 하나님 앞에서 덧없다고, 임시적인 것이 영원한 것 앞에서 패배한다고 가르칩니다. 오직 영원한 하나님만이 마지막 때 영광스럽게 드러나게 된다고 가르칩니다. 그래서 잠언은 지혜의 근본이 하나님을 아는 지식이라고 설명합니다(잠 9:10).

그러고 보면, 우리는 하나님을 알 수 없는 시대, 즉 악한 세대를 살고 있습니다. 이런 때 무엇보다 중요한 건 우리 삶에 끝이 있고 그 끝에 선한 하나님의 심판이 있다는 믿음입니다. 이 경고는 악한 세계를 향한 엄중한 심판 선언이지만, 그리스도인에게는 복된 선언입니다. 우리의 매 순간이 하나님의 선한 기억 속에 기록되고, 지금도 앞으로도 계속 기록될 터이기 때문입니다. 오늘 본문인 히브리서 13장 말씀을 천천히 소화해 보시길 바랍니다. 종말 앞에 선 신앙의 자세를 그리고 있습니다. 그리스도의 선한 약속이 우리를 붙잡길 바랍니다. 함께 기도합시다.

주님, 우리가 사는 세상은 곳곳에서 불안과 절망이 고개를 듭니다.
모든 만물을 손에 쥐신 주님, 당신을 의지하고 기도합니다.
십자가 죽음에서 부활을 준비하셨던 것처럼
절망 가득한 이 시대 가운데
새로운 희망이 잉태하고 있음을 우리가 알게 하소서.
깨어 있는 정신으로 주님의 날을 기대하게 하소서.
우리 신앙이 교회 안에만 머물지 않고
교회 담장 너머 이 땅 곳곳에 사랑과 섬김으로 스며들게 하소서.
믿음으로 살아가는 이들의 터전이
사망 권세와 악을 사냥하는 승리와 찬송의 자리 되게 하소서.
천군 천사와 함께 주님을 만나는 그 찬양의 시간,
그 자리에 제가 서 있게 하소서.
예수님 이름으로 기도합니다. 아멘.

#종말 #찬송 #구원

12월 3일

기다림

오늘 하루 수고하셨습니다. 주님께서 주시는 위로와 평화가 여러분 모두에게 함께하기를 바랍니다. 오늘 저녁 함께 묵상할 말씀은 마태복음 24장 29-31절입니다.

> 그 날 환난 후에 즉시 해가 어두워지며 달이 빛을 내지 아니하며 별들이 하늘에서 떨어지며 하늘의 권능들이 흔들리리라. 그 때에 인자의 징조가 하늘에서 보이겠고 그 때에 땅의 모든 족속들이 통곡하며 그들이 인자가 구름을 타고 능력과 큰 영광으로 오는 것을 보리라. 그가 큰 나팔소리와 함께 천사들을 보내리니 그들이 그의 택하신 자들을 하늘 이 끝에서 저 끝까지 사방에서 모으리라.

주님의 성탄을 기다리는 대림절에 지난해 제 모습을 돌아봅니다. 하루하루 지치고 피곤한 일상, 다투고 부대끼던 공허한 만남, 사람을 깜짝 놀라게 만드는 연말의 압박감. 사람들은 모두 연말의 풍성함과 설렘을 기대하지만, 이 시간이 되면 그런 기대는 저와는 전혀 상관없는 일이 아닌가 싶습니다. 그래서 늘 이맘때가 되면 아쉬움이 더욱 진해집니다.

사랑하는 누군가를 처음 만났을 때 설레는 마음, 직장에 처음 출근하던 날 아침의 햇살, 갓난아기의 신비한 눈동자, 예수님을 처음 만났을 때 벅찬 가슴. 우리는 그런 것들을 오랫동안 잊고 지냈습니다. 이런 우리를 예수님은 어떻게 보실까요? 아마도 그분은 이렇게 무감각해진 우리를 안쓰

렵게 지켜보고 계실 겁니다. 2천 년 전 베들레헴에, 그리고 오늘 우리에게 주님이 성탄으로 오십니다. 그리고는 당신의 자녀인 우리를 사방에서 모으실 것입니다. 그분을 기다리는 성탄의 기다림이 우리에게 설레던 '첫 마음', 선물 같은 거룩한 시간으로 느껴지길 바랍니다. 함께 기도합시다.

> 주님, 우리의 마음과 삶이 실타래처럼 온통 엉켜 있습니다.
> 해야 할 일들이 산처럼 저를 누릅니다.
> 무뎌진 마음과 감정이 켜켜이 쌓여 갑니다.
> 주님, 우리를 도와주소서.
> 이 대림절이 선물 같은 시간 되게 하시어
> 당신을 기다리는 이 시간이 설렘 가득한 기쁨 되게 하소서.
> 예수님 이름으로 기도합니다. 아멘.

#대림절 #기다림 #성탄

12월 4일

임마누엘

오늘 하루 수고하셨습니다. 주님께서 주시는 위로와 평화가 여러분 모두에게 함께하기를 바랍니다. 오늘 저녁 함께 묵상할 말씀은 이사야 7장 13-14절입니다.

> 이사야가 이르되 다윗의 집이여 원하건대 들을지어다. 너희가 사람을 괴롭히고서 그것을 작은 일로 여겨 또 나의 하나님을 괴롭히려 하느냐. 그러므로 주께서 친히 징조를 너희에게 주실 것이라. 보라 처녀가 잉태하여 아들을 낳을 것이요 그의 이름을 임마누엘이라 하리라.

혹시 좋은 약속을 무시했다가 나중에 알고서 후회한 일이 있나요? 오늘 나눌 대림절 묵상이 바로 그런 내용입니다. 이 구절을 우리는 예수님 탄생을 예언한 말씀으로 알고 있습니다. 그런데 이 구절의 원래 배경을 들어 보셨나요?

전쟁이 일어나자 유다 왕국의 아하스 왕은 전쟁에서 질까 봐 걱정이 이만저만이 아니었습니다. 이때 하나님은 선지자 이사야를 보내 두려워하지 말라고 왕에게 전합니다. 심지어 전쟁에서 이길 것이라는 확신을 주려고 이사야를 통해 한 가지 기적을 보여 주겠다고 하십니다. 하지만 왕은 이 말을 믿지도 않았고, 하나님의 기적에도 관심이 없었습니다.

이런 일이 있고 나서, 하나님은 이사야를 통해 한가지 징조를 알려 줍니다. 한 여인이 아들을 낳을 것이라는 예언, 즉 임마누엘의 예언이 바로 그것입니다. 언뜻 보면, 왕에게 선포된 메시지는 아주 단순합니다. 어린 여성이 아기를 가질 것이고, 그 아이가 어른으로 자라기 전에 유다 왕국의 원수들은 사라질 것이라는 말입니다. 오래 걸리지 않을 것이라는 뜻이지요.

이 예언은 두 가지 뜻을 담고 있습니다. 하나는 하나님 대신 앗수르를 선택한 아하스를 버린다는 뜻이고, 또 하나는 아하스가 믿든 안 믿든 상관없이 하나님의 계획은 변치 않는다는 뜻입니다. 더 나아가 이제 하나님의 구원 약속이 아하스를 넘어 전 세계 모든 이에게 이르게 됩니다. 이것이 '임마누엘'의 축복입니다. 함께 기도합시다.

전능하신 하나님 아버지,
우리의 두려움과 근심을 알아주시고
위로와 확신을 주셔서 감사합니다.
주님께서는 우리에게 오셔서 항상 함께하겠다고 약속하셨습니다.
우리가 지금 당신의 복된 약속을 붙잡습니다.
당신이 우리를 영원한 안식으로 인도하는 그날까지
당신과 함께하겠습니다.
예수님 이름으로 기도합니다. 아멘.

#대림절 #임마누엘 #이사야 #아하스

12월 5일

그의 어깨

오늘 하루 수고하셨습니다. 주님께서 주시는 위로와 평화가 여러분 모두에게 함께하기를 바랍니다. 오늘 저녁 함께 묵상할 말씀은 이사야 9장 6-7절입니다.

> 이는 한 아기가 우리에게 났고 한 아들을 우리에게 주신 바 되었는데 그의 어깨에는 정사를 메었고 그의 이름은 기묘자라, 모사라, 전능하신 하나님이라, 영존하시는 아버지라, 평강의 왕이라 할 것임이라. 그 정사와 평강의 더함이 무궁하며 또 다윗의 왕좌와 그의 나라에 군림하여 그 나라를 굳게 세우고 지금 이후로 영원히 정의와 공의로 그것을 보존하실 것이라. 만군의 여호와의 열심이 이를 이루시리라.

이사야의 이 말씀은 참 희한하게 들립니다. 구유와 구유에 누운 아기 예수를 떠올려 봅시다. 그런데 여기에 "그의 어깨에는 정사를 메었고"라는 이사야의 목소리가 난데없이 끼어듭니다. 이상하지 않나요? 도대체 갓 태어난 아기의 가녀린 어깨에 무엇을 멜 수 있단 말일까요?

게다가 '정사'라는 용어도 낯섭니다. 보통 관료 정치 같은 걸 말할 때 이 용어를 쓰지만, 이사야가 말하는 정사는 좀 다른 것 같아요. 다스림, 통치 행위, 책임을 지는 것, 상황을 돌봄, 모든 일이 확실히 이루어져야 할 방식대로 바르게 일어나게 함. 이런 의미로 이해하는 게 더 맞을 것 같습니다. 예수님이 두 어깨로 메실 정사는 바로 이런 것입니다. 그분은 선한 목자의 일, 관리자의 직무, 왕의 책무, 다시 말해 하나님이 우리를 위해 하실 모든 일을 감당하실 것입니다.

그분이 하실 일의 목록에는 숨겨진 죄의 문제, 억울하고 슬픈 일, 반드시 바로잡아야 할 모든 일이 전부 포함됩니다. 오직 하나님의 두 어깨만이 이런 일을 감당할 만큼 강합니다. 이것이 바로 "그의 어깨에는 정사를 메었고"에 담긴 뜻입니다. 예수님은 하나님이신 동시에 사람으로 나십니다. 그분은 우리를 사랑하시기에 우리를 둘러싼 문제들의 무게를 모두 기쁘게 감당하실 것입니다. 십자가와 그 너머에 이르기까지 온 힘을 다해 말이지요. 함께 기도합시다.

아기 예수로 오시는 주님,
당신께서는 우리의 모든 짐을 담당하기 위해
하늘에서 땅으로 오십니다.
작디작은 아이의 모습, 힘없고 가녀린 어깨로 보이지만
하늘 아버지께서 그곳에 당신의 능력을 숨기셨으니
우리의 모든 염려와 근심을 당신께 맡깁니다.
성탄의 주님은 곤고한 모든 이에게 쉼터이며,
기근에 처한 이에게 배부름입니다.
평강의 왕이신 당신을 찬송합니다.
예수님 이름으로 기도합니다. 아멘.

#성탄 #대림 #평강의왕

12월 6일

다시 태어난 나무

오늘 하루 수고하셨습니다. 주님께서 주시는 위로와 평화가 여러분 모두에게 함께하기를 바랍니다. 오늘 저녁 함께 묵상할 말씀은 이사야 11장 1절과 6-9절입니다.

> 이새의 줄기에서 한 싹이 나며 그 뿌리에서 한 가지가 나서 결실할 것이요. … 그 때에 이리가 어린 양과 함께 살며 표범이 어린 염소와 함께 누우며 송아지와 어린 사자와 살진 짐승이 함께 있어 어린 아이에게 끌리며 암소와 곰이 함께 먹으며 그것들의 새끼가 함께 엎드리며 사자가 소처럼 풀을 먹을 것이며 젖 먹는 아이가 독사의 구멍에서 장난하며 젖 뗀 어린 아이가 독사의 굴에 손을 넣을 것이라. 내 거룩한 산 모든 곳에서 해 됨도 없고 상함도 없을 것이니 이는 물이 바다를 덮음 같이 여호와를 아는 지식이 세상에 충만할 것임이니라.

화초나 나무를 키우다가 죽은 줄 알았던 가지가 다시 살아나는 걸 보신 적 있나요? 밑동이 베여서 도저히 가망 없어 보이던 그루터기에서 비 온 다음 자그마한 줄기가 자라는 걸 본 일이 있습니다. 어찌나 신비로워 보였는지 모릅니다. 충분히 오래 기다리면 때로는 나무 몸통에서 싹이 나오는 일이 생깁니다. 땅속뿌리가 아직 살아 있던 차에 물을 먹고 싹이 자라는 것입니다. 몇 해 지나지 않아 나무는 이내 과거의 모습을 되찾습니다. 높고 푸르게, 많은 열매를 맺으면서 말이지요.

이런 나무를 보면 하나님이 이새의 줄기를 언급하실 때가 떠오릅니다. 이새는 다윗 왕의 아버지이자, 바빌론인들이 모든 유대인을 포로로 삼았을 때 권력을 잃은 유다 왕실의 시조입니다. 왕실은 더 이상 아름다운 나무가 아니었습니다. 원수들에게 베인 죽은 나무의 흔적에 불과했습니다.

하지만 죽은 나무에서 가지가 다시 생동하듯 다윗의 가문에서 그런 일이 생깁니다. 다윗 자손들은 이제 왕족이 아닙니다. 양치기, 장인, 장사꾼 등 평범한 사람이 되었습니다. 그러나 그들은 하나님의 약속을 절대로 잊지 않았습니다. 그리고 결국 예수님이 태어납니다.

죽은 듯 보이던 줄기에서 사랑스럽게 돋아난 푸른 싹이 바로 예수님입니다. 다윗의 가문만이 아니라 전 인류, 즉 우리 모두 죄로 망쳐져 죽음의 권세 아래 있습니다. 그러나 예수님은 우리의 희망이시며 구원이십니다. 우리에게 생명을 주시는 분입니다. 그분은 우리의 죽음을 기꺼이 취하심으로써 우리에게, 자신을 신뢰하는 모든 이에게 새 생명을 주셨습니다. 우리는 다시, 영원히 살 것입니다. 하나님 안에서 말이지요. 함께 기도합시다.

주님, 우리의 생명을 붙들어 주셔서 우리가 실족하지 않게 하소서.
당신이 불어넣어 주시는 신비로운 생명의 숨으로
우리를 하나님의 영광 앞에 서게 하소서.
그리하여 우리에게 오시는 주님을 기쁘게 찬송하며
맞아들이게 하소서.
예수님 이름으로 기도합니다. 아멘.

#생명 #대림 #이새의뿌리

12월 7일

주님을 기다리는 이유

오늘 하루 수고하셨습니다. 주님께서 주시는 위로와 평화가 여러분 모두에게 함께하기를 바랍니다. 오늘 저녁 함께 묵상할 말씀은 마가복음 13장 24-27절입니다.

> 그 때에 그 환난 후 해가 어두워지며 달이 빛을 내지 아니하며 별들이 하늘에서 떨어지며 하늘에 있는 권능들이 흔들리리라. 그 때에 인자가 구름을 타고 큰 권능과 영광으로 오는 것을 사람들이 보리라. 또 그 때에 그가 천사들을 보내어 자기가 택하신 자들을 땅끝으로부터 하늘 끝까지 사방에서 모으리라.

우리가 주님을 기다리는 이유가 바로 이런 것 아닐까요? 불의한 세상, 이해할 수 없는 세상, 수수께끼 같은 이 세상을 바로잡고, 악을 제압하고 선을 이 땅에 펴실 분, 우리를 여기서 건져 내실 분을 우리는 기다립니다. 물론, 이런 거대 담론 때문만은 아닙니다. 우리는 살아가면서 각자 말하지 못할 문제를 끌어안고 삽니다.

때로는 너무 아프고 수치스러워서 누구에게도 말하지 못하는 문제도 있습니다. 이런 아픔을 해결할 가장 힘센 분을 우리는 기다립니다. 그분이 바로 우리가 신앙하는 예수 그리스도입니다. 이 밤, 우리의 모든 기도에 선하게 응답하는 주님을 의지합시다. 함께 기도합시다.

주 우리 하나님,

당신께서는 우리의 기도를 가장 가까이 들으시고

가장 선한 것으로 응답하십니다.

이 시간, 하나님을 알지 못하고 살아가는 사람들을 위해 기도합니다.

그런 사람도 주님의 백성, 하나님의 소유입니다.

그들 모두 주님의 자녀입니다.

주님의 이름을 온 세계에 드러내소서.

주의 손으로 놀라운 기적을 행하시고 새 시대가 시작되게 하소서.

주의 이름이 영화롭게 하시고, 주님의 나라가 오게 하소서.

예수님 이름으로 기도합니다. 아멘.

#기도 #응답 #종말

12월 8일

내 편이신 주님

오늘 하루 수고하셨습니다. 주님께서 주시는 위로와 평화가 여러분 모두에게 함께하기를 바랍니다. 오늘 저녁 함께 묵상할 말씀은 창세기 3장 14-15절입니다.

> 여호와 하나님이 뱀에게 이르시되 네가 이렇게 하였으니 네가 모든 가축과 들의 모든 짐승보다 더욱 저주를 받아 배로 다니고 살아 있는 동안 흙을 먹을지니라. 내가 너로 여자와 원수가 되게 하고 네 후손도 여자의 후손과 원수가 되게 하리니 여자의 후손은 네 머리를 상하게 할 것이요 너는 그의 발꿈치를 상하게 할 것이니라 하시고.

어릴 때 친구와 싸우다가 "너랑 다시는 친구 안 해!"라며 윽박지른 일이 있습니다. 지금 생각해 보면, 협박인 동시에 스스로 하는 다짐이었습니다. 오늘 묵상하는 창세기 말씀도 비슷합니다. 이 말씀은 우리를 괴롭히는 원수를 윽박지르는 동시에 우리를 대신해 싸우고 지켜 주겠다는 약속입니다.

생활하다 보면, 힘들게 하는 사람들이 꼭 있습니다. 뭐라도 꼬투리를 잡으려고 혈안이 되거나, 의도적으로 물고 늘어져 맘을 상하게 하는 사람들도 있습니다. 그때 하나님이 말씀하십니다. "내가 너를 보살필 누군가를 보내 주겠다. 그가 너를 변호하고 지켜 줄 것이다. 그러니 염려 말아라."

지금 여러분에게도 여러 가지 걱정이 있을지 모릅니다. 아픈 몸 때문일 수도 있고, 불확실한 미래 때문일 수도 있습니다. 누군가에게 잘못하고 마음 깊이 아파하고 있을 수도 있습니다. 이런 우리를 곁에서 보살펴 주시는 분이 바로 성탄으로 오실 그리스도 예수입니다. 그분이 대림절에 우리에게 주시는 하나님의 선물입니다. 함께 기도합시다.

주님, 우리는 지금 당신의 도움이 필요합니다.
내 삶의 깊은 곳까지 오소서.
지친 몸과 마음을 어루만져 주소서.
아담과 하와에게 주신 그 약속이 제게도 임한다는 믿음을 주소서.
성탄으로 오실 예수님 이름으로 기도합니다. 아멘.

#보살핌 #약속 #변호

12월 9일

최고의 선물

오늘 하루 수고하셨습니다. 주님께서 주시는 위로와 평화가 여러분 모두에게 함께하기를 바랍니다. 오늘 저녁 함께 묵상할 말씀은 창세기 12장 1-3절입니다.

> 여호와께서 아브람에게 이르시되 너는 너의 고향과 친척과 아버지의 집을 떠나 내가 네게 보여 줄 땅으로 가라. 내가 너로 큰 민족을 이루고 네게 복을 주어 네 이름을 창대하게 하리니 너는 복이 될지라. 너를 축복하는 자에게는 내가 복을 내리고 너를 저주하는 자에게는 내가 저주하리니 땅의 모든 족속이 너로 말미암아 복을 얻을 것이라 하신지라.

하나님이 아브라함을 불러 복을 약속하십니다. 셀 수 없이 많은 자손과 땅을 주겠다고 하십니다. 그런데 불행하게도 아브라함은 그런 복을 상상할 수조차 없었습니다. 그래서 당장 눈에 보이는 선물을 달라고 하나님께 요청합니다. "주 나의 하나님, 주님께서는 저에게 무엇을 주시렵니까? 저에게는 자식이 아직 없습니다"(창 15:2, 새번역).

아이들이 크리스마스 선물을 기다리며 무얼 받을지 궁금해하듯 아브라함도 하나님이 주실 선물이 무엇인지 궁금했던 것 같습니다. 그리고는 그 궁금증 끝에 아들을 달라고 한 것이지요. 아브라함은 그렇게 자기 생각에 가장 필요하다 싶은 것을 달라고 합니다. 하지만 아브라함이 바란 선물과 하나님이 인간 모두에게 주시려는 선물은 급이 다릅니다.

만물을 위한 가장 크고 놀라운 선물, 바로 우리를 구원하시는 예수 그리스도입니다. 하나님은 그분을 우리에게 보내시며 그분을 통해 하늘과 땅에 숨겨진 셀 수 없는 복의 선물을 발견하고 만끽하게 하십니다. 함께 기도합시다.

주님, 우리에게 최고의 선물로 오실 성탄을 기다립니다.
당신이 우리에게 오실 때 당신을 한눈에 알아보고 싶습니다.
혼돈 속에서라도 숨겨진 당신의 빛을 알아채도록
저에게 믿음의 눈을 주소서.
그 믿음의 눈으로 이웃 안에 새겨진
하나님의 땀과 미소를 발견하게 하소서.
예수님 이름으로 기도합니다. 아멘.

#선물 #복 #성탄

12월 10일

선물 참기

오늘 하루 수고하셨습니다. 주님께서 주시는 위로와 평화가 여러분 모두에게 함께하기를 바랍니다. 오늘 저녁 함께 묵상할 말씀은 야고보서 5장 7-9절입니다.

> 그러므로 형제들아 주께서 강림하시기까지 길이 참으라. 보라 농부가 땅에서 나는 귀한 열매를 바라고 길이 참아 이른 비와 늦은 비를 기다리나니 너희도 길이 참고 마음을 굳건하게 하라. 주의 강림이 가까우니라. 형제들아 서로 원망하지 말라. 그리하여야 심판을 면하리라. 보라 심판주가 문 밖에 서 계시니라.

대림절이 되면 우리 집에는 '대림절 달력'이란 게 생깁니다. 날짜에 맞춰 하루에 하나씩 열면 짧은 성구와 함께 초콜릿이나 작은 레고 조각이 들어 있는데, 주일이나 성탄절에는 가장 크고 좋은 선물이 숨겨져 있습니다. 좀 오래된 이야기입니다. 어느 날인가는 오늘 날짜도 아닌데 몇 개가 열려 있더군요. 초등학생인 딸아이가 참지 못하고 한 번에 몇 개를 열어 버린 거예요. 하루에 하나씩이라고 신신당부를 하니까 입이 지구 끝까지 튀어나옵니다.

오늘 야고보서 말씀은 우리에게 참고 견디는 인내심을 가르칩니다. 이 구절을 묵상하다 보니 대림절 달력 끝에 숨겨진 가장 큰 선물을 못 참고 투덜대던 아이 모습이 생각납니다. 그런데 아이만 나무랄 일이 아닙니다.

참지 못하는 그 모습은 사실 우리와 똑 닮았습니다. 주님 오실 날이 약속되어 있지만, 우리는 기다리지 못하고 그 사실을 잊은 채 불평합니다.

그래서 야고보서 기자는 그런 우리에게 "마음을 굳건하게 하고 길이 참으라"고 권면합니다. 세상살이에 지쳐 원망하고 미워하다가 잊고 사는 예수 그리스도의 강림 약속을 마음 깊이 새기라는 것이지요. 그런데 그 약속을 기억하고 살아가기가 쉽지 않습니다. 그래서 이 땅에 교회가 필요합니다. 우리는 교회에서 그리스도의 말씀을 듣고 성찬을 받으며 우리를 위한 약속을 다시 확인합니다. 함께 기도합시다.

주님, 당신께서는 이 세상에 다시 오셔서
모든 것을 회복시키겠다고 약속하셨습니다.
당신의 약속 안에 제 마음을 단단히 묶어 주소서.
그리하여 그 어떤 문제도 당신이 주신 믿음과 확신을
흔들지 못하게 지켜 주소서.
주님 오실 날을 기다립니다.
성탄으로 오시는 당신이 우리의 가장 큰 선물입니다.
예수님 이름으로 기도합니다. 아멘.

#인내 #대림절 #마음

12월 11일

아직 멀었어?

오늘 하루 수고하셨습니다. 주님께서 주시는 위로와 평화가 여러분 모두에게 함께하기를 바랍니다. 오늘 저녁 함께 묵상할 말씀은 출애굽기 16장 2-3절입니다.

> 이스라엘 자손 온 회중이 그 광야에서 모세와 아론을 원망하여 이스라엘 자손이 그들에게 이르되 우리가 애굽 땅에서 고기 가마 곁에 앉아 있던 때와 떡을 배불리 먹던 때에 여호와의 손에 죽었더라면 좋았을 것을 너희가 이 광야로 우리를 인도해 내어 이 온 회중이 주려 죽게 하는도다.

가족과 산에 오를 때가 있습니다. 그때마다 아내와 딸이 저를 믿지 못합니다. 저는 아빠랍시고 늘 길라잡이를 하는데, 뒤에서 따라오는 아내와 딸이 몇 분에 한 번씩 "아직 멀었어요?" 하고 묻습니다. 그러면 저는 늘 "응, 다 왔어"라고 답을 합니다. 그렇게 한참을 주거니 받거니 하면서 힘들게 걸어 정상에 도착하면 아빠한테 또 속았다고 합니다.

우리는 그렇게 단 몇 시간도 못 참습니다. 그런데 그런 인간에게 하나님은 무려 40년 동안 광야에서 아무 말 말고 걷기만 하라고 하셨습니다. 게다가 한두 명도 아니고 한 민족에게 말입니다. 그런데 이건 새 발의 피예요. 성경을 읽다 보니 그것도 모자라 수천 년 동안 구세주를 기다리며 지내라고 하십니다. 상상만 해도 끔찍한 일 아닌가요?

부모들은 자녀를 위해 매일 필요한 것을 챙겨 줍니다. 그러면서 아이에게 부족한 게 없는지 늘 염려합니다. 하나님은 큰 능력과 기적으로 이스라엘 백성을 구원하셨지만, 백성들은 늘 불평합니다. 그런 불평에도 아랑곳하지 않고 하나님은 엄마처럼 우리 곁을 지키며 함께하십니다.

이제 막 시작한 신앙의 여행이 벌써 지루해지셨나요? 지금 이 길에 주님이 함께하십니다. 그분이 우리와 동행하겠다고 약속하셨습니다. "내가 세상 끝날까지 너희와 항상 함께 있으리라"(마 28:20). 함께 기도합시다.

주님, 당신의 날을 기다리는 이 시간이 짧지만은 않습니다.
때로 지치고 피곤하여 불평이 올라옵니다.
오늘 우리의 몸과 마음을 주님께 맡깁니다.
하루하루 당신을 향해 나아가는 여정을 위해 새 힘을 주시고,
마지막 날 당신을 만나기까지 선하고 아름다운 동행 되길 빕니다.
예수님 이름으로 기도합니다. 아멘.

#출애굽 #인내 #기다림 #동행

12월 12일

보석 숨기기

오늘 하루 수고하셨습니다. 주님께서 주시는 위로와 평화가 여러분 모두에게 함께하기를 바랍니다. 오늘 저녁 함께 묵상할 말씀은 마태복음 2장 4-6절입니다.

> 왕이 모든 대제사장과 백성의 서기관들을 모아 그리스도가 어디서 나겠느냐 물으니 이르되 유대 베들레헴이오니 이는 선지자로 이렇게 기록된 바 또 유대 땅 베들레헴아 너는 유대 고을 중에서 가장 작지 아니하도다. 네게서 한 다스리는 자가 나와서 내 백성 이스라엘의 목자가 되리라 하였음이니이다.

아이들은 큰 인형이나 큰 장난감, 큰 상자에 담긴 선물을 좋아하지만, 어른들은 작은 상자에 든 게 훨씬 귀하다는 걸 잘 압니다. 그래서 큰 인형보다 작은 보석 상자를 잽싸게 선택합니다. 하나님이 보물을 담는 방법도 비슷한 것 같습니다. 세례라는 아주 단순한 물을 통해 성령이 우리에게 오시고, 빵 한 조각과 포도주 한 잔 같이 지극히 평범한 것을 통해 예수님은 우리와 함께하시겠다고 약속하십니다.

게다가 우리의 몸이 아무리 흉하고 비천해도 하나님이 계시는 거룩한 성전이라고 성경은 가르칩니다(고전 6:19). 그뿐만이 아닙니다. 모두가 무시하는 땅 베들레헴에서 특별할 것 없는 마리아와 요셉이 아기를 낳았을 때, 그 아기는 평범한 부모가 한 손으로 안을 수 있을 정도로 작은 아기에 불과했습니다. 하지만 하나님은 그렇게 태어난 작은 아기 안에 세상의 모든 희망을 담아 주셨습니다.

그분을 향한 우리 믿음이 비록 겨자씨같이 작게 느껴지더라도, 하나님은 이 작은 믿음 속에 가장 위대한 선물을 운반하실 것입니다. 아기 예수의 성탄을 기다리는 대림의 소망이 바로 이것입니다. 함께 기도합시다.

하나님 아버지,
당신은 능력과 위엄이 있기에 드높은 찬송을 받으시기에 합당합니다.
하지만 우리를 위해 스스로 작아지시고 평범해지시고
멸시받는 자리까지 낮아지셨습니다.
우리에게 주신 믿음 속에 거룩한 씨앗을 심으셨으니,
겨자씨 같은 우리 믿음이 뿌리내리고 튼실하게 자라
하나님의 영광을 온전히 드러내며 찬송하게 하소서.
주님은 하늘에서 이 땅에 오셨습니다.
주님이 태어나고 일하시고 수난받고 부활하신 이 땅에서
우리의 작은 일상을 주님과 동행하며 살게 하소서.
작고 연약한 생명 안에 주님이 숨어 있음을 발견하게 하시어
그 발견의 기쁨이 우리 안에 차오르게 하소서.
예수님 이름으로 기도합니다. 아멘.

#선물 #보석

12월 13일

완벽하지 않아도 괜찮아

오늘 하루 수고하셨습니다. 주님께서 주시는 위로와 평화가 여러분 모두에게 함께하기를 바랍니다. 오늘 저녁 함께 묵상할 말씀은 요한복음 6장 7-10절입니다.

> 빌립이 대답하되 각 사람으로 조금씩 받게 할지라도 이백 데나리온의 떡이 부족하리이다. 제자 중 하나 곧 시몬 베드로의 형제 안드레가 예수께 여짜오되 여기 한 아이가 있어 보리떡 다섯 개와 물고기 두 마리를 가지고 있나이다. 그러나 그것이 이 많은 사람에게 얼마나 되겠사옵나이까. 예수께서 이르시되 이 사람들로 앉게 하라 하시니 그 곳에 잔디가 많은지라. 사람들이 앉으니 수가 오천 명쯤 되더라.

우리는 늘 훨씬 더 많고, 훨씬 더 좋고, 훨씬 더 완벽해야 한다고 생각합니다. 부족하고 모자란다는 생각이 들 때마다 나를 압박합니다.

오병이어의 말씀을 묵상하는데, 생뚱맞게 "괜찮아. 항상 완벽할 필요는 없어"라는 음성이 또렷하게 들리는 것 같습니다. 완벽하지 않아도 좋습니다. 어린아이가 들고 있던 빵 두 조각과 물고기 다섯 마리 정도면 들판에 가득한 허기를 채우기에 충분합니다. 빵과 생선이 그분 앞에 드려지고 확신의 감사로 조각나기 시작할 때부터 완벽할 필요가 없다는 게 드러납니다.

어린아이와 오병이어는 모두 작은 것의 상징입니다. 어쩌면 이 작은 것들은 내 작은 마음, 내 작은 믿음일 수 있습니다. 오병이어의 말씀은 작은 마음, 작은 믿음만으로도 충분히 할 수 있는 일이 무엇인지 보여 줍니다. 그저 놀랍습니다. 돈, 사람, 자원, 시간이 충분치 않다는 생각은 마음이 만들어 낸 두려움일 뿐입니다. 두려움은 아무것도 만들지 못하지만, 믿음은 아무리 작더라도 기적을 만듭니다. 작고 작은 아기 예수가 나에게 오시는 일이 가장 큰 기적의 시작입니다.

주님, 성탄으로 오실 아기 예수를 기다립니다.
당신을 향한 믿음을 선물로 주셔서 감사합니다.
비록 작고 보잘것없는 믿음이지만,
이 믿음의 틈새로 당신의 빛을 봅니다.
이 고요한 시간,
당신이 주시는 빛으로 저를 감싸 주시고
그 기쁨과 능력이 저를 떠나지 않게 하소서.
어둠과 의심의 파도에서 저를 지켜 주시고
시험당할 때 힘이 되어 주소서.
예수님 이름으로 기도합니다. 아멘.

#오병이어 #충분 #믿음

12월 14일

이상한 사람

오늘 하루 수고하셨습니다. 주님께서 주시는 위로와 평화가 함께하기를 바랍니다. 오늘 함께 묵상할 말씀은 마태복음 3장 1-7절입니다.

> 그 때에 세례 요한이 이르러 유대 광야에서 전파하여 말하되 회개하라 천국이 가까이 왔느니라 하였으니 그는 선지자 이사야를 통하여 말씀하신 자라. 일렀으되 광야에 외치는 자의 소리가 있어 이르되 너희는 주의 길을 준비하라. 그가 오실 길을 곧게 하라 하였느니라. 이 요한은 낙타털 옷을 입고 허리에 가죽 띠를 띠고 음식은 메뚜기와 석청이었더라. 이 때에 예루살렘과 온 유대와 요단 강 사방에서 다 그에게 나아와 자기들의 죄를 자복하고 요단 강에서 그에게 세례를 받더니 요한이 많은 바리새인들과 사두개인들이 세례 베푸는 데로 오는 것을 보고 이르되 독사의 자식들아 누가 너희를 가르쳐 임박한 진노를 피하라 하더냐.

세례 요한은 괴상한 사람 같습니다. 너저분한 옷을 입고 고래고래 소리 지르고 윽박지르는 욕쟁이로 보입니다. 먹는 것도 이상하고 사는 곳도 보통 사람이 꺼리는 외딴곳입니다. 주의 길을 준비하는 예언자는 원래 그렇게 유별해야 하는 걸까요. 사람들에게 "독사의 자식들아!"라고 상욕을 퍼붓는데도, 그런 욕을 먹으며 사방에서 사람들이 몰려왔다는 것도 특이합니다.

중요한 점은 그의 모습이나 말투가 아닙니다. 그가 전하는 메시지에 일관성이 있다는 점입니다. "회개하라. 천국이 가까이 왔다." 이 외침은 우리가 지금 뭔가 잘못된 자리에 서 있다는 걸 암시합니다. 지금 우리가 서 있는 자리는 어떤가요?

우리가 서 있는 자리에 무언가 잘못된 것이 감지된다면, 세례 요한의 음성에 귀를 기울여야 합니다. 그런 다음, 이전 삶의 자리와 삶의 모습을 냉정히 거두고 새 모습을 찾아 나서야 합니다. 세례 요한과 광야에 모인 사람들도 그 삶을 찾아 나선 이들입니다. 이제 우리가 그 대열에 들어설 차례입니다. 주님이 우리 가까이 오셨습니다. 함께 기도합시다.

> 우리에게 오시는 하나님 아버지,
> 당신의 아들 예수 그리스도를 의지하는 마음으로 우리가 기도합니다.
> 성탄으로 오시는 주님이 가까이 계심을 알게 하소서.
> 우리는 주님이 속죄하시고 구원하시겠다고
> 약속하신 주님의 자녀이오니,
> 우리의 기다림을 들으소서.
> 우리 모두 복음의 약속을 신뢰하며 주님께 고백합니다.
> 우리는 주님의 자녀입니다.
> 자녀 된 우리의 기도를 들으소서.
> 우리 한 사람 한 사람에게 복을 주시어
> 어둠과 시련의 자리에서 주님을 만나게 하소서.
> 무엇보다 당신의 빛으로 우리 삶을 아프게 돌아보고
> 당신 가까이 우리 발걸음을 내딛게 하소서.
> 예수님 이름으로 기도합니다. 아멘.

#세례요한 #광야 #대림

12월 15일

회개에 합당한 열매

오늘 하루 수고하셨습니다. 주님께서 주시는 위로와 평화가 여러분 모두에게 함께하기를 바랍니다. 오늘 저녁 함께 묵상할 말씀은 누가복음 3장 7-9절입니다.

> 요한이 세례 받으러 나아오는 무리에게 이르되 독사의 자식들아 누가 너희에게 일러 장차 올 진노를 피하라 하더냐. 그러므로 회개에 합당한 열매를 맺고 속으로 아브라함이 우리 조상이라 말하지 말라. 내가 너희에게 이르노니 하나님이 능히 이 돌들로도 아브라함의 자손이 되게 하시리라. 이미 도끼가 나무 뿌리에 놓였으니 좋은 열매 맺지 아니하는 나무마다 찍혀 불에 던져지리라.

주님의 길을 준비하는 세례 요한이 회개에 합당한 열매를 맺으라고 외칩니다. 대수롭지 않게 "괜찮아. 이제껏 그렇게 살았는데 뭐?" 하며 답하는 건 세례 요한 앞에서 가당치도 않습니다. 하나님의 말씀 앞에 회개하는 사람이라면, 우선 자신을 열고 할 수 있는 작은 일부터 시작해야 합니다. 나도, 우리도 변할 수 있다는 확신으로 우리 속을 채워야 합니다. 그런 다음 주변을 탓하는 대신, 자기 집 옷장을 샅샅이 뒤지듯 정직하게 우리 자신을 돌아봐야 합니다. 옛 땅에서 강 건너 약속된 땅을 갈망하던 출애굽 백성처럼 말입니다.

요한이 선포하는 내용은 회개이지요. 회개는 곧 삶의 변화입니다. 그 변화는 고개만 끄덕인다고 되는 게 아닙니다. 계단을 오르듯 한 발씩 앞으로 나아가야 합니다. 자신의 죄를 아프게 깨닫고, 고백하고, 용서를 구하고, 그 힘으로 이웃과 더불어 살아가는 삶의 변화를 회개라고 부릅니다. 성탄을 기다리는 우리가 맺은 회개에 합당한 열매는 무엇인가요? 함께 기도합시다.

봄을 기다리는 겨울처럼 우리에게 오실 주님을 기다립니다.
구유처럼 더러운 마음을 비우고 닦아 내며
다시 오실 주님을 기다립니다.
소란스러운 말잔치를 버리고
회개에 합당한 삶의 변화와 희망으로 주님을 기다립니다.
희망이 안 보이는 자리 한가운데
기쁨의 노래를 가져다주실 주님을 기다립니다.
이익에만 민감했던 저희의 마음을 되돌리며 주님을 기다립니다.
남몰래 버려둔 나의 십자가를 다시 지며 성탄의 주님을 기다립니다.
움켜쥐기만 하던 손을 펴 마주 잡고, 다시 오실 주님을 기다립니다.
요단강 군중에게 회개를 선포하며 희망을 보게 하신 주님,
우리를 불쌍히 여겨 주소서.
주 예수여 어서 오소서.
예수님 이름으로 기도합니다. 아멘.

#회개 #대림 #세례요한 #변화

12월 16일

치유하시는 그리스도

오늘 하루 수고하셨습니다. 주님께서 주시는 위로와 평화가 여러분 모두에게 함께하기를 바랍니다. 오늘 저녁 함께 묵상할 말씀은 누가복음 3장 15-17절입니다.

> 백성들이 바라고 기다리므로 모든 사람들이 요한을 혹 그리스도신가 심중에 생각하니 요한이 모든 사람에게 대답하여 이르되 나는 물로 너희에게 세례를 베풀거니와 나보다 능력이 많으신 이가 오시나니 나는 그의 신발끈을 풀기도 감당하지 못하겠노라. 그는 성령과 불로 너희에게 세례를 베푸실 것이요. 손에 키를 들고 자기의 타작 마당을 정하게 하사 알곡은 모아 곳간에 들이고 쭉정이는 꺼지지 않는 불에 태우시리라.

살다 보면, "여기 문제 있어요. 변해야 합니다"라는 소리가 속에서부터 올라올 때가 있습니다. 그런 소리가 들리면, 못 들은 척 넘기기도 하고 변명거리로 양심을 가리고 마음을 포장하기도 합니다. 저도 그래요. 그러고 보면, 우리는 모두 회개를 선포하는 세례 요한 같은 설교자를 우리 안에 모시고 사는 것 같습니다.

그런데 문제는 회개만 선포하는 설교자는 우리를 한없이 작게 만든다는 데 있습니다. 행동 하나하나를 문제 삼고 시험 성적을 매기는 것처럼 우리를 괴롭힙니다. 내 노력이 형편없어 보이고, 내 경력이 하잘것없어 보이고, 무엇하나 특별한 것 없는 인간인 것 같아 의욕이 팍 떨어집니다. 우리 속에 있는 회개 설교자가 목소리를 높일수록 우리는 점점 위축됩니다. 그러면 아무것도 못 합니다. 잘못을 심판하고 비판하는 것 이상의 무언가가 필요합니다.

성경은 회개를 선포하는 세례 요한 뒤에 큰 분이 오신다고 설명합니다. 그분은 모든 죄와 상처를 치유하실 분입니다. 요한은 고름 든 상처를 만지고 그 안에 손가락을 넣습니다. 하지만 상처를 치유하는 건 완전히 다른 일입니다. 예수님은 상처를 치유하는 분입니다. 요한 뒤에 오실 그리스도는 사람을 흑백으로만 보지 않고, 있는 그대로 중심을 보시는 분입니다. 우리가 기다리는 성탄의 예수님이 바로 그분입니다. 함께 기도합시다.

성탄으로 오시는 주님,
주님과 동행한 한 해를 감사한 마음으로 돌아봅니다.
당신께서는 모든 시련의 장소에 함께하시며
우리를 여기까지 인도하셨습니다.
무딘 양심에 날을 벼리며 굳게 닫은 마음의 문을 열어 주셨습니다.
주님, 기도하오니 당신께서 우리의 상처를 싸매고 회복시킨 것처럼
이제 우리가 그 일을 기쁨으로 감당하게 하소서.
당신께서는 사람의 중심을 보십니다.
성탄의 주님을 향한 소망과 신뢰로 살아갈 때
주님의 모습이 우리를 통해 드러나게 하소서.
당신의 교회가 주님을 기다립니다.
예수님 이름으로 기도합니다. 아멘.

#기다림 #대림 #교회 #치유

12월 17일

순간 속 영원

오늘 하루 수고하셨습니다. 주님께서 주시는 위로와 평화가 여러분 모두에게 함께하기를 바랍니다. 오늘 저녁 함께 묵상할 말씀은 누가복음 1장 30-33절입니다.

> 천사가 이르되 마리아여 무서워하지 말라. 네가 하나님께 은혜를 입었느니라. 보라 네가 잉태하여 아들을 낳으리니 그 이름을 예수라 하라. 그가 큰 자가 되고 지극히 높으신 이의 아들이라 일컬어질 것이요. 주 하나님께서 그 조상 다윗의 왕위를 그에게 주시리니 영원히 야곱의 집을 왕으로 다스리실 것이며 그 나라가 무궁하리라.

늘 다니던 골목길에 특이한 간판이 눈에 들어왔습니다. 건물 입구에 사람 크기만 하게 걸려 있는데, 그동안 왜 이걸 지나쳤는지 모르겠습니다. 아마 눈은 뜨고 다녔어도 보고 싶은 것만 보고 다녔나 봅니다. 몇 초 아니었지만, 마치 몇 시간 서 있던 것처럼 마음 밭에 새기며 읽었습니다.

> 마음이 많이 아플 때
> 꼭 하루씩만 살기로 했다.
> 몸이 많이 아플 때
> 꼭 한순간씩만 살기로 했다.

고마운 것만 기억하고
사랑한 일만 떠올리며
어떤 경우에도
남의 탓을 안 하기로 했다.
고요히 나 자신만
들여다보기로 했다.

내게 주어진 하루만이
전 생애라고 생각하니
저만치서 행복이
웃으며 걸어왔다.[22]

이해인 수녀의 짧은 시가 성탄을 며칠 앞두고 여러 생각을 하게 합니다. 순간을 영원으로 산다는 것, 일상을 감사로 산다는 것, 주어진 삶을 선물로 받아들인다는 것. 이런 신비를 한동안 잊고 살았던 것 같습니다. 신비 중의 신비인 예수님을 기다리는 간절한 마음이 다시 아름답게 피어오르면 좋겠습니다. 베들레헴의 작은 구유에서 나신 성탄의 주님은 가장 하찮은 것마저 아름답고 성스럽게 변화시키는 분입니다. 내 작은 일상, 작은 믿음을 주님께서 복되고 의미 있게 자라게 하실 것입니다.

주 우리 하나님,
우리의 아버지가 되셔서 우리와 함께하시고,
이 땅에서 우리를 주님의 자녀로 삼아 주시니 감사합니다.
자녀 된 우리에게 영과 진리로 사는 길을 열어 주셔서 감사합니다.
주님의 영으로 인해

우리 한 사람 한 사람의 인생이 격려받고 변화되게 하소서.
주님의 영은 세상이 주지 못하는 것을 우리에게 주십니다.
우리가 고민하고 씨름하는 일상 속에
주님의 거룩함이 깃들어 있음을 보게 하시어
더 높고 더 큰 것을 바라보게 하소서.
주님은 속되고 하찮은 것 안에 거룩함을 숨기십니다.
눈에 보이는 화려함이 마음을 사로잡을 때도
우리가 길을 잃지 않도록 이끄십니다.
주님의 자녀에게 베푸신 모든 은혜에 감사드립니다.
예수님 이름으로 기도합니다. 아멘.

#신비 #성탄 #일상

12월 18일

두 여인의 만남

오늘 하루 수고하셨습니다. 주님께서 주시는 위로와 평화가 함께하기를 바랍니다. 오늘 함께 묵상할 말씀은 누가복음 1장 39-45절입니다.

> 이 때에 마리아가 일어나 빨리 산골로 가서 유대 한 동네에 이르러 사가랴의 집에 들어가 엘리사벳에게 문안하니 엘리사벳이 마리아가 문안함을 들으매 아이가 복중에서 뛰노는지라. 엘리사벳이 성령의 충만함을 받아 큰 소리로 불러 이르되 여자 중에 네가 복이 있으며 네 태중의 아이도 복이 있도다. 내 주의 어머니가 내게 나아오니 이 어찌 된 일인가. 보라 네 문안하는 소리가 내 귀에 들릴 때에 아이가 내 복중에서 기쁨으로 뛰놀았도다. 주께서 하신 말씀이 반드시 이루어지리라고 믿은 그 여자에게 복이 있도다.

임신한 마리아와 엘리사벳이 만나 대화하는 장면은 여러모로 큰 울림이 있습니다. 기쁨과 힘찬 찬송의 배경이 오롯이 '여자의 이야기'라는 점 때문에 더 그렇습니다. 천사가 전한 소식을 가만히 들어 보면, 성탄의 소식은 억센 남성의 참여 없이도 출산이 이뤄진다는 걸 알려 줍니다. 이 일은 분명히 상식적으로도 의학적으로도 설명할 수 없는 이야기이고, 누구도 상상할 수 없는 일입니다.

게다가 이 두 여인은 이런 비정상적인 소식을 불행이나 운명 탓으로 돌리지 않고, 겸허히 받아들이며 하나님의 행동에 환호합니다. 놀라운 건 성탄의 위대한 역사가 힘센 권력가나 남자가 아니라 힘없는 두 여인, 그리고 비천한 마리아에게서 시작되었다는 대목입니다. 당시는 남성 본위의 세계였잖아요? 그런데도 하나님이 왜 이런 방식을 택하셨는지 우리 모두 깊이 묵상할 필요가 있습니다.

우리가 사는 세상은 언제나 힘의 논리를 내세우고 따르게 합니다. 하지만 성경은 하나님이 이런 힘의 논리를 전복시키고 새로운 질서를 만드신다고 선언합니다. 바울은 이를 두고 고린도전서에서 '하나님의 능력', 즉 '복음'이라고 부릅니다. 하나님의 영으로 충만한 엘리사벳이 마리아를 향해 '여자 중에 가장 복된 자'라고 축복하고, 마리아가 하나님을 향해 찬송하며 자기에게 복이 임했다고 고백하는 이유는 바로 이 '하나님의 능력' 때문입니다. 성탄을 기다리는 우리에게 하나님의 능력이 임하길 바랍니다. 함께 기도합시다.

전능하신 하나님 아버지,
우리는 우리의 지혜와 판단,
눈에 보이는 것이 전부인 양 붙들고 삽니다.
우리에게 믿음을 주사
우리의 생각과 지혜를 넘어서는 하나님을 신뢰하게 하소서.
당신께서는 성탄의 신비를 통해 더 큰 세계를 바라보게 하십니다.
당신 안에 있는 이들이 오시는 주님을 통해 생명을 충만히 얻게 하소서.
이 시간, 당신의 사랑 안에 있는 모든 이를 기억하며 기도합니다.
우리 삶을 능력의 손으로 붙드시고,
성탄의 기쁨과 평강이 넘치게 하소서.
예수 그리스도의 이름으로 기도합니다. 아멘.

#엘리사벳 #마리아 #성탄

12월 19일

마리아의 찬가

오늘 하루 수고하셨습니다. 주님께서 주시는 위로와 평화가 여러분 모두에게 함께하기를 바랍니다. 오늘 저녁 함께 묵상할 말씀은 누가복음 1장 46-55절입니다.

> 마리아가 이르되 내 영혼이 주를 찬양하며 내 마음이 하나님 내 구주를 기뻐하였음은 그의 여종의 비천함을 돌보셨음이라. 보라 이제 후로는 만세에 나를 복이 있다 일컬으리로다. 능하신 이가 큰 일을 내게 행하셨으니 그 이름이 거룩하시며 긍휼하심이 두려워하는 자에게 대대로 이르는도다. 그의 팔로 힘을 보이사 마음의 생각이 교만한 자들을 흩으셨고 권세 있는 자를 그 위에서 내리치셨으며 비천한 자를 높이셨고 주리는 자를 좋은 것으로 배불리셨으며 부자는 빈 손으로 보내셨도다. 그 종 이스라엘을 도우사 긍휼히 여기시고 기억하시되 우리 조상에게 말씀하신 것과 같이 아브라함과 그 자손에게 영원히 하시리로다 하니라.

'마리아의 찬가'는 중세시대 해마다 열린 평민들의 사육제에서 가면극으로 자주 올려졌다고 합니다. 힘없는 평민들은 무대에서 울려 퍼지는 마리아의 찬송을 통해 교회와 영주의 부패에 맞설 희망을 키웠습니다. 20세기 러시아 혁명 시기에도 이 찬송이 혁명의 도화선이 되었다고 합니다.

마리아는 자신을 '비천한 여종'이라고 표현합니다. 무슨 뜻인가요? 아프고 힘들다고 아무리 말해도 아무도 돌보지 않는 사람, 가난에 던져진 여자, 자신의 목소리를 잃어버린 사람. 이것이 마리아 자신의 모습이었다는 말이지요. 그런데 이런 사람의 간절한 기도를 하나님이 들어주셨다고 기쁨으로 찬송합니다.

이 찬가에는 두 부류의 사람이 나옵니다. 하나님을 두려워하는 사람과 교만한 사람, 권세 있는 사람과 보잘것없는 사람, 부유한 사람과 배고픈 사람. 그리고 이 모든 사회적 지위와 계급을 전능하신 하나님께서 역전시킨다는 내용이 이어집니다. 굶주린 사람들을 좋은 것으로 배불리 먹이고, 부유한 사람들을 빈손으로 내쫓습니다. 가난하고 보잘것없는 사람들을 높이시고, 권력을 휘두르는 사람들을 자리에서 끌어내립니다. 하나님을 사랑하며 두려워하는 사람에게는 대대로 자비를 베풀고, 자기 욕망을 채우기 위하여 음모를 꾸미는 사람들은 흩어 버립니다.

하나님의 능력이 임하여 구축되는 새로운 질서가 아주 구체적으로 묘사됩니다. 마리아의 찬가는 혁명적입니다. 세상의 권력 구도와 질서를 해체하고 자리바꿈을 만들기 때문입니다. 이 모든 일을 마리아의 태에서 나실 그분이 이루십니다. 희망을 기대할 수 없는 세계에서 주님이 거룩한 성탄으로 우리에게 오십니다. 함께 기도합시다.

마리아에게 찾아오신 주님,
우리에게도 찾아와 주소서.
비천한 마리아의 마음과 입을 열어
구원의 역사를 찬송케 하신 것처럼
우리 마음과 눈과 입을 열어 주소서.
혼란한 세상 한가운데 오셔서 새로운 창조를 이루시고,
이곳에 하나님의 자비와 정의가 하수같이 흐르게 하소서.

주의 뜻을 바라며 사는 모든 교회가

바르고 정직하며 신실하게 당신의 길을 걷게 하소서.

이 대림의 밤을 복되게 하시어

성탄을 기다리며 기도하는 이들의 침상을 평안으로 지켜 주소서.

예수님 이름으로 기도합니다. 아멘.

#마리아의찬가 #비천

12월 20일

교회적 감성

오늘 하루 수고하셨습니다. 주님께서 주시는 위로와 평화가 여러분 모두에게 함께하기를 바랍니다. 오늘 저녁 함께 묵상할 말씀은 누가복음 2장 10-11절입니다.

> 천사가 이르되 무서워하지 말라. 보라 내가 온 백성에게 미칠 큰 기쁨의 좋은 소식을 너희에게 전하노라. 오늘 다윗의 동네에 너희를 위하여 구주가 나셨으니 곧 그리스도 주시니라.

어떤 위기가 닥치면 우리는 해법을 찾아 나섭니다. 교회만 해도 그렇습니다. 다양한 교회 성장 프로그램과 세미나를 너도나도 가져다 씁니다. 하지만 그리스도의 몸인 교회는 그런 프로그램과 잔기술로 존재하는 곳이 아닙니다. 교회는 교회만의 일, 기도와 찬송, 말씀과 성찬으로 생명을 이어 갑니다. 이것이 지난 2천 년간 수많은 위기를 통과해 온 교회만의 해법, 위기에 빠진 성도들의 해법입니다. 이것을 신학자들은 '교회적 감성'이라고 부릅니다. 세상에 어떤 일이 일어나도 교회라면 반드시 해야 할 일, 그 어떤 곳에서도 흉내 낼 수 없는 교회 고유의 일을 말합니다. 그것이 교회를 지탱하는 것이지요.

기도와 찬송, 말씀과 성찬이 별것 아닌 것 같지요. 하지만 우리의 기도에 세상의 아픔을 담고, 우리의 찬송에 목소리 없는 이들의 목소리를 담고, 말씀을 듣고 묵상하면서 하나님의 음성을 구하고, 성찬을 통해 그리스도의 은혜를 감사하며 나눌 수 있다면, 어떤 위기가 오더라도 우리는 넉넉히 통과할 수 있을 것입니다. 그리고 그 일을 제대로 할 때, 비록 우리 한 사람 한 사람은 마리아처럼 비천하고 힘이 없을지라도, 우리 안에 가득한 하나님의 능력이 모든 세계를 하나님의 방식대로 바꿀 것입니다.

세상은 분명히 희망적이지 않습니다. 그렇다고 코로나 탓, 정치 탓하면서 매일 불평만 하는 건 그리스도인의 태도가 아닙니다. 정치와 사회에 신경 쓰지 말라는 말이 아닙니다. 그리스도인일수록 악한 현실을 바꾸기 위해 목소리도 높이고 사회 참여도 해야 합니다. 혹여 권력자나 언론이 자기 욕망을 채우기 위해 공적 권위를 남용한다면, 당당히 지적하고 맞서야 합니다.

다만, 그리스도인은 절망의 십자가에서 하나님의 희망을 발견하는 사람이라는 점을 강조하려는 것입니다. 그리스도인이라면, 교회라면, 어떤 경우에라도 묵묵히 해야 할 일을 기억합시다. 우리 안에 세상을 담고 현실을 담아 낼 기도와 찬송, 말씀과 성찬이 있다면, 여전히 희망이 있습니다. 그곳에 우리의 그리스도이신 예수님이 계시기 때문입니다. 함께 기도합시다.

> 전능하신 하나님 아버지,
> 당신께 기대어 기도하고 찬송하며
> 말씀을 듣고 성찬을 나누는 이들에게 희망과 용기를 주소서.
> 우리의 기도가 자신의 유익을 넘어 이웃의 유익을 구하는
> 중보의 섬김이 되게 하시고,
> 언제 어디서나 그리스도인의 기개를 잃지 않도록 붙들어 주소서.
> 주님의 성탄을 기다립니다.
> 당신을 기다리는 기도와 찬송이 참으로 복 됩니다.

우리의 감사와 기쁨이 거룩한 말씀과 성찬과 함께
교회 담장 너머 이웃을 섬기는 주님의 복된 선물 되게 하소서.
주님의 복음은 영원합니다.
예수님 이름으로 기도합니다. 아멘.

#교회적감성 #센수스에클레시아

12월 21일

성육

오늘 하루 수고하셨습니다. 주님께서 주시는 위로와 평화가 여러분 모두에게 함께하기를 바랍니다. 오늘 저녁 함께 묵상할 말씀은 요한복음 1장 14절입니다.

> 말씀이 육신이 되어 우리 가운데 거하시매 우리가 그의 영광을 보니 아버지의 독생자의 영광이요 은혜와 진리가 충만하더라.

"말씀이 육신이 되었다"는 요한의 선언을 다시 한번 되새겨 봅시다. 원어를 풀면, '말씀*logos*'은 '말'입니다. 말은 언제나 '마음'에서 나옵니다. 그러니 말씀이 육신이 되었다는 이 표현은 하나님의 마음이 현실이 되었다는 선언이기도 합니다.

그렇게 보면, 요한복음 1장이 전하려는 메시지는 명확합니다. 하나님의 마음이 소리가 되었고, 그 소리는 이 땅에서 그대로 이루어진다는 것이지요. 영의 세계와 물질세계가 따로 떨어져 있지 않다는 말이기도 합니다.

주님이 이 땅에 성탄하신 것, 그것은 우리 가운데 임한 하나님의 사랑입니다. 예수 그리스도를 통해 우리는 하나님의 사랑을 보고 느끼고 체험할 수 있습니다. 요한복음 1장 9-13절은 예수님이 하나님의 자녀인 것처럼 오늘 우리도 하나님의 자녀라고 설명합니다. 이것은 우리를 향한 하나님의 약속입니다. 부모와 자녀 관계는 명확하지요. 이 관계에는 사랑이 있습니다. 생명을 존중하고, 위험에서 보호하고, 자라게 하며, 필요한 모든 것을 공급합니다.

구유에 누운 당신의 아들을 보호하신 것처럼 우리도 그렇게 보호하신다는 것, 이것이 우리를 향한 하나님의 성탄 약속입니다. 우리는 그 사랑의 약속을 더욱 선명하게 확인하기 위해 말씀을 묵상하고 기도의 시간을 따로 떼어 놓습니다. 함께 기도합시다.

주님, 당신은 여기 계십니다.
주님, 당신은 저기도 계십니다.
우리가 어딜 가든지 당신은 그곳에 계십니다.
말씀이 육신이 되어 베들레헴에 오신 주님,
우리는 당신이 필요합니다.
하루 세끼 밥을 먹듯,
매일의 시간을 떼어 기도로 당신을 찾습니다.
주님, 이 시간 당신을 좀 더 가까이 만나게 하소서.
만물의 생명을 돌보는 당신께서 자비를 베풀어 주소서.
예수님 이름으로 기도합니다. 아멘.

#로고스 #성육신

12월 22일

지금 여기 계신 주님

오늘 하루 수고하셨습니다. 주님께서 주시는 위로와 평화가 여러분 모두에게 함께하기를 바랍니다. 오늘 저녁 함께 묵상할 말씀은 마가복음 1장 6-8절입니다.

> 요한은 낙타털 옷을 입고 허리에 가죽 띠를 띠고 메뚜기와 석청을 먹더라. 그가 전파하여 이르되 나보다 능력 많으신 이가 내 뒤에 오시나니 나는 굽혀 그의 신발끈을 풀기도 감당하지 못하겠노라. 나는 너희에게 물로 세례를 베풀었거니와 그는 너희에게 성령으로 세례를 베푸시리라.

세례 요한이 '내 뒤에 오실 분'이 있다고 알리던 모습을 떠올려 봅니다. 요한은 군중을 향해 그렇게 외쳤지만, 사실 예수님은 자신의 모습을 드러내지 않고 이미 그들 가운데 계셨습니다. 요한의 외침도 그곳에서 함께 듣고 계셨지요.

대림의 시간, 우리가 주님을 기다리고 있지만, 그분은 이미 우리 곁에 계십니다. 성탄을 기다리며 어서 오셔서 우리의 힘든 일상을 끝내고 건져달라고 기도할 때, 주님은 이미 그곳에 계십니다. 그분이 어떤 모습으로 계시는지 우리가 알아채지 못할 뿐입니다. 어쩌면 아직 우리가 만나지 못한 누군가를 통해 우리를 돌보고 계실지도 모릅니다. 주님은 선물처럼 지금 이곳에 오셨고, 우리와 함께하십니다. 함께 기도합시다.

성탄으로 오시는 주님,

당신을 만나고 싶은 마음 간절합니다.

주님을 만나는 그 놀라움의 순간을 제가 누릴 수 있게 하소서.

말씀과 성찬 안에 계시는 주님,

그리스도의 몸인 교회 안에 거하시는 주님,

이웃 안에 계시는 주님, 내 일상에 계시는 주님,

주님을 날마다 만나는 기쁨을 발견하게 하소서.

예수님 이름으로 기도합니다. 아멘.

#대림 #임마누엘 #성탄 #세례요한

12월 23일

숨겨진 거룩

오늘 하루 수고하셨습니다. 주님께서 주시는 위로와 평화가 함께하기를 바랍니다. 오늘 함께 묵상할 말씀은 스가랴 9장 9-10절입니다.

> 시온의 딸아 크게 기뻐할지어다. 예루살렘의 딸아 즐거이 부를지어다. 보라 네 왕이 네게 임하시나니 그는 공의로우시며 구원을 베푸시며 겸손하여서 나귀를 타시나니 나귀의 작은 것 곧 나귀 새끼니라. 내가 에브라임의 병거와 예루살렘의 말을 끊겠고 전쟁하는 활도 끊으리니 그가 이방 사람에게 화평을 전할 것이요. 그의 통치는 바다에서 바다까지 이르고 유브라데 강에서 땅끝까지 이르리라.

거리에서 캐럴이 들리지 않고 변변한 성탄 카드도 사라진 지 오래입니다. 성탄의 기대감이 사라진 오늘 이 시대, 우리는 도대체 어디서 어떤 하나님의 성탄 음성을 들을 수 있을까요?

우리가 예수 믿는 이유를 돌아봅니다. 하늘에서 천사들의 찬송이 울려 퍼지며 아기 예수가 탄생하는 것처럼, 사람들은 예수 믿으면 신비한 일이 생기리라 기대하기도 합니다. 이전에 없던 능력, 재물, 행운이 찾아오길 소원합니다. 방언, 치유, 미래를 보는 환상 같은 신비한 능력을 얻는 것이 예수를 믿는 목표라는 사람도 있습니다. 그렇게 신비한 장소, 신비한 능력 한가운데서 예수님을 만나길 소원하는 사람들이 적지 않습니다.

하지만 성경이 전하는 성탄 소식은 평범하고 연약한 삶 속에 깃듭니다. 성탄 이야기 몇 가지만 떠올려 봐도 알 수 있습니다. 아기 예수의 부모는 여관방 하나 구하기 어려울 정도로 권력과 거리가 먼 사람들이었고, 성탄 장소는 촌구석 베들레헴입니다. 성탄 소식을 가장 먼저 접한 목자는 유대인이지만 안식일에도 일을 해야 할 정도로 가난한 사람들, 하늘의 별을 보고 점을 치는 동방 박사들입니다. 모두 하나님의 신비와 거리가 먼 사람들입니다. 스가랴 선지자가 왕의 입성을 노래할 때 나귀 새끼를 타고 오신다고 말하는 것도 같은 맥락입니다. 하나님은 그렇게 우리의 지혜를 뛰어넘는 방식으로 우리에게 오십니다.

우리는 늘 중요한 일과 중요하지 않은 일, 중요한 사람과 하찮은 사람, 특별한 땅과 무시할 땅을 은연중 구분하며 삽니다. 하지만 성탄은 이런 생각과 생활방식을 야멸차게 뒤집습니다. 그리고 그동안 무심코 지나친 사람과 사물, 지역, 반복되는 일상이 실은 하늘의 신비를 발견할 수 있는 가장 거룩하고 신비로운 장임을 깨닫게 해 줍니다. 함께 기도합시다.

우리의 소원과 꿈을 아시는 하나님 아버지,
우리의 소원과 우리의 꿈보다 더 귀한 믿음을 우리에게 주소서.
주님께서는 저의 모든 삶을 아십니다.
저의 약함과 강함 모두가 당신께 기쁨이 되길 기도합니다.
제 마음과 제 일상이 아기 예수님을 포근하고 정결하게 모시는
고요한 구유 되게 하소서.
주님은 특별한 장소와 특별한 사람 대신,
평범하고 연약한 생명을 사랑하십니다.
주님, 제게로 오소서.
예수님 이름으로 기도합니다. 아멘.

#거룩 #스가랴 #어린나귀

12월 24일

여물통 속 예수

오늘 하루 수고하셨습니다. 주님께서 주시는 위로와 평화가 함께하기를 바랍니다. 오늘 함께 묵상할 말씀은 누가복음 2장 3-7절입니다.

> 모든 사람이 호적하러 각각 고향으로 돌아가매 요셉도 다윗의 집 족속이므로 갈릴리 나사렛 동네에서 유대를 향하여 베들레헴이라 하는 다윗의 동네로 그 약혼한 마리아와 함께 호적하러 올라가니 마리아가 이미 잉태하였더라. 거기 있을 그 때에 해산할 날이 차서 첫아들을 낳아 강보로 싸서 구유에 뉘었으니 이는 여관에 있을 곳이 없음이러라.

성탄 전야입니다. 구유에 탄생하신 아기 예수의 소식을 읽다가 이것이야말로 교회의 가장 유별난 진리가 아닐까 생각해 봅니다. 더러움을 피하고 깨끗한 곳을 찾아가는 것이 아니라, 냄새나고 더러운 여물통에 오신 하나님. 죄인, 세리, 병자, 냄새나고 추한 자들을 피하는 것이 아니라 그들 속으로, 그들 집으로 들어가시는 하나님. 제자들의 발을 씻기시는 하나님. 죄인들의 언덕인 골고다에 올라가시는 하나님. 그렇게 더럽고 약하고 소외된 사람들 곁에 오셔서 위로하고 구원하는 소식이 성탄에 담긴 복음입니다.

당시 유대인에게 이것은 매우 낯선 거룩의 모양이었습니다. 다른 종교에서도 찾아볼 수 없는 새로운 거룩의 모습이라고 할 수 있습니다. 교회가 다른 종교와 달리 속세를 떠나 산속에 들어가지 않고 세상 한가운데 세워지는 이유도 같은 맥락일 겁니다. 세상 한가운데 자기 의를 드러내고 교회 첨탑을 높이 올리라는 게 아니라, 그 속에서 겸손히 낮아지고 섬기는 거룩을 만들어 가라는 뜻이겠지요.

종교개혁자 마르틴 루터가 그토록 수도원을 비판했던 이유가 여기 있습니다. 거룩하고 깨끗해지고 싶은 사람들이 세상을 떠나 찾아가는 곳이 수도원입니다. 그런데 루터에 따르면, 이렇게 세상을 저버리는 수도사들의 행위는 '거룩'을 핑계로 하나님의 계명인 이웃 사랑의 기회를 스스로 저버리는 것입니다. 기독교 진리는 이와 반대입니다. 성탄의 복음은 세상을 피하지 않습니다. 오히려 여물통처럼 냄새나는 세상으로 들어가고, 겸손과 섬김으로 그곳을 거룩하게 만듭니다. 그것이 성탄의 신비이고 거룩입니다. 아기 예수가 탄생하신 이 밤, 기도의 장소가 어디든 성탄의 주님이 당신을 찾아가실 것입니다. 함께 기도합시다.

전능하신 주님,
당신께서는 가련한 사람의 탄식을 외면치 않으시며,
시련 가운데 놓인 사람의 소원을 가벼이 보지 않으십니다.
당신께 기도하오니 은혜 가운데 우리 기도를 들어주소서.
악과 거짓, 허위와 탐욕이
당신의 선하신 섭리 가운데 무너지고 먼지 되어 흩어지게 하소서.
우리가 모든 유혹에서 해를 입지 않고
당신의 몸인 교회에서 감사드리며 찬양케 하소서.
당신은 이 땅에 오셨고, 세상 속에 계십니다.
주님을 이곳에서 만나게 하소서.
예수님 이름으로 기도합니다. 아멘.

#계명 #이웃사랑 #수도원 #거룩

12월 25일

성탄

오늘 하루 수고하셨습니다. 주님께서 주시는 위로와 평화가 여러분 모두에게 함께하기를 바랍니다. 오늘 저녁 함께 묵상할 말씀은 누가복음 2장 8-14절입니다.

> 그 지역에 목자들이 밤에 밖에서 자기 양 떼를 지키더니 주의 사자가 곁에 서고 주의 영광이 그들을 두루 비추매 크게 무서워하는지라. 천사가 이르되 무서워하지 말라. 보라 내가 온 백성에게 미칠 큰 기쁨의 좋은 소식을 너희에게 전하노라. 오늘 다윗의 동네에 너희를 위하여 구주가 나셨으니 곧 그리스도 주시니라. 너희가 가서 강보에 싸여 구유에 뉘어 있는 아기를 보리니 이것이 너희에게 표적이니라 하더니 홀연히 수많은 천군이 그 천사들과 함께 하나님을 찬송하여 이르되 지극히 높은 곳에서는 하나님께 영광이요 땅에서는 하나님이 기뻐하신 사람들 중에 평화로다 하니라.

메리 크리스마스! 오늘은 기다리고 기다리던 성탄절입니다. 그런데 우리는 왜 이렇게 아기 예수의 탄생을 기다린 것일까요? 성경에 기록된 성탄 사건은 설명이 필요 없을 정도로 모두 잘 알고 있습니다.

2천 년 전, 아무도 주목하지 않던 시골의 평범한 가정에 하나님의 아들이 오셨습니다. 안전한 집 안도 아니고 구유에 누였고, 탄생의 소식을 듣고 찾아온 이들은 목자들과 동방 박사들이었지요. 목자들은 유대 땅에서 안식일도 못 지키는 부정한 사람들이었고, 동방 박사는 이방인, 그것도 별을 보고 점을 치는 사람들이었습니다. 유대인의 눈으로 볼 때는 하나님의 눈 밖에 난 사람들이었습니다. 그런데 하나님은 바로 그런 사람에게 성탄의 기쁨을 주셨습니다.

아기 예수는 이처럼 평범한 사람, 평범한 일상에 비범하게 찾아오셨습니다. 전혀 예상하지 못할 때, 예상 밖의 사람에게 하나님의 은총이 임한다는 것이 성탄의 메시지입니다. 베들레헴에 나신 아기 예수께서 이 성탄의 복음을 우리에게 선물하십니다. 함께 기도합시다.

낮고 낮은 곳에 찾아오신 성탄의 주님, 감사합니다.
성탄의 소식을 처음 듣고 마음에 담았던 사람처럼
우리가 지금 당신 앞에 섭니다.
혼란 속에서도 흔들리지 않는 믿음을 주시어
우리 모든 일상이 귀한 성탄의 자리 되게 하소서.
주님, 이 시간 지난 한 해를 돌아봅니다.
하나님의 나라가 이 땅에 임하기를 매번 기도하면서도
우리의 이웃과 이 나라, 이 지구의 아픔에 눈과 귀를 닫고 살았습니다.
우리를 용서하여 주옵소서.
눈을 열어 불완전한 세상을 보게 하시고,
좁고 낮은 곳에서 일하시는 은총의 주님을 만나게 하옵소서.
성탄의 주님, 애통하는 모든 생명을 위로하고 구원하소서.
할렐루야! 주님이 베들레헴에 나셨습니다.
예수님 이름으로 기도합니다. 아멘.

#성탄절 #일상 #평범

12월 26일

성탄의 주인공

오늘 하루 수고하셨습니다. 주님께서 주시는 위로와 평화가 여러분 모두에게 함께하기를 바랍니다. 오늘 저녁 함께 묵상할 말씀은 요한복음 1장 10-13절입니다.

> 그가 세상에 계셨으며 세상은 그로 말미암아 지은 바 되었으되 세상이 그를 알지 못하였고 자기 땅에 오매 자기 백성이 영접하지 아니하였으나 영접하는 자 곧 그 이름을 믿는 자들에게는 하나님의 자녀가 되는 권세를 주셨으니 이는 혈통으로나 육정으로나 사람의 뜻으로 나지 아니하고 오직 하나님께로부터 난 자들이니라.

우리는 아기 예수의 탄생을 기다리며 성탄 기사에 등장한 아기 예수의 부모와 목자, 그리고 동방박사 이야기를 들었습니다. 모두 주목받지 못하던 사람, 자기 목소리를 빼앗긴 사람들입니다. 성탄은 이처럼 드러나지 않는 사람들을 돋보이게 하고 성탄의 주역으로 만드는 새로운 창조 사건이라고 할 수 있습니다.

물론, 우리가 빼놓지 말아야 할 성탄절의 주인공은 아기 예수입니다. 성탄의 초점은 힘센 왕이나 귀족, 지식 있는 교수나 정치인에게 있지 않습니다. 갓 태어난 아이, 무엇 하나 자기 힘으로 할 수 없고 자기 몸조차 스스로 보호할 수 없는 아기, 상처받기 쉬운 베들레헴의 아기에게 있습니다. 그런데 베들레헴의 밤을 밝히고 하늘과 땅을 움직인 진짜 주인공이 바로 이 연약한 아이의 출생이었다는 것은 구원사의 역설입니다.

성탄의 메시지는 여기서 그치지 않습니다. 아기 예수만 하나님의 아들이 아니라 그분을 믿는 모든 사람이 다 '하나님의 자녀'라고 요한복음은 선언합니다. 그 자녀가 바로 저와 여러분입니다. 아기 예수와 함께하셨던 하나님의 능력과 보호가 그분의 자녀로 부름을 받은 우리에게도 똑같이 임할 것입니다. 함께 기도합시다.

주 우리 하나님,
우리를 주님의 자녀로 불러 주시니 우리가 크게 기뻐합니다.
연약한 우리의 기도를 들으시고 그 손으로 우리를 지켜 주소서.
우리는 약하나 주께서 함께하시면 우리의 인생이 의롭게 될 것을 믿고
우리가 용기를 얻게 하소서.
성령을 보내셔서 주님이 우리 곁에 계심을 더욱 분명히 알게 하소서.
일상의 삶에서 깨어 있어 주님이 말씀하실 때 그 말씀을 듣게 하소서.
하나님 나라의 능력과 영광을 많은 사람 가운데 드러내셔서
주님의 이름을 빛내소서.
선하고 참된 세상이 이 땅에 하루빨리 시작되게 하소서.
예수님 이름으로 기도합니다. 아멘.

#아기예수 #성탄 #하나님의자녀

12월 27일

하나님의 일

오늘 하루 수고하셨습니다. 주님께서 주시는 위로와 평화가 여러분 모두에게 함께하기를 바랍니다. 오늘 저녁 함께 묵상할 말씀은 미가 5장 2-4절입니다.

> 베들레헴 에브라다야 너는 유다 족속 중에 작을지라도 이스라엘을 다스릴 자가 네게서 내게로 나올 것이라. 그의 근본은 상고에, 영원에 있느니라. 그러므로 여인이 해산하기까지 그들을 붙여 두시겠고 그 후에는 그의 형제 가운데에 남은 자가 이스라엘 자손에게로 돌아오리니 그가 여호와의 능력과 그의 하나님 여호와의 이름의 위엄을 의지하고 서서 목축하니 그들이 거주할 것이라. 이제 그가 창대하여 땅끝까지 미치리라.

하나님 나라의 첫 출발은 참으로 변변치 않아 보입니다. 여관방 하나 제대로 예약할 수 없는 가난한 신혼부부와 더럽고 냄새나는 여물통에 누인 아기가 그 일을 시작한다니, 하나님의 구원이 시작되었다고 누가 상상이나 했을까요.

베들레헴에서 초라하게 태어난 아기 예수가 자라서 하나님 나라의 깃대를 높이 세웁니다. 그 깃대를 세운 곳이 갈릴리입니다. 갈릴리가 어떤 땅입니까? 땅을 빼앗긴 농노와 소작농들이 한탄하며 자기들이 잃어버린 땅을 '외국인의 땅'이라고 이름 붙인 곳입니다. 그러니 이곳에서 땅을 빼앗긴 이들과 함께 살던 미천한 사람이 새 시대의 여명이 되리라고는 아무도 생각하지 못했습니다.

2천 년 전에만 믿기 힘들었던 사건이 아닙니다. 지금도 여전히 하나님의 나라가 이 땅에 임한다는 것은 믿기 어려운 일입니다. 그러나 이미 시작된 것은 끝까지 계속될 것입니다. 이 땅에 임하는 하나님의 나라는 누구도 막을 수 없고 끝내 승리할 것입니다. 이 일은 하나님 자신의 일이기 때문입니다. 함께 기도합시다.

주님, 당신이 만드실 나라는 우리에게 숨겨져 있습니다.
보이지 않는 하나님의 나라 탓에 우리는 쉽게 지칩니다.
그러나 주님, 아무도 예상치 못한 베들레헴, 나사렛, 갈릴리에서
위대한 하나님의 일이 모습을 드러냅니다.
우리의 보잘것없는 삶에도 당신의 얼굴을 드러내소서.
오늘 하루를 당신께 맡깁니다.
하루하루 당신께 향하는 걸음에 새 힘을 주시고,
마치는 순간까지 저를 선하게 인도하소서.
이 일은 하나님 아버지의 일입니다.
예수님 이름으로 기도합니다. 아멘.

#인생 #하나님나라

12월 28일

무한이 유한 속으로

오늘 하루 수고하셨습니다. 주님께서 주시는 위로와 평화가 여러분 모두에게 함께하기를 바랍니다. 오늘 저녁 함께 묵상할 말씀은 빌립보서 4장 4-7절입니다.

> 주 안에서 항상 기뻐하라. 내가 다시 말하노니 기뻐하라. 너희 관용을 모든 사람에게 알게 하라. 주께서 가까우시니라. 아무것도 염려하지 말고 다만 모든 일에 기도와 간구로, 너희 구할 것을 감사함으로 하나님께 아뢰라. 그리하면 모든 지각에 뛰어난 하나님의 평강이 그리스도 예수 안에서 너희 마음과 생각을 지키시리라.

교회 다니면서 가장 믿기 힘든 소리는 하나님이 인간의 몸으로 오셨다는 대목입니다. 이것을 우리는 '성육신'이라고 부릅니다. 영이신 하나님이 육으로 오셨다는 성육신 교리는 늘 걸림돌이었습니다. 철학자들 말을 빌리자면, "무한이 유한 속에 들어올 수 있다"는 것을 상상할 수 없기 때문이지요. 태평양에 가득한 바닷물을 상상해 보세요. 그 바닷물을 작은 종이컵 하나에 모두 담을 수 있을까요? 불가능합니다. 마찬가지로, 무한하신 하나님이 유한한 인간의 몸에 들어온다는 것 자체가 믿을 수 없는 일입니다.

하지만 동시에 분명한 사실은 그렇게 무한하신 하나님이 원하시기만 하면 아주 간단히 유한 속에 들어올 수 있다는 것입니다. 이것이 바로 우리의 모든 지각을 뛰어넘는 하나님의 능력이지요.

주님이 좁디좁은 세상에 육체로 오셨다는 성탄 소식은 매우 다양한 의미로 이어집니다. 우리가 불가능하다고 말하는 그곳에 주님이 간단히 들어오실 수 있고, 무덤에서도 새로운 길을 만들 수 있으며, 절망의 구덩이에도 희망을 채울 수 있다는 소식이기 때문입니다. "기독교인은 희망 없는 절망 속에서도 소망을 품는 사람"이라고 했던 프랑스 신학자 자크 엘룰Jacques Ellul의 말이 떠오릅니다.

성탄으로 우리에게 오신 주님은 우리의 모든 의심과 절망, 모순과 불신을 가뿐히 뛰어넘어 당신의 복된 세계로 저와 여러분을 초대하실 것입니다. 이 성탄의 기쁨이 모든 일상에, 온 세계에 가득하길 바랍니다. 함께 기도합시다.

우리를 구원하시는 하나님 아버지,
우리가 성탄하신 예수 그리스도와 하나 되게 하셔서
주님의 능력을 체험하게 하소서.
온전히 하늘 뜻을 이루는 새 삶을 살게 하소서.
그릇된 길에 들어서지 않도록 우리를 지켜 주소서.
우리 가운데 성령으로 함께하셔서 우리에게 거짓이 없게 하소서.
이 세대가 지나기 전에 하나님께서 더 많은 일을 행하시길 기도합니다.
주께서 약속하신 새로운 세상이, 새 하늘과 새 땅이,
어둠과 절망 속에서도 이루어지도록 주님의 뜻을 펼치소서.
당신의 뜻은 우리의 이성과 지혜를 뛰어넘습니다.
주님의 뜻이 하늘에서처럼 땅에서도 이루어집니다.
예수님 이름으로 기도합니다. 아멘.

#성탄 #성육

12월 29일

평범과 비범

오늘 하루 수고하셨습니다. 주님께서 주시는 위로와 평화가 여러분 모두에게 함께하기를 바랍니다. 오늘 저녁 함께 묵상할 말씀은 누가복음 2장 22-24절입니다.

> 모세의 법대로 정결예식의 날이 차매 아기를 데리고 예루살렘에 올라가니 이는 주의 율법에 쓴 바 첫 태에 처음 난 남자마다 주의 거룩한 자라 하리라 한 대로 아기를 주께 드리고 또 주의 율법에 말씀하신 대로 산비둘기 한 쌍이나 혹은 어린 집비둘기 둘로 제사하려 함이더라.

성탄절의 감격이 가라앉으면서 다시 일상으로 돌아옵니다. 단 며칠 지났을 뿐인데, 연말 안에 끝내야 할 일이 산더미입니다.

마리아와 요셉은 천사들과 목자, 동방 박사들의 방문이 아기 예수의 삶에서 전부가 아니라는 것을 알고 있었습니다. 그들은 다시 일상으로 돌아옵니다. 남들이 하는 것과 똑같이 아이가 태어나 8일째 되는 날 할례를 행하고, 40일 후에는 성전을 찾아 희생 제사를 드립니다.

그날 비둘기 두 마리가 죽임을 당했습니다. 비둘기는 흠 없고 순결했지만, 예수님이 이루실 구원 사역을 위해 바쳐집니다. 비둘기처럼 순결한 주님도 우리를 위해 생명을 내놓으실 운명입니다. 이전에 천사가 마리아에게 아이의 미래를 이렇게 전한 일이 있었지요. "아들을 낳으리니 이름을 예수라 하라. 이는 그가 자기 백성을 그들의 죄에서 구원할 자이심이라"(마 1:21).

마리아는 남들과 똑같이 아이를 양육했지만, 순간순간마다 하나님이 예언하고 이루실 일들을 마음에 새기며 살았을 겁니다. 성탄절을 통과한 우리도 그렇게 주님이 우리 가운데 이루실 일들을 마음에 새기며 성실히 삽시다. 함께 기도합시다.

주님, 모든 기쁨이 지난 지금,
조금은 허전한 마음이 듭니다.
하지만 주님은 우리의 작은 일상에 보석처럼 숨어 계시니
주 안에서 날마다 새롭게 하시는
하나님의 은혜를 우리가 알게 하소서.
성탄의 신비가 일상의 신비가 되고
평범이 비범이 되는 능력이 당신께 있습니다.
우리와 함께하소서.
예수님 이름으로 기도합니다. 아멘.

#성탄 #마리아 #일상

12월 30일

주님이 돌보신다

오늘 하루 수고하셨습니다. 주님께서 주시는 위로와 평화가 여러분 모두에게 함께하기를 바랍니다. 오늘 저녁 함께 묵상할 말씀은 시편 146편 1-5절입니다.

> 할렐루야 내 영혼아 여호와를 찬양하라. 나의 생전에 여호와를 찬양하며 나의 평생에 내 하나님을 찬송하리로다. 귀인들을 의지하지 말며 도울 힘이 없는 인생도 의지하지 말지니 그의 호흡이 끊어지면 흙으로 돌아가서 그 날에 그의 생각이 소멸하리로다. 야곱의 하나님을 자기의 도움으로 삼으며 여호와 자기 하나님에게 자기의 소망을 두는 자는 복이 있도다.

아랍 속담에 이런 말이 있습니다. "해만 내리쬐는 땅은 결국 사막이 된다." 살다 보면 구름이 가득해서 찌푸린 날도, 비가 오는 날도, 홍수 때문에 눈물을 머금고 거실 바닥을 들어내고 장롱을 옮겨야 하는 날도 생깁니다. 하지만 분명한 것은 언제 걷힐지 모르는 새까만 먹구름도 걷힐 날이 오고, 쏟아지는 비도 그치는 날이 반드시 온다는 사실입니다.

먹구름 너머에 해가 여전히 있다는 사실을 알기에 우리는 흐리고 홍수 나는 날도 참아 낼 수 있습니다. 그렇게 비가 내려야 생명을 움 틔우는 비옥한 토양이 된다는 것도 압니다. 가만히 생각해 보면, 우리가 살아가는 인생도 그렇습니다. 지난해를 돌아보면, 먹구름도 있었고 슬픔으로 숨이 턱턱 막히던 날도 있었습니다. 말 그대로 다사다난했던 한 해를 보냅니다. 그리고 새해를 준비합니다. 아픔과 회한이 가득했던 세월을 보내고 다시 새로운 희망을 노래합시다. 우리에게 희망의 근거는 분명합니다. 만물을 주관하시는 창조주 하나님께서 우리를 사랑하고 돌보신다는 복된 약속이 그리스도를 통해 우리에게 주어졌기 때문입니다. 주님께서 우리와 함께 하십니다. 함께 기도합시다.

주 우리 하나님,
우리에게 베푸신 모든 은혜에 감사드립니다.
지금도 우리를 위해 일하시는 주님,
당신께서는 당신의 자녀를 돌보시고 죽음에서 건지십니다.
주님은 우리의 기도를 들으십니다.
아버지께서 늘 곁에 계시니
우리는 죄도 죽음도 두렵지 않습니다.
우리는 흠이 많지만,
주님은 언제나 인자하십니다.
우리 마음에 믿음의 빛이 꺼지지 않게 하소서.
우리가 그 빛으로 하늘나라와 세상을 밝히 보며
주께서 우리를 위해 마련하신 큰 선물을
세상 모두가 보게 될 것입니다.
예로부터 지금까지 또한 영원무궁히 영광 받으소서.
예수님 이름으로 기도합니다. 아멘.

#연말연시 #창조주 #기도

12월 31일

한 해를 마감하며

오늘 하루 수고하셨습니다. 주님께서 주시는 위로와 평화가 여러분 모두에게 함께하기를 바랍니다. 오늘 저녁 함께 묵상할 말씀은 누가복음 2장 15-19절입니다.

> 천사들이 떠나 하늘로 올라가니 목자가 서로 말하되 이제 베들레헴으로 가서 주께서 우리에게 알리신 바 이 이루어진 일을 보자 하고 빨리 가서 마리아와 요셉과 구유에 누인 아기를 찾아서 보고 천사가 자기들에게 이 아기에 대하여 말한 것을 전하니 듣는 자가 다 목자들이 그들에게 말한 것들을 놀랍게 여기되 마리아는 이 모든 말을 마음에 새기어 생각하니라.

한 해 사진을 정리합니다. 연말이니 그럴 시간이 되었습니다. 곧 성탄 장식도 거두고 정리할 시간이 다가올 겁니다. 정리하는 김에 서랍도 열어 봅니다. 잡동사니가 왜 그리 많은지 정신이 아득합니다. 쓰레기통에 버릴 것도 넘치게 많은데, 만년필 하나가 눈에 들어옵니다. 봄에 선물 받은 만년필입니다. 선물한 분과 만났던 소중한 일이 하나둘 떠오릅니다.

마리아는 첫 번째 크리스마스를 보내고 무엇을 간직해 두었을까요? 아기 예수의 머리카락일까요? 태어나던 날 감싸 안았던 포대기였을까요? 마리아에게 그런 것들은 별로 중요하지 않았던 것 같습니다. 아기 예수를 누인 구유나 머리털, 강보 같은 것은 시간이 삼켜 버릴 것들입니다. 구유를 금으로 만들었다고 해도 아무 가치가 없습니다.

크리스마스가 지나고 마리아가 가슴 깊이 담아 둔 것은 자기에게 주신 하나님의 말씀, 그분의 약속이었습니다. 그 말씀이 마리아의 모든 인생을 지탱해 주었습니다. 한 해를 돌아봅니다. 우리 마음에 담아 둔 것은 무엇일까요? 다가올 한 해를 버티게 할 무언가를 우리는 간직하고 있나요? 함께 기도합시다.

사랑의 주님, 한 해를 마감합니다.
송구영신의 이 밤, 당신의 사랑을 내 안에 간직하게 하소서.
기쁨이 슬픔 되고, 염려와 고통의 날이 올 때,
당신의 위대한 선물, 나에게 주신 당신의 사랑을 기억하게 하소서.
그 사랑이 나를 살게 합니다.
그 사랑이 우리를 살게 합니다.
그 사랑이 세상을 살립니다.
이제껏 변함없이 지켜 주신 주님, 감사합니다.
세상을 구원하신 예수님, 당신의 이름을 찬송합니다. 아멘.

#마감 #마음 #사랑 #송구영신

미주

1. Martin Luther, in: *WA* 4,624, 8-32.
2. C. S. Lewis, *Reflections on the Psalms* (New York: Harcourt, Brace, and Company, 1986), 63.
3. Augustin, *Bekentnisse*(1.1) (München: Kösel, 1955), 15.
4. Martin Luther, *Euch stoßen, dass es krachen soll. Sprüche, Ausspüche, Anekdoten*, Eckart Krumbholz(Hg.), (Berlin: Buchverl. Der Morgen, 1983), 190.
5. 마틴 슐레스케,《가문비나무의 노래》, 유영미 옮김 (니케북스, 2013).
6. 톰 라이트,《모든 사람을 위한 마태복음 I》, 양혜원 옮김 (IVP, 2010), 35.
7. Grant R. Osborne and Clinton E. Arnold, *Mattew: Zondervan Exegetical Commentary on the New Testament*, (Zondervan Academic, 2010). 마태복음 4장 17절에 대한 해석을 참고하라.
8. 다음을 참고하라. 마르틴 루터,《소교리문답해설》, 최주훈 옮김 (복있는사람, 2018), 39.
9. 박노해,《걷는 독서》, (느린걸음, 2021).
10. 마르틴 루터,《소교리문답해설》, 최주훈 옮김 (복있는사람, 2018), 39.
11. Luther, in: *WA* 56,356,5f.
12. 다음 책에서 재인용했다. 케네스 E. 베일리,《선한 목자》, 류호준·양승학 옮김(새물결플러스, 2015), 51.
13. 요한 페터 에커만,《괴테와의 대화 I》, 장희창 옮김 (민음사, 2008), 228.
14. 크리스토퍼 라이트,《하나님 백성의 선교》, 한화룡 옮김 (IVP, 2012). - 페이지???
15. 이현주, 〈가지각색 하느님〉,《옹달샘 이야기》(한겨레아이들, 2014).
16. 예술의전당에서 열린 앙리 카르티에 브레송의 전시회 작품 설명 중에서.
17. Luther, in: *WA* 7, 838.

18. Luther, in: *WA* 7, 839, 33-34.

19. 필립 얀시, 《빛이 드리운 자리》, 홍종락 옮김 (비아토르, 2022), 352.

20. 마르틴 루터, 《마르틴 루터 대교리문답》, 최주훈 옮김 (복있는사람, 2017), 282.

21. 다음 책에서 재인용했다. Jens Uwe Martens, Julius Kuhl, *Die Kunst der Selbstmotivierung: Neue Erkenntnisse der Motivationsforschung praktisch nutzen* (Kohlhammer Verlag, 2009), 93.

22. 이해인, 〈어떤 결심〉, 《이해인 시전집 2》 (문학사상사, 2013), 587.

고요한 저녁 묵상

최주훈 지음

2022년 12월 15일 초판 1쇄 발행

펴낸이 김도완
등록번호 제2021-000048호
(2017년 2월 1일)
전화 02-929-1732
전자우편 viator@homoviator.co.kr

펴낸곳 비아토르
주소 서울시 종로구 삼일대로 428, 500-26호
(우편번호 03140)
팩스 02-928-4229

편집 이은진
제작 제이오

디자인 임현주
인쇄 민언프린텍
제본 다온바인텍

ISBN 979-11-91851-60-1 03230

저작권자 © 최주훈, 2022